東アジア長期経済統計

2

経済発展と人口動態

梶原弘和・武田晋一・孟建軍

渡辺利夫……監修
拓殖大学アジア情報センター……編

keiso shobo

本巻の統計編は基本的にUnited Nations, *Demographic Yearbook*, New York, United Nations Publications, Various Years（国際連合統計局編『世界人口年鑑』原書房, 各年版）のデータを使用した。

刊行の辞

　東アジアは欧米列強や日本の長年にわたる植民地支配から独立を達成し，以来，半世紀が経過した。この間，東アジアは経済発展のための物的基盤はもちろんのこと，組織的・制度的基盤さらには人的資源基盤の形成を求めてこれに大きな努力を傾注してきた。努力の成果はまことに大きいものであった。

　二つの端的な指標について言及してみよう。一つは，工業化の進展である。東アジアの工業化率すなわち国内総生産額に占める工業生産額の比率は，1950年前後において5〜10%であった。工業化率は1970年代以降急速に高まり，NIES（新興工業経済群）ならびに東南アジア諸国の同比率は今日30〜35%に達し，日本のそれと同水準にいたった。植民地支配の下におかれ語るに足る工業基盤をもっていなかった東アジアが，独立以降に蓄積してきた生産能力には高い評価が与えられるべきである。

　もう一つの指標は，世界貿易における東アジアのプレゼンスの拡大である。工業生産能力の拡充が輸出競争力の強化となってあらわれたのである。輸出競争力は1980年代後半期に入って一段と強化された。世界の総輸入額に占める東アジア（NIES，東南アジア諸国，中国）の比率は，1985年には10%以下であったが，現在では20%近傍に達した。しばらく前まで貧しく停滞的だとみなされてきた東アジアが，たかだか十数年の間に世界のマーケットシェアにおいて2割近くを占めたという事実は画期的である。

　こうした指標にあらわれる東アジアの発展軌跡を追うことは，われわれアジア研究者の重要な課題である。しかし，半世紀にわたる東アジアの発展過程を追究するに際して重大な制約となっているのが，長期経済統計の不備である。近年，東アジアにおいて統計整備が進んでいることは喜ばしい。しかし，1950年代から1970年代までの苦闘の開発過程においては統計整備にまでは手がまわらなかったのであろう。統計は多くの国において欠落しており，存在していても断片的であったり，信憑性に欠ける。さらに各国で用いられる統計概念は多様であり，時代をさかのぼればのぼるほど相互の比較可能性は薄くなる。

　われわれは，各国政府，国際機関が公表した統計をあたうる限り広く収集し，適切と思われるあらゆる統計学的手法を駆使して欠落部分を推計し，相互の比較を可能とするよう統計概念整合化の努力を試みた。かくして成ったものが本シリーズ『東アジア長期経済統計』（全14巻＋別巻1）である。各巻は長期かつ比較可能性をキーコンセプトとして編集された。整備された長期統計を用いて各巻のテーマについての分析も試みている。

刊行の辞

　本事業に協力された多くの研究者ならびに勁草書房，同社編集部の宮本詳三氏には心から感謝申し上げる。本シリーズは拓殖大学創立100周年記念事業の一つとして編まれたものであり，研究ならびに刊行のための予算に格段の配慮を賜った同大学に深甚の謝意を表する。
　本シリーズが東アジアの長期経済社会発展の軌跡を追うという関心に応える「知的インフラ」として役立つことを切望する。

平成11年　秋寒

監修者　渡辺　利夫

監修者まえがき

　クズネッツが推計した，先進各国における年平均人口増加率の歴史的最高値は，ロシアとオランダが19世紀後半から20世紀初頭の30数年間にみせた，それぞれ1.5%，1.4%であった。19世紀前半のイギリス1.3%，ならびに20世紀前半の日本1.3%，同時期のドイツ1.2%がこれにつづいた。フランス，スウェーデン，イタリアは1.0%をかなり下回った。

　現代のアジアの人口増加率はこれより高い。最近年の人口センサス年間の人口増加率をみると，パキスタン3.1%，マレーシア2.6%，フィリピン2.5%である。以下，インド2.1%，ベトナム2.1%，タイ2.0%，バングラデシュ1.9%とつづく。韓国やシンガポールは1.0%を下回るまでに低下したが，総じてアジアの人口増加率は先進国の歴史的最高値を大きく凌駕している。

　アジアの人口増加率はなぜこのように高いのか。アジアの所得水準は低い。また人々は熱帯，亜熱帯，乾燥地帯の厳しい自然条件のなかに住まっており，そのために死亡率は高い。高い死亡率の社会が存続していくためには，出生率が死亡率を上まわらねばならない。アジアの出生率が高いのは，死亡率が高いことの反映なのである。

　死亡率が最も高いのは，いずれの社会でも乳幼児である。乳幼児死亡率が高ければ，親が期待する数の子供を得るためにはより多くの子供を生まねばならない。そのためにであろう，高出生率を支持する社会・宗教的な価値観，低年齢結婚などの慣習，一夫多妻制などの制度が広くみられた。アジアが高出生率・高死亡率パターンを示してきたのはそのためである。

　しかし，アジアの死亡率はある時期からはっきりと減少を始めた。植民地化は「法と秩序」，輸送・通信ネットワークの導入を随伴した。部族間の争いが影をひそめ，局地的飢餓の救済が容易となった。

　第二次世界大戦の終了を契機に，アジアは植民地からの政治的独立を達成した。独立後の各国政府は，大衆ベースでの医療保険計画や公衆衛生計画を展開し，病院，診療所などが全土に普及した。そうしてアジアの死亡率は一段と低下した。さらに第二次世界大戦後，先進国で開発・普及していたDDTなどの殺虫剤，サルファ剤，ワクチンなどが安価に，あるいは援助を通じて無償で導入された。マラリア，黄熱病，天然痘，コレラといった人々を容易に死にいたらしめた病いの多くが，これら防疫・医療手段の導入によって制圧され，死亡率はさらに低下した。死亡率低下は乳幼児において顕著であった。

　死亡率はこうして急減したが，出生率の方は緩やかにしか下がらない。社会に根強く定着してきた価値観，慣習，制度は容易には変わらないからである。人口急増は避けられない。

監修者まえがき

　死亡率は最貧国といえども下限に近づきつつある。それゆえ死亡率の各国間格差はわずかである。しかし出生率は，低所得国ほど高く高所得国ほど低いという傾向がある。それゆえ出生率と死亡率との格差は低所得国ほど大きく，高所得国ほど小さい。NIESと一部の東南アジアの人口増加率には歯どめがかかったが，南アジアを中心に低所得国は高い人口増加になお悩まされている。

　アジアの人口は今後どのように推移するか。人口学上の経験則である人口転換命題は，多くの国々の人口動態に関するあまたの実証研究によって，今日高い現実妥当性をもつ経験則だとみなされている。この命題からみる限り，アジアの人口増加率は減速していくと考えていいであろう。人口転換命題に鑑みてアジアの人口問題を考える場合，論点となるのは出生率であるが，これが減速していく可能性はかなり高いとわれわれはみている。

　本書は，アジア人口動態の半世紀に及ぶ変遷を探るために，利用可能なデータをあたうる限り収集し，これを一書として提示することを目的にしている。アジアの人口統計は近年では比較的よく整備されるようになった。しかし，時間を少しでもさかのぼればデータの欠落が著しく，存在していてもその信頼性に大きな疑義がある。われわれは考えられるあらゆる方法を用いて欠落部分を推計し，整合的な長期時系列のデータとしてこれを提供するよう努めた。長期時系列データにもとづいて執筆されたアジア人口動態分析の結果が本書の前半に収録されている。データの収集，推計，概説執筆に尽力された梶原弘和，武田晋一，孟建軍三氏の真摯な努力に敬意を表する。

　　　　　　　　　　　　　　　　　　　　　　　　　　　　監修者　渡辺　利夫

目　次

刊行の辞
監修者まえがき

分　析

序　章 …………………………………5

第1章　先進国の人口動態 …………8
　(1)スウェーデン，イングランド・
　　　ウェールズの人口動態　8
　(2)人口転換　11
　(3)経済学的視点　13
　(4)出生力の分析　16
　(5)出生力変化の実態　19

第2章　発展途上国の人口動態 ……25
　(1)人口転換　25
　(2)人口と経済開発　26
　(3)出生力変化　37
　(4)出生力の地域分析　45

第3章　日　本 ………………………53
　(1)東アジアの人口転換　53
　(2)日本の人口転換　54
　(3)経済発展と人口　56
　(4)過疎と人口高齢化　62

第4章　韓　国 ………………………64
　(1)人口転換　64
　(2)経済開発と人口　65
　(3)人口移動・都市化・伝統部門　71

第5章　台　湾 ………………………75
　(1)人口転換　75
　(2)経済開発と人口　77
　(3)中小企業の発展・人口移動・
　　　伝統部門　81
　(4)人口高齢化と生産性　84

第6章　マレーシア …………………86
　(1)多人種国家の形成　86
　(2)人口転換　89
　(3)経済開発と人口　92

第7章　フィリピン …………………97
　(1)人口転換　97
　(2)経済開発・人口増加・貧困　101

第8章　タ　イ ………………………106
　(1)人口転換　106
　(2)経済開発と人口　107
　(3)人口移動　113

第9章　中　国 ………………………115
　(1)人口転換　115
　(2)人口政策　117
　(3)人口移動　120
　(4)改革・開放と人口移動　121

第10章　インド ………………………125
　(1)人口転換　125
　(2)人口政策　127
　(3)州別格差　131
　(4)貧困と経済開発　133

目　次

統　計

I　人口規模 …………………………139
  表I-1　人口規模〈総数〉：1950〜95年　140
  表I-2　人口規模〈男女別〉：1950〜95年　144
  表I-3　人口規模〈都市〉：1950〜94年　150
  表I-4　人口規模〈農村〉：1950〜94年　154
  表I-5　人口規模〈都市・男〉：1950〜94年　158
  表I-6　人口規模〈都市・女〉：1950〜94年　162
  表I-7　人口規模〈農村・男〉：1950〜94年　166
  表I-8　人口規模〈農村・女〉：1950〜94年　170

II　出生率・死亡率・平均余命 ……………175
  表II-1　出生率：1950〜95年　176
  表II-2　死亡率：1950〜95年　180
  表II-3　乳児死亡率：1950〜95年　184
  表II-4　出生時平均余命〈男女別〉：1950〜93年　188

III　人口増加率・人口密度 ………………195
  表III-1　人口増加率：1950〜95年　196
  表III-2　自然増加率：1950〜95年　200
  表III-3　人口密度〈全体〉：1950〜95年　204
  表III-4　人口密度〈可耕地単位面積当たり〉：1950〜95年　208
  表III-5　人口密度〈農村〉：1950〜94年　212

IV　年齢構成 ………………………………217
  表IV-1　人口年齢構成〈アフガニスタン〉：1960〜95年　219
  表IV-2　人口年齢構成〈オーストラリア〉：1960〜95年　220
  表IV-3　人口年齢構成〈バングラデシュ〉：1960〜95年　221
  表IV-4　人口年齢構成〈ブータン〉：1960〜95年　222
  表IV-5　人口年齢構成〈ブルネイ〉：1960〜95年　223
  表IV-6　人口年齢構成〈カンボジア〉：1960〜95年　224
  表IV-7　人口年齢構成〈中国〉：1960〜95年　225
  表IV-8　人口年齢構成〈クック諸島〉：1960〜95年　226
  表IV-9　人口年齢構成〈フィジー〉：1960〜95年　227
  表IV-10　人口年齢構成〈香港〉：1960〜95年　228
  表IV-11　人口年齢構成〈インド〉：1960〜95年　229
  表IV-12　人口年齢構成〈インドネシア〉：1960〜95年　230
  表IV-13　人口年齢構成〈イラン〉：1960〜95年　231
  表IV-14　人口年齢構成〈日本〉：1960〜95年　232
  表IV-15　人口年齢構成〈ラオス〉：1960〜95年　233
  表IV-16　人口年齢構成〈マレーシア〉：1960〜95年　234
  表IV-17　人口年齢構成〈モンゴル〉：1960〜95年　235
  表IV-18　人口年齢構成〈ミャンマー〉：1960〜95年　236
  表IV-19　人口年齢構成〈ネパール〉：1960〜95年　237
  表IV-20　人口年齢構成〈ニュージーランド〉：1960〜95年　238
  表IV-21　人口年齢構成〈パキスタン〉：1960〜95年　239
  表IV-22　人口年齢構成〈パプアニューギニア〉：1960〜95年　240
  表IV-23　人口年齢構成〈フィリピン〉：1960〜95年　241
  表IV-24　人口年齢構成〈韓国〉：1960〜95年　242
  表IV-25　人口年齢構成〈サモア〉：1960〜95年　243

目　次

表 IV-26　人口年齢構成〈シンガポール〉：1960～95年　244
表 IV-27　人口年齢構成〈スリランカ〉：1960～95年　245
表 IV-28　人口年齢構成〈タイ〉：1960～95年　246
表 IV-29　人口年齢構成〈ベトナム〉：1960～95年　247
表 IV-30　人口年齢構成〈台湾〉：1960～95年　248
図 IV-1　人口ピラミッド〈アフガニスタン〉：1960～95年　249
図 IV-2　人口ピラミッド〈オーストラリア〉：1960～95年　250
図 IV-3　人口ピラミッド〈バングラデシュ〉：1960～95年　251
図 IV-4　人口ピラミッド〈ブータン〉：1960～95年　252
図 IV-5　人口ピラミッド〈ブルネイ〉：1960～95年　253
図 IV-6　人口ピラミッド〈カンボジア〉：1960～95年　254
図 IV-7　人口ピラミッド〈中国〉：1960～95年　255
図 IV-8　人口ピラミッド〈クック諸島〉：1960～95年　256
図 IV-9　人口ピラミッド〈フィジー〉：1960～95年　257
図 IV-10　人口ピラミッド〈香港〉：1960～95年　258
図 IV-11　人口ピラミッド〈インド〉：1960～95年　259
図 IV-12　人口ピラミッド〈インドネシア〉：1960～95年　260
図 IV-13　人口ピラミッド〈イラン〉：1960～95年　261
図 IV-14　人口ピラミッド〈日本〉：1960～95年　262
図 IV-15　人口ピラミッド〈ラオス〉：1960～95年　263
図 IV-16　人口ピラミッド〈マレーシア〉：1960～95年　264
図 IV-17　人口ピラミッド〈モンゴル〉：1960～95年　265
図 IV-18　人口ピラミッド〈ミャンマー〉：1960～95年　266
図 IV-19　人口ピラミッド〈ネパール〉：1960～95年　267
図 IV-20　人口ピラミッド〈ニュージーランド〉：1960～95年　268
図 IV-21　人口ピラミッド〈パキスタン〉：1960～95年　269
図 IV-22　人口ピラミッド〈パプアニューギニア〉：1960～95年　270
図 IV-23　人口ピラミッド〈フィリピン〉：1960～95年　271
図 IV-24　人口ピラミッド〈韓国〉：1960～95年　272
図 IV-25　人口ピラミッド〈サモア〉：1960～95年　273
図 IV-26　人口ピラミッド〈シンガポール〉：1960～95年　274
図 IV-27　人口ピラミッド〈スリランカ〉：1960～95年　275
図 IV-28　人口ピラミッド〈タイ〉：1960～95年　276
図 IV-29　人口ピラミッド〈ベトナム〉：1960～95年　277
図 IV-30　人口ピラミッド〈台湾〉：1960～95年　278

V　長期人口データ推計 …………………279
　多様化する東アジア地域分析と長期データの重要性　279
　データの不備による問題点　280
　東アジアの人口データ整備状況　280
　国連による人口データの推計作業　281
　社会経済分析としての人口推計手法の検討　283
　人口データ推計方法　285

目　次

文　献 ……………………………………………………………………291
索　引 ……………………………………………………………………301

図表目次

第1章

図1-1-1	スウェーデンの人口動態（1749〜1975年）	8
図1-1-2	スウェーデンの人口ピラミッド	9
図1-1-3	イングランド・ウェールズの人口動態（1838〜1975年）	10
図1-1-4	イングランド・ウェールズの人口ピラミッド	11
図1-2-1	先進国の人口動態概念図（1750〜1950年）	12
図1-4-1	所得水準と子供の効用・不効用	17
図1-4-2	イースタリン・モデル	19
図1-5-1	1人当たり生産と農業生産シェア	20
図1-5-2	1人当たり生産と死亡率	20
図1-5-3	乳児死亡率と死亡率	20
図1-5-4	1人当たり生産と乳児死亡率	22
図1-5-5	1人当たり生産と出生率	22
図1-5-6	乳児死亡率と出生率	22
図1-5-7	1人当たり生産と若年従属人口比率	23
図1-5-8	初等教育就学率と出生率	23

第2章

図2-1-1	人口転換の概念図（1775〜2050年）	26
図2-2-1	1人当たり所得と資本形成	28
図2-2-2	1人当たり所得と人口増加	28
図2-2-3	所得増加	28
図2-2-4	人口増加と所得増加	28
図2-2-5	最小努力と人口規模	30
図2-2-6	所得水準と人口増加率の関係	30
図2-2-7	ルイス・モデル	34
図2-2-8	フェイ＝ラニス・モデル	35
図2-3-1	出生率・死亡率の変化	39
図2-3-2	1人当たり生産と出生率	40
図2-3-3	乳児死亡率と死亡率	40
図2-3-4	乳児死亡率と出生率	40
図2-3-5	出生時平均余命と出生率	41
図2-3-6	労働力率と出生率	41
図2-3-7	女子就学率と出生率	41
図2-3-8	合計特殊出生率と出生率	44
図2-3-9	避妊普及率と出生率	44
図2-3-10	都市化率と出生率	44

図表目次

図 2-4-1	出生率・死亡率の変化	46
図 2-4-2	1人当たり生産と出生率	47
図 2-4-3	乳児死亡率と死亡率	47
図 2-4-4	乳児死亡率と出生率	47
図 2-4-5	出生時平均余命と出生率	49
図 2-4-6	若年労働力率と出生率	49
図 2-4-7	女性農業労働力率と出生率	49
図 2-4-8	女子初等教育就学率と出生率	50
図 2-4-9	女子中等教育就学率と出生率	50
図 2-4-10	合計特殊出生率と出生率	50
図 2-4-11	避妊普及率と出生率	51
図 2-4-12	都市化率と出生率	51

第3章

図 3-2-1	日本の人口転換（1950～95年）	55
図 3-2-2	日本の人口ピラミッド	56
図 3-3-1	日本の1人当たり生産と出生率（1950～95年）	57
図 3-3-2	日本の都市化率と出生率（1950～95年）	58
図 3-3-3	日本の乳児死亡率と出生率（1950～95年）	58
図 3-3-4	日本の都市農村別人口指数（1950～95年）	59
図 3-3-5	日本の出生時平均余命と出生率（1950～95年）	59
図 3-3-6	日本の女子中等教育就学率と出生率（1970～91年）	60
図 3-3-7	日本の合計特殊出生率と出生率（1950～95年）	60
図 3-3-8	日本の都市農村別の出生率と死亡率（1950～95年）	60
表 3-1-1	人口転換係数	53

第4章

図 4-1-1	韓国の人口転換（1950～95年）	64
図 4-1-2	韓国の人口ピラミッド	65
図 4-2-1	韓国の1人当たり生産と出生率（1960～90年）	66
図 4-2-2	韓国の乳児死亡率と出生率（1975～95年）	69
図 4-2-3	韓国の幼児死亡率と出生率（1960～95年）	69
図 4-2-4	韓国の出生時平均余命と出生率（1955～95年）	69
図 4-2-5	韓国の女子中等教育就学率と出生率（1970～95年）	70
図 4-2-6	韓国の合計特殊出生率と出生率（1950～95年）	71
図 4-3-1	韓国の都市化率と出生率（1955～95年）	72
図 4-3-2	韓国の地域別人口指数（1966～95年）	72

第5章

図 5-1-1	台湾の人口転換（1950～95年）	75
図 5-1-2	台湾の人口ピラミッド	76
図 5-2-1	台湾の1人当たり生産と出生率（1951～95年）	77
図 5-2-2	台湾の乳児死亡率と出生率（1950～95年）	80
図 5-2-3	台湾の幼児死亡率と出生率（1954～95年）	80
図 5-2-4	台湾の出生時平均余命と出生率（1950～95年）	80
図 5-2-5	台湾の女子中等公立学校就学数と出生率（1953～95年）	81

図 5-2-6	台湾の合計特殊出生率と出生率（1954～95 年）	81
図 5-3-1	台湾の都市化率と出生率（1950～95 年）	82
図 5-3-2	台湾の地域別人口指数（1955～95 年）	82

第 6 章

図 6-2-1	マレーシアの人口転換（1950～95 年）	89
図 6-2-2	マレーシアの 1 人当たり生産と出生率（1960～95 年）	90
図 6-2-3	マレー半島の人種別出生率（1950～91 年）	90
図 6-2-4	マレー半島の人種別乳児死亡率（1950～91 年）	91
図 6-2-5	マレー半島の人種別合計特殊出生率（1957～85 年）	91
図 6-2-6	マレー半島の人種別出生時平均余命と出生率（1966～91 年）	91
図 6-3-1	マレーシアの人口ピラミッド	93
図 6-3-2	マレーシアの若年労働力率と出生率（1970～95 年）	94
図 6-3-3	マレーシアの女子中等教育就学率と出生率（1970～95 年）	94
図 6-3-4	マレーシアの都市化率と出生率（1950～95 年）	95
図 6-3-5	マレーシアの都市農村別人口指数（1950～95 年）	95

第 7 章

図 7-1-1	フィリピンの人口転換（1950～95 年）	97
図 7-1-2	フィリピンの 1 人当たり生産と出生率（1960～95 年）	98
図 7-1-3	フィリピンの人口ピラミッド	98
図 7-1-4	フィリピンの乳児死亡率と出生率（1950～95 年）	99
図 7-1-5	フィリピンの幼児死亡率と出生率（1958～91 年）	99
図 7-1-6	フィリピンの出生時平均余命と出生率（1950～95 年）	99
図 7-1-7	フィリピンの合計特殊出生率と出生率（1950～95 年）	100
図 7-2-1	フィリピンの都市農村別人口指数（1950～95 年）	104

第 8 章

図 8-1-1	タイの人口転換（1950～95 年）	106
図 8-1-2	タイの人口ピラミッド	107
図 8-2-1	タイの 1 人当たり生産と出生率（1960～95 年）	108
図 8-2-2	タイの出生時平均余命と出生率（1950～95 年）	111
図 8-2-3	タイの若年労働力率と出生率（1970～95 年）	111
図 8-2-4	タイの女子中等教育就学率と出生率（1970～92 年）	112
図 8-2-5	タイの合計特殊出生率と出生率（1950～95 年）	112
図 8-3-1	タイの都市化率と出生率（1950～95 年）	113
図 8-3-2	タイの都市農村別人口指数（1950～95 年）	113

第 9 章

図 9-1-1	中国の人口転換（1950～95 年）	115
図 9-1-2	中国の人口ピラミッド	116
図 9-2-1	中国の合計特殊出生率と出生率（1950～95 年）	119
図 9-2-2	中国の若年労働力率と出生率（1970～95 年）	119
図 9-3-1	中国の都市農村別人口指数（1950～95 年）	120
図 9-4-1	中国の地域間人口純移動（1990 年センサス）	123

第 10 章

図 10-1-1	インドの人口転換（1950～95 年）	125

図表目次

図 10-1-2　インドの1人当たり生産と出生率（1960～95年） …………………………126
図 10-1-3　インドの人口ピラミッド ……………………………………………………126
図 10-1-4　インドの出生時平均余命と出生率（1951～95年） …………………………127
図 10-2-1　インドの州別乳児死亡率と出生率（1887～1989年） ………………………129
図 10-2-2　インドの乳児死亡率と出生率（1971～95年） ………………………………130
図 10-2-3　インドの州別女性識字率（1991年）と出生率（1987～89年平均） ………130
図 10-2-4　インドの女子中等教育就学率と出生率（1970～85年） ……………………130
図 10-3-1　インドの合計特殊出生率と出生率（1950～95年） …………………………132
図 10-3-2　インドの都市農村別の出生率と死亡率（1971～91年） ……………………132
図 10-4-1　インドの都市農村別人口指数（1950～95年） ………………………………134

東アジア長期経済統計　第2巻

経済発展と人口動態

分　　析

序章

　先進国は19世紀初期まで死亡率と出生率がともに高く、自然増加率が低い人口転換の第1局面（多産多死型）にあった。死亡率が出生率を上回って自然増加率がマイナスとなったり、人口移動にともなう人口増加時期を経験したりして、人口動態は安定的ではなかった。しかし19世紀中期以降に死亡率が着実な低下を開始し、20世紀初期以降に低下幅はさらに大きくなった。出生率は死亡率が低下を始めても高率に維持され、自然増加率は次第に高まった。この時期に人口転換は第2局面（多産少死型）を迎え、人口が急増した。他方、出生率は20世紀に入って急速に低下し自然増加率は減速した。人口転換の第3局面であり、最終の第4局面への移行過程に位置した。第4局面では死亡率と出生率が低位で再び安定し、自然増加率もさらに低い少産少死型となった。

　死亡率、出生率の長期的変化は人口構造を変化させ、若年従属人口比率の高い構造から、働き盛りの人口比率の高い構造を経て、老年人口比率の高い構造へと推移した。高い若年従属人口比率は平均的家計において子供の数が多いことを意味し、家計は貯蓄よりも養育のための消費に所得を向け、貯蓄→投資→成長という成長連関は生じにくい。高い経済活動人口比率は、生産的な雇用機会に恵まれるならば、所得を貯蓄にまわす余裕が生まれ、投資が増加する。老年人口比率が高まると、かつて貯蓄した原資を引退した老年者が取り崩し、消費増加、貯蓄減少が生じ、経済の活力は次第に失われる。人口転換は社会経済的変化により生じたが、人口転換それ自体も社会経済的変化の要因となった。

　英国で始まった産業革命は18世紀後半以降に西ヨーロッパに波及し、これが英国で生じた出生率上昇と死亡率低下を西ヨーロッパでも生じさせた。また出生率低下は西ヨーロッパの先進的な地域で最初に始まり、東、南ヨーロッパでは遅れて開始された。ヨーロッパよりも後発の日本の出生率低下はさらに遅れた。しかし出生率の低下が始まり、人口増加が終局するまでに必要な期間は後発国ほど短い。こうして日本を含む先進国は20世紀中期までに人口転換を完了し、人口規模それ自体が減少する事態に直面した国もある。しかし圧倒的な人口規模を有する発展途上国は1950年代までは人口が急増する多産少死型にあり、出生率は依然として低下傾向を示さなかった。このことが発展途上国の人口問題として多くの議論を招いた。自然増加率が先進国の歴史的経験を上回り、人口が急増する一方で経済発展が遅れ、人口が発展の足かせとなったのである。

　発展途上国では先進国に遅れて人口転換が生じ、かつ発展途上国の人口転換の姿は先進国のそれとは異なる。人口転換の第1局面から第2局面への移行期において、死亡率と出生率はいずれも先進国よりも高かった。多くの発展途上国の生活環境は熱帯、亜熱帯、砂漠等で劣悪であり、乳幼児死亡率が高く、平均寿命は短い。それゆえに人口を維持するために高い出生率を可能とする社会システムが伝統的に維持されてきた。多くの子供をもつことの社会的・宗教的価値、一夫多妻制、低年齢結婚等である。発展途上国の死亡率は先進国水準を上回る35‰を超えていたが、出生率は40‰を凌駕した。この多産多死型の第1局面では、自然増加率はかつての先進国のそれと同水準の2〜7‰であり、10‰を上回ることはなかった。しかし1920〜30年代以降、この状態から死亡率の低下が始まった。しかも死亡率の低下は1950〜70年代にはきわめて急速であった。1910年代に30‰後半の水準であった死亡率は1930年代に30‰以下になり、1940年代もほぼ同水準であった。1950〜60年代に20‰を下回り、1970年

代には 10‰ の前半，1990 年代には 10‰ 以下となった。

　先進国における死亡率低下は栄養状態の改善，医療・衛生技術の改善とともに生じた。発展途上国の死亡率低下も同じ要因により生起したが，先進国ではこれが社会経済的発展にともなって徐々に導入され，それゆえ死亡率も長期にわたり低下するという変化であった。しかし発展途上国では先進国で開発された医療・衛生技術・方法が導入され，とくに第二次世界大戦後は先進国援助等により導入が一挙に進んで，死亡率低下が急激に生じたのである。問題は，人口転換の第 1 局面における出生率が先進国の同局面のそれをかなり上回り，死亡率が低下する第 2 局面において自然増加率が先進国水準をはるかに超えたことにある。自然増加率は平均すると 25～30‰ であり，国によってはこれを上回った。20 数年で人口が倍増する増加率である。世界人口に占める先進国と発展途上国の比率は 1950 年に 32.9 対 67.1 であったが，後者の高い自然増加率を反映して 1980 年には 25.5 対 74.5 となり，2000 年には 20.7 対 79.3 になると予想されている。発展途上国でも人口転換が急速に展開しているとはいえ，出生率と死亡率が再度低位で安定するのは 21 世紀中期であろう。発展途上国の人口規模は今後とも増加する。1975 年に 39 億 6000 万人であった世界人口は 1996 年に 57 億 5000 万人に達し，世界銀行の予想では世界の静止人口規模は 100 億人近傍となる。

　発展途上国の人口転換は，外的要因により死亡率が急激に低下し，それゆえに自然増加率が異常ともいえる高い水準で続いたことにその特徴がある。この人口をいかに吸収するかが課題である。西ヨーロッパでは農業・産業革命や新大陸への移民を通じて増える人口を吸収し，発展にともなう変化が出生率を低下させて人口問題を終息させた。しかし発展途上国の人口急増は社会経済的発展以前に生じ，しかも人口増加の規模が大きい。したがって発展途上国の開発には古典派経済学が取り組んだ人口問題がからまざるをえない。

　世界銀行の分類による低，中，高所得国のすべてにおいて合計特殊出生率の低下ならびに出生率の低下が生じた。なかでも低所得国のそれは半減した。女性が生涯を通じて生む子供の数が減少したことは，女性と出生を結びつける社会的な拘束が緩んできたことに起因する。中所得国も 4.0 を上回る水準から 2.6 にまで低下し高所得国を含む世界の合計特殊出生率は 1950～55 年の 5.0 から 1996 年には 2.8 に低下し，世界的に出生率低下への変化が観察される。1950～55 年の高所得国の合計特殊出生率は 2.84 である。中所得国はすでにこの水準に達し，低所得国もこの水準に接近した。しかし低所得国において合計特殊出生率がこれほど急速に減少したのは，避妊の普及，家族計画のゆえでもある。低，中，高所得国へと避妊手段が普及し，それにともなって出生率が低下した。低所得国でもゼロに近い普及率から最近年は 20％ 程度になり，中所得国では 50％ を超えた。人口の急増に対してこれを抑制する家族計画の導入が図られたのである。発展途上国だけでなく第二次世界大戦後の先進国の出生率の低下は，経済発展の結果のみにより生じたのではなく，文化的民族的な要因が作用したと考えられる。出生率の低下は，出生を抑制しても神を冒瀆しない，家族計画を行うことが人の道を外れたものではない，という考え方が一般化したことによって生じたのである。

　先進国の人口動態にもとづく人口転換分析によれば，一国の社会経済的条件が成熟しない限り出生率は低下しない。発展途上国でも社会経済的な変化にともなって出生率や自然増加率は低下した。しかしこれは有力な要因ではあるにしても，条件のすべてではない。発展途上国において出生率低下の有力な要因は，社会経済的変化とともに家族計画の導入でもあった。

　社会経済的発展と人為的な避妊等によって，発展途上国の人口転換の過程は急速に進展した。東アジア・太平洋地域の 30～40 年間の変化はとりわけ著しい。かつてアジアといえば貧困と停滞，伝統的な農業社会で過剰人口に悩まされる発展途上国の典型であった。しかし今やアジアは貧困と停滞から抜け出し，発展途上国の成功事例とみなされるようになった。多くのアジア諸国が人口問

序　章

題を解決して経済発展過程にのりえたのはなぜかを分析することは，いまだ多くの人々が貧困にあえいでいる発展途上国に重要な示唆を与えよう。アジアの過剰人口が発展にとって否定的にとらえられていた時代は終焉し，今日においてアジアの発展を人口動態の観点から分析することは新たな視点を提供するにちがいない。

英国に始まった産業革命が世界的に波及し，人類は圧倒的な生産力を有することになった。生産力の拡大は人口の増加を可能にし，1750年の7.3億人から今日では60億人に達した。しかし60億人の相当数が豊かな生活を享受するまでにはいたっていない。問題はどこにあるのか。先進国ならびに発展途上国の人口と経済発展についての分析から本書はこの課題に接近する。

第1章　先進国の人口動態

(1) スウェーデン，イングランド・ウェールズの人口動態

　ヨーロッパの人口動態統計はキリスト教会による教区登録簿を起源とし，北欧諸国では17世紀初期に出生，死亡等の届出義務が法制化された。他の西ヨーロッパ諸国でも19世紀中期までに同様の法制が実施された。また北欧諸国では登録された統計資料の公表が18世紀中期から始められた[1]。図1-1-1は，スウェーデンの2世紀余にわたる人口動態の記録である。死亡率[2]は19世紀初期まで30‰を超えることもめずらしくなく，凶作，流行病，戦争等により死亡率が出生率[3]を上回った時期をいくつか観察することができる。1772～73年には飢饉とそれによる流行病（赤痢，腸チフス，天然痘）のために死亡率は52.5‰に達した[4]。出生率から死亡率を差し引いた自然増加率[5]は平均すると5‰程度であった。しかし

図1-1-1　スウェーデンの人口動態（1749～1975年）

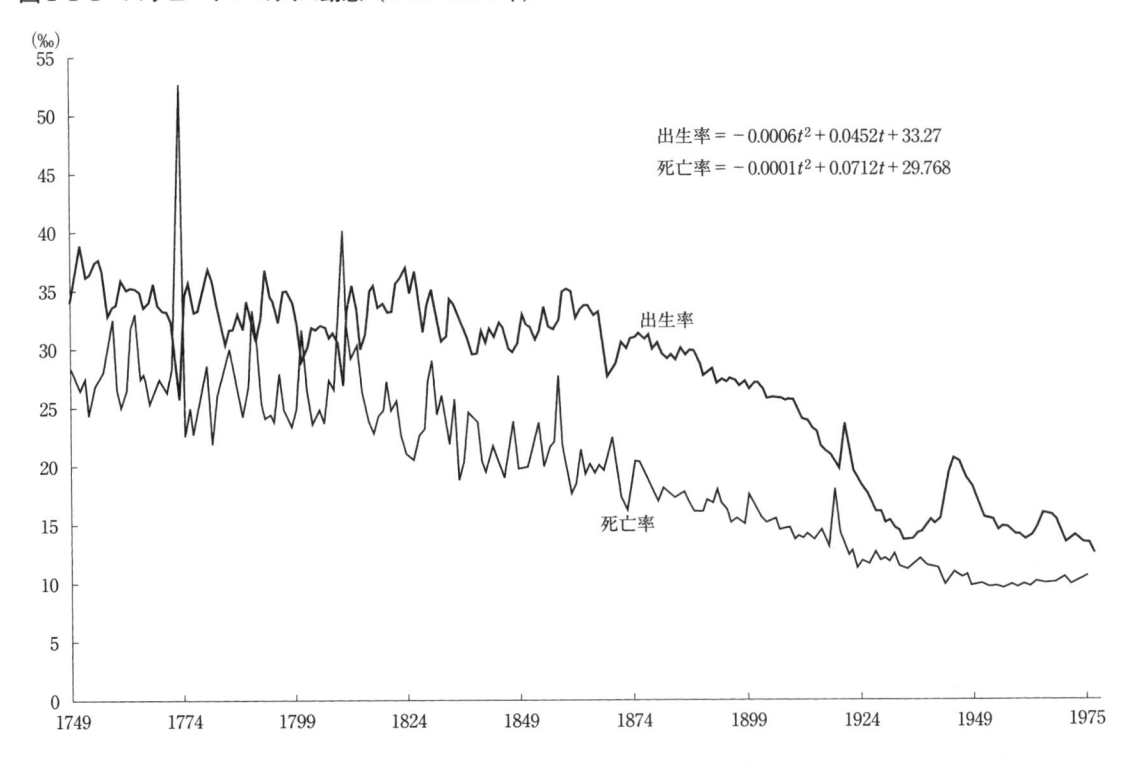

出生率 $= -0.0006t^2 + 0.0452t + 33.27$
死亡率 $= -0.0001t^2 + 0.0712t + 29.768$

（出所）　B. R. Mitchell, *International Historical Statistics*, London, The Macmillan Press, 1982.

---

1) T. H. Hollingsworth, *Historical Demography*, Sources of Association with Hodder and Stoughton, London, 1969.
2) 本書で使用する死亡率は普通死亡率であり，年央人口に対する1年間の死亡数の比率を示す。なお，総人口は年央人口である。
3) 本書で使用する出生率は普通出生率であり，年央人口に対する1年間の出生数の比率を示す。

図1-1-2　スウェーデンの人口ピラミッド

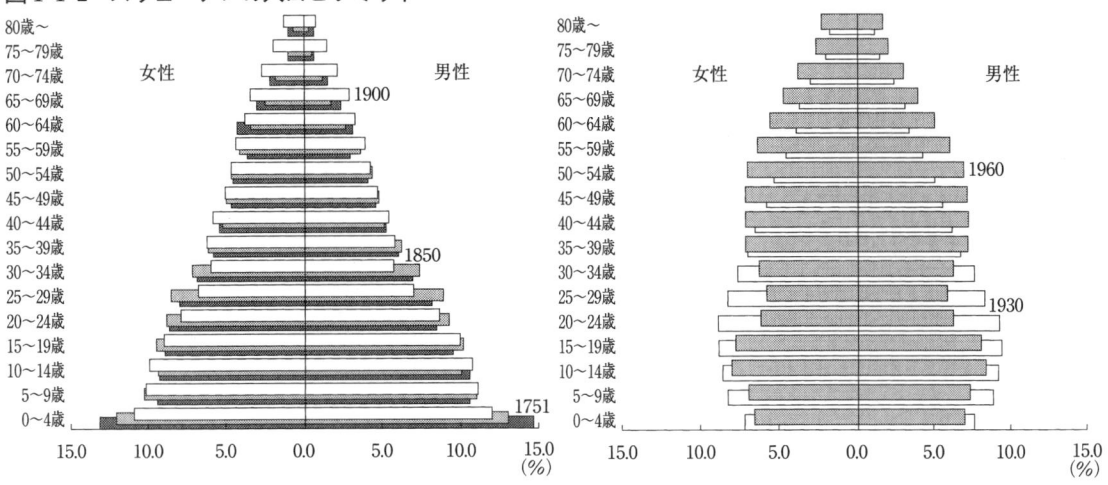

（出所）B. R. Mitchell, *International Historical Statistics*, London, The Macmillan Press, 1982.

死亡率は19世紀初頭から低下を始め，死亡率が出生率を上回ることはなくなった。死亡率は1812年以降は30‰，1876年以降は20‰を上回ることもなかった。この時期にスウェーデンでは人口が増加し，自然増加率は10‰台の前半で推移した。出生率は1740年から1850年までは大きな変動を繰り返しながらも，ほぼ30〜40‰の高率で推移していた。しかし1860年頃から低下し，1880年以降は明らかな低下傾向を観察することができる。出生率の低下幅は20世紀にさらに大きくなり，1934年には13.7‰という第二次世界大戦前の最低水準に達した。この時点で出生率と死亡率は低率で再度接近し，自然増加率も低下した。

このスウェーデンの人口動態は図1-1-2の人口の年齢構造（男女別，5歳ごとの人口数）に反映される。同図は男女年齢別人口構造を示す人口ピラミッドである。死亡率，出生率がともに高い1751年には「富士山型」で，低年齢人口の比率が高い。死亡率が低下した1850年の構造をみると乳幼児の比率が低下し，5〜40歳の人口比率が上昇した。1900年になると45歳以上の人口比率が上昇した。出生率がさらに低下した1930年にはその形状は「つりがね型」になっている。1960年には乳幼児，若年人口の比率がさらに低下する一方，中高年比率が高まって，「つぼ型」の人口構造に変化した。死亡率，出生率の長期的変化は人口構造にこのような変化をもたらし，その変化はさらに死亡率，出生率の将来動向に影響した。また若年従属人口比率（従属人口は若年人口と老年人口の和であり，生産年齢人口に対する比率を従属人口比率という）が高い「富士山型」，働き盛りの人口比率が高い「つりがね型」，老年従属人口比率が高い「つぼ型」は当該経済に及ぼす効果においても当然ながら異なる[6]。高い若年従属人口比率は，平均的家計の子供の数が多く，家計は貯蓄よりも養育のために消費に所得を向けなければならず，それゆえ貯蓄→投資→成長という成長連関は生じにくい。「つりがね型」では経済活動人口比率が高く，子供の数は相対的に少なく，所得を貯蓄にまわす余裕が生まれる。「つぼ型」は引退した老年者が貯蓄を取り崩すことにより，消費増加，貯蓄減少が生じ，経済の活力は次第に失われるであろう。死亡率低下により始まった人口転換は，後述するような社会経済的変化により生じたが，人口転換それ自体も社会経済的変化の要因となる。ヨーロッパ

4）大淵寛・森岡仁『経済人口学』（新評論，1981年）。
5）自然増加率は普通出生率から普通死亡率を差し引いた値である。これに対して社会増加は人口移動を加味した値である。
6）石南國『人口論』（創成社，1993年）。

分　析

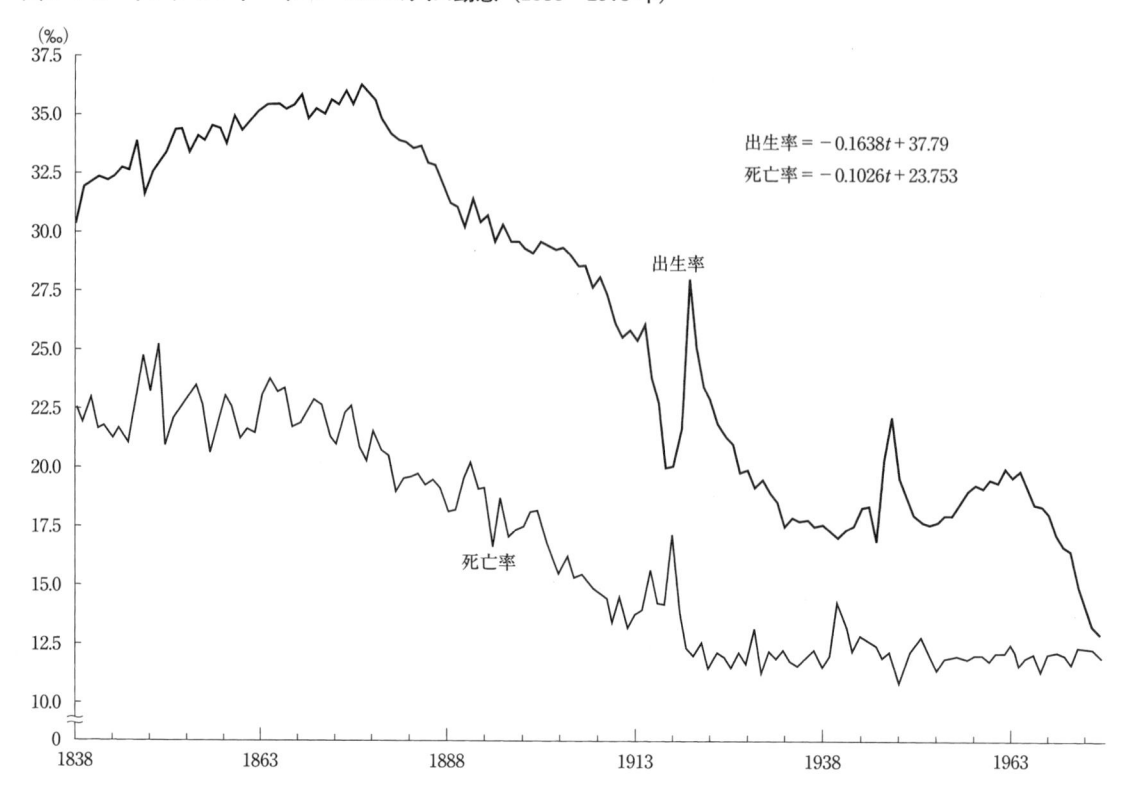

図1-1-3　イングランド・ウェールズの人口動態（1838～1975年）

出生率 = －0.1638t ＋ 37.79
死亡率 = －0.1026t ＋ 23.753

（出所）　B. R. Mitchell, *International Historical Statistics*, London, The Macmillan Press, 1982.

　の発展は人口転換もたらすとともに人口転換によって支えられたということができる。

　図1-1-3はイングランド・ウェールズの人口動態を図示してある。英国の人口動態統計は1838年から残されており，スウェーデンのそれより100年ほど期間が短い。英国の人口動態統計は死亡率の年々の変動が少なく，死亡率が低下して自然増加率が高くなった時期から始まった。これ以前の人口に関してはいくつかの推計があるが，内容的に問題も多く人口増加要因に関する論争の要因ともなった[7]。しかし一般的に認められているのは，死亡率のピークが18世紀の前半，出生率のピークが1780～1820年間のいずこかにあり，したがって人口増加は1740年代に始まり19世紀初期までつづいたという事実である[8]。また図1-1-3では，出生率が低下し，さらに死亡率と出生率が再度低位で接近して自然増加率が低下するまでの人口動態が示されている。図1-1-4の人口ピラミッドも，スウェーデンのそれと同様「富士山型」「つりがね型」「つぼ型」へと変化し，20世紀における出生率の低下とそれにともなう人口構造変化が示されている。

　スウェーデンおよびイングランド・ウェールズにおける近代以前の人口動態は，死亡率と出生率がともに高く，死亡率は戦争，流行病，災害により突発的に上昇し，これが出生率を上回るような時期が長く続いたことを予想させる。したがって人口移動を考えない自然増加率は低く，人口増加

---

7)　P. Deane, *The First Industrial Revolution*, Cambridge, Cambridge University Press, 1965（石井摩耶子・宮川淑訳『イギリス産業革命分析』社会思想社，1973年）．
8)　P. Deane, *The First Industrial Revolution*, Cambridge, Cambridge University Press, 1965（石井摩耶子・宮川淑訳『イギリス産業革命分析』社会思想社，1973年）．

第1章　先進国の人口動態

図1-1-4　イングランド・ウェールズの人口ピラミッド

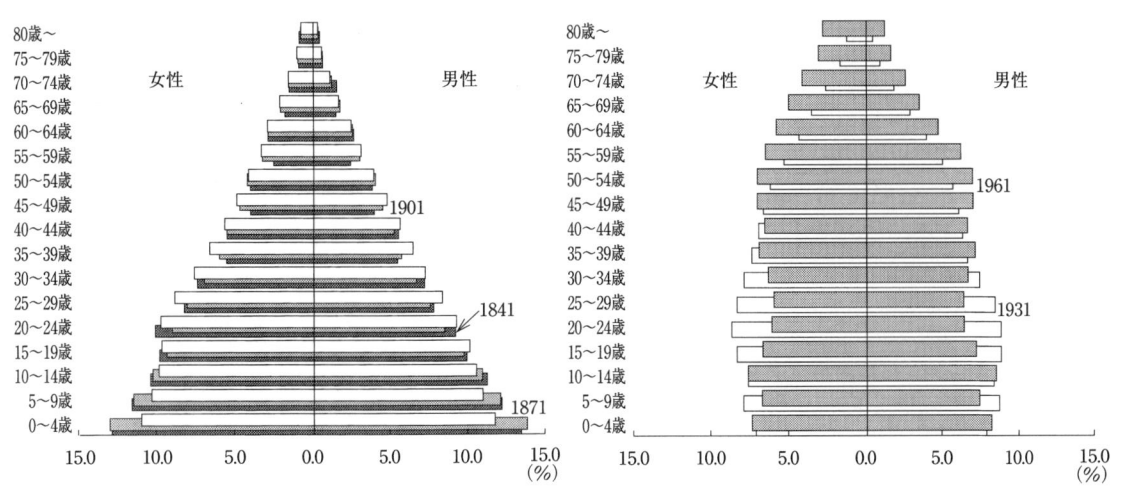

（出所）B. R. Mitchell, *International Historical Statistics*, London, The Macmillan Press, 1982.

率は長きにわたって低い値で推移した。こうした推移に変化をもたらしたのが死亡率の低下であり，イングランド・ウェールズでは18世紀前半，スウェーデンでは19世紀初期以降に始まった。出生率は高水準で維持され，イングランド・ウェールズではむしろ上昇し，歴史上初めて人口が長期的に増加する時期を迎えた。当時はこの状態がつづくとみなされ，増加する人口をいかに吸収するかが経済学者の関心となった。古典派経済学は人口増加と経済との相克を陰鬱な将来像に投影させ，人口増加率を低減させなければならないと考えた。しかし19世紀末以降，とくに20世紀には出生率は持続的な低下を開始し，人口急増の時期は終焉した。同様の推移はすべての先進国で生じ，人口の長期的変化を分析する人口転換として定式化された[9]。

(2)人口転換

図1-2-1は国連が推計した先進国の死亡率と出生率にもとづく概念図である。19世紀初期まで先進国では死亡率と出生率がともに高く，自然増加率も低い人口転換の第1局面（多産多死型）に

あった。おそらくこれ以前にはスウェーデンでみられたような，死亡率が出生率を上回る自然増加率のマイナス期，人口移動にともなう人口増加時期を経験し，人口動態は安定的ではなかったであろう。これが19世紀以降には安定期に入り，図のような推移を示すようになったとみられる。19世紀中期以降には死亡率が低下を開始し，低下幅は20世紀初期以降さらに大きくなった。出生率は死亡率が低下を始めても高率に維持され，したがって自然増加率は次第に高まる。この時期が人口転換の第2局面（多産少死型）であり，人口の急増期である。しかし出生率は20世紀以降に急速に低下し，死亡率と出生率がともに低下して自然増加率は減速する。これが人口転換の第3局面であって，最終の第4局面への移行過程に位置する。第4局面では死亡率と出生率が低位で再び安定し，自然増加率もさらに低くなる少産少死型となる。

こうした先進国の経験により定式化される人口転換は，いかなる要因によって生じたのか。人口転換論の課題は以下の3点である。①第1局面から第2局面に移行させた死亡率低下の要因，②多産少死型の第2局面の特徴をもたらす出生率の低

---

9) 大淵寛・森岡仁『経済人口学』（新評論，1981年）。

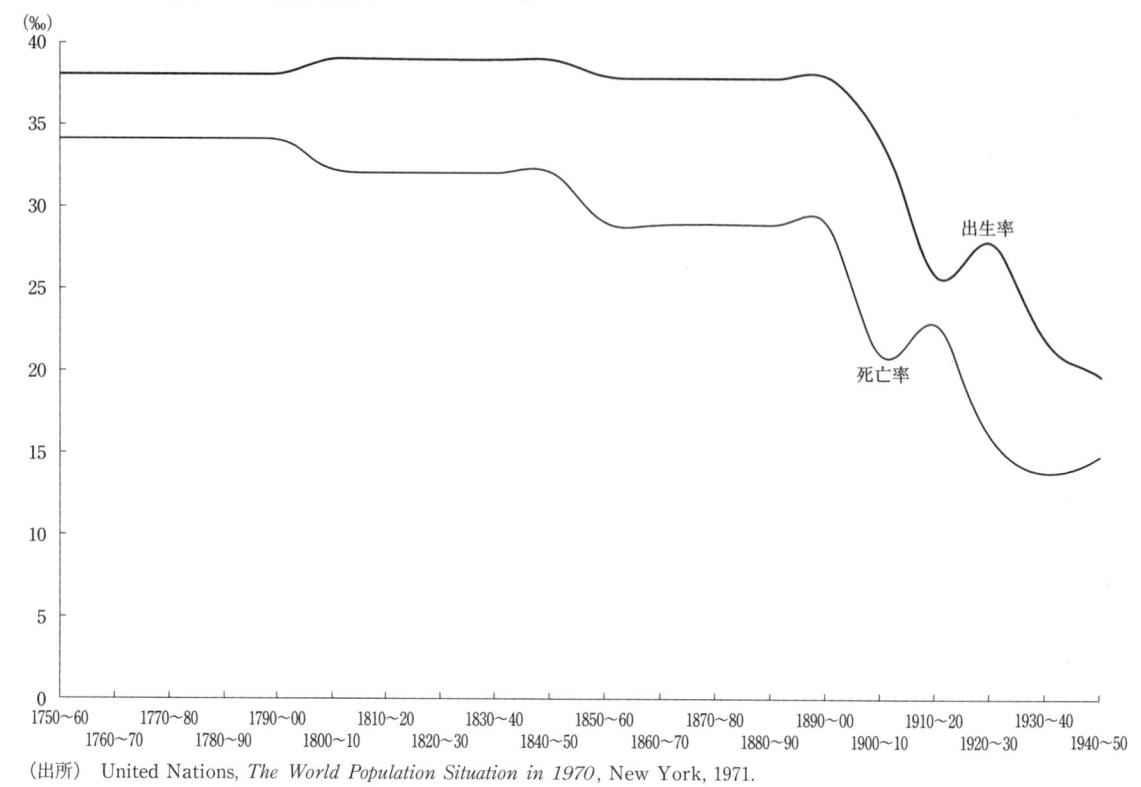

図 1-2-1　先進国の人口動態概念図（1750〜1950 年）

(出所)　United Nations, *The World Population Situation in 1970*, New York, 1971.

下の時間的な遅れの要因，③第 3 および第 4 局面における出生率低下の要因，である[10]。

　死亡率の低下要因は一般的に推測可能であり，われわれが生まれて死亡するまでの期間を延ばすにはいかにすればよいかを考えればいい。誕生するまでは母親の健康と栄養状態，誕生時には医療技術，幼児期には病気予防の医療技術，栄養が不可欠であり，これ以降も長寿のためには栄養，医療，衛生等の改善といった事情が考えられる。したがって医療や衛生のための新技術が誕生し，栄養状態の改善が可能となった時期に死亡率は低下する。西ヨーロッパでは農業革命につづく産業革命により社会的生産力が飛躍的に拡大し，科学が進歩した 18〜19 世紀に死亡率の低下が生じた。この変化はまずイングランド・ウェールズで発生した。図 1-1-3 において死亡率の低下は 18 世紀中期から始まったことがわかる。図 1-2-1 の先進国平均の死亡率は 1800〜50 年には 32‰であったが，イングランド・ウェールズではこの間に 30‰を下回った。産業革命を世界でいちはやく成し遂げ，世界に近代科学の萌芽をもたらしたイングランド・ウェールズで最もはやい時期に死亡率の低下が生じたのである。

　英国の産業革命期において人口（死亡率低下）と経済（1 人当たり生産）の 2 つは相互に関連していたことが一般的に認識されている。しかし死亡率が低下して人口が増加を開始するのが 1740 年代，経済が持続的に成長を始めるのが 1780 年代であり，したがって英国では持続的な経済成長が開始される以前にすでに人口の増加が始まっていたことになる。英国の人口動態統計はスウェーデンよりも遅れて記録された。それゆえ人口増加が死亡率低下によって生じたのか，出生率上昇によって生じたのかははっきりとせずこれをめぐっ

---

[10]　H. Leibenstein, *Economic Backwardness and Economic Growth*, New York, Wiley, 1957（三沢嚴郎監修・矢野勇訳『経済的後進性と経済成長』紀伊國屋書店，1960 年）.

て論争がつづけられてきた[11]。人口増加が出生率の上昇によってもたらされたと考える論拠は，農業革命による食糧供給の増加，結婚率の上昇，結婚年齢の低下等である。死亡率低下を人口増加の要因と考える論拠は，医薬衛生上の進歩，食糧供給増加による栄養状態の改善，伝染病の制圧，大災害の減少，天然痘予防接種の普及等である。この論争は決着がついていないが，しかし生産力の変化や医療衛生等に関する技術的発展が人口動態に影響したことは明らかであろう。

英国で始まった産業革命は18世紀後半以降に西ヨーロッパに波及し，これが死亡率低下（ないし出生率上昇をともなった死亡率低下）を西ヨーロッパにも生じさせた。先進国の離陸期の分析を行ったクズネッツは，近代経済成長の特徴は1人当たり生産と総人口の持続的な上昇が結びついていることにあると分析した[12]。近代経済成長が人口転換をもたらしてきたことを裏づける。さらにクズネッツは，持続的な経済成長にともなって人口および社会的な変化がもたらされた，と主張する。死亡率の低下は栄養状態，医療・衛生技術等の改善によって生じ，個々人にとって受動的な変化の結果である。しかし出生率は能動的な対応の結果であり，子供を何人もつかは社会的な規範，宗教，個々人の意志により決定される。したがって出生率の低下は社会的規範，宗教的価値，個人の意志の変化により生じるが，この変化には長い時間を要する。近代経済成長が始まる初期に死亡率は低下したのに対し，出生率の低下は経済成長が持続した結果として生じるがゆえに後者は前者より遅れる，と考えられる。しかし出生率低下の要因やその遅れに関しては多くの議論が展開されており，後に詳細に検討する。

いずれにしても人口転換をもたらす最重要の要因は出生率の低下である。出生率低下は西ヨーロッパの先進的な地域で最初に始まり，東，南ヨーロッパでは遅れて開始された。またヨーロッパよりも後発の日本の出生率低下はさらに遅れて始まった。しかし出生率の低下が始まり人口増加が終局するまでに要した期間は，後発国ほど短い。ドイツの人口学者マッケンロート (Gerhard Mackenroth) はこれを「局面経過加速の法則」と呼び，出生率低下の開始時期が遅いほど，その低下が完了（死亡率と出生率が低位で安定）するまでの期間は短くなると主張した[13]。この考えは，後発国ほど経済発展の変化過程が「圧縮」されるという分析に通じる。日本を含む先進国は20世紀中期までに人口転換を完了し，人口が減少する事態に直面した。しかし圧倒的な人口規模を有する発展途上国は，1950年代まで人口が急増する多産少死型にあり，出生率は依然として低下傾向を示さなかった。このことが発展途上国の人口問題として多くの論争を招いた。自然増加率が先進国の例を大きく上回り，人口が急増する一方で経済発展が遅れ，人口が発展の足かせになるという，かつてマルサスが予想したような状況が生じたのである。

(3) 経済学的視点

人口と経済発展を結びつけ両者の相互関係を分析したのがマルサス (T. R. Malthus) であり，今日でも人口問題を議論する場合に前提となる議論がこれである。マルサスは，人口はもし制限されなければ幾何級数的に増加して25年ごとに倍増するが，食糧は算術級数的にしか増加しない，それゆえ人口と食糧の比率は200年で256対9になると指摘した[14]。人口は食糧供給によって制限を受け，人口と食糧の不均衡が経済の波状的発展と貧困発生の原因となると論じたのである。マルサスによれば，人口の側では増加抑制の積極的妨げ

---

11) M. Drake, ed., *Population in Industrialization*, London, Methuen Distributed in the U. S. A. by Barnes & Noble, 1969.
12) S. S. Kuznets, *Six Lectures on Economic Growth*, New York, Free Press of Glencoe, 1959（長谷部亮一訳『経済成長―6つの講義―』巌松堂，1961年）．
13) 南亮三郎『人口理論―人口学の展開―』（千倉書房，1964年）．
14) T. R. Malthus, *An Essay on the Principle of Population : or, a View of Its Past and Present Effects on Human Happiness, with an Inquiry into our Prospects Respecting the Future Removal or Mitigation of the Evils which It Occasions*, London, John Murray, 1826（南亮三郎監修・大淵寛他訳『人口論』第6版，中央大学出版部，1985年）．

（貧困や飢餓）や予防的妨げ（結婚の延期による出生の抑制）が，食糧の側では生産拡大努力がなされてより高い水準で均衡が実現される。しかし均衡は恒久的ではなく，破られて不均衡が生じ，さらなる均衡へと向かう累積過程が経済に波状性をもたらす。マルサスは人口が経済によって規制される消極的側面と人口が経済を拡大させる積極的側面を結びつけ，両者の動態的関係を明らかにした。人口の経済に及ぼす積極面こそがマルサスの「人口原理」であった。しかし産業革命以降に急増する人口に直面し，これが終息する気配がない状況の中で，マルサスは人口のもつ消極的側面を強調する悲観的結論にいたらざるをえなかった。人口の積極的側面と消極的側面はいつの時代でもどこの国でも作用し，過剰人口が発生する可能性をマルサスは論じた。人口の経済に及ぼす悲観的視点はこれ以降の経済学に暗い影響を与え，資本主義経済は発展の天井である定常状態に達して成長を停止するとされ，これはリカード（D. Ricardo）[15]，さらにJ.S.ミル（J.S. Mill）[16]の理論的体系において公理となった。しかし1880年代から出生率が低下し，人口増加に対する認識が大きく変わった。またヨーロッパにおける生産力の拡大は，経済と人口の関係をマルサスが考えた方向には進ませなかった。19世紀後半にはマルサスへの批判が高まった。マルクス経済学，ドイツ歴史学派，新古典派が中心的な批判者であった。

　資本主義の矛盾を分析したマルクス（K. Marx）は，資本蓄積にともなって労働吸収力も増加するが，労働吸収力はたえず減少し，資本に対して労働は次第に過剰になるという相対的過剰人口論を展開した[17]。資本主義の深化において生じる資本蓄積が過剰人口をもたらし，過剰人口の増殖がさらに資本蓄積を促す，とマルクスはみなした。つまり労働者は資本蓄積の推進力であるとともに資本蓄積による犠牲者であり，資本に対する労働人口の相対的過剰が資本主義生産の人口法則であるとされた。また労働を需要する資本側の要因だけでなく，自己維持本能と生殖本能とにより労働者階級もまた増殖するとみなした。しかし資本蓄積と労働者の本能による相対的過剰人口を資本主義の特徴とするならば，社会主義社会への移行は過剰人口問題を生じさせないのであろうか。マルクスはこれには答えていない。エンゲルスは，計画された社会主義の生産力は人口増加と歩調を保ち，過剰人口問題を生じさせないと考えた[18]。この考えは旧ソ連に引き継がれ，この国は人口増加に対して楽観的な反マルサス主義を基本とした。社会主義はマルサス的ディレンマに対応できる社会組織を有し，人口圧力を生じさせないとみなされた。しかしこの考え方は後に中国で覆される。

　ドイツ歴史学派のリスト（F. List）は，普遍的な人口法則によって一国の過剰人口傾向を分析したマルサスを批判した[19]。リストは異なる発展段階は異なる生産力が対応し，人口扶養力も当然に異なり，普遍的人口法則を否定する。マルサスは世界の生産力を見誤ったがゆえに人口増加の抑制を導きだしたのであり，未利用の世界資源を活用すれば今の何倍もの人間を養うことができるとリストは主張する。自由貿易に対する幼稚産業保護論を展開するリストの論拠は後発国ドイツの先発国英国との違いであり，人口に関してもドイツの状況が根底にある。しかしリストに批判されたマルサスの人口論は，その後ドイツ歴史学派の基礎理論として取り入れられた[20]。このことが19世紀末から20世紀初頭のドイツにおける人口研究に

---

15) D. Ricardo, *On the Principles of Political Economy and Taxation*, London, John Murray, 1817（小泉信三訳『経済学および課税の原理』全2巻，岩波文庫，1952，1987年）．

16) J.S. Mill, *Principles of Political Economy*, London, John W. Parker, 1848（戸田正雄訳『経済学原理』全5巻，春秋社，1955-62年）．

17) K. Marx, *Das Kapital*, Hamburg, O. Meissner, 1867（マルクス・エンゲルス全集刊行委員会訳『資本論』全5巻，大月書店，1976年）．

18) R.L. Meek, *Marx and Engels on Malthus*, London, Lawrence and Wishart, 1953（大島清・時永淑訳『マルクス＝エンゲルス・マルサス批判』法政大学出版局，1959年）．

19) F. List, *Das nationale System der Politischen Oekonomie*, Stuttgart, Der Internationale Handel, die Handeispolitik und der Deutsche Zollver, 1841（小林昇訳『経済学の国民的体系』岩波書店，1970年）．

貢献した。また新古典派経済学へ移行した英国では人口論が経済学から消滅する一方，ドイツ歴史学派が将来へ橋渡しする役割を担うことになった。

限界革命と称される新古典派経済学の分析は，長期動態的な視点から短期静態的なものに移り，人口は与件として体系外に押しやられた。経済学は経験科学であるがゆえに，社会背景が体系に影響する。人口が急増する過程で人口論をまとめたマルサス，資本主義の矛盾を認識したマルクス，ドイツの英国との違いを強調するリスト，と同様に新古典派経済学も当時の西ヨーロッパの状況を反映した学問体系であった。西ヨーロッパでは出生率の低下が持続しもはや人口問題は存在しないという主張さえ出されるようになり，海外からの食糧輸入と技術進歩による収穫逓減の阻止によりマルサス的過剰人口は消滅したとみなされた。新古典派経済学の分析が人口から離れたのはそのためであろう。

出生率の低下による人口増加率の減少は20世紀において一層顕著となり，むしろ過少人口への危機感が生じた。そうした中で適度人口論が展開された。しかし適度人口論は1920年代以前の人口思想にほとんど影響を与えなかった[21]。人口増加率の減少が経済に及ぼす影響を論じたのはケインズ（J. M. Keynes）であった。当初，ケインズはマルサスの人口論を基礎として人口過剰による経済危機を分析した[22]。第一次大戦後のヨーロッパの不安定要因，ロシア革命の要因，米国の余剰農産物消滅等のヨーロッパへの影響はすべて過剰人口問題ゆえとケインズは主張した。ケインズが過剰人口から過少人口へと視点を変える契機となったのは，1929年に始まる世界恐慌であった。ケインズは人口の減退による投資機会の不足を分析したのであるが，その理論的基礎はマルサスの有効需要論にあった[23]。ケインズは理論的に不十分であったマルサスの有効需要論を開花させた。彼は有効需要の不足が恐慌の原因であり，有効需要増加は資本需要の拡大によって補填されると考えて資本需要の源泉を分析した。資本需要は人口，生活水準，資本技術に依存し，1860～1913年間における資本需要は人口増加と生活水準の改善により生じ，技術変化はわずかであったとした。1930年代には人口転換にともなう人口増加の低減と資本節約的技術進歩が資本需要を大幅に減少させ，恐慌にいたったと分析した。それゆえ財政政策と金融政策を通じての有効需要増加を提案したのである。また人口増加は企業家に楽観的見通しを与え，過剰投資がなされても人口増加がやがて需給均衡をもたらすという期待のゆえに資本需要を顕著に増加させる。これとは逆に人口増加率の減退は将来の見通し悲観的なものとして投資需要を減少させて，有効需要にマイナス要因となる。ケインズは過剰人口の経済に与えるマイナス効果を「マルサスの悪魔P」，過少人口の経済に与えるマイナス効果を「マルサスの悪魔U」と命名し，後者はより経済にとって脅威になると考えた[24]。しかしケインズは有効需要を通じて人口が経済に与える効果を分析しただけであり，人口それ自身が経済に与える効果を分析していない。

ケインズの人口に関する考え方は米国に影響を与え，ハンセン（A. H. Hansen）によって展開された。ハンセンは発明，新領土および新資源の発見，人口増加が経済発展の要因であり，1930年代の世界的な恐慌は人口増加と新領土・新資源の発見が滞ったことが原因であるとみなした[25]。とくに19世紀後半において総資本形成のうち西ヨー

---

20) 南亮三郎『人口理論—人口学の展開—』（千倉書房，1964年）．
21) J. J. Spengler and O. D. Duncan, *Population Theory and Policy*, Illinois, Free Press, 1956.
22) J. M. Keynes, *The Economic Consequences of the Peace*, London, Macmillan, 1919（早坂忠訳『平和の経済的帰結』東洋経済新報社，1977年）．
23) J. M. Keynes, *The General Theory of Employment, Interest and Money*, New York, Harcourt, Brace and Co., 1936（塩野谷九十九訳『雇用・利子および貨幣の一般理論』東洋経済新報社，1955年）．
24) 大淵寛・森岡仁『経済人口学』新評論，1981年．
25) A. H. Hansen, *Fiscal Policy and Business Cycle*, New York, W. W. Norton & Co., Inc., 1941（都留重人訳『財政政策と景気循環』日本評論社，1950年）．

ロッパでは約40％，米国では約60％が人口増加により生じ，人口増加率低下の経済に及ぼすマイナス効果がいかに大きいものであったかを論じた。人口増加が資本形成に効果があるとみなすハンセンの論拠は，急速な人口増加は多額な資本を必要とするのに対して，人口増加率の低減は老齢人口比率を高めるとともに必要資本額の低い個人サービス部門に需要を移転させる。つまり人口増加率の変化は需要構造を変化させ，経済を停滞させる要因になると考えたのである。またハンセンは人口増加の停止を楽観的に考えてはならず，経済発展・資本蓄積・人口増加の因果関係を重視すべきであると主張した。以上のようなケインズやハンセンの考え方は論理的な根拠においてなお曖昧である。また東アジアの経済発展が要素投入型であり，技術進歩によって牽引されたものではなかったがゆえに経済的な基礎は脆弱であるという議論に対する反論になりそうであるが，これに関しては後章の東アジアの人口動態分析で検討する。

　ケインズは経済学の中に人口を積極的に取り入れたが，現存する資本と労働の完全使用をいかに図るかが関心の中心であり，方法論的には短期静態分析であった。投資の拡大が長期的に生産力効果を発揮して新たな均衡点に向かうという成長分析には欠けるところがあった。投資は短期的には需要効果により完全雇用をもたらすとしても，長期的には生産力拡大を通じて雇用にもたらす効果は不明である。ケインズの分析を長期動態分析に展開したのがハロッド（R. F. Harrod）とドーマー（E. D. Domar）であった[26]。ハロッドとドーマーの分析では，完全雇用を維持するためには実質総需要の成長率が人口増加率に労働生産性成長率を加えた値に等しくならなければならない。この成長率を自然成長率（G_N）とし，現実の成長率が自然成長率を上回ったとしても長期的には後者に収斂する。またこの国の生産力が資本ストックに比例するならば，資本ストックの増加はこれに産出・資本比率を乗じた値に等しい生産力の増加をもたらす。また毎年の資本ストック増分は毎年の投資に等しく，それゆえ投資は同様に生産力の増加をもたらす。これが均衡するためには生産増分と等しい需要増加が必要であり，そのために所得も投資と同じ割合で増加しなければならない。この成長率を適正成長率（G_W）とし，均衡を保証するという意味で均衡成長率とも呼ばれた。現実の成長率が適正成長率を上回る状況では，均衡成長からはずれて加速度的に経済が拡大し，逆の場合は経済が収縮する。しかし現実の成長率は自然成長率に収斂する。また均衡成長を実現するためには，自然成長率と適正成長率が等しくなけらばならない。この場合には完全雇用を維持する成長が可能である。適正成長率が自然成長率を上回った場合には，人口増加や画期的な技術革新による生産性改善が生じない限り，労働不足により両者は収斂する。逆の場合は好景気が物価騰貴をもたらし，これが投資増加につながるならば前者と同じ過程をたどる。このようにハロッド＝ドーマーの長期動態分析は人口増加が自然成長率を規定し，長期均衡成長を実現する要因とみなされた。

　以上のように先進国の現実の人口動態に呼応して，人口に関する経済学者の考え方は変化した。しかし経済学における人口論の位置づけは，マルサスのそれを超えることはなかった。ところが1950年代に発展途上国研究が深化し，人口論は再び経済学体系の中で中心的地位を得ることになった。発展途上国における急速な人口増加と低成長は，先進国へのアプローチとは異なる人口分析を必要としたのである。

(4) 出生力の分析

ライベンシュタイン・モデル

　発展途上国の状況分析から新しい人口理論が芽生えたが，その典型がライベンシュタイン（H. Leibenstein）のモデルであった。人口転換論は一貫した理論的枠組みを欠き，とくに出生の分析が

---

[26] R. F. Harrod, *Towards a Dynamic Economics*, London, Macmillan, 1948（高橋長太郎・鈴木諒一訳『動態経済学序説』有斐閣，1953年）；E. D. Domar, *Essay in the Theory of Economic Growth*, London, Oxford University Press, 1957（宇野健吾訳『経済成長の理論』東洋経済新報社，1959年）.

図1-4-1 所得水準と子供の効用・不効用

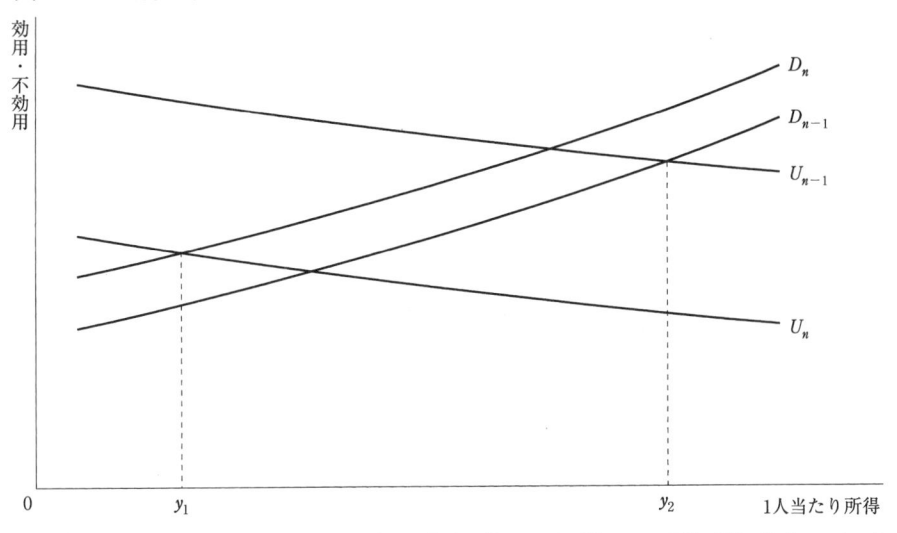

(出所) H. Leibenstein, "An Interpretation of the Economic Theory of Fertility," *Journal of Economic Literature*, Vol. 12, No. 2, June 1974.

不十分であることを批判してライベンシュタインは独自の出生力理論を明らかにした[27]。夫婦が望ましい子供の数を決定するに際しては追加的な子供から得られる効用と不効用を均衡させる、という主張である。夫婦が追加的な1人の子供を産むか否かは、追加される子供の限界効用がその限界不効用を上回る場合であり、下回る場合には追加的な子供の出生はあきらめられる。追加的な子供をもつことによって得られる効用は、第1には、子供を生み育てたいという本能を充足させる効用であり、子供を消費財とみなしその消費によって満たされる充足感である。第2は、子供が稼ぐ所得や労働（家事等）により満たされる効用であり、子供を生産手段とみなしその生産活動から得られる効用である。第3は、保障の源泉としての効用であり、親が自分の老後を子供に託すことを期待して得られる効用である。子供をもつことによる不効用は、子供を育てる直接費用と間接費用から生じる。直接費用は養育、教育等の費用である。間接費用は母親が出産や育児のために職を放棄することによる機会費用、子供が働かずに教育を受けることによって生じる機会費用である。

図1-4-1は、縦軸が効用と不効用の大きさ、横軸が1人当たり所得水準（親の所得）である。消費効用と同じく子供をもつことによって得られる効用にも限界効用逓減の法則が適用され、子供の数が多くなれば追加的な子供によって得られる効用は小さくなる。図のn番目の子供の効用曲線 U_n が $n-1$ 番目の子供の効用曲線 U_{n-1} の下位にあるのはこのことを示している。不効用は逆であり、子供の数が少ないほど不効用は小さく、したがってn番目（D_n）よりも$n-1$番目（D_{n-1}）の子供の不効用曲線が下方にある。また効用曲線が右下がりであるのは、所得水準の上昇にともなって子供から得られる効用が低下することを示している。子供をもつことの本能充足効用は一般的には所得と関係ない。しかし経済発展による社会変化は子供をもつことに関する意識を確実に変化させる。たとえば日本でもかつては子供をもつことが社会的な規範として厳然と存在していたが、現在では子供をもたないという選択も可能となった。第2の子供の稼ぎや労働への期待も、経済発展にともなって親の所得が上昇するとともに小さくなる。第3の効用は、所得水準の上昇により親が自

---

[27] H. Leibenstein, *Economic Backwardness and Economic Growth*, New York, Wiley, 1957（三沢巌郎監修・矢野勇訳『経済的後進性と経済成長』紀伊國屋書店、1960年）．

らの蓄えによって老後の準備ができ，また社会保障制度が充実することにより小さくなる。それゆえ所得が上昇するほど子供から得られる効用全体は逓減する。

また右上がりの不効用曲線は，所得増加にともなって子供をもつことによる不効用が大きくなることを示している。経済発展により高等教育を受けた人材の雇用が増加し，親は子供により多くの教育を与えるようになり，教育費用は大きくなる。養育費用も同様である。日本では生活が豊かになり基本的な衣食住に関係する費用が増加するだけでなく，新たに塾，習いごと，道具（パソコン，ピアノ等）の費用もかかるようになっている。経済発展にともなって労働市場が逼迫し，女性の教育機会の拡大とともに女性の就業機会がふえる。したがって女性が就業をあきらめることによって生ずる機会費用が高まり，この間接費用の増加により子供の数を減少させたり子供をもたないという選択がなされるようにもなる。

図1-4-1において1人当たり所得水準がy_1以下の場合，効用U_nが不効用D_{n-1}を上回っており親はn番目の子供をもつ。所得がy_1の水準から上昇するとn番目の子供の不効用は効用よりも大きくなり，それゆえn番目の子供を生むことはない。所得がy_1を超えてもy_2までは$n-1$番目の子供の効用は不効用を上回っており，それゆえ$n-1$番目の子供を生むという選択がなされる。さらに所得が上昇するとともに追加的に出産する子供は$n-2$，$n-3$のように少なくなる。したがって所得水準の上昇とともに平均的な家計における子供の数は減少する。出生率低下はこうした出生に関する効用と不効用の変化から生じる。

ライベンシュタインの出生力に関するモデルは長期的な発展（所得水準変化）を視野に入れており，先進国だけでなく発展途上国の人口動態を考えるうえで参考的価値がある。しかし1950年代当時の経済学者はこのモデルにあまり注意を払わなかった。モデルとして精緻化されていなかったからである。1960年代以降にはベッカー（G. S. Becker）などによりミクロ経済理論を援用した出生力に関する分析がなされた。しかし出生力の分析は発展したものの，経済発展にともなって長期に変化する人口動態の分析にはなお不十分であった[28]。経済発展により所得が増加すれば消費支出も増加するという経済理論を前提にすると，先進国化するほど子供の数や出生率が低下する現象と矛盾する。したがってモデルの仮説が先進国，とくに米国を念頭にして構築され，知的なゲームを行っているという批判もされた。こうした中で1973年にイースタリン（A. J. Easterlin）が経済学と社会学を結びつけ，低開発段階から先進国へ向かう長期動態変化を展望したモデルを発表した。

イースタリン・モデル

イースタリンは出生力を決定する要因を以下の3つであるとした[29]。意識的な出生力調整が行われない場合の出生数つまり子供の自然潜在供給（Cn），親が希望する子供の数（需要される子供の数，Cd），出生力調整に要する費用である。図1-4-2がイースタリン・モデルの説明である。横軸は時間，縦軸が子供数，Cは実際の子供の数を示す。

発展の初期段階においては，子供の自然潜在供給力はその劣悪な栄養状態，医療・衛生状態のゆえに低い。親が希望する子供の数は，ライベンシュタインが考えたように追加的な子供をもつことによって得られる効用が高いがゆえに多くなり，また自然潜在供給力が低いがゆえに多くなる。実際の子供の数は自然潜在力により規定され，親が希望（需要）する数よりも少なくなる。それゆえ需要超過の状態となる。発展段階が進むと栄養状態，医療・衛生技術の改善により子供の自然潜在供給力は上昇する。逆に親の希望する子供の数は効用の減少と不効用の増加により減少する。m点以降は親が希望しない子供，つまり超過供給sXが生じる。超過供給の初期段階（mとhの間）では，出生調整を行う費用が希望しない子供の不効用よりも大きく，実際の子供の数は自然潜

---

28) 大淵寛・森岡仁『経済人口学』(新評論, 1981年)．
29) A. J. Easterlin, *Population and Economic Change in Developing Countries*, Chicago, University of Chicago Press, 1980.

図1-4-2 イースタリン・モデル

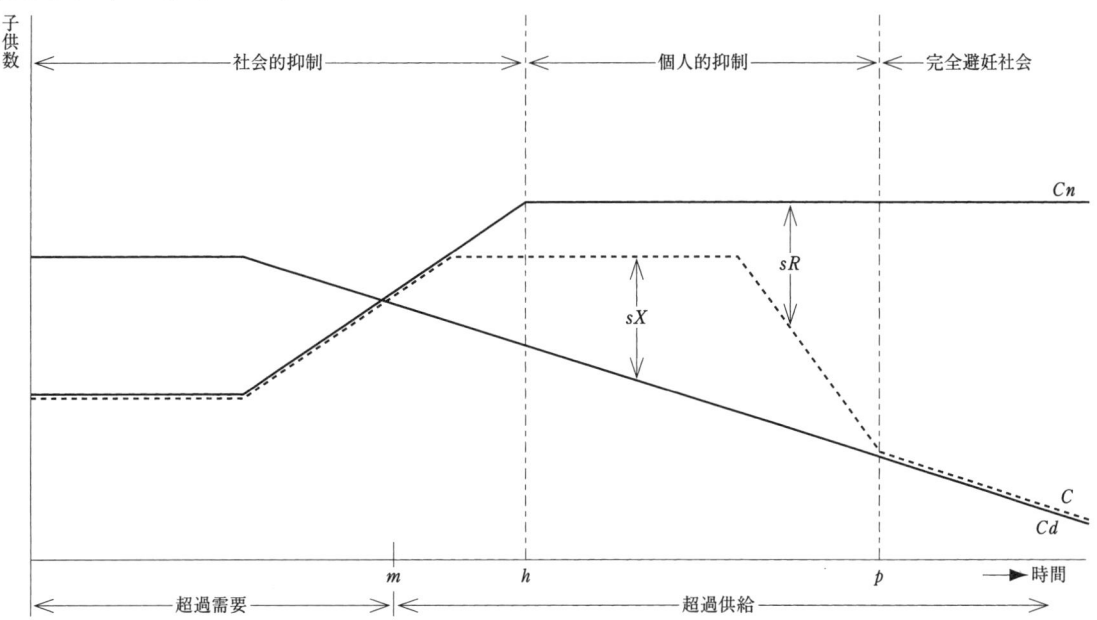

(出所) A. J. Easterlin, "The Economics and Sociology of fertility : A Synthesis," in C. Tilly, ed., *Historical Studies of Changing Fertility*, N. J., Princeton University Press, 1978.

在供給力に制約される。しかし h を超えると希望しない子供の不効用が出生力調整費用を上回り、出生が自発的に調整されるようになる。したがって実際の子供の数は次第に親が希望する数へと向かう。sR は出生力調整により生まれなかった子供の数である。しかし出生力調整費用が無視しうるほどに小さくなるまでは希望しない子供が存続する。所得増加により調整費用が小さくなり、p 点以降に実際の子供の数と親が希望する子供の数が避妊等の結果、一致することになる。

イースタリン・モデルでは、発展の初期段階では社会・生物学的メカニズムが作用する自然潜在出生力により出生力が調整され、発展とともに出生力の調整は社会的抑制から個人的抑制へと転換する、と考えられている。伝統的な規範に支配された出生力決定メカニズムが、個人による決定メカニズムに変貌していく過程が示される。またイースタリンは出生力の経済学が対象とする出生力抑制の動機づけ、その方法、媒介変数（性交頻度、自発的禁欲、避妊方法等）は先進国の状況を説明できるだけであり、子供の数に関して超過需要が存在する発展の初期段階では社会学的接近が重要であると主張する。図1-4-2の h の左側が社会学の領域であり、右側が経済学の領域である。ゆえに長期的な人口動態分析は社会学と経済学の両面から行われなければならないという。この分析は発展発途上国の人口分析に有効であり、また家族計画による調整費用の削減は m, h, p 点の間隔を狭め、政策的な人口転換への可能性を高める。イースタリンの分析は経済的要因に社会的、生物学的要因を含み、人口推移は社会の総合的な変化の帰結であるとみなされる。

(5) 出生力変化の実態

ヨーロッパでは出生率低下に直面し、19世紀中期以降にその要因に関する分析が始まった。その多くが、たとえばフランスでは独特の遺産分割性、あるいは文明説、ドイツでは福祉説といった各国独自の要因によって説明された。多種多様な要因が列挙されたが、それらは次第にライベンシュタインが分析したような発展にともなう要因へと集

分　析

図 1-5-1　1人当たり生産と農業生産シェア

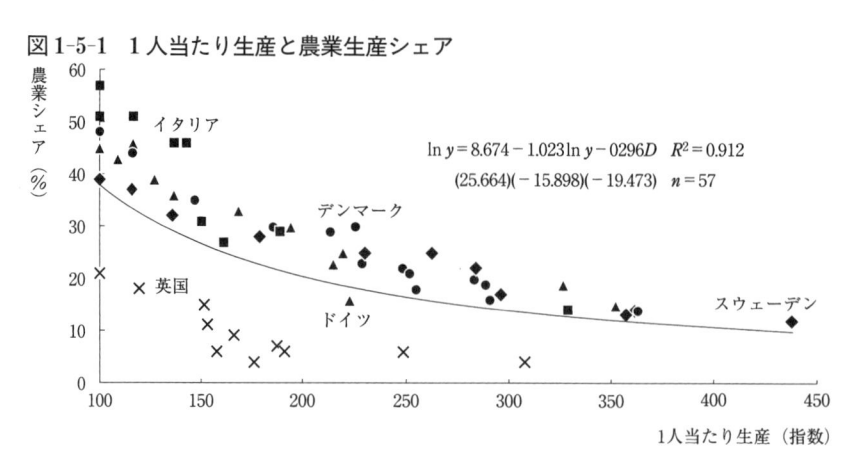

$\ln y = 8.674 - 1.023 \ln y - 0296D$　$R^2 = 0.912$
$(25.664)(-15.898)(-19.473)$　$n = 57$

横軸：1人当たり生産（指数）
縦軸：農業シェア（％）

プロット：イタリア■、デンマーク●、英国×、ドイツ▲、スウェーデン◆

（出所）　B. R. Mitchell, *International Historical Statistics*, London, The Macmillan Press, 1982.
（注）　1人当たり生産は各国の実質GNPである。
　　　対象期間は英国×（1851～1961年），ドイツ▲（1882～1939年），イタリア■（1861～1961年），スウェーデン◆（1870～1940年），デンマーク●（1870～1960年）。

図 1-5-2　1人当たり生産と死亡率

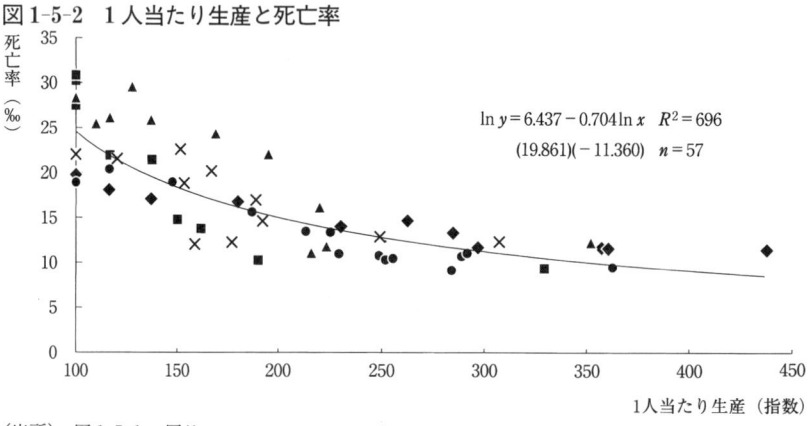

$\ln y = 6.437 - 0.704 \ln x$　$R^2 = 696$
$(19.861)(-11.360)$　$n = 57$

横軸：1人当たり生産（指数）
縦軸：死亡率（‰）

（出所）　図1-5-1に同じ。
（注）　図1-5-1に同じ。

図 1-5-3　乳児死亡率と死亡率

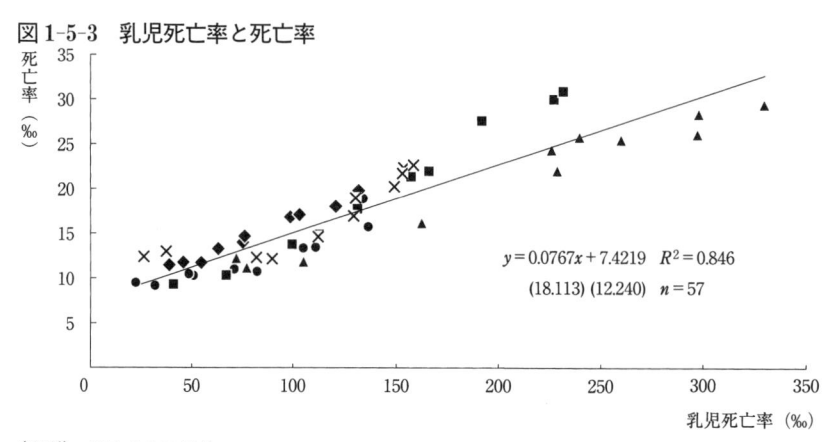

$y = 0.0767x + 7.4219$　$R^2 = 0.846$
$(18.113)(12.240)$　$n = 57$

横軸：乳児死亡率（‰）
縦軸：死亡率（‰）

（出所）　図1-5-1に同じ。
（注）　図1-5-1に同じ。

約されていった。経済発展が出生に関する個人的な側面に及ぼす影響には，乳児死亡率（出生1000人当たりの1歳未満の死亡数である。1～4歳までの死亡数は幼児死亡率という）低下（子供が乳幼児期に死亡しなくなったために出生を抑制する），教育機会の拡大（子供の養育費用増加，女性の教育機会拡大が女性の社会社会進出を促し，これにより出生に関する考えが変化する），教育期間の長期化（養育費用増加，女性の社会進出が結婚年齢を引き上げて，出生を抑制する），老齢保障を含む社会保障制度の確立，避妊方法の改善と費用減少等がある。先進国の歴史統計では以上のような項目がすべてそろっているわけではなく，統計的な裏づけはなお不十分である。

出生率低下の要因分析のために必要な統計は1人当たり実質所得であるが，ヨーロッパで総生産およびその実質額が統計として発表され始めたのは1850年代からである。英国（1851～1961年），ドイツ（1852～1939年），イタリア（1861～1961年），スウェーデン（1870～1940年），デンマーク（1870～1960年）でいちはやく整備され，この5ヵ国を分析対象とした。ただし各国の為替レートを合わせる基準がないために，1人当たり実質生産の初年を100とした。また最終年が第二次世界大戦前になっている国があるのは，統計が不連続であるからである。図1-5-1は1人当たり生産増加が工業部門の発展，したがって伝統的な農業部門生産の相対的低下から生じたことを示している。産業革命を最初に達成した英国の農業生産シェアはすでに20％程度までに低下し，製造業部門の発展が示唆される[30]。同国の農業生産シェアは生産増加にともなって低下し，近年では5％水準でほぼ均衡水準となっている。他の4ヵ国の当初の状況はイタリアの60％からスウェーデンの40％の間にあり，19世紀中期には今日の発展途上国なみに伝統部門の比重が高かった。これ以降は同水準から低下し，とくに20世紀に入って急速に低下した。伝統部門にかわって近代部門が発展し，1人当たり生産が増加したのである。また図1-5-1では英国を除いた4ヵ国の農業生産シェアは10％を上回り，今日では英国と同様に一桁となっている。こうした変化が19世紀から第二次世界大戦後までつづく長期的な過程であった。

図1-5-2は死亡率と1人当たり生産との関係を示している。起点の死亡率はイタリア，ドイツで30‰，他の3ヵ国は20‰で，すでに死亡率の低下が始まっていた。しかし5カ国とも1920～30年代までにほぼ10‰の水準に低下し，第二次世界大戦後には1桁の水準に達した。死亡率低下は衛生，医療技術，栄養改善によってもたらされるが，関連統計の不備からここでは1人当たり生産との関係を図示した。しかし衛生，医療，栄養の状態は経済発展により著しく改善されることを考慮するならばこの図の意味は明瞭である。図1-5-2では各国の死亡率が1人当たり生産増加とともに低下していることがわかる。先進国の発展過程では死亡率低下が発展とともにもたらされたのである。ただし死亡の最大の原因であった感染症の治療技術の多くは20世紀に入って普及したものであり，18～19世紀の死亡率低下の要因としては説得力に欠けるという指摘がある[31]。しかし死亡率低下は発展の総合的な要因の結果であり，感染症の治療技術はなくても近代医学の発展は感染を予防する方法をもたらし，また栄養状態の改善による体力増強は感染を防いだにちがいない。さらに高い死亡率の主要因は高い乳児死亡率であり，乳児死亡率の低下は確実に死亡率を低める。図1-5-3は乳児死亡率と死亡率が高い相関関係にあることを示している。

乳児死亡率と1人当たり生産との関係は死亡率と1人当たり生産の関係とほぼ同様の推移を示していることが図1-5-4にみられる。統計起点の死亡率が高いドイツ，イタリアの乳児死亡率は200～300‰の水準にあり，誕生して1年未満で死亡する子供の数は多かった。経済発展による栄養状態や医療，衛生技術の改善がこれを急速に低下させ，スウェーデンでは1890～1900年代に2桁になった。他の4ヵ国も1920～30年代には2桁に

---

30) 図1-5-1では英国の数値にダミー変数を入れて計算したものである。これによって決定係数は0.305から0.912になった。
31) 西田茂樹「医療・衛生技術の革新と人口」（総合研究開発機構編『世界の人口動向と政策課題』1985年，第7章）。

分　　析

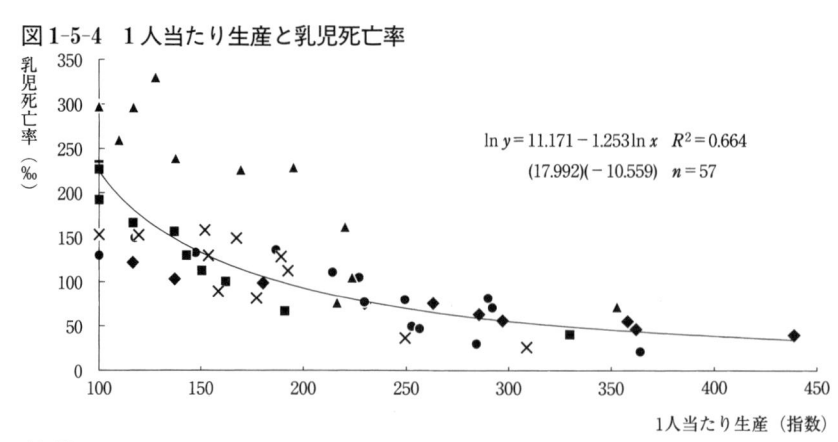

図 1-5-4　1人当たり生産と乳児死亡率

$\ln y = 11.171 - 1.253 \ln x$　$R^2 = 0.664$
(17.992)(−10.559)　$n = 57$

(出所)　B. R. Mitchell, *International Historical Statistics*, London, The Macmillan Press, 1982.
(注)　1人当たり生産は各国の実質 GNP である。
　　　対象期間は英国×（1851～1961年），ドイツ▲（1882～1939年），イタリア■（1861～1961年），スウェーデン◆（1870～1940年），デンマーク●（1870～1960年）。

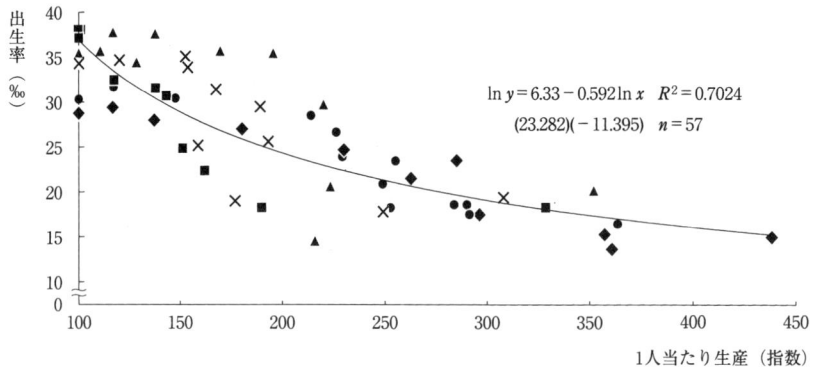

図 1-5-5　1人当たり生産と出生率

$\ln y = 6.33 - 0.592 \ln x$　$R^2 = 0.7024$
(23.282)(−11.395)　$n = 57$

(出所)　図 1-5-4 に同じ。
(注)　図 1-5-4 に同じ。

図 1-5-6　乳児死亡率と出生率

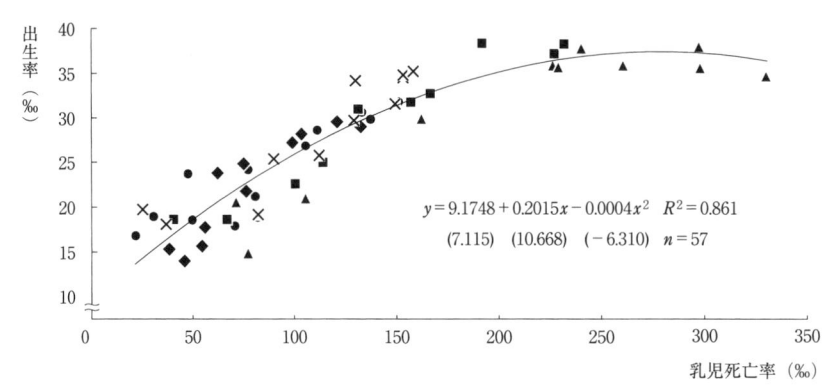

$y = 9.1748 + 0.2015 x - 0.0004 x^2$　$R^2 = 0.861$
(7.115)　(10.668)　(−6.310)　$n = 57$

(出所)　図 1-5-4 に同じ。
(注)　図 1-5-4 に同じ。

第1章　先進国の人口動態

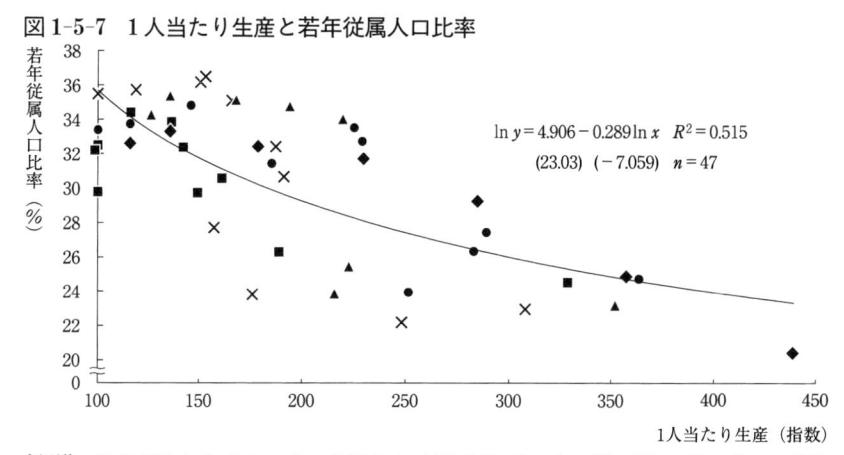

図1-5-7　1人当たり生産と若年従属人口比率

$\ln y = 4.906 - 0.289 \ln x \quad R^2 = 0.515$
$(23.03) \quad (-7.059) \quad n = 47$

（出所）　B. R. Mitchell, *International Historical Statistics*, London, The Macmillan Press, 1982.
（注）　1人当たり生産は各国の実質GNPである。
　　　対象期間は英国×（1851〜1961年），ドイツ▲（1882〜1939年），イタリア■（1861〜1961年），スウェーデン◆（1870〜1940年），デンマーク●（1870〜1960年）。

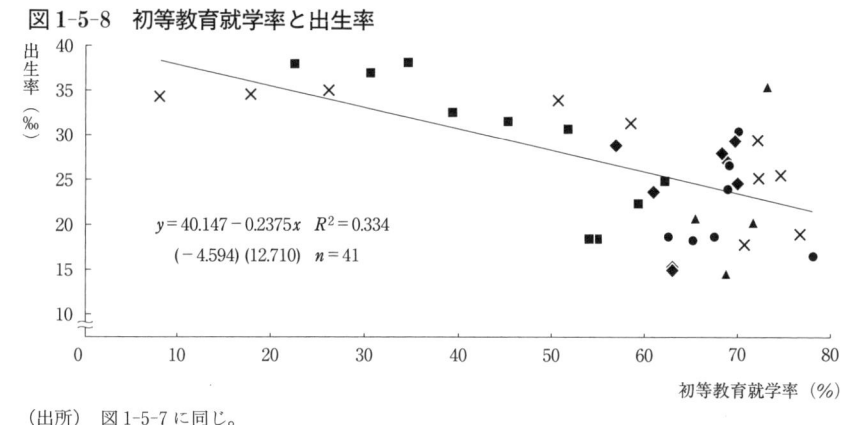

図1-5-8　初等教育就学率と出生率

$y = 40.147 - 0.2375x \quad R^2 = 0.334$
$(-4.594) \quad (12.710) \quad n = 41$

（出所）　図1-5-7に同じ。
（注）　図1-5-7に同じ。

なり，今日では1桁の水準に達している。貧困等の社会経済的影響は弱者である乳児に典型的に反映される。乳児死亡率は今日の発展途上国でも社会経済的な発展指標として重視されている。

出生率と1人当たり生産の関係をみたのが図1-5-5である。19世紀中期における各国の出生率は英国をはじめとしてすべて高水準にあり，イタリアでは40‰に近い水準であった。これ以降出生率は生産増加にともなって低下し，出生率低下に生産増加が強く影響してきた。しかし20世紀に入る直前の1900年においても出生率は27〜35‰の水準にあり，20‰を下回ったのはスウェーデンや英国で1920年代，ドイツ，デンマークでは1930年代，イタリアは第二次世界大戦後の1950年代であった。また図1-5-5の統計最終年の水準は15〜20‰であり，先進国で死亡率と出生率が低水準で再度均衡に達したのは第二次世界大戦後のことであった。1960年代に米国を中心とした先進国において出生力の経済学が盛んになるのは，1950〜60年代にこれら諸国において低出生率に直面したからである。先進国はこの時期にようやく人口転換の第4局面に達した。かくも長期にわたって出生率は死亡率から乖離し続け，人口が増加してきたのである。

乳児死亡率および出生率の低下は1人当たり生産増加と高い関係を有している。図1-5-6がそれ

を示している。乳児死亡率低下は子供の生存率を高め，家族や地域あるいは国家の人口を維持，増加をかつてより少ない子供で可能とする。社会的変化に対して人口の考えや認識の変化は緩慢であり，乳児死亡率が低下して出生率が低下し始めるまでには時間的な遅れがある。このことが死亡率と出生率の乖離をもたらす。しかし乳児死亡率が一層低下し，個人的，社会的にこの変化が認識されるようになれば出生への影響が強まり，これを低下させる方向へと導く。また出生率の低下は女性の肉体的負担を軽減するとともに子供の数の減少により時間的な余裕をつくりだす。このことが女性労働の活用とあいまって女性の社会進出や教育機会の拡大をもたらし，出生率低下の要因となる。図1-5-7は生産人口（15～64歳）に対する若年人口（0～14歳）の比率（若年従属人口比率）と1人当たり生産との関係を示している。生産増加にともない若年人口比率は低下し，平均的な家計の子供の数は着実に減少したことが示される。

出生率と初等教育就学率（当該年齢人口に占める教育を受けている人口の割合）の関係から，子供をもつことによる直接的費用の増加，つまり不効用の拡大が出生率に及ぼす効果をみてみよう。しかし就学数を人口構造から得られる就学年齢人口で除した値は，各国の就学年齢の違いと人口構造が5歳刻みの統計であるために国によっては正確な結果を得られない。図1-5-8をみるとそれを示し，英国とイタリアでは初等教育就学率と出生率にある程度相関がみられるが，他の国の推移は明瞭な傾向が見出せない。また結婚率と出生率の関係も有意の相関を示さない。人口転換の第2局面における人口増加を抑制する手段としてマルサスは晩婚を奨めた。しかし各国の結婚率の歴史的推移にはその時々の社会的風潮等が影響し，10％から20％の範囲で上下変化している。今日の先進国の結婚率は1桁となり，これと結婚年齢の上昇が低出生率に影響している。しかし歴史的には出生率と結婚率には強い相関関係を見出すことはできない。都市化（総人口に占める都市人口の割合）と出生の関係も各国の都市人口比率統計がないために分析できなかった。しかし後章で，先進国における都市化もまた人口転換に影響してきたことを明らかにする。

このように人口転換を規定する出生率の低下には経済発展要因とともに社会的要因を考慮しなければならないが，統計はほとんど利用不可能である。また必ずしも現在と同一の統計基準を用いることができないことも統計的判断を難しくさせる。しかし長期的な経済発展は社会的な変化をもたらし，これが出生率変化に影響してきたとみなすならば，ここで検討した統計によっても概略的な判断を下すことができる。またこうした分析は，統計が整備された今日において発展途上国の人口を考える場合に大いに参考となる。

第2章　発展途上国の人口動態

(1) 人口転換

　人口転換命題は先進国の経験にもとづいてつくられた。しかし今日の先進国が発展途上段階にあり，人口転換過程が終了していなかった時期においては各国の人口の将来変化に関する視点は一様ではなかった。1929年に発表されたW. S. トムソン（W. Thompson）の論文では，当時の各国の人口転換はその局面により3グループに区分されていた[1]。第1グループは出生率，死亡率ともに低位で均衡し，自然増加率が低いヨーロッパ諸国，第2グループは死亡率が急速に低下し，それよりも緩やかな低下を開始した出生率を有して自然増加率がなお高い中欧諸国，第3グループは人口転換の第2局面に達して自然増加率が著しく高いロシア（ソ連），日本，インドであった。彼の論点は，第2グループはやがて第1グループの段階に達し，第3グループは統計不足から条件付きであるが第2グループへの移行を示唆するとともに，人口転換にもとづいて将来人口を予測したことにある。またノートスタイン（F. Notestein）は1950年にトムソンの分析結果をその後の統計結果から修正し，日本とソ連を第2グループに含めた[2]。トムソンやノートスタインのように人口転換を3局面に区分する考えや，先に示した4局面，さらに5局面（第5局面は出生率がさらに低下して死亡率を下回り人口が減少する）に区分するという方法は一般的である。局面区分はそれぞれ異なるが，これらは先進国で人口転換過程が終了したことを明らかにした。しかしこれが発展途上国に適用できるのかは課題として残る。人口転換命題は発展途上国を含めて一般化できるかどうか。欧米の人口動態にもとづいてつくられた人口転換命題は，非欧米社会である日本でも生じ，その変化は加速的であった。後章で分析するように日本の経験はさらに加速化されて東アジアの発展途上国の人口転換でも生じたが，多くの発展途上国では必ずしもこれに合致しない変化も示される。

　図2-1-1のように発展途上国でも先進国に遅れて人口転換への進展が生じた。しかし発展途上国の人口転換のあらわれ方は先進国のそれとは若干異なる。人口転換の第1局面から死亡率が低下する第2局面への移行時点において，先進国よりも高い死亡率，出生率の状態から始まっている。多くの発展途上国の生活環境は熱帯，亜熱帯，砂漠等で劣悪であり，乳幼児死亡率が高く，平均寿命も短い。それゆえに人口を維持する高い出生率を可能とする社会システムが伝統的に構築されてきた。多くの子供をもつことの高い社会的・宗教的価値観，一夫多妻制，低年齢の結婚等である。図2-1-1のように発展途上国の死亡率は先進国水準を大きく上回って35‰を超えていたが，高い出生率を維持する社会システムにより出生率も40‰を上回った。この多産多死型の第1局面では，自然増加率はかつての先進国のそれと同水準の2～7‰であり，10‰を上回ることはなかった。しかし1920～30年代以降この状態から死亡率の低下が始まった。しかも死亡率の低下は1950～70年代に急激であった。1910年代に30‰の後半の水準であった死亡率は1930年代に30‰以下になり，1940年代もほぼ同水準であった。これが1950～60年代に20‰を下回り，1970年代には10‰の前半，1990年代には10‰を下回った。

---

1) W. Thompson, "Population," *The American Journal of Sociology*, Vol. 34, No. 36, June 1929.
2) F. Notestein, "The Population of the World in the Year 2000," *Journal of the American Statistical Association*, Vol. 45, No. 251, September 1950.

分　析

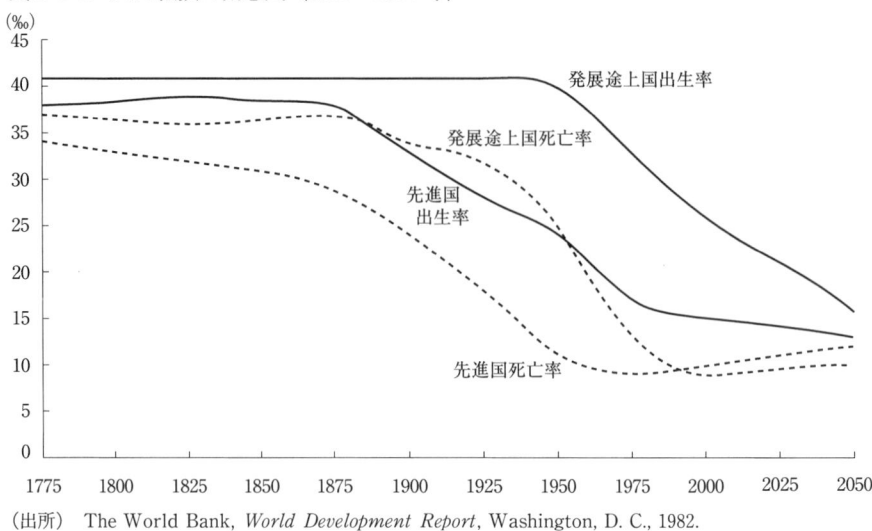

図 2-1-1　人口転換の概念図（1775～2050年）

（出所）　The World Bank, *World Development Report*, Washington, D. C., 1982.

　先進国における死亡率低下は栄養状態の改善，医療・衛生技術の改善とともに生じた。発展途上国でも同じ要因によりもたらされたが，先進国ではこれが社会経済的発展にともなって徐々に導入され，それゆえ死亡率も長期にわたって低下するという変化であった。しかし発展途上国では先進国で開発された医療・衛生技術・方法が導入され，とくに第二次世界大戦後には先進国援助等によりその導入が一挙に進み，死亡率低下が急速に生じた。人口転換の第1局面における出生率は先進国の同じ局面のそれを上回り，死亡率が低下する第2局面においては自然増加率が先進国水準を凌駕した。自然増加率は平均すると 25～30‰ であり，国によってはこれを上回った。20 数年で人口が倍増する増加率であった。世界人口に占める先進国と発展途上国の比率は 1950 年に 32.9 対 67.1 であったが，1980 年には 25.5 対 74.5，2000 年には 20.7 対 79.3 になると予想されている[3]。図 2-1-1 に示されるように発展途上国でも出生率は低下している。しかし出生率と死亡率が再度低位で安定するのは 21 世紀中期であると予想されており，現在でも 20‰ を上回る出生率水準である発展途上国の人口規模は今後もさらに増加するであろう。

　1975 年に 39.6 億人であった世界人口は 1996 年に 57.5 億人に達し，世界銀行が現状の人口動態から予想した世界の静止人口は 100 億人である。

　発展途上国の人口転換をみると，外的な要因により死亡率が急激に低下し，自然増加率が高水準を続けたことが先進国のそれとは異なる。西ヨーロッパでは農業・産業革命や新大陸への移民を通じて増加する人口を吸収し，発展に随伴する変化が出生率を低下させて，人口問題を終息させることができた。しかし発展途上国は人口の急増が社会経済的発展の以前に生じ，しかも人口増加の規模が大きいのであり，ここに問題がある。

(2) 人口と経済開発

人口増加

　1951 年に国連はアジアとアフリカの 1950～80 年間の年平均人口増加率を 0.7～1.3% と推計した。しかし現実はこの予測の倍以上の率で増加し，前述したような人口規模に達した。

　世界銀行の報告書によると，1996 年の世界平均の 1 人当たり GNP は 5,130 ドルであった。しかし世界人口の 56.2% を占める低所得国（世銀の基

---

[3]　本章の各種統計は断りのない限り以下を利用した。The World Bank, *World Development Report*, Washington, D. C., Various Years；The World Bank, *World Development Indicators*, Washington, D. C., Various Years.

準では1996年の1人当たりGNPが785ドル以下)の1人当たりGNPは490ドル,世界人口の27.8%を占める中所得国(1人当たりGNPが785ドル以上,9,636ドル以下)は1,190ドル,世界人口の16.0%を占める高所得国(1人当たりGNPが9,636ドル以上)は25,870ドルである。同報告書には148ヵ国(地域を含む,以下同様)が記載され,高所得国は25ヵ国であった。このうちかつて低ないし中所得国,つまり発展途上国はポルトガル,スペイン,ギリシャ,韓国,香港,シンガポール(台湾もこの水準に達しているが,中国との関係から報告書は台湾を記載していない)の6ヵ国・地域のみである。

しかし発展途上国の成長率が低かったわけではなく,むしろ先進国を上回る成長を記録した。年平均のGDP成長率は,低所得国(1人当たりGNP基準,国の数等は異なる)は1960〜70年4.4%,1970〜80年4.6%,1980〜90年6.0%,1990〜95年6.8%,中所得国は5.9%,5.6%,1.9%,0.1%,高所得国は5.2%,3.2%,3.2%,2.0%であった。低所得国の成長率は1960年代は高所得国を下回ったが,これ以外はすべて後者を上回った。しかも低所得国の成長率は先進国の高成長期の成長率を上回った。

低水準均衡の罠

発展途上国の停滞の要因を分析することを通じて開発理論は構築され,人口論は「低水準均衡の罠」や「臨界的最小努力」という重要概念の中で重要な位置を占めた。

低水準均衡の罠は,人口増加,1人当たり所得,所得増加の相互関係を結びつける仮説であった。このモデルは1950年代に考えられ,発展途上国がなぜ持続的に成長できないのかを分析し,これにもとづいて開発政策を提示した。その1つであるネルソン(R. P. Nelson)のモデルは,資本形成,人口増加,所得増加の3つの関係から構成される[4]。労働力は人口に比例,土地と資本は無限の代替弾力性,すべての貯蓄は投資されると仮定し,所得は資本と人口の関数関係により決定されるとした。図2-2-1は1人当たり資本増分(dk/P)の1人当たり所得変化にともなう推移を示す。貯蓄はすべて投資されるという仮定により毎年の資本増分は資本形成となる。同図は1人当たり所得変化にともなう1人当たり貯蓄の変化をも示している。1人当たり所得はTまでは非常に低く,一定比率Gのマイナス貯蓄が仮定されている。Tを超えると1人当たり貯蓄は所得とともに増加し,X以降はプラスの貯蓄となり資本形成が増加する。

人口は図2-2-2のように1人当たり所得増加とともに増加し,初期段階では死亡率低下により増加すると仮定される。1人当たり所得水準がMに達し,人口増加率は最高水準となる。ネルソンのモデルでは出生率に及ぼす所得効果は無視される。Sは図2-2-1のXと同じ1人当たり所得水準であり,生存水準所得である。S以下の1人当たり所得では死亡率が出生率を超え人口は減少する。

所得は資本と人口(労働)の投入に総生産性指数を乗じた値となるとされる。仮定から図2-2-3のような所得増加曲線を描くことができる。$X=S$は図2-2-2と同じ点であり,人口増加,1人当たり貯蓄,所得増加はすべてゼロである。この均衡点を超えて1人当たり所得が増加すると人口ならびに1人当たり貯蓄(資本)が増加して成長(所得増加)が始まる。しかし人口増加が最高水準になると一定率を占める貯蓄(投資)は不変となり,所得増加も一定水準でとどまる。もし技術進歩がなければ人口増加により資本・労働比率が低下し,成長率は最終的に低下する。図2-2-2と図2-2-3を組み合わせた図2-2-4から,1人当たり所得がつねに低水準に押し下げられる低水準均衡の罠の可能性が示唆される。

生存水準所得($S=X$)とaの間では人口増加が所得増加を上回り,1人当たり所得は低下する。均衡点は2つの曲線が交差する$S=X$点である。1人当たり所得水準がa以下では所得増加よりも

---

[4] R. R. Nelson, "A Theory of the Low-Level Equilibrium Trap," *American Economic Review*, Vol. 46, No. 5, December 1956.

分　析

図 2-2-1　1人当たり所得と資本形成

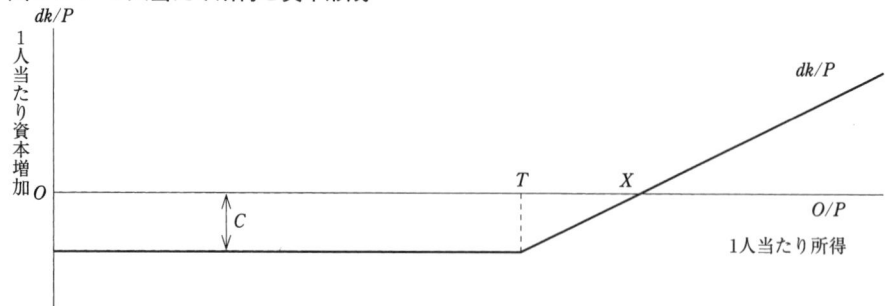

(出所)　R. R. Nelson, "A Theory of the Low-Level Equilibrium Trap," *American Economic Review*, Vol. 46, No. 5, December 1956.

図 2-2-2　1人当たり所得と人口増加

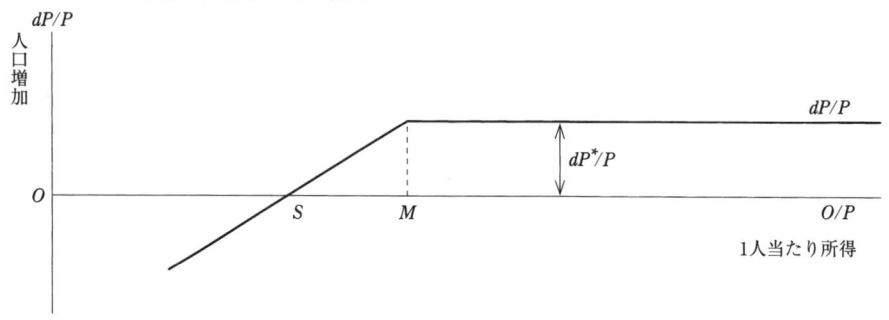

(出所)　図 2-2-1 に同じ。

図 2-2-3　所得増加

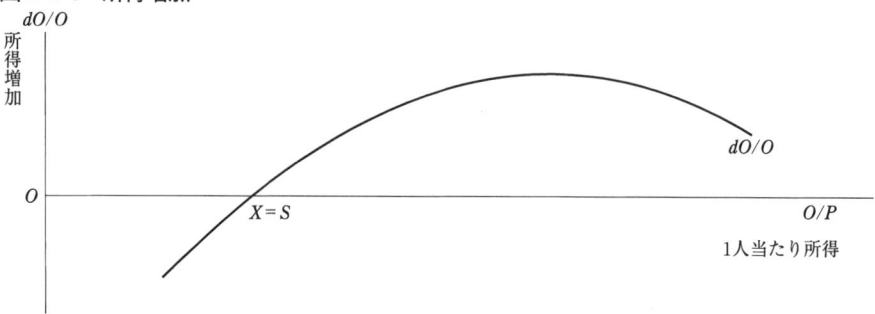

(出所)　図 2-2-1 に同じ。

図 2-2-4　人口増加と所得増加

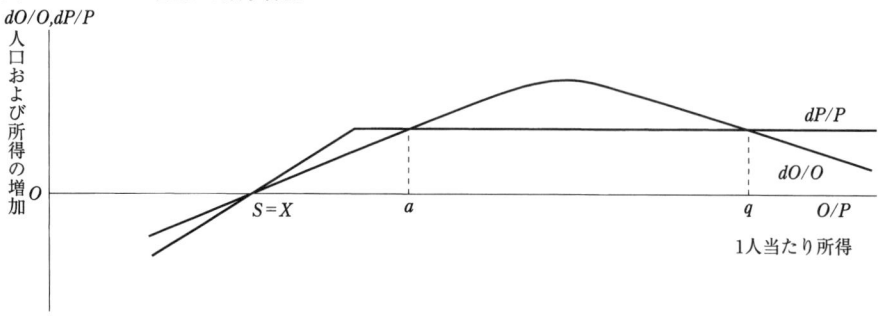

(出所)　図 2-2-1 に同じ。

人口増加が大きく，1人当たり所得は生存水準の均衡点に押し戻される。$S=X$ 点以下の1人当たり所得水準では所得増加が人口増加を上回り，所得増加が人口を増加させて同様に均衡点に向かう。1人当たり所得水準が a を超えると，所得は q 点まで持続的に増加する。q 点は2つの曲線が再び交差する均衡点である。q を超えると人口増加が所得増加を上回り，q 点に引き戻される。$S=X$ 点と q 点は安定均衡点，a 点は不安定均衡点である。q 点は生存水準を上回る1人当たり所得水準であるが，$S=X$ は生存水準であり，この均衡点から抜け出るには1人当たり所得水準は a を上回らなくてはならない。低水準均衡の罠の考えにもとづくならば，一挙に a 点超えなければ生存水準に押し戻される。ビッグ・プッシュや臨界的最小努力などの考えが展開されることになったゆえんである。

臨界的最小努力

ビッグ・プッシュ，臨界的最小努力はともに大規模投資により低水準均衡から抜け出すことを提案する。図2-2-5は人口増加と臨界的最小努力の関係を示したライベンシュタインのモデルである[5]。y_0 は生存水準所得を示し，先の低水準均衡の罠の $S=X$ 点であり，安定的均衡点である。y_0 上の各点では高死亡率と高出生率が均衡し，人口はこの水準を上回る場合に増加する。y_m は臨界的最小努力の軌跡である。曲線が右上がりになっているのは人口規模が大きいほど臨界的最小努力も大きくなることを示す。ある発展途上国が A 点に位置し，成長を開始した場合，波線で示された経路では臨界最小努力を下回り，新しい均衡点 E 点にいきつく。しかし E 点は生存水準であり，成長の努力は人口の増加をもたらすだけである。この国が成長軌道に乗るためには大規模投資により臨界的最小努力の軌跡，たとえば C 点のような位置に達することが必要である。しかし C 点は低水準均衡の罠でいうところの a 点であり，なお不安定均衡点である。これを抜け出るには1人当たり所得が急速に増加し，D 点のような位置に達しなければならない。D 点では出生率が低下し，死亡率と再度低位で均衡する方向に進む。したがって死亡率低下にともなう人口増加をいかに出生率低下へと導くかが，発展途上国の発展にとって投資拡大とともにもう一つの課題となる。

ライベンシュタインは臨界的最小努力を所得水準と人口増加率の関係から分析している。図2-2-6の P は1人当たり所得水準における人口増加率を示し，a 点の生存水準を境として所得増加にともない人口も増加する。人口増加率は1人当たり所得水準 y_e で3%の最高水準に達し，さらに所得水準が高まるならば低下する。N は人口増加率と同じ国民所得成長をもたらす1人当たり所得水準を示す。1人当たり所得水準が y_c の場合，国民所得成長率は c 点で1%である。人口増加率が1%であるのは b 点であり，そのときの1人当たり所得水準は y_c より低い y_b である。y_c の1人当たり所得水準の人口増加率 d は2%である。つまり $a \sim e$ 間では1人当たり所得水準に対応した人口増加率と国民所得成長率はつねに前者が後者を上回り，生存水準均衡点である a に引き戻される。所得成長によって誘発された人口増加率と国民所得成長率が e 点で同じとなり，この水準を超えると人口増加率を上回る所得成長が達成される。したがって y_e は1人当たり所得水準で示された臨界的最小努力であり，1人当たり所得水準がこの段階を超えると人口問題から抜け出て持続的な成長へと向かうことができる。

均斉成長論と不均斉成長論

発展途上国が低い1人当たり所得水準から抜け出せないのは，低所得→低貯蓄→低投資→低成長のゆえに所得水準の改善が進まずに貧困が拡大するという貧困の悪循環のゆえであると考えられていた。均斉成長論はこの貧困の悪循環から発展途上国を脱出させるための開発戦略として登場した。貧困の悪循環には二つの型がある。その一つは，1人当たり所得成長率と人口増加率の関係からわ

---

[5] H. Leibenstein, *Economic Backwardness and Economic Growth*, New York, Wiley, 1957（三沢巌郎監修・矢野勇訳『経済的後進性と経済成長』紀伊國屋書店，1960年）．

図 2-2-5　最小努力と人口規模

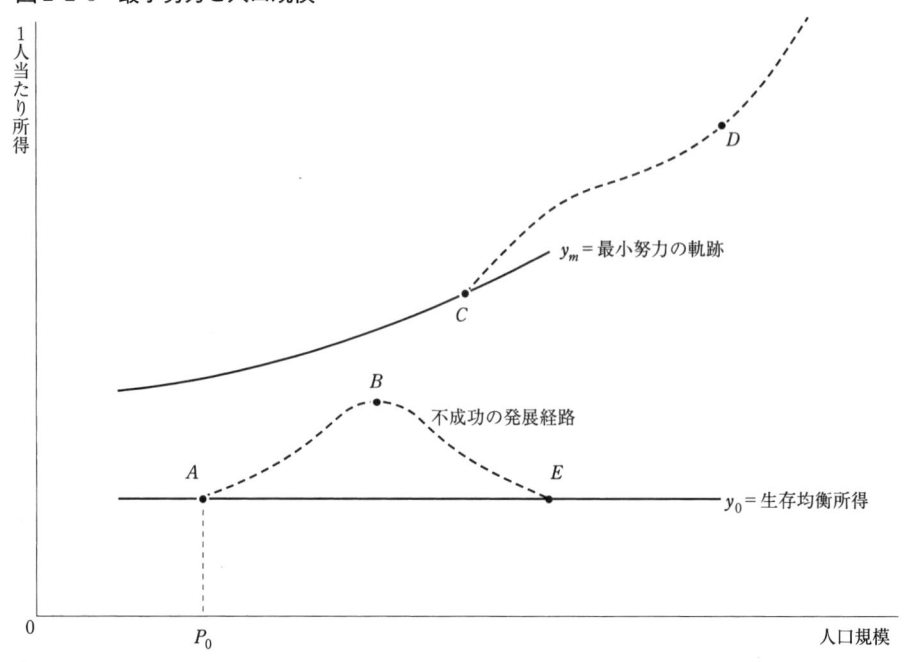

（出所）　H. Leibentsein, *Economic Backwardness and Economic Growth*, New York, Wiley, 1957.

図 2-2-6　所得水準と人口増加率の関係

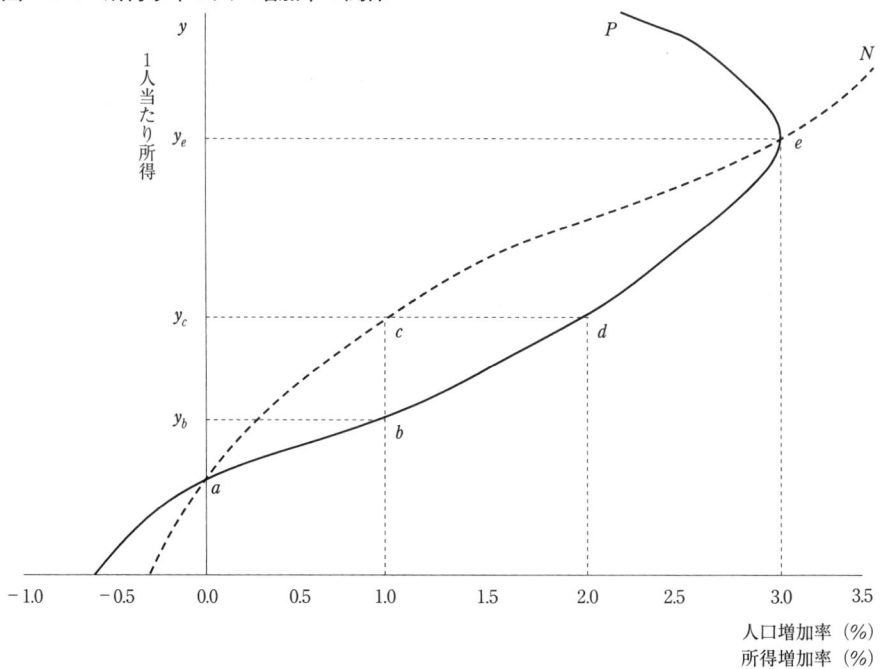

（出所）　図 2-2-5 に同じ。

ずかな所得増加ではこれが人口増加に食われてしまうがゆえに，貧困の悪循環を断ち切るためには一定の臨界最小努力を上回る開発計画，つまり大規模な投資を一気に押し進め低水準所得均衡を破って，所得増加→貯蓄増加→投資増加→高成長という好循環をもたらすという考え方である。ビッグ・プッシュと呼ばれる均斉成長論がこれである。もう一つは，悪循環の要因として低購買力，市場の狭隘性，投資の不分割性と相互依存性を強調し，市場の限界を克服するとともに規模経済を享受することができるよう大規模な開発計画によって経済活動の広い範囲を同時に拡大する考え方であった。いずれにしても均斉成長論は一群の産業を一括して計画的に拡大すれば，個々に拡大する場合よりもその外部経済により経済成長効果は大きいとみなし，政府による総合経済開発計画を支持した。

均斉成長という字句は一度も使っていないが，この概念を最初に提示したのはローゼンスタイン・ロダン（P. N. Rosenstein-Rodan）である[6]。1人当たり所得が低いことに起因する市場の狭隘性を，種々の消費財を生産する多数の工場を同時に設立することによって生まれる相互需要によって克服するという，消費財に限定した均斉成長論を展開した。しかし1961年のラテンアメリカの開発を分析した著書では，資本財をも取り入れたビッグ・プッシュ論を提示した[7]。ビッグ・プッシュ論では資本財と社会的間接資本が加えられ，産業の同時的設立によって市場を拡大するだけでなく，技術的に相互依存性の強い産業を同時に設立することによって生ずる外部経済効果が力説された。技術的相互依存性は消費財相互よりも消費財と資本財あるいは中間財との投入産出関係で強く作用する。それゆえ，同一産業と同時に垂直的な関係を有する産業を同時に設立することが主張されたのである。

ヌルクセ（R. Nurkse）は均斉成長の概念の普及に貢献した[8]。しかし彼はローゼンスタイン・ロダンが強調した産業の同時設立は社会的限界生産力を私的限界生産力よりも高めるという均斉成長の基本概念にはほとんど言及していない。一地域で補完的ないくつかの工場が均斉のとれた形で操業しておれば，各工場の製品が売れ残る危険性はそれらの工場が単独で存在している場合よりも少なくなる。ヌルクセは広い範囲にわたる諸産業が均斉のとれた形で成長する状態を均斉成長と規定し，発展途上国が貧困の悪循環から抜け出すためにはこの均斉成長が最善だと主張した。

均斉成長の概念に農業を取り入れて工業優先に傾いていた考えを，農業と工業の均斉成長にもとづいて分析したのがルイス（W. A. Lewis）である[9]。彼は次のような単純な例によってその考えを説明した。国内市場向け農業A，国内市場向け工業B，輸出産業からなる経済において，B部門の生産が拡大するとA部門への需要増加が生ずる（需要の所得弾力性はゼロより大きいと仮定）。逆の場合も真であり，AとBがともに拡大しないならば一方の拡大は輸入増加を通じて成長効果は国外に漏出する。また一方の拡大が輸出増加と輸入増加をもたらす場合でも，この部門の他部門に対する交易条件が不利化するためにこれを支持できないと主張した。

こうした3人の均斉成長論の所説は多くの議論を経ながら多様に姿を変えてきた。均斉成長論の問題点とその後の推移を整理しておこう。(1) 発展途上国の開発は均斉成長論のように多くの産業を同時に設立させるのでなければ成功しないのか，先進国のような連続的発展では不可能なのか，(2) いずれの型をとるにしても，政府が計画を立て実施しなければ成功しないのか，市場メカニズ

---

[6] P. N. Rosenstein-Rodan, "Problems of Industrialization of Eastern and South-eastern Europe," *Economic Journal*, June-September 1943.
[7] P. N. Rosenstein-Rodan, "Notes on the Theory of the Big-Push," in H. S. Ellis and H. C. Wallich, eds., *Economic Development for Latin America*, London, Macmillan, 1961.
[8] R. Nurkse, *Problems of Capital Formation in Underdeveloped Countries*, London, Oxford University Press, 1953（土屋六郎訳『後進国の資本形成』巖松堂，1955年）.
[9] W. A. Lewis, *The Theory of Economic Growth*, London, Allen & Unwin, 1955.

ムと民間企業に依存しても実現できるのか，(3) 設立される産業は比較優位にもとづいて決定されるのか，それを無視してフルセット型の工業化をめざすのか，(4) 設立される産業は工業だけか，農業を含むのか，すべての工業を対象とするのか，以上の4点を主要な問題点として指摘することができる。

(1) に関しては，たとえばビッグ・プッシュ論が前提とした1人当たり所得と人口増加率の関係は明確ではない。発展途上国の人口増加率は，所得よりも医薬品や食糧援助による衛生，健康上の改善によって増加してきた。また低所得のゆえに貯蓄率が低く，投資率を低めるという貧困の悪循環に関しても，貯蓄率は所得水準だけでなく所得分配や貯蓄行動パターンによっても影響を受け，成長率は投資率だけでなくその効率によって影響を受ける。多くの産業を同時に設立することは物理的にも難しいが，それを支えた理論的な背景も曖昧であり，今日では連続的発展説の方が一般的である。(2) に関しては市場メカニズムと民間企業への信頼感が高まってきたが，政府の役割は外部経済効果の高いプロジェクトを実施して民間の活動をいかに支えるか，という投資判断基準に重点が置かれるようになった。(3) に関しては，発展途上国が均斉成長をめざすのは輸入に依存しない自立経済構造を形成するためである。消費財の国内生産は中間財や資本財の輸入増加をともなうがゆえに，目的の達成のためには次第にフルセット型へ向かうことになる。しかしフルセット型の形成に必要な資金はかなり大きく，輸出稼得力に乏しい発展途上国は1960年代になると内向き政策と外向き政策との選択に直面し，その選択がこれ以降の開発成果に大きく影響することになった。(4) に関しては，工業だけでなく農業を含む均斉成長が重視されるようになったが，後述する要因から実際には工業化優先に傾いていった。

不均斉成長論はハーシュマン (Albert O. Hirschman)[10]，ストリーテン (P. P. Streeten)[11] 等によって均斉成長論への批判として提唱された。A，Bの2つの産業が補完的であるならば両産業が同時に拡大する必要性はない。民間企業が市場に敏感に反応するという条件のもとで，A産業の生産拡大によりB産業のA産業からの投入物価格低下がもたらされるならば，これはB産業の生産を拡大させる誘因となる。またB産業の生産拡大がA産業への超過需要をもたらすならば，これはA産業の生産拡大の誘因となる。産業の投入産出関係から連関効果が生じ，ハーシュマンは発展途上国の開発戦略として産業間の連関効果による発展を提唱した。不均斉成長論は均斉成長論が主張した諸産業間の技術的補完性を全面的に認め，次の三つの前提を導入することによって結論を逆転させた。

(1) いくつかの関連産業間に技術的補完性があるならば，そのうちの一つの産業が拡大する過程で生産上の隘路が生じるとしても，それに刺激されて他の産業がその隘路を克服するために生産を拡大し，経済の全体的拡大が時間の経過とともに実現される。この誘導された投資決定によって複雑な計画がなくても，特定部門への投資が経済の全体的発展をもたらすことが可能となる。また均斉成長は多くの産業の同時的創設を前提としているがそれは結局のところ静的均衡でしかない。均斉成長は変化の動的均衡をつくりださない。ある特定産業への投資が技術的補完性と外部経済を通じて次々に他産業の投資を誘発していく不均斉成長が現実の動態であり，これこそが経済開発の支柱となると主張する。

(2) 技術的補完性は全産業に関して一様ではなく，相互依存の連関効果が最も強いと期待される戦略部門を選択し，そこに投資を集中させなければならない。戦略部門は，投入産出関係の最も密なところ，つまり投入財の多くを他産業から購入するか，あるいは生産物の多くを他産業に販売するか，またはその双方を行う産業であるという。

(3) 均斉成長は成功しても計画された一回限り

---

10) A. O. Hirschman, *The Strategy of Economic Development*, New Haven, Yale University Press, 1958（小島清他訳『経済発展の戦略』巖松堂，1961年）．
11) P. P. Streeten, "Unbalanced Growth," *Oxford Economic Papers*, June 1959.

の国民所得の増加を達成するだけであり，数次の計画を繰り返さない限り高原状態で静止してしまう。不均斉成長は供給の過不足という緊張および拡張への圧力に感応できる戦略部門の不均衡によって，連続的かつダイナミックな経済開発の過程を展開することができる。

以上のように均斉成長論と不均斉成長論は，経済システムの信頼に関して両極端に位置する。発展途上国の市場はあらゆる意味で不完全であり，市場メカニズムが十分にその機能を発揮できないとすれば，政府が可能な限り計画的発展を図ることが効率的である。しかし発展途上国の経済システムは成熟しておらず，行政ないし政治システムも不完全である。したがって計画の効率的な実施，実施過程におけるフィード・バック調整がうまくいくことは期待できず，均斉成長が想定する計画はかなり難しい。不均斉成長は経済システムの不完全性よりもこうした行政システムの不完全性のゆえに重視されねばならない。市場の不完全性とそれにもとづく情報の欠如は問題であるが，補完性の強い産業間では企業家が能力を備えている限り，必要情報は日常活動から得ることができる。戦略産業に投資を集中させ，その波及効果によって順次に二次的拡大が均衡をめざして進展し，ダイナミックな発展過程が政府の干渉なしに実現する。

不均斉成長論は実現可能性が高く，実際に戦略産業への投資が発展途上国で奨励されてきた。しかし連関効果の高い産業が選択されここに投資が集中されたとしても，それは市場メカニズムにより自動的に他部門を拡大させるわけではない。たとえば連関効果の強い産業として自動車産業や鉄鋼産業が考えられるが，連関効果が高いからといってこうした産業を発展途上国が開発初期段階から育成・発展させるのは無理であり，実際に同産業を育成した多くの発展途上国は資金の浪費という結果となった。逆に連関効果は他部門に比較して弱くとも，ある状況においてはこの部門の拡大が他部門の発展を促進することもある。たとえば NIES の発展は連関効果の弱い雑貨や衣服によって軌道に乗り，それが他部門の発展の契機をもたらした。したがって不均斉成長論の有効性はある程度認められなければならないが，それをいかに実現していくかに関しては問題が残されている。

以上の分析は，第二次世界大戦後の発展途上国における人口急増と低い1人当たり所得水準に焦点をあわせ，発展途上国を低水準均衡に陥らせている要因を解決しようという努力の成果であった。こうした中で1950年代以降，発展を阻害する人口増加を表現する代名詞として，マルサスの罠，マルサス的ディレンマ，マルサス的均衡などが援用されるようになった。しかしマルサスの位置づけは，人口増加が発展を阻害するという消極的面に重きがおかれている。人口増加の積極面は忘れられたかのような状況であった。この点でルイスは異色であった。

二重経済論

二重経済という用語は，種々の経済的・社会的な構造の違いを対照的に把握するのに広く使われている。たとえば都市と農村を対比させ，前者では近代的生産技術と貨幣経済が普及しているのに対し，後者は伝統的生産技術と自給自足が一般的である，というような相違が存在している場合に二重経済という用語が使用される。また農業の内部でも近代的プランテーションと伝統的小農との対比で使われる。均斉成長論や不均斉成長論は発展途上国の特徴を貧困の悪循環という概念にもとづいて理論化したが，二重経済論は開発の過程における近代部門と前近代部門の相克が発展途上国の特徴であり，この相克を止揚することを開発戦略の目的とした。二重経済の概念は経済開発論の中心的な戦略理論の一つであり，1950年代後半から注目されるようになった。経済・社会の二重経済の基本的な考え方は長い歴史を有しているが，最初は低開発地域の経済発展を妨げる要因として分析された[12]。しかしこれを発展途上国の開発戦略として展開したルイス[13]やヌルクセ[14]は，伝

---

12) J. H. Boeke, *The Structure of Netherlands Indian Economy*, New York, Institute of Pacific Relation, 1942 はその代表的な研究の一つである。

図 2-2-7 ルイス・モデル

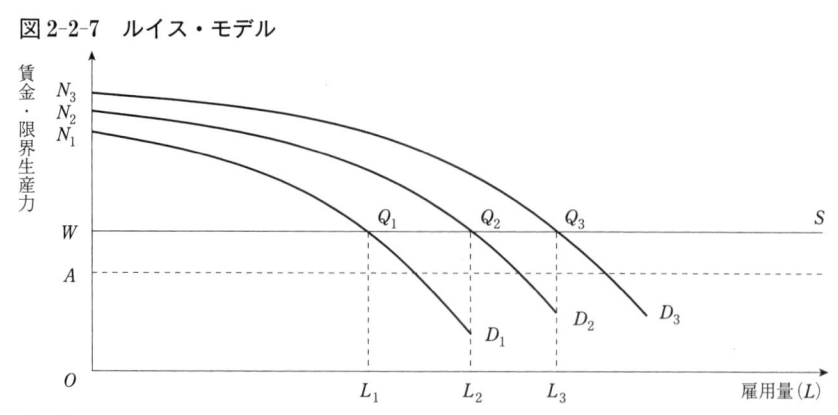

(出所) A. W. Lewis, "Economic Development With Unlimited Supplies of Labour," *Manchester School of Economic and Social Studies*, Vol. 22, May 1954.

統部門（農業）と近代部門（工業）の共存は開発過程において生ずる当然の帰結であり，これを開発に積極的に活用できると主張した。

ルイスは資本主義部門と自給部門からなる二重経済の拡大過程をはじめて理論化した。資本主義部門は再生産可能な資本を使用し，利潤を得る目的で賃金労働者を雇用する部門である。この部門には製造業のみでなく，利潤を得る目的で労働を雇用する鉱業やプランテーションも含まれる。その特徴は民間企業か公企業に関係なく，労働を雇用してその生産物を利潤を得て販売することにある。自給部門は再生産可能な資本を使用しない土着の伝統部門（一般的には農業），または自家雇用部門である。この部門では偽装失業が一般的であるとみなし，この偽装失業の活用が二重経済論の核心となる。農業の総産出量を減らすことなく農業から労働力を引き出せるならば，そこに偽装失業が存在するとみなす。理論的には土地に対して労働が過剰であり，労働の限界生産力がゼロ近傍の状態の場合である。人口増加率が高く人口が稠密である発展途上国の伝統部門では偽装失業が一般的であり，この未熟練労働の資本主義部門への供給が無制限であるために，これを資本主義部門の発展に活用することができるとみなした。発展途上国の労働供給の源泉としては，都市の日雇い労働者や婦人労働も考慮されているが，中心は農業部門の偽装失業である。

ルイスのモデルでは，偽装失業がある限り，資本主義部門の賃金は自給部門の実質賃金と同じになる。自給部門の賃金は労働の限界生産力とは無関係に労働の平均生産物であり，最低生活水準の維持に必要な所得水準であるとみなす。資本主義部門の賃金は自給部門よりも高い。両部門の賃金は偽装失業が続く限り低位に安定し，労働の供給弾力性は無限大である。図 2-2-7 はモデルの内容を簡潔に示している。自給部門の賃金水準は OA，資本主義部門のそれは OW あり，資本主義部門への労働供給曲線は無制限であるから WS のごとく水平になっている。労働需要曲線は当初の資本ストックを所与として，資本主義部門の労働の限界生産力曲線 N_1D_1 で表される。利潤極大化原理にしたがうならば，労働の供給曲線 WS と需要曲線 N_1D_1 との交点 Q_1 で，つまり資本主義部門では OL_1 の労働量が雇用される。資本主義部門の総生産は $OL_1Q_1N_1$ の面積に等しく，このうち労働側に OL_1Q_1W，企業家に WQ_1N_1 配分され

---

13) W. A. Lewis, "Economic Development with Unlimited Supplies Labour," *Manchester School of Economics and Social Studies*, Vol. 22, May 1954.
14) R. Nurkse, *Problems of Capital Formation in Underdeveloped Countries*, London, Oxford University Press, 1953（土屋六郎訳『後進国の資本形成』巌松堂，1955 年）．

図 2-2-8　フェイ＝ラニス・モデル

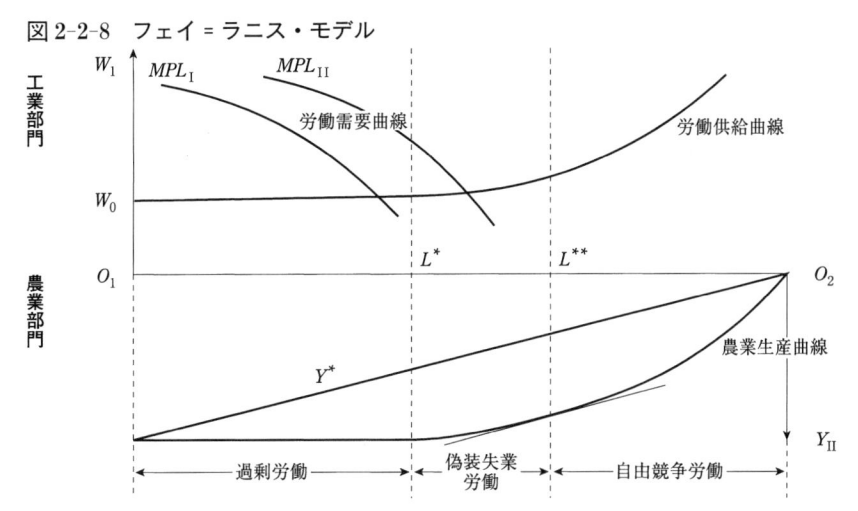

（出所）　J. C. H. Fei and G. Ranis, *Development of the Labor Surplus Economy : Theory and Policy*, Homewood, Illinois, Richard D. Irwin, 1964.

る。古典派経済学の伝統にしたがい，労働者の所得はすべて消費され，企業家の利潤は貯蓄され再投資されると仮定し，ここから経済発展のモメンタムが生ずる。利潤が再投資されると資本ストックが増加し，生産力が拡大する。図2-2-7の限界生産力曲線の N_1D_1 から N_2D_2 への移動がこれを示す。資本主義部門の生産力拡大によって雇用量は OL_2 に達し，新たに自給部門から L_1L_2 が引き出される。この結果さらに利潤が増加してこれが再投資され，次期にはさらに労働が自給部門から資本主義部門へ引き出される。この累積過程は自給部門の偽装失業が消滅するまで繰り返され，資本主義部門の拡大が続く。しかし偽装失業が消滅すると賃金が上昇して利潤増加が停止し，二重経済構造は消滅して資本主義経済のメカニズムが全体に作用するようになる。

ルイス・モデルの問題点は以下のように考えられる。両部門の賃金が最低生活水準に固定されているとすれば，資本主義部門の生産物への有効需要は生じ難い。もしそうであれば資本主義部門での投資需要は生じないし，発展の累積過程はもたらされない。資本主義部門への有効需要が自給部門から生じるためには，自給部門での生産性上昇→賃金上昇が必要となる。自給部門の賃金上昇は資本主義部門での賃金の上昇を意味するので利潤が低下し，発展の累積過程は偽装失業が消滅する以前に停止されよう。ルイス・モデルはこのような欠点を有しているが，発展途上国で存在する近代部門と伝統部門の共存をいかに開発に結びつけるかというメカニズムの分析に関しては絶大な存在意義がある。こうした欠点を補い，詳細な分析を行ったのがフェイ＝ラニス（John C. H. Fei and Gustav Ranis）[15]である。

フェイ＝ラニスは伝統部門（農業）に関して次の仮定を設けた。農業は地主によって経営され，地主は慣行的制度により利用可能なすべての労働を雇用し，定率の制度的賃金を支払う。制度的賃金は農民が生存していくのに必要なミニマムなカロリーを摂取する食糧と等しく，歴史的にその水準は定常化されている。労働の限界生産力は労働の投入が増加するにともなって，あるレベル以上ではゼロからマイナスとなる。労働の限界生産力はプラスであるが，その制度的賃金を下回る場合の労働投入を偽装失業，労働の限界生産力がゼロないしマイナスの労働投入を過剰労働とした（実際には労働の限界生産力がマイナスになるまで労

---

[15]　J. C. Fei and G. Ranis, "A Theory of Economic Development," *American Economic Review*, Vol. 51, No. 3, September 1961.

働が投入されることはなく，存在する過剰労働をすべて投入した場合に想定される労働の限界生産力である）。したがってこの過剰労働分析はルイスの理論を詳細にしたものにすぎないが，偽装失業段階以降のそれは独自の分析が提示されている。

人口増加と技術進歩をないものと仮定して描かれた図2-2-8がその内容を説明している。水平線O_1O_2は全労働力を表し，O_1から右へ工業（近代部門）労働力，O_2から左へ農業（伝統部門）労働力を測る。図の下半分は農業部門を示し，曲線は農業生産の軌跡を表す。最初の時期には全労働人口O_1O_2が農業に従事し，その総生産はO_2Y_{II}である。賃金は総生産を総労働者で除した値，すなわちY^*で示された線の傾きとなる。これが制度的賃金である。農業の労働投入がO_1O_2から減少しても，O_2L^*までは農業生産曲線がフラットである（労働の限界生産力がゼロ）がゆえに農業の総生産は変化しない。賃金支払いは過剰労働の減少分だけ少なくなり，総生産は不変であるから農業余剰が生じる。この農業余剰は都市で販売され，都市に移動して増加した工業労働者の食糧となる。工業労働者の1人当たり食糧，つまり賃金水準は農業の制度的賃金Y^*と同じに保たれる。結果的には農村の過剰労働者が各自のバスケットに食糧をつめ，都市の工場に働きに行くことと同じになる。これが過剰労働が消滅するO_2L^*まで続く。こうした食糧取引を前提として図2-2-8の上半分に描かれた工業部門の労働供給曲線，つまり賃金はW_0の水準で過剰労働が続く限りフラットとなる。

農労働投入がO_2L^*から減少すると，農業の総生産も減少する。しかしO_2L^{**}までは労働の限界生産力（プラスになる）は制度的賃金を下回り，総生産の減少は転出する労働者の賃金支払いよりも少ない。したがって地主はこうした労働移動を好むであろう。しかし農業の総生産の減少は，都市労働者の利用可能な農業余剰の減少を意味するために，技術進歩がない限り食糧の相対価格が上昇し，工業の賃金上昇をもたらす。図の工業の労働供給曲線が上昇しているのがこれに対応している。したがってL^*はこのモデルの一つの転換点となる（食糧不足点）。

農業部門の労働投入がO_2L^{**}になると，労働の限界生産力は制度的賃金と同じになり，さらに減少して$O_2～L^{**}$間では労働の限界生産力が制度的賃金を上回る。したがって総生産の減少が労働移動による賃金支払い総額の減少を上回り，地主は労働者を農業に引きとどめるために賃金を引き上げなければならない。農業における過剰ならびに偽装失業が消滅して，賃金が労働の限界生産力によって決定されるようになる。こうしてL^{**}は農業の労働市場が商業化され，工業の労働市場と競争関係に入る二つめの転換点となる（商業化点）。

以上の過程を工業部門からみると，資本蓄積と技術進歩によって工業部門の限界生産力はMPL_IからMPL_{II}へと右上方に移動する。これにともなって工業部門の労働吸収力が増加しO_1L^*を超えると工業部門の賃金水準が上昇し利潤率は低下する。したがって無制限労働供給にもとづく経済成長は農業部門の過剰労働が消滅するL^*から減速し，偽装失業がなくなるL^{**}で停止する。これ以後は一般的な成長原理にしたがうようになる。しかし現実には多くの発展途上国で同モデルの成長過程と平行して人口が激しく増加した。急速な工業部門の拡大がない限り，農業部門の過剰労働ないし偽装失業は長い期間消滅しない。フェイ＝ラニスは，地主は農業余剰を工業投資に向けると仮定しているが，それでも商業化点に至ることは難しい。農業において資本投資と技術進歩が生じ，これによって農業生産曲線が上方にシフトするならば労働移動による農業余剰の減少を相殺できる。食糧価格も低く維持され，工業部門の賃金上昇を阻止できる。だがこのモデルの問題点は地主の役割に依存しすぎていることにある。地主は農業余剰を工業部門に売り，貯蓄を工業部門に投資しなければならない。同時に農業部門の技術を改善し，農業生産力を向上させなければならない。地主が貯蓄よりも消費を好む場合，あるいは農業生産力の拡大よりも価格上昇を好む場合，このモデルは展開しない。また工業生産物に対する有効需要がどこから生じるのか一切触れられていない。農業

余剰が投資されるならば資本財需要が生ずるが、消費財需要は生じない。

二重経済論は、農業の生産性が資本蓄積や技術進歩により改善するという仮定にたって、後にさらに精緻化された[16]。古典派と新古典派は理論的枠組みにおいて大きな差異はないが、農業部門に余剰労働の存在する場合についての考えが異なっている。古典派は労働の限界生産力がゼロとなる労働の存在を仮定し、新古典派は労働の限界生産力はゼロに近づくがゼロとはならないとし、全人口の必要食糧を所与の資本と技術で生産する場合に必要以上に存在する労働力を余剰労働力とした。実際的に過剰人口を抱えるアジアの農業の発展過程をみても、潜在的可耕地が皆無で、労働の限界生産力がゼロないしマイナスである国を想定することは難しい。むしろ新古典派のように余剰労働力を労働の限界生産力が制度的賃金を下回る場合だと規定すれば、二重経済論は土地の制限とは無関係に一般理論としてほとんどの発展途上国に適用できる。この方法による多くの実証事例が残されている[17]。

二重経済論の開発戦略を実際に適用した場合、過剰労働人口を抱えた国の発展の核心は工業部門の雇用吸収力の拡大である。製造業を中心とした近代部門の発展がなければ、急増する人口は農業に滞留し、発展は阻害される。したがって人口が急増する発展途上国にとって、二重経済論は工業化促進論に論拠を提供することになった。しかし発展途上国の人口増加は、先進国の経験を上回る速度であり、これを吸収する手段だけでなくその源泉である出生率それ自体を低下させる手段を必要とする。社会経済的な変化が人口転換をもたらし、出生率と死亡率が低水準で再び均衡するまでをしのぐ時間的な余裕は、今日の発展途上国にはない。明らかな証拠は、多くの発展途上国が多大な努力をしてきたにもかかわらず依然として低開発の状態にあり、したがって経済的な変化が人口転換を進展させるような誘因に乏しいことである。出生率を低下させる何らかの政策を導入しなければならないのである。

(3) 出生力変化

人口増加と成長

世界の人口の50％強を占める低所得国の1965～96年間の人口増加率は2.0％であり、これに対してGNP成長率は5.3％であった。他の要因を考慮しない場合、この間の1人当たりGNP成長率は3.3％であり、ライベンシュタインの提示したモデルからも、低所得国は低水準均衡状態から抜け出たとみなすことができる。先進国が人口転換の第2局面から第3局面へと進展していた1870～1913年間の成長率は、最も高い米国で4.3％、1人当たりGNP成長率2.2％、英国はそれぞれ2.0％、1.0％、人口転換が早いスウェーデンで3.0％、2.3％であった[18]。また1965～96年間に中所得国はGNP成長率3.3％、人口増加率1.8％、1人当たりGNP成長率1.5％、高所得国はGNP成長率3.0％、人口増加率0.8％、1人当たりGNP成長率2.2％であった。低所得国は30年にわたってかつての先進国が経験した成長率を上回った。しかしこの間の人口増加率もまた先進国の経験を上回った。もし人口増加率が低かったならば、30年間に及ぶ成長から1人当たりGNPはより高い水準に達していたであろう。

人口が増加する期間が長く続きこれが成長を低めたことは事実であるが、しかし人口増加のマイナス面ばかりを強調すべきではない。後章で分析するように東アジアでは人口増加は経済活動人口の増加をもたらして成長にプラスの効果をもった。1人当たりGNP水準が依然として低い他の理由の一つは、発展の初期時点における所得水準が低

---

[16] D. W. Jorgenson, "The Development of a Dual Ecomomy," *Economic Journal*, Vol. 71, No. 2, February 1961.
[17] 日本、韓国、台湾に関しては転換点分析（伝統部門の賃金決定が労働の限界生産力によって決定され、二重経済が解消されたと判断できる時期を多面的に分析）が数多くある。たとえば、T. Watanabe, *Asia : Its Growth and Agony*, Hawaii, The University of Hawaii Press, 1992.
[18] B. R. Mitchell, *European Historical Statistics 1750-1970*, London, The Macmillan Press, 1975.

かったことにある。クズネッツの先進国に関する離陸分析によれば，英国では1765～85年の離陸時の1人当たりGNPは227ドルであり，日本を例外として200～800ドルの水準であった[19]。しかし発展途上国の1954年の1人当たりGNPは85ドルであり，この中には1930年代に独立してすでに開発過程が進展していた中南米諸国や石油産出国の比較的高所得国が含まれており，これを除外するならばGNP水準はさらに低くなる。したがって多くの発展途上国は低所得段階から成長を開始し，30年間の成長ではいまだこの程度の1人当たりGNP水準でしかないのである。クズネッツの分析では，日本は離陸時に先進国平均を下回る74ドルの1人当たりGNP水準であり，今日の発展途上国が成長を開始した時期のそれと同水準の低さであった。しかし日本をはじめ先進国は100～150年という長期間の成長により発展し，1～2％の成長率が持続して先進国段階に達した。

したがって発展途上国の1人当たりGNP水準が低いもう一つの理由は，成長期間がなお短いということである。もし発展途上国の成長がこれまでと同じ水準で持続されるならば，先進国よりも短い期間で先進国段階に達することになる。もちろんこの間に増加する人口が資源制約や環境制約等をもたらさないことが前提条件になる。またGNP成長率を低めて資源制約等を緩和し，その状態で1人当たりGNP成長率を高く維持するには人口増加率を低めなければならない。たとえば低，中所得国の1965～96年の成長成果をみると，GNP成長率よりも人口増加率が高く，したがって1人当たりGNP成長率がマイナスであった国が26ヵ国ある。このうち人口増加率が2.0％以上の国が24ヵ国，3.0％の国が7ヵ国である。発展途上国平均では低水準均衡の罠が想定した状況から離脱したが，しかし国によってはいまだに人口増加が発展の制約になっている。

出生力変化の実態

世銀が分類した低所得国，中所得国，高所得国にもとづいて出生力の推移を検討してみよう。図2-3-1は死亡率と出生率の時系列変化を示している。死亡率は中，高所得国においては早期に低位で安定し，これに低所得国も近づいて最近年にはほぼ同じ低水準にいたった。高所得国では出生率が低下したが，低，中所得国では依然として高水準が持続している。低所得国の出生率は高所得国の2倍ほどであり，自然増加率はかつてに比べて低下したものの先進国で人口が最も増加した時期の水準を上回っている。中所得国の出生率も20‰以上であり，自然増加率は2桁の水準である。発展途上国の死亡率は短期間で先進国水準まで低下したのに対して，出生率は依然として高水準が続き，自然増加率は先進国が経験した水準を上回り，しかもこれが容易に低下しない。死亡率低下の要因は明らかであり，その低下を図ることは比較的容易である。しかし出生率に影響する要因は錯綜しており，これを短期的に低下させることは困難である。

図2-3-2は1人当たり生産（1987年価格の1人当たりGNP，米ドル）と出生率の関係を示している。低所得国から中所得国，高所得国へ移行するにともなって出生率が低下し，低所得国も1人当たり生産の増加とともに出生率が低下した。低，中所得国の出生率が依然として高いのは，経済発展がいまだ十分でないこと，つまり経済発展がもたらすさまざまな変化が出生に及ぼす効果が低いからであろう。

発展途上国では先進国で開発された衛生，医療技術が一挙に導入され，そうして死亡率が急激に低下した。乳児死亡率の低下はとくに顕著であった。図2-3-3にみられるように乳児死亡率低下と死亡率低下の相関は高い。たとえば1歳未満児への予防接種の実施率（1未満人口に対する接種人口の比率）は，低所得国では「はしか」が1980年の40％から1995年に80％，中所得国は38％から86％，高所得は53％から82％と，所得水準に関係なく高い実施率である。また同期間のDPT（ジフテリア，百日ぜき，破傷風）の実施率も，低

---

19) S. S. Kuznets, *Six Lectures on Economic Growth*, New York, Free Press of Glencoe, 1959（長谷部亮一『経済成長―6つの講義―』巌松堂，1961年）.

第2章　発展途上国の人口動態

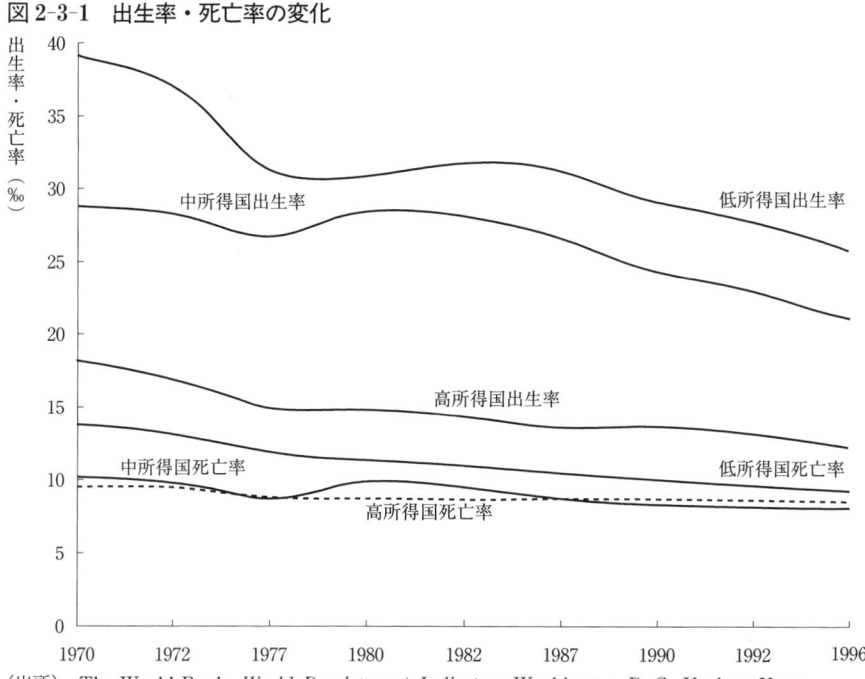

図 2-3-1　出生率・死亡率の変化

出生率・死亡率 (‰)

（出所）The World Bank, *World Development Indicators*, Washington, D. C., Various Years.
（注）1996年1人当たり生産を基準，低所得国は785ドル以下，中所得国は785～9,636ドル，高所得国は9,636ドル以上。なお対象期間1970～96年。

所得国が39％から81％へ，中所得国が41％から87％へ，高所得国は79％から88％へと上昇しており，これが乳児死亡率ならびに死亡率の低下をもたらした。先進国の乳児死亡率は19世紀に1000人当たり200～300人の水準であった。しかし生活環境が劣悪であった発展途上国では第二次世界大戦以前はこの先進国の水準を上回っていた。たとえば香港の乳児死亡率は1929年の663から1940年に327に低下し，1960年には40と急速な低下を経験した。1960年の低所得国の乳児死亡率は165，中所得国では125であった。この水準は図2-3-4でみられるようにさらに低下し，最近年には40～70の水準にある。また低所得から中所得，さらに高所得国へと移行するにともなって乳児死亡率が低下し，これが出生率の低下と強く相関している。乳児死亡率の低下は子供の生存率を高め，図2-3-5のように出生時平均余命（出生した乳児に誕生した時点での死亡率を適用した場合の余命を示す）を延ばした。出生時平均

余命が延びるとともに，出生率が低下し，両者に強い関連がある。誕生した子供の死亡率が低下し，長命が常態となるにしたがい，出生率が低下した。乳児死亡率を低めて平均余命が延びれば，さらに出生率は低下するであろう。

農業が中心の国では，子供の労働の価値が高い。産業の中心が製造業やサービスに移動するとともに農業の生産構造も近代化し，子供の労働の価値は低下する。ライベンシュタイン・モデルで示唆されるように社会経済的発展は子供の労働に対する効用を低下させ，出生力の低下をもたらす。図2-3-6でも若年労働力率（10～14歳人口に対する同年齢労働者の比率）は中，低所得国で低下し，高所得国ではゼロとなる。これにともない出生率が低下し，図2-3-6をみると出生率低下と労働力率低下との相関は低，中，高所得国へ向かうほど明瞭である。経済発展による産業構造の変化は子供の労働の効用を低めるのである。

伝統的な農業社会では，子供とともに女性など

分　析

図 2-3-2　1人当たり生産と出生率

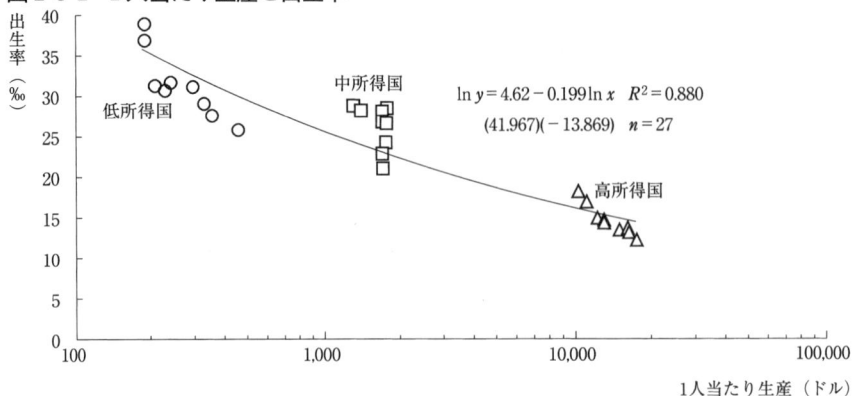

$\ln y = 4.62 - 0.199 \ln x \quad R^2 = 0.880$
$(41.967)(-13.869) \quad n = 27$

低所得国　中所得国　高所得国

出生率（‰）
1人当たり生産（ドル）

（出所）　The World Bank, *World Development Indicators*, Washington, D. C., Various Years.
（注）　1人当たり生産は1人当たりGNP（1987年基準）。

図 2-3-3　乳児死亡率と死亡率

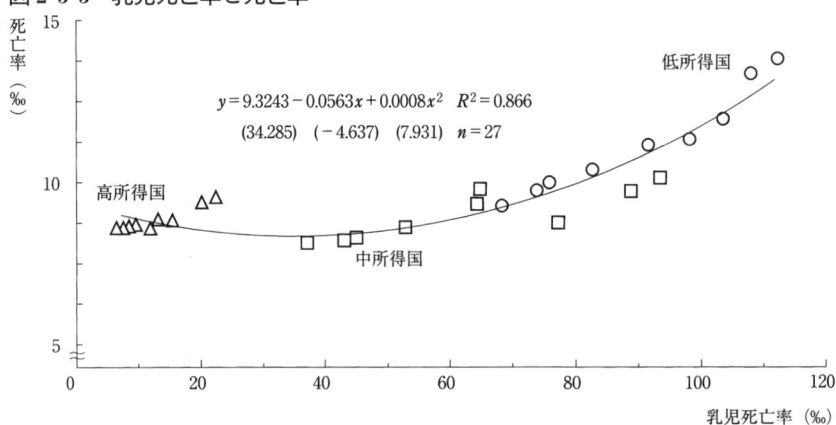

$y = 9.3243 - 0.0563x + 0.0008x^2 \quad R^2 = 0.866$
$(34.285) \quad (-4.637) \quad (7.931) \quad n = 27$

高所得国　中所得国　低所得国

死亡率（‰）
乳児死亡率（‰）

（出所）　図 2-3-2 に同じ。

図 2-3-4　乳児死亡率と出生率

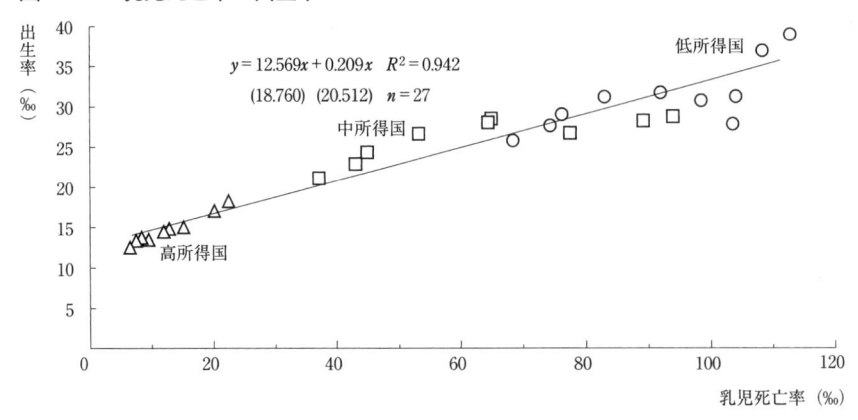

$y = 12.569x + 0.209x \quad R^2 = 0.942$
$(18.760)(20.512) \quad n = 27$

高所得国　中所得国　低所得国

出生率（‰）
乳児死亡率（‰）

（出所）　図 2-3-2 に同じ。
（注）　同 2-3-2 に同じ。

第2章　発展途上国の人口動態

図2-3-5　出生時平均余命と出生率

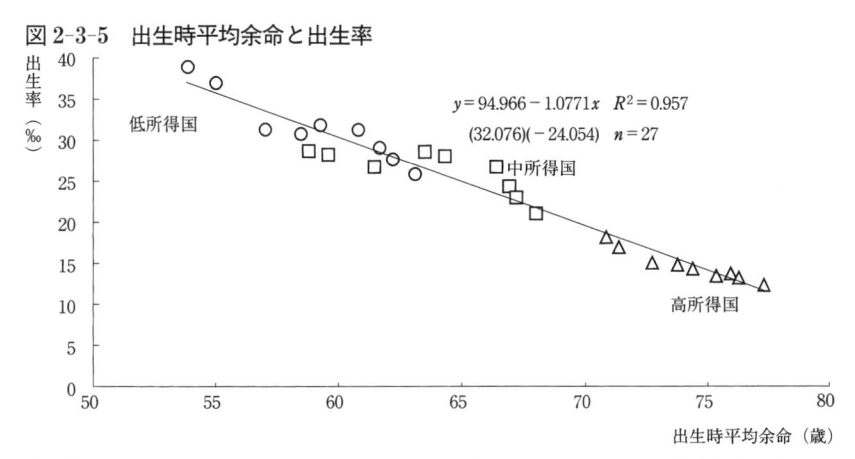

$y = 94.966 - 1.0771x$　$R^2 = 0.957$
$(32.076)(-24.054)$　$n = 27$

（出所）　The World Bank, *World Development Indicators*, Washington, D. C., Various Years.

図2-3-6　労働力率と出生率

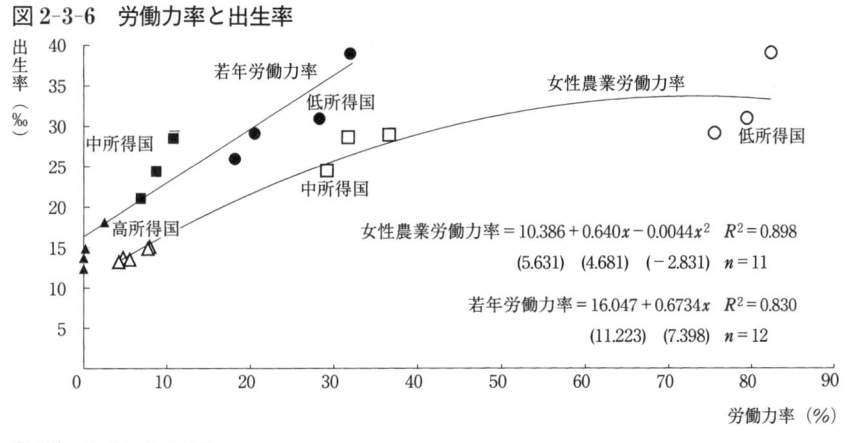

女性農業労働力率 $= 10.386 + 0.640x - 0.0044x^2$　$R^2 = 0.898$
(5.631)　(4.681)　(-2.831)　$n = 11$

若年労働力率 $= 16.047 + 0.6734x$　$R^2 = 0.830$
(11.223)　(7.398)　$n = 12$

（出所）　図2-3-5に同じ。
（注）　若年労働力率は10〜14歳人口に対する同年齢労働者の比率。女性農業労働力率は女性の総経済活動人口に占める農業の比率。

図2-3-7　女子就学率と出生率

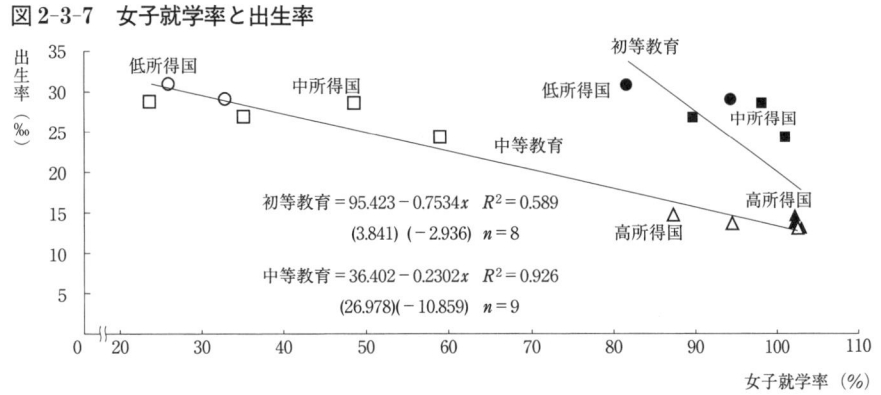

初等教育 $= 95.423 - 0.7534x$　$R^2 = 0.589$
(3.841)　(-2.936)　$n = 8$

中等教育 $= 36.402 - 0.2302x$　$R^2 = 0.926$
$(26.978)(-10.859)$　$n = 9$

（出所）　図2-3-5に同じ。

家族労働をかなり投入してきた。図2-3-6のように女性の経済活動人口に占める農業部門のシェアは低所得国ではなお80％の高率であるが，中所得国では30～40％，高所得国ではすでに10％を下回り，3つの所得段階で大きく異なっている。女性労働が農業に従事する比率が高いほど出生率が高くなるのは，以下のように考えられよう。製造業やサービス部門における女性の雇用機会が低い低所得国では，農業部門の生産構造も近代化されておらずそれゆえ女性や子供の労働への依存度が高い。農業社会では出生に関する伝統的な考えが強く支配している。女性は多くの子供を生み育てることが当然とみなされる社会である。また農業には農閑期や農繁期があり，1日の労働も固定的ではなく，さらに祖父，祖母，子供が乳幼児の面倒をみることが可能であり，こうしたことが出生率を高めるよう作用する。製造業やサービス部門で女性の雇用機会が拡大するならば，女性の出生に関する考え方は変化しよう。

また若年労働力率の低下にともなう出生率低下は幼児労働の効用低下，ならびに子供の教育等を含む養育費の増加つまり不効用の増加の反映である。教育機会の指標としては女性のそれが最適である。農業社会では女性の最大の仕事は子供を生み育てることであり，教育は必要とされない。日本でもかつては女性の識字率が低く，地方では女性の就学率は男性のそれを下回っていた。発展途上国の識字率をみても同じ傾向があり，1995年の低所得国の識字率は男性の76％（15歳以上）に対して女性は55％（15歳以上）であった。半数近い女性が読み書きの能力を欠いている。図2-3-7は女性の初等教育ならびに中等教育の就学率と出生率との関係を示している。初等教育の就学率は低所得国でも高水準に達し，出生率との関連は明瞭ではない。しかし中等教育では女性の就学率の上昇が出生率の低下をもたらし，女性の就学を促す社会的変化が出生に関する考えを変化させることが示される。

乳児死亡率の低下，平均余命の延長，女性ならびに子供の就学率の上昇，若年労働力率の低下等の社会経済的推移が出生の変化をもたらすならば，女性が生涯に生む子供の数は減少する。図2-3-8は合計特殊出生率と出生率の関係を示している。合計特殊出生率とは1人の女性が生涯に生むと期待される子供の数であり，これが減少するならば出生率は当然減少する[20]。出生率（普通出生率ないし粗出生率と呼ばれている）は，ある年次の出生数をその年次の年央人口で除した比率である。しかし普通出生率は実際の出生力を示していない。出産は妊娠可能年齢の女性によってなされ，これを考慮した出生率でなければならない。合計特殊出生率はある年次の出生数を妊娠可能女子人口で除した比率であり，その国の出生力を示す。これをさらに完全にするには，5歳ごとに区分されたX歳の女子人口でX歳段階に含まれる女性が出生した女児出生数を除し，これを15歳から49歳までを合計した粗再生産率が有用である。しかしすべての国でこれを計測することは統計の不備から難しく，合計特殊出生率がこの概念に近い。出生率は現在の状況を示すのに対して，合計特殊出生率や再生産率は将来の出生，さらに将来の人口構造に反映される。

図2-3-8では低，中，高所得国とも合計特殊出生率の低下とともに出生率の低下が生じたことが示される。とくに低所得国のそれが半減したことは，女性と出生を結びつける社会的しばりが緩んできたことの反映であろう。中所得国も4.0を上回る水準から2.6にまで低下し，高所得国を含む世界の合計特殊出生率は1950～55年の5.0から1996年には2.8に低下し，世界的に出生率低下への変化が観察される。1950～55年の高所得国の合計特殊出生率は2.84であり，中所得国はすでにこの水準に達し，低所得国もこの水準に接近した。

以上のように低，中，高所得国に区分した出生力分析から，出生率低下は多くの指標と相関し，社会経済的な変化にともなって傾向的に低下してきたことがわかる。また合計特殊出生率に示されるように，低所得国でも合計特殊出生率は大幅に

---

20) 石南國『人口論』（創成社，1993年）。

低下し，今後の出生率の一層の低下が予想される。年齢別の人口増加率は1990～96年平均で低所得国では15～64歳の2.0％に対して0～14歳は1.2％，中所得国では前者が1.9％，後者が0.9％，高所得国はそれぞれ1.1％，0.4％であった。

しかし1人当たり所得水準の低い低所得国において，合計特殊出生率がこれほど急速に減少した要因は以上で展開した以外のものも考慮しなければならない。たとえば避妊の普及，家族計画の実施等である。図2-3-9は避妊の普及率（15～49歳の既婚女性のうち避妊をしている割合であるが，夫が避妊具を使用している場合もこれに含む）と出生率の関係を示す。低，中，高所得国へと避妊手段は普及し，それにより出生率が低下した。低所得国でもゼロに近い普及率から最近年は20％程度になり，中所得国では50％を上回っている。したがってイースタリン・モデルで示されたような出生に関する個人的抑制段階へと発展途上国も到達している。発展段階からすればイースタリンの考えた段階ではないが，人口の急増に対してこれを国家的に抑制する家族計画の導入が図られたことが，合計特殊出生率の低下をもたらした。

発展途上国だけでなく第二次世界大戦後の先進国の出生率の低下は，経済発展の結果ではなく文化的民族的な要因が作用した結果であるという分析が発表された[21]。そこでは出生率の低下は，出生を抑制しても神を冒瀆しない，家族計画が人の道を外れたものではない，という考え方が一般化したことによって生じたと結論づけられた。この結論を支持するのが人口の生物学的接近である。ボンガーツ（J. Bongaarts）は，出生力抑制要因として産後不妊，避妊，中絶，非婚がどれほど出生力（合計特殊出生率）を低下させたかを例示している[22]。これらの出生力抑制要因がなければ，女性は15人程度の子供を生む能力をもつが，産後不妊の効果により合計特殊出生率は10人あたりとなる。避妊の効果は発展途上国では低いが，人口転換の局面が進展するとともに大きくなり，第4局面では出生力低下の約半分は避妊によりもたらされ，これに中絶が加わり出生率を大幅に低下させる。非婚（未婚，離婚，死別）の効果も人口転換が進展するほど大きくなるという。これら諸効果を総合すると，15人の子供を生む能力も有する女性の出生数（合計特殊出生率）は人口転換の第1局面で6.0以上（合計特殊出生率を低めた要因は大きい順に産後不妊，非婚，避妊，以下同様），第2局面で4.5～5.9（非婚，避妊，産後不妊），第3局面で3.0～4.4（非婚，避妊，産後不妊），第4局面で3.0未満（避妊，非婚，中絶，産後不妊）となる。低所得国の合計特殊出生率がボンガーツの想定した第1局面から第4局面の水準に低下したのには，こうした人口の生物学的抑制が作用してきたのであろう。

先進国の人口動態にもとづく人口転換分析からすれば，一国の社会経済的条件が成熟しない限り出生率は低下しない。本章でみてきたように発展途上国でも社会経済的な変化にともなって出生率や自然増加率が低下してきた。しかしこれは有力な要因ではあるが，絶対的な条件ではないことが発展途上国の経験から明らかとなった。発展途上国で出生率低下の有力要因となったのは，社会経済的とともに家族計画の導入であった。モールデン（W. P. Mauldin）を中心とする研究グループは，発展途上国における出生率低下を社会経済的な指標と各国の家族計画に関する政策の両面から分析した[23]。社会経済的指標はこれまでの分析とほぼ同じであり，家族計画に関する指標は実施機関の能率，避妊薬・避妊具の市場流通性，政府支出の規模等からなる総合指標である。社会経済的指標，家族計画総合指標と出生率低下を回帰分析し，以下のような研究結果を発表した。家族計画総合指標が同水準であるならば，社会経済的発展

---

21) W. P. Mauldin and B. Bernard, "Conditions of Fertility Decline in Developing Countries 1965-75," *Studies in Family Planning*, Vol. 9, No. 5, May 1978.
22) J. Bongaarts and W. P. Mauldin, "The Demografic Impact of Family Planning Programs," *Studies in Family Planning*, Vol. 21, No. 6, June 1990.
23) W. P. Mauldin and B. Bernard, "Conditions of Fertility Decline in Developing Countries 1965-75," *Studies in Family Planning*, Vol. 9, No. 5, May 1978.

分　析

図 2-3-8　合計特殊出生率と出生率

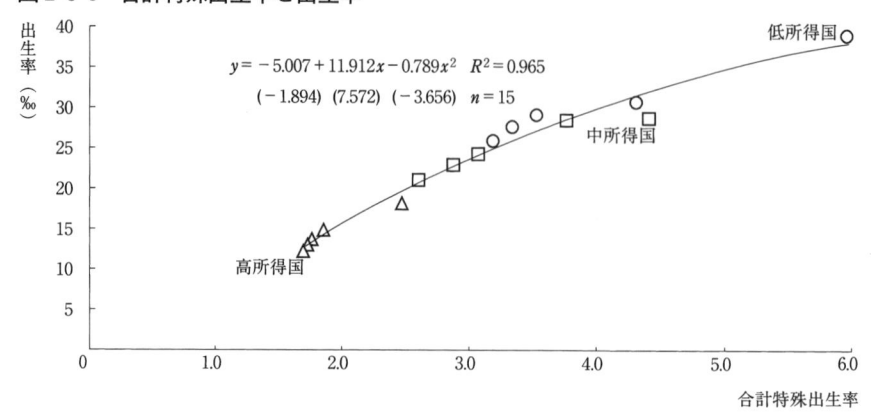

出生率（‰）

$y = -5.007 + 11.912x - 0.789x^2$　$R^2 = 0.965$
$(-1.894)\ (7.572)\ (-3.656)$　$n = 15$

低所得国
中所得国
高所得国

合計特殊出生率

（出所）　The World Bank, *World Development Indicators*, Washington, D. C., Various Years.

図 2-3-9　避妊普及率と出生率

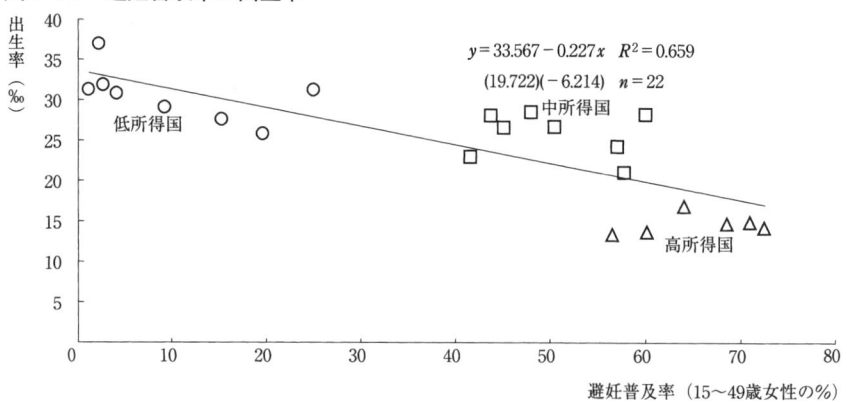

出生率（‰）

$y = 33.567 - 0.227x$　$R^2 = 0.659$
$(19.722)(-6.214)$　$n = 22$

低所得国
中所得国
高所得国

避妊普及率（15〜49歳女性の％）

（出所）　図 2-3-8 に同じ。

図 2-3-10　都市化率と出生率

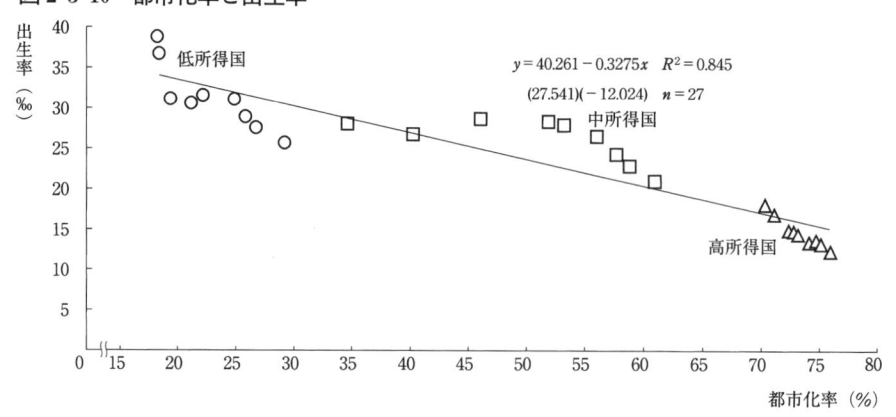

出生率（‰）

低所得国
$y = 40.261 - 0.3275x$　$R^2 = 0.845$
$(27.541)(-12.024)$　$n = 27$
中所得国
高所得国

都市化率（％）

（出所）　図 2-3-8 に同じ。

が進展している国ほど出生率の低下は大きい。また社会経済的発展の度合いが同じ水準であるならば、家族計画総合指標が高い国ほど出生率の低下は大きくなる。しかし総合的には社会経済的発展が進んでいる国ほど、家族計画総合指標も高い。つまり社会経済的な発展がなくても家族計画の導入は出生率を低下させるが、社会経済的な発展がともなうならばその効果はかなり高まる、と結論づけられている。

社会経済的要因や避妊等の家族計画の出生への影響を総合化したものが都市化である。伝統的な農業にかわる近代部門の発展が1人当たり生産の増加をもたらし、これが社会経済的な発展や女性の社会進出を促した。近代部門は集積によって効率的に機能するという特徴をもち、ヨーロッパでは産業革命以降に都市が拡大した。つまり都市の拡大は近代化の反映であり、新たな社会の建設を通じて人口を伝統的な因習から脱却させ、出生に関する考え方に変化をもたらした。推計によると1800年頃の世界の都市人口比率は2.4%程度であり、10万人以上の都市人口比率は1.7%に過ぎなかった。ヨーロッパでも10万人以上の都市人口は1800年に3.4%であった。世界の10万人以上の都市人口比率は1900年に5.5%に達したと推計されているが、その時点のヨーロッパの都市人口比率は14.6%であり、19世紀の都市化はヨーロッパで始まったことを示している。都市化は20世紀には加速化し、1950年の先進国の都市化率は54.0%に達した。20世紀の都市化は先進国だけでなく発展途上国でも進み、1900年に2.0%と予測された発展途上国の都市化率は1950年に17.0%に達した。これ以降は図2-3-10に示されているように世界的に進展した。

都市化の拡大により出生率は低下し、両変数間に強い関連性があることが示される。先進国の経験に比べて発展途上国の都市化は加速的に拡大した。都市雇用の増加が都市化を促進していない国も多い。その象徴がスラムの存在である。都市スラムの拡大は都市人口増加の結果であり、都市人口の増加は必ずしも発展を随伴しているわけではない。しかし都市化は、たとえスラムでの生活を余儀なくされる場合でも、都市生活の影響を受ける。都市生活は農村での生活よりもコストがかさみ、多くの子供をもつことを難しくする。また避妊の情報、避妊具等を簡単に得ることができ、避妊比率を高める。いずれにしても発展途上国の都市化は伝統的な社会構造を変化させ、出生に関する社会的・個人的な考えを変えてきたということができる。

(4) 出生力の地域分析

地域は歴史的共通性を有し、相互に影響を及ぼしてきたのであり、社会経済的な変化にもある種の共通性がある。そこで出生力に関する発展途上国の地域的な変化を検討してみよう。地域区分は世銀の分類にしたがい、東アジア・太平洋、ヨーロッパ・中央アジア、ラテンアメリカ・カリブ、中東・北アフリカ、南アジア、サハラ以南アフリカの六つを対象とする。図2-4-1は、死亡率が地域間で収斂してきたのに対して出生率はいまだ地域間に大きなばらつきがあることを示している。死亡率は東アジア・太平洋、ラテンアメリカ・カリブ、中東・北アフリカですでに1桁になり、最も高いサハラ以南アフリカでも14‰まで低下した。しかし出生率はヨーロッパ・中央アジアと東アジア・太平洋が20‰を下回る水準に低下したのに対して、他の地域は20‰を上回り、サハラ以南アフリカではいまだ40‰強の出生率水準が続いている。したがって1996年の自然増加率はサハラ以南アフリカ（27‰）、中東・北アフリカ（22‰）では依然として20‰を上回り、今日にいたるまでかつて先進国が経験したことのない高水準を持続している。南アジア（18‰）やラテンアメリカ・カリブ（16‰）の自然増加率もいまだ高い。しかし東アジア・太平洋（12‰）、ヨーロッパ・中央アジア（2‰）ではかなり低下し、とくに東アジア・太平洋は1970年代初期まで自然増加率は26‰であり、20数年間に急速な低下をみせた。1970～96年の間に東アジア・太平洋は出生率を16‰、自然増加率を14‰低下させた。低所得国、中所得国で分類した発展途上国の推移

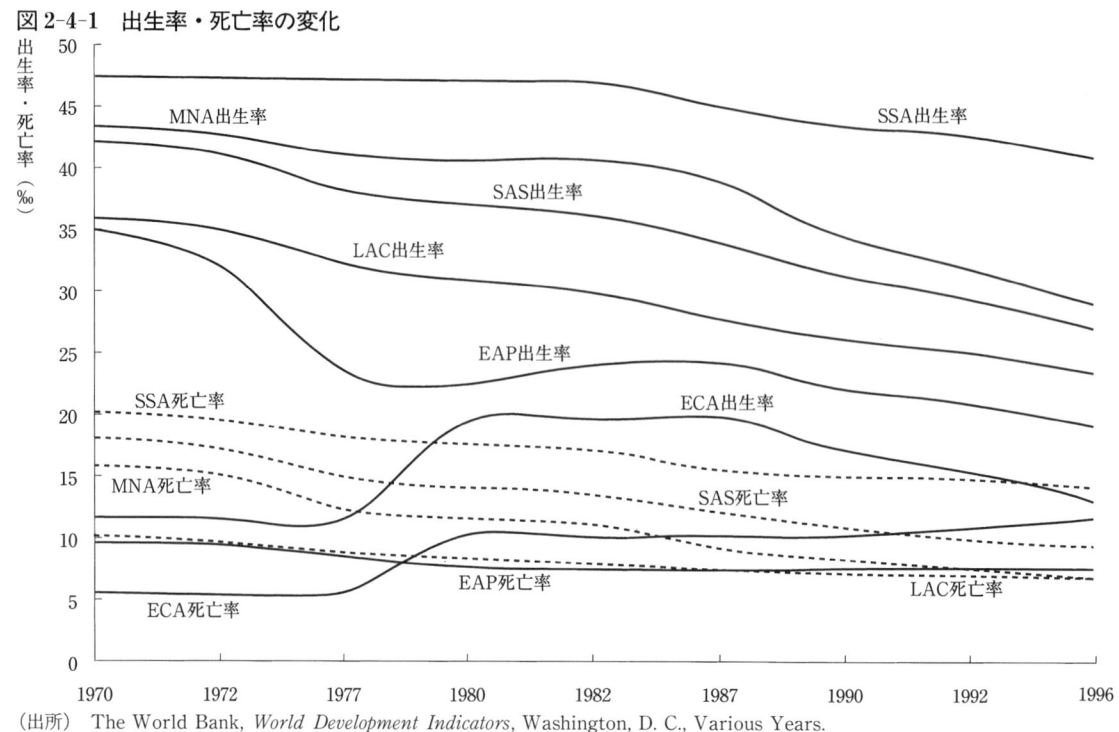

分　　析

図 2-4-1　出生率・死亡率の変化

出生率・死亡率（‰）

（出所）　The World Bank, *World Development Indicators*, Washington, D. C., Various Years.
（注）　SAS ▲は南アジア地域，SSA ×はサブサハラアフリカ地域，MNA ■は中東と北アフリカ地域，LAC ◆はラテンアメリカとカリブ海地域，ECA ＋は東欧と中央アジア地域，EAP ●は東アジアと太平洋地域。なお対象期間は1970～96年。以下，図2-4-12まで同じ。

と同様に出生率，死亡率，自然増加率はともに低下してきたが，このように地域的には大きな格差がある。また東アジア・太平洋の低下が著しいことが特徴として指摘できよう。

図2-4-2は1人当たり生産（1987年価格1人当たりGNP）と出生率の関係を示す。南アジア，東アジア・太平洋，ラテンアメリカ・カリブでは右下がりの傾向を示し，生産水準は異なるが1人当たり生産の増加にともなって出生率が低下して両変数間に強い関連性がみられる。しかしヨーロッパ・中央アジア，中東・北アフリカ，サハラ以南アフリカでは1人当たり生産が減少している。ヨーロッパ・中央アジアはかつての社会主義経済が崩壊し，1人当たり生産が縮小した。中東・北アフリカでは石油価格の低下が1人当たり生産を縮小させた。図2-4-2の特徴は，1人当たり生産の水準が高い中東・北アフリカやラテンアメリカ・カリブの出生率が高く，1人当たり生産の水準が

低い東アジア・太平洋の出生率が低いことである。東アジア・太平洋には中国要因が加味されており，中国を除いた1人当たり生産は1996年に1,300ドルである。

図2-4-3は乳児死亡率低下が死亡率低下をもたらしたことを示している。図2-4-4のように出生率と乳児死亡率は全体的に右上から左下に向かっており，出生率低下と乳児死亡率低下には明らかな相関関係がある。サハラ以南アフリカ，南アジア，中東・北アフリカでは140‰に達していた乳児死亡率が1996年にはそれぞれ91‰，73‰，50‰と大幅に低下した。出生時平均余命も，乳児死亡率の低下により大幅に延びた。図2-4-5のように出生時平均余命と出生率は右下がりの相関を示した。中東・北アフリカや南アジアでは乳児死亡率の改善と同様に出生時平均余命が14～15歳延び，サハラ以南アフリカ，東アジア・太平洋，ラテンアメリカ・カリブでも10歳程度の延びが

第 2 章　発展途上国の人口動態

図 2-4-2　1 人当たり生産と出生率

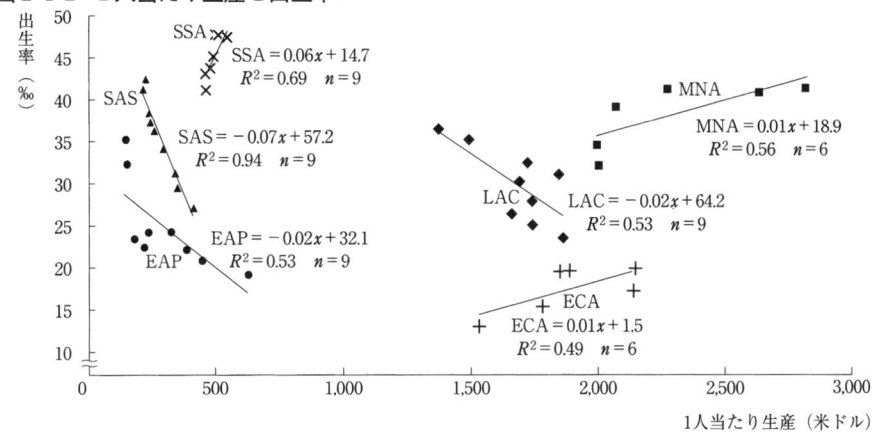

SSA $= 0.06x + 14.7$　$R^2 = 0.69$　$n = 9$
SAS $= -0.07x + 57.2$　$R^2 = 0.94$　$n = 9$
EAP $= -0.02x + 32.1$　$R^2 = 0.53$　$n = 9$
LAC $= -0.02x + 64.2$　$R^2 = 0.53$　$n = 9$
MNA $= 0.01x + 18.9$　$R^2 = 0.56$　$n = 6$
ECA $= 0.01x + 1.5$　$R^2 = 0.49$　$n = 6$

（出所）　The World Bank, *World Development Indicators*, Washington, D. C., Various Years.
（注）　1 人当たり生産は 1 人当たり GNP（1987 年基準），EAP にダミー変数を入れた。

図 2-4-3　乳児死亡率と死亡率

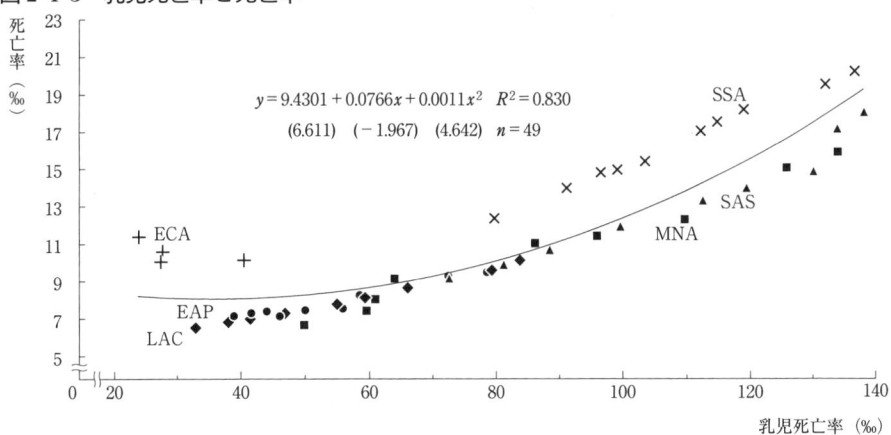

$y = 9.4301 + 0.0766x + 0.0011x^2$　$R^2 = 0.830$
(6.611)　(−1.967)　(4.642)　$n = 49$

（出所）　図 2-4-2 に同じ。

図 2-4-4　乳児死亡率と出生率

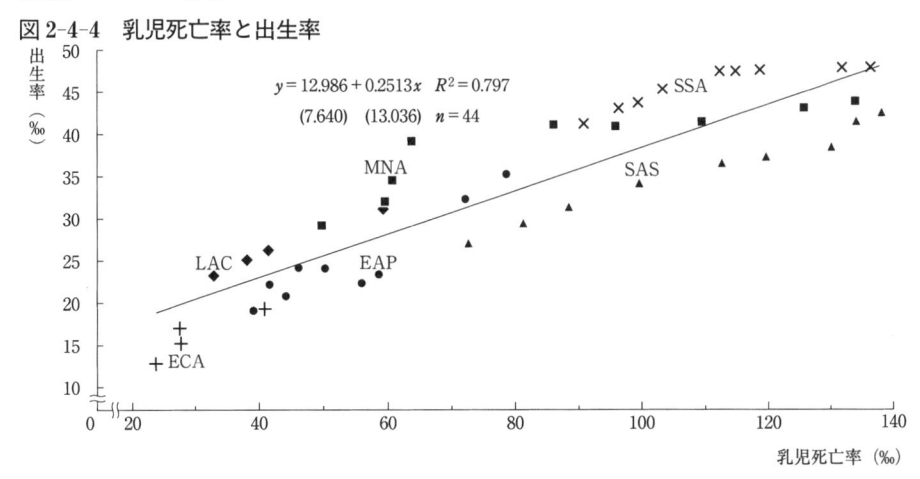

$y = 12.986 + 0.2513x$　$R^2 = 0.797$
(7.640)　(13.036)　$n = 44$

（出所）　図 2-4-2 に同じ。

みられる。ヨーロッパ・中央アジアはすでに高い出生時余命にあったためにわずかの改善にとどまっている。サハラ以南アフリカを除いて出生時平均余命は60歳の半ばから後半に達し，先進国レベルの70歳台へと向かっている。子供の生存可能性が高まり，出生率が押し下げられた。

子供の寿命が延びる一方で，子供をもつことの効用と不効用に関係する指標も変化した。図2-4-6にみられるように子供の労働力率（10～14歳人口に対する同年齢労働者の比率）と出生率は右上から左下に向かい，子供の労働力率の低下，つまり子供の労働によって得られる効用が低下するとともに出生率が低下した。出生率と自然増加率が大幅に低下した東アジア・太平洋における子供の労働力率は，35%から10%程度へ低下した。また出生率や自然増加率が高いサハラ以南アフリカでは30%を超えた。

発展途上国では一般的に子供の労働力率は低下したが，図2-4-7にみられる女性の雇用機会として依然として農業の比重が高い。農業における女子労働力率（女子生産年齢人口に占める女子経済活動人口の割合）の低下にともなって出生率が低下した。ラテンアメリカ・カリブ，南アジア，サハラ以南アフリカでは右上から左下に向かって変化し，農業における女子労働力率の低下と出生率低下が相関した。しかしヨーロッパ・中央アジアや中東・北アフリカでは農業の女子労働力率が上昇し，一般的な傾向とは逆になっている。また東アジア・太平洋では農業の女子労働力比率の低下がわずかであったにもかかわらず，出生率が大幅に低下し，相関関係は弱い（中国要因が強いと考えられる。後章で展開する東アジアの分析で検討する）。ラテンアメリカ・カリブを除いて発展途上国の女性の多くは農村において雑多な仕事に追われているのであろう。しかし女子労働力率の変化をもたらす女子就学率は大幅に改善した。

図2-4-8の女子初等教育就学率と出生率とは右下がりの関係を示している。東アジア・太平洋，ヨーロッパ・中央アジア，ラテンアメリカ・カリブでは100%を超え（就学年齢以外の年齢者が就学し，当該年齢で就学できなかった人を含むからである），中東・北アフリカ，南アジアでも80%，サハラ以南アフリカは70%に近い。図2-4-9の女子中等教育就学率と出生率の相関は一段と明瞭である。すでに初等教育は多くの発展途上国で義務化され，中等教育はそうでない国が多い。中等教育の就学は発展途上国における女性を取り巻く社会環境の変化をもたらすであろう。教育機会の拡大は子供の就学率を上昇させるが，まず男子の就学が女子よりも優先されるからである。伝統的な社会ほどこの傾向は強く，発展途上国の識字率の改善はまず男性から進む。1995年の非識字率（男女とも15歳以上）を女子中等教育就学率が高い順序でみると，ヨーロッパ・中央アジアはゼロ，東アジア・太平洋9%（男性，以下同様），24%（女性，以下同様），ラテンアメリカ・カリブ12%，15%，中東・北アフリカ28%，50%，南アジア38%，64%，サハラ以南アフリカ34%，53%である。いずれの地域でも男性の非識字率が低い。女性の非識字率の高い中東・北アフリカ，南アジア，サハラ以南アフリカでは男性との格差が著しい。宗教や伝統社会に特有な女性に関する因習がこの数字に反映されている。しかし各地域ともに女性の就学率の上昇にともない女性に関する社会的抑圧は変化するであろう。男女合計の数値であるが，15～19歳の識字率はサハラ以南アフリカ73%，中東・北アフリカ79%，南アジア61%であり，若い世代の識字率は急速に改善され，女性自身とともに社会の女性に対する抑圧的な考えは変化していくであろう。こうした女性の就学率の上昇は，子供を養育するために必要な直接費用を増加させ，子供をもつことの不効用を高め，出生率の低下をもたらし，子供の数を減少させる。図2-4-10の合計特殊出生率の低下にこれが反映されている。

合計特殊出生率と出生率はすべての地域で右上から左下に向かって変化し，二つが強く相関していることを示している。1980年の合計特殊出生率をみるとサハラ以南アフリカ（6.6）と中東・北アフリカ（6.1）はボンガーツの人口転換の第1局面に位置しているとみなされる。南アジア（5.3）は第2局面，ラテンアメリカ・カリブ（4.1）と東

第2章　発展途上国の人口動態

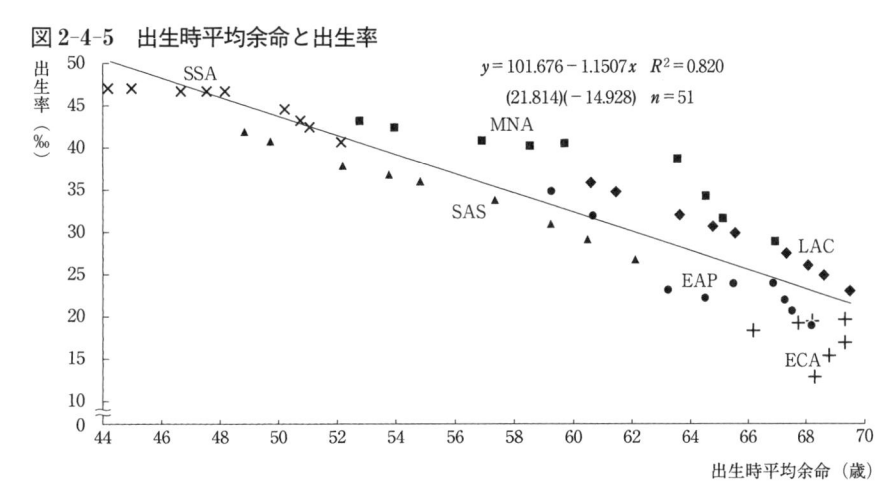

図 2-4-5　出生時平均余命と出生率

$y = 101.676 - 1.1507x$　$R^2 = 0.820$
$(21.814)(-14.928)$　$n = 51$

（出所）　The World Bank, *World Development Indicators*, Washington, D. C., Various Years.

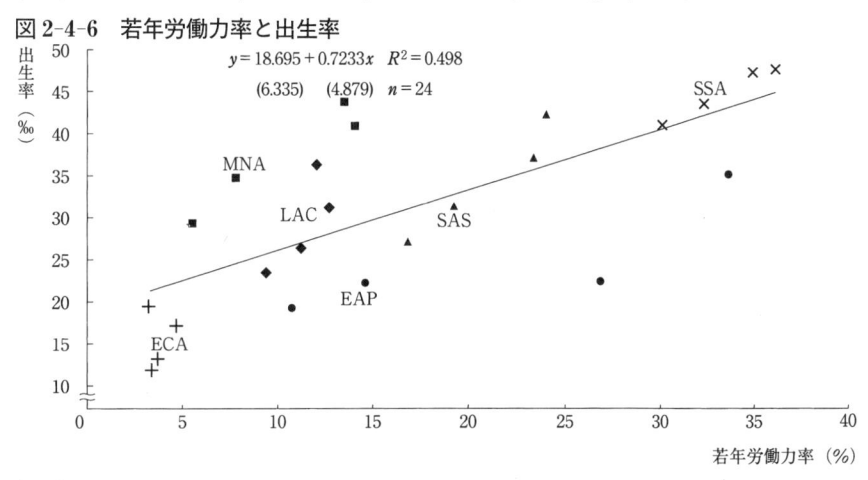

図 2-4-6　若年労働力率と出生率

$y = 18.695 + 0.7233x$　$R^2 = 0.498$
(6.335)　(4.879)　$n = 24$

（出所）　図 2-4-5 に同じ。
（注）　若年労働力率は 10〜14 歳人口に対する同年齢労働者の比率。

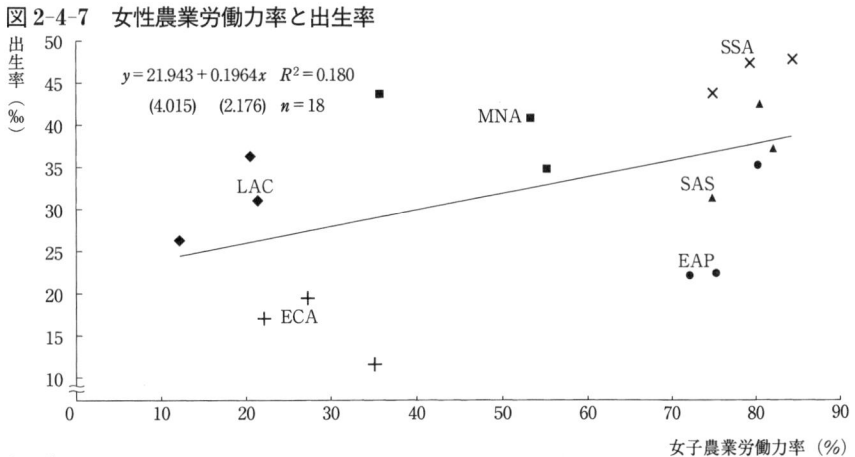

図 2-4-7　女性農業労働力率と出生率

$y = 21.943 + 0.1964x$　$R^2 = 0.180$
(4.015)　(2.176)　$n = 18$

（出所）　図 2-4-5 に同じ。
（注）　女性農業労働力率は女性の総経済活動人口に占める農業の比率。

分　析

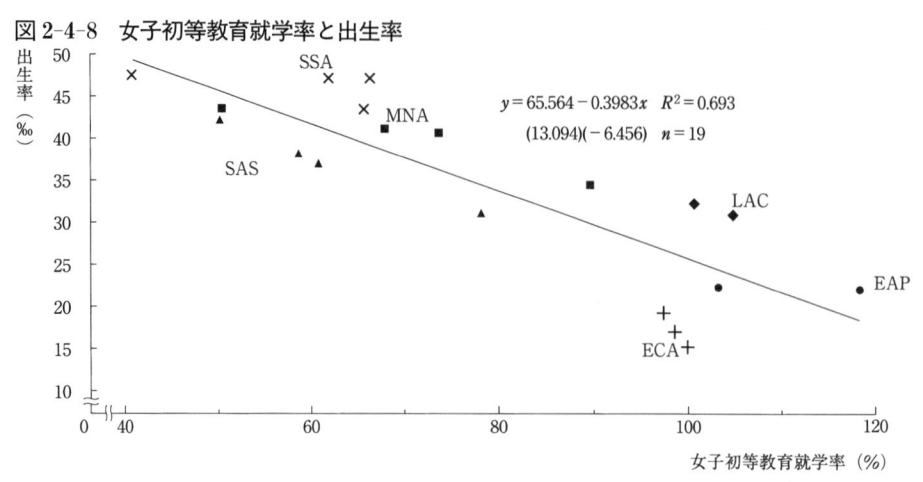

図 2-4-8　女子初等教育就学率と出生率

$y = 65.564 - 0.3983x \quad R^2 = 0.693$
$(13.094)(-6.456) \quad n = 19$

女子初等教育就学率（％）

（出所）　The World Bank, *World Development Indicators*, Washington, D. C., Various Years.

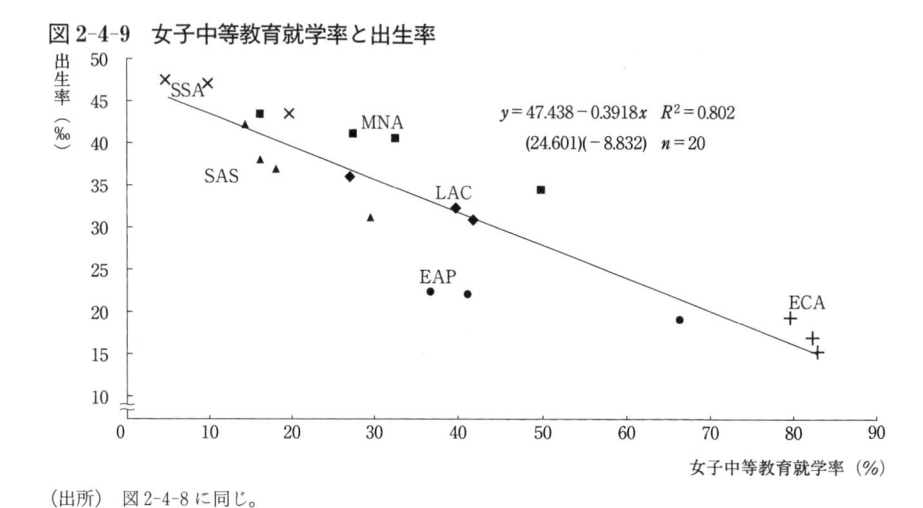

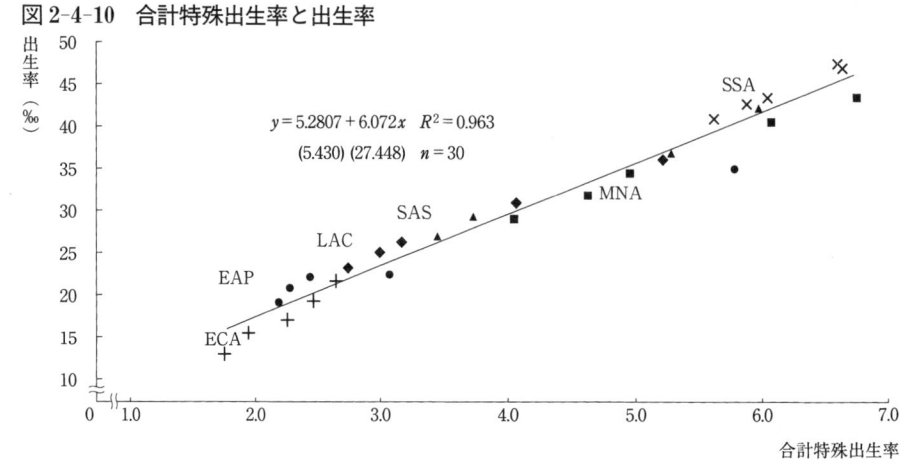

図 2-4-9　女子中等教育就学率と出生率

$y = 47.438 - 0.3918x \quad R^2 = 0.802$
$(24.601)(-8.832) \quad n = 20$

女子中等教育就学率（％）

（出所）　図 2-4-8 に同じ。

図 2-4-10　合計特殊出生率と出生率

$y = 5.2807 + 6.072x \quad R^2 = 0.963$
$(5.430)(27.448) \quad n = 30$

合計特殊出生率

（出所）　図 2-4-8 に同じ。

図 2-4-11 避妊普及率と出生率

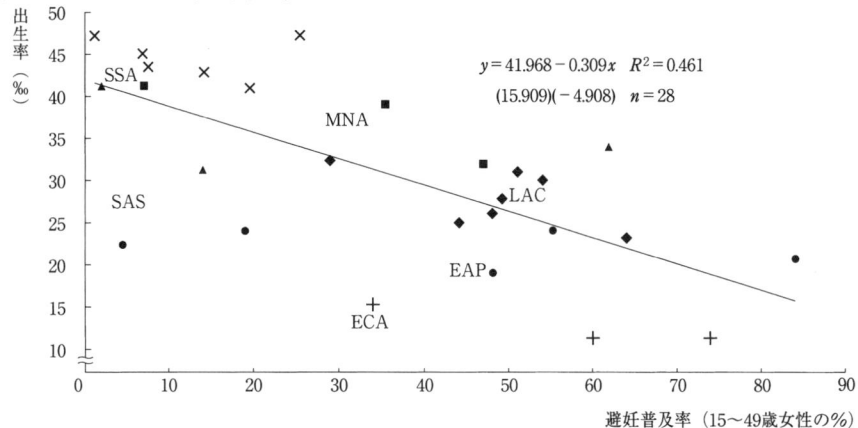

$y = 41.968 - 0.309x \quad R^2 = 0.461$
$(15.909)(-4.908) \quad n = 28$

（出所）The World Bank, *World Development Indicators*, Washington, D. C., Various Years.

図 2-4-12 都市化率と出生率

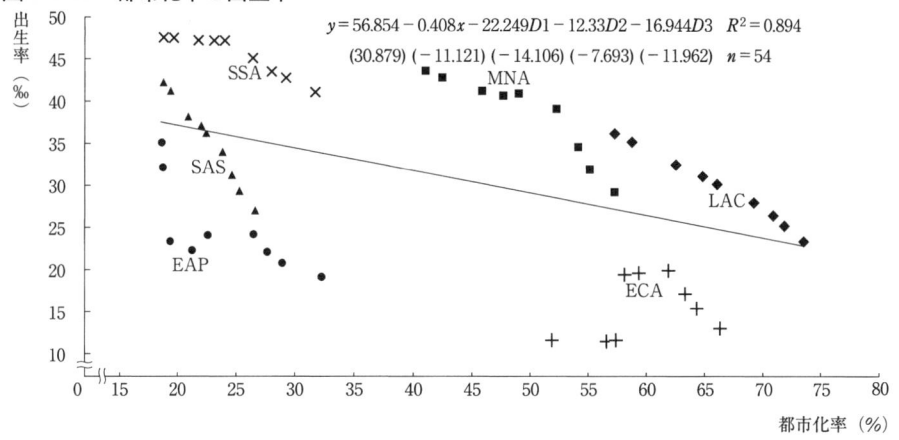

$y = 56.854 - 0.408x - 22.249D1 - 12.33D2 - 16.944D3 \quad R^2 = 0.894$
$(30.879)(-11.121)(-14.106)(-7.693)(-11.962) \quad n = 54$

（出所）図 2-4-11 に同じ。
（注）$D1$ は EAP のダミー変数，$D2$ は SAS のダミー変数，$D3$ は ECA のダミー変数である。

アジア・太平洋（3.1）は第 3 局面，ヨーロッパ・中央アジア（2.5）は第 4 局面に達している。1996 年には第 1 局面の地域はなくなり，サハラ以南アフリカ（5.6）が第 2 局面，中東・北アフリカ（4.0）と南アジア（3.4）が第 3 局面，ラテンアメリカ・カリブ（2.8）と東アジア・太平洋（2.2）が第 4 局面に移行した。人口転換は社会経済的な変化要因をともなうが，局面移行がきわめて急速である。図 2-4-10 の対象期間以前の合計特殊出生率（1960～65 年）はサハラ以南アフリカ 6.71，北部アフリカ 7.08，ラテンアメリカ 5.96，東アジア 5.35，東南アジア 5.89，南アジア 6.03，中東 6.54，メラネシア 6.27，ミクロネシア 6.21，ポリネシア 7.28

であり，1960 年代には多くの発展途上地域が人口転換の第 1 局面にあった。ゆえに人為的ないし個人的な出生力の抑制が行われてきたことが示唆される。高い女性の非識字率や女性の農業就業比率，また低い 1 人当たり生産水準をみると，南アジアが人口転換の第 3 局面に移行したとは考えられない。また後発の国ほど局面移行が加速するとはいえ，東アジア・太平洋，ラテンアメリカ・カリブ，中東・北アフリカは社会経済的な変化による局面移行より，合計特殊出生率で考えた局面移行の方が進んでいるようにみえる。

図 2-4-11 は避妊の普及率と出生率の関係を示している。普及率の年々の変化は大きいが，地域

全体では避妊の普及率が高い地域ほど出生率は低く，避妊普及率と出生率の間には強い関連がある。1990年代平均（1990～96年）の避妊普及率は，人口転換の第4局面にあるヨーロッパ・中央アジアは43.7，東アジア・太平洋は55.5，ラテンアメリカ・カリブは52.4であり，第3局面の中東・北アフリカ45.7，南アジア35.5，第2局面のサハラ以南アフリカは6.9であった。1960年代前半には多くの地域が第1局面にあり，この社会においては子供を生み育てることが社会的，個人的な義務であった。それが30年ほどで大きく変わった。避妊普及の結果であろう。子供が必要でないということではなく，かつてのように多く生まなくてもよいという認識が一般化したからであろう。子供の生存率の高まり，教育の普及，生産構造の変化等から，子供の出生がもたらす家計および地域社会への負担は大きい。それゆえこれを避妊によって回避するようになってきたのであろう。すでに若年齢人口（0～14歳人口）の増加率は減少し，1990～96年の年平均増加率は東アジア・太平洋0.3%（同期間の15～64歳人口増加率は1.6%，以下同様），ヨーロッパ・中央アジア－1.2%（0.5%），ラテンアメリカ・カリブ0.4%（2.4%），中東・北アフリカ1.5%（3.5%），南アジア1.1%（2.3%），サハラ以南アフリカ2.4%（2.9%）であった。

最後に図2-4-12の多くの要因を集約的に含む都市化と出生率の関係をみると，全体的には都市化の進展にともない出生率が傾向的に低下している。しかし地域間の格差が大きい。とくに東アジア・太平洋の都市化率は南アジアやサハラ以南アフリカと同水準であり，他の指標と比較して低い。これは農村の人口規模が大きく，自由な人口移動を認めていない中国要因により生じているのであろう。

以上のように発展途上国の出生力変化を地域別にみた場合でも，社会経済的発展と人為的な避妊等によって，人口転換の段階は急速に進展してきたとみられる。東アジア・太平洋地域の30～40年間の変化がとくに著しい。

第3章 日　本

(1) 東アジアの人口転換

多くの発展途上国の貧困問題は依然として解決されていない。世銀の調査した貧困人口比率では，1985年国際価格基準で1日当たり1～2ドル未満の所得の人口が依然として多い[1]。1980年代末から1990年代に調査された59ヵ国についてみると，1ドル未満の所得水準の人口比率1～20%である国は33ヵ国，20～40%が10ヵ国，40～60%が11ヵ国，60～80%が3ヵ国，80%以上が2ヵ国であった。2ドル未満まで広げると1～20%の国は8ヵ国，20～40%が12ヵ国，40～60%が17ヵ国，60～80%が12ヵ国，80%以上が10ヵ国であった。人口転換の進展はサハラ以南アフリカで遅く，東アジアやラテンアメリカ，ヨーロッパで早かった。人口転換が進展する一方，多くの発展途上国で貧困はいまだに解決されていない。ブラジル（1日2ドル以下の所得しか得ていない人口比率43.5%，以下同様），メキシコ（40.0%），中国（57.8%），タイ（23.5%），インド（88.8%），パキスタン（57.0%），ブルガリア（23.5%），ポーランド（15.1%），エジプト（51.9%），ケニア（78.1%），南アフリカ（50.2%）である。貧困問題は人口だけでなく経済開発の失敗，社会経済構造の問題等を含んでいるが，要は増える人口を産業が吸収できなかったからである。長期統計の対象地域であるアジア・太平洋でも経済開発と人口転換が順調に進展した国とそうでない国とが混在している。

表3-1-1は各国の長期的な人口転換係数である。人口転換係数は以下の式によって求められた。

表3-1-1　人口転換係数

国・地域	1970年	1982年	1995年
アフガニスタン	0.06	0.06	0.11
オーストラリア	0.89	0.96	0.99
バングラデシュ	0.17	0.26	0.60
ブルネイ	0.58	0.75	0.87
カンボジア	0.25	0.31	0.43
中国	0.50	0.84	0.89
フィジー	0.69	0.74	0.85
香港	0.83	0.98	1.07
インド	0.34	0.45	0.68
インドネシア	0.35	0.53	0.75
イラン	0.32	0.39	0.64
日本	0.97	1.00	1.06
韓国	0.62	0.83	0.94
ラオス	0.20	0.15	0.24
マレーシア	0.52	0.66	0.78
モンゴル	0.38	0.45	0.70
ミャンマー	0.33	0.40	0.62
ネパール	0.20	0.23	0.42
ニュージーランド	0.87	0.95	0.96
パキスタン	0.21	0.25	0.46
パプアニューギニア	0.27	0.33	0.47
フィリピン	0.38	0.54	0.69
サモア	n.a.	0.48	0.66
シンガポール	0.83	0.94	1.00
スリランカ	0.68	0.77	0.89
タイ	0.49	0.74	0.90
ベトナム	0.41	0.58	0.77
台湾	0.76	0.89	0.98

（出所）The World Bank, *World Development Indicators*, Washington, D. C., Various Years.

$$\text{人口転換係数} = 0.5((7.5 - TFR)/5.3) + 0.5(1 - (80 - L)/40)$$

TFR は合計特殊出生率，L は出生時平均余命である。TFR の対象国平均の最大値は7.5，最小値2.2であり，7.5から各国の TFR を差し引いた値 $(7.5 - TFR)$ を最大可能変動値5.3（TFR 平均

---

[1] 本章の世界統計は以下を利用した。The World Bank, *World Development Report*, Washington, D. C., Various Years; The World Bank, *World Development Indicators*, Washington, D. C., Various Years.

最大値から最小値を差し引いた値)で除することにより標準化した。また出生時平均余命の対象国平均の最大値80,最小値40とし,同様に標準化した。合計特殊出生率の低下による人口転換への影響力を50%,出生時平均余命が延びたことによる人口転換の影響力を50%とみなす。人口転換に効果的と思われる合計特殊出生率と出生時平均余命で人口転換係数を計測した。この係数が1に達すると人口転換は全過程を終了したことになる。日本と香港はすでに1に達し,人口転換の第4局面の先へと進んでいる。シンガポールは1に達し,オーストラリア,ニュージーランド,韓国,台湾も1に近い水準である。さらにタイ,中国,スリランカとマレーシアが注目される。マレーシアはNIESに次ぐ所得(1人当たりGNP)を有しながら,転換係数は低い。逆に前者の3ヵ国は低所得水準にあるにもかかわらず,人口転換の終局へと向かっている。対象期間に人口転換が半分以下しか進展していない国は6ヵ国で,カンボジア,ラオス,アフガニスタンのような混乱状態にあった国を除くと,3ヵ国のみであった。

以下の各章は急速な人口転換を達成した日本,発展途上国段階から先進国段階に急速に発展し,人口転換も急速であったNIESの代表として韓国,台湾,人口大国であり,かつ特異な経済,人口政策を実施してきた中国,インド,植民地時代に形成された多民族国家であるマレーシア,東アジアの中で経済開発がなかなか進展しないフィリピン,発展途上国の中で独立を維持したタイ,を対象として人口と開発の関係を分析し,アジアの人口問題の推移と特徴を明らかにする。かつてアジアといえば貧困と停滞を特徴とし,伝統的な農業社会で過剰人口に悩まされ,発展途上国の典型であった。しかし今やアジアは貧困と停滞から抜け出し,発展途上国の成功事例とみなされるようになった。多くのアジア諸国が人口問題を解決して経済発展がなぜ可能であったのかを分析することは,いまだ多くの人々が貧困にあえいでいる発展途上国にとって重要な示唆を与えよう。またアジアの過剰人口が発展にとって否定的にとらえられていた時代は終焉し,アジアが発展した今日に

おいてはアジアの発展を人口動態から分析することは新たな視点を与えるにちがいない。

(2)日本の人口転換

日本の人口の長期趨勢は,第二次世界大戦の前後で異なる特徴を示している。死亡率は1920年代に20.0‰の水準から低下し1941年には15.8‰になった。死亡率は第二次世界大戦後の1946年ではほぼ戦前期の水準にあったが,図3-2-1のように1950年には10.0‰程度まで急落した。戦前期に20年かかって低下した死亡率とほぼ同じ低下幅を戦後期は5年ほどで達成した。その要因として,第1に,戦前期には戦争が続いて死亡率が容易に低下しなかったこと,第2に,戦後期において新しい医薬衛生技術が導入され多くの日本人が悩まされてきた結核医療技術が導入・拡大されたことがあげられる。第二次世界大戦を境にして日本の社会経済的環境が大きく変化し,不連続ともいえる傾向を示したのである。日本のこうした特徴が出生率の推移にも色濃く反映された。出生率は1920年に36.0‰のピークから低下し,1930年代末には27.0‰に達した。しかし国防目的としての人口増加促進政策の結果,1941年に31.6‰に上昇し,人口転換の第2局面から第3局面への移行は戦後期にもちこされた。

戦後期にベビーブームが起こり,1947〜49年の出生率は33〜34‰に達した。しかし出生率は図3-2-1のように1950年代において急激に低下し,1950年の28.1‰から1957年に17.2‰となった。日本は戦後期に短期間で人口転換の第2局面から第3局面,さらに第4局面に到達した。また1941年に15.8‰あった自然増加率も1950年代以降に低下し,1956年には純再生産率が1.0を下回った。戦後期の出生率低下は,1948年の薬事法改正による避妊薬の普及,1948年の優生保護法の制定ならびに1949年の同法改正により経済的理由による人口中絶が認められたことによって生じた[2]。後に検討するように,出生率低下は1950年代以降の高度経済成長による社会経済的変化が大きな要因である。しかし戦後期に出生率が急上昇し後

第3章 日本

図 3-2-1 日本の人口転換（1950〜95 年）

（出所）巻末の統計による。

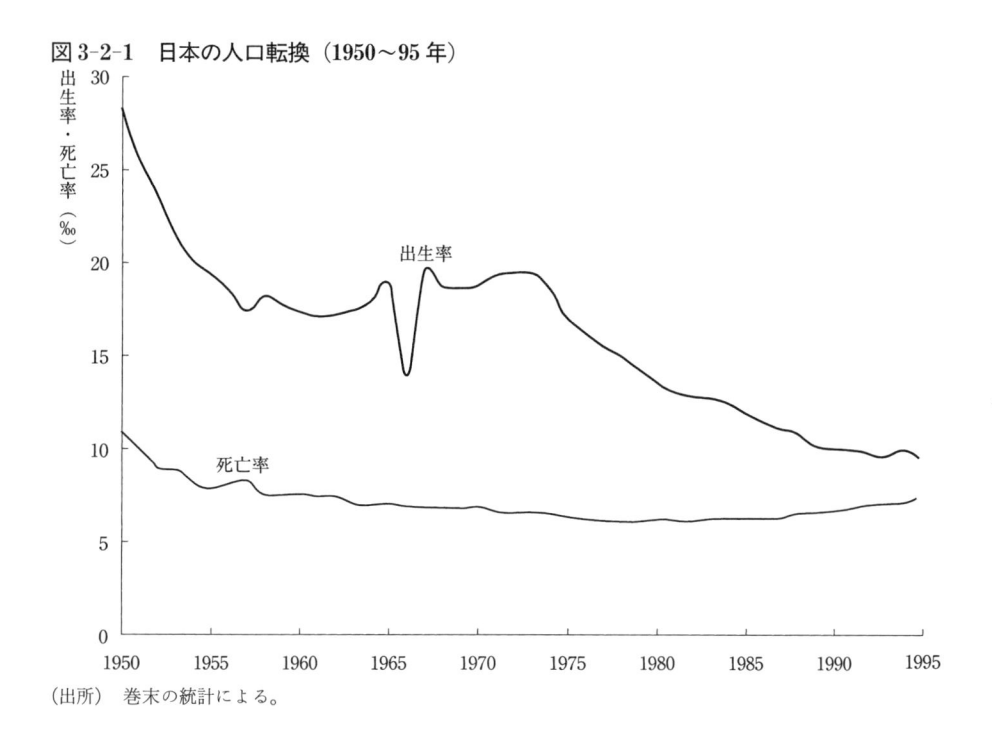

に急低下した要因は避妊と中絶にあった。戦前期の価値観が戦後期に大きく変化し，人為的な出生力抑制が日本社会に急激に普及したとみられる。

日本の人口転換は戦前期の1920年代から数えると30数年かかり，英国の60年に比較して半分の期間であった。議論の分かれるところであるが，戦後期に限ると10年ほどで少産少死の第4局面に到達したとみられる。日本はアジアおよび非西欧社会で最初の人口転換を達成し，しかもマッケンロートの局面経過加速の法則通りに西欧世界の経験を時間的に圧縮した。図 3-2-2 の人口ピラミッドもこうした経緯を示す。1950年には 0〜4歳人口比率が最も多く，戦後期直後の高出生率を反映している。次いで 5〜9歳，10〜14歳人口の比率が高く，人口転換の第2局面にある国に典型的な「富士山型」の人口構造であった。1965年には10歳から20歳半ばの人口比率が高く，「富士山型」の構造が急速に壊れ，「つりがね型」へ向かって変化した。1980年には人口比率は平均化傾向を強め，人口転換がすでに第4局面に達し，「つりがね型」の人口ピラミッドになった。1995年には出生率がさらに低下して死亡率との差が少なくなり，将来的に人口減少を予想させる「つぼ型」の人口構造となった。

日本の人口転換が急速であったことは，従属人口比率の数値にも示される。若年従属人口比率（0〜14歳人口の 15〜64歳人口に対する比率）は1950年には59.3%であったが，1965年に37.6%，1980年に34.9%，1995年には23.0%へと低下した。若年従属人口は1950年代に最大であったが，これ以降低下した。他方で経済活動人口の比率が増加し，この時期に日本は高度経済成長を達成した。子供の数の減少は貯蓄の増加，投資の増加をもたらし，投資増加は雇用の増加をもたらして

---

2) 日本の人口，政治，文化，経済の推移に関しては以下を参照した。石南國『人口論』（創成社，1993年），大川一司・小浜裕久『経済発展論―日本の経験と発展途上国―』（東洋経済新報社，1993年），南亮進『日本経済の転換点』（創文社，1970年），南亮三郎・上田正夫編『日本の人口変動と経済発展』（千倉書房，1975年），大淵寛『人口過程の経済分析』（新評論，1974年），篠原三代平『産業構造論』（筑摩書房，1976年），大淵寛・森岡仁『経済人口学』（新評論，1981年），河野稠果編『発展途上国の出生率低下』（アジア経済研究所，1992年），河邊宏編『発展途上国の人口移動』（アジア経済研究所，1991年），西田茂樹「医療・衛生技術の革新と人口」（総合研究開発機構編『世界の人口動向と政策課題』1985年，第7章）。

図 3-2-2 日本の人口ピラミッド

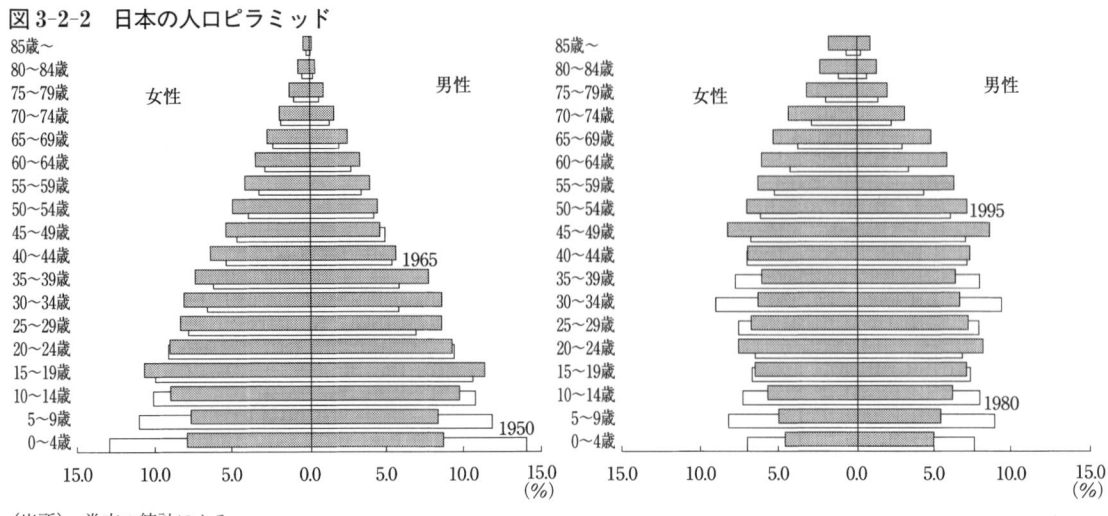

（出所）巻末の統計による。

「投資が投資を呼ぶ」と形容された高度経済成長時代を経験した。その一方で老年従属人口比率（65歳以上人口の15〜64歳人口に対する比率）は同4期間に8.3％, 9.2％, 13.4％, 21.1％と増加し，それにともなって成長率は低下した。急速な人口転換は経済発展の源泉であるとともに，人口構造の高齢化をもたらして新たな問題を生じさせる。日本は非欧米世界で最初に人口転換を達成したが，表3-1-1にみられるようにアジアの人口転換は日本以上に急速である。このことはアジアでも急速な人口構造の高齢化を迎えることを示唆している。

(3) 経済発展と人口

第二次世界大戦後，日本の出生率は低下したが，1950年代から1960年代前半，ならびに1970年代中期から1980年代中期にかけての時期に出生率は大幅に低下した。1950年代に生じた最初の大きな出生率低下の要因は，敗戦にともなう既存社会構造の崩壊，欧米の考え方や事物の大量普及により人為的な人口抑制がなされたことが第1の要因であった。しかしこれが社会経済的な変化によって強化されたことが第2の要因である。ベビーブームによる出生率増加と海外からの引き揚げ者（1945〜50年間に625万人）により人口が急増する一方，経済復興は進まず，多くの日本人の生活は貧しく，そうした中で出生率の低下が生じた[3]。戦後初期の出生率低下は避妊や堕胎等による要因が大きい。しかし1950年代中期以降になると高度経済成長期に突入し，日本人を取り巻く社会経済的環境が大きく変化し，これが出生率に影響した。図3-3-1は，1960年代後半から1970年代前半を除いて1人当たりGNP上昇にともなって出生率低下が生じていることを示している。

1924〜26年を100とした農業生産指数は1946年79, 1947年76であり，同基準年でみた1人当たり供給量指数は1946年の57から1950年には80となった。米国からの援助輸入が不足を緩和し，最盛期の1949年には4億6800万ドル，内訳は食糧が2億3900万ドル（小麦，小麦粉が1億7400万ドル），工業原料が2億2900万ドル（綿花が6200万ドル，石油4400万ドル）であった。しかし農業生産は1949年に鉱工業よりもいちはやく戦前期水準への回復をみせた。主食の米の消費は1952年には297グラムまで回復し，他方でパ

---

[3] 日本の統計は以下を利用した。経済企画庁『国民所得白書』各年版，経済企画庁『国民所得統計年報』各年版，総理府統計局『労働力調査年報』各年版，総理府統計局『国勢調査報告』各年版，厚生省統計情報部『人口動態統計』各年版，通産省『鉱工業統計年報』各年版。

図3-3-1 日本の1人当たり生産と出生率（1950〜95年）

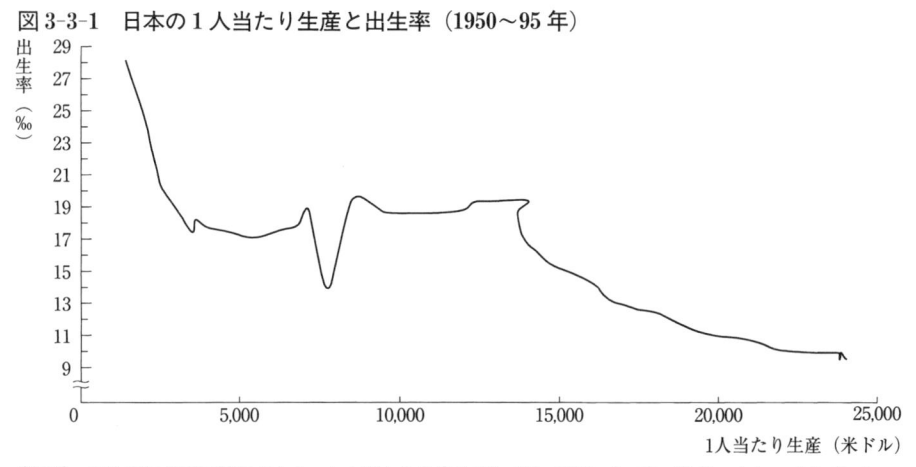

（出所） 出生率は巻末の統計による。1人当たり生産は The World Bank, *World Development Indicators*, Washington, D. C., Various Years.
（注） 1人当たり生産は1人当たりGNP（1987年基準）。

ン食，麺の普及により小麦は26グラムから80グラムに急増した。

農業生産が最も成長した時期は1950年代から1960年代前半の時期であった。第一次産業（農林漁業）の成長率は1950年代2.4%，1960年代4.0%，1970年代1.1%，1980年代1.3%と推移した。農業生産増加の背景には，農地改革を通じての自作農の創設による生産意欲の向上，米国による食糧援助が開いた新しい食品嗜好，1950年代の所得増加によって生じた高付加価値農産物（果物，野菜，食肉等）への需要増加（1952〜54年＝100として畜産の生産は1963年に406に拡大），労働減少がもたらした機械化による生産性改善（小型トラクターの使用台数は1955年9万台，1960年75万台，1965年215万台に急増）等の要因があった。農村は第二次世界大戦後に急増した人口の吸収先であり，1950年に総人口の62.5%が農村に住んでいた。この過剰人口は1950年代に急速に解消し，1960年の農村人口比率は36.5%にまで減少した。二重経済論が説明するように，農村過剰人口の解消は都市近代部門へ労働を提供した結果である。近代部門の発展は農業生産構造の変化とともに需要の増加をもたらし，農業の成長を支えた。したがって戦後期の貧しい時期に人口と出生率が増加し，食糧生産の改善とともにこれが急速に終息したことはマルサスの人口論とは異なる展開であった。しかし人口は食糧生産との関係だけで変化するのではない。とくに農業の過剰人口の解消ならびに需要を提供してきた都市近代部門の発展が影響した。推計では1905〜40年間に第一次産業から非第一次産業（第二次産業と第三次産業の合計）に移動した労働数は678万4,000人，年平均19万4,000人であった。1955〜65年には643万5,000人，年平均64万4,000人であった。戦後期の都市の労働需要の大きさを示し，日本の人口転換に及ぼした効果も大きかった。図3-3-2の都市化率と出生率の関係は右下がりの逆相関を示し，農村から都市への人口移動が出生率の低下に影響を及ぼした。都市生活の費用，都市での共働き等は親にとって以前と同じように多くの子供をもつことを困難にする。図3-3-3のように乳児死亡率は低下し，子供の生存率の上昇は出生をさらに抑制する効果をもった。

日本のGNPは1924〜26年を100とすると，1946年には62，1947年には65の水準に低下し，鉱工業生産も同基準で1947年に37の水準となった。1951年にはGNPと鉱工業生産が戦前期の水準に回復した。1950年のGDP水準は米国を100とすると3.9であり，これが1960年に8.4，1965年には12.8となった。当時日本と同様に急速な成長を達成した西ドイツが8.1から16.6に増加したことと比較しても，1950年代日本の高成長

分　析

図3-3-2　日本の都市化率と出生率（1950～95年）

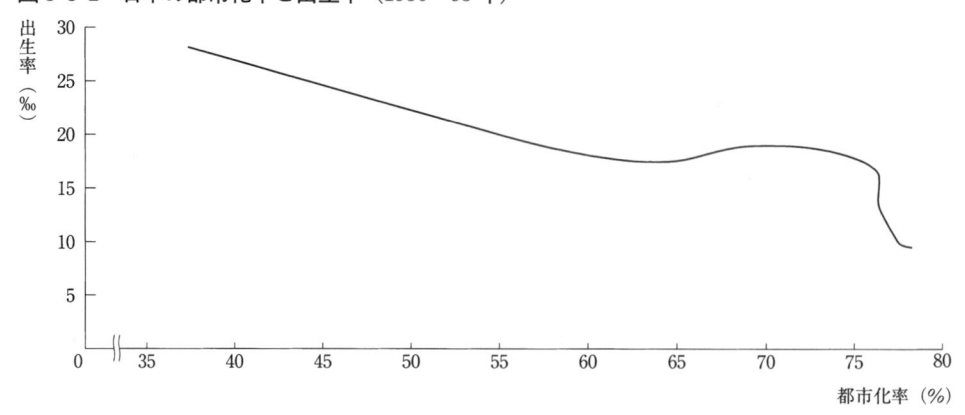

（出所）　巻末の統計による。

図3-3-3　日本の乳児死亡率と出生率（1950～95年）

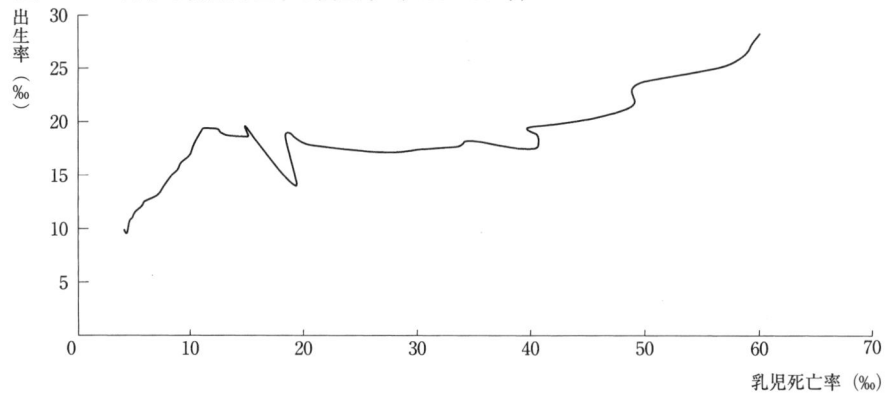

（出所）　巻末の統計による。

ぶりがわかる。国連の推計によれば，経済活動が戦前期のピーク（1935～40年）に達した1952～54年の1人当たり所得水準は150ドル（名目GNPの米ドル評価）であった。これは1961年に531ドル，1966年に1,002ドルと増加した。成長を牽引したのは工業部門であった。第二次産業の成長率は1950年代13.7％，1960年代10.9％，1970年代5.5％であり，1950～60年代の高成長はこれまでの先進国に類例のないものであった。製造業を取り巻く環境も財閥解体等により大きく変わった。新技術の導入や開発，生産性向上運動が一般化し，海外における日本製品のイメージを低級低価格品から高級品へと変えた。日本の重化学産業が飛躍的に成長した1908～38年の総要素生産性成長率（非農業）は1.1％であったのに対して，1955～70年のそれは5.7％であったという推計がある[4]。

人口動態に影響した製造業発展の効果は農村からの過剰労働の吸収であった。総雇用に占める第一次産業のシェアが第二次産業のシェアを超えたのは1960年代初期であった。米国では第二次産業の雇用シェアが第一次産業のそれを超えたのが1900年代初期，第三次産業のシェアが第一次産業のそれを超えたのが1920年代，さらに第三次産業が第二次産業の雇用シェアを超えたのが1930年代であった。日本では第三次産業の雇用シェアが第一次産業のそれを超えたのは1960年代初期

---

4) Harry T. Oshima, *Economic Growth in Monsoon Asia : A Comparative Survey*, Tokyo, University of Tokyo Press, 1987（渡辺利夫・小浜裕久監訳『モンスーンアジアの経済発展』勁草書房，1989年）．

図 3-3-4　日本の都市農村別人口指数（1950〜95 年）

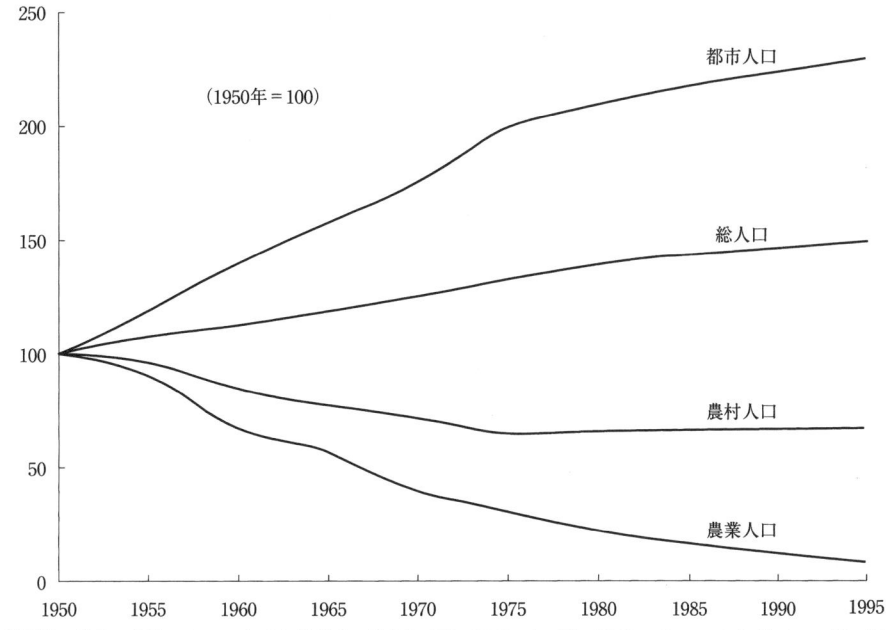

（1950年 = 100）

都市人口
総人口
農村人口
農業人口

（出所）巻末の統計による。ただし農業人口は The World Bank, *World Development Indicators*, Washington, D. C., Various Years.

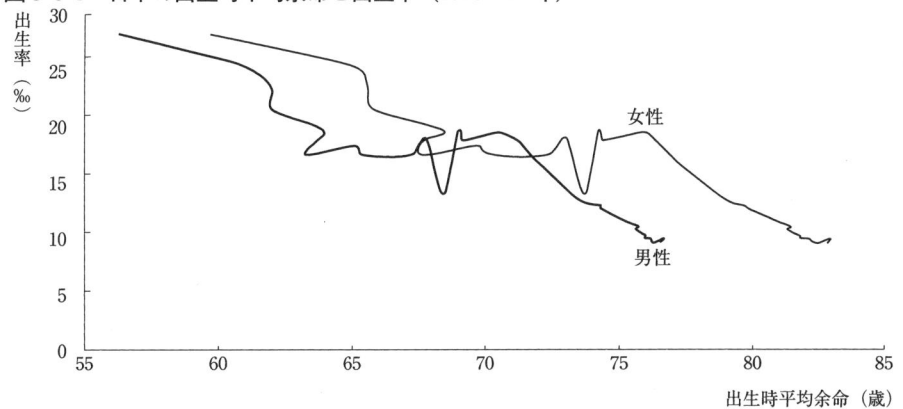

図 3-3-5　日本の出生時平均余命と出生率（1950〜95 年）

出生率（‰）

女性
男性

出生時平均余命（歳）

（出所）巻末の統計による。

であり，第三次産業が第二次産業を超えたのが 1970 年代中頃であった。この変化は人口の長期動態を反映している。日本の労働構造は 1950 年代以降に急速に変化した。戦後期に新しい産業都市が建設され，大都市だけでなく地方都市への移動が生じたことがその変化に相乗的な効果を与えた。1950 年に 4 人以上の事業所総数は 15 万 6,000，うち東京，愛知，大阪で全体の 30%，総付加価値の 32% を占めた。近接する神奈川，静岡，兵庫を加えるとこの比率はほぼ全体の半分に達する。こうした産業集中を是正し，新たな産業立地として 1950 年代中期から臨海コンビナートが建設された。千葉，名古屋南部，堺泉北，瀬戸内に始まり，内陸部には電気，自動車に代表される組立産業が立地し，工場は日本全体に拡散された。工業の発展はこれに付随するサービス業をも発展

分　析

図 3-3-6　日本の女子中等教育就学率と出生率（1970～91 年）

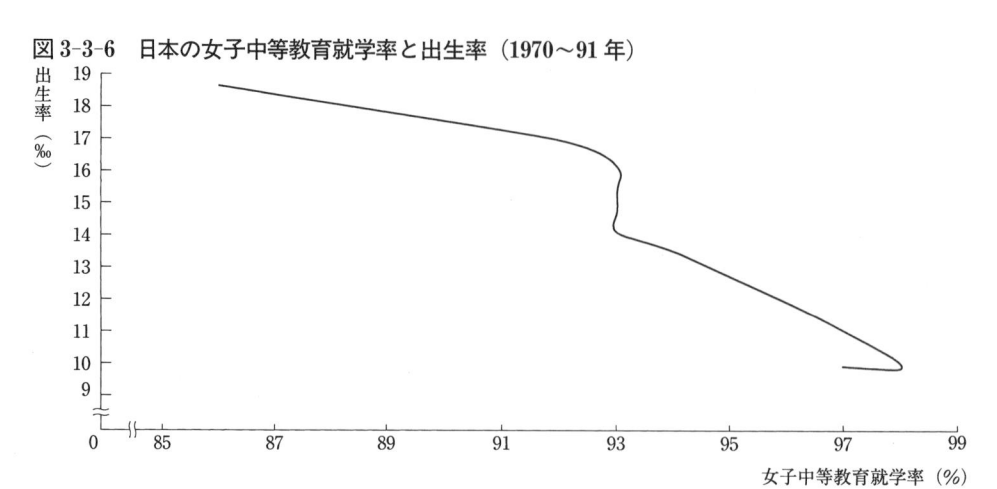

（出所）　出生率は巻末の統計による。女子中等教育就学率は The World Bank, *World Development Indicators*, Washington, D. C., Various Years.

図 3-3-7　日本の合計特殊出生率と出生率（1950～95 年）

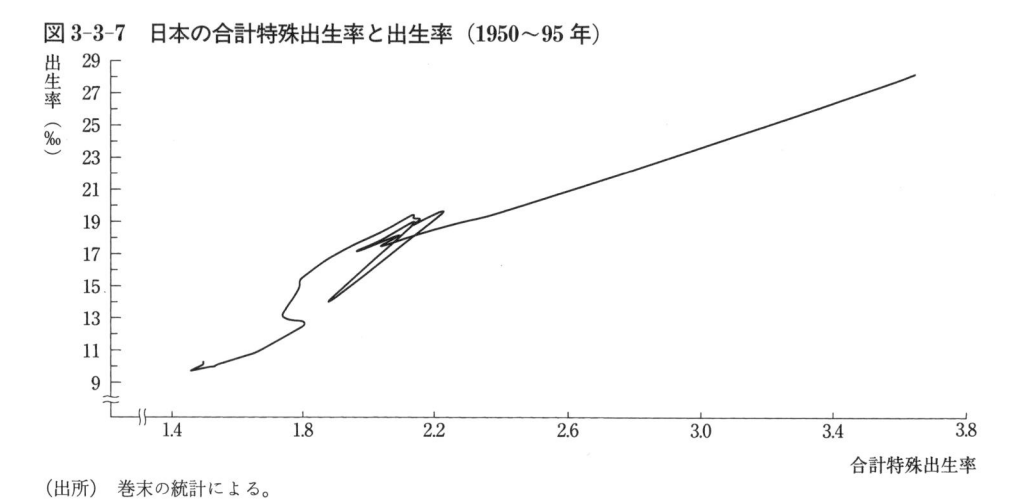

（出所）　巻末の統計による。

図 3-3-8　日本の都市農村別の出生率と死亡率（1950～95 年）

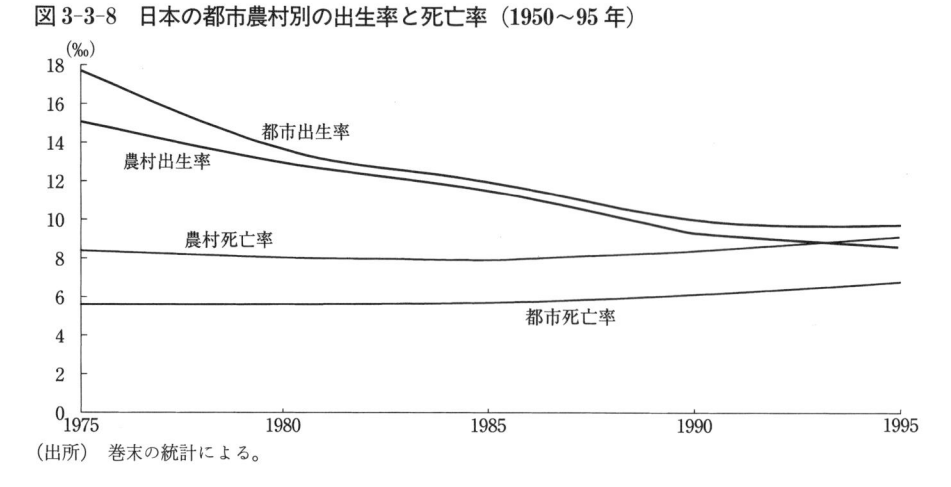

（出所）　巻末の統計による。

させ，図3-3-4のように過剰な農村および農業人口を多くの地方都市が吸収した。

製造業やサービス業を含む都市近代部門の発展が1950年代から1960年代前半にかけての出生率低下に影響を与えた。これが日本人の生活様式の変化をもたらし，都市部門だけでなく農村の過剰人口の解消と生産増加が，国民の生活を改善した。占領時代を通じて植えつけられた欧米式生活への羨望が，耐久消費財の購買力を高め，生活風景を一変させた。三種の神器と称されたテレビ（白黒），電気洗濯機，電気冷蔵庫が普及し，1957年，1960年，1965年の普及率はテレビ7.8％，54.5％，95.0％，電気洗濯機20.2％，45.4％，78.1％，電気冷蔵庫2.8％，15.7％，68.7％であった。テレビの普及はマスメディアの広告，宣伝により消費を拡大させるとともに，都市消費，都市生活を全国の一般家庭に浸透させた。応接セット，ステンレス流し台，テーブル式食卓，既成服，また家庭用エネルギー源の電気，ガス等であった。食生活の改善を含めてこうした日本人の生活変化は，図3-3-5のように平均余命を著しく改善し，日本は世界的な長寿国となった。

生活の変化は女性を家事労働から解放し，就業機会が拡大した。戦前期女性の就業は繊維産業などが中心であったが，戦後期には家電等の組立産業，大型小売業等であった。女性の労働市場への参入は，社会進出に必要な知識を得ることができる女性の教育機会の拡大がこれを支えた。中学校の義務教育化や経済発展にともなう生活改善は，かつて教育機会に恵まれなかった親の子供に対する教育熱を高めた。中学，高校の中等教育への進学者の比率は1920年13％，1930年20％であったが，1950年47％，1955年55％と改善された。また高校在学者は1955年の260万人から1965年に507万人，大学・短大の在学者は同期間に60万人から109万人に倍増した。中等さらに高等教育への進学が一般化した。図3-3-6にみられる女性の中等教育就学率も高水準が維持され，これにともなって出生率の低下が生じた。また出産にかかわる20〜49歳女性の高等教育（卒業）比率は（同年齢女性総数に対する比率）は1960年の3.0％から1970年6.8％，1980年15.7％，1990年28.5％へと増加した。

経済発展は日本人の生活を変化させ，これが女性の教育機会の拡大と社会参加を促進し，人口動態に影響した。図3-3-7は合計特殊出生率と出生率の関係を示している。1946年に4.54であった合計特殊出生率は1950年に3.65，1960年2.00，1975年以降は2.0を下回り，近年では1.5を下回った。こうした急速な低下は戦後期の環境変化を反映している。避妊や堕胎等の人為的な出生抑制はもとより社会経済的環境変化の効果も大きい。子供をもつことの直接・間接費用（不効用）の増加，子供をもつことによって得られる効用の低下，社会保障制度の拡充，人為的出生抑制費用の低下等が出生率ならびに合計特殊出生率を低下させた。

1960年代後半から1970年代初期には出生率が安定し，1966年は「ひのえうま」の影響から出生率は13‰まで低下したが，これ以外は17〜19‰の水準であった。「ひのえうま」前後はこれを避けた人による出生率の上昇，1968年以降はベビーブーム期に生まれた人々が出産年齢に達し，第二次ベビーブームが生じた。1960年代から1970年代初期の特殊要因がなくなり，出生率は戦後期直後のように低下が続いた。出生率が死亡率を下回り，自然増加率がマイナスになるのかどうかは明らかではない。しかしその前兆的な変化が生じている。図3-3-8は農村と都市の出生率と死亡率の推移を示す。都市の死亡率はほぼ6.0‰で安定しているが，出生率が一貫して低下し自然増加率は3〜4‰へと低下した。農村では死亡率は都市より高い8.0‰が続く一方で，出生率は一貫して低下して死亡率を下回った。人口高齢化が農村で都市よりも進み，これが若年人口を減少させている。

日本の経済発展と人口の関係は，東アジア各国の経済社会的変化が日本のそれを上回るほどに急速であるがゆえに多くの示唆を与える。当初の問題は過剰人口を経済発展によっていかに吸収するかであった。しかし今後は急増する高齢人口の増加をいかに吸収するか，農村の過疎をいかに解決するかが問題となる。日本はいまだ解決への道筋

を見出していないが，これは近い将来にアジアでも生じる問題であろう。

(4) 過疎と人口高齢化

　農村から都市への人口および労働の移動は初期的には農業生産の改善をもたらす。しかし経済自由化にともなう周辺諸国からの農産物や一次加工品の輸入増加は日本の第一次産業の競争力を弱め，若い労働力を引きつけることが難しくなって衰退してきた。他方で都市では製造業，建設，電気，ガス等の第二次産業だけでなくサービス産業も活況を呈し，若年労働力を吸収した。所得増加と消費拡大は日本に大量消費時代を開き，セルフサービス方式による大型小売業を各地に展開させ，都市の消費を支えた。また金融，証券，保険等のサービス産業も中小都市を含めて多くの店舗を開設した。さらに都市の発達はインフラ投資による交通の利便性，大学等教育機関の設置，各種公共施設（図書館，博物館）などにより都市生活を魅力的にし，人口集中を誘った。しかし都市への人口集中は農村における過疎問題を生んだ。「過疎地域振興特別措置法」により過疎地域に指定された地域の人口は減少を続け，人口規模は1960年の1219万人から1970年916万人，1980年815万人となり，この間33％の人口減少であった。

　過疎と過密は一国の産業構造変化にともなって人口，労働がある地域の衰退産業から他の地域の成長産業へ移動することによって生ずる。過疎対策として政府は，取り残されていた地方都市や農山漁村の生活環境を整備し，定住人口の維持・拡大をめざした。しかし都市と同じインフラを整備したとしても雇用機会の拡大なしには過疎問題は解決しない。多くの新しい産業が誕生しにくい成熟経済において，過疎地域に新たな雇用吸収産業を誘致することは難しい。近年，大都市圏からUターンないしJターンと称して地方へもどる人々も増えているが，しかしそのほとんどは地方都市であって，過疎地域ではない。過疎地域の産業は第一次産業が中心であり，第一次産業の活性化により，若年人口をここに吸収する方法が編み出されなければならない。競争力があり大きな需要の期待できる産業を活性化するためには，地域性を生かし，地域における独自性を活用しなければならない。近接する都市との連携，高齢者の活用，行政組織・決定権の地方への委譲等も必要である。地域が決定，実行して産業再生を図り，雇用の維持・拡大をめざすことを通じて過疎問題を解決へと導くことが必要である。

　人口高齢化が今後の日本の人口問題の核心である。日本の人口高齢化問題はその変化速度が速いことにある。世銀の報告では1996年の高所得国の総人口に対する60歳以上人口の比率は18.0％であるが，日本は21.0％である。人口転換を早期に達成したスウェーデンは21.9％，英国は20.7％，ドイツは21.0％，イタリアは22.1％，デンマークは19.5％である。もっともヨーロッパの人口高齢化は100年以上の年月をかけて変化してきたのであり，日本では短期間でこうした状況にいたった。世銀の推計では2010年に60歳以上人口の総人口に対する比率はスウェーデン26.0％，英国23.3％，ドイツ25.1％，イタリア26.1％，デンマーク23.0％，日本29.8％である。日本は今後10数年で約9％ポイント増加をするという。先の日本の人口ピラミッドの推移からこの推計どおりのことが生じよう。「富士山型」の人口ピラミッドでは子供の総人口に占める比率が大きく，出生率低下は子供の総人口に占める比率を低下させる。しかしかつて最大の人口比率を占めた子供は成人し，さらに壮年，老年へと向かう。すべての子供が成人して老年まで生存できるわけではないが，平均寿命が伸び生存率は高まっている。急速な人口転換のゆえに人口高齢化の速度が増した。高齢人口比率が高いことがヨーロッパの変化とは異なる。急速な人口転換は急速な人口高齢化をもたらし，発展途上国でも近い将来に日本と同じ問題に直面することになろう。

　人口高齢化は福祉関連の歳出を増加させて生産部門への投資減少をもたらし，過去の貯蓄を切り崩して投資を減少させる，需要を減少させて経済成長に影響をもたらす，労働力の質や活力を低下させて経済の力強さを喪失させて経済に影響する

等のマイナス効果が多く指摘されてきた。しかし人口高齢化は福祉関連の需要増加，雇用増加をもたらし，高齢化社会に必要な社会インフラの整備は公共投資機会を増大させ，高齢者の労働環境の整備（労働時間の短縮，ワークシェアリング，年金と賃金の組み合わせ等）により熟練労働を低賃金で雇用できる等によりマイナス面を減少させる。日本の人口高齢化の変化は急速に過ぎることが問題である。ヨーロッパのように高齢化が徐々に進行するならば，政策的対応にも時間的な余裕があろう。しかし急速な高齢化は経済負担を一挙に高める。企業年金基金の不足，高齢者医療，福祉関係歳出の増加，政府年金の受給年齢延長や年金額の引き下げ等の現在生じている事柄はこうした日本の人口構造の特徴のゆえに生まれた。

今後とも高齢人口問題の基本は変わらない。ベビーブーム期に生まれた人々が60歳以上に達するのは2005年から2010年であり，第二次ベビーブーム期に生まれた人々が60歳以上になるのが2030年前後である。この時期に生まれた人々が成人する過程で生じたことは，進学や就職期の競争激化であり，文部省は第二次ベビーブーム世代の大学進学の際には臨時定員増加により対処した。さらに彼らは21世紀初頭には壮年から老年に達し，高齢人口比率が高まり，社会経済的な負担を大きくする。日本の高齢人口比率がピークに達するのは2020～30年と予想されており，その後はこの世代の人々が死亡して高齢人口比率は低下する。しかし高齢人口比率はピークから低下するが，その比率は高率が続くであろう。なぜならば平均寿命が長くなる一方で出生率が継続的に低下し，総人口に対する高齢人口の比率が高まるからである。この時期にヨーロッパと同じ状態となる。厚生省の予測によれば，65歳以上人口の総人口に対する比率が30%を超える都道府県の数は2015年4，2020年8，2025年14，また2025年の同比率が最高になるのが秋田県で33.8%，最低が滋賀県の22.8%である[5]。

発展途上国の人口転換は急速に進展した。社会経済的変化よりも人為的な人口抑制効果が大きく，これが出生率を低下させている事例が多い。発展途上国が人口転換の第4局面の少産少死型となれば，新たに人口高齢化の問題に直面する。出生は人為的に抑制できるが，高齢者の増加は人為的には抑制できない。社会経済的な発展が生じていない国では高齢者を社会的に活用する構造変化が生じると考えることは難しい。壮年者でも雇用機会を得ることが困難な国では，高齢者のために社会保障制度を拡充し，年金で生活できるようにすることも難しい。後発先進国としての日本の人口転換は発展途上国に多くの示唆を与えるが，これは社会経済発展をともなっている国に対してである。すでに人口転換の局面移行を開始した発展途上国は局面移行を早めることが得策である。しかしこれは新たな人口高齢化問題をつくりだし，発展途上国は人口転換のディレンマに陥ってしまうのかもしれない。

---

5) 厚生統計協会『都道府県別将来推計人口1995-2025年』1995年。

第4章 韓　　国

(1)人口転換

韓国の総人口は 1950 年代の 2000 万人から，今日では 4500 万人に増加した[1]。1950 年代初期には南北分断により北からの移動，独立にともなう日本等からの帰国により 200 万人を上回る社会増加が生じた。その後は自然増加率の上昇により増加し，人口規模は 40 数年で 2.5 倍に達した。死亡率は図 4-1-1 のように 1950 年代初期には朝鮮戦争とその直後の混乱から 30‰ を上回る高率であった。しかし南北分断後安定を回復した 1950 年代中期以降に死亡率は低下した。1970 年代のはじめに 10‰ を下回り，1 桁の水準に達した。1995 年の死亡率は 5.1‰ であり，世銀分類の高所得国の平均（1980 年 9‰，1996 年 9‰）および日本（1995 年 7.4‰）よりも低い。死亡率は 40 数年で一気に発展途上国段階から先進国段階へと変化したことになる。出生率は 1950 年代前半に 35‰ を上回っていたが，この水準がさらに 42‰ にまで上昇し，死亡率と同様に出生率も当時の発展途上国の一般的状況を示していた。しかし以降出生率は低下し，1970 年代初期に 30‰ を，1980 年代後半には 20‰ を下回り，1995 年には 15.6‰ にまで低下した。出生率もほぼ一貫して

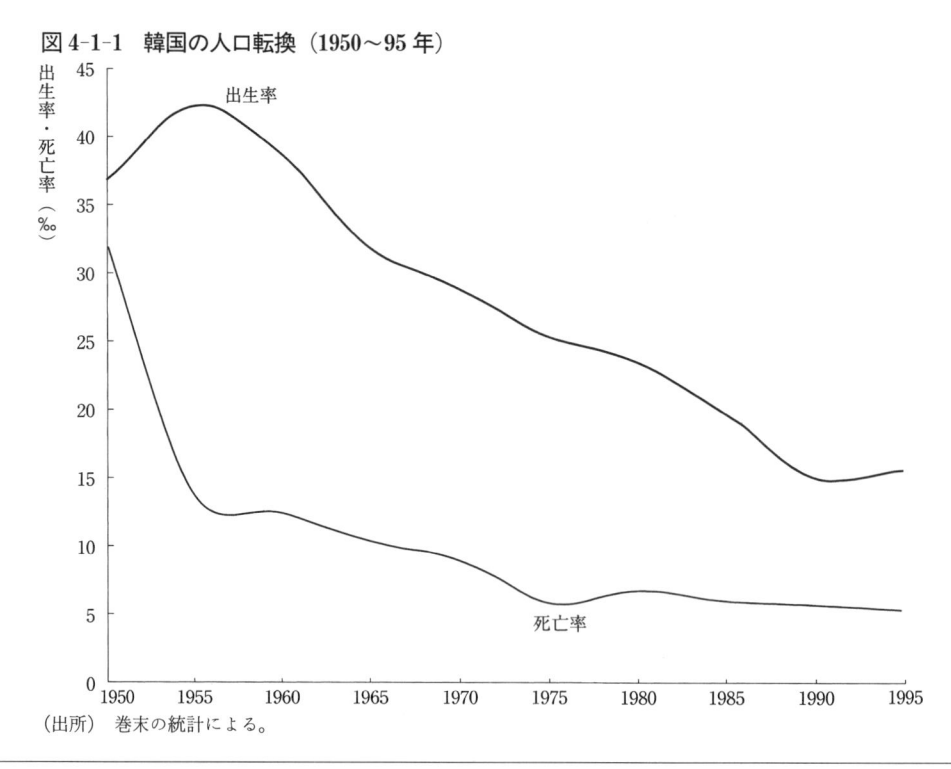

図 4-1-1　韓国の人口転換 (1950～95 年)

(出所) 巻末の統計による。

1) 韓国の統計は以下を利用した。National Statistical Office (NSO), *Statistical Yearbook*, Seoul, Various Years, 韓国銀行『経済統計年報』ソウル，各年版，経済企画院『主要経済指標』ソウル，各年版，アジア経済研究所 AIDXT (貿易データ検索システム)，農水産部『農家経済調査報告書』ソウル，各年版，NSO, *Labor Statistical Yearbook*, Seoul, Various Years.

第4章 韓国

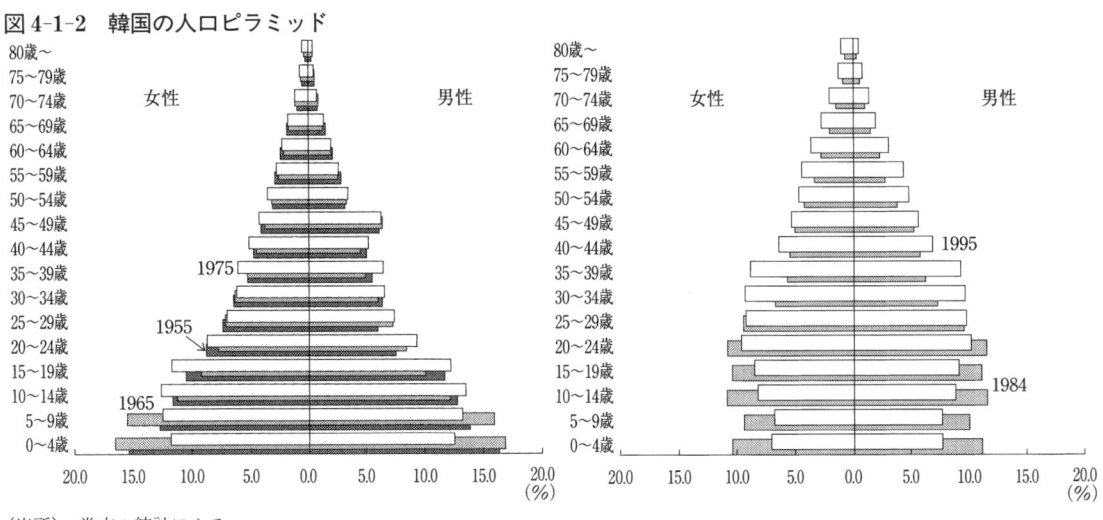

図4-1-2 韓国の人口ピラミッド

(出所) 巻末の統計による。

低下したが，高所得国平均よりもいくぶん高い。高所得国の出生率は1980年15‰，1996年12‰である[2]。韓国の自然増加率は1950年代中期に30‰近い水準となったが，1970年代に20‰を下回り，1990年代には1桁へと低下した。こうして韓国は1950年代以降に人口転換の第1局面から第4局面を駆け抜けた。

人口転換の急速な推移は図4-1-2の人口ピラミッドに明確に示される。1955年と1965年の人口構造は「富士山型」で，若年比率が高く若年従属人口比率(0～14歳人口の15～64歳人口に対する比率)は1955年74.8%(総人口に対する比率は41.4%)，1965年84.4%(44.2%)であった。1955年から1965年には「富士山型」の裾野がさらに拡大し，人口のほぼ半分が子供であった。また若年従属人口に老年従属人口を加えた従属人口比率は1955年80.8%，1965年90.9%であり，経済活動人口がほぼ同数の従属人口を支えていたことになる。これだけの従属人口を抱えた韓国が先進国段階にまで発展した事実は，若い活力に満ちた人口が経済を発展させて，従属人口の負担を打ち消してきたからである。しかし1970年代以降この構造は変化し，1975年の「富士山型」は変形し，裾野が縮小し始めた。さらに1984年には「つりがね型」になり，1995年には「つぼ型」へ向かうという変化をみせた。1995年の若年従属人口比率は32.6%(総人口に占める比率23.2%)にまで減少した。

(2)経済開発と人口

図4-2-1は1人当たり生産(実質GNP)と出生率の関係を示す。名目ドル評価で韓国の1人当たりGNPが100ドルに達したのは1963年であった。1950年代の経済開発は容易に軌道にのらなかった。経済の初期条件は貧弱であり，1950年代の国内貯蓄率はわずか3%，戦前期に農業地帯と位置づけられてきたために主要工業部門は援助物資を加工する綿，製粉，製糖のいわゆる「三白産業」しか存在しなかった[3]。輸出可能な一次産品

---

2) 国際統計は以下を利用した。The World Bank, *World Development Report*, Washington, D. C., Various Years; The World Bank, *World Development Indicators*, Washington, D. C., Various Years.
3) 韓国の経済動向，経済計画，人口政策の推移は以下を参照した。David C. Cole and Princeton N. Lyman, *Korean Development: The Interplay of Politics and Economics*, Cambridge, Harvard University Press, 1971; Alice H. Amsden, *Asia's Next Giant: South Korea and Late Industrialization*, New York, Oxford University Press, 1989, 山澤逸平・平田章編『発展途上国の工業化と輸出促進政策』(アジア経済研究所，1987年)，服部民夫編『韓国の工業化―発展の構図―』(アジア経済研究所，1987年)，アジア経済研

図4-2-1 韓国の1人当たり生産と出生率（1960〜90年）

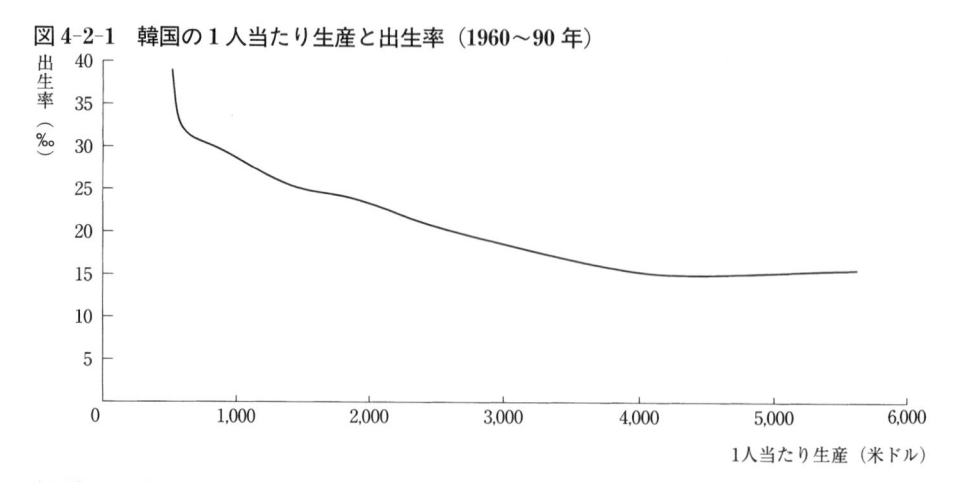

（出所）出生率は巻末の統計による。1人当たり生産は The World Bank, *World Development Indicators*, Washington, D. C., Various Years.
（注）1人当たり生産は1人当たり実質GNP（1987年基準）。

も乏しく，GDPに対する輸出比率は2.5%にすぎなかった。したがって1950年代の経済開発は，アメリカを中心とした先進国からの経済援助に依存し衣食住にかかわる産業の輸入代替化を中心に進められた。しかし1950年代に進められた輸入代替工業化は高成長をもたらさなかった（1955〜60年の平均経済成長率は3.6%）。生産力が拡大せずその一方で物資不足によるインフレが朝鮮戦争後から一貫して続いていた。この事実が国民に大きな不満をもたらし，政治的不安定要因となった。1961年にクーデターが発生し，朴正熙政権が誕生した。1950年代のGDP構成をみても農林漁業は38.9%（1953年）から35.6%（1960年）にわずかに減少する一方，製造業は3.6%から6.5%，サービスは54.2%から53.1%であった。したがって人口動態に影響を及ぼした社会経済的変化は1960年代以降に生じたものである。

朴政権は強力な政府主導型の経済開発の促進をめざした。工業化は輸入代替型から輸出志向型へ，価格メカニズムの活性化や経済自由化を目標とする政策へと転換した。為替レートの現実化，輸入規制の緩和，積極的外資導入政策が実施された。

しかし香港のようなレッセ・フェールではなく，政策的な支援によって輸出を拡大することがめざされた。国際収支制約を抱える韓国が関税の大幅な引き下げを行えば輸入増加によって経済は破綻する。輸出生産に必要な輸入は優先的に認めるが，国内向け生産ないし消費のための輸入は制限し，外国貯蓄への依存が高い同国の貴重な資金を政策的に輸出産業へ配分した。輸入代替産業に充当されてきた資金は輸出産業へ振り向けられた。輸出補助金（1965年に廃止），輸出金融（1963年の金利は一般貸出金利の51.1%），輸出所得減税（50%の減税，1973年に廃止），公共料金の割引等が実施された。また継続的に経済開発計画を実施し，インフラの整備や有効な資金配分を通じて産業の発展を支援した。

韓国の輸出志向工業化は1960年代後半以降に本格化し，前半はその準備段階であった。第一次経済開発五ヵ年計画（1962〜66年）は外資導入が予想を下回り計画2年目にいきづまった。このため1964年からは成長目標の下方修正計画を余儀なくされた。政府は外貨不足を補うために1964年に日本から2000万ドルの緊急融資を受け，

究所編『アジア動向年報』（アジア経済研究所，各年版），渡辺利夫『開発経済学—経済学と現代アジア—』（日本評論社，1987年），大淵寛・森岡仁『経済人口学』（新評論，1881年），河邊宏編『発展途上国の人口移動』（アジア経済研究所，1991年），河野稠果編『発展途上国の出生率低下』（アジア経済研究所，1992年）。

第4章 韓　国

　1965年には日韓の国交が回復し，日本からの資金（対日請求権資金は総額で無償3億ドル，有償2億ドル，その他商業借款5億ドル）が韓国の資金不足を救済した。また米国から1億5000万ドルの開発援助を獲得した。修正計画実施の際に輸出入リンク制度の強化，輸出金融の金利引き下げ，韓国貿易振興公社の設置等が行われ，輸出志向性を強めた。ゆえに輸出は計画目標を上回り（約184％），成長率も当初計画の7.1％を上回る8.5％を達成した。

　第一次経済開発計画は前政権が立案したものを基礎として作成され，朴政権成立直後に実施されたために，当初は輸入代替化をめざすものであった。しかし資金不足による計画修正，日本資本の受け入れ，輸出増加による経済成果の好転から朴政権は自信を深め，第二次経済開発五ヵ年計画（1967〜71年）は輸出志向工業化を鮮明に打ち出した。第二次計画は同政権が立案から一貫して担当した最初のものであり，経済開発の成功が政権の正当性を保証するという考えがより明確に認識された。1960年代後半のGDP成長率は前半の6.5％を上回って9.6％を達成し，輸出増加（1960年代後半の平均成長率は34.3％）→輸入増加（29.6％）→投資増加（28.7％）→生産増加→生産性改善→輸出増加という輸出志向工業化にみられる連鎖的発展過程がビルト・インされた。またこの連鎖の拡大循環を求めて，インフラの拡充と将来産業の育成が始められた。高速道路，一貫製鉄所の建設，化学，造船，繊維等の重化学部門の育成が進められた。

　しかし政府主導による野心的な経済開発は海外資金への依存を一層高め，外国貯蓄率は1960〜65年の8.6％から1965〜70年に9.2％に上昇し，1970年の債務残高／GDP比率は28.6％に達した。急増する投資をすべて賄うことができなかったが，国内貯蓄率も着実に上昇し，同期間に4.6％から13.2％の水準に達した。したがって政府主導の輸出志向工業化は投資とともに貯蓄を増加させ，国内資金調達力を高めた。名目GNPは1970年には243ドルに達し，クズネッツが推計した先進国の離陸時の水準を上回った[4]。また1970年のGDP構成は農林漁業（25.3％）が低下する一方で，製造業（13.9％）が2桁にまで増加した。

　図4-2-1は出生率が40‰の天井水準から生産増加にともなって大きく低下し，出生に関する社会経済的な変化がこの時期に生じてきたことを予想させる。しかし出生率の低下がすべて社会経済的要因により生じたわけではない。韓国では1950〜60年代に人口が急増し，政府は1960年代初期から家族計画を導入した。ボンガーツ等の研究によれば，家族計画に対する政府の努力度（1982年）が高く評価され，しかも開発の進捗度（1980年）が高い国は，韓国，シンガポール，香港，メキシコ，コロンビア，モーリシャスであった[5]。この範疇には台湾も含まれよう。NIESは経済開発とともに人口に関しても発展途上国の成功例であった。社会が家族計画を受け入れようになり，出生抑制に関する罪悪感等が払拭されて，しかも経済発展にともなう人口関連指標の変化が出生率を急速に低下させた。1985〜92年平均の避妊普及率（出産適齢女性の各種避妊具使用率）は発展途上国平均53％，先進国平均60％であったが，韓国79％，シンガポール74％，香港81％，メキシコ53％，コロンビア66％，モーリシャス75％であった。

　韓国は1970年代にさらに積極的な経済開発を推進し，労働集約的な最終消費財の輸出を拡大させる一方で，第二次輸入代替ともいえる重化学工業部門の育成政策を1960年代末から実施した。政府は1972〜76年に第三次経済開発五ヵ年計画を実施し，浦項一貫製鉄所の完成（1973年），蔚山造船所の竣工（1974年），現代自動車の「ポニー」開発（1976年）等，同国経済の将来を担う重化学部門の育成政策が開始された。同計画期間中に第

---

[4] S. S. Kuznets, *Six Lectures on Economic Growth*, New York, Free Press of Glencoe, 1959（長谷部亮一訳『経済成長—6つの講義—』巖松堂，1961年）.

[5] J. Bongaarts and W. P. Mauldin, "The Demografic Impact of Family Planning Programs," *Studies in Family Planning*, Vol. 21, No. 6, June 1990.

一次石油ショックが生じ，多くの非産油発展途上国は厳しい経済環境に直面した。しかし韓国はこれを中東産油国への進出（同地域における建設ブームにともなう人，物の輸出による外貨稼得），金融・租税支援拡大による輸出促進策の強化等によってのり切った。1977～81年には第四次経済開発五ヵ年計画が実施され，重化学部門への投資拡大により国内総資本形成率はさらに上昇し，1970～75年の平均で26.6％，1975～80年には29.4％に達した。経済成長率（同期間に各々9.4％，7.8％），製造業成長率（18.4％，13.2％）はさらに上昇した。労働集約的消費財の輸出により牽引されてきた韓国経済の構造は，重工業部門への投資拡大により急速に高度化した。製造業部門のGDP比率は1980年に26.7％に達した。これに電気・ガス・水道および建設を加えた第二次産業は同年に36.3％になり，この部門が韓国経済を牽引した。製造業に占める重工業部門の比率は（経常価格付加価値ベース）1970年の37.8％から1980年には51.2％となった。

輸出構造も高度化し，総輸出に占める製造業品の比率，製造業品輸出に占める機械類の比率が拡大した。1970年代は石油ショックにより世界経済の停滞が生じたにもかかわらず，韓国の達成した成果は大きかった。輸出志向工業化拡大循環メカニズムが継続することによって，最終財だけでなく投入財や資本財の国内生産が可能になった。また労働集約財の生産・輸出拡大は重化学部門に対する需要を提供するとともに，工業化深化のための外貨を持続的に提供して国際収支制約を緩和した。

国内貯蓄率は1970～75年の18.5％から1975～80年に25.0％に上昇し，外国貯蓄率は同期間に8.7％，5.6％へと低下した。拡大する投資を国内貯蓄によって賄うことができようになった。1980年には1人当たりGNPが1,500ドルを上回り，国民の生活は改善した。1962年に1人当たり24.7グラムであったタンパク質摂取量は1970年64.6グラム，1980年67.6グラムになった。結核有病率は1965年5.1％，1970年4.2％，1980年2.5％となった。テレビ（白黒，カラー合計）は1980年には1,000家計のうち788家計に普及した。家計支出に占める食糧支出（食品，飲料，タバコ）の比率を示すエンゲル係数は1960年64.3，1970年59.8，1980年46.4と改善された。生活水準の改善は図4-2-2の乳児死亡率ならびに図4-2-3の幼児死亡率推移に示される。乳幼児死亡率の低下は子供の生存率を高め，出生率の低下をもたらした。また図4-2-4にみられる出生時平均余命も50歳前後から延び近年では70歳前後に達した。

1970年代の第二次石油ショックは，先進国経済の景気停滞と一次産品需要停滞・価格低下をもたらし，世界経済は1980年代前半に低成長を余儀なくされた。韓国は1970年代の重化学工業化がインフレを昂進させ，1971～80年間に消費者物価上昇率が1桁であったのは1年のみであった。インフレの昂進にもかかわらず重化学工業化を継続できたのは輸出拡大のゆえであり，外貨稼得の増加が必要な輸入を支えた。しかしインフレをともなった高成長は，賃金上昇（1977～81年に実質46％の上昇）により労働集約財の競争力を低下させたのみならず，インフレを吸収できた輸出部門等の優遇産業とこれ以外の産業間に格差をもたらし，特定地域に集中した産業立地上の問題から地域間格差をも拡大させた。また第二次石油ショックによる先進国の景気後退は輸出の先行きを暗いものとし，政策転換が求められた。

朴大統領暗殺後の1980年に全斗煥大統領が就任したが，国内外の厳しい状態のもとで前政権から引き継いだ第四次経済開発五ヵ年計画は成長目標を下回る5.5％にとどまった。1982年から始められた第五次経済開発五ヵ年計画では，物価安定とともに過度の重化学工業化を修正するために成長至上主義から安定成長への移行，政府の市場介入の是正がなされた。成長目標は7.6％と低めに設定され，新規の大型プロジェクトも手控えられた。1980年代前半は調整期と位置づけられ，新たな成長へ向かっての準備期間であった。

調整政策は数次にわたるIMFのスタンドバイ・クレジットと世銀の構造調整ローンを受け，財政赤字削減，通貨の大幅切り下げと変動為替の採用，輸出支援政策見直し等がなされた。その結

図 4-2-2 韓国の乳児死亡率と出生率（1975～95 年）

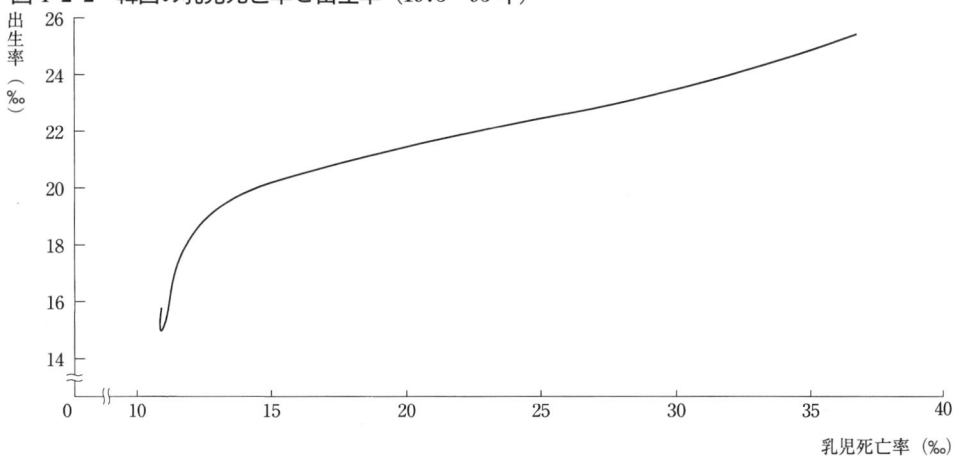

（出所） 巻末の統計による。

図 4-2-3 韓国の幼児死亡率と出生率（1960～95 年）

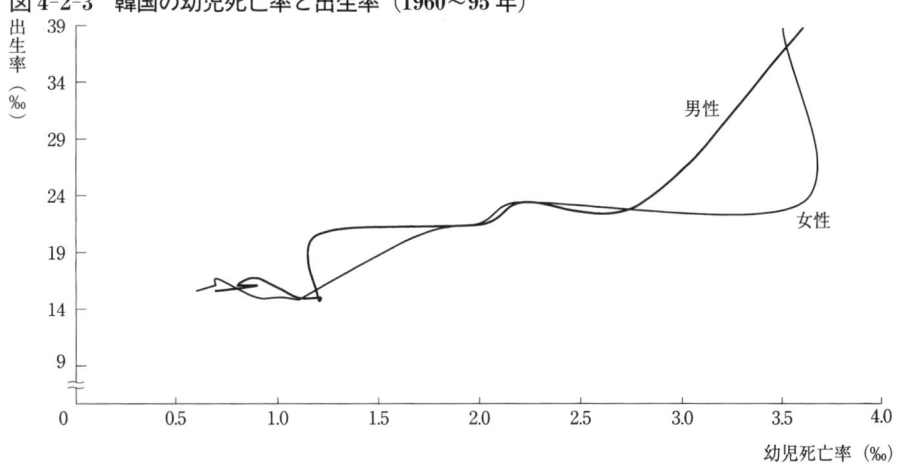

（出所） 図 4-2-2 に同じ。

図 4-2-4 韓国の出生時平均余命と出生率（1955～95 年）

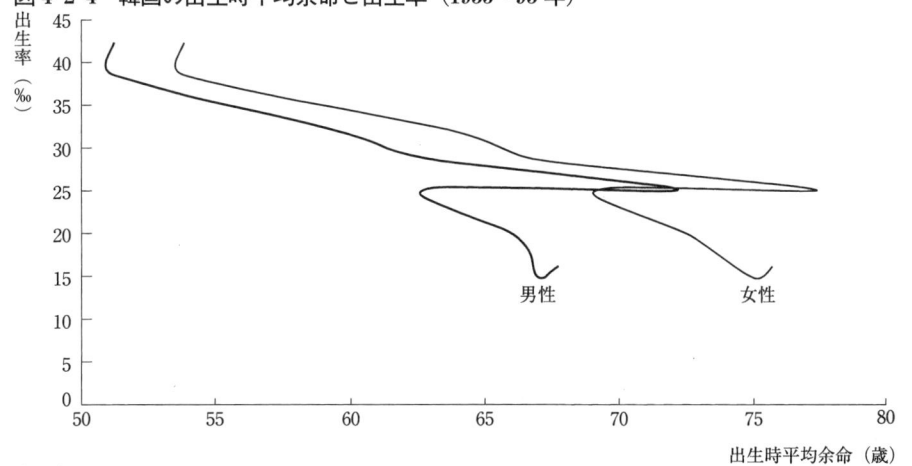

（出所） 図 4-2-2 に同じ。

図4-2-5 韓国の女子中等教育就学率と出生率（1970〜95年）

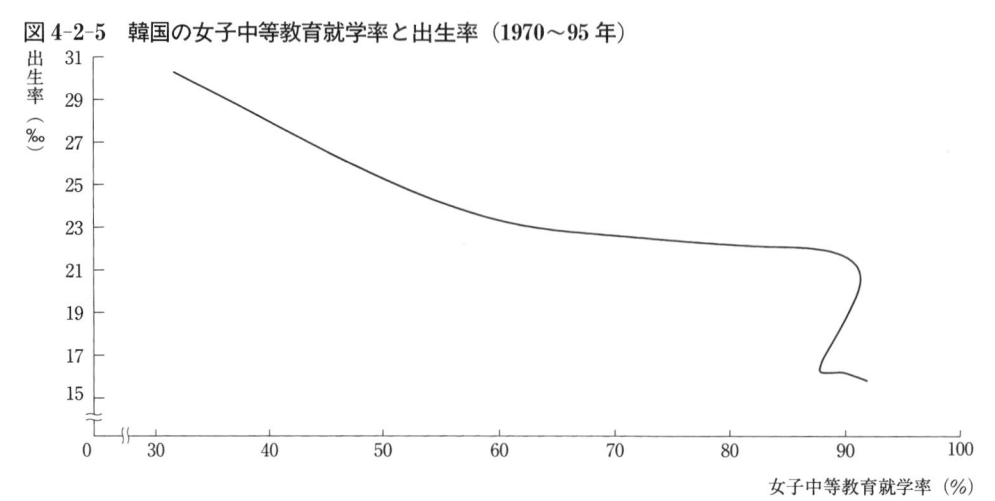

（出所）　出生率は巻末の統計による。女子中等教育就学率は The World Bank, *World Development Indicators*, Washington, D. C., Various Years.

果，消費者物価上昇率は1981年の21.6％から1982年7.1％，1983年3.4％に低下した。これ以降も低位に安定し，卸売物価もほぼ同傾向で推移した。経常収支赤字は1981年の46億ドルから1982年26億ドル，1985年に9億ドルに減少した。しかし世界的高金利もあって累積債務が年々拡大し，1985年には最高の471億ドル余りに達し，DSR（債務返済比率）は同年に29.3％と一般的に債務返済の危機ラインといわれる20％を超えた。

　1980年代前半の経済苦境を救ったのはやはり輸出の増加であった。為替レートは1974〜79年間に1ドル＝484ウォンで推移してきたが，1980年代の為替政策にともなって1982年に748ウォン，1985年には890ウォンへと低下した。米国の政策転換による金利低下と世界景気回復，原油価格の低下，1985年のプラザ合意にともなう円高が韓国の輸出を増加させた。当時「三低」と呼ばれた現象である。1986年の輸出は347億ドルに達した。韓国は同年に初めて経常収支黒字を計上し，債務の減少局面に到達した。また第五次経済開発五ヵ年計画は輸出増加を通じて8.7％の経済成長率を達成した。経常収支は1980年代後半以降黒字基調が継続し，債務返済とともに投資国へ変貌した。重化学工業化の速度は落ちたとはいえ着実に進展し，製造業の付加価値に占める重化学工業部門の比率は1985年に56.7％，1990年には62.2％に達した。また重化学工業部門競争力維持を求めて技術開発が重視され，R＆D投資のGNP比率は1971年の0.31％から1980年0.58％，1985年1.48％，1990年には1.91％に達した。この水準はほぼ日本の1980〜81年のそれに匹敵するものであった。製造業が高度化し，限界固定資本係数（固定資本投資の総生産に対する比率，1985年不変価格）は1981年の4.2から1990年に4.5に上昇しただけであった。輸出も機械を中心とした先進国型の構造となった。

　政策とともに国民の意欲も高いものであった。家計支出に占める教育支出は1960年代初期には3.0％程度であったが，1970年には5.0％を超え，1980年7.9％，1990年には11.7％に達した。また就学率，進学率についてみると，小学校は義務教育であるためにその就学率は1960年代初期に95％に達していた。中学校進学率は1965年54.3％，1970年66.1％，1980年95.8％となり，1980年代末以降はほぼ100％となった。高校への進学率は1985年に90.7％に達し，当該年齢のほとんどの子供が進学する状況となった。高等教育への進学率は1980年の15％から1995年には52％に上昇した。1985年に大学在学者数は100万人を超えた。経済発展とともに国民が豊かになり，子供を進学させる余裕ができただけでなく，産業構造高度化にともなって高等教育を受けた人材の雇用が

図 4-2-6 韓国の合計特殊出生率と出生率（1950～95年）

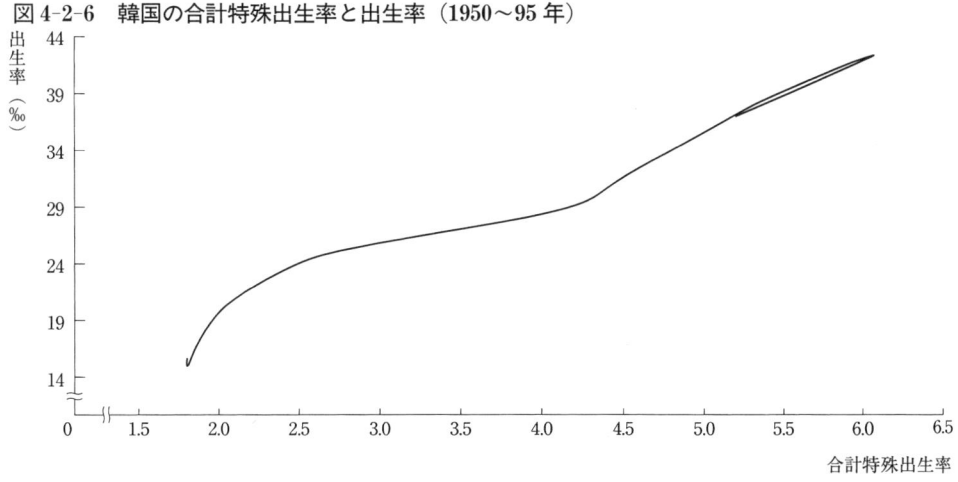

（出所） 巻末の統計による。

求められるようになった。図 4-2-5 にみられるように女子の中等教育への就学率は 30％の低水準から 90％を上回るまでに増加した。生活水準が上昇し女性の社会進出が促され，出生率の低下がもたらされた。図 4-2-6 の合計特殊出生率に示されているように，6.0 を上回る人口転換の第 1 局面から 1.0 台の第 4 局面に達した。

(3) 人口移動・都市化・伝統部門

図 4-3-1 は都市化率と出生率を相関させたものである。都市化率は 30％を下回る状態から 80％に達し，都市化にともない出生率が低下したことが示される。都市人口が半分に達したのは 1970 年代後半であり，男女別でみても同じであった。農村人口が絶対的な減少を開始したのが 1960 年代後半であり，女性が 1960 年代後半，男性は 1970 前半以降に絶対的な減少局面に達した。多くの発展途上国で都市化率の上昇が続いているが，それは都市・農村の相対的な人口比率であり，農村人口が絶対的に減少する状況を示した国は少ない。韓国でこれが生じたのは製造業を中心とした都市産業が発展し，農村の過剰人口を吸収してきたからである。農村女性人口の絶対的減少がまず生じたことに韓国の特徴が示されている。1960 年代はアパレル等の軽工業の輸出生産が工業化を牽引し，労働需要が増加して農村から多くの女性人口を都市へ移動させた。次いで重化学工業化が 1960 年代末から開始され，男性労働需要の増加にともなって農村男性人口も絶対的な減少を始めた。

韓国の都市への人口移動のもう一つの特徴は，大都市およびその周辺にこれが集中したことである。図 4-3-2 はソウル，釜山，市，郡の人口を 1966 年を 100 として指数化したものである。郡の人口減少と市の人口増加の対照が示され，市では 1960～70 年代にはソウル，1980 年代以降はソウル，釜山以外の市人口が増加した。ソウルの人口は 1960 年に 244 万 5,000 人，総人口の 9.9％を占めていたが，1975 年 688 万 9,000 人，1990 年には 1061 万 2,000 人で総人口の 24.8％となった。ソウルに次ぐ都市釜山も 1960 年の 116 万 4,000 人から 1975 年 245 万 3,000 人，1990 年 379 万 8,000 人となり，総人口の 8.9％を占めた。韓国の行政区は 1980 年以前はこの二つの特別市と九つの道からなっていたが，この時期までに純流入（流入マイナス流出）地域は二つの特別市と京畿道だけであった。京畿道では 1970 年代に過密になったソウルの人口を分散するために衛星都市，工業団地が建設された。京畿道の人口は 1975 年の 403 万 9,000 人から 1985 年 479 万 4,000 人，1995 年には 764 万 9,000 人に達した。また重化学工業化のために新たな生産拠点が馬山などに設けられ，こうした工業地域へも人口が移動して都市人口が増加した。

分　析

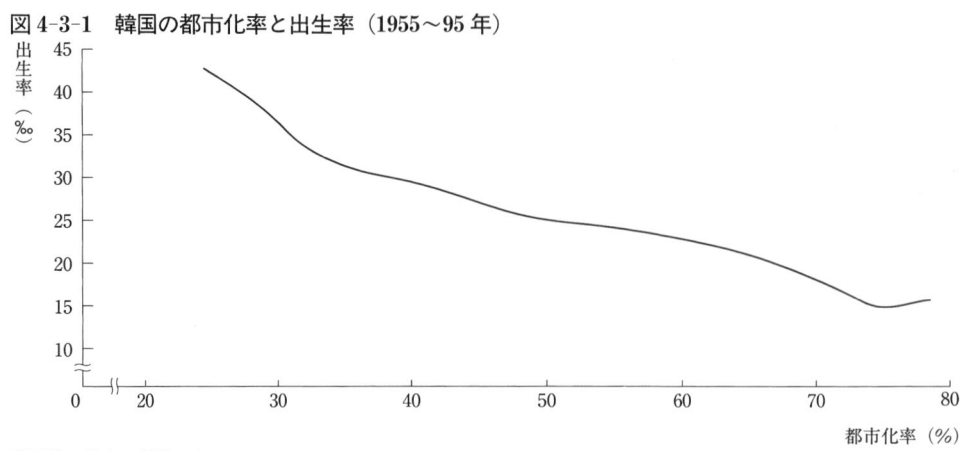

図 4-3-1　韓国の都市化率と出生率（1955〜95年）

（出所）　巻末の統計による。

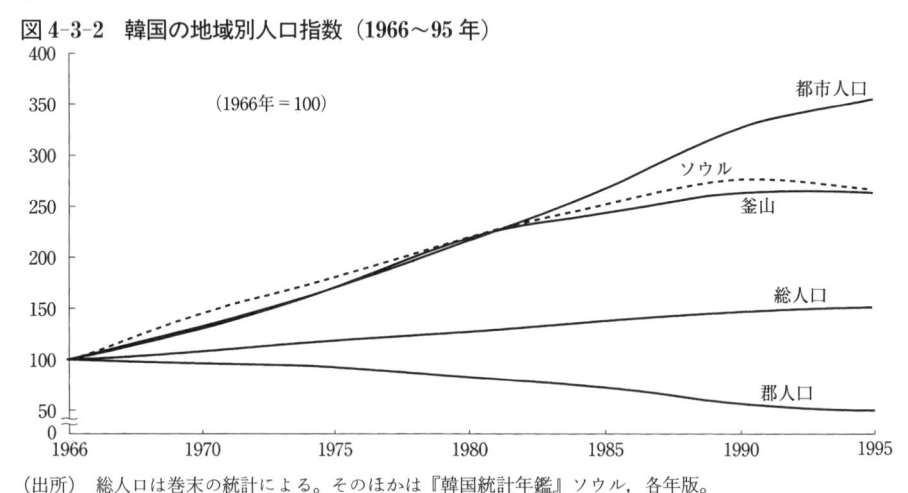

図 4-3-2　韓国の地域別人口指数（1966〜95年）

（出所）　総人口は巻末の統計による。そのほかは『韓国統計年鑑』ソウル，各年版。

　都市部門の発展にともなう都市への人口移動は，二重経済論が展開したような農村の過剰人口を解消して伝統部門発展のインパクトを与えた。韓国の経済開発過程は輸出志向工業化戦略の実施により，輸出増加→輸入増加→投資増加→生産増加→生産性改善→輸出増加というメカニズムが産業構造を高度化させながら継続した。この拡大循環メカニズムによる製造業部門の発展は，さらに他部門にも好影響を及ぼした。第二次産業（鉱工業）の GDP に占める比率は 1962 年の 16.4％ から 1988 年には最大 33.2％ に達し，建設，電気・ガスを含めた広義の第二次産業は 40％ を上回った。鉱工業の生産増加は雇用の増加をもたらし，1962〜88 年間（1988 年に製造業の雇用数がピークに達した）に総雇用は約 900 万人増加し，このうち 500 万人が鉱工業と建設に吸収された。高い雇用吸収力をともなう製造業を中心とした第二次産業の発展は過剰労働を抱える発展途上国にとって重要であり，これは伝統部門の発展へのインパクトとなる。

　第一次産業の総雇用に占める比率は一貫して減少し，比率だけでなく就業者数も 1976 年の 550 万人をピークとして減少した。多くの開発途上国でも第一次産業の雇用比率は相対的に減少しているが，その絶対数が減少した国は少ない。韓国では近代部門が強い雇用吸収力をもって発展し，第一次産業，とくに農業部門の過剰労働の解消に寄与した。過剰労働の解消は農村における実質賃金

の変化に反映され，1975年を基準年とした農村の実質賃金指数（農家が支払った労働賃金を消費者物価指数で実質化した値）は1962年の62.1から1970年の77.8に緩やかに上昇し，絶対的減少が始まる1970年代中期以降に急上昇して1980年には194.7になった。

供給に限りがある土地の価格は，経済活動の拡大にともなって上昇する。他方，農業の投入財である化学肥料や農業機械の価格は製造業の発展により供給力が拡大して相対的に低下した。精米100リットル当たり価格に対する生産要素価格を計測すると，1960～80年間に労働と土地が約2倍に上昇し，農業機械や化学肥料は2分の1から3分の1に低下した。こうした生産要素の相対価格変化を受け，労働に代替して機械や化学肥料を多く投入する構造へと変化する。低価格の生産要素をより多く投入する生産構造が合理的である。韓国も要素価格の推移を反映して要素代替が生じ，資本労働比率（農業就業者1人当たりの農業機械や化学肥料等の近代投入財の投入額）や資本土地比率（農地単位面積当たりの近代投入財の投入額）は1960～80年間に約5倍に増加した。

要素代替とともに高収量品種の導入が農業生産の拡大（1970年代前半に米の自給達成）と生産性を改善し，1960～80年間に労働生産性は約4倍，土地生産性は約3.5倍となった。FAO統計によれば，1982年の米の土地生産性（トン／ヘクタール）は日本（5.69）を抜いて世界最高水準の6.15に達した[6]。生産性改善とともに1970年代初期の政府の価格政策（農業開発計画として実施されたセマウル運動の一環として米の政府支持価格を高めに維持）が農家所得の増加に貢献し，農家家計の所得水準の改善をもたらし，1970年代中期には一時的に農家家計が都市家計を上回るという現象さえ生じた。農家の実質所得は1960～80年間に約3倍に増加し，エンゲル係数は1960年代初期の60％の水準から1980年代初期には35％にまで低下した。

以上のように製造業の発展は，農業に相対要素価格変化→要素代替→生産拡大→生産性改善→経済厚生改善をもたらし，他方でこの循環は労働供給を拡大させて製造業の発展に貢献した。農工間の相互作用変化が韓国の経済開発の過程で生じたのである。

第三次産業も製造業発展の影響を受けて変化した。1950～60年代の韓国のサービス産業では開発途上国で一般的な雑業で構成されるインフォーマル・セクターがかなりの比重を占めていた。インフォーマル・セクターは不完全就業と低賃金を特徴とし，ここへの参入は容易であるために雇用機会の乏しい発展途上国の都市部で多くみられるサービス産業である。韓国の不完全就業者（1週間の労働時間が18時間未満）は1962年の66万7,000人（サービス産業だけの統計がないので経済全体のそれを利用した）から1970年代に急速に減少し，1985年には12万6,000人になった（不完全就業者と失業者の合計は1966年のピーク時に138万8,000人，経済活動人口の17.6％）。GDPに占めるサービス部門の比率が1960～70年代に収縮したことにその経緯が反映され，近代部門の発展にともなってインフォーマル部門が減少したことを示している。またサービス産業の実質賃金は，1968～75年間に約1.3倍，1976～85年間に約1.8倍に上昇した。不完全就業者の減少，サービス部門の実質賃金上昇からみて，韓国のインフォーマル・セクターはこの時期に消滅したと考えられる。インフォーマル・セクターの労働者は製造業に吸収されただけではない。近代的なサービス部門での労働需要が高まり，インフォーマル・セクターがフォーマル・セクターへと変化したとみられる。

1人当たり所得は1960年代初期に100ドル未満の水準から1970年代末に1,000ドルを超え，1980年には1,500ドルを上回った。所得分配の不平等の度合いを示すジニ係数は1960年代の0.37から1970年代に0.33に低下した。世界でも所得分配が平等といわれている日本の1970年代の指数の0.30にほぼ匹敵し，経済発展にともなう所得

---

6) Food and Agriculture Organization (FAO), *Production Yearbook*, Rome, 1983.

増加が全体的に均霑されたことを示す。近代部門だけでなく伝統部門も発展し，それゆえに所得格差は拡大しなかった。

　以上のように韓国の経済発展は人口転換と連動し，過剰人口の吸収，人口転換の終息という発展途上国の課題に典型的な解決の方途を示した。しかし韓国の先進国化は人口構造の先進国化でもあり，新たな問題として人口構成の高齢化を発生させる。人口規模は今後も緩やかに増加し，2030年までに今より約700万人ふえて5274万人に達する。2000年の老年従属人口比率は10.0%，これを10年ごとにみると2010年14.2%，2020年18.9%，2030年29.8%，2040年19.3%となることが予想される。2030年の若年従属人口比率は24.8%であり，韓国は急速な人口構造の高齢化を迎える。日本を急速にキャッチアップしてきた韓国は，人口問題でもまた日本をキャッチアップしているといえよう。

第5章 台　湾

(1) 人口転換

　台湾の死亡率は図5-1-1にみられるように第二次世界大戦後にすでに10‰を多少上回る低水準にあった。戦前期の推計では死亡率低下は1920年代以降から始まり，1906年の33.4‰から1920年代には30‰，1930年代には20‰を下回った。この水準が戦後期に引き継がれ，1950年代以降は1桁となり今日にいたっている。出生率は戦前期の1930年代に43〜45‰のピークに達したが，戦後期の1950年代初期にはこれがさらに上昇して50‰近くとなった。出生率の上昇には，医療・衛生上の改善や食糧事情の改善だけでなく，国共内戦に破れた国民党が1949年に台湾に敗走してきたことに関連する。200万人近い難民が台湾に流入して人口の社会的増加が生じ，これが1950年代にベビーブームに結びついたのである[1]。出生率は1950年代に40‰以上の高水準が続き，

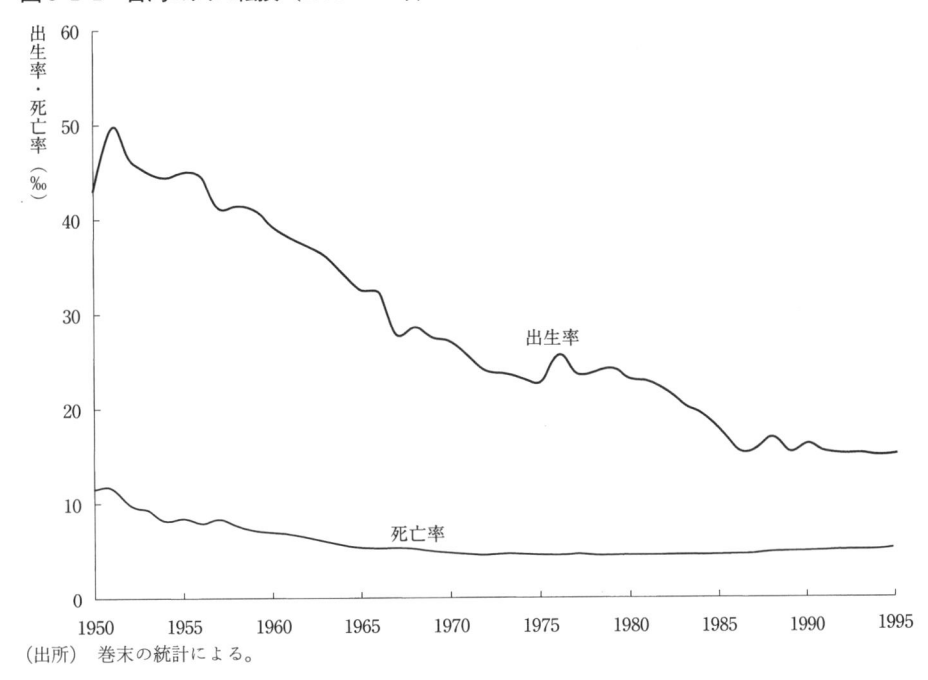

図5-1-1　台湾の人口転換（1950〜95年）

（出所）　巻末の統計による。

---

[1]　台湾の政治，文化，経済，人口に関しては以下を参照した。Thomas B. Gold, *State and Society in the Taiwan Miracle*, New York, M. E. Sharpe, 1986 ; Shirly W. Y. Kuo, *The Taiwan Economy in Transition*, Boulder, Westview Press, 1983 ; G. Ranis, ed., *Taiwan : from Developing to Mature Economy*, Boulder, Westview Press, 1992, 山澤逸平・平田章編『発展途上国の工業化と輸出促進政策』（アジア経済研究所，1987年），谷浦孝雄編『台湾の工業化―国際加工基地の形成―』（アジア経済研究所，1989年），施昭雄・朝元照雄編『台湾経済論』（勁草書房，1999年），交流協会編『台湾の経済建設長期展望』（交流協会，1987年），大淵寛・森岡仁『経済人口学』（新評論，1881年），河邊宏編『発展途上国の人口移動』（アジア経済研究所，1991年），河野稠果編『発展途上国の出生率低下』（アジア経済研究所，1992年）。

図5-1-2　台湾の人口ピラミッド

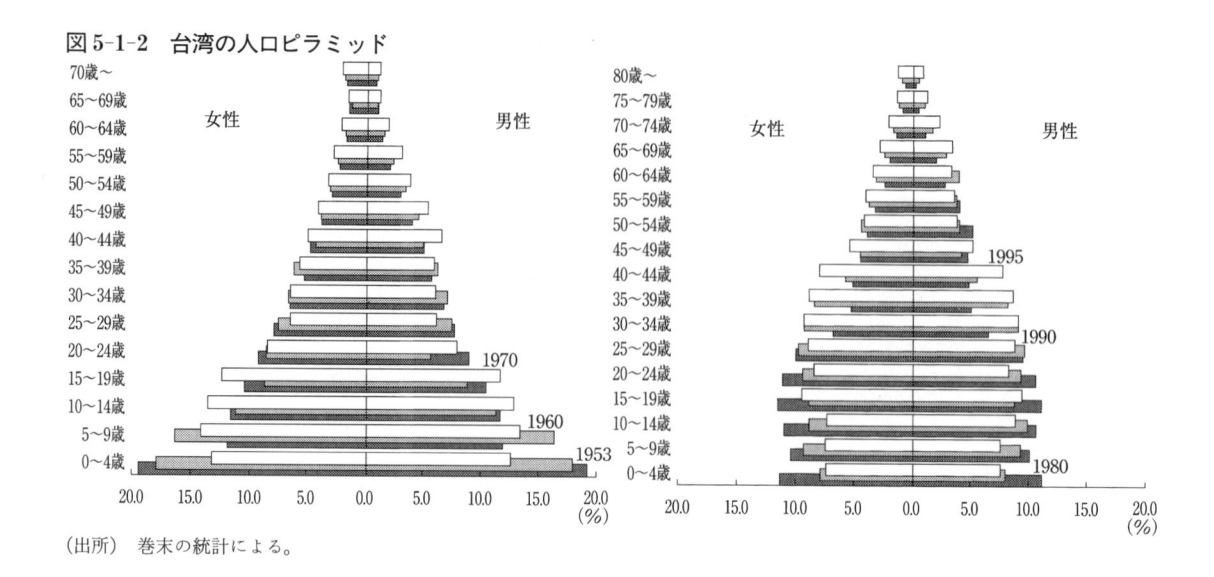

(出所)　巻末の統計による。

1960年代から低下が始まった。自然増加率は1900年代の1桁から1930年代に20‰を超え，1950年代はほぼ35‰の高水準が続いた。1960年代以降の出生率低下とともに自然増加率も低下し，近年は1桁の水準に達した。台湾の人口転換は戦前期に多産多死型で自然増加率が低い第1局面から，死亡率が低下する第2局面に達した。戦後期には第2局面から出生率が低下を開始し，さらに少産少死の第4局面へいたった。この間に人口規模は1950年の750万人から1995年に3倍弱の2100万人に増加した。

人口転換を人口ピラミッドのありようによって示したものが図5-1-2である。1953年の人口ピラミッドは「富士山型」であり，若年従属人口比率は78.0％，同年齢層の総人口に占める比率は42.7％であった。1960年には出生率の低下のために0～4歳人口比率は低下するが，1950年代後半に生まれた14歳以下の若年従属人口が増加して総人口の45.4％を占めた。これに老年従属人口比率を加えると従属人口比率は1960年に92.1％となった。韓国と同様に経済活動人口にほぼ匹敵する従属人口を抱えた。しかし若い活力に満ちた人口が経済発展を支え，発展が急速であったがゆえに人口転換も著しい進展をみせた。1970年の人口ピラミッドでは「富士山型」が壊れ始め，

1980年には「つりがね型」になり，若年従属人口比率は50.4％に低下した。さらに1990年，1995年には「つぼ型」の少産少死の先進国型へと変化した。1995年の若年従属人口比率は34.6％，総人口の23.8％に低下し，他方で老年従属人口比率は2桁の11.1％に上昇した。台湾も人口転換の第4局面に達し，さらに出生率が低下し高齢人口比率が増加する次の局面へと向かっている。

人口転換は後述する社会経済的変化とともに早期に導入された家族計画の帰結でもある。国民党は中国大陸への反攻を最大目標として掲げていたために，容易に人口抑制政策を実施しなかった。しかし社会増加に続いて自然増加により人口が急増して政策転換が必要であった。1950年代末に蔣夢麟（中国農村復興聯合委員会主任）は国土が狭く生産規模がいまだ十分でない台湾における人口急増は発展を損なうと警告し，これが世論の共感を得て政府に人口政策の転換を促した。行政院は1964年から家族計画を実施し，1960年代末までに関連法案を準備した。家族計画は先にみたように経済発展にともなう変化が大きいほど有効となる。台湾の急速な人口転換は両者の相乗的効果のゆえであった。

(2)経済開発と人口

1人当たり生産（GNP）と出生率の関係を示したものが図5-2-1である。初期的には1人当たり生産増加にともなって出生率が急激に低下し，4,000ドル水準で出生率の低下が緩やかになっている。線形的ではないが，両者には強い関連性がある。台湾の1952年の1人当たり名目GNPは196ドルであり，韓国よりも高い[2]。また日本が戦前期に近代成長に歩み出した水準よりも高い。これは台湾の農業生産力の大きさを反映する。1950年代のGDPに占める農林漁業の比率は当時でも高かった。特徴的なものは輸出であった。1952年に台湾の輸出額は1億1600万ドルに対して韓国は2800万ドル，また1960年でも韓国の3300万ドルに対して1億6400万ドルであった。両者とも1950年代に産業発展が緩慢で輸出の伸びは低いが，しかし台湾の輸出は韓国の4～5倍であった。1952年の台湾の輸出の91.9％が一次産品および同加工品であった。したがって一次産品の輸出力が初期的に高い1人当たり生産水準をもたらした。台湾の経済開発の初期条件は恵まれていた。一次産品輸出によって得た外貨を輸入投資財の購入に充当して，工業化を推進できたからである。

台湾の工業開発は，継続的に実施された経済計画（1953～56年の第一次経済建設四ヵ年計画から）にもとづいて促進され，ほぼ10年ごとに新たな展開を示してきた。台湾の伝統的な製造業は農産物加工品であり，これを輸出して日用必需製造業品を輸入するというのが1950年代初期までの概略であった。しかし1950年代には日本が残した産業設備の修復や大陸から移動してきた紡績産業，米国の援助物資を加工する必需消費財を中心に輸入代替工業化が推進された。製造業は1952～60年間に年平均13.8％で成長し，工業化率は1952年の12.9％（製造業のGDPシェア，鉱業，公共サービス，建設を含む工業部門では19.7％），1960年には19.1％へと上昇した。また消費財の総輸入に占める比率は同期間に20.0％から7.0％に減少し，輸入を国内生産によって置き替える輸入代替の成果が示される。国内市場を保護下において国内向け生産を拡大させる輸入代替工業化は，貿易と為替を政府が一元的に管理する政策を中心にして実行された。輸入を抑制する輸入数量制限や高関税措置，為替管理のための外貨割当や輸出

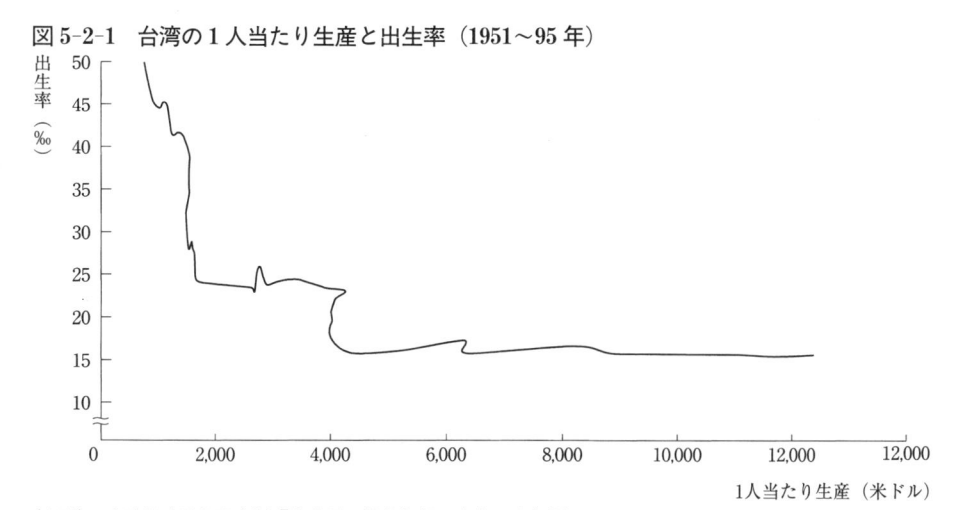

図5-2-1 台湾の1人当たり生産と出生率（1951～95年）

（出所）台湾行政院主計處編『中華民國統計年鑑』台北，各年版。
（注）1人当たり生産は1人当たりGNP（1987年基準）。

---

[2] 台湾の各種統計は以下を利用した。中央銀行経済研究所『中華民國台灣地區金融統計月報』台北，各月版，行政院主計處『中華民國台灣地區産業連関表』台北，各年版，経済部加工出口区管理處『加工出口区統計月報』台北，各月版，台湾経済研究所『台湾総覧』台北，各年版，行政院主計處『薪資與生產力統計月報』台北，各月版。

入リンク制が導入された。また輸入代替産業が必要とする資本財や中間財の輸入に有利な複数為替相場制，過剰投資を防止するとともに既存企業を保護する参入阻止的な内容をもった工場立地制限等が実施された。

国内市場保護政策は内需型製品の生産の着手を可能とし，食品や繊維等の内需型産業が産業構造の中心となった。1986年の企業調査年に存在していた企業で1951～60年間に設立された企業数は1,588，うち食品加工631，機械164，金属製品151，木竹製品132，化学124，紙・印刷125，繊維98であり，全産業にわたって新企業が誕生した。内需向け生産拡大が消費財輸入を減少させる一方で，この生産に必要な中間財や資本財の輸入を増加させた。1952～60年間に総輸入に占める比率が上昇した主要品目は，一般機械（6.0%～15.4%），鉄鋼（2.3%～9.5%），綿花（0.5%～7.3%），石油（0.0%～6.5%），小麦（0.4%～6.8%）であった。こうした財の輸入増加により台湾のGDPに占める輸入比率は14.2%から18.9%（絶対額は1.87億ドルから2.96億ドル）に上昇した。輸入代替工業化は国内供給を目的とした政策から構成され，国内市場を保護して競争を排除して生産コスト低減や品質改善等を阻む。また企業に輸出をもたらす政策的インセンティブも弱い。輸入代替産業の育成政策が既存の輸出産業に対してディスインセンティブ効果をもつ場合が多く，輸入が増加する一方で輸出は一般的に停滞する。

台湾は1950年代の輸入代替期においても製造業品輸出が増加した数少ない地域の一つであった。伝統的な輸出品である農産物や同加工品よりも繊維製品や化学品の輸出が大きく増加した。GDPに占める輸出比率は8.1%から11.3%（絶対額は1.16億ドルから1.63億ドル）に上昇した。輸出増加にもかかわらず輸入はこれを上回って増加した。輸入増加ならびに米国の援助政策の変更は台湾の国際収支圧力となり，狭い国内市場のゆえに国内需要の制約に直面して経済成長率は1950年代末から低下した。こうした背景のもとで当時，先進国市場に向けて労働集約財輸出を拡大していた香港の成果に注意が注がれた。先進国から原材料を輸入して労働集約的な最終消費財を生産・輸出し，また先進国からの資本導入を図るために，保護政策ではなく市場自由化政策への転換が模索されたのである。とくに外国民間企業の参入は台湾に不足する資本，技術，輸出販売ノウハウを導入することにより生産活動を活性化させるものとみなされ，これが政策的に奨励された。

外資導入は1950年代から進められたが，急増は1960年代以降のことであった。一連の外資法が1960年代に改正され，投資分野制限緩和，投資元本送金保障，利益送金保障，投資事業に関する国内法適用除外，内国民待遇の供与による外国企業活動の許容範囲の拡大などがなされた。1962年には技術合作条例を制定し，技術使用料の送金や再投資を認めて外国からの技術導入や外国技術を使用する合弁事業の設立を促した。1965年の輸出加工区設置管理条例によって外資導入に関する法律が整い，外資導入が拡大した。輸出加工区への投資額は1966年には外資導入総額の38%に達したが，その中心は当時賃金水準が上昇して競争力維持を図るべく海外生産拠点を求めていた日本の労働集約型産業であった。以降この比率は低下したが，輸出加工区は日本資本導入の呼び水的効果を演じた。流入外資の主要業種は電機・電子産業であり，1960年代の外資総額の47%（件数の11%）を占め，これに次ぐものが繊維関連産業やゴム・プラスチック等であった。技術導入も1952～60年の60件から1961～70年には471件へと急増し，うち26%が電機・電子機械であった。こうした外資と技術導入の推移により，電機・電子機械を中心とした機械の生産・輸出が増加した。

1960年代から軌道にのった外国資本や技術の導入による生産・輸出の高度化は，その後も順調に展開して台湾経済を発展途上国から中進国へと躍進させる起爆剤となった。1990年の機械類の生産と輸出は全体の3割強を占め，さらに鉄鋼や化学等の重化学産業の比率も拡大した。単線的な拡大ではなく製品の多様化や高度化を内包した。1960年代に日米企業によって生産・輸出が開始

された白黒テレビとトランジスタラジオは1970年に電機・電子機械総生産の約8割を占めたが，1990年の同部門最大の生産・輸出分野はコンピュータやパソコン等の情報処理機器となった。高度技術製品の集中的・短期的な生産・輸出増加は，長期間にわたる同製品の生産経験を有する先進国民間企業の参入によってもたらされた。台湾への外国民間資本の順調な流入は，政府の柔軟な政策的対応による。新しい工場団地や輸出加工区の建設，インフラ整備，高度産業導入のための科学工業園の設置や優遇措置が導入などがなされた。外国民間企業にとっても，政策支援とともに製造業の基盤が確立している国ほど生産活動がしやすく，しかも世界的な競争に打ち勝つためには多くの国での生産拠点を必要とした。台湾はその目的に合致していたのである。

製造業のGDPシェアは，1970年29.2%，1980年36.0%へと増加する一方，農林漁業は1952年の32.2%から1960年28.5%，1970年15.5%，1980年7.7%に低下した。図5-2-1にみられるように1人当たり生産増加にともない出生率が急激に低下した時期は，工業化が急速に進展した1960～80年頃であった。当時の1人当たりGNPは2,000～3,000ドルの水準であった。韓国とほぼ同様であり，日本も1950～60年代に同様の推移を示した。このGNP水準を境にして国民の生活環境が大きく変化した。エンゲル係数（消費支出に占める食品，飲料，タバコの支出比率）は1952年の61.8から1960年には58.8とわずかな低下であったが，1970年50.9，1980年41.4と大幅に減少した。生活が豊かになり需要は耐久消費財に向かい，エアコンの普及率は1976年の3.6%から1980年に14.4%，1990年に47.2%に増加した。その他の耐久消費財の1980年の普及率はカラーテレビ69.3%，冷蔵庫92.3%，洗濯機64.7%であり，国民生活はこの間に大きく変化した。摂取カロリー量も1952年の2,078（kcal）は1960年2,390，1970年2,661，1980年2,811と変化し，これ以降は3,000程度で推移した。図5-2-2にみられる乳児死亡率と出生率は右上方から左下方へ変化した。1950年代の乳児死亡率低下は緩慢であり，1960～70年代は大きく1980年代以降は低水準に達して下げ止まり状態を示した。図5-2-3の幼児死亡率と出生率の関係もほぼ同様の傾向である。乳幼児死亡率に影響する伝染病の死亡率は1952年3.2（人口10万人当たり）から1960年0.9，1970年0.1，1980年0.01となった。これが死亡率の低下とともに出生時平均余命を延ばし，図5-2-4のように平均余命と出生率は右下がりの関係を示した。このような指標から経済発展にともない国民を取り巻く環境が1960年代以降に急速に変わったと判断されよう。

経済発展に随伴する生活水準の改善は子供の生存率を高める一方で，社会は一層の発展に向かって子供の質の向上を求める。1952年の小学校の就学率は84.0%であった。1960年に95.6%，1970年には98.0%となり，1970年代中期以降はほぼ100%の水準に達した。義務教育の普及は識字率に示され，非識字率は1952年に42.1%であったが，1960年27.1%，1970年15.3%，1980年10.3%と低下した。中学校就学率は1952年34.9%，1960年52.2%にすぎなかった。中学校は1968年から義務教育の対象となった。就学率は1970年78.6%，1980年96.1%，1980年中期以降は100%である。高校就学率は1952年の57.0%から1960年75.9%，1970年82.7%になり，これ以降は90%の水準にある。大学等の高等教育進学率も1952年の26.3%から1960年代以降に上昇し，1960年代30%，1970年代40%，1980年代には50%を上回った。女性の就学率の統計が入手できなかったので，図5-2-5では中学校への就学者数を示した。女性を含めて子供の進学者の増加と教育期間が延びている。教育機会への参加は経済発展にプラスとなったが，子供の養育費用の増加から出生率を減少させる効果をもった。

図5-2-6の合計特殊出生率が以上の変化を総合的に示している。合計特殊出生率からみた台湾の人口転換の段階は1950年代には6.0を上回る第1局面にあったが，以来急速に低下して第4局面の1.0台に達した。女性の教育機会の拡大と延長，社会進出の増加，子供の養育費用の増加は女性が一生涯に生む子供の数を確実に減少させた。また

分　析

図 5-2-2　台湾の乳児死亡率と出生率（1950～95 年）

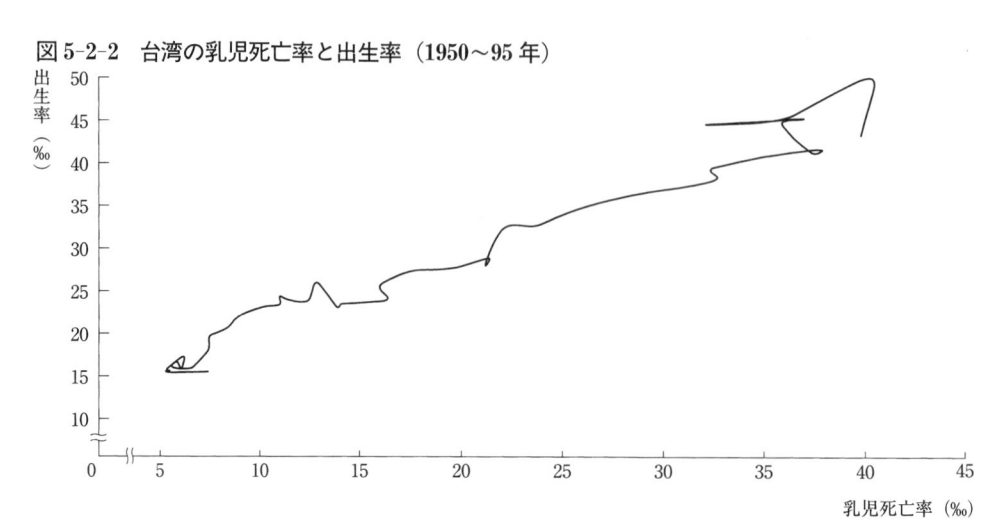

（出所）　巻末の統計による。

図 5-2-3　台湾の幼児死亡率と出生率（1954～95 年）

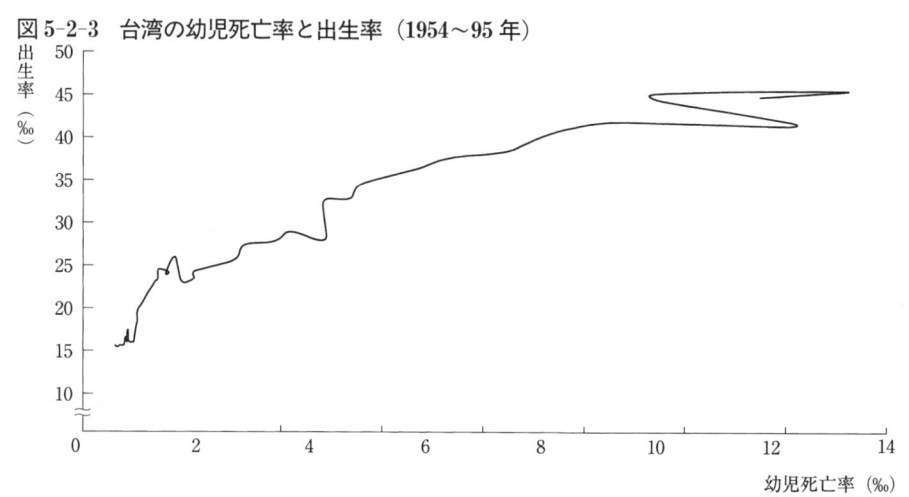

（出所）　巻末の統計による。

図 5-2-4　台湾の出生時平均余命と出生率（1950～95 年）

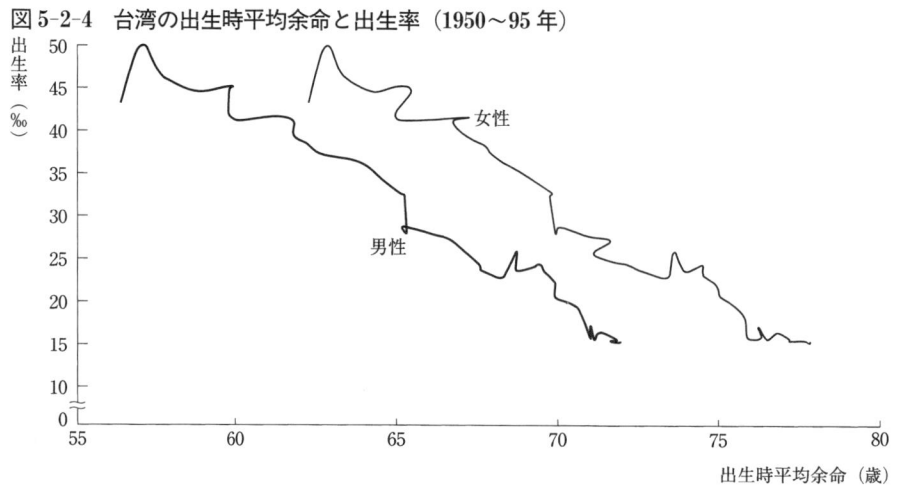

（出所）　巻末の統計による。

図5-2-5 台湾の女子中等公立学校就学数と出生率（1953〜95年）

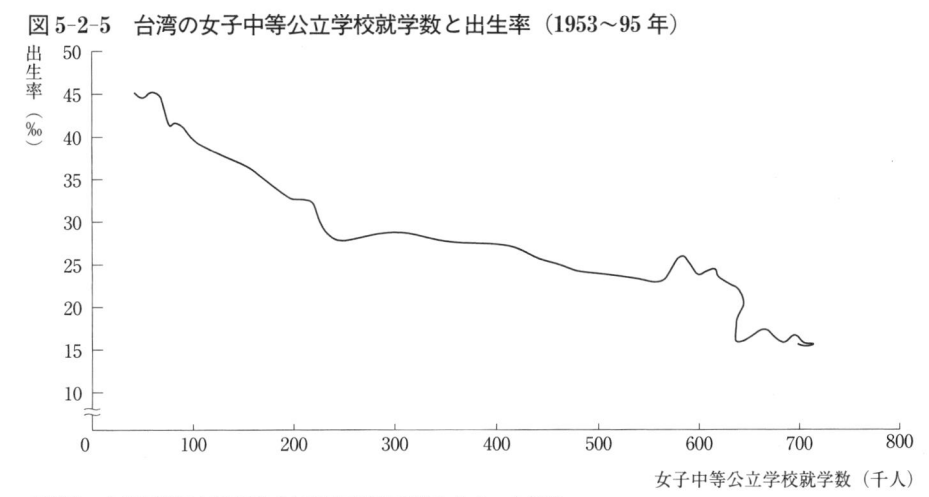

（出所）台湾行政院主計處編『中華民国統計年鑑』台北，各年版。

図5-2-6 台湾の合計特殊出生率と出生率（1954〜95年）

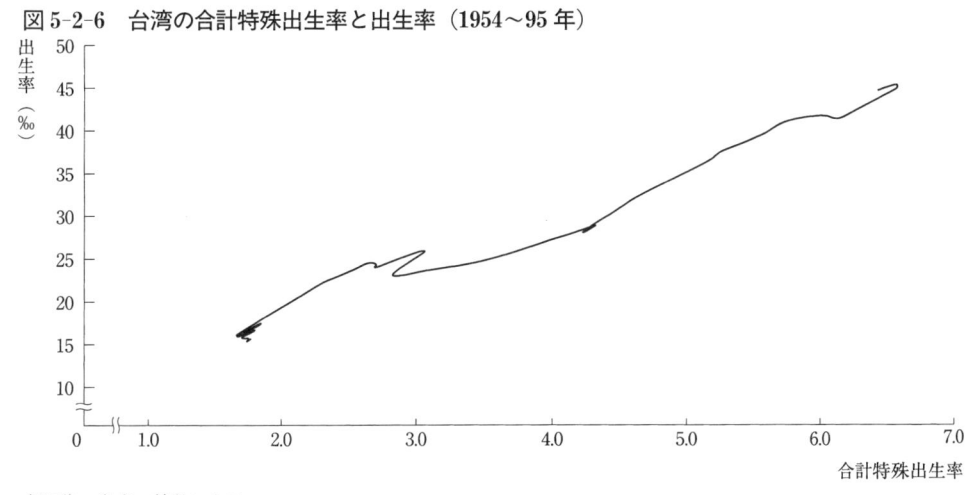

（出所）巻末の統計による。

女性を取り巻く環境変化は女性の結婚年齢にあらわれ，1971年の22.2歳から1996年には26.7歳に上昇し，晩婚化が子供の数を減少させた。

(3) 中小企業の発展・人口移動・伝統部門

台湾の製造業の生産・輸出の増加と高度化は外資や技術の導入を通じて実現されたが，輸出・生産の拡大と高度化は外資企業とともに内資企業を数多く誕生させ，産業の裾野が拡大した。1954年時点の調査によれば，製造業企業数は39,748うち公営企業は52のみで圧倒的に民間企業の数が多かった[3]。しかし資本総額の約60％，生産の約50％を公営企業が占め民間の1企業当たり資本

---

[3] 企業統計は以下を利用した。台湾省工商業普査執行小組『台湾省工商業普査総報告』台北，1956年，台湾省工商業普査執行小組『第二次台湾省工商業普査総報告』台北，1962年，台湾省工商業普査委員会『第三次台湾省工商業普査総報告』台北，1968年，行政院台閩地区工商業普査委員会『中華民国六十年台閩地区工商業普査報告』台北，1973年，行政院台閩地区工商業普査委員会『中華民国六十五年台閩地区工商業普査報告』台北，1978年，行政院主計處『中華民国七十年台閩地区工商業普査報告』台北，1983年，行政院主計處『中華民国七十五年台閩地区工商業普査報告』台北，1988年，経済部工業統計調査聯繫小組『工業統計調査報告84年』台北，1995年。

図 5-3-1　台湾の都市化率と出生率（1950～95 年）

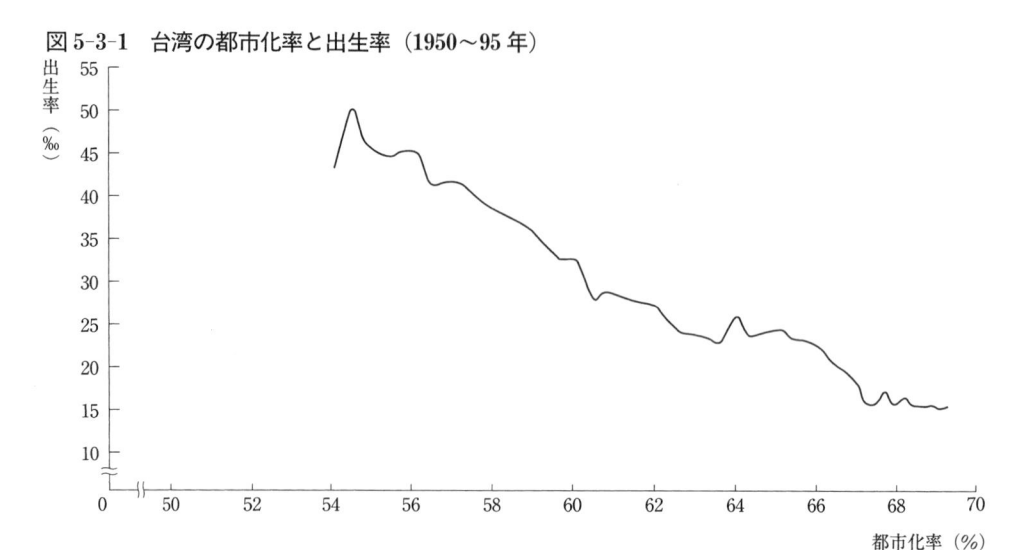

（出所）　巻末の統計による。

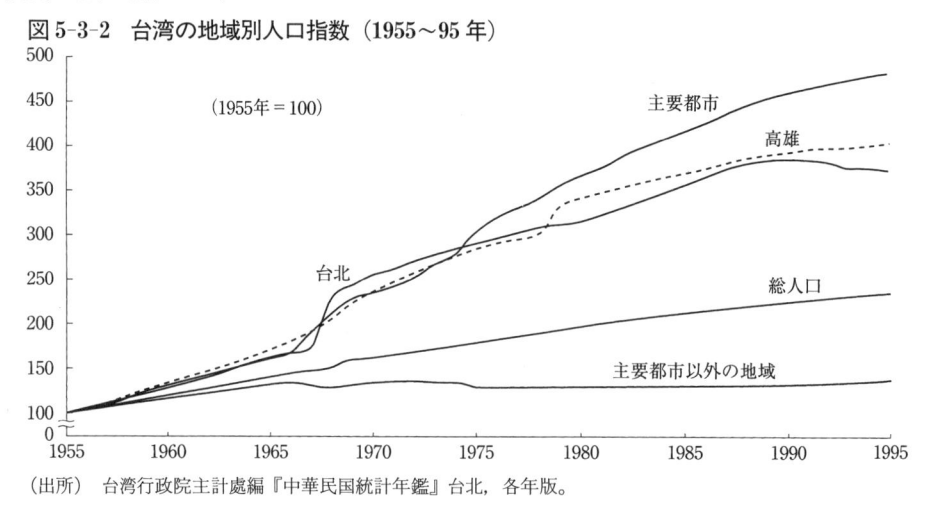

図 5-3-2　台湾の地域別人口指数（1955～95 年）

（出所）　台湾行政院主計處編『中華民国統計年鑑』台北，各年版。

額は公営の 1 万分の 1 であり，食品，衣服，履物等の日用雑貨産業が中心の零細規模であった。政府は公営企業を中核として輸入代替工業化を推進するために基幹産業のほとんどを公営下に置くとともに，資金配分機能を有する金融機関をも公営とした。このため公営企業＝大企業，民間企業＝零細・中小企業という構造が 1950 年代に形成された。しかし 1986 年の調査では企業総数が 11 万 3,000 でこのうち公営企業は 69，1 企業当たり従業員は公営が 1,474 人に対して民間が 23 人，従業員 1 人当たり固定資産額は各々306.5 万元と 4.2 万元，従業員 1 人当たり生産額は 341 万元と 113 万元であった。公営企業は固定資産総額の 25.6％，生産総額の 10.3％，総従業員数の 3.4％へと低下した。台湾の工業化・輸出を牽引したのは中小企業であった。中小企業は今日でも台湾の輸出を担う主体である。台湾の輸出は 1952 年の 1 億 2000 万ドルから 1960 年 1 億 6000 万ドル，1970 年 14 億 8000 万ドル，1980 年 198 億ドル，1990 年 672 億ドルに増加し，世界有数の輸出国となった。GNP に占める輸出比率は 1960 年の 9.5％から 1990 年には 41.9％に達した。輸出構成は 1950 年代には一次産品やその加工品が中心で，砂糖（総輸出の58.9％）や米（15.3％）が主要輸出品であっ

た。工業化の進展とともに1970年には総輸出の78.6％が製造業品となり，繊維製品と電機・電子製品の輸出増加が顕著であった。1990年には総輸出の95.5％が製造業品で，電機・電子製品，機械金属製品，繊維製品，プラスチック製品が主要輸出品となった。輸出の増加と高度化に対して電機・電子産業の貢献度が最も大きく，同産業の輸出額は1984年以降に繊維に代わって第1位を占めた。製造業品の輸出の増加と高度化は輸出志向政策の実施により流入した外資が中心となり，さらに中小企業の簇生によってもたらされた。経済部投資審議委員会の調査によれば，輸出総額に占める外資企業の比率は1980～85年平均で22.3％[4]，また1972～87年平均の総輸出に占める中小企業輸出の比率は62.1％であった[5]。

中小企業の発展が人口に及ぼした効果は，発展途上国特有の首都圏への人口集中をもたらさなかったことである。図5-3-1は都市化率と出生率の関係を示している。都市化にともない出生率が低下したが，韓国のように4人に1人がソウルに住むような状況は生じなかった。図5-3-2のように台北の人口は観察期間に3.7倍になったが，総人口に占める比率は1955年の7.8％から1995年に12.4％になり，ピーク時の1990年でも13.4％であった。第2の都市である高雄の比率も3.9％から6.7％に増加しただけである。主要都市は台北，高雄以外の34の10万以上の都市であり，100万近い人口を抱える台南や台中から10万程度の都市までを含む。全土に分散したこれら都市地域の人口が台湾では最大の増加率を示した。人口が特定都市ではなく多くの都市に分散したのには，生産拠点の地方配置という政策効果のゆえでもある。輸出加工区を台中や高雄に設けたり，新竹に新産業都市を建設した。

台湾の中小企業は日本のように大企業との系列関係の中で生成，発展してきたものではない。中小企業は国内企業との関係よりも，外国商社や多国籍企業との国際的な関係のもとで発展してきた。日本の系列関係においては上位企業から下位企業に対して単価切り下げ要求等が行われる一方で，一定の注文確保や資金供与等によりこの関係が継続された。上位企業の規模拡大や生産構造の高度化が系列関係の多様化を通じて中小企業を群生させ，中小企業自体の生産構造高度化や規模拡大を生んだ。台湾では下位企業が上位企業からこうしたインパクトを受けることがなく，むしろ上位にある多国籍企業等の要求に答えることができなければ注文を確保できないという厳しい状況下にあった。状況変化に対応しやすい中小企業が比較優位を保持してきた。海外販売網をもたない中小企業が輸出を伸ばすことができたのは，海外の商社や企業との関係を通してであった。これを端的に示す事例が外資系商社を通じて行われた繊維製品，スポーツ製品，電機・電子製品などの外国ブランドによるOEM輸出であった。電子産業の情報処理機器の総輸出に占めるOEM輸出は，1984年に40％，1987年には42％であった[6]。これに外資系製造企業の輸出を加えると台湾の輸出の半分ないし3分の2が外国商社によって行われたという研究者もいる[7]。台湾の中小企業にとって重要性をもつのは輸出市場である。OEMでは海外から原材料の提供を受ける場合が多く，生産立地条件は原材料や製品の輸出入手段と労働者の確保のいかんによって決定された。港湾が整備され，労働者の確保が容易な地方の諸都市がこの条件に合致した。情報は商社等を通じて電話で得ることができた。台湾の電話普及は電話1台に対する人口比率で計測すると1955年は267人，1960年193人であったが，1970年59人，1980年7.7人，1990年には3.2人となった。中小企業のこうした特徴は，首都圏に生産拠点を設置する必要性を乏しくした。

台湾の統計では都市と農村が区別されておらず，農村からの人口移動は明確でない。農家人口（農

---

4) 経済部投資審議委員会『僑外投資事業運営状況調査報告及封我国経済発展貢献分析報告』台北，1987年。
5) 経済部工業局編『中華民国1986年工業発展年報』台北，1987年。
6) 財政部統計處『中華民国進出口貿易統計月報』台北，各月版。
7) 劉進慶「台湾の中小企業問題と国際分業」（『アジア経済』Vol. 30, No. 12, 1989年12月）。

村ではなく農業に関係している家計の人口）は利用できる。これによると1952年には425万7,000人，総人口の52.4%を占めた。総人口に占める農家人口はこれ以降一貫して減少したが，絶対数は1970年代初期まで増加した。韓国の農家人口が絶対的に減少したのが1970年以降であり，台湾では1973年以降であった。1972年にピークの622万5,000人（総人口に占める比率40.7%）を達した後に減少が始まり，1980年538万9,000人（30.3%），1990年428万9,000人（21.1%），1995年393万人（18.6%）と推移した。

　発展途上国の開発過程で農家人口の減少が都市近代部門の発展によって生じた事例は少なく，台湾の近代部門の人口吸収力の強さがここに示されている。日本の九州に匹敵する面積の台湾において多くの地方都市が発展したことは，農業の兼業化を促した。1995年の農家家計数79万2,120の87%が兼業農家であった。初期的には農村から都市への移動が主流であったが，地方都市の発展が都市およびその周辺地域の産業で雇用機会を提供するようになった。台湾の1995年の農家人口の総人口に占める比率は1987年の韓国の水準（18.7%）に相当した。台湾の農家人口の減少が韓国に比べて緩やかであったのは農家の兼業化のゆえである。兼業化を可能にした他の要因は農業の機械化であり，動力耕作機械の使用台数は1965年の8,728台から1980年6万5,745台，1990年8万6,003台に増加した。また台湾では1951年以降に農地改革が実施され，農家1戸当たり平均農地規模は1ヘクタール程度であった。規模拡大や保護政策がなければ農業は衰退するのが普通である。しかし台湾の場合には兼業化が総所得を増加させ，規模が小さくても農業存続を可能にした。農家人口の減少が緩慢であったのはそのためである。

(4) 人口高齢化と生産性

　台湾の若年と老年を合計した従属人口比率は1996年に45%であった。人口予測では2010年頃には43%程度の従属人口比率となるが，2010年以降これが再度増加に転ずる。韓国と同様にベビーブーム時期に生まれた人々が高齢化し，その後の出生率の低下のために老年従属人口比率が増加するからである。1996年の若年従属人口比率は33.6%である。この比率は一貫して低下し，2036年には27.9%になると予測されている。老年従属人口比率は1996年の11.4%から一貫して増加し，2036年には35.1%，2036年の従属人口比率は63.0%に達するであろう。

　出生率低下により子供の数が減少する一方で高齢人口が増加し，その経済的負担の問題をもたらす。高出生率が続いて人口が急増し，働く場所を求める人が多かった時期にはこれをいかに吸収するかが重要であった。しかし出生率低下にともなう人口構造の高齢化は，生産性改善が成長を牽引する経済への転換を必要とする。東アジアの発展は要素投入型であり，これは永続できないという指摘がされたが，これには次のような二つの反論が可能である。第1には，過剰人口を抱える発展途上国の発展指標として生産性（総要素生産性，TFP）のみの判断は難しい。メキシコ（1940～80年）のTFP成長率（経済全体）は1.7%，ブラジル（1950～80年）2.0%，アルゼンチン（1940～80年）1.0%，チリ（1940～80年）1.2%であり，生産性を長期的に改善してきた[8]。しかしこれら中南米諸国では近代部門の雇用吸収力が弱かったがゆえに，多くの国民は貧困にあえいでいる。都市スラムやストリート・チルドレンの増加はこれを物語る。生産性改善は必要ではあるが，生産性だけが重要なのではない。第2は，東アジアでは要素投入とともに生産性も改善してきたとみられる。韓国では1966～90年のTFP成長率は1.6%であったという計測がある。多くの台湾研究は同国の高成長に貢献した生産性の大きさを評価している。ハワード・パックの推計では1952～87年の成長率の44%がTFPの増加によってもたらされたという[9]。台湾の生産性統計（1974～91年）では製

---

8) A. Young, *The Tyranny of Numbers: Confronting the Statistical Realities of the East Asian Growth Experience*, NBER Working Paper, 1994.

造業全体で年平均 11.4% の率で生産性が改善され,業種別では輸出を牽引してきた電機・電子産業の増加率が 20.2%,プラスチック 13.9%,衣服 8.3%,一般機械 7.8% の改善だという[10]。

人口過剰から人口不足へ変化するにともなって,生産性向上が重視される経済構造が形成されねばならない。台湾では,中小企業の生産構造の高度化を促進するために R&D 投資の税制上の優遇策,人材の育成がなされてきた。しかし危惧されるのは,急速な人口転換を達成してきた東アジアで外国人労働の導入が図られていることである。台湾でも 1998 年 3 月現在で 25 万 1,000 人の外国人労働者がおり,その 67% が製造業,17% が建設業で就業している。外国人労働への依存は生産性改善にマイナスとして作用しよう。

---

9) Howard Pack, "New Perspectives on Industrial Growth in Taiwan," in G. Ranis, ed., *Taiwan : from Developing to Mature Economy*, Boulder, Westview Press, 1992.
10) 行政院主計處『多因素生産力趨勢分析報告』台北,1997 年。

第6章 マレーシア

(1) 多人種国家の形成

マレーシア（マラヤ）の最初の人口センサスは1891年に半島部を対象にして実施された[1]。この時点の総人口は74万6,000人、マレー人54.8%、中国人（中国から海外で活躍する中国人を華僑と呼び、今日では現地で生まれ育った人が増加してきたことから華僑・華人と呼称する場合が多いが、本章ではすべて中国人とする）36.2%、インド人7.8%、その他の人種構成であった（本節の人口に関する数値は半島部に限定する）。すでに多人種社会が構成されていた。マレーシアで生まれ育ったマレー人の女性に対する男性の比率は109%であった。近代社会では平均的に女性が長寿で女性比率も高いことからすると、当時では女性の生存が病気や出産時における死亡等のゆえに厳しかったのであろう。マレーシアの外部から移動した中国人やインド人の男女比率はさらに不均斉であった。中国人の女性に対する男性の比率は734%、インド人の同比率は309%であった。当初、彼らは定住の目的はなく、中国国内で雇用機会が得られないがゆえに海外での出稼ぎに行き、儲けて帰国することを夢みていた。中国人とインド人にとってマレーシアは仕事先であり、家族とともに定住する場所ではなく、そのために男性が中心であった。しかし流入者の増加と期間の長期化から次第に定住人口が増え、それにともなって女性の流入が増加し、本格的な多人種国家が形成された。

中国人やインド人のマレーシア移住は、英国の半島支配権が確立し、錫やゴムの開発が本格化するとともに労働需要が増加した20世紀初頭から急増した。中国人の年間移住者数は1881年の8万9,000人から1890年12万7,000人、1900年に20万人前後に達し、これ以降第一次世界大戦まで毎年約15〜25万人が移住した。中国人のマレーシア在住者数は1911年に69万5,000人、1921年85万7,000人、1931年128万5,000人に達し、1931年の半島総人口に占める中国人の比率は33.9%、また男性の女性に対する比率は206%であった。インド人の流入も増加し、1931年には半島総人口の15.1%を占め、男性の女性に対する比率も194%であった。1931年のマレー人比率は49.2%であり、1891年から低下した。全人種を合計した出生、死亡統計は1911年から利用可能であり、これによると1911年の出生率は19.4‰、死亡率は39.1‰であった。1921年から人種別人口動態統計が利用可能となる。1921年のマレー人は出生率38.5‰、死亡率25.4‰、自然増加率13.1‰、中国人は各々17.1‰、26.8‰、マイナス9.7‰、インド人は24.5‰、37.2‰、マイナス12.7‰であった。中国人やインド人のマレー半島総人口に占める比率が増加したのは、人口の自然増加ではなく、本国から移動して生じた社会増加の結果であった。

マレーシアは1957年に英国から独立してシンガポールとマラヤ連邦を形成した。しかしこれは1965年に解消されて、マレーシア、シンガポールとして分離独立した[2]。分離独立の理由は中国人

---

1) Saw Swee-Hock, *The Population of Peninsular Malasia*, Singapore, University of Singapore, 1988.
2) マレーシアの歴史、政策、人口に関する推移は以下を参照した。Neil Nevitte, et al., eds. *Ethnic Preference and Public in Developing States*, Colorado, Lyne Rieuner Publishers, 1968; Ozay Mehmet, *Devolopment in Malaysia*, London, Croom Helm, 1986; J. V. Jesudason, *Ethnicity and the Economy : The State, Chinese Business and Multinationals in Malaysia*, Singapore, Oxford University Press, 1988; M. Ariff, *The Malaysian Economy : Pacific Connections*, Singapore, Oxford University Press, 1991; 堀井健造『マレーシアの社会再編と種族問題―ブミプトラ政策の二十年の帰結―』（アジア経済研究所、1989年）、堀井健造編『マレーシアの工業化―多種族国家と工業化の展開―』（アジア経済研究所、1991年）、青木健『マレーシア経済入門』（第2版）（日本評

とマレー人の人種対立であった。1970年の人種構成はマレー人53.0%、中国人35.5%、インド人10.6%であった。マレー人比率が多少増加した。

中国人は錫鉱山やゴムプランテーションの労働者として移住したが、彼らの中から中小のゴム、錫鉱山を経営する者や中小貿易業者、小売商、金融業等の分野に進出する人々が生まれた。英国人は植民地官僚だけでなく大規模農園や鉱山、銀行、保険業を支配し、多くのマレー人は小規模農業に封じ込められた。これにインド人が加わって、マレーシアは植民地特有の多民族が混在する状態が形成された。戦後期の1947年の人種構成はマレー人49.5%、中国人38.4%、インド人10.8%であった。中国人やインド人に比較して小農業従事者が多いマレー人の生活水準は低かった。独立後にマレー人優先政策が実施されたが、実はマレー人優遇政策は植民地時代にも施行されていた。植民地政府は1913年にマレー人保留地法を制定して、マレー人保有地の保護、耕作のマレー人優先、中級行政官にマレー人貴族を優先登用、マレー語小学校の建設などを実施した。この政策はマレー人社会の維持を通してマレー人貴族の植民地政策への賛同を得るとともに、人種を分断して植民地当局への圧力を緩和するために実施されたものであった。

1957年にマラヤ連邦として独立を達成したが、独立までにはマレー人の特権に関して多くの議論が展開された。英国はマレー人、中国人、インド人を平等に扱うことを提案したが、1957年憲法ではマレー人の特権を守ることがスルタンの行政責任であると明記され、これが次第にマレー人の経済的劣勢を改善するためのマレー人優先政策へとつながっていった。1969年の人種暴動を背景にして1971年から実施された新経済政策(NEP)では、マレー人を優遇して彼らの経済水準を引き上げるブミプトラ政策の実施が表明された。1971〜90年間に生産資産株式の30%、商工業活動の30%をブミプトラ(先住マレー人)が所有することが提唱され、中国人の経済力をマレー人へ移転することがめざされた。1971年の憲法改正によってスルタン制度とマレー人の特権が強化された。スルタンの権威と地位、マレー語の国語としての地位、マレー人の特権等に関する事柄は「敏感問題」として公開の場で議論することが禁止された。こうしてマレーシアで経済力を蓄積してきた中国人は不利な扱いを受けることになった。中国人国家であるシンガポールのマラヤ連邦からの分離独立(1965年)は、マレー人優先政策への反発の結果であった。

マレーシアの経済開発政策の中心は輸入代替工業化であった。しかし輸入を国内生産に切り替えるための市場保護手段としての関税は低く設定された。マレーシアは一次産品を英連邦諸国へ輸出しており、高関税による市場保護は各国から非難されて市場を失う可能性があったこと、関税は無差別に国内企業を保護することにより中国人の経済力をさらに高めるおそれがあったこと、などがその理由であった。関税ではなく創始産業条例を制定し、認可企業への税控除の方法が選択された。マレー人の経済状態を改善するための開発政策手段として、農村開発を促進する農村工業開発会社、マレー人の資本所有増加を図る国営投資会社が設立された。税控除が認められる創始企業に対しては一定の株式(10%)をマレー人に割り当てることを求め、マレー人の株式取得を容易にするためにブミプトラ証券取引所が開設された。

しかし1960年代を通してマレー人の経済力は増大しなかった。この事実がNEP以後のブミプトラ政策の実施に結びついた。政府は投資奨励法による認可企業(輸出企業は例外)に対し少なくとも30%の資本をマレー人に留保することを義務づけた。しかし企業の創設は中国人に依存できず、その一方でマレー人の経済力は弱く、外国企業への依存が強化された。政府は外資に自由な経済活動を認める自由貿易地域(FTZ)を建設するとともに保税工場制度を導入し、外資導入増加、輸出増加、マレー人への雇用機会増加などをめざした。1970年代の経済開発はブミプトラ政策、外

論社、1998年)、大淵寛・森岡仁『経済人口学』(新評論、1981年)、河邊宏編『発展途上国の人口移動』(アジア経済研究所、1991年)、河野稠果編『発展途上国の出生率低下』(アジア経済研究所、1992年)。

資導入，輸出促進が中心的政策となり，これらは1970年代以降も継続された。

ブミプトラ政策は1980年代に重化学工業部門育成を通して強化された。1980年にマレーシア重工業公社を政府全額出資により設立し，重化学工業部門をブミプトラの手により育成しようとした。合弁企業を設立して資本，雇用におけるブミプトラの参加を促し，後にこれを民間に売却して経営参加を促すという1970年代の方法から，資本，雇用，経営にブミプトラを最初から参加させるという方法へと転じた。しかしブミプトラには重化学工業の生産・経営技術が不足しており，これを日本企業との合弁によって解消し，中国人企業の進出が本格化していない重化学工業分野でのブミプトラの優位を目論んだ。中国人資本の参加は認められず，中国人はこの差別政策を厳しく非難した。

マレーシアでは中国人の経済力を規制してマレー人の経済的地位を引き上げる政策が続けられてきた。中国人企業は不利益を被ったが，中国人企業も生き残ってきた。ブミプトラ政策の一方で，総人口のおよそ3分の1を占める中国人はマレー人優先政策のもとでこれに対抗する道を模索した。その一つが1975年に設立された馬化控股有限公司（MPHB）である。MPHBはマレーシア華人協会（MCA）の呼びかけにより3000万リンギの資本金で事業を開始し，農業，製造業，建設，サービス業等で新企業創設や企業買収を通して投資規模を拡大した。しかしMPHBは利益回収がはやいサービス部門への投資が多く，新企業創設よりも買収に重点をおいたために，その発展には限界があった。多くの華人社会団体もNEP以後に株式会社を設立し，経済活動を展開した。しかし森林伐採，製材，木材輸出，完成車輸入，鉱業，銀行，保険，交通運輸，錫とゴムの売買などの免許は実質的にはマレー人にしか交付されず，また政府事業の入札はマレー人が他人種よりも10〜20％高い価格で落札することができた。中国人企業の進出できる分野は製造業，栽培業，建設業に限定された。かつて銀行・金融業では中国人資本が支配していたが，バンク・ブミプトラや政府系銀行に買収されて中国人の傘下から離れた。

政府は国営企業公社（PERNAS）を1969年に設立し，中国人企業を買収するとともに株式のマレー人への売買を通してこれをマレー人の企業に代えた[3]。MPHBや華人社会団体の活動は，国営企業公社に対する中国人社会の反発，恐怖から中国人も団結しなければならないという考えによって始められた。しかし製造業でも中国人資本は自由に進出できたわけではない。1975年に制定された工業調整法は，中国人資本が製造業に進出する場合，企業創設，資本構成，生産設備等に制限を課し，重化学工業は中国人の参加を歓迎しなかった。金融機関がマレー人や政府に支配されたために資金配分もマレー人が優先され，長期資金の投入が必要な製造業に中国人企業は進出しにくかった。一次産品生産地域である東南アジアではその特徴を生かした原料から最終財までを生産するアグリ・ビジネスが有力な産業分野として発展し，タイでは企業心に富む中国人企業がこの産業を積極的に展開した。しかしマレーシアでは農業発展のために開発された新農地はほとんど中国人に配分されず，また同国の有力な一次産品であるゴムやパームは連邦土地開発庁や連邦土地統合・再開発庁が支配し，中国人の進出は難しい状況であった。

中国人の経済的地位が低下することはまぬかれなかった。マレーシア工業開発庁（MIDA）の調査では製造業における中国人の資本所有比率は1980年の24％から1987年に19％に減少し，ブミプトラが同期間に18％から35％に上昇した[4]。1980年代の重化学工業化政策の実施によって石油や輸送機械のブミプトラ比率は50％を超えた。外資は同期間に38％から32％に低下したが，マレーシアでは依然として大きな経済力を有しており，1990年の製造業総生産の44.2％，付加価値の40.9％を占めた。しかしこうした統計は中国人の経済的地位の低下を正確に示しているわけではな

---

3) 原不二夫「PNB―マレーシア経済再編の支柱―」（『アジア経済』1992年4月）。
4) Government of Malaysia, *Sixth Malaysia Plan 1991-1995*, National Printing Development, K. L., 1991.

い。中国人はマレー人を名目的なオーナーとし，経営実権は中国人が掌握している事例が多い。また国営企業が民営化され，政府はマレー人にこれを売却することを希望するものの，中国人がマレー人名義で購入したという事例も報告されている。

マレー人優先政策は中国人を制限して彼らの能力を有効に活用しておらず，マレーシアにとって人材および資源の浪費であった。マレー人社会においても国営企業従事者や中国人企業の名目的オーナーと一般マレー人との格差が拡大し，社会的不安定性を増大させた。マレー人優先政策がマレー人の寄生資本家を創出し，マレー人にとっても同政策は弊害をもたらした。外資に対しては1986年の改正投資法により，一定の条件を満たせば100％出資を認めることになったが，中国人に対しては依然として制限政策が続けられている。

(2) 人口転換

死亡率は第二次世界大戦前の1930年代中期以降20.0‰を下回り，戦後期にはさらにこれが低下して，図6-2-1のように，1995年には5.1‰の低水準となった。しかし出生率は低下したとはいえ20‰を上回る高水準にある。図6-2-2により1人当たり生産（GNP）と出生率の関係をみれば，前者の増加にともなって後者が低下していることがわかる。しかし1人当たり生産が3,000ドルを上回る水準に達しながら，出生率は韓国や台湾のようには低下していない。図6-2-3は人種別出生率の推移を示す。マレー半島のみの統計であるが，1950年代初期にはマレー人，中国人，インド人の出生率は40〜45‰の高水準にあり，人種間に相違はみられなかった。1950年代末から出生率は低下を始め，1970年代後半以降マレー人の出生率の低下は停止した。他方で中国人とインド人の出生率は低下を続け，中国人，インド人の出生率に対してマレー人のそれはかなり高い水準となった。中国人の出生率は20‰を下回るが，マレー人のそれは30‰を上回った。比較的高い1人当たり生産水準に達しながら出生率が依然として高い理由は，人種別の出生率に大きな相違が生じたからである。中国人やインド人は人口転換の第3から

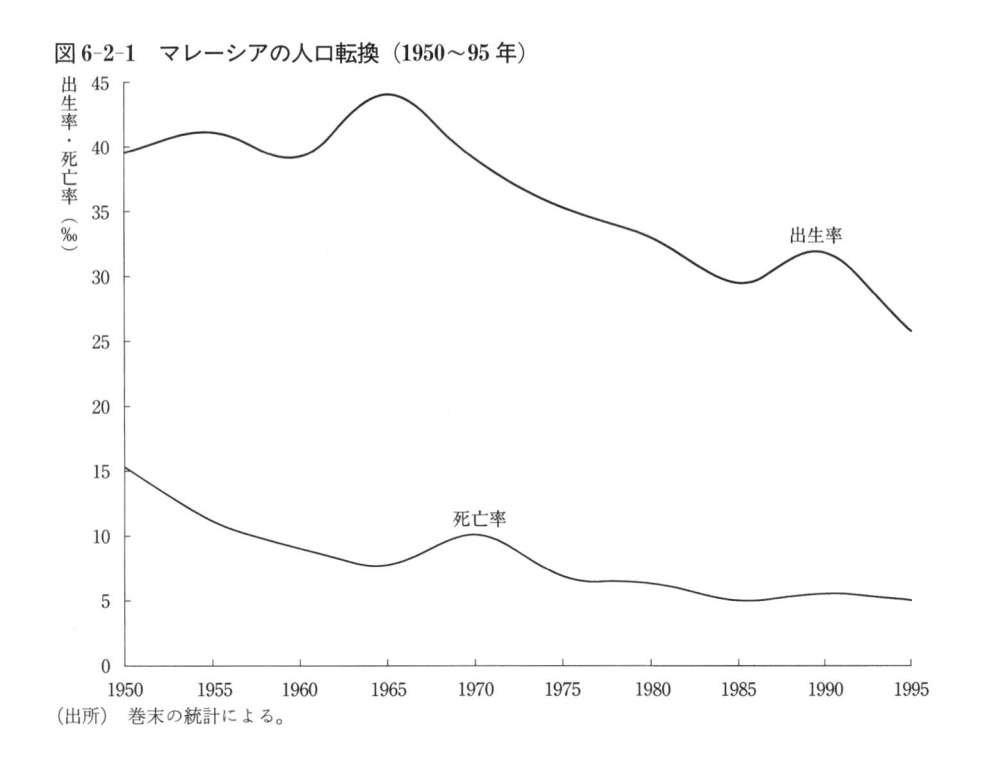

図6-2-1 マレーシアの人口転換（1950〜95年）

（出所）巻末の統計による。

分　析

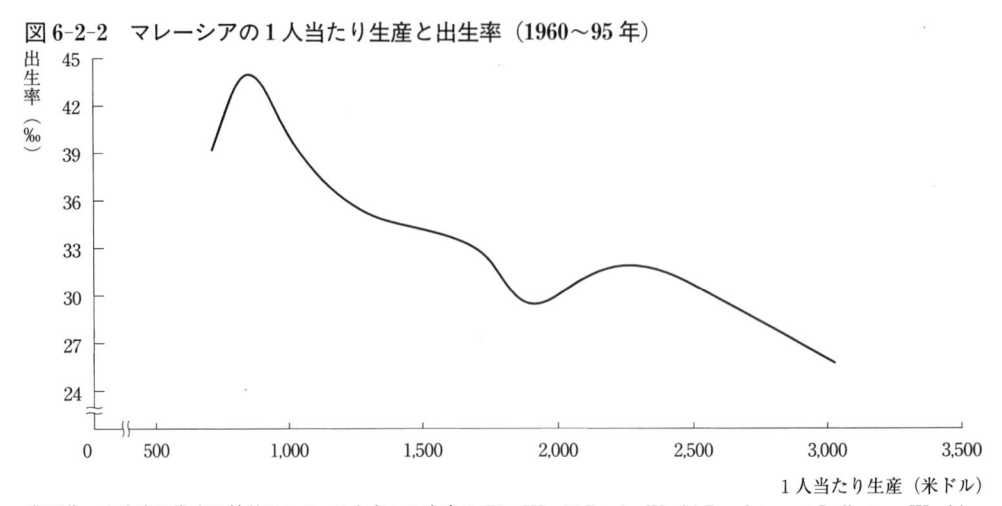

図 6-2-2　マレーシアの1人当たり生産と出生率（1960～95年）

出生率(‰)

1人当たり生産（米ドル）

（出所）　出生率は巻末の統計による。1人当たり生産は The World Bank, *World Development Indicators*, Washington, D. C., Various Years.
（注）　1人当たり生産は1人当たり GNP（1987年水準）。

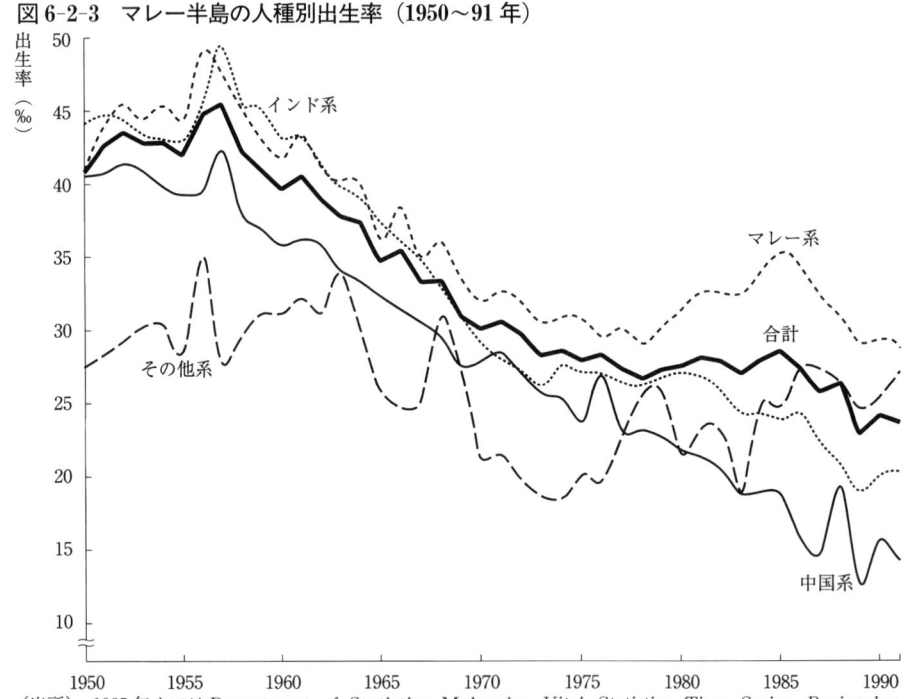

図 6-2-3　マレー半島の人種別出生率（1950～91年）

出生率(‰)

インド系
マレー系
合計
その他系
中国系

（出所）　1985年までは Department of Statistics Malaysia, *Vital Statistics Time Series, Peninsular Malaysia 1911-1985*, K. L., 1986；1986年からは Department of Statistics Malaysia, *Yearbook of Statistics*, K. L., Various Years.

第4局面にあるが，マレー人のそれはいまだに人口が急増する多産少死型の第2局面にある。人種別の社会経済環境の相違を反映しているのであろう。

人種別の所得統計は作成されていないが，次のような断片的な推計が残っている。1970年と1980年の人種別都市農村人口比率をみると，マレー人の都市人口比率は 14.9%（マレー人総人口に

第6章 マレーシア

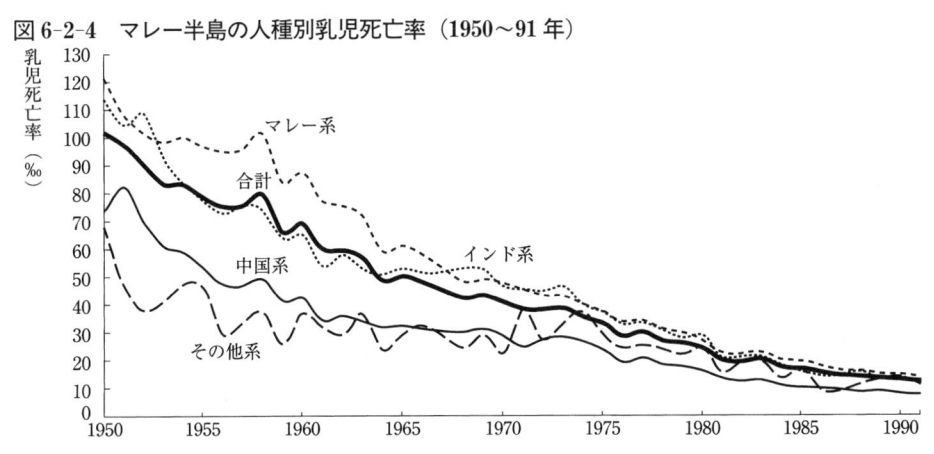

図6-2-4 マレー半島の人種別乳児死亡率（1950～91年）

（出所）1985年までは Department of Statistics Malaysia, *Vital Statistics Time Series, Peninsular Malaysia 1911-1985*, K. L., 1986；1986年からは Department of Statistics Malaysia, *Yearbook of Statistics*, K. L., Various Years.

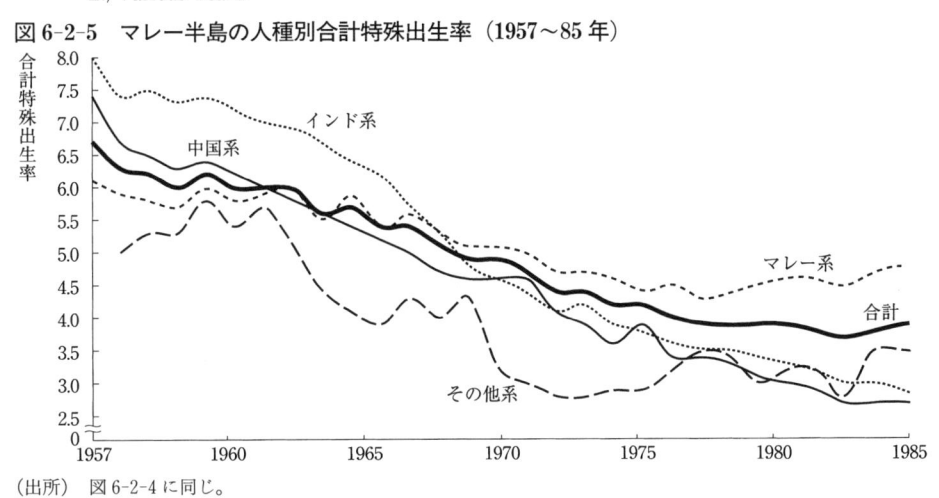

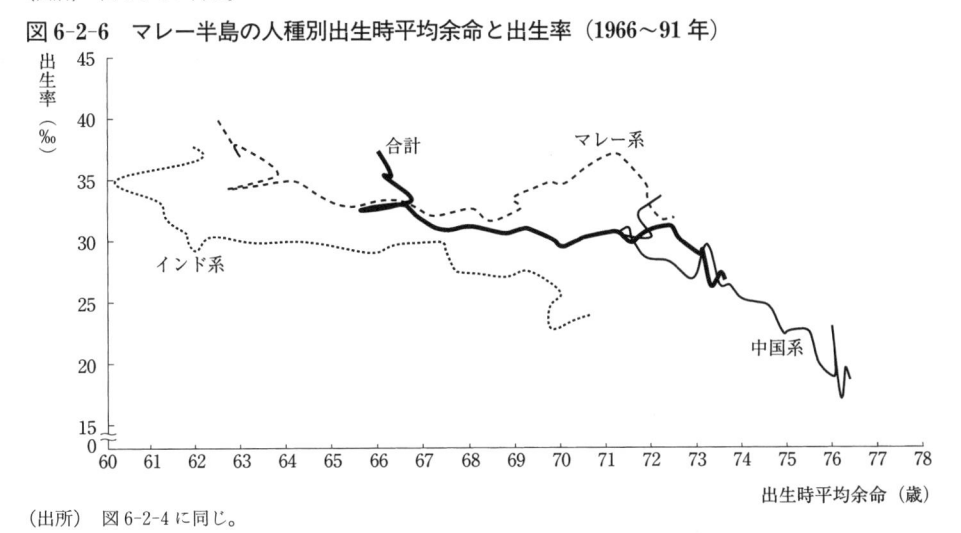

図6-2-5 マレー半島の人種別合計特殊出生率（1957～85年）

（出所）図6-2-4に同じ。

図6-2-6 マレー半島の人種別出生時平均余命と出生率（1966～91年）

（出所）図6-2-4に同じ。

占める都市人口比率)から25.2%へ,中国人のそれは47.7%から56.1%へ,インド人のそれは34.7%から41.0%へと変化した[5]。都市人口比率は全人種とも増加したが,マレー人は農村人口比率が相対的に高く,中国人は都市人口比率が高いことが特徴となっている。19世紀初期のマレー半島の推定人口は30万人弱であり,自給的米作農業を基本とするマレー人は都市に進出することはなかった。マレーシアで都市が成立するのは,英国がマレーシアを植民地として経営し,中国人とインド人が労働者として流入した後のことであった。こうした初期条件のゆえにマレー人に対して中国人とインド人の都市人口比率は高い。マレーシアが政治的独立を達成した後にマレー人優先政策を採らねばならなかった理由もここにある。マレー人優先政策の実施にもかかわらず,マレー人の中国人に対する格差はいまだ大きい。政府の推計によれば1995年の1家計当たり平均月収はマレー人は中国人の55%あった[6]。しかし図6-2-4の乳児死亡率をみると,1950年代初期には中国人のそれに比較してマレー人およびインド人の乳児死亡率が高い状態であったが,以降急速に低下して全人種ほぼ収斂した。中国人に比べてマレー人の乳児死亡率はいまだ高いとはいえ低下し,その生活が改善されたことが示される。1995年の耐久消費財の普及率はテレビ97%,電話98%,自動車62%,冷蔵庫87%であり,生活水準は全人種で改善した[7]。マレー人の出生率の高さは一部には宗教を反映している。マレー人はイスラム教徒であり,中東の原理主義ほどに戒律が厳しくはないが,宗教的な影響は無視できない。図6-2-5によれば合計特殊出生率は1950年代にはマレー人が6.0水準であったに対して中国人やインド人は7.0~8.0高水準であった。中国人とインド人の合計特殊出生率はこれ以降に急速に低下し,1990年代には2.5~3.0の水準となった。しかしマレー人の合計特殊出生率は4.5~5.0の高水準である。また図6-2-6のように出生時平均余命も全人種的に改善し,子供の生存率が高まっているにもかかわらずマレー人の出生率ならびに合計特殊出生率は高い。宗教的な影響をうかがわせる。1985~92年平均の避妊普及率は発展途上国平均の53%を下回る48%であった。

(3)経済開発と人口

図6-3-1の人口ピラミッドはこれまで分析してきた国とは異なる変化を示す。マレーシアの人口ピラミッドは「富士山型」の人口構造が次第に壊れながらも,裾野がさらに小さくなる「つりがね型」や「つぼ型」への変化を示していない。「富士山型」が壊れながらも依然として裾野は広い。若年従属人口比率は1957年の82.1%から1979年に67.8%に低下したが,この間も0~4歳人口比率が最大である。韓国で1975年に若年従属人口比率が65.2%であった時点の人口ピラミッドは裾野部分が壊れて,「富士山型」から「つりがね型」へ移行しつつあった。マレーシアの若年従属人口比率は1995年でも58.2%あり,人口ピラミッドは一般的な変化をたどっていない。多人種国家のゆえに人種別出生率や合計特殊出生率が異なり,人口が同じ方向に収斂しないからであろう。1995年の老年従属人口比率は6.0%であり,多人種国家のゆえ若い労働力を長期的に供給できる人口構造にある。しかし人口ピラミッドの形状からは予想できないが,すでにマレーシアでは外国人労働者が総人口の約10%,170万人存在すると推定される。マレー人の出生率が高く,彼らは中国人よりも多くの子供を抱えているが,貧しくはない。子供は高学歴で現業ないし3Kといわれるような仕事ではなくオフィスワーカーを希望しているからである。政府開発計画の統計では,1990年

---

5) Government of Malaysia, *Fourth Malaysia Plan 1981-1985*, National Printing Development, K. L., 1981.
6) Government of Malaysia, *Seventh Malaysia Plan 1996-2000*, National Printing Development, K. L., 1996.
7) マレーシアの各種統計は以下を利用した。Bank Negara Malaysia, *Quarterly Economic Bulletin*, K. L., Various Years ; Ministry of Finance, *Economic Report*, K. L., Various Years ; Department of Statistics, *The Labour Force Survey Report*, K. L., Various Years ; Department of Statistics, *Industrial Survey*, K. L., Various Years ; Malaysian Industrial Development Authority (MIDA), *Annual Report*, K. L., Various Years.

図 6-3-1　マレーシアの人口ピラミッド

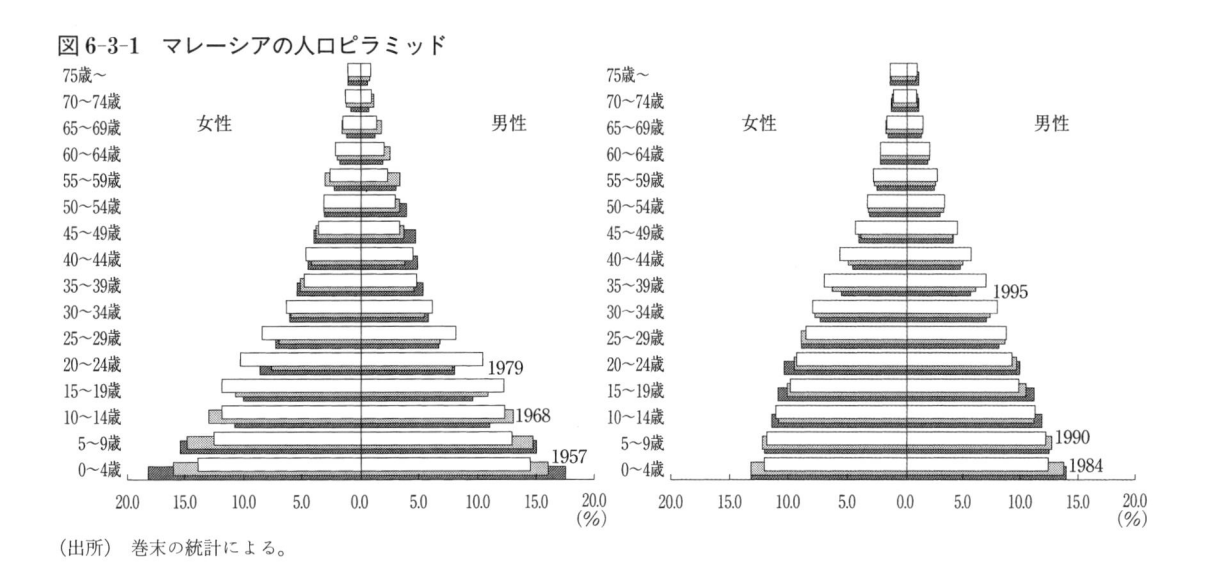

(出所)　巻末の統計による。

の第三次産業総雇用数のうちマレー人が51.3%（150.6万人），中国人39.0%（114.4万人），インド人9.1%（26.7万人）であった[8]。また中国人とインド人が卸・小売業の比重が高いのに対してマレー人は政府関連部門の比率が高い。

マレーシアの産業別GDP構成は1960年は第一次産業37%，第二次産業18%，第三次産業45%であったが，1970年は各々32%，25%，43%，1980年は23%，36%，41%，1990年は19%，42%，39%となり，第二次産業の比率が上昇してきた。しかし1998年には第一次産業17%，第二次産業36%，第三次産業47%であった。第二次産業が縮小して第三次産業が拡大する先進国型への変化を示している。また同年の雇用比率でも第一次産業12%，第二次産業40%，第三次産業48%であり，生産および雇用はサービス経済化への動きが強まっている。図6-3-2は若年労働力率と出生率の関係を示す。強い相関ではないが，子供の労働力としての価値が低下するとともに出生率の低下が進んだ。初等教育の就学率は1980年の93%から1995年に96%に上昇し，同期間に中等教育は48%から61%，高等教育は4%から11%へと増加した。大学生の数は1993年の9.1万人から1997年に13.7万人に達した。図6-3-3

の女性の中等教育就学率は30%を下回る水準から60%に達し，男女差は消滅した。女性の経済活動人口比率は第一次産業が1980年の49%から1994年に26%に減少する一方，同期間に第二次産業18%，23%，第三次産業33%，51%となり，女性の半分はサービス産業に従事している。こうした社会経済的変化から出生率や合計特殊出生率はNIESのように低下するはずであるが，マレー人のそれがそうなっていないのは宗教的な影響なのであろう。

近代部門の発展にともない人口の都市集中が生じる。マレーシアでも図6-3-4にみられるように製造業やサービス部門の発展が都市化をもたらし，それにより出生率が低下した。しかし都市化のレベルは韓国や台湾ほどではない。図6-3-5では農村人口も増えているが平均を下回り，逆に都市は平均を上回って増加した。農村人口が都市へ移動したことが示される。実際に人口は農業から都市関連産業に移動した。しかし特定都市への人口集中は生じていない。1996年のクアラルンプールの人口は総人口の6.4%を占めるにすぎない。またクアラルンプールに接するセランゴール州の人口比率も13.7%，これに次ぐジョホール州でも11.8%であり，人口は拡散している。中小都市が

---

8) Government of Malaysia, *Seventh Malaysia Plan 1996-2000*, National Printing Development, K. L., 1996.

図 6-3-2 マレーシアの若年労働力率と出生率（1970～95 年）

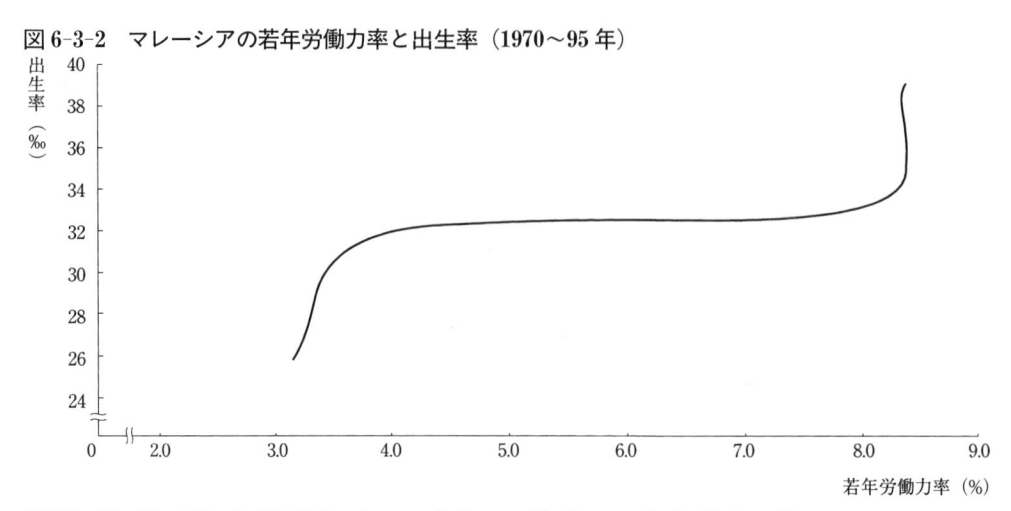

（出所）　The World Bank, *World Development Indicators*, Washington, D. C., Various Years.

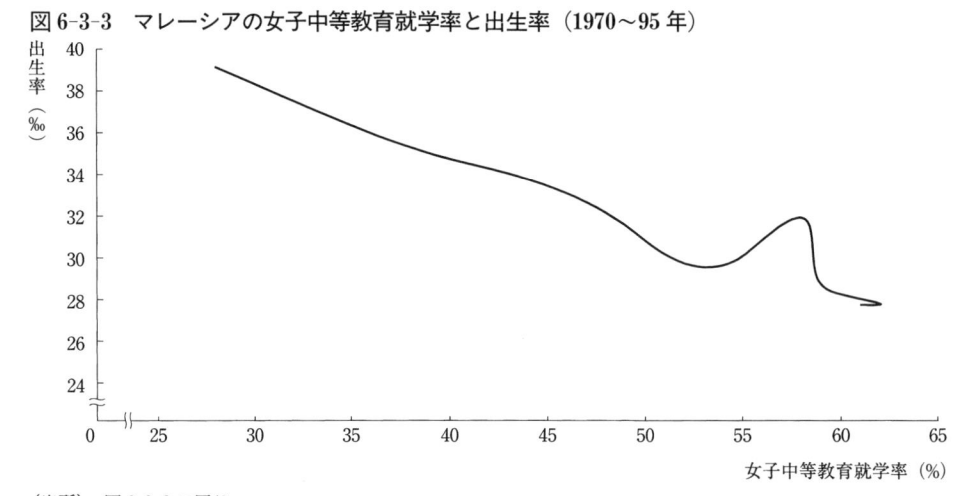

図 6-3-3 マレーシアの女子中等教育就学率と出生率（1970～95 年）

（出所）　図 6-3-2 に同じ。

各地に分散して存在するというのがマレーシアの特徴である。工業化政策も中小都市の分散的存続を支えた。

　マレーシア経済は植民地時代から一次産品輸出に依存してきた。輸出は 1960 年には天然ゴム（総輸出の 55.1％），錫（14.0％），丸太・製材（5.3％），パーム（4.7％），石油（4.1％）等一次産品が全体の 80％ を占めた。その後一次産品の総輸出に占める比率は 1980 年の 72.4％ から 1990 年には 46.8％ に低下し，1997 年には 21.5％ となった。マレーシアは一次産品輸出国から製造業品輸出国に変貌した。1997 年の輸出の 56％ は機械類であり，マレーシアの輸出構造はこの 10 数年ほどの間に劇的な変化をみせた。これをもたらしたのは 1980 年代中期以降に大量に流入した外国民間投資であった。マレーシアでは外国民間投資の導入を求めて 1960 年代末から工場団地，保税工場制度，FTZ（自由貿易地域）を設ける一方，電子機械特別奨励措置（1971 年），開発優先指定地の免税（1974 年）を実施し，繊維，電機機械，石油製品，化学などの投資奨励部門へ外資流入が増加した。1975 年末までの業種別の外資導入累計の構成比は繊維（19.8％），電機機械（13.6％），食品（12.3％），石油（8.7％），木材加工（8.1％），化学（8.0％），非金属鉱物製品（5.1％）であった。国別直接投資累計の比率は日本（25.7％），シンガポー

図 6-3-4　マレーシアの都市化率と出生率（1950〜95年）

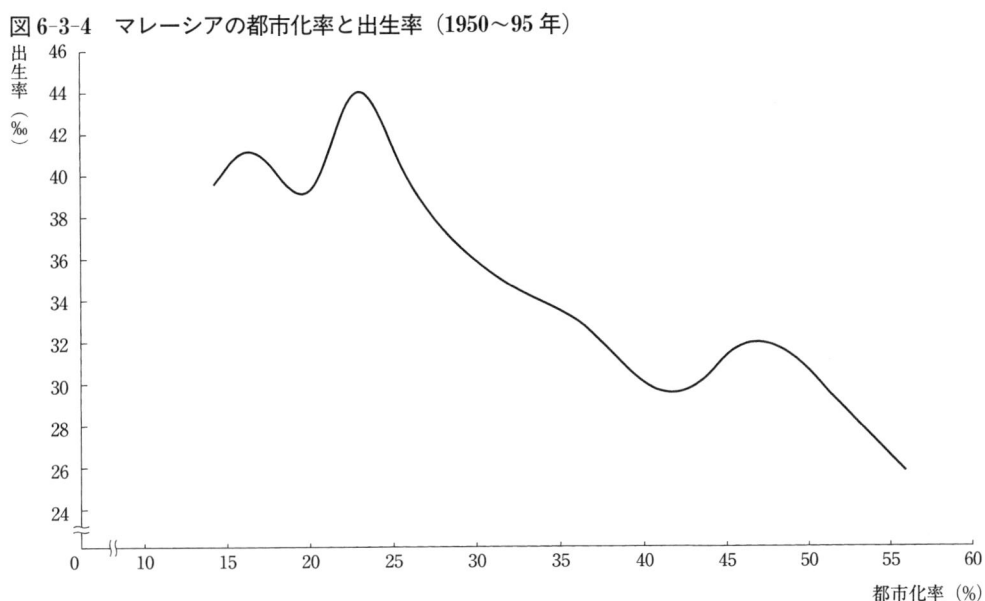

（出所）　巻末の統計による。

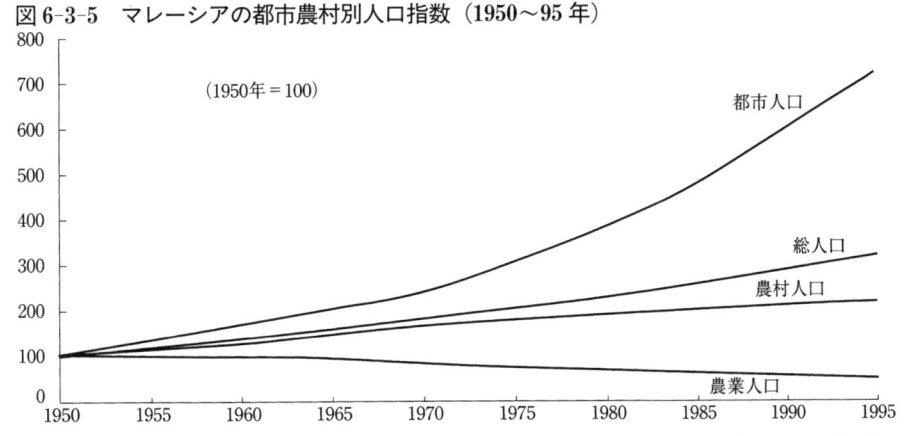

図 6-3-5　マレーシアの都市農村別人口指数（1950〜95年）

（出所）　巻末統計による。ただし農業人口は The World Bank, *World Development Indicators*, Washington, D. C., Various Years.

ル（18.8％），香港（13.8％），次いで米国，英国であり5ヵ国合計で83％を占めた[9]。しかし石油価格上昇にともなう石油・ガス開発，重化学工業化政策の実施によりこれ以降は石油，基礎金属，輸送機械への直接投資が増加した。1987年末の累計では石油・石炭製品（23.4％），基礎金属（14.9％），繊維（10.4％），電機機械（9.7％），国別では日本（41.5％），英国（20.9％），シンガポール（14.2％），香港（6.2％），米国（4.8％）であった。

1988年からマレーシアは未曾有の直接投資増加を経験した。1987年の7億5000万リンギの直接投資額は1988年20億1000万リンギ，1989年34億リンギ，1990年62億3000万リンギ，1991年55億5000万リンギに増加した。1988〜91年間に流入した外資の部門別構成は電機機械が26％を占め，これに次ぐ化学の12.2％を大きく引き離した。国別では日本が全体の27.2％を占めたのに対して台湾（28.8％）と韓国（15.2％）も

9)　日本貿易振興会『ジェトロ白書―投資編―』各年版，日本アジア投資（株）『アジアの証券市場と株式公開』（カンキ出版，1992年）の付属統計による。

大きく増加した。日本の直接投資のうち39％が電機機械であり，台湾は51％，韓国は22％が電機機械への投資であった。日本，NIESによる電機機械の直接投資増加がマレーシアの輸出構造を機械を中心とした構造に変えた。外国民間投資は1992年以降も年間100〜170億リンギの規模で行われた。外国民間投資はFTZと保税工場制度による優遇政策を利用して流入した。1994年現在マレーシアのFTZは全国に14ヵ所あり，世界最多である。FTZと同一のインセンティブを与えるのが保税工場制度であり，企業がこれを取得し工場団地で操業される。工業団地は全国178ヵ所あり，さらに多くの団地造成が計画されている。工場の全国的な分散配置は，農村部に住むマレー人に近代部門の雇用機会を提供して彼らの生活を改善する目的を有していた。ゆえに人口が特定都市ではなく全国の中小都市へと分散した。こうした経緯を反映して日系企業も全国に分散し，企業数は1998年に1,433，うちクアラルンプール380，セランゴール州529，ペナン州129，ジョホール州144，ネグリセンビラン州49，マラッカ州24，サバ州33，サラワク州35であった[10]。

農業開発政策も人口分散に寄与した。1956年に設立されたFELDA（連邦土地開発庁）は独立以降土地開発を積極的に実施した[11]。地方のマレー人は土地なし農民，零細農民，失業者であり，これを救済してマレー人の貧困を撲滅することがその目的であった。FELDAの開発方式は，ジャングル伐採，農地造成，植え付け，住宅地造成，公共施設整備，生産，金融，輸送，販売施設，入植者の選定等の総合的な開発・運営を行い，マレー人の土地所有・生産・販売を支援するというものであった。FELDAには多くの付属機関，FELDA市場公社，FELDA運輸公社，FELDA精油公社，ラテックス処理公社等が付設された。

かつてマレー人の小規模ゴム農園はその国際価格の変動に翻弄され，利益は仲買人等の仲介業者に吸い上げられた。政府が介入して中小ゴム農園の利益を擁護し，マレー人の生活改善をめざしたのである。また土地をもたないマレー人にもこれを配分し彼らを支援した。FELDAの土地配分はマレー人に限ったものではないが，しかしブミプトラ政策の一貫として実施されてきたためにFELDAの入植者はマレー人の比率が圧倒的に高い。先の統計でマレー人の農村人口比率が高い一つの理由がここにもある。FELDAはゴムの植え換えの奨励やそのための融資，新品種の開発，新しい作物の奨励を行い，マレー農民の生産力改善，輸出競争力維持，農民の生活改善に努力した。一次産品輸出国であったマレーシアの1人当たりGNPが工業化が進展する以前から比較的高かった理由でもある。また農業関連雇用の創出，近接する中小都市への外国民間企業の投資による雇用は特定都市への人口集中をもたらさなかった。

マレー人の高い出生率ならびに合計特殊出生率は社会経済的変化にともなって低下してきたが，この率が中国人やインド人のそれより高い理由は経済的な要因に帰するものではなかった。マレー人優先政策で保護されたために，増加するマレー人を生産現場へと誘導することも難しい。出生率の違いは人種間人口比率を変え，マレー人比率を上昇させた。この傾向は今後もまた続くであろう。マレー人に次ぐ人口規模を有する中国人はいかに対応するのであろうか。出生率を再度ふやすのか，外国人労働者として中国人を導入するのか。マレー人優先政策はかつては貧しかったマレー人の生活を改善した。しかし今後もこの政策を続けるならばマレー人の人口転換を遅らせ，人種間の軋轢をもたらす可能性がある。

---

10) 日本貿易振興会『ジェトロ白書―投資編―』各年版，日本アジア投資（株）『アジアの証券市場と株式公開』（カンキ出版，1992年）の付属統計による。
11) FELDA, *Annual Report*, K. L., Various Years.

第7章　フィリピン

(1) 人口転換

フィリピンの人口規模は1950年の1991万人から1995年には6861万人の3.4倍に増加した。国連の推計では1996年に7000万を超えた。1980～96年の平均人口増加率は2.5%であり、世界平均の1.6%、低所得国平均の1.9%を大きく超える高い増加率が続き、かつてフィリピンと人口規模がほぼ同じであった韓国やタイのそれをすでに凌駕した。1950年にフィリピンの人口は約2000万人で韓国、タイとほぼ同規模であった。しかし1996年には韓国4500万人、タイ5900万人に対してフィリピンは7000万人となった[1]。図7-1-1の死亡率と出生率の推移にこの間の経緯が示される。死亡率は第二次世界大戦後に10‰を多少上回る水準に低下した。死亡率の低下は1930年代に始まり、1950年代の中期以降すでに1桁となって今日にいたった。しかし出生率は現在まで明確な低下傾向を示しておらず、1996年でも29‰という高水準にある。自然増加率は20‰を上回る水準が長期に続いた。自然増加率は20数年で人口規模が倍増する高さであり、2010年には1億人に達すると予想される。図7-1-2の1人当たり生産（GNP）は東アジアでは例外的ともいえる低い

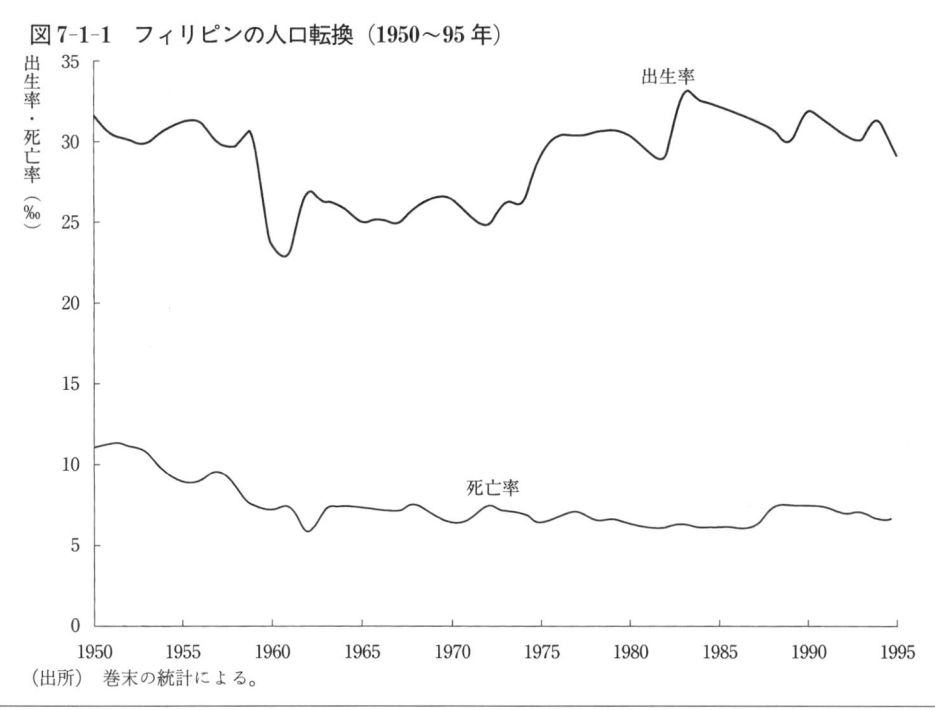

図7-1-1　フィリピンの人口転換（1950～95年）

（出所）　巻末の統計による。

---

1) 国際比較統計は以下を利用した。The World Bank, *World Development Report*, Washington, D. C., Various Years; The World Bank, *World Development Indicators*, Washington, D. C., Various Years.

図 7-1-2 フィリピンの1人当たり生産と出生率（1960～95年）

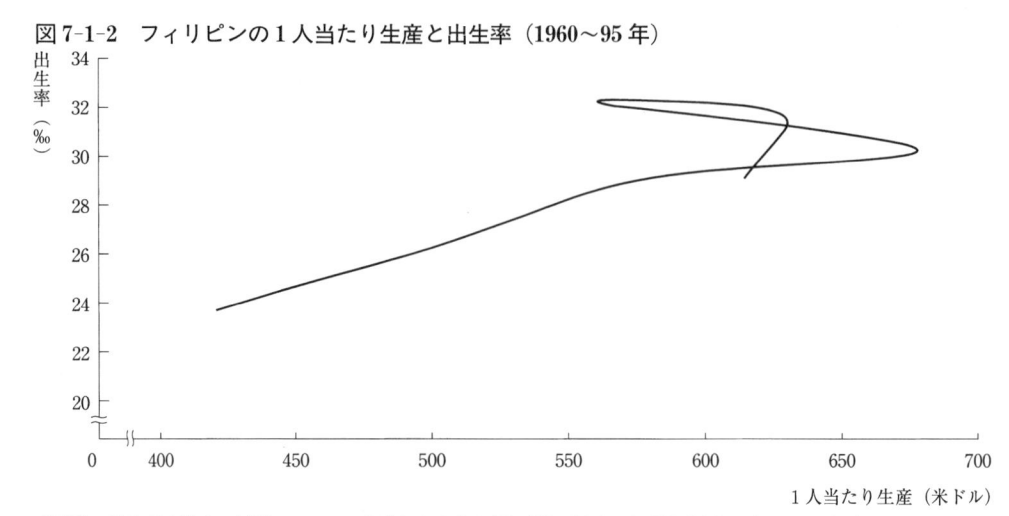

（出所）　出生率は巻末の統計による。1人当たり生産は The World Bank, *World Development Indicators*, Washington, D. C., Various Years.
（注）　1人当たり生産は1人当たりGNP（1987年基準）。

図 7-1-3 フィリピンの人口ピラミッド

（出所）　巻末の統計による。

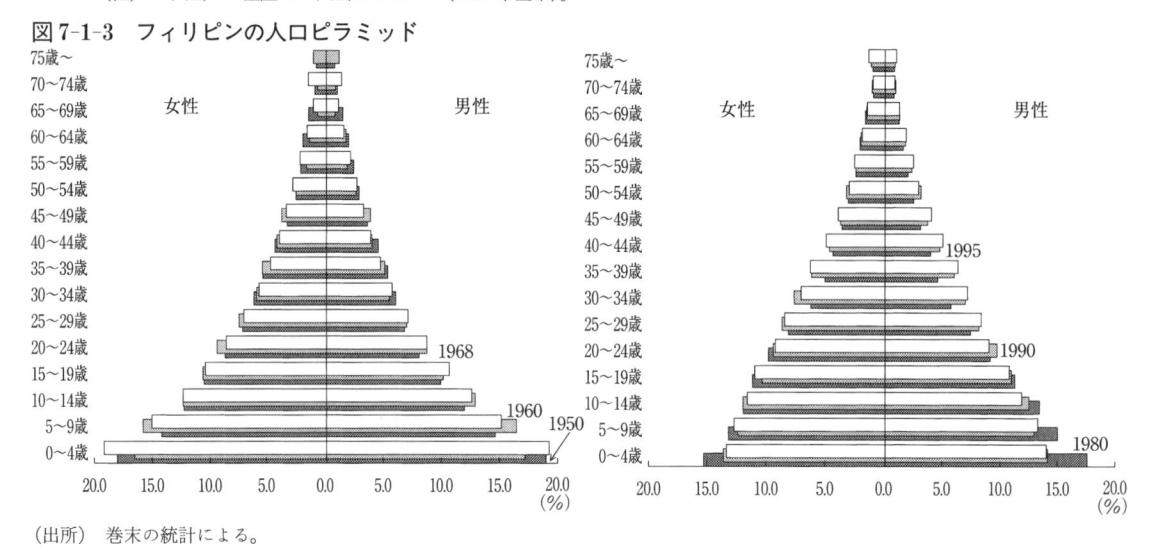

増加率であり，しかも生産増加にともなって出生率が上昇している。

　高出生率の継続により図7-1-3の人口ピラミッドは1950～60年代には「富士山型」であり，しかも1960年代は裾野がより拡大するという変化を示した。若年従属人口比率は1950年の87.0％から1960年88.6％，1968年には92.5％に増加し，「富士山型」の人口構造がより鮮明となった。高出生率が続く一方で死亡率が低下し自然増加率は上昇し，若年人口が増え続けた。出生時平均余命は1950年に男性46歳，女性49歳であったが，1996年には男性64歳，女性68歳となった。高出生率が続く一方で出生時平均余命が延びたことにより，人口ピラミッドは裾野部分がいまだ大きいものの，下位から上位にいたる部分の人口が増加して，相対的には裾野が狭まった。若年従属人口比率は1980年80.3％，1990年66.7％，1995年65.9％に低下した。これは韓国，台湾の1970年代初期の水準である。東アジアでは急増する人口が若年労働力を提供し，これが高成長の大きな要

図7-1-4 フィリピンの乳児死亡率と出生率（1950～95年）

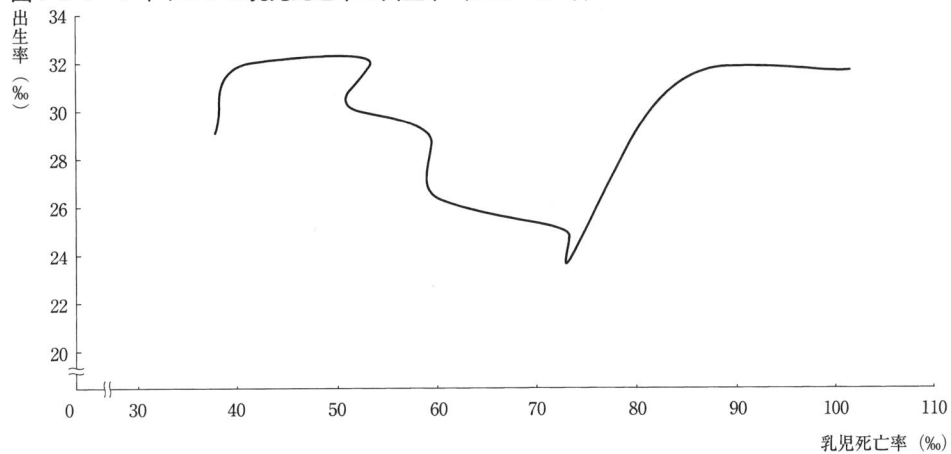

（出所）　巻末の統計による。

図7-1-5 フィリピンの幼児死亡率と出生率（1958～91年）

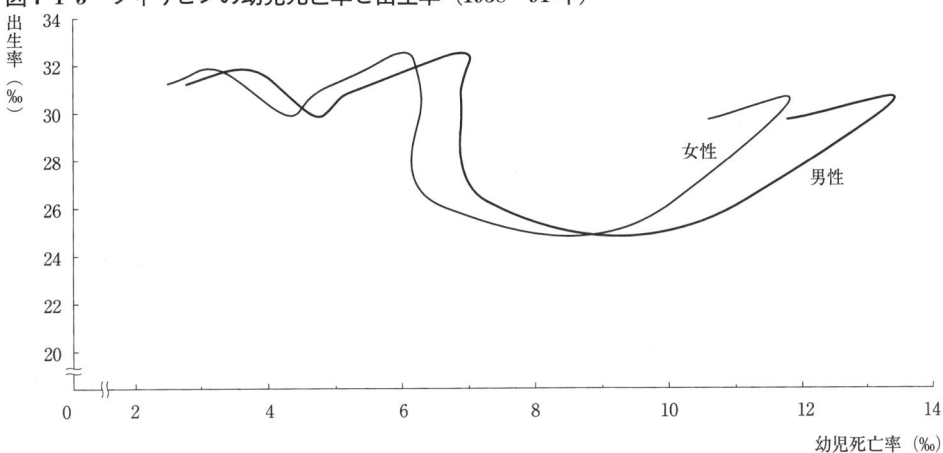

（出所）　図7-1-4に同じ。

図7-1-6 フィリピンの出生時平均余命と出生率（1950～95年）

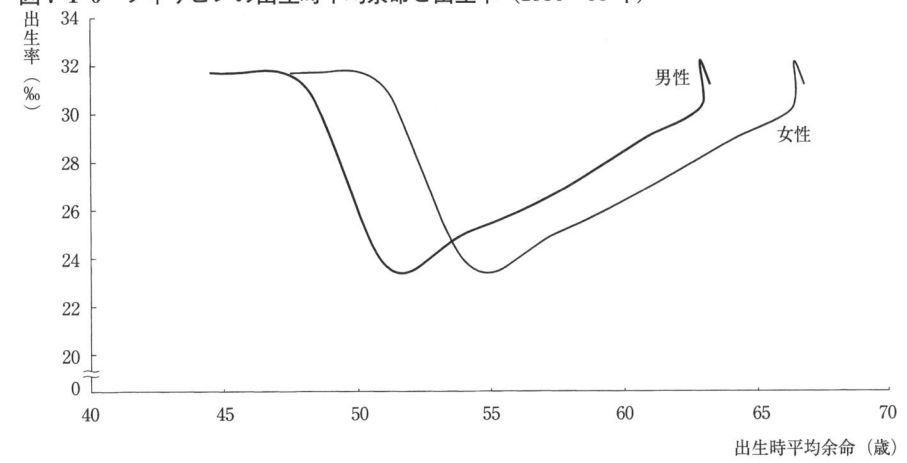

（出所）　図7-1-4に同じ。

分析

図7-1-7 フィリピンの合計特殊出生率と出生率（1950～95年）

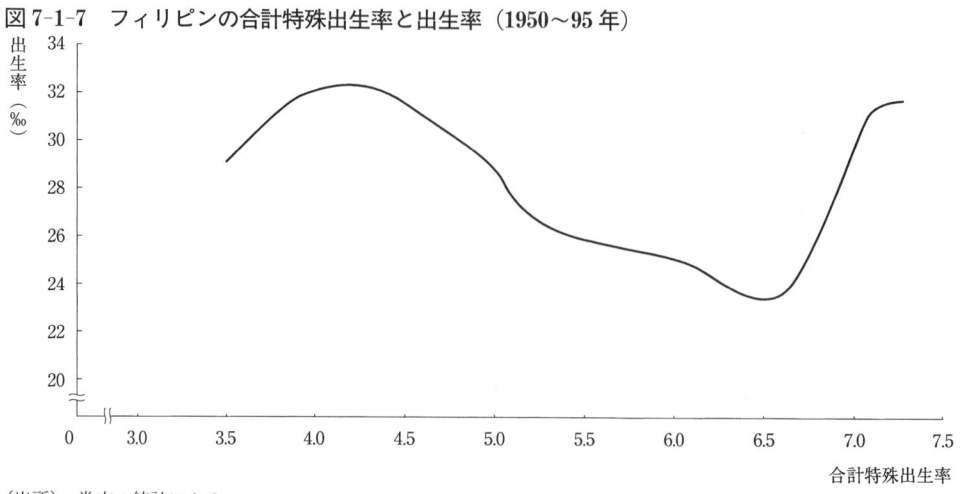

（出所）巻末の統計による。

因となった。しかしフィリピンではこれを国内で有効に活用できない状況が続いた。海外で働いているフィリピン人労働者は世界168ヵ国・地域において，440万人に達し，毎年新たに50万人近くの労働者が世界に送り出されている[2]。この他にも約25万人が船員として外国船に乗船している。出稼ぎ労働者の外貨送金額はフィリピン中央銀行が把握しているだけでも1998年に49億ドル，GDPの7.6％に相当する。銀行送金以外でも現金携行などで外貨が持ち込まれており，実際の外貨獲得額は中央銀行が把握している額の2～3倍に達する。香港の外国人メイドは1999年6月に18万4,000人に達し，このうち13万9,800人，全体の75.9％をフィリピン人が占める。台湾では約25万人の外国人労働者がいるが，約40％（11万4,000人）をフィリピン人が占め，1年間に300億元（1999年8月4日のレートで363億ペソ，9.4億ドル）の収入を得ている。

社会経済的な変化は生じているものの，これが出生率低下につながってはいないのがフィリピンの特徴である。乳児の予防接種率は，はしかが1980年の9％から1995年に86％，DPT（ジフテリア，百日ぜき，破傷風）が同期間に47％から86％に上昇した。図7-1-4の乳児死亡率は1950年代には100‰を上回っていたが，以降低下して1995年には30‰台になった。図7-1-5の幼児死亡率も同様である。しかし乳幼児死亡率の低下に出生率の低下が見合っていない。図7-1-6のように出生時平均余命は男女ともに上昇し子供の生存率が高まってきたにもかかわらず，出生率は低下していない。10～14歳の子供の労働力率は1980年の14％から1996年には8％に低下，女性の初等教育就学率は1980年の49％から1994年50％，平均教育期間は男女とも同じ11年であった。第一次産業に従事している全女性の労働者に占める比率は1980年の37％から1994年に31％に低下した。国民の多くはなお貧困に苦しんでおり，1991年に1日当たり実質所得が1ドル未満の人口は28.6％，2ドル未満が64.5％である。東アジアの中では高い貧困人口比率である。

図7-1-7の合計特殊出生率と出生率は相関関係を示していない。合計特殊出生率は1950年代の7を上回る水準から3台に低下しているが，依然として高水準である。東アジアの人口転換は経済だけでなく人口政策によって支援された。フィリピンも家族計画を長期に実施してきた。1994年においても公営・民営組織の家族計画サービス利用者は307万人に達した。しかし国民の90％強がカトリック教徒であり，妊娠中絶は病気等の特例以外は非合法である。カトリックの出生に関す

[2] フィリピンの統計は以下を利用した。National Economic Development Authority (NEDA), *Philippine Statistical Yearbook*, Manila, Various Years; Central Bank, *Annual Report*, Manila, Various Years; アジア経済研究所AIDXT。

る考えは妊娠・出産は神による恩恵であり，したがって避妊，不妊は神への冒瀆とみなされる。国民は敬虔なカトリック教徒であり，そうした考え方は今なお続いている。現在の家族計画は若い世代に家計に見合った出産，母胎の健康を維持する出産間隔，母子の健康等に関する相談・説得という手法である。1990～96年平均の避妊普及率はなお50％を下回っている。

(2) 経済開発・人口増加・貧困

フィリピンは1950年までに戦前の経済水準を回復し，1950年代から他のアジア諸国に先がけて工業化に着手した[3]。これが可能であったのは高い貯蓄率によって1950年代にほぼ15％（対GDP比，以下同様）の投資率を維持できたからであった。投資超過率は0.1％，要素サービス純支払い（1.5％）の補塡のための外国貯蓄率は1.6％であり，投資のほとんどを国内資金によって賄うことができた。同期間の韓国は投資率11.7％，国内貯蓄率3.0％であり，フィリピンの初期条件は恵まれていた。フィリピンは有力な財閥グループを中心として企業家が育っており，彼らを中核として工業化が進んだ。1950年代においては製造業部門の成長率が経済全体を上回った。1960年の工業化率（対GDP比，工業は製造業，鉱業，建設，電気・ガス・水道を含む）は発展途上国の中では高水準の31％（製造業24.5％）に達した。工業化を支えた政策は輸入管理を中心とした国内市場保護であり，国内需要向けの工業化であった。国内需要に依存した工業化は1980年代初期まで続いた。しかし保護された国内需要向けの工業化は，NIESのように近代部門の雇用を増加させることはなかった。フィリピンは第二次世界大戦後に著しい人口増加を経験し（ピークの1965年の人口増加率は3.3％）労働過剰が生じていた。その解消のためには製造業等の近代部門の雇用吸収力が拡大することが肝要であった。しかし第二次産業の雇用比率は1960年の15.5％（製造業12.1％），1970年でも16.3％（11.7％）にすぎず，同時期の第二次産業の生産比率31％，33％に比較すると極端に小さい。保護政策による生産要素価格の歪みから製造業の生産構造が資本集約的なものとなり，雇用吸収力は強まらなかった。限界資本産出高比率つまり1単位生産を増加させるために要する資本単位数は1960年代において4.2であり，同期間の韓国の2.7を60％近く上回った。保護政策下の産業構造が非効率であったことを示す。輸入代替工業化を実施してきた発展途上国では雇用吸収力が低かった。このために，多くの発展途上国で政策転換を余儀なくされた。

1960年代後半から続いてきた経済停滞は農村を疲弊させるとともに社会不安を増大させ，労働者や学生による政治運動を激化させた。ミンダナオ島のイスラム勢力は分離独立を求めた。独立以後の経済開発過程は特定階層のみに恩恵をもたらし，地域的格差，産業間格差，階層間格差を大きくした。1961年と1971年に発表された所得分配統計から計測されたジニ係数は各々0.53，0.66という高い値であった。第二次産業は生産比率に比較して低雇用比率で推移してきた。第一次から第三次産業の生産比率を雇用比率で除した比較生産性は1970年に第一次産業0.61，第二次産業1.96，第三次産業1.11であった。第一次産業に過剰人口が吸収されたことが示される。近代部門はマニラ首都圏に集中し部門間格差は地域間格差となっ

---

3) フィリピンの政治・経済・人口動向は以下を参照した。G. E. Taylor, *The Philippines and The United States : Problems of Partership*, New York, Praeger, 1964 ; Renato Constantino, *The Philippines : A Past Revisited*, Queson City, Tala Publishing Service, 1978（池端雪浦他訳『フィリピン民衆の歴史』Ⅰ・Ⅱ，井村文化事業社，1979年）; Constantino Renato, *The Philippines, The Continuing Past*, Queson City, Foundation for Nationalist Studies, 1978（鶴見良行他訳『フィリピン民衆の歴史』Ⅲ・Ⅳ，井村文化事業社，1980年）; Kunio Yoshihara, *Philippines Industrialization : Foreign and Domestic Capital*, Manila, Ateneo de Manila University Press, 1985 ; 山澤逸平・平田章編『発展途上国の工業化と輸出促進政策』（アジア経済研究所，1987年），福島光丘『フィリピンの工業化―再建への模索―』（アジア経済研究所，1990年），坂井秀吉，ダンテ・B・カンラス編『フィリピンの経済開発と開発政策』（アジア経済研究所，1991年），アジア経済研究所『アジア動向年報』各年版，大淵寛・森岡仁『経済人口学』（新評論，1981年），河邊宏編『発展途上国の人口移動』（アジア経済研究所，1991年），河野稠果編『発展途上国の出生率低下』（アジア経済研究所，1992年）。

た。マニラ首都圏の非熟練労働の実質賃金は1960年の127（1972年＝100）の最高水準から次第に低下し，1974年には最低の72に下落した。問題をさらに悪化させたのは，都市に住む人々の多くが生産的労働に従事できないことであった。ILOの調査（1971年）では，フィリピンの都市サービス部門労働人口の61.4％がインフォーマル部門（都市の雑業）に従事したという。人々がインフォーマル・サービス部門に流入せざるをえなかったのは，産業が増加する労働を吸収できなかったからであり，低生産性，低賃金，不完全就業を特徴とするインフォーマル部門に労働が滞留した。

こうした状況から社会的緊張が高まり，マルコス大統領は1972年に戒厳令を布告して全権を掌握し，「新社会」建設をスローガンとして社会経済改革に着手した。改革は経済，行政，治安，土地，教育等の多くの分野で実行され，内外からの期待も大きかった。経済政策はそれ以前と異なり政府主導下で展開され，計画の立案と運営を一元的に実施する国家経済開発庁（NEDA）が創設された。政府主導の経済開発は中央銀行や政府系金融機関の保証による海外資金の流入を誘い，インフラの整備や重化学部門の輸入代替を展開した。しかし保護政策の継続により競争力のない産業が拡大した。保護は消費財だけでなく1970年代に育成された中間財や資本財にも適用された。実効輸入関税率は製造業平均で1965年の51％から1974年に125％，消費財も同期間に86％から247％に上昇した。製造業の保護対象分野の拡大は，競争力をもたない産業を製造業全体に広め，1970年代の限界資本産出高比率はさらに上昇して5.8に達した。フィリピンの製造業輸出成長率はNIESのそれより低く，1980年の製造業品輸出額は韓国158億ドル（総輸出額175億ドル）に対してフィリピンは20億ドル（総輸出額57.9億ドル）であった。製造業の輸出稼得力が拡大しないままに，多くの資金を必要する重化学工業部門の輸入代替が進められた。債務残高は1980年には200億ドルに近い規模に達し，第二次石油ショックによる輸入増加，先進国の不況による一次産品輸出の停滞，世界的な高金利ゆえの債務負担の増加，これに国内的な事件が重なって工業化路線は1980年代初期に危機的な状況に直面した。しかしフィリピン経済は1980年代からさらに悪化し，今日にいたるまで東アジアでみられた高成長を経験することはなかった。1985年3月以降，フィリピンは世銀・IMFのコンデショナリティ下に置かれた。NIES，中国，ASEAN各国が高成長を謳歌した1980年代にフィリピンは例外的に経済的苦境の中に置かれ，世銀・IMFにより構造調整政策が実施された。1980年代は「失われた10年」であった。政府投資の削減による財政赤字の削減は投資・貯蓄の低水準均衡をもたらし，経済成長率を大幅に低下させた。

フィリピンの経済開発過程は悪循環の中にあった。第二次産業（鉱工業，電気・ガス，建設）の対GDP比は1960年代に相当の水準に達し，1980年には39％，1995年には37％を占めた。しかし雇用比率は依然として低く，1980年16％，1995年16％であった。増加した人口は農業やインフォーマル部門で就業機会を求めざるをえなかった。

農業も厳しい条件に直面していた。耕地面積は1950年代から1970年代中期までに年平均2％強で拡大したが，1975年に可耕地に占める既耕地の比率が98.8％に達し，耕地拡大の可能性はほぼなくなった[4]。就業者1人当たり耕地面積は1960年の1.43ヘクタールから1975年に1.39ヘクタール，1985年には1.17ヘクタールに減少した。農業センサスによれば農家1戸当たり耕地面積は1960年の3.59ヘクタールから1980年には2.84ヘクタールに減少した。韓国の就業者1人当たり耕地面積0.60ヘクタール（1985年），農家1戸当たり耕地面積1.02ヘクタールと比較すると，フィリピンの平均的な耕地保有面積は小さくない。しかしフィリピンの農地所有構造の格差は大きかった。1980年の農業センサスによると3ヘクタール以下の農地所有の農家戸数は農家戸数総数の

---

[4] Food and Agriculture Organization (FAO), *Production Yearbook*, Rome, 1983.

68％を占めたが，この階層が所有する農地面積の総農地面積に占める比率は30％にすぎなかった。7ヘクタール以上規模は戸数比率5％，所有面積比率31％，25ヘクタール以上規模は戸数比率0.4％，所有面積比率11％であった。その一方で数千ヘクタール規模の農地を所有する農家が少なからず存在した。

平均的農地面積は広いが，農地所有の不平等により増加する労働人口を自作農ではなく小作農や農業労働者等の土地なし農民として吸収した。農村の不完全就業者は1971年の127万人から1980年に258万人に増加した。NEDAが新計画作成の基礎資料として推計した1986年の農村の不完全就業率（総農業労働人口に占める不完全就業者の比率）は42.4％，失業者は60万人弱であった[5]。土地を所有していないがゆえに，継続的に労働していない人々が増加したことを示す。不完全就業者や失業者の増加は賃金水準の引き下げ圧力となった。農業部門の実質賃金（食糧給付を除く）は1969年のピーク時を100として，1975年79，1980年78，1985年70に低下し，1980年代後半は上昇傾向にあったが過去の水準を回復することはなかった。実質賃金の低下は絶対的貧困層の増加をもたらし，1985年のNEDAの調査によると1家族6人の平均的家計では1ヵ月所得が2,066ペソ（約13,000円）を下回る貧困農家家計数は全農家の63.7％を占めた[6]。貧困農民の大部分は土地なし層であった。

しかし農業生産の停滞が農民貧困の原因とは必ずしもいえない。農業成長率は1950～80年に年平均で4.7％であり，これは韓国の5.8％を下回るものの台湾4.0％，インドネシア2.9％を上回る水準であった[7]。フィリピンの農業成長は米の高収量品種の導入によって実現された。FAOの調査によればフィリピンの高収量品種の普及は1967年に始まり，1970年代中期にその普及率は60％を超えた[8]。この間，米の1ヘクタール当り収量は1.2トンから1.7トンに上昇した。化学肥料投入（約2.5倍）と農業機械化が進展した。労働力が過剰な状態で機械が導入されたのには次のような要因がある。フィリピンにおける耕耘機導入の土地規模損益分岐点は1970年代の中頃で，輸入品（ディーゼルエンジン，7馬力）12ヘクタール，国産品（ガソリンエンジン，7馬力）6ヘクタール，IRRI（国際稲作研究所）が開発した国産品（ディーゼルエンジン，5～7馬力）5ヘクタール，伝統的な耕耘手段である水牛は2.5ヘクタールであった[9]。IRRIが開発した普及型の耕耘機の生産が始まった1972年を境にして需要が増加し，1965～72年の年平均販売台数1,480は1973～76年には7,568台に急増した[10]。耕耘機を購入しない農民層では大型機械所有者による請負（賃耕）への依存度が高まり，耕耘機非所有者の93％が賃耕を利用した[11]。

農業技術選択は一般的に生物学的改良（高収量品種），化学肥料・農薬の投入，灌漑等の土地節約的なものと，農業機械に代表される労働節約的なものの二つに区分される。初期的には人口過剰な国ではその生産改善のために土地節約的技術が導入され，次いで韓国で生じたような生産要素の賦存やその変化にともない機械による労働節約的技術が導入されるというのが一般則である。しかしフィリピンでは土地節約的技術とともに労働節約的技術が早期に導入された。韓国では機械の導入は手動式から動力式へと徐々に変化したのに対して，フィリピンでは大型ないし動力式機械が当初から導入された。その違いは農地経営規模から生じた。高収量品種の導入には近代的な農業方法が

---

5) NEDA, *Medium-Term Philippine Development Plan 1987-92*, Manila, 1986.
6) NEDA, *Family Income and Expenditure Surveys 1985*, Manila, 1986 の推計結果。
7) FAO, *Production Yearbook*, Rome, Various Years により計算した結果。
8) International Rice Research Institute (IRRI), *World Rice Statistics*, Los Banos, 1980.
9) アジア経済研究所『年次経済報告―フィリピン―』1977年。
10) アジア経済研究所『年次経済報告―フィリピン―』1977年。
11) Y. Hayami and M. Kikuchi, *Asian Village at the Crossroads: An Economic Approach to Institutional Change*, Tokyo, University of Tokyo Press, 1981.

図7-2-1 フィリピンの都市農村別人口指数（1950〜95年）

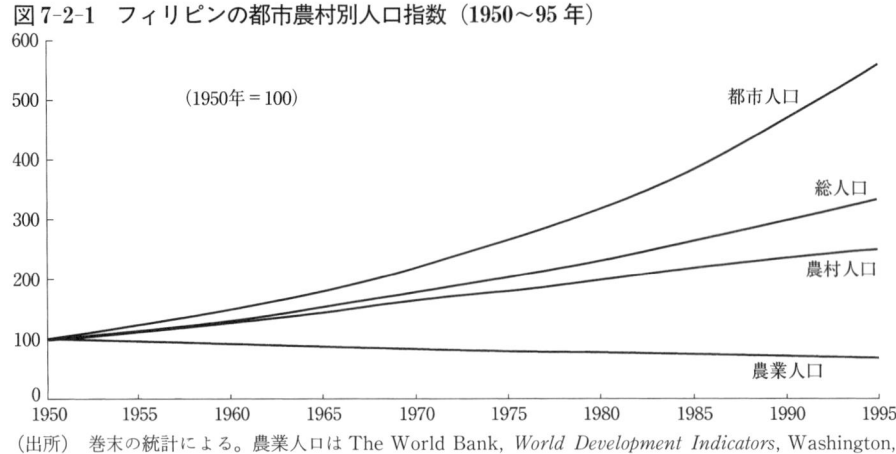

（出所）巻末の統計による。農業人口は The World Bank, *World Development Indicators*, Washington, D. C., Various Years.

求められ，大規模な農地で機動的な農業を行うために機械が導入された。小規模の土地で家族経営農業を行う場合，労働投入はコストとは認識されない。しかし雇用労働を使用している大規模農家では労働投入はコストであり，生産に有利であれば機械と労働の代替が進展する。フィリピンの農地所有構造において合理的な選択が農業生産構造を近代化させて生産および生産性の改善をもたらしたのであるが，そのことが土地をもたない農民を農業から排除し彼らの生活を困窮化させてきた。

土地なし農民層は都市へと流出した。都市化率は1960年の30％から1980年に36％，1990年には43％，1995年55％に達し，都市人口の3分の1がマニラ首都圏に集中した。1970〜95年に総人口は3200万人増加した。マニラ首都圏が504万人，中央ルソン341万人，南タガログ534万人であり，マニラとその周辺で人口が増加したこと，農村からこの地域へ人口が移動したことを反映する。図7-2-1の都市人口比率と農村，農業人口の推移にこうした変化が反映されている。GDPに占めるマニラ，中央ルソン，南タガログの3地域の合計シェア（1985年価格）は1980年の53.0％から1995年には56.7％となり，雇用機会を求める人口を引き寄せた。フィリピン大学の調査による

と雇用者10人未満の事業所3,500社の就業者の61％がマニラ首都圏以外からの流入者であった[12]。流入した多くの人々は，近代的サービス部門で働くことができるほどの能力を有していないために都市で生産的雇用機会を得ることが難しく，インフォーマル・セクターに滞留した。都市の不完全就業者は1971年の51万人から1981年に106万人に倍増し，不完全就業者と失業者の合計が都市労働人口に占める比率は同期間に19％から28％へ，1986年には39％に達した[13]。雇用統計によると第一次産業は減少（1960〜95年間に61.1％から45.2％），第二次産業は15〜16％で不変，第三次産業は22.9％から39.7％までに上昇したが，第三次産業は低生産性を特徴とするインフォーマル・セクターであった。インフォーマル・セクターの増加は都市における絶対的貧困層を増加させ，1985年に都市の絶対的貧困水準（1家族6人の1ヵ月所得3021ペソ）を下回る家族数の都市全家族数に占める比率は，全都市で52.1％，マニラ首都圏で44.1％に達した[14]。農村の貧困は人口移動によって都市へも拡散した。

以上のような経済開発の推移と宗教上の影響から出生率は依然として高く，人口増加は慢性的ともいえる貧困状態を生み出した。政府の人口予測

---

12) G. M. Jurado and J. S. Castro, *The Informal Sector in the Greater Manila Area 1976 : An Overview*, World Employment Programme, ILO Working Paper, Geneva, 1978.
13) Department of Labor and Employment の推計結果。
14) NEDA, *Family Income and Expenditure Surveys 1985*, Manila, 1986 の推計結果。

では2015年に1億人を超え、2035年には1.23億人とほぼ現在の日本の人口規模に達するとされる。国連予測と比較するとフィリピン政府推計では出生率低下が大きく、したがって人口増加は国連のそれより低い。しかし2015年頃までには確実に1億に達するであろう。都市化率は2030年には62.7%になり、マニラ、中央ルソン、南タガログの総人口に占める比率は43.7%に達するであろう。今後40年間でさらに5000万人の人口が増加し、都市への人口集中が生じるであろう。都市の1家計当たりの所得は1985年に農村のそれの2.1倍、1991年には2.2倍に拡大し、農村人口を都市に引きつける要因は増大した。都市近代部門の雇用拡大が今後とも生じないとすれば、都市スラム人口の増加と貧困人口の増殖が余儀なくされよう。若年人口を活用できないとすれば、近隣アジア諸国や中東へ出稼ぎ労働者の排出は加速化する。出稼ぎ先は1985年は中東79.2%、アジア16.5%であったが、1994年には中東50.7%、アジア34.3%となった。日本、NIESに次いでマレーシアでも人口転換の進展により労働不足状態になった。出稼ぎは国内で不足する雇用機会を海外で獲得し、外貨収入を増加させる。アジアでは過剰人口を解消する手段として移民や出稼ぎが続けられてきた。かつては中国、インド、日本が労働の出し手であったが、現在ではフィリピン、バングラデシュ、インドネシア等が出し手となった。東アジアにおける経済発展は雁行的であり、後発国が先発国をキャッチアップする過程が次々と発生した。雁行的であるがゆえに物、資金の流れが活発化し、これが拡大して相互の発展を促した。雁行的な発展は人口においてもみられる。物、資金だけでなく人の流れに関しても東アジアは相互依存関係を構築できる時代となった。

第8章 タイ

(1)人口転換

タイの人口規模は1959年の2000万人弱から1995年に5900万人，1996年には6000万人，この間3倍となった。人口増加率は近年低下したことが図8-1-1の死亡率と出生率に示される。死亡率は1950年代初期に1桁となり，低水準が今日まで続いている。出生率は1950年代の20～30‰が1960年代中頃に40‰に近いピークに達した。しかし以降低下をはじめ，1970年代には30‰台から20‰台へ，1980年代にはさらに10‰台へ低下した。自然増加率は1960年代に30‰のピークを経て低下し，1990年代には12～13‰になり，1996年には国連推計で8‰となった[1]。タイは1990年代に人口転換の第4局面である少産少死型となり，東アジアでは日本，NIESに次いで人口転換の最終局面に達した。

図8-1-2にみられるように人口ピラミッドの形状も急変した。1956年と1970年は「富士山型」であり，両期間に裾野部分が拡大してこれがより鮮明になった。若年従属人口比率は71.2％から86.9％に上昇し，経済活動人口と従属人口がほぼ同一水準となった。1980年の人口ピラミッドは裾野部分が壊れ始めているが「富士山型」であり，若年従属人口比率も1970年より多少減少して73.9％となった。1980年代以降人口ピラミッドは「富士山型」から急速に変形し，「つりがね型」から「つぼ型」への移行を示した。1989年の従属人

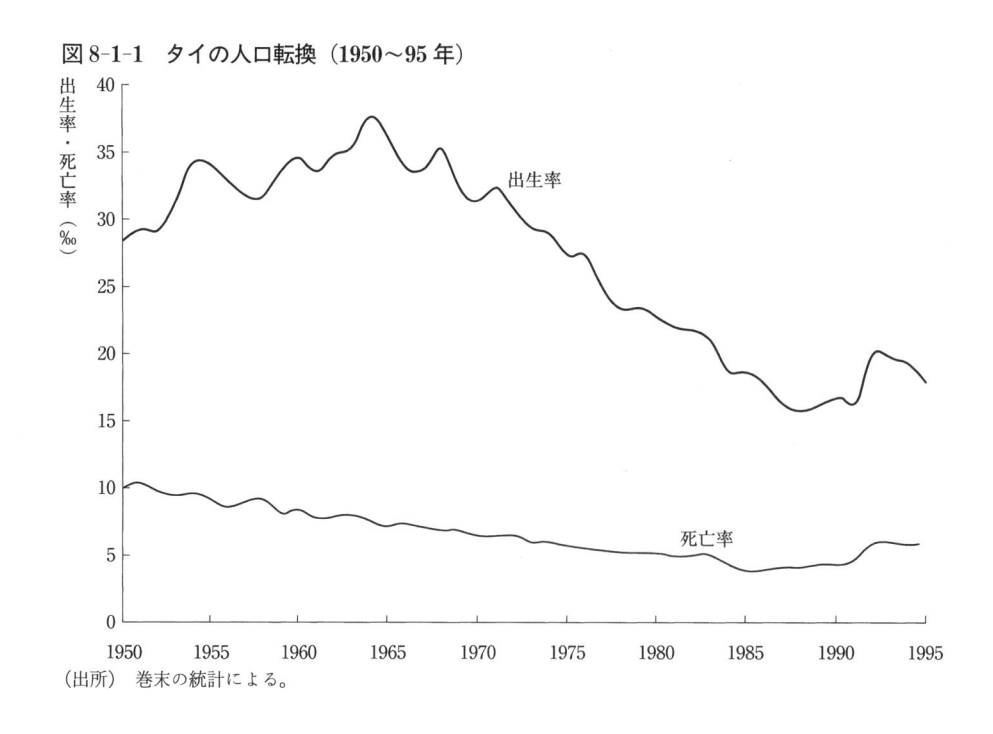

図8-1-1　タイの人口転換（1950～95年）

（出所）巻末の統計による。

---

[1] United Nations, *World Population Prospects*, New York, 1998.

図 8-1-2　タイの人口ピラミッド

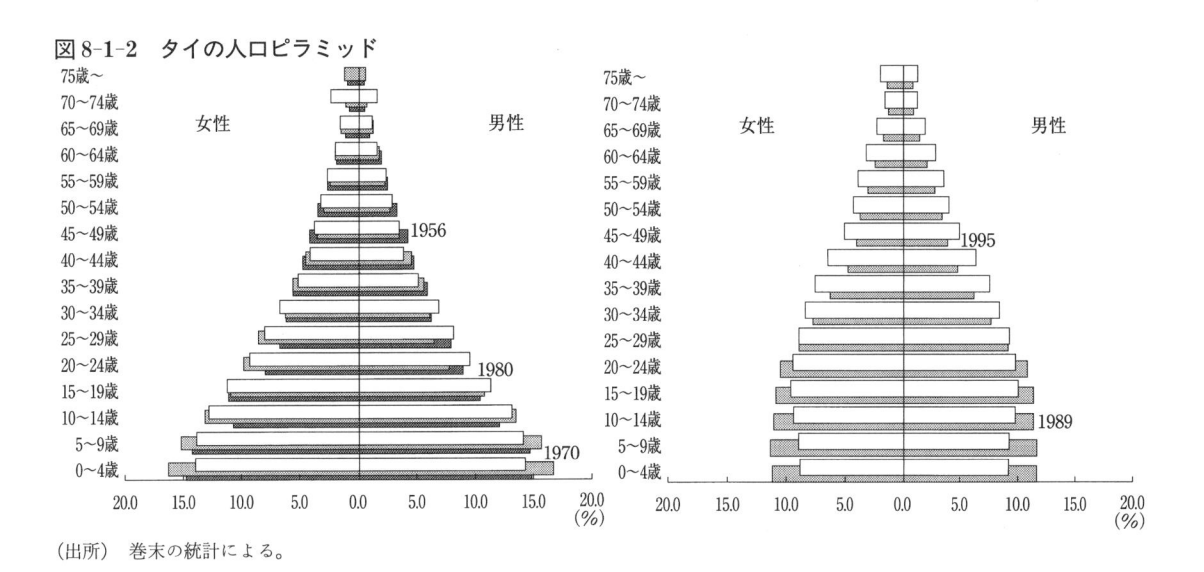

（出所）　巻末の統計による。

口比率は 54.6％，1995 年 41.5％であり，1980 年代以降子供の数が減少するとともに経済活動人口が増加する時期を迎えた。

(2) 経済開発と人口

タイは東南アジアで中国人移住者の同化が最も進んだ国である。推計では華僑・華人総数は総人口の 1 割弱，うち約 60％ が潮州，15〜20％ が客家である。同化が進んだ要因は，第 1 にはタイ族はもともと中国南部地域に住んでいた民族であり，人種，言語的にも中国人に近く，宗教も仏教であるために婚姻の障害もイスラム教に比べて少なかった。第 2 には，タイは東南アジアで唯一独立を保った国であり，戦後のナショナリズム高揚期にも中国人排斥運動がなかった。第 3 には，タイは中国人を含むアジア人を活用してきた。中国大陸の共産化により帰国が不可能になる一方で，タイは同化を促進させた。国籍法は属地主義でありタイ生まれの中国人はタイ国籍をもつことになった。若い世代ほどタイ語を流暢に使い，名前もタイ式をとり，両者を区別することは難しい。タイ経済は同化した華僑・華人によって牽引され，同化は家族計画の普及等を通じて人口構造に影響を及ぼした。

華僑・華人の経済分野での活躍は，19 世紀初期に中国人移住者を徴税請負人に採用して以降のことであった[2]。徴税請負人は特定の品物や事業の徴税代理を任務とした。税は請負入札を通して決定され，落札者は特定地域の徴税独占権を受けた。徴収した税のうちから定められた額を国王に上納し，残りは徴税請負人のものとなり，徴税能力の優秀なものは莫大な利益を得た。徴税請負人は中国人移住者で占められ，彼等はタイの官僚制度の末端に位置づけられ，華僑・華人は徴税請負人によって資金を蓄積するとともに，タイ農村地域に深く関与する契機を与えられた。これが 19 世紀に発展するタイの米経済への華僑・華人の関与に

---

2) タイの歴史，政策，人口に関する推移は以下を参照した。Akin Rabiphatana, *The Organization of Thai Society in the Early Bangkok Period 1782-1873*, New York, Cornell University Press, 1969 ; G. William Skinner, *China Society in Thailand : An Analytical History*, New York, Cornell University Press, 1973 ; Ingram James, *Economic Change in Thailand 1870-1970*, Stanford, Stanford University Press, 1971 ; John Girling, *Thailand : Society and Politics*, New York, Cornell University Press, 1981 ; Akila Suehiro, *Capital Accumulation and Industrial Development in Thailand*, Bangkok, Chulalongkorn University, 1985 ; バンコク日本人商工会議所『タイ王国概況』各年版，末廣昭・安田靖編『タイの工業化―NAIC への挑戦―』（アジア経済研究所，1987 年），大淵寛・森岡仁『経済人口学』（新評論，1981 年），河邊宏編『発展途上国の人口移動』（アジア経済研究所，1991 年），河野稠果編『発展途上国の出生率低下』（アジア経済研究所，1992 年）。

図 8-2-1　タイの1人当たり生産と出生率（1960～95年）

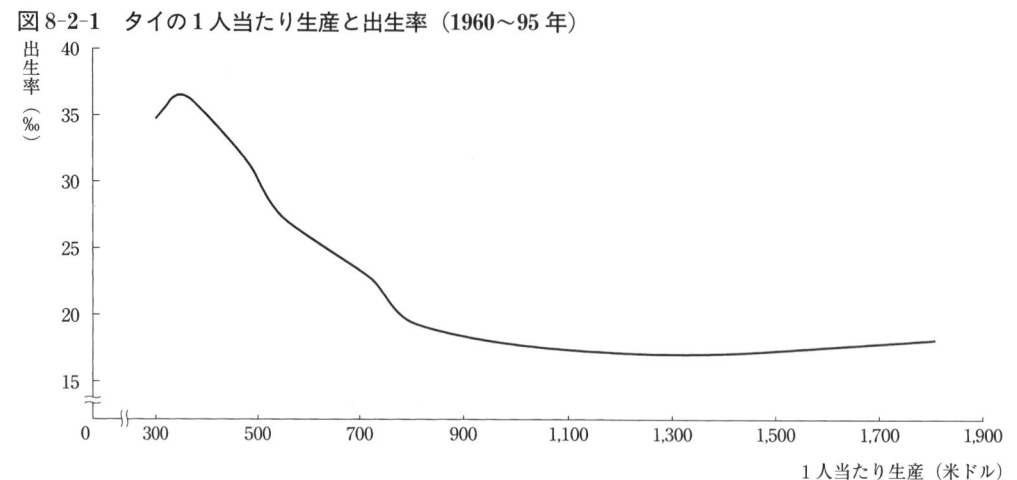

（出所）　出生率は巻末の統計による。1人当たり生産は The World Bank, *World Development Indicators*, Washignton, D. C., Various Years.
（注）　1人当たり生産は1人当たり実質GDP（1987年基準）。

結びついた。タイの米生産・輸出の拡大は，奴隷制の廃止（1902年）と土地私有制（1905年）の普及により農民や奴隷を米作に向かわせて米作地の外延的拡大を可能としたこと，また東南アジアの西欧植民地の発展が中国人やインド人の労働者を増加させ，タイが彼らへの食料の供給先となったことに起因している。徴税請負人の経験から農民や農村を知悉した華僑・華人は，米の集積，精米，輸出だけでなく農民の米作インセンティブとして廉価な西欧の消費財の販売，さらに少額資金の貸出等を行って米経済の発展に寄与するとともに資本を蓄積した。タイ国内だけでなく，香港やシンガポールに代理店をおいて米貿易をアジア地域で手広く行う華僑・華人もあらわれた。

東南アジアでのプランテーション，鉱山等の発展にともなってヨーロッパ資本は銀行，保険，運輸等のサービス部門に進出したが，華僑・華人資本は代理店契約を通してサービス部門でも資本を蓄積した。こうして華僑・華人は有力な資本家となったのであるが，タイでは華僑・華人とともに国王・王族，ヨーロッパ資本が三大資本家階層として経済を支配した。しかし1932年の人民党の無血クーデターにより，絶対王政が立憲君主制に変わるとともに，欧米資本や華僑・華人資本が経営する事業の買収を通して国家が経済に直接関与するようになった。国家による経済介入は華僑・華人資本を完全に排除したのではなく，経営能力のある華僑・華人に国営企業の経営を請け負わせたり，資本金の拠出を求めた。また華僑・華人も自ら経営する事業に政府高官を役員等に就任させて，企業の存続・拡大を図った。

国家による直接的な経済関与はこれ以降も続けられ，戦後のピブン政権下で本格化した。1953年に国営企業法が制定され，同法にもとづいて製造業だけでなく商業，金融等のあらゆる分野に国家が投資した。しかし政府が直接関与する産業育成は結局のところ非効率な企業を形成しただけであった。このため1957年に政権を引き継いだサリットは，国営企業を中心とした経済開発政策を転換し，民間投資の奨励とともに外国資本の流入を図る政策を1958年から実施した。開発政策の中心は消費財を輸入から国内生産に切り替える輸入代替工業化であった。輸入関税の引き上げとともに，民間企業の非国有化宣言，奨励業種の優遇と投資手続きの簡素化等を実施した。外資に土地の所有を認め，投資元本・利潤送金を保証した。こうした政策の実施によって華僑・華人資本と外資による投資が活発化し，タイの経済開発は次第に進展した。

図8-2-1は1人当たり生産（GNP）と出生率の

関係を示す。生産増加にともなって出生率が低下し，人口転換が最終局面へと向かった。GDP成長率は1960年代8.4%，1970年代7.2%，1980年代7.8%，1990年代（1990～96年）8.3%で推移し，ASEAN諸国の中ではNIESに次ぐ成果をみせた[3]。産業構造をGDP構成でみると，農林漁業に代わって第二次産業が増加した。とくに1980年代中期以降の製造業のシェア増加が著しい。第二次産業のGDPシェアは1980年の29%から1996年には40%，製造業も同期間に22%から29%に上昇した。変化は輸出構成でも生じた。食品や非食用原料が輸出の圧倒的シェアを占める状態から製造業品輸出が増加した。輸出に占める製造業品のシェアは1985年42.2%，1990年64.2%，1995年72.6%となった。また機械類の輸出シェアが同時に増加した。さらに製造業付加価値構成にも同様の変化が生じ，発展途上国段階の特徴が払拭されて中進国段階ともいえる特徴を有するようになった。

タイでは輸入を国内生産に切り替える輸入代替工業化政策を長年にわたり実施し，製造業が発展した。しかし輸出を担うほどの力はなかった。輸出は米などの伝統的農産物や第二次世界大戦後に拡大したメイズやタピオカの一次産品が中心であった。特定分野への外資参入を認めたが，ほとんどは国内需要を目的とするものであった。輸出が伸び悩む一方で，最終消費財の生産増加が中間財や資本財の輸入が増加した。輸入依存度（GDPに占める輸入比率）は1960～70年間に一貫して上昇し，1960年の19%から1970年には21%に達した。このため貿易収支は一貫して赤字であり，1960年代には約12倍拡大した。政府は第三次経済社会開発計画（1972～76年）から輸出促進政策を導入し貿易収支の改善に着手した。新投資奨励法を制定，輸出産業に対する追加的優遇措置を与えて製造業品の輸出増加をめざした。タイの開発政策は輸出促進に一本化されたわけではない。1978年からは重化学工業部門の輸入代替化をめざし東部臨海工業地帯の建設が始められた。基本的な政策は輸入代替工業化であり，輸出生産を行う外国企業を制限的措置を付加しながら導入した。国内製造業部門は依然として競争力を有していなかった。それゆえ1980年代前半の世界経済停滞期に，タイ経済は一次産品価格の低下と輸出減少のゆえに経常収支の赤字，対外債務負担の増加に苦しんだ。

輸出は一次産品が中心であったが，製造業品輸出も外資を中心に増加した。1960年代には産業投資奨励法の優遇を認められた登録資本の約3分の1が合弁を含む外資企業であった。1970年代からは外国企業規制法などによって国内市場向け生産を行う外資は減少したが，輸出向け生産では依然として外資の役割が大きかった。輸入代替工業化の継続から国内向け生産の外資の流入を制限する一方で，産業投資奨励法に優遇業種の輸出比率を明記して輸出向け生産の外資を優遇した。また輸出向け生産が生産の大半を占める外資には100%出資を認め，日系企業はこの規定のゆえにタイ投資を決定したというものが多い。新規外資の参入を禁止された業種でも，輸出向け生産目的であれば投資認可を受けた。輸入代替を続け輸出を外資に依存するという構造であった。しかし1980年代前半の経済危機を乗り切るために，政府は輸入代替から輸出志向に転換し，輸出拡大を政策の中心に据えた。輸出生産を行う外資を積極的に導入するために，輸出産業に加えて労働集約型産業に対する100%出資が許可された。輸入関税の引き下げ，輸入規制の緩和，産業保護の削減，輸入品と国産品の差別的事業税の修正，価格統制の緩和等をみればタイが輸出重視政策に転換したことは明らかであった。政策転換に呼応して，日本，次いでNIES資本のタイへの流入が増加した。1960～85年までのタイのBOI（投資委員会）に登録された外資の資本累計は103.59億バーツであった[4]。1986～94年に認可された外資は3207.29億バーツに達し，1980年代後半以降に空

---

3) タイの統計は以下を利用した。Bank of Thailand, *Annual Economic Report*, Bangkok, Various Years ; Bank of Thailand, *Quarterly Bulletin*, Bangkok, Various Years ; National Economic and Social Development Board (NESDB), *National Income of Thailand*, Bangkok, Various Years ; Board of Investment, *Annual Report*, Bangkok, Various Years.

前の投資ブームが起きた。投資内容も大きく変化した。1985年以前に流入した外資は国内需要向けが多く，輸出生産向け投資は食品加工，繊維製品，プラスチック製品，IC等であり，投資国も日米が中心であった (1960〜85年の日米合計シェアは43.3%)。1986〜94年では外資合計の47.3%が製造業に向かい，製造業の分野別では電機・電子（全産業を合計した外資の14.9%，製造業だけの外資合計の31.5%，以下同順），化学 (6.7%, 14.1%)，金属・非金属 (4.9%, 10.3%)，石油 (4.6%, 9.6%)，輸送機械・機械 (3.0%, 6.4%)がめだった。1985年以降，製造業付加価値および輸出が拡大した部門へ外資が流入した。投資国も日本 (33.1%)，米国 (15.5%)，NIES（シンガポールを除く，24.7%），ASEAN (9.8%)と多様化し，日本を含む東アジアが全体の67.6%を占めた。

1980年代前半には世界的景気後退から一次産品需要の減少と価格低下のゆえに輸出が減少し，高金利のゆえに債務負担が増加して発展途上国経済が危機に直面した。中南米では「失われた10年」と後にいわれる長期停滞に直面し，アジアでもフィリピンが同様の経験をした。しかしタイはこれを短期的に克服し，長期にわたる高成長時代に突入した。その要因は外資の大量流入にあり，またその多くが輸出生産に向けられ多大の外貨収入をもたらした。外資による投資ブームは国内企業にも影響を与え，国内企業のBOIへの登録資本金累計額は1960〜85年の262.7億バーツから1986〜92年間に1541.4億バーツへと急増した。輸出と投資による拡大循環メカニズムがタイでは1980年代中期以降に実現し，成長軌道にのった。

タイとフィリピンは1980年に人口規模と1人当たりGNPはほぼ同水準であった。人口はタイ4700万人，フィリピン4900万人，1人当たり名目GNPはタイ670ドル，フィリピン690ドルであった[5]。1996年には人口規模はタイ6000万人，フィリピン7200万人，1人当たりGNPはタイ2,960ドル，フィリピン1,160ドルであった。この違いは，タイでは1980年代以降に人口増加率が急速に低下し，子供の数の減少→貯蓄→投資→成長という好循環が生じたことによる。1980年〜1996年の貯蓄率（GDPに占める比率，以下同様）はタイ23%〜35%，フィリピン24%〜14%，同期間の投資率はタイ29%〜41%，フィリピン29%〜24%であった。1980年代にタイには大量の外国民間投資が流入し，フィリピンは経済後退であったことは考慮しなければならないが，10数年で同じ状況にあった二つの国がかくも大きな格差をもったことは注目されねばならない。

タイでは発展により貧困人口が減少し，1日1ドル未満の実質所得の人口 (1992年) は2.0%以下，2ドル未満23.5%であった。フィリピン (1991年) ではこの比率がそれぞれ28.6%，64.5%に達した。耐久消費財の普及率 (1995年人口1,000人当たり)をみるとカラーテレビはタイ109, フィリピン41, 乗用車はタイ18, フィリピン7であった。タイの1990年人口センサスによれば，カラーテレビの普及率（全戸数に占める所有比率）は都市77.9%，農村38.6%，白黒テレビは都市19.1%，農村26.2%であった。1990年の時点で都市のほとんどの家計がテレビを所有し，農村でも60%を上回った。乳児死亡率は1970年の73‰から1996年に34‰，幼児死亡率も同期間に102‰から38‰に激減した。貧困の解消にともなう乳幼児の栄養改善 (1990〜96年平均で栄養状態が悪い状態にある5歳以下乳幼児の比率は13%, フィリピン30%), 予防接種率の上昇（はしかは1980年0%, 1996年86%, DPTは同期間に49%から94%），衛生なトイレへのアクセス率 (1995年70%)，衛生水へのアクセス率 (1995年81%) の向上があった。乳幼児死亡率の低下とともに出生時平均余命の延びも著しく，図8-2-2のように出生率のピーク時以降に余命が男女とも約20歳ぐらい延びて出生率が低下した。子供の生存率が高まり子供の養育環境は大きく変わった。図8-2-3は若年労働力率を示す。タイの経済活動

---

4) 日本貿易振興会『ジェトロ白書―投資編―』各年版。
5) 国際比較統計は以下を利用した。The World Bank, *World Development Report*, Washington, D. C., Various Years; The World Bank, *World Development Indicators*, Washington, D. C., Various Years.

図 8-2-2　タイの出生時平均余命と出生率（1950〜95 年）

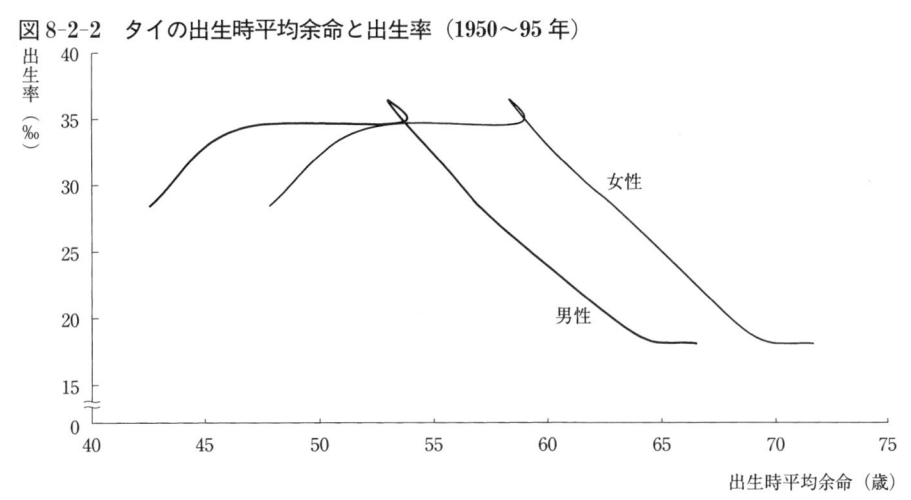

（出所）　巻末の統計による。

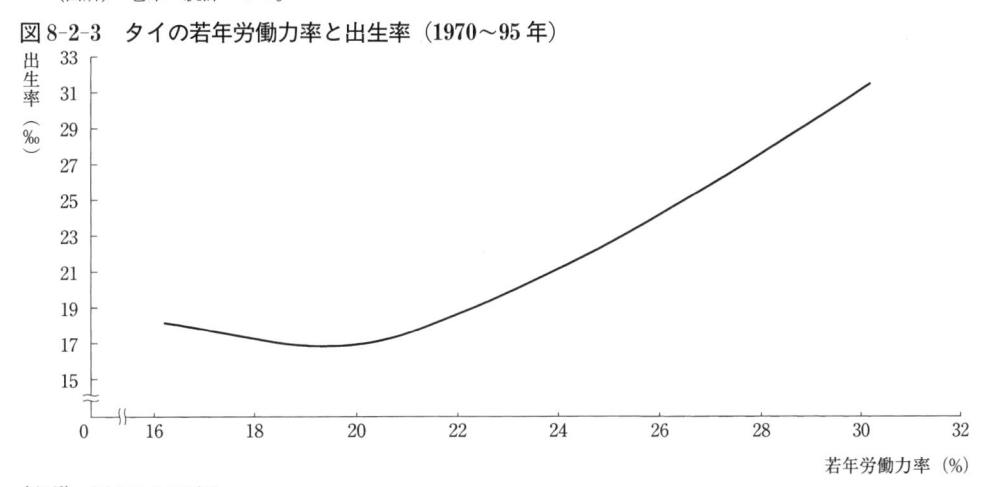

図 8-2-3　タイの若年労働力率と出生率（1970〜95 年）

（出所）　図 8-2-2 に同じ。

人口に占める農業人口の比重はなお高い。1994年の男性経済活動人口に占める農業の比率は42%，女性は38%であった。農業国ほど子供の労働の価値は高く，それゆえ出生率は高い。しかしタイではこれが半減し，農業の近代化にともない子供の労働の価値が低下したことを示す。逆に教育などの養育費用は増加した。タイの初等教育就学率は100%に達し，中等教育は1980年の29%から1995年に55%，高等教育は同期間に15%から20%に上昇した。女性の教育も同様に変化し，図 8-2-4 のように中等教育就学率の上昇にともなって出生率の低下が生じた。1995年の非識字率は男性の5%に対して女性は6%（同年のフィリピンの女性の非識字率は8%）であった。初等教育の全就学者に占める女性の比率は1994年に49%，中等教育は50%となった。

経済発展にともなう社会経済的変化はタイの出生率を急低下させ，図 8-2-5 のように合計特殊出生率も7に近い水準から2程度までに低下した。国連の推計では1996年の合計特殊出生率は1.8であった。合計特殊出生率水準からもタイの人口転換はほぼ最終局面に位置している。出生率および合計特殊出生率の低下には家族計画の影響も大きい。1990年人口センサスによれば[6]，出産年齢

---

[6]　National Statistical Office, *1990 Population and Housing Census*, Bangkok, 1995.

分　析

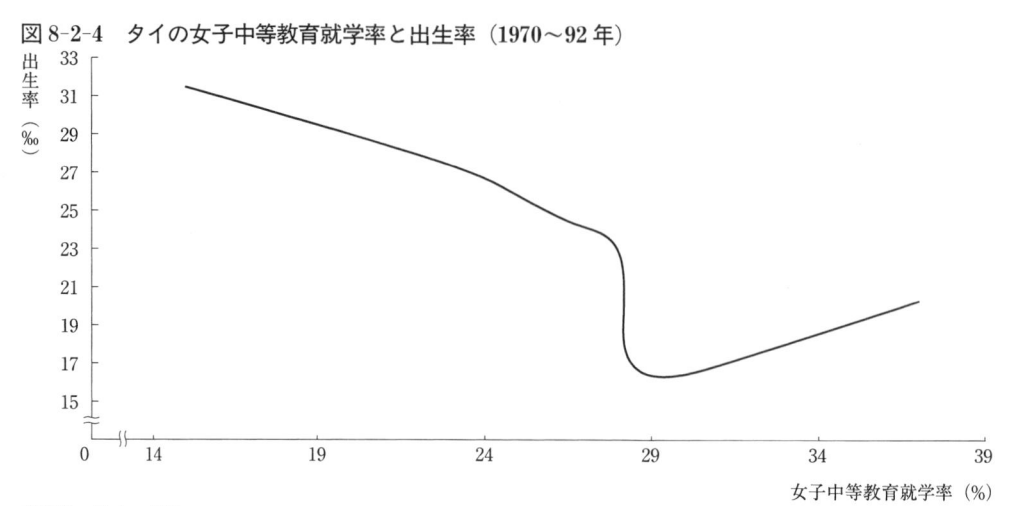

図 8-2-4　タイの女子中等教育就学率と出生率（1970～92 年）

（出所）　巻末の統計による。

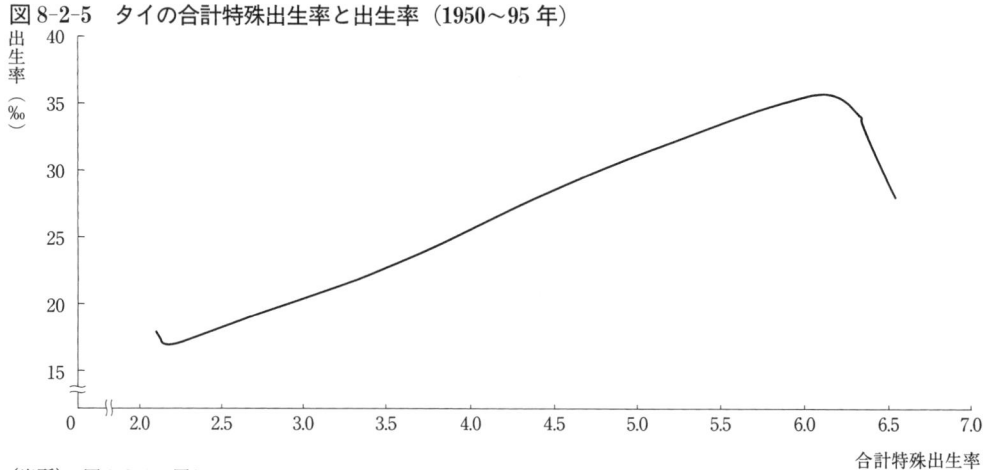

図 8-2-5　タイの合計特殊出生率と出生率（1950～95 年）

（出所）　図 8-2-4 に同じ。

である 15 歳から 49 歳の女性の避妊・不妊普及率は 61.6%，年齢別では 35～39 歳の 70.8% を最高として 30～34 歳 68.7%，40～44 歳 65.7% であった。15 歳から 49 歳の全女性人口の子供の数別人口は，0 人 9.7%，1 人 21.7%，2 人 27.6%，3 人 17.2%，4 人 8.7%，5 人 4.2% である。子供 2 人がピークであり，30 半ばの年齢女性の避妊・不妊の普及率が高い。また不妊手術を受けた女性の数は 210 万人，年齢別では 40～44 歳の 35.7% を最高とし 35～39 歳 33.3%，45～49 歳 30.3%，30～34 歳 25.5% であった。不妊手術の子供の数別実施率（同じ子供の数をもつ女性で不妊手術を受けた女性の比率）は，3 人が 41.3%，次いで 4 人が 40.1%，5 人が 36.0%，6 人が 31.9%，2 人が 28.7% であった。タイでは広く避妊・不妊が受け入れられており，農業社会でも制約は少ない。タイ人は敬虔な仏教徒であるが，宗教がフィリピンのカトリックのように人口に対する制約とはなってはいない。避妊や不妊を社会が受け入れる文化的な条件をタイは備え，これに経済社会的変化がともなって家族計画が急速に普及したと考えられる。

好調な経済開発と家族計画の普及のゆえに，タイの人口は今後ともあまり増加しないと予測される。2010 年の人口規模は 6600 万人であり，1996 年から 600 万人の増加，年増加率は 0.6% というのが予測である。すでに 0～14 歳人口は 1990～96 年平均でマイナス 1.3% で減少に転じた。し

図 8-3-1 タイの都市化率と出生率（1950～95年）

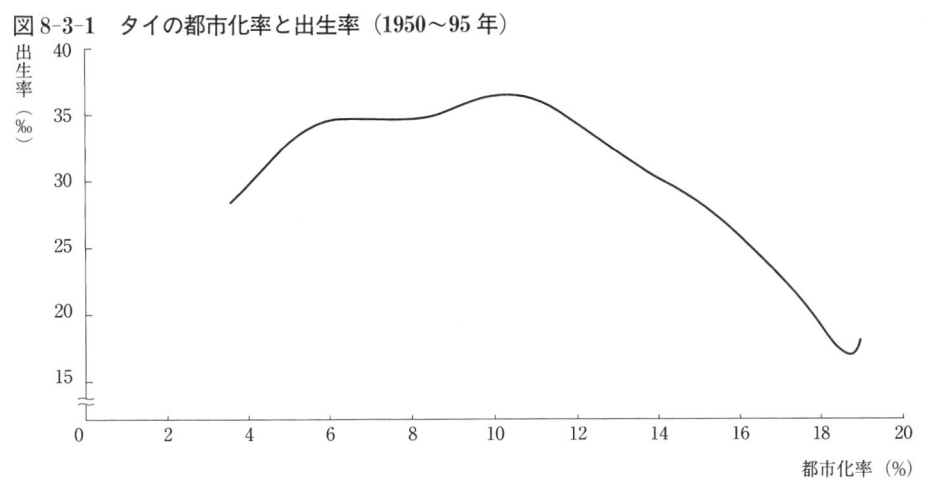

（出所）巻末の統計による。

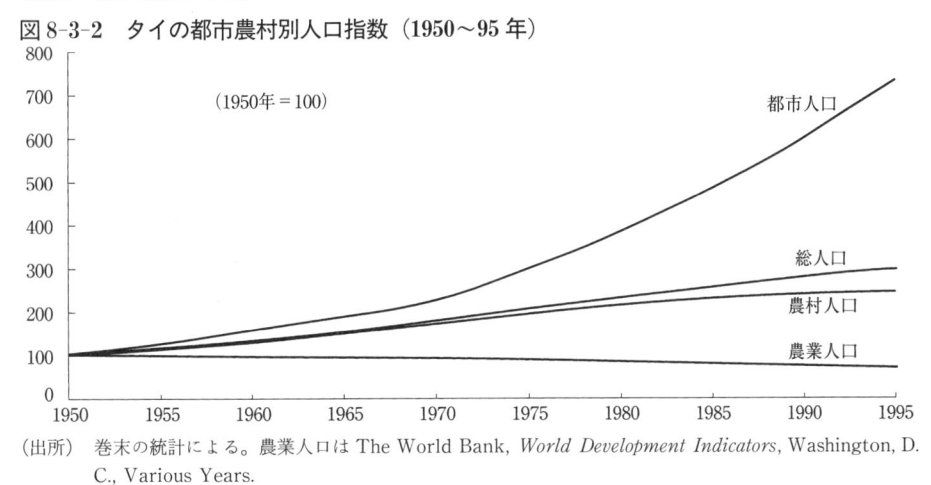

図 8-3-2 タイの都市農村別人口指数（1950～95年）

（出所）巻末の統計による。農業人口は The World Bank, *World Development Indicators*, Washington, D. C., Various Years.

たがって今後は日本，NIES と同様に人口構造の高齢化が進展するものと予想される。

(3) 人口移動

図 8-3-1 は都市化率と出生率の関係を示している。都市化とともに出生率がピーク時点から下落し，都市化と出生率の関係は一般的な推移をたどった。しかしタイの都市化率は 1970 年の 13% から 1996 年 20% と非常に緩慢である。1996 年のバンコクの総人口に占める比率は 10.8% であり，都市人口の半分がバンコクに居住している。しかしタイ全体の人口の多くが農村に居住するという特徴には変わりはない。図 8-3-2 は都市と農村の人口推移を示す。都市人口が全体の平均を上回って増加し，とくに 1980 年代以降都市人口が増加した。

タイの人口移動の特徴は地域間よりも地域内でみられる。バンコク，中央部，東北部，南部，北部に区分された人口移動統計によると，1960 年センサス（1955～60 年）では合計で 82 万 5000 人の人口移動があり，このうち地域内移動が 59.4% を占めた。1970 年センサスでは移動人口 177 万人のうち地域内移動が 56.5%，1980 年センサスでは 162 万 2,000 人のうち 47.2%，1990 年センサスでは 377 万 2,000 人のうち 49.7% を占めた。約半分が地域内移動であった。1960～70 年間から 1980～90 年の間に移動人口規模は倍増したが，後者で

は地域間移動の比率が高まり，傾向的には地域内から地域外へと変化した。地域間の最大移動先はバンコクである。センサス年のバンコクへの移動は1960年13.1万人（地域間移動人口に占める比率39.2%），1970年29.0万人（38.8%），1980年34.1万人（39.8%），1990年71.9万人（37.9%）であり，地域間移動のほぼ40%がバンコクに向かった。バンコクに移動した人口の移動元は，1960年には中央部が61.8%，次いで東北部20.4%を占め，バンコクに近接する地域からの移動が主流であった。しかし1990年には中央部25.1%，東北部39.9%，北部14.1%，南部8.6%，不明12.3%とかなりの分散傾向を示した。地域間移動とともに移動先が遠隔地へと広がった。またバンコクに隣接する中央部の開発にともなって中央部自体が移動人口の受け入れ先となり，バンコク周辺への移動が拡大した。さらにバンコク移動人口の特徴として女性の比率が高い。バンコク以外の地域内，地域間移動では移動人口に占める女性の比率はすべて50%以下であるが，バンコクのみ1990年センサスの地域間流入人口の女性比率は53.1%であった。各種サービス産業に従事するために多くの女性がバンコクへ流入したことを示す。これを反映して年齢別移動では男女とも15〜29歳の移動が最大であるが，男性の総移動人口に占める同年齢の比率35.3%に対して女性は37.9%であった。

移動目的は1980年センサスでは求職28.2%，家族随伴移動26.9%，結婚11.5%が三大要因であった。1990年センサスでは家族随伴移動31.1%，求職22.5%，結婚7.7%に変わった。1990年センサスでバンコク以外では家族随伴移動が移動目的の第1位であったが，バンコクへの移動理由の第1位は求職であり，全体の50.8%を占めた。バンコクへ職を求めて移動し，これに家族が随伴することがタイの人口移動で中心となっている。1994年のGDP（1988年実質価格）に占めるバンコクの比率は52.1%，バンコクの1人当たりGDPは14万バーツであった。バンコクの1人当たりGDPを100として地域別のそれをみると中央部31.8，北部16.2，東北部10.0，南部20.9であった。

バンコクおよび周辺における産業集中のゆえにバンコクへの移動が増加してきた。しかし地方における過剰人口と貧困が人口を都市に押し出してきたわけではない。地域別の1985年と1995年の出生率はバンコク18.9／23.4‰，中央タイ22.4／12.5‰，北タイ21.6／12.5‰，東北タイ24.9／14.7‰，南タイ31.2／18.6‰である。かつては人口増加が過剰人口を都市に押し出した。しかし出生率の大幅な低下のためにそうした状況は消滅した。農村の3K職場に周辺諸国から出稼ぎ労働者が参入しているのは，出生率低下にともなう人口不足状態への変化を反映する。また1997年7月から始まった経済危機の際にはバンコクで職を失った多くの人々が帰農した。バンコクの出生率だけが上昇している事実は，バンコクに多くの若い人口が集中していること，逆に農村では出生率低下や若年人口が流出して地方における高齢人口比率の増加や過疎問題を生じさせる可能性を示唆する。

タイ経済は1980年代以降の高成長により中進国段階に発展し，この過程で人口構造は一足先に先進国段階へと進展した。豊富な若い労働人口を大量に投入して発展する段階はタイでも終焉した。タイも日本やNIESが経験した新たな発展・人口問題に直面するであろう。

第9章　中　国

(1) 人口転換

　中国の人口規模は1949年の5億4100万人から第1回センサス（1953年）5億8200万人，第2回センサス（1964年）6億9400万人，第3回センサス（1982年）10億1000万人，第4回センサス（1990年）では11億3000万人に達し，1995年には12億2000万人になったと推計されている[1]。もし中国で人口転換を社会経済的変化に委ねるならば，その最終局面における人口規模はさらに膨らむであろう。耕地面積は限界に達しており，いかに人口増加を抑制するかが問題の核心である。図9-1-1にみられるように死亡率は1960年代に10‰を下回り，近年では7‰である。出生率は変動が激しい。1950～57年には出生率が30‰を上回り，自然増加率が20‰を超す人口増加期であった。建国直後，人口増加は経済発展の源泉とみなされて出生が奨励され，子供に対する特別手当の支給，人口妊娠中絶が禁止された。1950年には婚姻法が制定された。封建的な婚姻制度から一夫一婦制を基礎とする婚姻制度へ移行し，結婚ブームが起こり出生率が上昇した[2]。

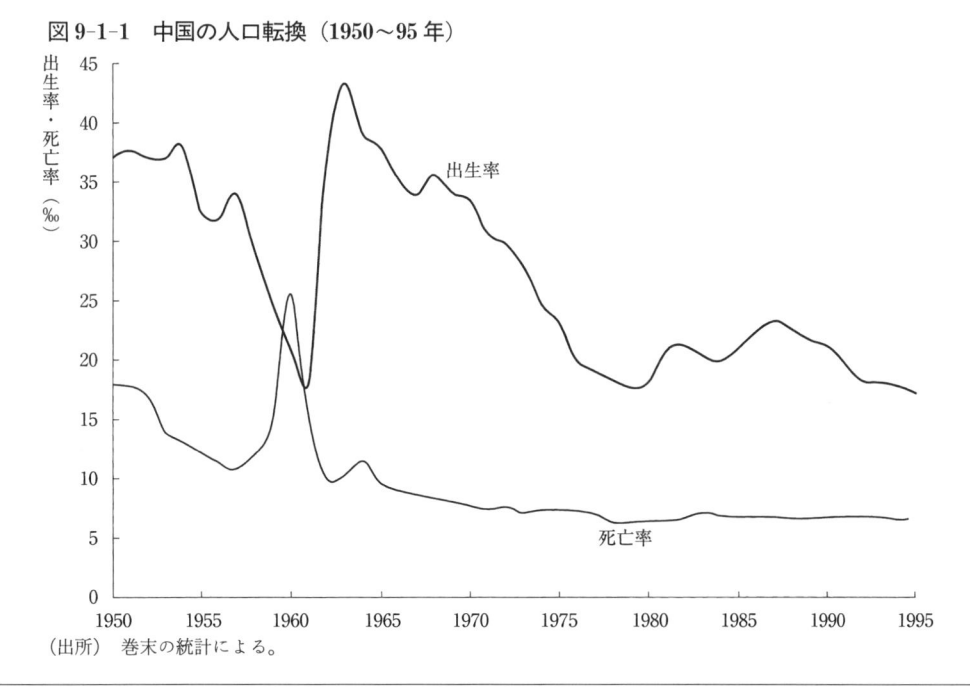

図9-1-1　中国の人口転換（1950～95年）

（出所）　巻末の統計による。

---

1) 国務院人口統計弁公室編『中国1990人口普査資料』（北京，中国統計出版社，1993年）。
2) 中国の政治，経済，人口政策に関しては以下を参照した。石川滋『開発経済学の基本問題』（岩波書店，1990年），加藤弘之『中国の経済発展と市場化―改革・開放時代の検証―』（名古屋大学出版会，1997年），河地重蔵・藤本昭・上野秀夫『アジアの中の中国経済』（世界思想社，1991年），河邊宏編『発展途上国の人口移動』（アジア経済研究所，1991年），厳善平『中国経済の成長と構造』（勁草書房，1992年），胡煥庸『論中国人之分布』（上海，上海発行所，1983年），潘益民・童乗珠『中国人口遷移』（北京，中国統計出版社，1992年），中兼和津次『中国経済論』（東京大学出版会，1992年），中兼和津次『中国経済発展論』（有斐閣，1999年），藤本昭編『中国―市場経済への転換―』（日本貿易振興会，1994年），丸山伸郎編『90年代中国地域開発の視角―内陸・沿海関係の力学―』（アジア経

分　析

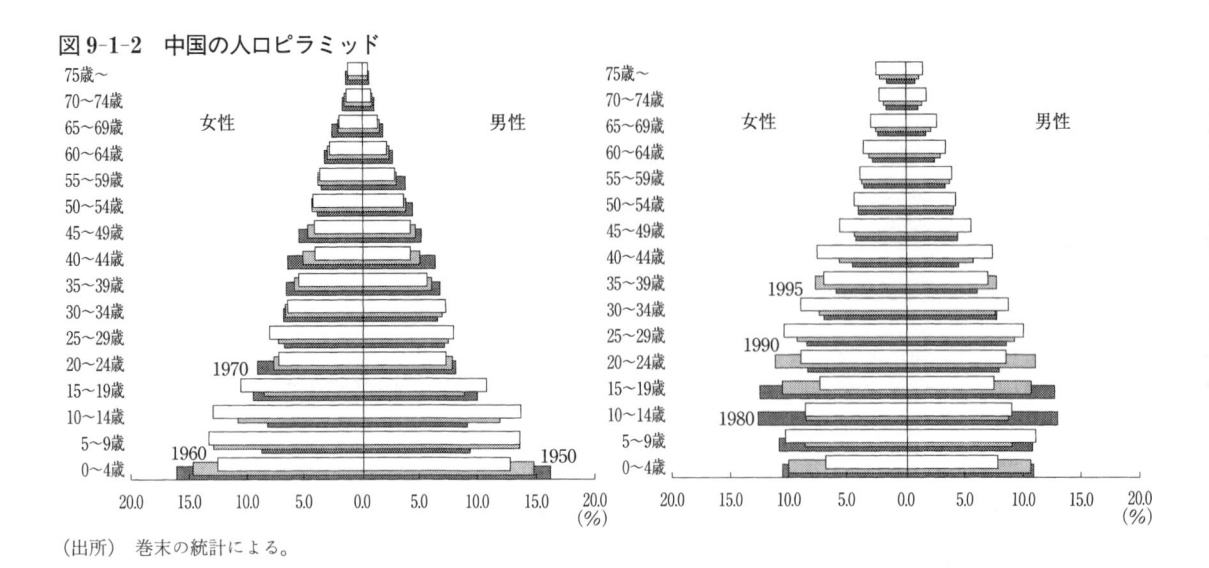

図 9-1-2　中国の人口ピラミッド

（出所）巻末の統計による。

　しかし1958～61年には出生率は大幅に低下し，1960年には自然増加率はマイナスであった。1960年には死亡率が著しく高く，「大躍進政策」の失敗と旱魃による農業生産の減少から大量の餓死者がでた。この反動で1962～71年には出生率が再度上昇し，自然増加率も25～28‰の高率で推移して建国後2回目の人口増加期となった。1972年以降出生率は低下した。1979年以降に実施された一人っ子政策により出生率がさらに低下し，自然増加率は10‰台となった。中国の人口転換係数が1970年の0.50から1982年に0.84に急変したのはこうした推移を反映し，以降出生率と死亡率が再度低率で均衡する人口転換の最終局面へと向かった。

　図9-1-2の人口ピラミッドは1950年には綺麗な「富士山型」を示し，これ以降は「富士山型」が壊れるが，「つりがね型」や「つぼ型」への変化というより出入りの激しい構造になっている。2度の人口増加期，大躍進政策の失敗による人口減少，一人っ子政策等の要因からそうした人口ピラミッドが形成された。しかし総人口に占める子供の数は確実に減少してきた。若年従属人口比率は1960年の61.2％から1970年には73.1％に増加したが，1980年には53.9％，1990年24.6％，1995年20.1％に急減した。一人っ子政策による効果が示されている。1995年の老年人口を含む従属人口比率は30.0％であり，若い活力に満ちた大規模な経済活動人口を現在の中国は抱えている。1979年から実施された改革・開放政策により外国民間資本が流入し，高成長を達成できた一つの要因はこの膨大な経済活動人口にある。外国民間投資だけでなく国内資本の投資も改革・開放以後に増加した。GDPに対する総国内貯蓄率は1980年の35％から1996年に44％に上昇し，世界有数の貯蓄水準に達した。子供の数が減少して家計の貯蓄増加が投資増加に結びついたのであろう[3]。

済研究所，1994年），村松祐次『中国経済の社会態制』（東洋経済新報社，1949年），G. William Skinner, *Marketing And Social Structure in Rural China*, Stanford, Stanford University Press, 1973, 孟新・白南生『結構変動・中国労働力的転移』（杭州，浙江人民出版社，1988年），林毅夫他『中国の経済発展』（日本評論社，1995年），若林敬子『中国の人口問題』（東京大学出版会，1991年），若林敬子『中国の人口管理』（亜紀書房，1992年），渡辺利夫『社会主義市場経済の中国』（講談社，1994年），渡辺利夫編『華南経済—中国改革・開放の最前線—』（勁草書房，1993年）。

3）　中国の各種統計は以下を利用した。国家統計局『中国統計年鑑』北京，各年版，国家統計局『中国工業経済統計年鑑』北京，各年版，国家統計局『中国歴史統計年鑑1949～1989』北京，1990年，国家統計局『改革開放十七年地域統計1979—1995』北京，1997年。

第9章　中　国

(2) 人口政策

伝統的に中国は，親が若いほど心身ともに立派な子供が生まれる「早生貴子」，不孝は3つあり後継ぎのないのが一番の不孝である「不孝有三，無後為大」，子供が多いほど幸福となる「多子多福」，子供を育てて老後をみてもらう「養子防老」等の多産奨励思考が一般的であった。農業生産力の拡大がこうした考えを育てきた。しかし清朝時代には生産に対して人口が過剰となり，南部では多くの華僑を排出した。清朝末期に中国のマルサス主義者は人口は過剰であり，ゆえに国民は貧しく，農村は疲弊していると主張し，人口の減少が必要であるとみなした。社会主義革命後旧中国の人口問題は旧中国の社会制度がつくりだしたものであり，これは社会主義という新しい制度により解決できると考えられた。その根本には二つの考えが影響していた。一つは，マルクスの資本主義社会における相対的過剰人口の考えである。社会主義では人口問題は起こりえず，人口抑制は反マルクス主義であり，資本主義（マルサス主義）に加担するものである，という考えである[4]。もう一つは，毛沢東の主張である。彼は1949年9月の「観念論的歴史観の破産」の中で革命が生産を増加させるがゆえに中国の人口はいくら増加しても対策は完全であり，人民は資本であるという人口資本説を唱えた[5]。

しかし1953年に実施された第1回の人口センサスで4～5億人と予想された人口が5億8700万人であり，予想を1億人も上回った。また同年には農業生産の不作から人口抑制が喚起された。1954年の第一期全国人民代表大会（以下，全人代）ではじめて計画出産の奨励が公式に認められた。また人工妊娠中絶も合法化された。1956年の全人代で周恩来は産児制限運動の実施を表明し，人口抑制政策が展開された。しかし社会主義に人口問題は存在せず，マルサス的な産児制限は資本主義を擁護するものである，という考え方も根強く，産児制限は多くの論争を生んだ。有力な議論は馬寅初（北京大学学長）が1957年の全人代に提出した「新人口論」であった。馬寅初は年率2％を上回る人口増加率は発展を妨げると指摘し，伝統的多産思想の打破，晩婚化の奨励，課税等による子供の数の制限等を提言した。「新人口論」は現在の一人っ子政策につながる考え方であった。1958年から始まった大躍進政策は人口増加が経済発展の原動力であり，出産を抑制する必要はないという人口資本説を復活させ，人口抑制策は葬られた。馬寅初はブルジョア右派分子として糾弾され，1960年に北京大学学長を解任された。

大躍進政策は農業集団化と工業の地方分散化を図り，ソビエト方式とは異なる中国式社会主義建設を目標とした野心的な計画であった。しかし同政策は失敗して経済的停滞を招き，1959年から3年連続の飢饉が生じた。食糧不足による栄養失調，地方開発のために若年男子労働力の地方への移動などにより，死亡率の上昇と出生率の低下が生じた。大飢饉後の1962年から出生率が再度高まり，人口抑制政策が復活した。全国的に家族計画を実施し，自然増加率を適正に抑制する指示が1962年に国務院より出された。1964年には国務院，省，市に家族計画指導機構（計画出産弁公室）が設置され，国家による避妊手術費用の減免，避妊リングの採用，晩婚化の奨励等が実施された。この効果が出始めた矢先の1966年に文化大革命が開始され，人口を抑制するすべての家族計画は中断された。これが1962～71年までの長い人口増加時期をもたらした要因であり，この間人口は約2億人の純増を記録した。

1971年に周恩来が計画出産を提唱し人口抑制が復活した。1973年に国務院に家族計画指導機構が再び設置され，同年12月の全国第1回家族計画会議で晩婚化と少産化を骨子とする人口政策が採択された。1976年に毛沢東の死後鄧小平の指導体制が確立し，急速な人口増加は経済発展に不利であるという認識から家族計画が重視されることになった。1978年の第3回全人代で農業，工業，国防，科学技術の四つの近代化が基本国策と

---

4) 大淵寛・森岡仁『経済人口学』（新評論，1981年）。
5) 『毛沢東選集』第4巻，北京。

して発表され，その実現のためには人口抑制政策が死活的であり，出生制限の重要性が指摘された。1979年に政府は子供を1人しか生まない夫婦に奨励金を与える施策を検討し，1980年の第5期全国人民委員会第5回総会で1組の夫婦に子供1人を定めた一人っ子政策を確立した。これ以降人口抑制政策は一人っ子政策を意味し，説得による思想教育と賞罰制度による一人っ子政策が展開された。また家族計画を失敗した場合には，政府により人工中絶や不妊手術の手段が提供された。一人っ子政策の基本は，「晩婚，晩産，少生，稀生，優生」である。「晩婚」は法定婚姻年齢男性22歳，女性20歳より3年以上遅らせて結婚すること，「晩産」は女性は24歳を過ぎてから出産すること，「少生」は少なく生むこと，「稀生」は出産期間を3〜4年あけること，「優生」は遺伝的傷害がなく徳，知，体が優れていることを求めている。人口抑制は数の抑制だけでなく，質が加えられて計画出産概念が確立した。中国の人口計画はこれを国家社会経済計画に組み込み，生産と人口のバランスを図ることに特徴がある。こうした政策により総人口を12億人以内に抑えることを当初の目標としたが，現在では12億人前後と修正された。それはかつての人口増加時代の子供が成人して適齢期に達し，現在でも毎年2000万人近い新生児が誕生しているからである。

　一人っ子政策の具体的内容は，これ以上子供を生まないと宣言した夫婦に「一人っ子証」が配布され，月給の1割相当の奨励金を子供が14歳になるまで給付され，保育，学校教育，医療，就職，住宅，等の七優先を受けることができる。計画出産にしたがわない人は，地域や負担力により相違するがほぼ1割の賃金カット，「多子女費」という罰金を徴収される。第2子出産条件は，第1子が非遺伝性の身体障害者で働けない，再婚で一方に子が1人いるが他方が初婚，長年不妊症で養子を得た後に懐妊という特殊条件をもつもの，少数民族や帰国華僑に適用された。しかし1984年から農村では第1子が女児の場合は第2子出産が認められるようになった。その背景には，一人っ子政策が農村では女児の間引きなどの弊害をもたらしたこと，米国が中国では強制堕胎・女嬰児殺害を人口抑制の手段としていると非難したことなどがある。都市の自然増加率は1990年代から1桁になったのに対して農村では第2子出生の緩和により依然2桁が続いている。こうした広大な地域間の相違，多民族を抱える中国の特徴から一人っ子政策の全国共通の原則を定めた全国計画出産条例は制定されていない。1979年に上海市ではじめての条例が作成され，1991年までに新疆ウイグル自治区とチベット自治区を除く全国の省・市・自治区で条例制定が完了した。各地の異なる人口状況，民族構成，経済状況，文化から，全国一律の条例制定は難しい。

　一人っ子政策の問題点は二つある。一つは，上記二つの自治区での計画出産条例制定が当面困難であり，少数民族問題とも関係して政治問題化する可能性がある。少数民族には第2子，場合によっては第3子の出産が認められ，法定結婚年齢も2歳引き下げられた。これによって少数民族の人口が増加し，1964〜82年の人口増加率は漢族の2.04％に対して少数民族は2.94％であり，後者の人口は1978年の5580万人から1990年に9120万人に増加した。少数民族の人口抑制政策の緩和は難しくなりつつある。しかし人口抑制の強制はチベットで生じているように政治問題化する可能性がある。

　もう一つの問題は闇っ子（「黒孩子」）問題である。1990年の第4回センサスでは計画外出産と流動人口の正確な登記を重視した。これにより計画外出産で戸籍に未登録であった人口が約1500万人いたことが明らかになった[6]。闇っ子の背景は，産児制限違反による負担逃れ，末端の行政機関が出生児目標を達成するために過剰な子供を戸籍に載せなかったこと，人民公社解体後の人口流動化に戸籍管理がついていけなかったこと等の理由がある。しかし市場経済の導入にともなう人口移動（短期，長期を含め）は戸籍のない子供の数

---

6) 若林敬子「中国の人口政策―計画出産―」（早瀬保子編『中国の人口変動』アジア経済研究所，1992年，第2章）。

図 9-2-1　中国の合計特殊出生率と出生率（1950～95 年）

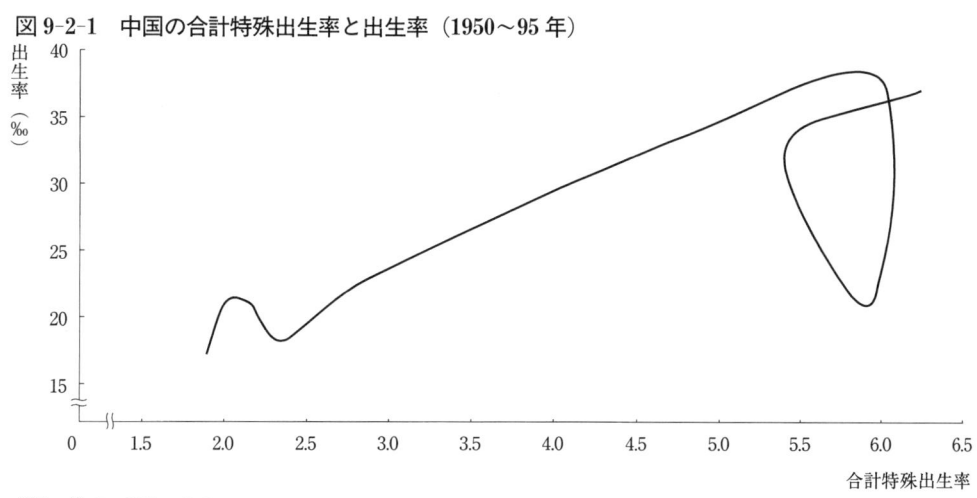

（注）　巻末の統計による。

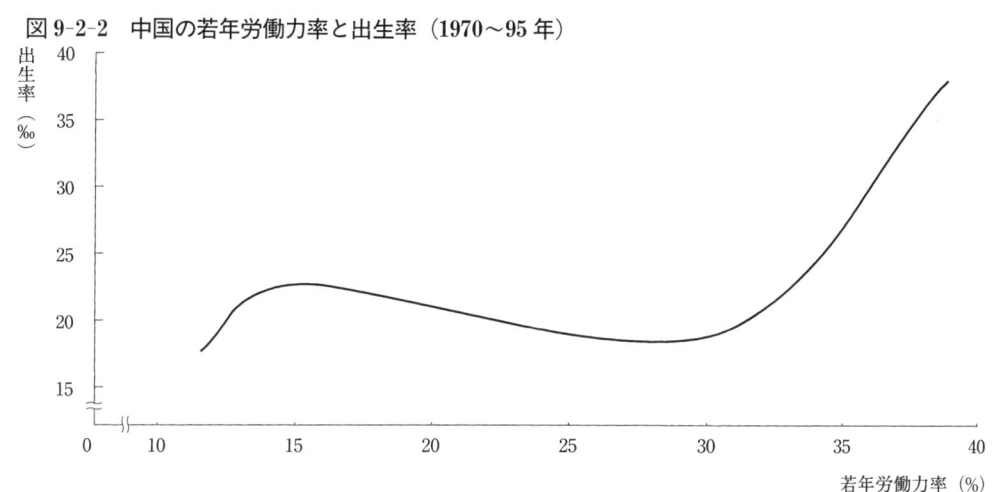

図 9-2-2　中国の若年労働力率と出生率（1970～95 年）

（出所）　出生率は巻末の統計による。若年労働力率は The World Bank, *World Development Indicators*, Washington, D. C., Various Years.

を確実に増加させ，行政単位で実施されてきた計画出産は行政単位をまたがる手法が必要になっている。

　以上のように中国では厳しい人口抑制が続けられ，これが人口転換に大きく影響した。1995 年現在，出産適齢女性人口 2 億 3600 万人のうち「一人っ子証」を受領した比率は 20.72%，行政単位別ではやはり上海（69.99%），北京（60.53%），天津（50.60%）と都市部が高く，少数民族地区の甘粛（9.97%），新疆（13.43%）や華南の広東（9.19%），海南（7.63%）では低い[7]。一人っ子政策の実施により図 9-2-1 のように合計特殊出生率と出生率は相関して減少し，合計特殊出生率からみた人口転換はこの期間で第 1 局面から第 4 局面に達した。大きな人口規模を抱え 1 人当たり生産水準も低い中国でこれだけ急速な人口転換が生じた理由は，強力な人口抑制政策が実施のゆえである。その手段は政府が無料で提供する避妊措置，不妊手術であった。世銀が発表した 1990～96 年平均の中国の避妊普及率は 85% であり，同統計

7）　国家統計局人口統計司編『中国人口統計年鑑』北京，1996 年。

に記載されている国で最高の率であった[8]。また1971年以来,不妊手術を受けた男性は年平均で約160万人,女性は約390万人,人口中絶は約830万人と推計されている。さらに1995年に生存している者で不妊手術を受けた総数は男性2263.2万人,女性8547.7万人,IUD(子宮内挿入器具)は8918.5万人にのぼる。社会経済的変化が人口に及ぼした効果よりも人為的な人口抑制の影響の方が大きいが,同時に強制された一人っ子政策は子供の数の減少→大切に育てる(高等教育への進学)→養育費用の増加により,子供は1人でよいという意識が個人的に生まれるとみられる。中等教育の就学率は1980年46%から1995年に67%,高等教育は同期間に2%から5%に上昇した。また図9-2-2の若年労働力率は大幅に低下し,農業人口比率が高い中国でも子供の労働としての価値は大幅に低下した。乳児死亡率の低下(1970年の69‰から1996年に33‰),幼児死亡率の低下(1970年115‰から1996年39‰),出生時平均余命の延び(1980年67歳から1996年70歳)により,強制的な出生減少が社会的変化をもたらした。子供の死亡率が高く,子供の教育機会が乏しく,子供の労働としての価値が高い等の要因が続くならば,強制的な一人っ子政策が全国的に根づかない。強力な人口抑制政策とともに社会経済的な変化が生じたがゆえに政策効果が高かったとみてよい。

(3) 人口移動

人口政策の目標は出生抑制ならびに移動制限であった。大きな人口規模を有する中国が「自力更正」により発展を図るには農業生産力の維持・拡大が重要であった。都市人口の増加による都市食糧需要の急増を避けるためには都市への人口移動を阻止する必要があった。それゆえ戸籍管理制度の下で農村から都市への人口移動は厳しく制限された。しかし図9-3-1のように農村人口増加は全国のそれを下回り,一方で都市人口は増加した。農業人口は緩やかに減少した。制限されていたとはいえ毎年の人口移動数は平均すると2000万人に達した。

1954~60年には,第一次五ヵ年計画のもとに内陸部に工業地帯を設置し,沿岸地域から内陸都市部への人口移動が増加した。また建設プロジェクトや資源開発のために農村から都市への移動を進め,さらに山東,上海等の人口過密地域から黒龍江,新疆,寧夏などの内陸,辺境地域への移動が奨励された。辺境への人口移動,社会主義経済建設のために国営工場・鉱山への人口移動を強力に

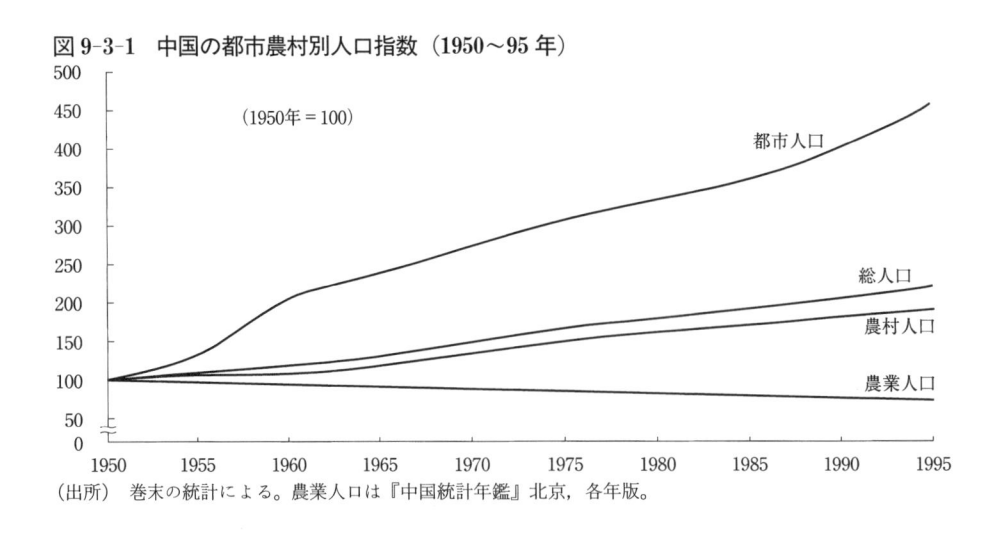

図9-3-1 中国の都市農村別人口指数(1950~95年)

(出所)巻末の統計による。農業人口は『中国統計年鑑』北京,各年版。

---

[8] The World Bank, *World Development Indicators*, Washington, D. C., 1998.

進め，この時期人口移動は増加した。戸籍管理制度の成立が1958年であり，いまだ移動が厳しく制限されていなかったことも人口移動を増加させた要因であった。1961～65年には都市農村間の人口移動が減少した。1961～63年間は都市人口増加率はマイナスとなった。大躍進政策の失敗により工場が整理・縮小され，都市労働者は帰農させられた。農業生産の不作から都市人口を増やすことが困難となり，人口移動が抑制された。人口過密地域から辺境への集団移動も停止され，人口移動は減少に転じた。1966～76年間は最も人口移動が少なかった時期である。この時期は文化大革命の時代であり，社会的な不安定状態の一方で青年の農村への移動（農村下放）がなされた。1979年以降は改革・開放政策にともなう沿岸都市の発展，人民公社の解体のために移動が増加した。1984年には「鎮制の基準の調整に関する報告」の承認により都市（市，鎮）の数が増加し，農村から町（鎮）への移動が認められ，人口移動が増加した。改革・開放以降の人口移動はその数が増加しただけでなく，闇っ子等の問題を生じさせた。

(4)改革・開放と人口移動

中国では集団農業制を個人の生産請負制に切り換える改革が1979年から始まり，この市場メカニズムの部分的な導入が次第に改革・開放政策へとつながっていった。集団農業下では農業余剰を重工業部門へ移転させるため，国家による低農産物買付価格設定と強制買付制度が実施された。また労働報酬体系は農民の収穫貢献度という曖昧な基準から，労働量に関係なく集団内で平等に分配される傾向をもった。生産拡大のインセンティブは失われ，イデオロギーによる鼓舞によって生産増加を図ったが，これを長期的に続けることは困難であった。これが1979年9月の「農業の発展を速める若干の問題に関する決議」以降に大きく変わり，農産物買付価格の引き上げ，請負制が導入された。請負制はさまざまな形態があったが，最終的には農家単位で耕地経営がなされる戸別請

負制に集約され，農地に投入した努力とその結果が各自の所得に反映されるようになった。このインセンティブが生産拡大と生産性の改善をもたらした。また従来の穀物生産重視を改め，適地適作がうたわれ，農業の多様化が生じた。

農業余剰を投入して社会主義経済建設のために最も重視されたのは重化学工業部門であった。量的拡大はなされたものの質的改善はなされず，農業と同様に非効率な構造が形成された。重化学部門の生産拡大は社会資本蓄積に一定の役割を果たした。他方，軽工業部門は軽視され，工業部門は国民の欲求を満たすことができなかった。重化学部門の偏重を是正するために，軽工業の発展をめざして1979年に広東省と福建省を中心とした地区に四つの経済特区が設定され，「中外合資経営企業法」（合弁法）を公布して外国資本の導入が図られた。外国投資は当初は投資環境の改善が進まなかったために伸び悩んだが，合弁法実施細則の公布や関係法の整備，インフラの整備等から徐々に拡大した。

1984年には従来の四つの経済特区に加えて大連，上海，広州等の14の沿海都市ならびに海南島を経済特区と同等の対外開放区とすることが決定された。また1985年には珠江デルタや長江デルタ等の三デルタ地域が沿海経済開発区に加えられた。経済特区の指定とともに外資の審査と許認可権限が各省・直轄市・自治区，経済特区など地方政府や機関に移管され，外資企業の投資認可がスムーズとなった。投資環境整備にともなって，日本に次いでNIESの資本が直接的に，あるいは香港を経由して間接的に大量に流入した。改革・開放政策は1980年代の平均10％という高成長となって帰結した。

改革・開放にともなう沿岸都市の発展と労働需要の増加は，農村から都市への人口移動を急増させた。1982年と1990年の人口センサスによる人口移動は，その規模が1982年の1134万人から1990年には3413万人に増加した[9]。1982年の移動先は黒龍江（100万人），山東（75万人），河南（65万人），江蘇（62万人），四川（55万人），湖北（52万人），福建（50万人）の順であった。福建と

黒龍江を除いて人口5000万人以上の一級行政単位の都市地域への移動が中心であり，改革・開放政策により発展した新たな沿岸都市への移動は大きくなかった。しかし1990年の流入先は広東（400万），四川（282万人），江蘇（198万人），山東（180万人），河南（172万人），湖南（157万人）であり，流入規模が大きくなるとともに広東に代表される華南沿岸地区への流入が顕著となった。

また1990年センサスの人口移動のうち全国平均で省内移動が68％，省間移動が32％であった。省内移動では63％が農村からの移動，省間移動では60％が農村からの移動であり，省内・省間ともに農村から都市への移動が主流であった。省間移動が全国平均32％を上回った地区は，北京・天津を中心とした華北平野地区，上海・江蘇を中心とした華東沿岸地区，広東・海南を中心とした華南沿岸地区，新疆・寧夏を中心とした西北辺境地区であった。都市流入（増）から都市流出（減）を差し引いた純流入でみると，これがプラスであった一級行政単位（合計30）は11，最高は広東の17万7,000人であった。同じく農村流入（増）から農村流出（減）を差し引いた純流入がプラスであったのは15行政単位であり，最高は同じく広東の83万2,000人であった。これにつぐのは北京，上海であった。広東は歴史的に華僑をアジアに排出してきた地域であり，耕地が少ない人口過剰地域であった。革命後も資本主義国と接していた広東は，敵を中国内（広東や福建）に引き込んでゲリラ戦を展開する戦略地区であり，ここを積極的に開発する意欲は政府にはなかった。その地域がこれほどに人口を吸収してきたのは，改革・開放により製造業が発展し，またこれに付随したサービス産業が多くの雇用を提供してきたからである。

人口がどこからどこへ移動したかを検討するために，1985〜90年の一級行政単位間の定住地変更人口統計により，流入から流出を差し引いた純流入（流出）をその規模順にならべたものが図9-4-1である。ここでも広東がきわだって大きな移動先であり，これに北京，上海を加えた三地区が中国の行政単位間をまたがる最重要の人口移動先であった。広東の流入人口126万人は全国の行政単位から移動したものであるが，中でも広西，湖南，四川，海南，江西，福建の近接する地区からの移動が全体の77.0％を占めた。北京や上海でも同様であり，華北，華東，華南の三大人口移動先である。1985〜90年の人口移動の動機は全国平均では，出稼ぎ（全移動人口に占める比率は29.46％），転勤（15.06％），婚姻（13.66％），家族随伴移動（10.86％），親友宅での寄留（10.39％）であった。経済的な動機である出稼ぎや転勤，これに付随した家族の移動，また婚姻も多少こうした経済的移動の結果であり，改革・開放にともなう経済発展が人口移動をもたらしたことが示される。三大人口移動先の移動動機は，広東は出稼ぎ（全移動人口に占める比率は61.4％），転勤（10.54％），婚姻（9.94％），北京は出稼ぎ（41.05％），進学研修（16.84％），親友宅等での寄留（9.89％），上海は出稼ぎ（39.63％），転勤（17.23％），進学研修（13.04％）であった。移動動機の行政単位ごとの順位の第1位は，出稼ぎは広東，転勤は上海，婚姻は江蘇，家族随伴は広東，親友宅での寄留は遼寧であった。広東は出稼ぎという定住しない人口の中心的移動先であり，この移動形態は改革・開放によって著しく増加した。

しかし出稼ぎ労働は計画外出産の温床となり，人口抑制上問題となった。1990年センサスで1年以上戸籍登録地外での常住者の数は2191万6,000人，総人口の1.9％，この中で戸籍登録をもっている者は816万4,000人（総人口の0.7％）であった。同センサスで戸籍登録地外の常住者が最も多いのは広東で329万2,000人，広東総人口の5.6％，また戸籍登録地外常住者総数の15.0％を広東が占めた。広東の出稼ぎ労働者のうちで戸籍登録をもつ者は49万8,000人，この全国総数に占める広東の比率は6.1％であった。この数字から

---

9) 以下の分析は，孟建軍「中国における人口流動の実証的研究―広東省の事例―」（『計画行政』第16巻第1号，計画行政学会，1993年），pp.83-97，および孟建軍「中国の改革・開放と人口流動」（『アジア経済』第36巻第1号，アジア経済研究所，1995年），pp.26-48，をもとに展開している。

図 9-4-1　中国の地域間人口純移動（1990年センサス）

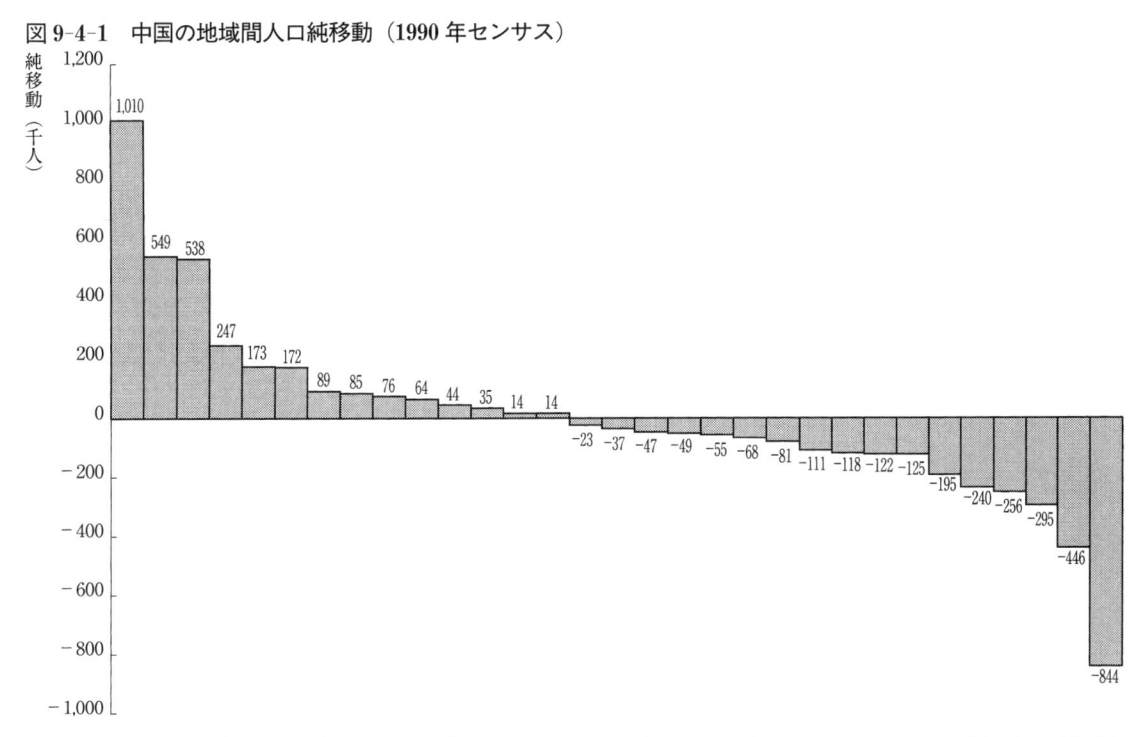

純移動（千人）の各地域の値：
広東 1,010、北京 549、上海 538、遼寧 247、天津 173、江蘇 172、山西 89、湖北 85、山南 76、新疆 64、海南 44、寧夏 35、福建 14、青海 14、雲南 -23、国外 -37、陝西 -47、内蒙 -49、西古 -55、江蔵 -68、甘粛 -81、河南 -111、吉林 -118、貴州 -122、河北 -125、安徽 -195、黒龍江 -240、湖北 -256、浙江 -295、広西 -446、四川 -844

（出所）　国務院人口普査弁公室編『中国1990年人口普査資料4』北京，1993年。

広東では戸籍登録をもたない戸籍登録地外の常住者が多いことがわかる。1990年センサスは行政区内の統計が記載されており，広東省内で1年以上戸籍登録地外で常住している者の地域総人口に占める比率は，深圳で56.79％，珠海で24.00％，東莞で21.59％，佛山で8.29％，広州で7.23％である。経済特区が置かれ，多くの労働者を吸収している地域である。かつて寒村であった広東の各地で経済特区が建設され，ここに多くの出稼ぎ労働者が流入した。問題はこうした1年以上に及ぶ戸籍地以外の住民が計画出産の網を逃れて第2子，第3子を生むことである。このため広東省計画出産委員会は1987年7月1日に「広東省流動人口計画出産管理弁法」を制定し，若い流入人口の出産管理のために1990年から「広東省流動人口出産産児制限証」，「流動人口未婚証明」，「広東省計画出産証」を発給し，出稼ぎ人口の増加にともなう計画外出産の防止に努力している。行政区を超える人口移動は省ではなく全国レベルで実施することが効果的であるが，前述したように国による法制化が失敗し，1991年12月からは「流動人口計画出産管理弁法」を施行して，流動人口を対象とした計画出産の履行を求める施策を行っている。

経済発展により豊かな国民生活を謳歌するためにも人口制限は中国の根幹的な政策課題である。1980年に中国で発表された100年後（2080年）人口予測では，合計特殊出生率1.0〜3.0を条件としてなされた。2080年の人口規模は，合計特殊出生率が3.0では43.08億人，2.3では21.32億人，2.0では14.83億人，1.5では7.81億人，1.0では3.70億人となる[10]。中国政府の目標人口である12億人を達成するには合計特殊出生率が1.5〜2.0で

---

10)　宋健・田雪原他『人口預測測和人口控制』（北京，人民出版社，1982年）。

維持されなければならない。合計特殊出生率は1980年の2.5から1996年に1.9に低下し,この率が維持されるならば目標は達成できよう。しかし少数民族や農村での高出生率,人口流動化にともなう計画外出産の増加等をみると楽観はできない。1996年の合計特殊出生率は推計であり,1990年人口センサスの合計特殊出生率2.45がもし今後も続いた場合には人口規模は2025年で17億3400万人になる。国連の推計では合計特殊出生率を2.10とした場合には2025年の人口規模は15億9600万人,1.90では14億9300万人,1.50では13億7200万人となる[11]。

将来人口規模は今後の出生率等で影響を受ける。しかし将来人口規模の推移にかかわらず中国が抱えるもう一つの人口問題は高齢化である。一人っ子政策により子供の数が減少し,前述したように老年を加えた従属人口比率は現在のところ小さい。出生率が現在のままで続いても2010〜20年頃まで従属人口比率は低水準である。しかしこれ以降は老年人口が増加して,従属人口比率は上昇する。つまり出生率が今後高まれば人口規模がさらに増加し,出生率が低下すれば経済活動人口に対する老年人口比率が高くなる。後者がベストのシナリオであるが,そのためには今後しばらく続くであろう低い従属人口時期に発展を促進し,高齢化時代に備えることが求められる。国有企業や金融制度改革等,中国が抱える課題は多くあるが,その場合には将来確実に到来する高齢化社会を念頭においた改革でなければならない。

---

11) United Nations, *World Population Prospects*, New York, 1988.

第10章 インド

(1)人口転換

　人口規模は1901年センサスでは2億3800万人，その後10年ごとに人口センサスが実施され，第二次世界大戦時の1941年に3億1800万人に達した[1]。40年間で人口は年平均0.7％で増加し，その規模は1.3倍になった。1941年から1981年までの人口規模は2.2倍の6億8500万人，この間年平均1.9％で増加した。1996年は9億4300万人であり，戦後期の1951年の3億6100万人の2.6倍に達した。インドの人口規模はもともと大きかったが，戦前期の人口増加は緩慢であった。しかし戦後期には発展途上国一般の動きと同様に人口は増加した。図10-1-1は1950年以降の死亡率と出生率の推移を示す。死亡率は1950年に25.0‰であったが，戦前期のセンサスでは1911年の47.2‰が最高の死亡率であった。これ以降死亡率は低下して，1941年には27.4‰，戦後期にはさらに低下し1990年代には1桁の水準となった。出生率は1950年にほぼ40‰であった。戦前期の1901年には49.2‰であり，徐々に低下して戦後期に引き継がれた。出生率は戦後期にも低下するが図10-1-1のように速度は非常に緩慢であり，1995年の出生率水準は28.0‰である。国連統計の1996年の出生率推計はインドの25.0‰に対して中国では17.0‰であり，いまだ高い[2]。自然増加率は1910年代までは1桁であったが，1920年代に10.0‰台，1960年代に20.0‰台になり，

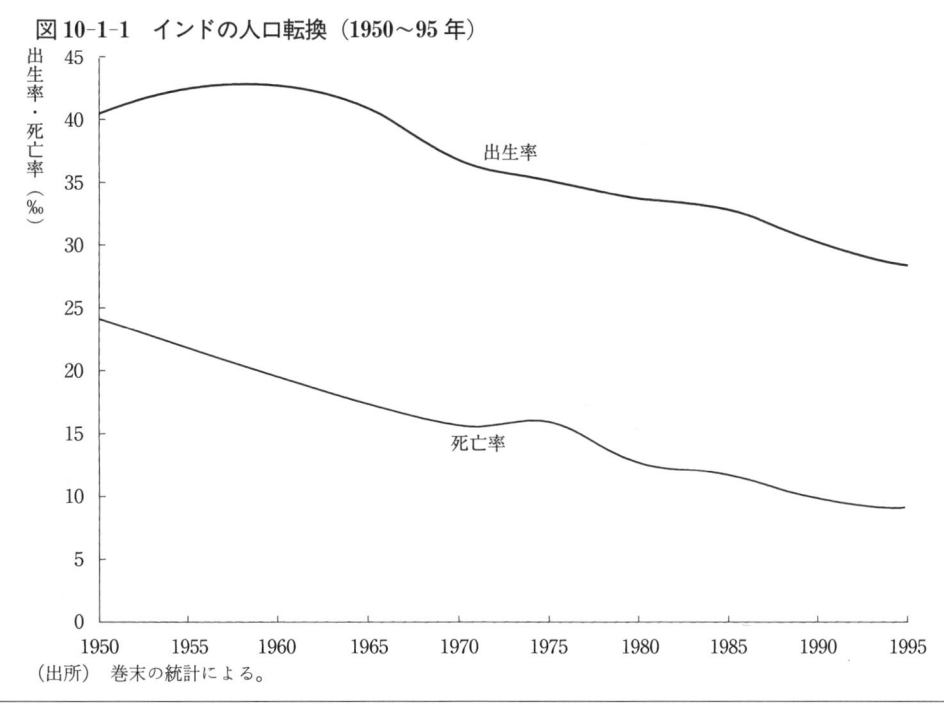

図10-1-1　インドの人口転換（1950～95年）

（出所）巻末の統計による。

1) United Nations, *Population of India*, New York, 1982.
2) United Nations, *World Population Prospects*, New York, 1998.

図10-1-2 インドの1人当たり生産と出生率（1960～95年）

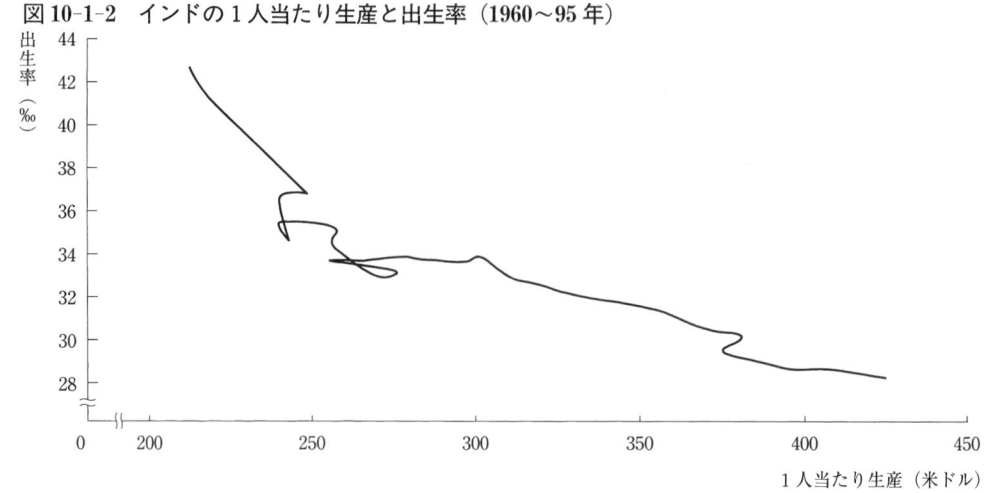

（出所）出生率は巻末の統計による。1人当たり生産は The World Bank, *World Development Indicators*, Washington, D. C., Various Years.
（注）1人当たり生産は1人当たりGNP（1987年基準）。

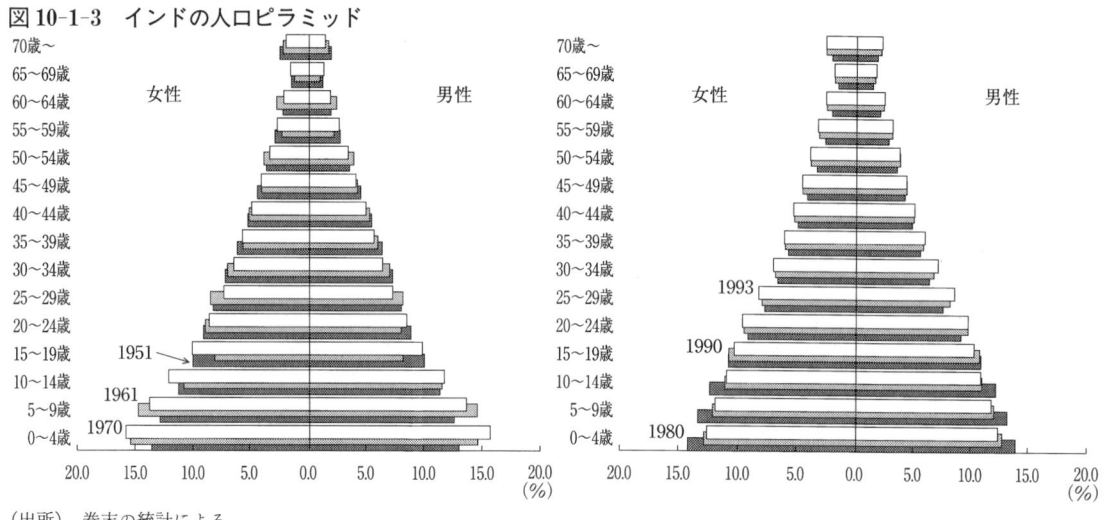

図10-1-3 インドの人口ピラミッド

（出所）巻末の統計による。

近年でも19.3‰（1995年）である。先に計測した人口転換係数は1995年で0.68である。人口転換の第2局面から第3局面に位置し，自然増加率が依然として高い状態が続いている。

図10-1-2は1人当たり生産と出生率の関係である。インドの1人当たりGNPは中国よりも低く，1996年の1人当たり名目GNPの米ドル評価水準は380ドルで同年の中国の半分にすぎない。経済発展による社会経済的変化がないがゆえにこうした高出生率が続いているのであるが，問題はそれにとどまらない。インドは世界で最も早い1952年から家族計画に取り組んできた国である。家族計画が効果的であれば出生率はもっと低下していたはずである。中国の1人当たりGNPがインドの倍あるといっても750ドルであり，経済発展が人口転換を強力に推進できる力は弱く，それゆえ中国は強制的な人口抑制策を導入したのである。インドも状況は同じであったが，その家族計画は中国と異なり高い効果をもたらさなかった。

図10-1-3の人口ピラミッドで人口転換の推移

図10-1-4 インドの出生時平均余命と出生率（1951～95年）

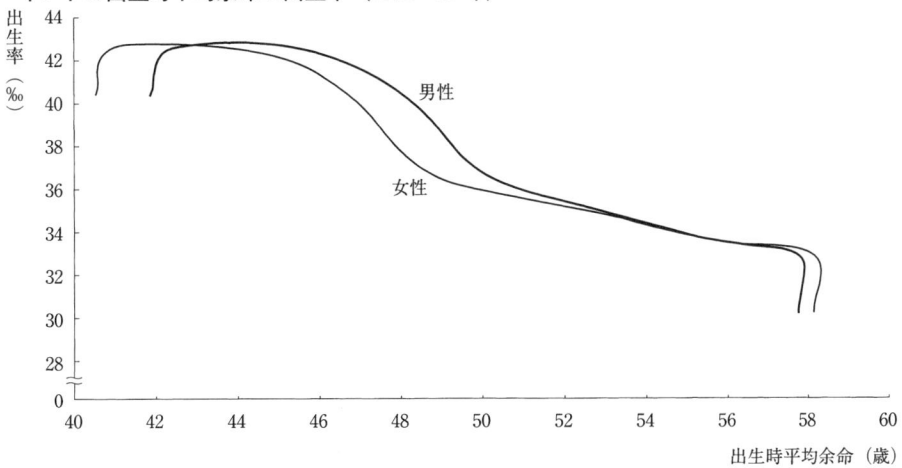

（出所）巻末の統計による。

をみると，1951年，1961年，1970年の三時点では「富士山型」の構造であり，しかも次第に裾野部分が拡大する変化を示している。若年従属人口比率は1951年の63.5%から1961年73.4%，1970年75.3%に増加し，高出生率を反映して年々多くの子供が誕生した。1980年，1990年，1993年には若年従属人口比率が69.5%，59.7%，58.1%へと低下した。人口ピラミッドは「富士山型」からマレーシアでみられた「山型」に変化している。「富士山型」の人口ピラミッドでは多くの子供が生まれるが，年齢の上昇とともに同世代の人口は死亡して急速に少なくなるがゆえに，奇麗な成層形になっている。しかし出生率の低下と平均余命の延び等により形状が変化する。インドで「富士山型」が壊れたのは出生率の低下と平均余命の延びから裾野が狭くなる一方で，かつて生まれた人々の死亡率が低下したために下位から中部さらに上部の部分が膨れて「山型」に変化した。出生率が東アジアのように大きく低下しないがゆえに裾野がいまだ広く，平均寿命の延びのために「山型」に変化した。図10-1-4の出生率と出生時平均余命をみると，平均余命の延びにともなって出生率が低下していることがわかる。しかし平均余命は男女ともいまだ60歳に達しておらず，これがさらに延びるならば各年齢の人口シェアが平均化して「山型」から「台形」のように変化することが予想される。

(2) 人口政策

インドは，第一次五カ年計画（1951～56年）から650万ルピーの予算を組んで家族計画を実施した[3]。人口の70%が農業に従事し，土地をもたない小作，農業労働者，失業者が多く，都市近代部門の発展による農村過剰人口の解消，土地所有制の改善，さらに出生率の低下が計画の目標であっ

---

3) インドの政治，経済，人口に関しては以下を参照した。P. Bardhan, *The Political Economy of Development in India*, Oxford, Basil Blackwell, 1984 ; J. N. Bhagwati, and P. Desai, *India : Planning for Industrialisation—Industrialisation and Trade Policies since 1951*, London, Oxford University Press, 1970 ; J. N. Bhagwati and T. N. Srinivasan, *Foreign Trade and Economic Development : India*, New York, Columbia University Press, 1975 ; S. Chakravarty, *Development Planning : The Indian Experience*, London, Oxford University Press, 1987（黒沢一晃・脇村孝平訳『開発計画とインド』世界思想社，1989年）; P. C. Mahalanobis, *The Approach of Operational Research to Planning in India*, Bombay, Asia Publishing House, Calcatta, Statistical Publishing Society, 1963 ; B. R. Nayar, *The Political Economy of India's Public Sector*, Bombay, Popular Prakashan, 1990 ; S. N. T. Sudhanshu, *Industrial Licensing Policy and Growth of Industries in India*, New Delhi, Deep & Deep Publications, 1986 ; 小島眞『現代インド経済分析』（勁草書房，1993年），山崎恭平『インド経済入門』（日本評論社，1997年），佐藤宏編『南アジア：政治・社会』（アジア経済研究所，1991年），河野稠果編『発展途上国の出生率低下』（アジア経済研究所，1992年）。

た。戦前期から死亡率は低下し出生率は高かった。農村を疲弊から救うには出生率を減少させることが必要であった。しかしこの時期は家族計画の試行段階であり，貧しく教育水準の低い人々にこれまでと異なる選択をさせることは難しかった。家族計画は家族の健康と福祉を意図し，子供の数の制限や出生間隔をあけることが母子の健康にとって望ましいとして国立病院やヘルスセンターを通じた診療サービスを提供し，また費用がかからないというという理由でリズム法の導入が検討された。

第二次五ヵ年計画（1956～61年）では予算規模も4970万ルピーに増加され，避妊具の配布や不妊手術が行われた。しかし年平均で40万弱の人が実施しただけであった。この時期の家族計画の中心的手法は，政府および民間による家族計画病院を開設し，女性の指導員を通じて女性に避妊サービスを提供することであった。そのため人材養成，家族計画病院や研究施設への助成が実施された。1961年人口センサスで予想を上回る人口増加率を記録し，これが危機感をもたらして第三次五ヵ年計画（1961～66年）の予算規模は2億4900万ルピーに拡大された。手法も診療的アプローチから多角的アプローチに転換された。各州に家族計画のために機関が置かれ，避妊教育，地域別の避妊方法，情報提供等がなされた。農村地域における巡回サービスが重視された。出産の介助を行っていた産婆（ダイ）の再教育，伝統志向が強い農村社会で女性がサービスを受けやすいよう人材（女性）の配置が工夫された。避妊の方法は自由に選択できるカフェテリア方式が当初に採用されたが，不妊手術とIUD（子宮内挿入器具）に限られた。第三次五ヵ年計画終了時にインドは経済危機に直面し，1966～69年は年次計画に変更された。年次計画期の予算は7.04億ルピーと第三次五ヵ年計画の2.8倍になり，総予算の1.1％と初めて1％を超えた。予算の拡大だけでなく1966年には家族計画局が設置され同計画を重視する姿勢が示された。

第四次五ヵ年計画（1969～74年）は予算規模は27.8億ルピー（総予算の1.8％）に拡大された。1971年の人口センサスにより依然として高い出生率と人口増加が続いていることがわかり，出生率を10～12年以内に25‰以下に低下させることが目標として掲げられた。このため家族計画局がすべての地域に設置され，IUDと不妊手術の無料化，諸経費および交通費の補償等が実施された。また議会は1971年に人工妊娠中絶法を通過させ，1972年4月1日からは妊娠中絶を自由化し，この法律により妊娠3ヵ月までは避妊の失敗を含めて医学的，社会的，経済的理由による人工妊娠中絶が認められた。1972年の不妊手術の実施者は300万人を超え，第四次五ヵ年計画期間の不妊手術実施者は900万人に達した。IUDの実施者は215万人であった。第五次五ヵ年計画（1974～79年）では予算規模を49.1億ルピー（総予算の1.2％）に拡大し，1976年4月に「新人口政策」を発表して強力に人口抑制を進めた。法定婚姻年齢を女性は15歳から18歳へ，男性は18歳から21歳に引き上げた。

1975年からインディラ・ガンディー首相の強権発動を認める非常事態宣言がなされ，強権的な人口抑制政策が実行された。新人口政策では不妊手術を奨励し，子供の数は2～3人が望ましいとして不妊手術を受けた者に金銭的補償を与えた。強制的不妊は国家レベルでは法制化できないが，各州政府では法制化の機が熟していると判断できるならば可能であるとされた。子供の数を3人に制限し，カースト，宗派等に関係なく適用すべきであるという声明が発表された。金銭補償の有効性と強制不妊手術の実施により1976/77年の不妊手術を受けた者は825万9,000人に達した。新人口政策は，経済成長が人口増加によって阻害される低水準均衡の罠を想定し，経済発展と教育水準の上昇が出生率低下をもたらすまでの時間的余裕はインドにはないとみなした。貧困と人口増加の悪循環を断ち切るためには強制的な人口抑制を導入しなければならないとされた。しかし中国のような一党独裁ではないインドでこうした強権的な人口抑制は容易に受け入れられない。多様な民族，宗教，地域性を有するインドで，しかも選挙制度による政党政治が行われている状況では，強制的

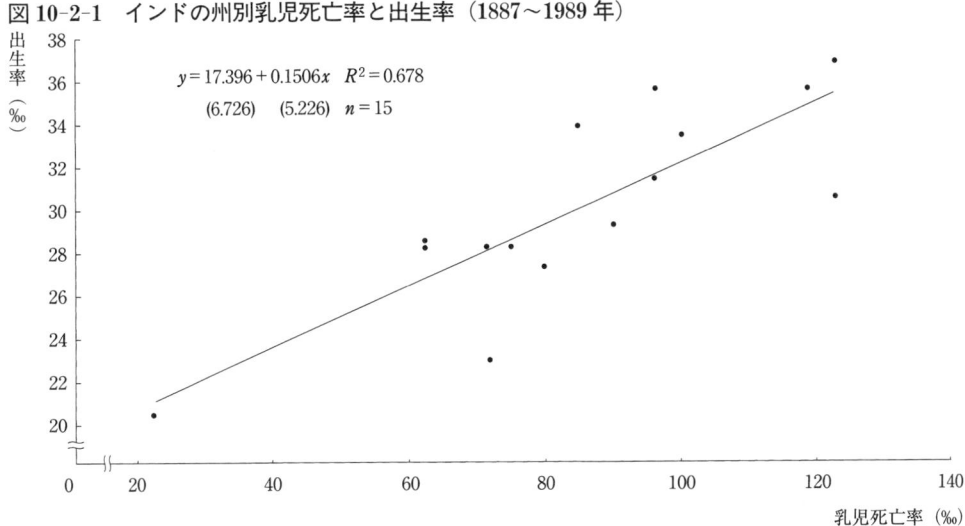

第10章　インド

図 10-2-1　インドの州別乳児死亡率と出生率（1887〜1989年）

$y = 17.396 + 0.1506x \quad R^2 = 0.678$
$(6.726) \quad (5.226) \quad n = 15$

（出所）Central Statistical Organization, *Statistical Abstract India*, New Delhi, Various Years.

方法は反発を受けざるをえない。第五次五ヵ年計画中の1977年3月の総選挙でインディラ・ガンディー率いる国民会議派は惨敗し，ジャナタ党が政権の座についた。

ジャナタ党は家族計画を家族福祉計画に名称変更し，女性の権利保障等の総合政策の中に家族計画を位置づけた。1977年3月に発表された「人口政策に関する声明」では，避妊・不妊という狭義の家族計画ではなく，子供の数に関する決定は自由意志にもとづくべきことを提唱した。また1979年に第六次五ヵ年計画（1980〜85年）の政策目標として，1996年までに純再生産率を1とすることが決定された。しかし貧しいがゆえに子供を多く生むことの価値が高いインドで，自由意志による人口抑制は効果を発揮しない。ジャナタ党の政権は短期的に終了し，1980年にインディラ・ガンディーが復帰した。第六次五ヵ年計画は修正され，強制的な家族計画は避けられたが，州別の出生力格差から女性の教育の水準が重視されることになった。また前回の失敗を踏まえて個人の意志を尊重した家族計画を実施し，広範な行政サービスを提供して人口抑制を図ることをめざした。こうしたインドの人口政策は今日まで続けられたが，出生率の低下はいまだ十分ではない。自然増加率は1966年でも16.0‰であり，中国の10.0‰，世界平均の13.0‰を上回る。その要因として第七次五ヵ年計画（1985〜90年）で指摘されたのは，家族計画に関する施設が不十分，乳幼児死亡率が高い，母子の死亡率が高い，政治・社会・文化的な制約である等である。子供の数を減らしても子供の生存率が低いならば，家族計画への賛同は得られない。また政治・社会・文化的な制約は，経済発展が伝統的な社会構造を壊すほどに強力でないことによる。こうした経緯を端的に示す統計が乳児死亡率と女性の識字率である。1987〜89年平均の州別出生率はケーララ州の20.5‰が最低，ウッタル・プラデーシュ州が最高の37.4‰であり，倍近い差が生じている[4]。

図10-2-1は州別の乳児死亡率と出生率の関係を示している。乳児死亡率の高い州ほど出生率が高いことがわかる。各種支援政策により人口抑制を推進したとしても，子供の生存率が低ければ両

---

4) インドの各種統計は以下を利用した。Central Statistical Organization, *Statistical Abstract India*, New Delhi, Various Years ; Ministry of Finance, *Economic Survey*, New Delhi, Various Years ; Government of India, *Five Year Plan*, New Delhi, Various Issues ; The World Bank, *Poverty Reduction in South Asia : Promoting Paticipants by the Poor*, Washington, D. C., 1994 ; The World Bank, *Gender and Poverty in India*, Washington, D. C., 1994.

分　析

図 10-2-2　インドの乳児死亡率と出生率（1971～95 年）

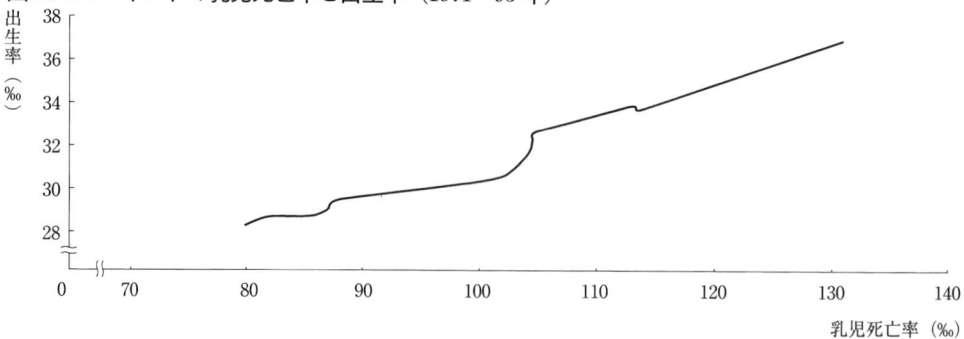

出生率（‰）

乳児死亡率（‰）

（出所）　巻末の統計による。

図 10-2-3　インドの州別女性識字率（1991 年）と出生率（1987～89 年平均）

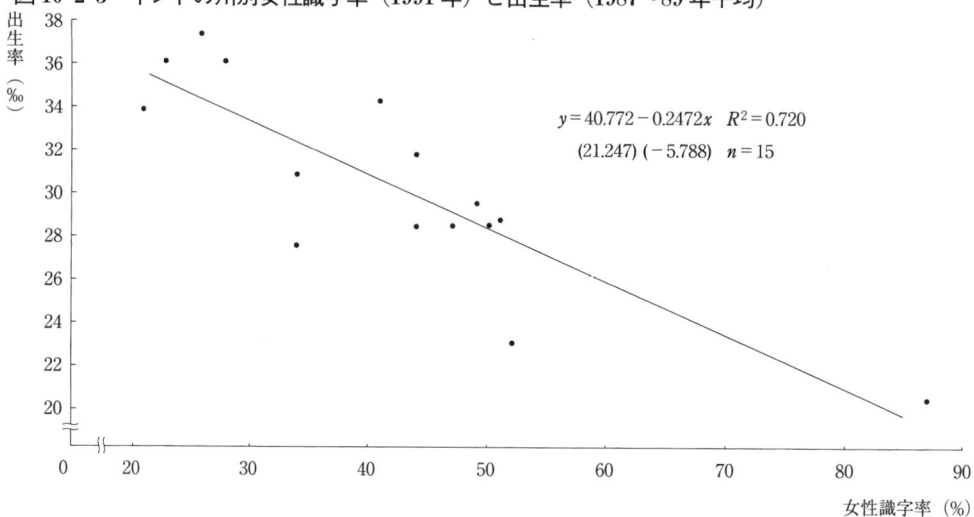

出生率（‰）

$y = 40.772 - 0.2472x \quad R^2 = 0.720$
$(21.247)\ (-5.788) \quad n = 15$

女性識字率（%）

（出所）　Central Statistical Organization, *Statistical Abstract India*, New Delhi, Various Years.

図 10-2-4　インドの女子中等教育就学率と出生率（1970～85 年）

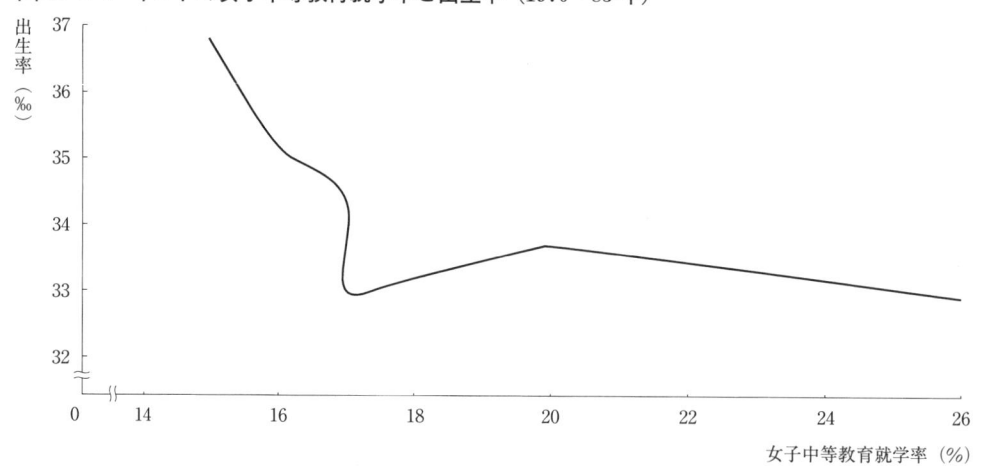

出生率（‰）

女子中等教育就学率（%）

（出所）　図 10-2-3 に同じ。

第10章 インド

親はかつてと同様に多くに子供をもちたいと希望する。インドではケーララ州を唯一の例外として乳児死亡率が高い。図10-2-2のインド全体の乳児死亡率と出生率の関係をみると、乳児死亡率が出生率に大きく影響していることがわかる。乳児死亡率がいまだに高く、ゆえに家族計画を受け入れる余地が乏しく、出生率が高い。女性の教育水準に関しても同様であり、図10-2-3の州別の女性識字率と出生率は強い関連性を示し、ケーララ州を例外として各州の女性の識字率は低い。図10-2-4の女性の中等教育就学率は東アジアのそれと比較してもかなり低い。

インドでは今日まで人々の自主性を尊重して人口抑制政策を展開してきた。発展途上国の経済発展と家族計画を相関させたボンガーツ等の分析では、インドは経済発展の水準は低いが家族計画はNIESや中国と同様に強力であると評価されている[5]。しかしNIESや中国ほどに成果があがってない。これはインドでは経済発展がともなっていないこと、ならびに乳児死亡率や女性識字率の水準に示されている人口抑制が受け入れられる社会的条件が整っていないことによる。1991年人口センサスによると総人口は8億4393万人であり、1981年センサスから1991年センサスまで年平均人口増加率は2.1%であった。1971年と1981年のセンサス間の増加率は2.2%であった。家族計画の効果は人口増加率を0.1%ポイント引き下げただけであった。

(3)州別格差

図10-3-1は合計特殊出生率と出生率の相関関係を示す。合計特殊出生率の低下にともなって出生率が低下した。合計特殊出生率と出生率は長きにわたって家族計画を実施してきたにもかかわらず依然として高水準である。その理由は前述したように高い乳児死亡率と女性の教育水準等にある。乳児死亡率と女性の問題に関して、同じく人口大国で家族計画を続けてきた中国と比較してみよう。出生率(1996年)[6]はインドが25.0‰、中国は17.0‰、合計特殊出生率はインド3.1に対して中国は1.9であり、インドは中国の約1.5倍の高水準にある。乳児死亡率はインド65‰、中国33‰、幼児死亡率はインド85.0‰、中国39.0‰である。乳児死亡に影響する予防接種の実施状況(1歳未満人口に対する接種人口比率(1995年))は、はしかがインド84.0%、中国89.0%、DPT(ジフテリア、百日ぜき、破傷風)はインド86.0%、中国92.0%であり、予防接種は両国とも高水準で両国で大きな相違はない。衛生的トイレへのアクセス可能な人口比率(1995年)はインド29.0%、中国19.0%で両国とも低く、むしろインドの方が高い。安全な水へのアクセス可能人口比率(1995年)はインド29.0%に対して中国は90.0%である。伝染病は非衛生的なトイレと水が結びついて生じる。衛生状況はインドの方が劣悪である。

乳幼児死亡率の差を説明する統計は5歳以下乳幼児の栄養状態である。1990~96年平均の劣位栄養状態にある乳幼児の比率はインド66.0%、中国16.0%であり、衛生状態と栄養状況が乳幼児死亡率の大部分を説明する。インドの1991年センサスで乳児死亡率80.0‰のうち生後4週間未満の死亡率が51.0‰、4週間以上1年未満が29.0‰であり、多くの乳児死亡者は1ヵ月未満で死亡している。また女性が妊娠期間ないし出産時に死亡する比率(10万人当たり死亡数(1990~96年平均))はインド437、中国115であった。避妊普及率(1990~96年平均)はインド43%、中国85%であり、また1990/91年にインドで不妊手術を受けた人数は244万8,000人(中国は1995年統計であるが488万1,000人)、IUDは319万3,000人(中国1478万2,000人)であった。さらに0~14歳人口の増加率(1990~96年)はインド0.9%に対して中国は0.1%であった。このようにインドでは衛生、栄養状態の改善状況が悪く乳

---

[5] J. Bongaarts and W. P. Mauldin, "The Demografic Impact of Family Planning Programs," *Studies in Family Planning*, Vol. 21, No. 6, June 1990.

[6] インドと中国の比較統計は以下を利用した。The World Bank, *World Development Indicators*, Washington, D. C., 1998.

分　析

図10-3-1　インドの合計特殊出生率と出生率（1950～95年）

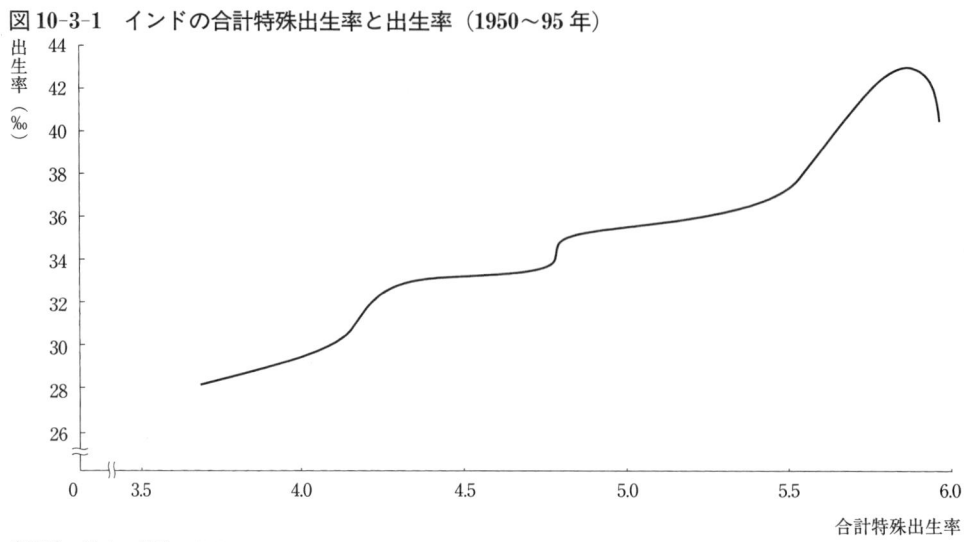

（出所）　巻末の統計による。

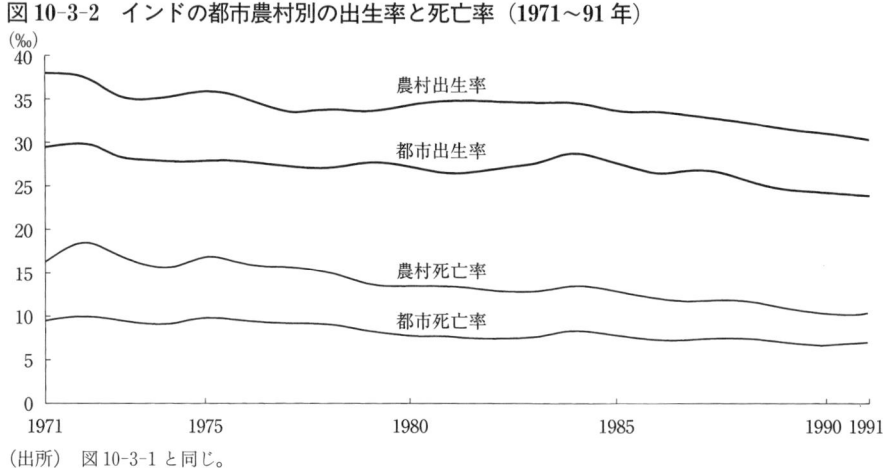

図10-3-2　インドの都市農村別の出生率と死亡率（1971～91年）

（出所）　図10-3-1と同じ。

幼児死亡率も高いがゆえに，人口抑制する家族計画が容易に国民に受け入れられないのである。

国際機関が女性の地位向上，教育水準の向上，社会進出を促す努力を行ってきたのは，女性問題の改善が出生に関する女性および社会的観念に影響して出生率を低下させるからである。先進国や東アジアの事例がこのことを示している。インドでは前述した識字率にあらわれているように女性の社会環境は劣悪である。女性の非識字率（1995年）は62％であり，中国の27％の倍以上である。女性の経済活動人口に占める農業を中心とした第一次産業の比率（1994年）はインド74％に対して中国も76％であり，伝統的な農業社会に多くの女性がいるがゆえに非識字率が高いとはいえない。インドの就学女性の比率（1994年）は，初等教育43％（中国47％），中等教育38％（中国44％），中等職業教育13％（中国46％）と，教育機会は中国に比較して低い。

インドの乳児死亡率，女性の識字率は州によって大きく異なる。1991年人口センサスによると乳児死亡率は都市53‰，農村87‰，州ごとにみた都市・農村乳児死亡率で都市の最大は74‰（最小16‰），農村の最大129‰（最小17‰）であった。都市農村の格差よりも農村間，都市間，つまり州別の違いが大きい。図10-3-2は都市，農村の出生率と死亡率をあらわす。都市・農村と

もに高い。また合計特殊出生率も都市 (2.7) と農村 (3.9) 間よりも州別の格差が大きく、ケーララの 2.8 に対してウッタル・プラデーシュは 5.8 であった。州別格差はその経済状況を反映している。インド (1992 年) で 1 日 1 ドル未満の所得しか得られない人口の比率は 52.5%、中国 (1995 年) は 22.2%、2 ドル未満はインド 88.8%、中国 57.8% であった。インドの国内統計で貧困線以下の人口比率 (1987/88 年) は全体で 29.9%、州別にはパンジャーブ 7.2%、ハリヤナ 11.6%、ケーララ 17.0% が少ない三大州、オリッサ 44.7%、ビハール 40.8%、マディヤ・プラデーシュ 36.7% が多い三大州である。

この 6 州の出生率と死亡率 (1987〜89 年) はパンジャーブ 28.5‰ (出生率)〜8.3‰ (死亡率)、ハリヤナ 34.3‰〜9.0‰、ケーララ 20.5‰〜6.1‰、オリッサ 30.9‰〜12.6‰、ビハール 36.1‰〜12.6‰、マディヤ・プラデーシュ 36.1‰〜13.4‰ であった。また 1982〜2000 年の人口予想で計測された 1991 年の人口とセンサスによる実際人口とを比較すると、貧困人口が少ない三州では合計でマイナス 90 万であったが、貧困人口の多い三州ではプラス 210 万であった。貧しいがゆえに死亡率が高く、これを補うために出生率が高く、それがゆえに貧しいという悪循環が生じている。また病院および診療所の 1,000km² 当たり数 (1989 年) はパンジャーブ 38.1、ハリヤナ 6.6、ケーララ 106.4、オリッサ 3.3、ビハール 4.2、マディヤ・プラデーシュ 1.6、女性の中等教育就学率 (1987/88 年、クラス 6〜8) はパンジャーブ 56.5%、ハリヤナ 44.1%、ケーララ 95.7%、オリッサ 28.4%、ビハール 17.1%、マディヤ・プラデーシュ 29.0% である。家族計画や教育に関する施設が充実しているか否かが州別格差に影響している。家族計画における不妊手術や避妊具の普及率はパンジャーブ 74.2%、ハリヤナ 58.3%、ケーララ 51.9%、オリッサ 40.7%、ビハール 26.3%、マディヤ・プラデーシュ 40.2% であった。

インドの人口抑制が成果をあげられないのは、乳幼児死亡率が高く人々がこれを積極的に受け入れる環境にないからである。また女性の識字率、教育水準に示されているように女性を取り巻く社会環境もなお劣悪である。

(4) 貧困と経済開発

国連が発表したインドの人口推計によると、2000 年の推計人口にもとづいて純再生産率が 1 になり、静止人口に達するまでに増える人口が 7 億 2400 万人である[7]。その時点でインドの人口規模は 16 億人を上回る。これだけの人口を吸収できるのかどうかが課題である。この予測人口はこれまでの合計特殊出生率低下を将来に引き延ばしたものであり、前述した家族計画の欠点が解消されて合計特殊出生率が低下するならば人口規模は小さくなろう。しかし今後も人口は増加し、これに経済発展がともなわないならば多くの貧しい人々が増殖するであろう。インドの 1986/87 年のエンゲル係数は 65.7%、最も高いのがビハールで 73.9%、低いのがパンジャーブで 59.1% であった。しかし比較年および統計の内容は異なるが、1996 年ではインドネシア 45%、フィリピン 33%、タイ 23% であり、これと比べてインドの水準はかなり高い[8]。にもかかわらず今後も人口増加率は高いと予想されている。インドは人口増加率の低下により人口転換をさらに進展できるのであろうか。基本は前述した乳幼児死亡率の低下、女性の社会環境改善をいかに実現するかにある。

インドの経済発展は社会主義国のそれに類似し、厳しい規制により運営されてきた。その弊害が長らく指摘されてきたが、改革は徐々にしか進展しなかった。これが大きく変わったのが、1991 年 6 月の総選挙で勝利した国民会議派のナラシマ・ラオ政権においてである。ラオ政権は同年 7 月に新経済政策を発表し、経済安定化と自由化・構造改善を表明した。1991 年に公営企業に指定されていた 17 業種を 8 業種に減らし、1993 年にはこれを 6 業種にした。また産業認可制度は事実上廃止

---

7) United Nations, *World Population Prospects*, New York, 1998.
8) The World Bank, *World Development Indicators*, Washington, D. C., 1998.

された。産業認可が必要な業種は1993年には15業種にまで減らされた。さらに1991年には「独占・制限的取引慣行法」が改正された。大企業の経済活動の規制はすでに緩和されていたが，現実には手続きの煩雑性，認可当局の恣意性から十分ではなかった。これを事前の許認可を不必要とし，マーケット・シェア25%以下であれば拡張や多角化も認められるようにした。小企業に留保されている業種でも，輸出生産であれば弾力的に認められることになった。こうした政策が第八次五ヵ年計画の基本であり，計画は1992/93年から始まり経済成長率は1年目が5.1%，2年目が5.0%，3年目には6.3%を記録した。ラオ政権の自由化はこれ以前の自由化よりも徹底したものだとみなす研究者が多い。その理由は，公企業の制限や独占の容認以上に，貿易および外資政策の自由化によるところが大きい。

ラオ政権は新経済政策により貿易制限政策を大胆に変更した。関税率は1991年の加重平均で87%（農産物70%，消費財164%，中間財117%，資本財97%）から1996年には27%（農産物15%，消費財39%，中間財24%，資本財30%）へと大幅に引き下げられ，最高税率も50%となった。輸入許可制においてもネガティブ・リストが導入され，手続が簡素化された。国家貿易公社を経ることなく民間企業の輸入を可能にし，段階的国産化計画の撤廃もなされた。輸出の阻害要因が除去されたために製造業品輸出が拡大し，輸出に占める製造業品比率は1985年58.6%，1990年70.4%，1995年76.5%に上昇した。

インドへの外資流入は，分野が限られ，配当金や送金に関する規制が厳しく，段階的な国産化義務を課せられ，政府も合弁や直接投資よりも技術提携を奨励し，資本提携の外資比率は原則的に40%以下にする，といった厳しい条件が課されてきた。新経済政策ではこれを大幅に転換した。外資優先分野への出資比率の上限が41%からは51%以下に引き上げられた。優先分野は当初の34業種から35業種，1996年には16業種が追加された。優先分野のうち9業種（発電，送電，道路，港湾等）では74%までの出資が自動的に認可された。小規模企業に留保されてきた分野へも24%を上限に投資を認め，資本市場への外国機関投資家の投資が可能となった。海外送金規制も段階的に緩和され，先端分野の段階的国産化は1991年7月以降の進出企業には適用されないことになった。

インドへの直接投資は1991年から増加し，1986～90年の6億1000万ドルから1991～95年に190億6000万ドルに達した[9]。1991～95年の

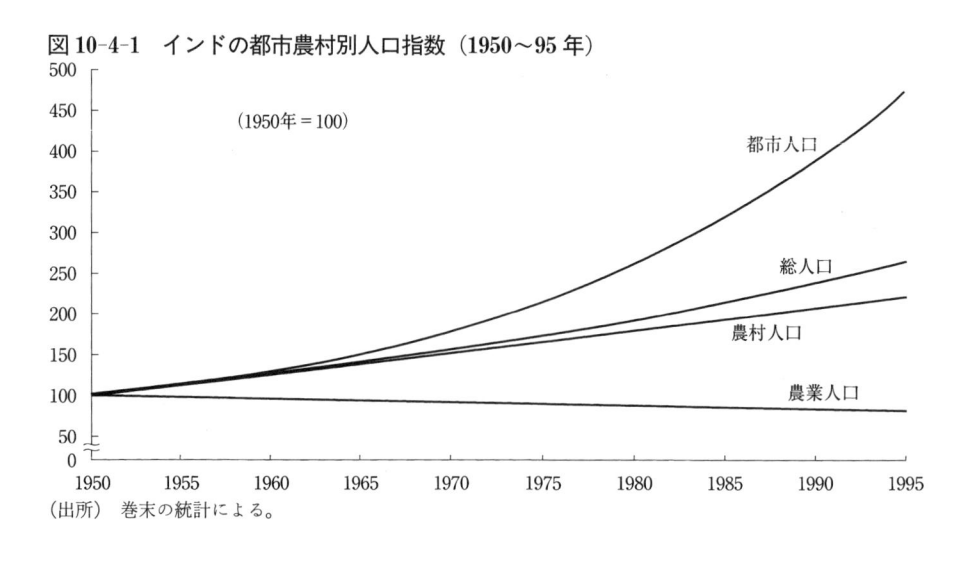

図10-4-1 インドの都市農村別人口指数（1950～95年）

（出所）巻末の統計による。

---

9) 日本貿易振興会『ジェトロ白書―投資編―』各年版。

投資国は米国25.9％，EU 18.6％，ASEAN（シンガポールを含む）11.0％，日本4.8％，NIES 2.1％，分野別では通信（30.3％），石油・エネルギー（19.7％）の2部門に集中した。製造業付加価値構成もこれを反映して化学と電機機械のシェアが拡大した。また製造業の構造は化学のシェアがさらに拡大する一方で鉄・非鉄製品のシェアが減少し，食品や機械関連のそれが増加し自由化にともない産業構造が変化した。インドも中国と同様に海外に住む印僑を擁し，この数は推計1200〜1300万人にのぼる。彼らのインドへの直接投資はマレーシアやシンガポールから行われているが，なお少ない。華僑が台湾，香港，シンガポール，ASEAN諸国で工業資本を蓄積してきたのに対し，印僑は小規模の商業資本が中心であった。

インドは貿易収支，経常収支ともにほぼ赤字が継続し，対外債務は1997年に1000億ドルを超え，デッド・サービス・レシオは20〜30％であった。国内企業の競争力強化，外資流入増加，輸出拡大による経済のファンダメンタルズの改善を求めて残存する多くの規制を自由化する方向に進んだ。自由化は国内市場の拡大を阻害してきた要因を取り除き，分断された内的経済関係の拡大を狙っている。

図10-4-1のようにインドでも都市近代部門の発展にともなって都市への人口移動が拡大した。しかしインドの近代部門は停滞的であり，また社会主義的工業化路線を継続してきたために雇用吸収力が弱かった。総人口に占める都市人口の比率は1980年の23％から1996年に27％とわずか増加しただけである。自由化政策による高成長は都市近代部門の発展と都市在住者の生活を改善し，農村の人々を都市に引きつける。1988/89年の都市の消費支出の農村に対する比率は152.4％，また耐久消費財への支出が最高の州（パンジャーブ）と最低の州（ビハール）との格差は11.3倍であった。今後も人口増加が続くであろうインドの農村部では，土地を保有できない家計数の増加，あるいは土地の細分化が生じる可能性が高い。インドの農家平均耕地面積は1970/71年の2.30ヘクタールから1976/77年2.00ヘクタール，1980/81年1.84ヘクタール，1985/86年1.68ヘクタールとなり，この期間に27％減少した。農村人口の増加による耕地の細分化は貧困人口の増加，その都市への移動をもたらすことになる。通常ならば人口移動は都市近代部門の発展とともに増加するのであるが，人口が急増してきた発展途上国は運輸通信手段の発展にも促され，発展をともなわない人口移動を経験してきた。人口がなお増加するとみなされるインドの状況は厳しい。

統　　計

Ⅰ 人口規模

統　　計

表 I-1　人口規模〈総数〉：1950〜95 年① （単位：百万人）

	アフガニスタン	オーストラリア	バングラデシュ	ブータン	ブルネイ	カンボジア	中国	クック諸島
1950	11.900	8.180	40.574	0.580	0.042	4.163	551.960	0.014
1951	12.010	8.420	42.423	0.590	0.044	4.261	563.000	0.015
1952	12.160	8.640	43.233	0.600	0.046	4.364	574.820	0.015
1953	12.340	8.820	44.059	0.610	0.048	4.472	587.960	0.015
1954	12.530	9.000	44.900	0.620	0.052	4.584	602.660	0.015
1955	12.730	9.200	45.758	0.620	0.056	4.702	614.650	0.015
1956	13.000	9.430	46.632	0.630	0.061	4.825	628.280	0.016
1957	13.100	9.640	47.522	0.640	0.065	4.935	646.530	0.016
1958	13.330	9.840	48.432	0.650	0.069	5.085	659.940	0.016
1959	13.560	10.060	49.355	0.660	0.075	5.222	672.070	0.017
1960	13.800	10.280	53.137	0.670	0.080	5.364	662.070	0.017
1961	14.040	10.550	54.531	0.690	0.085	5.510	658.590	0.018
1962	14.290	10.740	55.961	0.700	0.090	5.660	672.950	0.018
1963	14.540	10.950	57.429	0.720	0.088	5.815	691.720	0.018
1964	14.790	11.170	58.936	0.730	0.096	5.976	704.990	0.018
1965	15.050	11.390	60.482	0.750	0.100	6.142	725.380	0.019
1966	15.550	11.600	61.940	0.960	0.110	6.313	745.420	0.020
1967	15.900	11.800	63.430	0.980	0.110	6.489	763.680	0.020
1968	16.330	12.010	64.950	1.000	0.120	6.671	785.340	0.020
1969	16.700	12.260	66.520	1.030	0.120	6.861	806.710	0.020
1970	17.090	12.510	68.120	1.060	0.130	*6.938*	825.810	0.020
1971	17.480	12.760	69.770	1.070	0.140	*6.970*	840.030	0.020
1972	17.880	13.180	72.390	1.090	0.140	*7.002*	854.210	0.020
1973	18.290	13.380	74.370	1.110	0.150	*7.034*	868.250	0.020
1974	11.480	13.600	77.030	1.140	0.150	*7.066*	881.990	0.020
1975	11.780	13.770	78.960	1.160	0.160	*7.098*	927.720	0.020
1976	12.080	13.920	80.820	1.190	0.180	*6.974*	942.800	0.020
1977	12.400	14.070	82.720	1.210	0.190	*6.852*	957.400	0.020
1978	12.719	14.359	84.855	1.204	0.201	*6.732*	970.700	0.019
1979	15.551	14.516	86.643	1.225	0.179	*6.614*	983.400	0.018
1980	15.951	14.695	88.678	1.246	0.185	*6.498*	996.100	0.018
1981	16.363	14.923	90.457	1.267	0.193	*6.698*	1011.200	0.017
1982	16.786	15.178	92.585	1.289	0.200	*6.904*	1026.500	0.017
1983	17.222	15.379	94.651	1.312	0.208	*7.117*	1039.600	0.017
1984	17.672	15.556	97.273	1.345	0.211	*7.336*	1054.900	0.018
1985	18.136	15.788	99.434	1.376	0.218	*7.562*	1070.200	0.018
1986	18.614	16.018	101.673	1.410	0.225	7.819	1086.700	0.017
1987	15.219	16.263	102.563	1.531	0.232	7.919	1104.200	0.017
1988	15.513	16.518	104.532	1.573	0.239	8.172	1121.900	0.018
1989	15.814	16.814	106.507	1.612	0.246	8.430	1136.200	0.018
1990	16.121	17.065	109.765	1.645	0.253	8.568	1155.300	0.018
1991	16.433	17.284	109.880	1.672	0.260	8.807	1170.100	0.019
1992	16.276	17.489	113.223	1.693	0.268	9.054	1183.600	0.019
1993	17.322	17.656	114.844	1.713	0.276	9.308	1196.400	0.019
1994	18.470	17.838	116.493	1.738	0.285	9.568	1208.800	0.019
1995	19.661	18.049	118.229	1.770	0.296	9.836	1221.500	0.019

（出所）　United Nations, *Demographic Yearbook*, New York, United Nations Publications, Various Years（国際連合統計局編『世界人口年鑑』，原書房，各年版）；中国国家統計局人口統計与就業統計司編『中国人口統計年鑑』中国統計出版社，各年版；行政院主計處編『中華民国統計年鑑』行政院出版署，各年版；United Nations Economic and Social Committee for Asia and the Pacific, *United Nations Statistical Yearbook for Asia and the Pacific*, Bangkok, Thailand, United Nations Publications, Various Years；The World Bank, *World Development Indicators*, Washington, D. C., World Bank Development Data Center, Various Years.
（注１）　基本的には，*Demographic Yearbook* に基づき作成。中国は一部，台湾は全部について自国統計を使用。

I 人口規模

フィジー	香港	インド	インドネシア	イラン	日本	ラオス	
0.294	1.974	358.290	76.000	16.276	82.900	1.949	1950
0.302	2.020	360.180	77.270	16.667	84.240	1.985	1951
0.313	2.130	366.300	78.840	17.067	85.500	2.023	1952
0.323	2.240	372.750	80.450	17.476	86.690	2.063	1953
0.333	2.360	379.570	82.120	17.896	87.980	2.103	1954
0.345	2.490	386.610	83.860	18.325	89.020	2.146	1955
0.346	2.610	394.210	85.650	19.260	89.950	2.190	1956
0.361	2.740	402.220	87.510	19.800	90.730	2.236	1957
0.374	2.850	410.680	89.440	20.350	91.550	2.220	1958
0.388	2.970	419.610	91.440	20.930	92.430	2.280	1959
0.394	3.060	429.020	93.510	21.520	93.220	2.340	1960
0.407	3.170	439.000	95.570	22.130	94.060	2.390	1961
0.421	3.350	449.640	97.750	22.770	94.930	2.450	1962
0.434	3.500	460.490	100.040	23.430	95.900	2.510	1963
0.449	3.590	471.620	102.420	24.080	96.900	2.570	1964
0.464	3.690	486.650	104.880	24.810	97.950	2.630	1965
0.480	3.630	493.390	107.430	25.540	99.790	2.690	1966
0.480	3.720	504.350	110.080	26.300	100.830	2.760	1967
0.500	3.800	515.600	114.150	27.080	101.960	2.830	1968
0.510	3.860	527.180	117.610	27.890	103.170	2.890	1969
0.520	3.960	539.080	121.200	28.660	104.340	2.960	1970
0.530	4.050	551.020	117.890	29.780	105.600	3.030	1971
0.540	4.120	563.530	125.640	30.410	107.190	3.110	1972
0.550	4.210	575.890	128.800	31.230	108.710	3.180	1973
0.560	4.320	588.300	132.000	32.500	110.160	3.260	1974
0.570	4.400	600.760	135.690	33.380	111.570	3.300	1975
0.590	4.440	613.270	138.240	33.660	112.770	3.380	1976
0.600	4.510	625.820	140.710	34.570	113.860	3.460	1977
0.609	4.668	646.000	139.800	36.109	114.913	3.126	1978
0.621	4.930	660.000	143.043	37.201	115.890	3.160	1979
0.634	5.063	675.000	146.362	39.297	116.807	3.206	1980
0.647	5.183	690.000	149.701	40.853	117.661	3.266	1981
0.663	5.265	705.000	153.048	42.480	118.480	3.338	1982
0.672	5.345	720.000	156.446	44.181	119.307	3.419	1983
0.686	5.398	736.000	161.580	45.798	120.083	3.497	1984
0.697	5.456	750.859	164.630	45.914	120.837	3.594	1985
0.714	5.525	766.135	168.348	49.445	121.492	3.701	1986
0.721	5.581	783.730	172.010	50.622	122.069	3.819	1987
0.720	5.628	800.496	175.589	51.909	122.578	3.943	1988
0.752	5.686	817.488	179.136	53.187	123.069	4.072	1989
0.731	5.705	834.697	179.483	54.496	123.478	4.202	1990
0.741	5.752	851.661	181.385	55.837	123.921	4.332	1991
0.746	5.801	867.818	184.492	57.153	124.324	4.463	1992
0.771	5.901	883.910	187.589	58.481	124.670	4.597	1993
0.784	6.035	913.495	190.676	59.648	124.961	4.736	1994
0.796	6.156	929.005	194.755	60.365	125.197	4.882	1995

(注2) 最新年次で記述のない，一部の国の過去のデータに関しては，過去の版のデータを用いた。その際には ESCAP, World Bank などのデータと比較し，検討を加えている。
(注3) データ上の問題から推計で計算されたのは次の二国である。カンボジア1970〜84年：World Bank のデータによる推計，ベトナム1960〜80年：World Bank のデータによる推計。
(注4) 推計値に関してはイタリック体で表記してある。推計方法の詳細に関しては，推計の章を参照のこと。

表 I-1　人口規模〈総数〉：1950〜95 年②（単位：百万人）

	マレーシア	モンゴル	ミャンマー	ネパール	ニュージーランド	パキスタン	パプアニューギニア	フィリピン
1950	6.110	0.766	18.770	8.314	1.910	33.560	1.080	20.270
1951	6.230	0.779	19.050	8.341	1.950	34.385	1.103	20.890
1952	6.400	0.800	19.380	8.387	1.990	35.195	1.100	21.530
1953	6.600	0.810	19.710	8.451	2.050	36.024	1.155	22.190
1954	6.790	0.820	20.040	8.532	2.090	36.872	1.207	22.870
1955	6.960	0.840	20.390	8.631	2.140	37.741	1.250	23.570
1956	7.160	0.850	20.730	8.745	2.180	38.629	1.281	24.290
1957	7.400	0.870	21.130	8.873	2.230	39.539	1.313	25.030
1958	7.630	0.900	21.530	9.014	2.280	40.470	1.341	25.800
1959	7.870	0.920	21.940	9.166	2.330	41.423	1.376	26.580
1960	8.110	0.950	22.360	9.327	2.370	42.399	1.402	27.410
1961	8.370	0.980	22.780	9.410	2.420	42.978	1.449	28.310
1962	8.650	1.010	23.250	9.580	2.480	48.276	2.025	29.260
1963	8.910	1.030	23.740	9.750	2.530	49.670	2.060	30.240
1964	9.150	1.070	24.230	9.930	2.590	51.104	2.101	31.270
1965	9.420	1.100	23.730	10.100	2.630	52.579	2.149	32.350
1966	9.470	1.120	25.250	10.280	2.680	54.100	2.185	32.730
1967	9.710	1.150	25.810	10.460	2.720	55.650	2.247	33.710
1968	9.940	1.180	26.390	10.650	2.750	57.260	2.310	34.730
1969	10.150	1.210	26.980	10.850	2.770	58.910	2.360	35.770
1970	10.390	1.250	27.580	11.230	2.810	60.610	2.490	36.850
1971	10.700	1.280	28.200	11.560	2.850	62.430	2.520	37.910
1972	11.000	1.320	28.260	11.810	2.900	64.910	2.540	38.990
1973	11.310	1.360	28.890	12.060	2.960	66.840	2.590	40.120
1974	11.650	1.400	29.520	12.320	3.020	68.840	2.640	41.300
1975	11.900	1.450	30.170	12.590	3.080	70.900	2.700	42.260
1976	12.300	1.490	30.830	12.840	3.110	73.020	2.750	43.340
1977	12.600	1.530	31.510	13.140	3.120	75.200	2.810	44.420
1978	12.909	1.574	32.205	13.421	3.121	77.752	2.869	45.794
1979	13.450	1.617	32.913	13.713	3.109	80.130	2.931	46.580
1980	13.697	1.663	33.637	14.010	3.113	82.581	2.965	48.317
1981	14.084	1.709	35.094	15.020	3.125	85.118	3.037	49.536
1982	14.412	1.753	35.910	15.660	3.156	87.758	3.106	50.783
1983	14.747	1.797	36.747	16.072	3.199	90.480	3.178	52.055
1984	15.270	1.832	37.614	16.255	3.227	93.286	3.261	53.351
1985	15.681	1.878	38.540	16.687	3.247	96.180	3.337	54.668
1986	16.110	1.925	39.411	17.131	3.277	99.163	3.407	56.004
1987	16.526	1.973	39.073	17.017	3.304	102.705	3.482	57.356
1988	16.942	2.021	39.839	17.374	3.317	105.970	3.557	58.721
1989	17.354	2.070	40.601	17.739	3.330	109.140	3.630	60.097
1990	17.764	2.216	41.354	18.111	3.363	112.404	3.699	61.480
1991	18.547	2.270	41.552	18.462	3.406	115.766	3.772	63.690
1992	19.043	2.319	42.333	18.879	3.440	119.229	3.847	65.340
1993	19.564	2.366	43.116	19.275	3.451	122.795	3.922	66.980
1994	20.112	2.414	43.922	20.898	3.493	126.467	3.997	68.620
1995	20.689	2.463	45.106	21.456	3.542	130.250	4.074	70.270

I 人口規模

韓国	サモア	シンガポール	スリランカ	タイ	ベトナム	台湾	
20.360	0.080	1.020	7.680	19.640	28.681	7.554	1950
20.460	0.090	1.070	7.880	20.220	29.079	7.869	1951
20.600	0.090	1.130	8.070	20.830	29.511	8.128	1952
20.790	0.090	1.190	8.290	21.460	29.974	8.438	1953
21.060	0.090	1.250	8.520	22.100	30.468	8.749	1954
21.420	0.100	1.310	8.720	22.760	30.990	9.078	1955
22.040	0.100	1.370	8.930	23.450	31.541	9.390	1956
22.680	0.100	1.450	9.170	24.150	32.119	9.690	1957
23.330	0.100	1.510	9.390	24.870	32.724	10.039	1958
24.000	0.110	1.580	9.650	25.620	33.356	10.431	1959
24.700	0.110	1.630	9.890	26.390	*34.740*	10.792	1960
25.400	0.110	1.690	10.130	27.210	*35.435*	11.149	1961
26.120	0.120	1.730	10.380	28.050	*36.140*	11.512	1962
26.870	0.120	1.780	10.650	28.920	*36.859*	11.884	1963
27.630	0.120	1.820	10.900	29.820	*37.593*	12.257	1964
28.380	0.130	1.860	11.060	30.740	*38.341*	12.628	1965
28.960	0.130	1.930	11.440	32.000	*39.181*	12.993	1966
29.540	0.130	1.980	11.700	33.000	*40.039*	13.297	1967
30.170	0.140	2.010	11.990	34.040	*40.917*	13.650	1968
30.740	0.140	2.040	12.250	35.110	*41.813*	14.335	1969
31.300	0.140	2.070	12.510	36.220	*42.729*	14.676	1970
31.830	0.150	2.110	12.760	37.380	*43.740*	14.995	1971
33.510	0.150	2.150	12.860	38.590	*44.775*	15.289	1972
34.100	0.150	2.190	13.090	39.690	*45.835*	15.565	1973
34.690	0.150	2.230	13.280	40.780	*46.920*	15.852	1974
35.280	0.150	2.260	13.500	41.870	*48.030*	16.150	1975
35.850	0.150	2.290	13.720	42.960	*49.116*	16.508	1976
36.410	0.150	2.330	13.940	44.040	*50.227*	16.813	1977
36.969	0.154	2.354	14.190	45.100	*51.362*	17.136	1978
37.534	0.155	2.384	14.472	46.142	*52.523*	17.479	1979
38.124	0.156	2.414	14.747	46.718	*53.710*	17.805	1980
38.723	0.157	2.443	15.011	47.735	54.912	18.136	1981
39.326	0.158	2.472	15.195	48.741	56.154	18.458	1982
39.929	0.160	2.502	15.417	49.734	57.426	18.733	1983
40.406	0.160	2.444	15.603	50.637	58.653	19.013	1984
40.806	0.160	2.483	15.842	51.580	59.872	19.258	1985
41.184	0.161	2.519	16.117	52.511	61.109	19.455	1986
41.622	0.158	2.554	16.361	53.427	62.452	19.673	1987
42.031	0.162	2.599	16.599	54.326	63.727	19.904	1988
42.449	0.163	2.648	16.825	55.214	64.774	20.107	1989
42.869	0.164	2.705	16.993	55.839	66.233	20.353	1990
43.296	0.161	2.763	17.247	56.574	67.774	20.557	1991
43.748	0.161	2.818	17.405	57.294	69.405	20.752	1992
44.195	0.162	2.874	17.619	58.010	70.983	20.944	1993
44.642	0.164	2.930	17.865	58.716	72.510	21.126	1994
45.093	0.165	2.987	17.928	59.401	73.793	21.300	1995

統　　計

表 I-2　人口規模〈男女別〉：1950〜95年① (単位：百万人)

	アフガニスタン		オーストラリア		バングラデシュ		ブータン		ブルネイ	
	男	女	男	女	男	女	男	女	男	女
1950	6.150	5.750	4.150	4.030	21.471	19.103	0.301	0.279	0.024	0.018
1951	6.204	5.806	4.270	4.150	22.427	19.996	0.306	0.284	0.026	0.018
1952	6.280	5.880	4.380	4.260	22.833	20.400	0.311	0.289	0.027	0.019
1953	6.371	5.969	4.469	4.351	23.246	20.813	0.315	0.295	0.028	0.020
1954	6.466	6.064	4.559	4.441	23.666	21.234	0.320	0.300	0.030	0.022
1955	6.567	6.163	4.658	4.542	24.095	21.663	0.319	0.301	0.032	0.024
1956	6.704	6.296	4.773	4.657	24.531	22.101	0.324	0.306	0.035	0.026
1957	6.754	6.346	4.877	4.763	24.974	22.548	0.328	0.312	0.038	0.027
1958	6.870	6.460	4.976	4.864	25.427	23.005	0.333	0.317	0.040	0.029
1959	6.986	6.574	5.085	4.975	25.886	23.469	0.337	0.323	0.043	0.032
1960	7.107	6.693	5.195	5.085	27.841	25.296	0.342	0.328	0.046	0.034
1961	7.228	6.812	5.329	5.221	28.543	25.988	0.351	0.339	0.049	0.036
1962	7.355	6.935	5.423	5.317	29.262	26.699	0.356	0.344	0.052	0.038
1963	7.481	7.059	5.526	5.424	30.000	27.429	0.365	0.355	0.051	0.037
1964	7.607	7.183	5.635	5.535	30.756	28.180	0.370	0.360	0.056	0.040
1965	7.732	7.318	5.739	5.651	31.535	28.947	0.379	0.371	0.058	0.042
1966	7.988	7.562	5.844	5.756	32.259	29.681	0.485	0.475	0.064	0.046
1967	8.167	7.733	5.945	5.855	33.000	30.430	0.494	0.486	0.064	0.046
1968	8.387	7.943	6.051	5.959	33.756	31.194	0.503	0.497	0.069	0.051
1969	8.576	8.124	6.177	6.083	34.539	31.981	0.517	0.513	0.069	0.051
1970	8.776	8.314	6.304	6.206	35.338	32.782	0.532	0.528	0.075	0.055
1971	8.976	8.504	6.424	6.336	36.153	33.617	0.535	0.535	0.081	0.059
1972	9.180	8.700	6.630	6.550	37.471	34.919	0.544	0.546	0.081	0.059
1973	9.390	8.900	6.725	6.655	38.458	35.912	0.553	0.557	0.087	0.063
1974	5.894	5.586	6.830	6.770	39.796	37.234	0.567	0.573	0.087	0.063
1975	6.047	5.733	6.911	6.859	40.756	38.204	0.583	0.577	0.093	0.067
1976	6.201	5.879	6.979	6.941	41.707	39.113	0.590	0.600	0.104	0.076
1977	6.365	6.035	7.047	7.023	42.679	40.041	0.599	0.611	0.110	0.080
1978	6.528	6.191	7.184	7.175	43.773	41.082	0.595	0.609	0.116	0.085
1979	7.982	7.569	7.255	7.261	44.687	41.956	0.604	0.621	0.104	0.075
1980	8.187	7.764	7.338	7.357	45.729	42.949	0.627	0.619	0.107	0.078
1981	8.388	7.975	7.469	7.454	46.601	43.856	0.622	0.645	0.112	0.081
1982	8.595	8.191	7.613	7.565	47.653	44.932	0.632	0.657	0.116	0.084
1983	8.808	8.414	7.730	7.649	48.672	45.979	0.642	0.670	0.120	0.088
1984	9.028	8.644	7.835	7.721	49.977	47.296	0.657	0.688	0.122	0.089
1985	9.256	8.880	7.968	7.820	51.044	48.390	0.692	0.684	0.126	0.092
1986	9.497	9.117	8.081	7.937	52.187	49.486	0.686	0.724	0.130	0.095
1987	7.763	7.456	8.201	8.062	52.637	49.926	0.744	0.787	0.134	0.098
1988	7.911	7.602	8.326	8.192	53.641	50.891	0.763	0.810	0.138	0.101
1989	8.063	7.751	8.472	8.342	54.648	51.859	0.780	0.832	0.142	0.104
1990	8.217	7.904	8.594	8.471	56.442	53.323	0.827	0.818	0.146	0.107
1991	8.375	8.058	8.703	8.581	56.364	53.516	0.819	0.853	0.150	0.110
1992	8.295	7.981	8.804	8.685	58.074	55.149	0.807	0.886	0.154	0.114
1993	8.829	8.493	8.886	8.770	58.902	55.942	0.794	0.919	0.158	0.118
1994	9.414	9.056	8.976	8.862	59.743	56.750	0.784	0.954	0.163	0.122
1995	10.021	9.640	9.082	8.967	60.633	57.596	0.798	0.972	0.170	0.126

(出所)　United Nations, *Demographic Yearbook*, New York, United Nations Publications, Various Years (国際連合統計局編『世界人口年鑑』, 原書房, 各年版)；中国国家統計局人口統計与就業統計司編『中国人口統計年鑑』中国統計出版社, 各年版；行政院主計處編『中華民国統計年鑑』行政院出版署, 各年版；United Nations Economic and Social Committee for Asia and the Pacific, *United Nations Statistical Yearbook for Asia and the Pacific*, Bangkok, Thailand, United Nations Publications, Various Years；The World Bank, *World Development Indicators*, Washington, D. C., World Bank Development Data Center, Various Years.
(注1)　基本的には, World Bank のデータで主に作成。男女構成比率 (％) を計算し, 人口規模に乗じて算出。中国は一部, 台湾は

I 人口規模

カンボジア		中国		クック諸島		フィジー		香港		
男	女	男	女	男	女	男	女	男	女	
2.086	2.077	285.149	266.811	0.007	0.007	0.153	0.141	0.995	0.979	1950
2.135	2.126	290.779	272.221	0.008	0.007	0.157	0.145	1.019	1.001	1951
2.186	2.178	296.808	278.012	0.008	0.007	0.162	0.151	1.075	1.055	1952
2.240	2.232	303.517	284.443	0.008	0.007	0.167	0.156	1.131	1.109	1953
2.297	2.287	311.026	291.634	0.008	0.007	0.172	0.161	1.192	1.168	1954
2.356	2.346	317.134	297.516	0.008	0.007	0.178	0.167	1.259	1.231	1955
2.417	2.408	324.085	304.195	0.008	0.008	0.179	0.167	1.320	1.290	1956
2.472	2.463	333.414	313.116	0.008	0.008	0.186	0.175	1.386	1.354	1957
2.548	2.537	340.243	319.697	0.008	0.008	0.193	0.181	1.443	1.407	1958
2.616	2.606	346.409	325.661	0.009	0.008	0.200	0.188	1.504	1.466	1959
2.687	2.677	341.169	320.901	0.009	0.008	0.203	0.191	1.551	1.509	1960
2.761	2.749	339.289	319.301	0.009	0.009	0.209	0.198	1.607	1.563	1961
2.836	2.824	346.599	326.351	0.009	0.009	0.216	0.205	1.699	1.651	1962
2.913	2.902	356.177	335.543	0.009	0.009	0.222	0.212	1.776	1.724	1963
2.994	2.982	362.917	342.073	0.009	0.009	0.230	0.219	1.823	1.767	1964
3.073	3.069	373.163	352.217	0.010	0.009	0.237	0.227	1.873	1.817	1965
3.159	3.154	383.476	361.944	0.010	0.010	0.245	0.235	1.843	1.787	1966
3.247	3.242	392.873	370.807	0.010	0.010	0.245	0.235	1.889	1.831	1967
3.339	3.332	404.019	381.321	0.010	0.010	0.255	0.245	1.931	1.869	1968
3.434	3.427	415.016	391.694	0.010	0.010	0.260	0.250	1.962	1.898	1969
3.473	3.465	424.845	400.965	0.010	0.010	0.264	0.256	2.014	1.946	1970
3.489	3.481	432.214	407.816	0.010	0.010	0.269	0.261	2.062	1.988	1971
3.505	3.497	439.562	414.648	0.010	0.010	0.274	0.266	2.101	2.019	1972
3.521	3.513	446.838	421.412	0.010	0.010	0.279	0.271	2.149	2.061	1973
3.536	3.529	453.958	428.032	0.010	0.010	0.284	0.276	2.208	2.112	1974
3.552	3.546	477.545	450.175	0.010	0.010	0.288	0.282	2.251	2.149	1975
3.485	3.489	485.415	457.385	0.010	0.010	0.298	0.292	2.281	2.159	1976
3.419	3.433	493.038	464.362	0.010	0.010	0.303	0.297	2.326	2.184	1977
3.353	3.378	499.991	470.709	0.010	0.009	0.307	0.302	2.416	2.252	1978
3.289	3.325	506.635	476.765	0.009	0.009	0.313	0.308	2.560	2.370	1979
3.226	3.272	513.280	482.820	0.009	0.009	0.319	0.315	2.638	2.425	1980
3.326	3.372	521.317	489.883	0.009	0.008	0.326	0.321	2.703	2.480	1981
3.430	3.474	529.458	497.042	0.009	0.008	0.334	0.329	2.749	2.516	1982
3.537	3.580	536.466	503.134	0.009	0.008	0.339	0.333	2.794	2.551	1983
3.646	3.690	544.608	510.292	0.009	0.009	0.347	0.339	2.825	2.573	1984
3.760	3.802	552.751	517.449	0.009	0.009	0.352	0.345	2.858	2.598	1985
3.889	3.930	561.202	525.498	0.009	0.008	0.361	0.353	2.895	2.630	1986
3.940	3.979	570.170	534.030	0.009	0.008	0.364	0.357	2.924	2.657	1987
4.067	4.105	579.242	542.658	0.009	0.009	0.364	0.356	2.949	2.679	1988
4.197	4.233	586.558	549.642	0.009	0.009	0.380	0.372	2.980	2.706	1989
4.066	4.502	596.352	558.948	0.009	0.009	0.369	0.362	2.992	2.713	1990
4.388	4.419	603.873	566.227	0.010	0.009	0.374	0.367	3.014	2.738	1991
4.469	4.585	610.881	572.719	0.010	0.009	0.376	0.370	3.040	2.761	1992
4.551	4.757	617.529	578.871	0.010	0.009	0.389	0.382	3.091	2.810	1993
4.633	4.935	623.972	584.828	0.010	0.009	0.396	0.388	3.161	2.874	1994
4.763	5.073	630.527	590.973	0.010	0.009	0.402	0.394	3.224	2.932	1995

全部に自国統計を使用。

（注2） *Demographic Yearbook* の男女データに関しては欠落部分が多く，時系列の検証が不可能なため World Bank のデータを使用した。World Bank のデータは男女比に関しては基本的に 1965 年以降であるため，1950～60 年は，*Demographic Yearbook*, ESCAP のデータを用いて推定した。

（注3） オーストラリア，日本，韓国などの国々では，自国統計が整備されており，推計の必要はないと考えられる。しかし，全体の整合を図る意味から，World Bank のデータと比較し，推計を加えている。また中国，インドネシア，日本，韓国，マレーシアの 1995

統　計

表 I-2　人口規模〈男女別〉：1950〜95 年②（単位：百万人）

	インド		インドネシア		イラン		日本		ラオス	
	男	女	男	女	男	女	男	女	男	女
1950	*185.063*	*173.227*	*37.513*	*38.487*	*8.163*	*8.113*	*40.690*	*42.210*	*0.992*	*0.957*
1951	*186.055*	*174.125*	*38.147*	*39.123*	*8.362*	*8.305*	*41.348*	*42.892*	*1.010*	*0.975*
1952	*189.232*	*177.068*	*38.929*	*39.911*	*8.565*	*8.502*	*41.967*	*43.533*	*1.029*	*0.994*
1953	*192.580*	*180.170*	*39.731*	*40.719*	*8.773*	*8.703*	*42.551*	*44.139*	*1.049*	*1.014*
1954	*196.120*	*183.450*	*40.563*	*41.557*	*8.987*	*8.909*	*43.184*	*44.796*	*1.068*	*1.035*
1955	*199.775*	*186.835*	*41.430*	*42.430*	*9.205*	*9.120*	*43.694*	*45.326*	*1.090*	*1.056*
1956	*203.719*	*190.491*	*42.322*	*43.328*	*9.678*	*9.582*	*44.151*	*45.799*	*1.112*	*1.078*
1957	*207.876*	*194.344*	*43.249*	*44.261*	*9.952*	*9.848*	*44.534*	*46.196*	*1.135*	*1.101*
1958	*212.266*	*198.414*	*44.210*	*45.230*	*10.232*	*10.118*	*44.936*	*46.614*	*1.126*	*1.094*
1959	*216.900*	*202.710*	*45.207*	*46.233*	*10.527*	*10.403*	*45.368*	*47.062*	*1.156*	*1.124*
1960	*221.783*	*207.240*	*46.239*	*47.271*	*10.827*	*10.693*	*45.756*	*47.464*	*1.186*	*1.154*
1961	*226.961*	*212.039*	*47.266*	*48.304*	*11.138*	*10.992*	*46.168*	*47.892*	*1.211*	*1.179*
1962	*232.481*	*217.159*	*48.352*	*49.398*	*11.463*	*11.307*	*46.595*	*48.335*	*1.241*	*1.209*
1963	*238.111*	*222.379*	*49.494*	*50.546*	*11.799*	*11.631*	*47.071*	*48.829*	*1.271*	*1.239*
1964	*243.887*	*227.733*	*50.681*	*51.739*	*12.130*	*11.950*	*47.562*	*49.338*	*1.300*	*1.270*
1965	251.490	235.160	51.873	53.007	12.491	12.319	48.074	49.876	1.331	1.299
1966	255.020	238.370	53.147	54.283	12.863	12.677	48.977	50.813	1.360	1.330
1967	260.731	243.619	54.471	55.609	13.250	13.050	49.487	51.343	1.395	1.365
1968	266.591	249.009	56.498	57.652	13.648	13.432	50.042	51.918	1.430	1.400
1969	272.622	254.558	58.223	59.387	14.061	13.829	50.635	52.535	1.459	1.431
1970	278.818	260.262	60.013	61.187	14.453	14.207	51.209	53.131	1.494	1.466
1971	285.075	265.945	58.398	59.492	15.030	14.750	51.857	53.743	1.529	1.501
1972	291.626	271.904	62.262	63.378	15.360	15.050	52.666	54.524	1.568	1.542
1973	298.100	277.790	63.851	64.949	15.785	15.445	53.441	55.269	1.603	1.577
1974	304.599	283.701	65.461	66.539	16.438	16.062	54.182	55.978	1.643	1.617
1975	311.124	289.636	67.313	68.377	16.893	16.487	54.903	56.667	1.662	1.638
1976	317.587	295.683	68.612	69.628	17.051	16.609	55.491	57.279	1.702	1.678
1977	324.070	301.750	69.870	70.840	17.528	17.042	56.025	57.835	1.742	1.718
1978	334.505	311.495	69.449	70.351	18.323	17.786	56.541	58.372	1.573	1.553
1979	341.739	318.261	71.090	71.953	18.892	18.309	57.019	58.871	1.590	1.570
1980	349.491	325.509	72.768	73.594	19.971	19.326	57.468	59.339	1.613	1.593
1981	357.045	332.955	74.446	75.255	20.776	20.077	57.892	59.769	1.642	1.624
1982	364.599	340.401	76.127	76.921	21.616	20.864	58.298	60.182	1.677	1.661
1983	372.153	347.847	77.834	78.612	22.494	21.687	58.709	60.598	1.717	1.702
1984	380.224	355.776	80.404	81.176	23.330	22.468	59.094	60.989	1.755	1.742
1985	387.705	363.154	81.938	82.692	23.401	22.513	59.469	61.368	1.803	1.791
1986	395.741	370.394	83.800	84.548	25.205	24.240	59.788	61.704	1.857	1.844
1987	404.975	378.755	85.623	86.387	25.809	24.813	60.068	62.001	1.916	1.903
1988	413.780	386.716	87.404	88.185	26.470	25.439	60.315	62.263	1.978	1.965
1989	422.703	394.785	89.173	89.963	27.125	26.062	60.553	62.516	2.043	2.029
1990	431.737	402.960	89.349	90.134	27.797	26.699	60.752	62.726	2.109	2.093
1991	440.498	411.163	90.311	91.074	28.485	27.352	60.967	62.954	2.173	2.159
1992	448.660	419.158	91.867	92.625	29.154	27.999	61.161	63.163	2.240	2.223
1993	456.780	427.130	93.418	94.171	29.829	28.652	61.328	63.342	2.307	2.290
1994	471.863	441.632	94.964	95.712	30.421	29.227	61.467	63.494	2.377	2.359
1995	*479.874*	*449.131*	*96.996*	*97.759*	*30.787*	*29.578*	*61.583*	*63.614*	*2.451*	*2.431*

年データは，参考までに *Demographic Yearbook* のデータを記載してある（括弧）ため，前後とデータのバランスがとれていない。この解説の詳細は推計の章を参照のこと

（注 4）　データ上の問題からクック諸島，サモアについては，*Demographic Yearbook* から推計し，World Bank のデータは使用していない。

（注 5）　ブータンの 1950〜70 年のデータは，国際的な統計機関のデータソース上で長期に渡って欠落している。推計値を示してあるが，この区間の推計結果の利用に際しては，そのことを念頭に入れておく必要がある。

I 人口規模

マレーシア		モンゴル		ミャンマー		ネパール		ニュージーランド		
男	女	男	女	男	女	男	女	男	女	
3.110	*3.000*	*0.383*	*0.383*	*9.359*	*9.411*	*4.196*	*4.118*	*0.955*	*0.955*	1950
3.169	*3.061*	*0.389*	*0.390*	*9.500*	*9.550*	*4.210*	*4.131*	*0.975*	*0.975*	1951
3.255	*3.145*	*0.400*	*0.400*	*9.665*	*9.715*	*4.234*	*4.153*	*0.995*	*0.995*	1952
3.355	*3.245*	*0.405*	*0.405*	*9.831*	*9.879*	*4.268*	*4.183*	*1.025*	*1.025*	1953
3.450	*3.340*	*0.410*	*0.410*	*9.997*	*10.043*	*4.309*	*4.223*	*1.045*	*1.045*	1954
3.535	*3.425*	*0.420*	*0.420*	*10.172*	*10.218*	*4.360*	*4.271*	*1.070*	*1.070*	1955
3.635	*3.525*	*0.425*	*0.425*	*10.343*	*10.387*	*4.419*	*4.326*	*1.090*	*1.090*	1956
3.755	*3.645*	*0.435*	*0.435*	*10.544*	*10.586*	*4.485*	*4.388*	*1.115*	*1.115*	1957
3.871	*3.759*	*0.450*	*0.450*	*10.745*	*10.785*	*4.557*	*4.457*	*1.140*	*1.140*	1958
3.991	*3.879*	*0.460*	*0.460*	*10.950*	*10.990*	*4.635*	*4.531*	*1.166*	*1.164*	1959
4.111	*3.999*	*0.475*	*0.475*	*11.161*	*11.199*	*4.717*	*4.610*	*1.186*	*1.184*	1960
4.241	*4.129*	*0.490*	*0.490*	*11.372*	*11.408*	*4.760*	*4.650*	*1.211*	*1.209*	1961
4.381	*4.269*	*0.505*	*0.505*	*11.608*	*11.642*	*4.848*	*4.732*	*1.241*	*1.239*	1962
4.511	*4.399*	*0.515*	*0.515*	*11.854*	*11.886*	*4.935*	*4.815*	*1.266*	*1.264*	1963
4.630	*4.520*	*0.535*	*0.535*	*12.100*	*12.130*	*5.027*	*4.903*	*1.296*	*1.294*	1964
4.777	4.643	0.550	0.550	11.844	11.886	5.108	4.992	1.319	1.311	1965
4.797	4.673	0.560	0.560	12.606	12.644	5.201	5.079	1.343	1.337	1966
4.914	4.796	0.574	0.576	12.889	12.921	5.293	5.167	1.362	1.358	1967
5.026	4.914	0.589	0.591	13.182	13.208	5.390	5.260	1.376	1.374	1968
5.127	5.023	0.604	0.606	13.480	13.500	5.492	5.358	1.385	1.385	1969
5.244	5.146	0.624	0.626	13.783	13.797	5.686	5.544	1.404	1.406	1970
5.397	5.303	0.639	0.641	14.096	14.104	5.860	5.700	1.425	1.425	1971
5.545	5.455	0.659	0.661	14.130	14.130	5.993	5.817	1.450	1.450	1972
5.698	5.612	0.680	0.680	14.448	14.442	6.126	5.934	1.481	1.479	1973
5.866	5.784	0.700	0.700	14.766	14.754	6.265	6.055	1.511	1.509	1974
5.989	5.911	0.725	0.725	15.095	15.075	6.408	6.182	1.542	1.538	1975
6.190	6.110	0.745	0.745	15.428	15.402	6.543	6.297	1.555	1.555	1976
6.342	6.258	0.766	0.764	15.772	15.738	6.702	6.438	1.558	1.562	1977
6.498	6.411	0.788	0.786	16.123	16.082	6.852	6.569	1.556	1.565	1978
6.770	6.680	0.810	0.807	16.480	16.433	7.008	6.705	1.549	1.560	1979
6.895	6.802	0.833	0.830	16.846	16.791	7.166	6.844	1.549	1.564	1980
7.090	6.994	0.857	0.852	17.563	17.531	7.665	7.355	1.557	1.568	1981
7.255	7.157	0.879	0.874	17.959	17.951	7.974	7.686	1.575	1.581	1982
7.423	7.324	0.902	0.895	18.366	18.381	8.166	7.906	1.599	1.600	1983
7.686	7.584	0.920	0.912	18.788	18.826	8.243	8.012	1.615	1.612	1984
7.892	7.789	0.944	0.934	19.239	19.301	8.446	8.241	1.627	1.620	1985
8.108	8.002	0.968	0.957	19.677	19.734	8.682	8.449	1.642	1.635	1986
8.317	8.209	0.992	0.981	19.511	19.562	8.634	8.383	1.656	1.648	1987
8.526	8.416	1.017	1.004	19.896	19.943	8.826	8.548	1.662	1.655	1988
8.733	8.621	1.042	1.028	20.279	20.322	9.021	8.718	1.669	1.661	1989
8.939	8.825	1.116	1.100	20.575	20.779	9.220	8.891	1.679	1.684	1990
9.333	9.214	1.143	1.127	20.755	20.797	9.407	9.055	1.706	1.700	1991
9.583	9.460	1.168	1.151	21.129	21.204	9.621	9.258	1.722	1.718	1992
9.845	9.719	1.192	1.174	21.504	21.612	9.825	9.450	1.726	1.725	1993
10.121	9.991	1.217	1.197	21.890	22.032	10.655	10.243	1.745	1.748	1994
10.411	10.278	*1.241*	*1.222*	22.480	22.626	10.939	10.517	1.770	1.772	1995

（注6） 推計値に関してはイタリック体で表記してある。なお，この推計値は男女比についての推計であり，人口規模総数に対してのみ推計が行われた数値に関しては，推計値として表示していない。推計方法の詳細に関しては，推計の章を参照のこと。

表 I-2　人口規模〈男女別〉：1950～95 年 ③（単位：百万人）

	パキスタン		パプアニューギニア		フィリピン		韓国		サモア	
	男	女	男	女	男	女	男	女	男	女
1950	17.386	16.174	0.567	0.513	10.122	10.148	10.161	10.199	0.041	0.039
1951	17.813	16.572	0.579	0.524	10.436	10.454	10.215	10.245	0.047	0.043
1952	18.233	16.962	0.577	0.523	10.760	10.770	10.288	10.312	0.047	0.043
1953	18.662	17.362	0.606	0.549	11.095	11.095	10.387	10.403	0.047	0.043
1954	19.101	17.771	0.633	0.574	11.439	11.431	10.525	10.535	0.047	0.043
1955	19.550	18.191	0.655	0.595	11.794	11.776	10.709	10.711	0.052	0.048
1956	20.010	18.619	0.671	0.610	12.160	12.130	11.023	11.017	0.052	0.048
1957	20.481	19.058	0.688	0.625	12.535	12.495	11.347	11.333	0.052	0.048
1958	20.962	19.508	0.703	0.638	12.927	12.873	11.676	11.654	0.052	0.048
1959	21.455	19.968	0.721	0.655	13.323	13.257	12.016	11.984	0.057	0.053
1960	21.960	20.439	0.734	0.668	13.745	13.665	12.370	12.330	0.057	0.053
1961	22.260	20.718	0.758	0.691	14.202	14.108	12.725	12.675	0.057	0.053
1962	25.003	23.273	1.060	0.965	14.685	14.575	13.091	13.029	0.062	0.058
1963	25.725	23.945	1.078	0.982	15.183	15.057	13.471	13.399	0.062	0.058
1964	26.467	24.637	1.099	1.002	15.707	15.563	13.857	13.773	0.062	0.058
1965	27.236	25.343	1.124	1.025	16.260	16.090	14.198	14.182	0.067	0.063
1966	28.019	26.081	1.143	1.042	16.460	16.270	14.506	14.454	0.067	0.063
1967	28.817	26.833	1.174	1.073	16.960	16.750	14.813	14.727	0.067	0.063
1968	29.645	27.615	1.207	1.103	17.481	17.249	15.145	15.025	0.072	0.068
1969	30.495	28.415	1.232	1.128	18.012	17.758	15.447	15.293	0.072	0.068
1970	31.370	29.240	1.299	1.191	18.563	18.287	15.744	15.556	0.072	0.068
1971	32.318	30.112	1.314	1.206	19.102	18.808	16.016	15.814	0.077	0.073
1972	33.607	31.303	1.324	1.216	19.651	19.339	16.867	16.643	0.077	0.073
1973	34.612	32.228	1.349	1.241	20.225	19.895	17.170	16.930	0.077	0.073
1974	35.653	33.187	1.375	1.265	20.824	20.476	17.472	17.218	0.077	0.073
1975	36.725	34.175	1.406	1.294	21.313	20.947	17.775	17.505	0.077	0.073
1976	37.938	35.082	1.433	1.317	21.831	21.509	18.072	17.778	0.077	0.073
1977	39.182	36.018	1.466	1.344	22.349	22.071	18.365	18.045	0.077	0.073
1978	40.619	37.133	1.499	1.370	23.014	22.780	18.657	18.312	0.079	0.075
1979	41.966	38.164	1.532	1.399	23.385	23.195	18.951	18.583	0.080	0.075
1980	43.352	39.229	1.552	1.413	24.232	24.085	19.259	18.865	0.080	0.076
1981	44.659	40.459	1.588	1.449	24.873	24.663	19.516	19.207	0.081	0.076
1982	46.020	41.738	1.623	1.483	25.528	25.255	19.762	19.564	0.081	0.077
1983	47.425	43.055	1.659	1.519	26.196	25.859	19.991	19.938	0.082	0.078
1984	48.873	44.413	1.701	1.560	26.876	26.475	20.132	20.274	0.082	0.078
1985	50.367	45.813	1.739	1.598	27.566	27.102	20.576	20.230	0.082	0.078
1986	51.884	47.279	1.774	1.633	28.239	27.765	20.765	20.419	0.083	0.078
1987	53.694	49.011	1.811	1.671	28.919	28.437	20.985	20.637	0.081	0.077
1988	55.358	50.612	1.848	1.709	29.607	29.114	21.190	20.841	0.083	0.079
1989	56.973	52.167	1.884	1.746	30.300	29.797	21.399	21.050	0.084	0.079
1990	58.637	53.767	1.918	1.781	30.997	30.483	21.568	21.301	0.084	0.080
1991	60.353	55.413	1.955	1.817	32.109	31.581	21.821	21.475	0.083	0.078
1992	62.108	57.121	1.992	1.855	32.945	32.395	22.025	21.723	0.083	0.078
1993	63.913	58.882	2.029	1.893	33.776	33.204	22.226	21.969	0.083	0.079
1994	65.770	60.697	2.067	1.930	34.607	34.013	22.427	22.215	0.084	0.080
1995	67.738	62.512	2.106	1.968	35.439	34.831	22.654	22.439	0.085	0.080

I 人口規模

シンガポール		スリランカ		タイ		ベトナム		台湾		
男	女	男	女	男	女	男	女	男	女	
0.531	0.489	3.989	3.691	9.957	9.683	13.931	14.750	3.681	3.874	1950
0.557	0.513	4.093	3.787	10.243	9.977	14.126	14.953	3.834	4.035	1951
0.587	0.543	4.191	3.879	10.544	10.286	14.336	15.175	3.960	4.168	1952
0.618	0.572	4.305	3.985	10.854	10.606	14.562	15.412	4.111	4.327	1953
0.649	0.601	4.424	4.096	11.169	10.931	14.803	15.665	4.262	4.487	1954
0.679	0.631	4.527	4.193	11.494	11.266	15.058	15.932	4.430	4.647	1955
0.710	0.660	4.635	4.295	11.833	11.617	15.327	16.214	4.594	4.796	1956
0.751	0.699	4.759	4.411	12.176	11.974	15.608	16.511	4.748	4.943	1957
0.781	0.729	4.873	4.517	12.529	12.341	15.903	16.821	4.918	5.121	1958
0.817	0.763	5.007	4.643	12.897	12.723	16.212	17.144	5.095	5.337	1959
0.842	0.788	5.131	4.759	13.274	13.116	16.885	17.855	5.267	5.525	1960
0.873	0.817	5.255	4.875	13.675	13.535	17.224	18.210	5.434	5.715	1961
0.893	0.837	5.384	4.996	14.086	13.964	17.568	18.572	5.610	5.902	1962
0.918	0.862	5.524	5.126	14.511	14.409	17.919	18.940	5.786	6.098	1963
0.938	0.882	5.653	5.247	14.951	14.869	18.277	19.316	5.962	6.295	1964
0.959	0.901	5.733	5.327	15.376	15.364	18.645	19.696	6.137	6.492	1965
0.994	0.936	5.933	5.507	15.990	16.010	19.051	20.130	6.309	6.684	1966
1.018	0.962	6.071	5.629	16.474	16.526	19.465	20.574	6.455	6.841	1967
1.032	0.978	6.225	5.765	16.979	17.061	19.889	21.027	6.620	7.031	1968
1.046	0.994	6.363	5.887	17.498	17.612	20.322	21.491	6.781	7.554	1969
1.060	1.010	6.501	6.009	18.037	18.183	20.765	21.964	6.943	7.733	1970
1.080	1.030	6.622	6.138	18.614	18.766	21.266	22.475	7.100	7.895	1971
1.100	1.050	6.665	6.195	19.216	19.374	21.778	22.997	7.252	8.037	1972
1.120	1.070	6.776	6.314	19.764	19.926	22.302	23.533	7.389	8.175	1973
1.140	1.090	6.866	6.414	20.306	20.474	22.839	24.081	7.537	8.315	1974
1.155	1.105	6.971	6.529	20.849	21.021	23.388	24.642	7.686	8.463	1975
1.170	1.120	7.065	6.655	21.425	21.535	23.896	25.220	7.867	8.641	1976
1.190	1.140	7.159	6.781	21.996	22.044	24.416	25.811	8.019	8.794	1977
1.202	1.152	7.269	6.921	22.557	22.543	24.948	26.414	8.179	8.957	1978
1.217	1.167	7.394	7.078	23.110	23.032	25.493	27.031	8.352	9.127	1979
1.232	1.182	7.516	7.231	23.428	23.290	26.050	27.660	8.517	9.288	1980
1.246	1.197	7.640	7.371	23.932	23.803	26.669	28.243	8.687	9.449	1981
1.260	1.212	7.722	7.473	24.431	24.310	27.308	28.846	8.852	9.606	1982
1.274	1.228	7.824	7.593	24.923	24.811	27.962	29.464	8.993	9.740	1983
1.244	1.200	7.907	7.696	25.369	25.268	28.594	30.059	9.137	9.875	1984
1.263	1.220	8.018	7.824	25.836	25.744	29.222	30.650	9.264	9.994	1985
1.280	1.239	8.147	7.970	26.305	26.206	29.860	31.249	9.368	10.086	1986
1.297	1.257	8.260	8.101	26.767	26.660	30.550	31.902	9.482	10.190	1987
1.320	1.279	8.370	8.229	27.220	27.106	31.206	32.521	9.602	10.302	1988
1.344	1.304	8.474	8.351	27.667	27.547	31.750	33.024	9.709	10.399	1989
1.371	1.334	8.549	8.444	27.980	27.859	32.327	33.906	9.837	10.516	1990
1.400	1.363	8.670	8.577	28.344	28.230	33.285	34.489	9.942	10.615	1991
1.427	1.391	8.742	8.663	28.701	28.593	34.084	35.321	10.044	10.708	1992
1.455	1.419	8.843	8.776	29.057	28.953	34.857	36.126	10.147	10.797	1993
1.482	1.448	8.959	8.906	29.407	29.309	35.604	36.906	10.246	10.880	1994
1.511	1.476	8.991	8.937	29.750	29.651	36.234	37.559	10.331	10.969	1995

統　計

表 I-3　人口規模〈都市〉：1950〜94年① (単位：百万人)

	アフガニスタン	オーストラリア	バングラデシュ	ブータン	ブルネイ	カンボジア	中国	クック諸島
1950	0.930	6.143	1.963	0.070	0.020	0.333	69.161	0.011
1951	0.955	6.372	2.104	0.071	0.021	0.349	74.511	0.011
1952	0.984	6.583	2.195	0.073	0.022	0.366	77.641	0.011
1953	1.016	6.765	2.290	0.074	0.023	0.383	81.017	0.011
1954	1.049	6.949	2.387	0.075	0.026	0.401	84.683	0.011
1955	1.083	7.150	2.487	0.075	0.028	0.420	88.042	0.011
1956	1.124	7.377	2.590	0.076	0.031	0.440	91.705	0.012
1957	1.151	7.590	2.697	0.077	0.033	0.459	96.130	0.012
1958	1.189	7.798	2.806	0.079	0.036	0.482	99.921	0.012
1959	1.228	8.023	2.918	0.080	0.039	0.505	103.588	0.013
1960	1.269	8.251	3.205	0.081	0.042	0.529	103.849	0.013
1961	1.311	8.522	3.354	0.083	0.045	0.553	105.097	0.014
1962	1.354	8.730	3.509	0.085	0.049	0.579	109.221	0.014
1963	1.397	8.957	3.670	0.087	0.048	0.606	114.151	0.014
1964	1.442	9.193	3.836	0.088	0.053	0.633	118.261	0.014
1965	1.415	9.454	3.750	0.091	0.053	0.663	132.019	0.014
1966	1.511	9.679	4.014	0.116	0.060	0.693	134.474	0.015
1967	1.596	9.898	4.288	0.119	0.062	0.724	136.546	0.015
1968	1.692	10.127	4.572	0.121	0.070	0.756	139.162	0.015
1969	1.784	10.392	4.869	0.125	0.072	0.790	141.658	0.015
1970	1.880	10.659	5.177	0.128	0.080	0.812	143.691	0.015
1971	2.003	10.889	5.540	0.129	0.086	0.796	145.997	0.015
1972	2.131	11.266	5.994	0.132	0.087	0.780	148.291	0.015
1973	2.264	11.456	6.411	0.134	0.093	0.764	150.555	0.015
1974	1.474	11.663	6.902	0.138	0.093	0.748	152.761	0.015
1975	1.567	11.828	7.343	0.140	0.099	0.731	160.496	0.015
1976	1.662	11.954	7.840	0.144	0.111	0.748	167.441	0.015
1977	1.763	12.081	8.355	0.146	0.116	0.763	174.438	0.015
1978	1.867	12.326	8.910	0.146	0.122	0.778	181.327	0.014
1979	2.354	12.458	9.444	0.148	0.108	0.792	188.223	0.014
1980	2.488	12.608	10.021	0.151	0.111	0.806	195.236	0.014
1981	2.595	12.795	10.602	0.153	0.115	0.863	204.060	0.013
1982	2.706	13.005	11.240	0.156	0.118	0.922	213.102	0.013
1983	2.821	13.168	11.888	0.159	0.122	0.985	221.851	0.013
1984	2.941	13.310	12.626	0.163	0.123	1.051	231.234	0.014
1985	3.065	13.499	13.324	0.166	0.126	1.119	240.795	0.014
1986	3.194	13.683	14.092	0.171	0.130	1.201	252.549	0.013
1987	2.651	13.879	14.687	0.185	0.134	1.261	264.787	0.013
1988	2.743	14.083	15.450	0.190	0.138	1.347	277.334	0.014
1989	2.837	14.322	16.232	0.195	0.142	1.436	289.276	0.014
1990	2.934	14.522	17.233	0.199	0.146	1.508	302.689	0.014
1991	3.050	14.695	17.823	0.202	0.150	1.605	316.161	0.014
1992	3.079	14.855	18.954	0.205	0.155	1.706	329.514	0.014
1993	3.340	14.983	19.822	0.207	0.159	1.811	342.888	0.014
1994	3.586	15.228	20.246	0.210	0.166	1.880	349.734	0.014

(出所)　United Nations, *Demographic Yearbook*, New York, United Nations Publications, Various Years（国際連合統計局編『世界人口年鑑』，原書房，各年版）；中国国家統計局人口統計与就業統計司編『中国人口統計年鑑』中国統計出版社，各年版；行政院主計處編『中華民国統計年鑑』行政院出版署，各年版；United Nations Economic and Social Committee for Asia and the Pacific, *United Nations Statistical Yearbook for Asia and the Pacific*, Bangkok, Thailand, United Nations Publications, Various Years；The World Bank, *World Development Indicators*, Washington, D. C., World Bank Development Data Center, Various Years.
(注1)　基本的には，World Bank のデータ，*World Population Prospects* を基に作成。都市構成比率（％）を計算し，人口規模に乗じて都市人口を算出。中国は一部に自国統計を使用。

I 人口規模

フィジー	香港	インド	インドネシア	イラン	日本	ラオス	
0.088	*1.619*	*61.805*	*9.424*	*4.390*	*41.699*	*0.152*	1950
0.091	*1.663*	*62.292*	*9.741*	*4.613*	*43.508*	*0.156*	1951
0.095	*1.759*	*63.798*	*10.123*	*4.851*	*45.069*	*0.161*	1952
0.098	*1.857*	*65.378*	*10.517*	*5.097*	*46.618*	*0.165*	1953
0.102	*1.963*	*67.038*	*10.927*	*5.353*	*48.248*	*0.170*	1954
0.107	*2.078*	*68.754*	*11.354*	*5.617*	*49.765*	*0.175*	1955
0.108	*2.186*	*70.588*	*11.796*	*6.047*	*51.242*	*0.180*	1956
0.113	*2.303*	*72.515*	*12.256*	*6.364*	*52.652*	*0.185*	1957
0.118	*2.403*	*74.542*	*12.735*	*6.692*	*54.102*	*0.185*	1958
0.123	*2.513*	*76.676*	*13.233*	*7.039*	*55.605*	*0.192*	1959
0.126	*2.598*	*78.921*	*13.751*	*7.398*	*57.072*	*0.198*	1960
0.131	*2.700*	*81.293*	*14.277*	*7.772*	*58.587*	*0.204*	1961
0.137	*2.863*	*83.814*	*14.830*	*8.166*	*60.139*	*0.211*	1962
0.142	*3.001*	*86.399*	*15.411*	*8.577*	*61.774*	*0.218*	1963
0.148	*3.089*	*89.065*	*16.017*	*8.994*	*63.449*	*0.225*	1964
0.151	3.188	91.490	16.571	9.428	65.920	0.218	1965
0.159	3.146	93.744	17.253	9.904	67.937	0.230	1966
0.161	3.233	96.835	17.965	10.404	69.432	0.243	1967
0.170	3.313	100.026	18.926	10.924	71.005	0.257	1968
0.175	3.375	103.327	19.806	11.468	72.652	0.270	1969
0.181	3.473	106.738	20.725	12.009	74.290	0.284	1970
0.186	3.568	110.755	20.701	12.710	76.138	0.302	1971
0.192	3.646	114.960	22.640	13.216	78.249	0.321	1972
0.198	3.743	119.209	23.802	13.816	80.337	0.340	1973
0.203	3.858	123.543	25.001	14.632	82.400	0.360	1974
0.209	3.947	127.962	26.324	15.288	84.458	0.376	1975
0.218	3.999	132.834	27.593	15.672	85.480	0.399	1976
0.223	4.078	137.806	28.874	16.359	86.420	0.422	1977
0.228	4.238	144.575	29.470	17.361	87.334	0.394	1978
0.233	4.493	150.084	30.955	18.169	88.192	0.411	1979
0.240	4.633	155.925	32.492	19.491	89.007	0.430	1980
0.245	4.757	161.046	34.401	20.557	89.775	0.454	1981
0.252	4.847	166.239	36.364	21.682	90.519	0.481	1982
0.257	4.936	171.504	38.392	22.868	91.270	0.509	1983
0.263	5.000	177.082	40.912	24.035	91.984	0.539	1984
0.268	5.069	182.459	42.968	24.426	92.682	0.571	1985
0.276	5.146	188.010	45.454	26.611	93.306	0.608	1986
0.280	5.212	194.208	47.991	27.559	93.871	0.648	1987
0.281	5.269	200.284	50.570	28.581	94.385	0.691	1988
0.294	5.337	206.497	53.203	29.615	94.886	0.735	1989
0.287	5.368	212.848	54.922	30.681	95.325	0.782	1990
0.293	5.423	219.388	57.245	31.738	95.766	0.833	1991
0.297	5.480	225.806	59.997	32.794	96.177	0.885	1992
0.309	5.585	232.292	62.805	33.872	96.544	0.941	1993
0.316	5.729	241.184	64.283	34.992	98.099	0.972	1994

（注2） 都市人口データに関しては，*Demographic Yearbook*，ESCAP データとも同値であるが，World Bank のデータとは異なる。また，World Bank のデータと *World Population Prospects* は同値である。今回はより時系列的にデータの整備されている World Bank のデータと *World Population Prospects* を使用した。都市人口に関して World Bank のデータは基本的に 1965 年以降であるため，1950～1960 年に関しては，*World Population Prospects* を用い，さらなる欠損データに関しては *Demographic Yearbook*，ESCAP のデータを用いて推定した。

（注3） オーストラリア，日本，韓国などの国々では，自国統計が整備されており，推計の必要はないと考えられる。しかし，都市の概念が多少異なり，データに差異が見られる。全体の統合を図る意味から，World Bank と *World Population Prospects* のデータと

表 I-3　人口規模〈都市〉：1950〜94 年②（単位：百万人）

	マレーシア	モンゴル	ミャンマー	ネパール	ニュージーランド	パキスタン	パプアニューギニア	フィリピン
1950	*1.508*	*0.267*	*3.033*	*0.249*	*1.337*	*5.880*	*0.038*	*5.501*
1951	*1.563*	*0.276*	*3.136*	*0.251*	*1.378*	*6.186*	*0.039*	*5.734*
1952	*1.631*	*0.287*	*3.254*	*0.256*	*1.418*	*6.464*	*0.042*	*5.973*
1953	*1.709*	*0.295*	*3.374*	*0.261*	*1.472*	*6.751*	*0.047*	*6.221*
1954	*1.786*	*0.303*	*3.497*	*0.267*	*1.513*	*7.049*	*0.052*	*6.479*
1955	*1.859*	*0.314*	*3.625*	*0.274*	*1.561*	*7.357*	*0.057*	*6.747*
1956	*1.941*	*0.322*	*3.754*	*0.281*	*1.602*	*7.675*	*0.061*	*7.024*
1957	*2.036*	*0.334*	*3.896*	*0.289*	*1.652*	*8.004*	*0.066*	*7.312*
1958	*2.130*	*0.350*	*4.041*	*0.298*	*1.702*	*8.344*	*0.071*	*7.612*
1959	*2.229*	*0.362*	*4.191*	*0.307*	*1.752*	*8.696*	*0.076*	*7.921*
1960	*2.329*	*0.379*	*4.345*	*0.316*	*1.795*	*9.060*	*0.081*	*8.249*
1961	*2.438*	*0.396*	*4.501*	*0.323*	*1.847*	*9.345*	*0.087*	*8.603*
1962	*2.554*	*0.413*	*4.671*	*0.333*	*1.907*	*10.678*	*0.127*	*8.977*
1963	*2.667*	*0.426*	*4.848*	*0.343*	*1.959*	*11.173*	*0.134*	*9.367*
1964	*2.776*	*0.448*	*5.028*	*0.353*	*2.020*	*11.688*	*0.142*	*9.778*
1965	2.817	0.463	4.983	0.354	2.075	12.356	0.112	10.223
1966	2.900	0.478	5.393	0.368	2.126	12.865	0.134	10.434
1967	3.043	0.498	5.606	0.383	2.170	13.389	0.158	10.841
1968	3.187	0.518	5.827	0.398	2.206	13.937	0.184	11.266
1969	3.327	0.538	6.054	0.414	2.234	14.504	0.210	11.704
1970	3.481	0.564	6.288	0.438	2.279	15.092	0.244	12.161
1971	3.674	0.586	6.492	0.476	2.321	15.732	0.258	12.707
1972	3.870	0.614	6.568	0.513	2.372	16.552	0.270	13.272
1973	4.074	0.643	6.778	0.550	2.431	17.245	0.286	13.865
1974	4.294	0.672	6.990	0.589	2.490	17.967	0.303	14.488
1975	4.486	0.706	7.211	0.630	2.550	18.718	0.321	15.045
1976	4.743	0.736	7.375	0.681	2.579	19.526	0.333	15.594
1977	4.967	0.766	7.543	0.736	2.591	20.364	0.347	16.151
1978	5.200	0.799	7.716	0.792	2.595	21.320	0.360	16.825
1979	5.533	0.831	7.893	0.850	2.589	22.244	0.375	17.290
1980	5.753	0.866	8.073	0.911	2.596	23.205	0.385	18.119
1981	6.025	0.900	8.423	1.036	2.608	24.208	0.401	19.121
1982	6.278	0.934	8.618	1.143	2.636	25.257	0.416	20.161
1983	6.539	0.968	8.819	1.238	2.674	26.348	0.432	21.238
1984	6.890	0.997	9.027	1.317	2.699	27.482	0.450	22.354
1985	7.198	1.033	9.250	1.418	2.718	28.662	0.467	23.507
1986	7.520	1.070	9.522	1.538	2.750	29.987	0.484	24.731
1987	7.843	1.109	9.503	1.610	2.780	31.510	0.501	25.994
1988	8.173	1.148	9.753	1.727	2.798	32.978	0.519	27.294
1989	8.507	1.188	10.004	1.848	2.817	34.445	0.537	28.630
1990	8.846	1.285	10.256	1.974	2.852	35.969	0.555	30.002
1991	9.381	1.330	10.421	2.116	2.897	37.670	0.573	31.769
1992	9.780	1.372	10.736	2.269	2.935	39.441	0.592	33.297
1993	10.201	1.413	11.055	2.425	2.953	41.284	0.612	34.856
1994	10.568	1.454	11.407	2.638	3.009	42.993	0.633	35.912

比較し，推計を加えている。この解説の詳細は推計の章を参照のこと
（注4） 台湾は複数のデータソースが混在しているため，全期間を推計している。ただし，データソース間に大きな差はない。
（注5） データ上の問題からクック諸島については，*Demographic Yearbook* から推計しているが，データの欠落が多く，変動していないため参考データとして示す。
（注6） ブータンについて国際的な統計機間のデータソース上で長期にわたって欠落している。推計値を示してある有意性はない。
（注7） 推計値に関してはイタリック体で表記してある。推計方法の詳細に関しては，推計の章を参照のこと。

I 人口規模

韓国	サモア	シンガポール	スリランカ	タイ	ベトナム	台湾	
4.347	*0.035*	*1.020*	*1.107*	*2.058*	*4.015*	*4.067*	1950
4.404	*0.041*	*1.070*	*1.163*	*2.162*	*4.079*	*4.191*	1951
4.623	*0.041*	*1.130*	*1.221*	*2.257*	*4.199*	*4.373*	1952
4.857	*0.041*	*1.190*	*1.285*	*2.357*	*4.326*	*4.669*	1953
5.113	*0.041*	*1.250*	*1.352*	*2.459*	*4.459*	*4.861*	1954
5.397	*0.046*	*1.310*	*1.417*	*2.566*	*4.599*	*5.083*	1955
5.756	*0.046*	*1.370*	*1.484*	*2.677*	*4.745*	*5.304*	1956
6.131	*0.046*	*1.450*	*1.558*	*2.792*	*4.897*	*5.528*	1957
6.521	*0.046*	*1.510*	*1.630*	*2.912*	*5.056*	*5.759*	1958
6.929	*0.050*	*1.580*	*1.712*	*3.037*	*5.221*	*6.022*	1959
7.358	*0.050*	*1.630*	*1.791*	*3.167*	*5.508*	*6.251*	1960
7.799	*0.050*	*1.690*	*1.872*	*3.304*	*5.690*	*6.486*	1961
8.260	*0.055*	*1.730*	*1.957*	*3.447*	*5.877*	*6.810*	1962
8.744	*0.055*	*1.780*	*2.048*	*3.596*	*6.069*	*7.094*	1963
9.245	*0.055*	*1.820*	*2.136*	*3.751*	*6.266*	*7.382*	1964
9.195	*0.064*	1.860	2.201	3.965	6.288	*7.674*	1965
9.864	*0.063*	1.930	2.322	4.154	6.575	*7.965*	1966
10.552	*0.061*	1.980	2.422	4.310	6.871	*8.223*	1967
11.278	*0.064*	2.010	2.530	4.473	7.177	*8.515*	1968
12.001	*0.062*	2.040	2.634	4.642	7.493	*9.019*	1969
12.739	*0.061*	2.070	2.740	4.817	7.819	*9.312*	1970
13.420	*0.066*	2.110	2.797	5.106	8.048	*9.595*	1971
14.617	*0.066*	2.150	2.821	5.410	8.283	*9.865*	1972
15.372	*0.067*	2.190	2.875	5.707	8.525	*10.126*	1973
16.145	*0.068*	2.230	2.919	6.011	8.774	*10.398*	1974
16.934	*0.069*	2.260	2.970	6.322	9.030	*10.680*	1975
17.846	*0.070*	2.290	3.007	6.650	9.273	*11.006*	1976
18.773	*0.071*	2.330	3.044	6.985	9.523	*11.299*	1977
19.719	*0.074*	2.354	3.088	7.324	9.779	*11.608*	1978
20.689	*0.075*	2.384	3.138	7.669	10.042	*11.934*	1979
21.693	*0.077*	2.414	3.185	7.942	10.312	*12.252*	1980
22.653	*0.079*	2.443	3.227	8.201	10.587	*12.577*	1981
23.635	*0.080*	2.472	3.252	8.461	10.871	*12.899*	1982
24.636	*0.082*	2.502	3.284	8.723	11.164	*13.192*	1983
25.577	*0.083*	2.444	3.308	8.973	11.449	*13.491*	1984
26.483	*0.085*	2.483	3.343	9.233	11.735	*13.768*	1985
27.461	*0.086*	2.519	3.410	9.483	12.014	*14.013*	1986
28.494	*0.086*	2.554	3.472	9.734	12.316	*14.276*	1987
29.523	*0.089*	2.599	3.532	9.985	12.605	*14.550*	1988
30.572	*0.091*	2.648	3.590	10.237	12.851	*14.807*	1989
31.637	*0.093*	2.705	3.637	10.442	13.180	*15.097*	1990
32.602	*0.092*	2.763	3.725	10.726	13.609	*15.358*	1991
33.598	*0.093*	2.818	3.794	11.012	14.061	*15.616*	1992
34.605	*0.095*	2.874	3.876	11.300	14.509	*15.872*	1993
35.365	*0.096*	2.930	3.997	11.523	14.968	*16.123*	1994

表 I-4　人口規模〈農村〉：1950〜94年① (単位：百万人)

	アフガニスタン	オーストラリア	バングラデシュ	ブータン	ブルネイ	カンボジア	中国	クック諸島
1950	10.970	2.037	38.611	0.510	0.022	3.830	482.799	0.003
1951	11.055	2.048	40.319	0.519	0.023	3.912	488.489	0.004
1952	11.176	2.057	41.038	0.527	0.024	3.998	497.179	0.004
1953	11.324	2.055	41.769	0.536	0.025	4.089	506.943	0.004
1954	11.481	2.051	42.513	0.545	0.026	4.183	517.977	0.004
1955	11.647	2.050	43.271	0.545	0.028	4.282	526.608	0.004
1956	11.876	2.053	44.042	0.554	0.030	4.385	536.575	0.004
1957	11.949	2.050	44.825	0.563	0.032	4.476	550.400	0.004
1958	12.141	2.042	45.626	0.571	0.033	4.603	560.019	0.004
1959	12.332	2.037	46.437	0.580	0.036	4.717	568.482	0.004
1960	12.531	2.029	49.932	0.589	0.038	4.835	558.221	0.004
1961	12.729	2.028	51.177	0.607	0.040	4.957	553.493	0.004
1962	12.936	2.010	52.452	0.615	0.041	5.081	563.729	0.004
1963	13.143	1.993	53.759	0.633	0.040	5.209	577.569	0.004
1964	13.348	1.977	55.100	0.642	0.043	5.343	586.729	0.004
1965	13.635	1.936	56.732	0.659	0.047	5.479	593.361	0.005
1966	14.039	1.921	57.926	0.844	0.050	5.620	610.946	0.005
1967	14.304	1.902	59.142	0.861	0.048	5.765	627.134	0.005
1968	14.638	1.883	60.378	0.879	0.050	5.915	646.178	0.005
1969	14.916	1.868	61.651	0.905	0.048	6.071	665.052	0.005
1970	15.210	1.851	62.943	0.932	0.050	6.126	682.119	0.005
1971	15.477	1.871	64.230	0.941	0.054	6.174	694.033	0.005
1972	15.749	1.914	66.396	0.958	0.053	6.222	705.919	0.005
1973	16.026	1.924	67.959	0.976	0.057	6.270	717.695	0.005
1974	10.006	1.937	70.128	1.002	0.057	6.318	729.229	0.005
1975	10.213	1.942	71.617	1.020	0.061	6.367	767.224	0.005
1976	10.418	1.966	72.980	1.046	0.069	6.226	775.359	0.005
1977	10.637	1.989	74.365	1.064	0.074	6.088	782.962	0.005
1978	10.852	2.033	75.945	1.058	0.079	5.953	789.373	0.005
1979	13.197	2.058	77.199	1.077	0.071	5.821	795.177	0.004
1980	13.463	2.087	78.657	1.095	0.074	5.692	800.864	0.004
1981	13.768	2.128	79.855	1.114	0.078	5.835	807.140	0.004
1982	14.080	2.173	81.345	1.133	0.082	5.982	813.398	0.004
1983	14.401	2.211	82.763	1.153	0.086	6.132	817.749	0.004
1984	14.731	2.246	84.647	1.182	0.088	6.286	823.666	0.004
1985	15.071	2.289	86.110	1.210	0.092	6.443	829.405	0.004
1986	15.420	2.335	87.581	1.239	0.095	6.618	834.151	0.004
1987	12.568	2.384	87.876	1.346	0.098	6.658	839.413	0.004
1988	12.770	2.435	89.082	1.383	0.101	6.825	844.566	0.004
1989	12.977	2.492	90.275	1.417	0.104	6.994	846.924	0.004
1990	13.187	2.543	92.532	1.446	0.107	7.060	852.611	0.004
1991	13.383	2.589	92.057	1.470	0.110	7.202	853.939	0.005
1992	13.197	2.634	94.269	1.488	0.113	7.348	854.086	0.005
1993	13.982	2.673	95.022	1.506	0.117	7.497	853.512	0.005
1994	14.884	2.610	96.247	1.528	0.119	7.688	859.066	0.005

（出所）　United Nations, *Demographic Yearbook*, New York, United Nations Publications, Various Years（国際連合統計局編『世界人口年鑑』，原書房，各年版）；中国国家統計局人口統計与就業統計司編『中国人口統計年鑑』中国統計出版社，各年版；行政院主計處編『中華民国統計年鑑』行政院出版署，各年版；United Nations Economic and Social Committee for Asia and the Pacific, *United Nations Statistical Yearbook for Asia and the Pacific*, Bangkok, Thailand, United Nations Publications, Various Years ; The World Bank, *World Development Indicators*, Washington, D. C., World Bank Development Data Center, Various Years.
（注1）　基本的には，World Bank のデータ，*World Population Prospects* を基に作成。都市構成比率（％）を計算し，人口規模に乗じて都市人口を算出。中国は一部に自国統計を使用。

I 人口規模

フィジー	香港	インド	インドネシア	イラン	日本	ラオス	
0.206	*0.355*	*296.485*	*66.576*	*11.886*	*41.201*	*1.797*	1950
0.211	*0.357*	*297.888*	*67.529*	*12.054*	*40.732*	*1.829*	1951
0.218	*0.371*	*302.502*	*68.717*	*12.216*	*40.431*	*1.862*	1952
0.225	*0.383*	*307.372*	*69.933*	*12.379*	*40.072*	*1.898*	1953
0.231	*0.397*	*312.532*	*71.193*	*12.543*	*39.732*	*1.933*	1954
0.238	*0.412*	*317.856*	*72.506*	*12.708*	*39.255*	*1.971*	1955
0.238	*0.424*	*323.622*	*73.854*	*13.213*	*38.708*	*2.010*	1956
0.248	*0.437*	*329.705*	*75.254*	*13.436*	*38.078*	*2.051*	1957
0.256	*0.447*	*336.138*	*76.705*	*13.658*	*37.448*	*2.035*	1958
0.265	*0.457*	*342.934*	*78.207*	*13.891*	*36.825*	*2.088*	1959
0.268	*0.462*	*350.099*	*79.759*	*14.122*	*36.148*	*2.142*	1960
0.276	*0.470*	*357.707*	*81.293*	*14.358*	*35.473*	*2.186*	1961
0.284	*0.487*	*365.826*	*82.920*	*14.604*	*34.791*	*2.239*	1962
0.292	*0.499*	*374.091*	*84.629*	*14.853*	*34.126*	*2.292*	1963
0.301	*0.501*	*382.555*	*86.403*	*15.086*	*33.451*	*2.345*	1964
0.313	0.502	395.160	88.309	15.382	32.030	2.412	1965
0.321	0.484	399.646	90.177	15.636	31.853	2.460	1966
0.319	0.487	407.515	92.115	15.896	31.398	2.517	1967
0.330	0.487	415.574	95.224	16.156	30.955	2.573	1968
0.335	0.485	423.853	97.804	16.422	30.518	2.620	1969
0.339	0.487	432.342	100.475	16.651	30.050	2.676	1970
0.344	0.482	440.265	97.189	17.070	29.462	2.728	1971
0.348	0.474	448.570	103.000	17.194	28.941	2.789	1972
0.352	0.467	456.681	104.998	17.414	28.373	2.840	1973
0.357	0.462	464.757	106.999	17.869	27.760	2.900	1974
0.361	0.453	472.798	109.366	18.092	27.112	2.924	1975
0.372	0.441	480.436	110.647	17.988	27.290	2.981	1976
0.377	0.432	488.014	111.836	18.211	27.440	3.038	1977
0.381	0.430	501.425	110.330	18.748	27.579	2.732	1978
0.388	0.437	509.916	112.088	19.032	27.698	2.749	1979
0.394	0.430	519.075	113.870	19.806	27.800	2.776	1980
0.402	0.426	528.954	115.300	20.296	27.886	2.812	1981
0.411	0.418	538.761	116.684	20.798	27.961	2.857	1982
0.415	0.409	548.496	118.054	21.313	28.037	2.910	1983
0.423	0.398	558.918	120.668	21.763	28.099	2.958	1984
0.429	0.387	568.400	121.662	21.488	28.155	3.023	1985
0.438	0.379	578.125	122.894	22.834	28.186	3.093	1986
0.441	0.369	589.522	124.019	23.063	28.198	3.171	1987
0.439	0.359	600.212	125.019	23.328	28.193	3.252	1988
0.458	0.349	610.991	125.933	23.572	28.183	3.337	1989
0.444	0.337	621.849	124.561	23.815	28.153	3.420	1990
0.448	0.329	632.273	124.140	24.099	28.155	3.499	1991
0.449	0.321	642.012	124.495	24.359	28.147	3.578	1992
0.462	0.316	651.618	124.784	24.609	28.126	3.656	1993
0.468	0.306	672.311	126.393	24.656	26.862	3.764	1994

（注2） 農村人口データに関しては，都市人口に順ずる作業を行っている。農村とは，英語表記 "rural" で表現される地域のことを指す。*Demographic Yearbook*, ESCAP のデータ，World Bank のデータなど，すべてのデータソースで，人口総数＝都市人口＋農村人口，が成り立つ。したがって，都市人口を求める際に推計した都市人口比率から農村人口比率を計算し，人口規模を乗じて農村人口を算出した。その他推計作業に関しては，都市人口を参照のこと。
（注3） 推計値に関してはイタリック体で表記してある。推計方法の詳細に関しては，推計の章を参照のこと。

表 I-4　人口規模〈農村〉：1950～94 年② (単位：百万人)

	マレーシア	モンゴル	ミャンマー	ネパール	ニュージーランド	パキスタン	パプアニューギニア	フィリピン
1950	4.602	0.499	15.737	8.065	0.573	27.680	1.042	14.769
1951	4.667	0.503	15.914	8.090	0.572	28.199	1.064	15.156
1952	4.769	0.513	16.126	8.131	0.572	28.731	1.058	15.557
1953	4.891	0.515	16.336	8.190	0.578	29.273	1.108	15.969
1954	5.004	0.517	16.543	8.265	0.577	29.823	1.155	16.391
1955	5.101	0.526	16.765	8.357	0.579	30.384	1.193	16.823
1956	5.219	0.528	16.976	8.464	0.578	30.954	1.220	17.266
1957	5.364	0.536	17.234	8.584	0.578	31.535	1.247	17.718
1958	5.500	0.550	17.489	8.716	0.578	32.126	1.270	18.188
1959	5.641	0.558	17.749	8.859	0.578	32.727	1.300	18.659
1960	5.781	0.571	18.015	9.011	0.575	33.339	1.321	19.161
1961	5.932	0.584	18.279	9.087	0.573	33.633	1.362	19.707
1962	6.096	0.597	18.579	9.247	0.573	37.598	1.898	20.283
1963	6.243	0.604	18.892	9.407	0.571	38.497	1.926	20.873
1964	6.374	0.622	19.202	9.577	0.570	39.416	1.959	21.492
1965	6.603	0.637	18.747	9.747	0.555	40.223	2.037	22.127
1966	6.570	0.642	19.857	9.912	0.554	41.235	2.051	22.296
1967	6.667	0.652	20.204	10.077	0.550	42.261	2.089	22.869
1968	6.753	0.662	20.563	10.252	0.544	43.323	2.126	23.464
1969	6.823	0.672	20.926	10.436	0.536	44.406	2.150	24.066
1970	6.909	0.686	21.292	10.792	0.531	45.518	2.246	24.690
1971	7.026	0.694	21.708	11.084	0.529	46.698	2.262	25.203
1972	7.130	0.706	21.692	11.297	0.528	48.358	2.270	25.718
1973	7.236	0.717	22.112	11.510	0.529	49.595	2.304	26.255
1974	7.356	0.728	22.530	11.731	0.530	50.873	2.337	26.812
1975	7.414	0.744	22.959	11.961	0.530	52.182	2.379	27.215
1976	7.557	0.754	23.455	12.159	0.531	53.494	2.417	27.746
1977	7.633	0.764	23.967	12.404	0.529	54.836	2.463	28.269
1978	7.709	0.775	24.489	12.629	0.526	56.432	2.509	28.969
1979	7.917	0.786	25.020	12.863	0.520	57.886	2.556	29.290
1980	7.944	0.797	25.564	13.099	0.517	59.376	2.580	30.198
1981	8.059	0.809	26.671	13.984	0.517	60.910	2.636	30.415
1982	8.134	0.819	27.292	14.517	0.520	62.501	2.690	30.622
1983	8.208	0.829	27.928	14.834	0.525	64.132	2.746	30.817
1984	8.380	0.835	28.587	14.938	0.528	65.804	2.811	30.997
1985	8.483	0.845	29.290	15.269	0.529	67.518	2.870	31.161
1986	8.590	0.855	29.889	15.593	0.527	69.176	2.923	31.273
1987	8.683	0.864	29.570	15.407	0.524	71.195	2.981	31.362
1988	8.769	0.873	30.086	15.647	0.519	72.992	3.038	31.427
1989	8.847	0.882	30.597	15.891	0.513	74.695	3.093	31.467
1990	8.918	0.931	31.098	16.137	0.511	76.435	3.144	31.478
1991	9.166	0.940	31.131	16.346	0.509	78.096	3.199	31.921
1992	9.263	0.947	31.597	16.610	0.505	79.788	3.255	32.043
1993	9.363	0.953	32.061	16.850	0.498	81.511	3.310	32.124
1994	9.544	0.960	32.515	18.260	0.484	83.474	3.364	32.708

Ⅰ 人口規模

韓国	サモア	シンガポール	スリランカ	タイ	ベトナム	台湾	
16.013	0.045	0.000	6.573	17.582	24.666	3.487	1950
16.056	0.049	0.000	6.717	18.058	25.000	3.678	1951
15.977	0.049	0.000	6.849	18.573	25.312	3.756	1952
15.933	0.049	0.000	7.005	19.103	25.648	3.769	1953
15.947	0.049	0.000	7.168	19.641	26.009	3.888	1954
16.023	0.054	0.000	7.303	20.194	26.391	3.995	1955
16.284	0.054	0.000	7.446	20.773	26.796	4.087	1956
16.549	0.054	0.000	7.612	21.358	27.222	4.163	1957
16.809	0.054	0.000	7.760	21.958	27.668	4.280	1958
17.071	0.060	0.000	7.938	22.583	28.135	4.409	1959
17.342	0.060	0.000	8.099	23.223	29.232	4.542	1960
17.601	0.060	0.000	8.258	23.906	29.744	4.663	1961
17.860	0.065	0.000	8.423	24.603	30.263	4.701	1962
18.126	0.065	0.000	8.602	25.324	30.790	4.790	1963
18.385	0.065	0.000	8.764	26.069	31.327	4.874	1964
19.185	0.066	0.000	8.859	26.775	32.053	4.954	1965
19.096	0.067	0.000	9.118	27.846	32.606	5.028	1966
18.988	0.069	0.000	9.278	28.690	33.169	5.074	1967
18.892	0.076	0.000	9.460	29.567	33.740	5.136	1968
18.739	0.078	0.000	9.616	30.468	34.320	5.316	1969
18.561	0.079	0.000	9.770	31.403	34.910	5.364	1970
18.410	0.084	0.000	9.963	32.274	35.692	5.400	1971
18.893	0.084	0.000	10.039	33.180	36.492	5.424	1972
18.728	0.083	0.000	10.215	33.983	37.310	5.439	1973
18.545	0.082	0.000	10.361	34.769	38.146	5.454	1974
18.346	0.081	0.000	10.530	35.548	39.000	5.470	1975
18.004	0.080	0.000	10.713	36.310	39.843	5.503	1976
17.637	0.079	0.000	10.896	37.055	40.704	5.514	1977
17.250	0.080	0.000	11.102	37.776	41.583	5.528	1978
16.845	0.080	0.000	11.334	38.473	42.481	5.545	1979
16.431	0.079	0.000	11.562	38.776	43.398	5.553	1980
16.070	0.078	0.000	11.784	39.534	44.325	5.559	1981
15.691	0.078	0.000	11.943	40.280	45.283	5.559	1982
15.293	0.078	0.000	12.133	41.011	46.262	5.541	1983
14.829	0.077	0.000	12.295	41.664	47.204	5.522	1984
14.323	0.075	0.000	12.499	42.347	48.137	5.490	1985
13.723	0.075	0.000	12.707	43.028	49.095	5.442	1986
13.128	0.072	0.000	12.889	43.693	50.136	5.397	1987
12.508	0.073	0.000	13.067	44.341	51.122	5.354	1988
11.877	0.072	0.000	13.235	44.977	51.923	5.301	1989
11.232	0.071	0.000	13.356	45.397	53.053	5.256	1990
10.694	0.069	0.000	13.522	45.848	54.165	5.199	1991
10.150	0.068	0.000	13.611	46.282	55.344	5.137	1992
9.590	0.067	0.000	13.743	46.710	56.474	5.072	1993
9.277	0.068	0.000	13.868	47.193	57.542	5.003	1994

表 I-5　人口規模〈都市・男〉：1950～94 年① （単位：百万人）

	アフガニスタン	オーストラリア	バングラデシュ	ブータン	ブルネイ	カンボジア	中国	クック諸島
1950	0.489	3.039	1.040	0.036	0.011	0.163	35.970	(0.005)
1951	0.502	3.152	1.115	0.037	0.012	0.171	38.776	(0.006)
1952	0.517	3.256	1.165	0.038	0.012	0.179	40.429	(0.006)
1953	0.533	3.346	1.217	0.038	0.013	0.187	42.213	(0.006)
1954	0.550	3.437	1.270	0.039	0.014	0.196	44.151	(0.006)
1955	0.568	3.537	1.325	0.039	0.015	0.205	45.930	(0.006)
1956	0.589	3.649	1.382	0.039	0.017	0.215	47.870	(0.006)
1957	0.602	3.754	1.441	0.040	0.018	0.224	50.210	(0.006)
1958	0.622	3.857	1.501	0.040	0.020	0.236	52.222	(0.006)
1959	0.643	3.968	1.563	0.041	0.022	0.247	54.172	(0.007)
1960	0.663	4.080	1.719	0.041	0.023	0.259	54.341	(0.007)
1961	0.685	4.214	1.801	0.043	0.025	0.271	55.028	(0.007)
1962	0.707	4.317	1.887	0.043	0.027	0.283	57.222	(0.007)
1963	0.729	4.429	1.976	0.044	0.026	0.296	59.841	(0.007)
1964	0.752	4.546	2.068	0.045	0.029	0.310	62.033	(0.007)
1965	0.737	4.674	2.024	0.046	0.029	0.324	69.362	(0.007)
1966	0.787	4.785	2.169	0.059	0.033	0.338	70.650	(0.008)
1967	0.831	4.893	2.320	0.060	0.034	0.353	71.737	(0.008)
1968	0.881	5.007	2.477	0.061	0.038	0.369	73.110	(0.008)
1969	0.928	5.137	2.641	0.063	0.039	0.386	74.420	(0.008)
1970	0.978	5.269	2.811	0.064	0.044	0.396	75.487	(0.008)
1971	1.042	5.383	3.012	0.065	0.047	0.389	76.675	(0.008)
1972	1.109	5.569	3.264	0.066	0.047	0.381	77.858	(0.008)
1973	1.178	5.662	3.495	0.067	0.051	0.373	79.025	(0.008)
1974	0.767	5.764	3.767	0.069	0.051	0.365	80.162	(0.008)
1975	0.815	5.846	4.012	0.070	0.054	0.357	84.200	(0.008)
1976	0.865	5.907	4.285	0.071	0.060	0.364	87.798	(0.008)
1977	0.917	5.969	4.567	0.072	0.063	0.371	91.419	(0.008)
1978	0.971	6.090	4.872	0.072	0.066	0.377	94.982	(0.007)
1979	1.224	6.154	5.165	0.073	0.059	0.383	98.546	(0.007)
1980	1.294	6.228	5.482	0.076	0.060	0.389	102.169	(0.007)
1981	1.347	6.322	5.806	0.075	0.062	0.417	106.661	(0.007)
1982	1.402	6.426	6.163	0.076	0.064	0.446	111.259	(0.007)
1983	1.459	6.508	6.526	0.078	0.066	0.476	115.696	(0.007)
1984	1.518	6.580	6.938	0.079	0.066	0.508	120.457	(0.007)
1985	1.580	6.675	7.329	0.084	0.068	0.541	125.304	(0.007)
1986	1.645	6.765	7.753	0.083	0.070	0.581	131.461	(0.007)
1987	1.365	6.862	8.081	0.090	0.072	0.611	137.872	(0.007)
1988	1.412	6.963	8.502	0.092	0.075	0.653	144.446	(0.007)
1989	1.460	7.081	8.934	0.094	0.077	0.696	150.708	(0.007)
1990	1.509	7.179	9.460	0.100	0.078	0.684	157.737	(0.007)
1991	1.568	7.265	9.812	0.099	0.079	0.778	164.836	(0.007)
1992	1.584	7.344	10.436	0.098	0.080	0.817	171.770	(0.007)
1993	1.718	7.407	10.915	0.096	0.080	0.856	178.713	(0.007)
1994	1.845	7.528	11.150	0.095	0.082	0.877	182.251	(0.007)

（出所）　United Nations, *Demographic Yearbook*, New York, United Nations Publications, Various Years（国際連合統計局編『世界人口年鑑』，原書房，各年版）；中国国家統計局人口統計与就業統計司編『中国人口統計年鑑』中国統計出版社，各年版；行政院主計處編『中華民国統計年鑑』行政院出版署，各年版；United Nations Economic and Social Committee for Asia and the Pacific, *United Nations Statistical Yearbook for Asia and the Pacific*, Bangkok, Thailand, United Nations Publications, Various Years ; The World Bank, *World Development Indicators*, Washington, D. C., World Bank Development Data Center, Various Years.

（注1）　基本的には，*Demographic Yearbook*, World Bank のデータ，*World Population Prospects*, ESCAP のデータを基に作成。都市男性構成比率（％）を各統計から計算し，都市人口規模に乗じて，都市男性人口を算出。

I 人口規模

フィジー	香港	インド	インドネシア	イラン	日本	ラオス	
0.047	0.857	33.125	4.688	2.247	20.575	0.077	1950
0.049	0.880	33.358	4.846	2.362	21.468	0.079	1951
0.051	0.931	34.135	5.036	2.484	22.238	0.081	1952
0.052	0.982	34.950	5.233	2.611	23.002	0.084	1953
0.054	1.038	35.807	5.437	2.743	23.807	0.086	1954
0.056	1.098	36.693	5.649	2.879	24.555	0.089	1955
0.057	1.155	37.639	5.869	3.100	25.284	0.091	1956
0.060	1.216	38.633	6.099	3.263	25.980	0.094	1957
0.062	1.268	39.679	6.337	3.432	26.695	0.094	1958
0.065	1.326	40.780	6.585	3.611	27.437	0.097	1959
0.066	1.370	41.938	6.843	3.796	28.161	0.101	1960
0.068	1.423	43.162	7.105	3.989	28.908	0.104	1961
0.071	1.509	44.462	7.380	4.192	29.674	0.107	1962
0.073	1.581	45.794	7.670	4.404	30.481	0.110	1963
0.076	1.626	47.166	7.971	4.620	31.307	0.114	1964
0.077	1.679	48.784	8.246	4.840	32.528	0.111	1965
0.081	1.656	49.892	8.586	5.086	33.523	0.117	1966
0.082	1.702	51.446	8.941	5.345	34.261	0.123	1967
0.086	1.743	53.051	9.420	5.613	35.037	0.130	1968
0.089	1.775	54.712	9.858	5.894	35.850	0.137	1969
0.092	1.826	56.430	10.316	6.173	36.658	0.144	1970
0.094	1.874	58.382	10.305	6.538	37.557	0.153	1971
0.097	1.913	60.429	11.270	6.803	38.586	0.163	1972
0.099	1.961	62.494	11.849	7.115	39.603	0.172	1973
0.102	2.020	64.600	12.447	7.539	40.608	0.182	1974
0.105	2.064	66.746	13.106	7.882	41.610	0.191	1975
0.109	2.084	69.324	13.739	8.086	42.114	0.202	1976
0.111	2.118	71.954	14.378	8.446	42.579	0.214	1977
0.113	2.194	75.525	14.676	8.970	43.030	0.200	1978
0.115	2.320	78.439	15.416	9.393	43.454	0.208	1979
0.118	2.385	81.527	16.183	10.082	43.856	0.218	1980
0.122	2.447	84.726	17.134	10.639	44.233	0.230	1981
0.125	2.490	87.973	18.113	11.226	44.598	0.244	1982
0.128	2.533	91.267	19.123	11.846	44.967	0.258	1983
0.131	2.564	94.738	20.379	12.456	45.317	0.273	1984
0.134	2.597	98.113	21.404	12.664	45.659	0.290	1985
0.138	2.636	100.716	22.643	13.798	45.968	0.308	1986
0.140	2.669	103.659	23.907	14.291	46.248	0.329	1987
0.140	2.698	106.529	25.191	14.824	46.503	0.350	1988
0.146	2.733	109.464	26.503	15.361	46.751	0.373	1989
0.143	2.747	112.467	27.359	15.916	46.969	0.396	1990
0.146	2.777	115.957	28.518	16.467	47.188	0.422	1991
0.148	2.807	119.885	29.889	17.014	47.392	0.449	1992
0.154	2.861	123.878	31.288	17.572	47.575	0.477	1993
0.157	2.935	129.190	32.025	18.151	48.343	0.493	1994

(注2) 都市人口データの男女比に関するデータは男女それぞれの総数のデータと一致する。各データソースとも経年的な統計は整備されておらず，各データを組み合わせて，全年代を推計する作業を行った。ただし，*Demographic Yearbook*, ESCAP のデータ，World Bank のデータ，*World Population Prospects* ともに大きな差はなかった。

(注3) オーストラリア，日本，韓国などの国々では，自国統計が整備されており，推計の必要はないと考えられる。しかし，表全体の統合を図る意味から，推計を加えている。この解説の詳細は推計の章を参照のこと。

(注4) クック諸島については，1981年1時点でのデータしか存在していないため，この1981年の男性比をそのまま使用しており，参考データとした（括弧で表記）。

表 I-5　人口規模〈都市・男〉：1950〜94 年② （単位：百万人）

	マレーシア	モンゴル	ミャンマー	ネパール	ニュージーランド	パキスタン	パプアニューギニア	フィリピン
1950	*0.813*	*0.137*	*1.507*	*0.133*	*0.655*	*3.228*	*0.024*	*2.595*
1951	*0.840*	*0.142*	*1.558*	*0.133*	*0.675*	*3.396*	*0.025*	*2.717*
1952	*0.873*	*0.148*	*1.617*	*0.136*	*0.694*	*3.549*	*0.026*	*2.843*
1953	*0.911*	*0.152*	*1.677*	*0.139*	*0.721*	*3.707*	*0.029*	*2.975*
1954	*0.948*	*0.156*	*1.738*	*0.142*	*0.741*	*3.871*	*0.032*	*3.112*
1955	*0.983*	*0.162*	*1.802*	*0.146*	*0.764*	*4.040*	*0.036*	*3.255*
1956	*1.023*	*0.166*	*1.866*	*0.149*	*0.785*	*4.215*	*0.038*	*3.404*
1957	*1.069*	*0.172*	*1.937*	*0.154*	*0.809*	*4.396*	*0.041*	*3.559*
1958	*1.114*	*0.180*	*2.009*	*0.158*	*0.833*	*4.583*	*0.044*	*3.722*
1959	*1.161*	*0.186*	*2.083*	*0.163*	*0.858*	*4.777*	*0.047*	*3.889*
1960	*1.208*	*0.195*	*2.160*	*0.168*	*0.879*	*4.977*	*0.050*	*4.068*
1961	*1.260*	*0.204*	*2.238*	*0.171*	*0.904*	*5.134*	*0.054*	*4.261*
1962	*1.315*	*0.212*	*2.323*	*0.177*	*0.934*	*5.867*	*0.079*	*4.466*
1963	*1.367*	*0.219*	*2.411*	*0.182*	*0.959*	*6.139*	*0.083*	*4.679*
1964	*1.417*	*0.230*	*2.500*	*0.187*	*0.989*	*6.422*	*0.088*	*4.905*
1965	*1.469*	*0.238*	*2.478*	*0.188*	*1.015*	*6.786*	*0.069*	*5.165*
1966	*1.497*	*0.247*	*2.682*	*0.195*	*1.040*	*7.069*	*0.083*	*5.298*
1967	*1.555*	*0.259*	*2.788*	*0.203*	*1.062*	*7.361*	*0.097*	*5.531*
1968	*1.614*	*0.271*	*2.898*	*0.211*	*1.080*	*7.665*	*0.113*	*5.773*
1969	*1.670*	*0.283*	*3.012*	*0.220*	*1.094*	*7.980*	*0.129*	*6.022*
1970	*1.732*	*0.297*	*3.128*	*0.232*	*1.117*	*8.307*	*0.149*	*6.281*
1971	*1.816*	*0.307*	*3.230*	*0.253*	*1.137*	*8.656*	*0.157*	*6.580*
1972	*1.901*	*0.320*	*3.268*	*0.272*	*1.162*	*9.102*	*0.165*	*6.889*
1973	*1.990*	*0.333*	*3.373*	*0.291*	*1.190*	*9.479*	*0.174*	*7.213*
1974	*2.086*	*0.346*	*3.479*	*0.312*	*1.219*	*9.872*	*0.184*	*7.553*
1975	*2.167*	*0.361*	*3.589*	*0.333*	*1.248*	*10.281*	*0.195*	*7.859*
1976	*2.293*	*0.375*	*3.671*	*0.360*	*1.263*	*10.635*	*0.203*	*8.048*
1977	*2.403*	*0.389*	*3.756*	*0.389*	*1.270*	*11.005*	*0.212*	*8.240*
1978	*2.517*	*0.404*	*3.842*	*0.419*	*1.273*	*11.435*	*0.222*	*8.488*
1979	*2.680*	*0.419*	*3.930*	*0.450*	*1.271*	*11.846*	*0.231*	*8.629*
1980	*2.788*	*0.435*	*4.021*	*0.481*	*1.276*	*12.275*	*0.239*	*8.948*
1981	*2.919*	*0.446*	*4.193*	*0.548*	*1.280*	*12.826*	*0.248*	*9.560*
1982	*3.040*	*0.457*	*4.289*	*0.605*	*1.293*	*13.402*	*0.256*	*10.196*
1983	*3.165*	*0.469*	*4.388*	*0.656*	*1.310*	*14.000*	*0.265*	*10.859*
1984	*3.334*	*0.478*	*4.490*	*0.698*	*1.321*	*14.622*	*0.275*	*11.546*
1985	*3.482*	*0.490*	*4.599*	*0.753*	*1.329*	*15.269*	*0.285*	*12.260*
1986	*3.636*	*0.506*	*4.735*	*0.816*	*1.345*	*16.014*	*0.293*	*12.894*
1987	*3.791*	*0.522*	*4.725*	*0.854*	*1.360*	*16.867*	*0.303*	*13.548*
1988	*3.949*	*0.539*	*4.850*	*0.915*	*1.369*	*17.691*	*0.313*	*14.221*
1989	*4.108*	*0.556*	*4.976*	*0.979*	*1.378*	*18.515*	*0.322*	*14.913*
1990	*4.267*	*0.593*	*5.091*	*1.045*	*1.398*	*19.372*	*0.331*	*15.628*
1991	*4.528*	*0.617*	*5.183*	*1.120*	*1.418*	*20.324*	*0.341*	*16.537*
1992	*4.721*	*0.633*	*5.337*	*1.201*	*1.437*	*21.328*	*0.352*	*17.353*
1993	*4.924*	*0.649*	*5.494*	*1.284*	*1.446*	*22.375*	*0.362*	*18.187*
1994	*5.102*	*0.663*	*5.667*	*1.396*	*1.474*	*23.355*	*0.374*	*18.759*

（注5）　推計値に関してはイタリック体で表記してある。本統計はすべてが推計値になる。推計方法の詳細に関しては，推計の章を参照のこと。

I 人口規模

韓国	サモア	シンガポール	スリランカ	タイ	ベトナム	台湾	
2.195	0.018	0.531	0.587	1.060	2.152	2.101	1950
2.223	0.021	0.557	0.617	1.111	2.186	2.165	1951
2.332	0.021	0.587	0.648	1.157	2.250	2.259	1952
2.448	0.021	0.618	0.682	1.205	2.317	2.412	1953
2.576	0.021	0.649	0.717	1.254	2.388	2.511	1954
2.717	0.023	0.679	0.751	1.305	2.462	2.622	1955
2.896	0.023	0.710	0.787	1.359	2.539	2.732	1956
3.083	0.023	0.751	0.826	1.414	2.620	2.845	1957
3.277	0.023	0.781	0.864	1.470	2.704	2.965	1958
3.480	0.026	0.817	0.907	1.530	2.791	3.106	1959
3.693	0.026	0.842	0.949	1.591	2.944	3.225	1960
3.912	0.026	0.873	0.992	1.656	3.040	3.350	1961
4.141	0.028	0.893	1.037	1.723	3.139	3.517	1962
4.380	0.028	0.918	1.085	1.793	3.241	3.666	1963
4.628	0.028	0.938	1.132	1.866	3.345	3.817	1964
4.623	0.033	0.959	1.166	1.957	3.353	3.970	1965
4.949	0.032	0.994	1.231	2.043	3.508	4.123	1966
5.284	0.031	1.018	1.284	2.114	3.668	4.257	1967
5.636	0.033	1.032	1.342	2.188	3.834	4.411	1968
5.987	0.032	1.046	1.397	2.264	4.006	4.743	1969
6.344	0.031	1.060	1.454	2.344	4.183	4.897	1970
6.679	0.033	1.080	1.483	2.484	4.296	5.043	1971
7.270	0.034	1.100	1.494	2.632	4.413	5.180	1972
7.642	0.034	1.120	1.521	2.776	4.534	5.314	1973
8.021	0.035	1.140	1.543	2.924	4.658	5.452	1974
8.409	0.035	1.155	1.568	3.075	4.785	5.596	1975
8.852	0.035	1.170	1.585	3.251	4.934	5.762	1976
9.303	0.036	1.190	1.601	3.431	5.087	5.913	1977
9.762	0.037	1.202	1.620	3.614	5.243	6.072	1978
10.233	0.038	1.217	1.643	3.801	5.402	6.238	1979
10.719	0.039	1.232	1.665	3.952	5.566	6.401	1980
11.242	0.040	1.246	1.685	4.078	5.679	6.565	1981
11.791	0.041	1.260	1.696	4.204	5.796	6.728	1982
12.371	0.042	1.274	1.711	4.331	5.918	6.876	1983
12.954	0.042	1.244	1.722	4.452	6.035	7.028	1984
13.130	0.043	1.263	1.738	4.578	6.152	7.168	1985
13.617	0.044	1.280	1.771	4.703	6.264	7.291	1986
14.131	0.043	1.297	1.802	4.829	6.388	7.423	1987
14.643	0.045	1.320	1.831	4.955	6.505	7.562	1988
15.165	0.046	1.344	1.860	5.082	6.600	7.691	1989
15.749	0.047	1.371	1.882	5.183	6.909	7.837	1990
16.178	0.046	1.400	1.927	5.322	6.924	7.969	1991
16.705	0.047	1.427	1.961	5.461	7.157	8.099	1992
17.239	0.048	1.455	2.002	5.602	7.387	8.227	1993
17.651	0.048	1.482	2.063	5.711	7.623	8.352	1994

表 I-6　人口規模〈都市・女〉：1950～94 年① (単位：百万人)

	アフガニスタン	オーストラリア	バングラデシュ	ブータン	ブルネイ	カンボジア	中国	クック諸島
1950	0.441	3.104	0.924	0.034	0.009	0.170	33.191	(0.005)
1951	0.454	3.220	0.988	0.034	0.009	0.178	35.735	(0.005)
1952	0.467	3.326	1.030	0.035	0.010	0.187	37.211	(0.005)
1953	0.483	3.419	1.073	0.036	0.010	0.196	38.803	(0.005)
1954	0.499	3.512	1.117	0.036	0.011	0.205	40.533	(0.005)
1955	0.515	3.614	1.162	0.036	0.013	0.215	42.112	(0.005)
1956	0.535	3.728	1.208	0.037	0.014	0.225	43.835	(0.006)
1957	0.548	3.836	1.256	0.038	0.015	0.235	45.920	(0.006)
1958	0.567	3.941	1.305	0.038	0.016	0.247	47.699	(0.006)
1959	0.586	4.056	1.355	0.039	0.018	0.258	49.416	(0.006)
1960	0.606	4.171	1.486	0.040	0.019	0.270	49.508	(0.006)
1961	0.626	4.308	1.553	0.041	0.020	0.283	50.069	(0.007)
1962	0.647	4.413	1.622	0.042	0.022	0.296	51.999	(0.007)
1963	0.668	4.528	1.694	0.043	0.022	0.310	54.310	(0.007)
1964	0.690	4.648	1.769	0.044	0.024	0.324	56.228	(0.007)
1965	0.678	4.780	1.726	0.045	0.024	0.340	62.658	(0.007)
1966	0.725	4.894	1.845	0.058	0.027	0.355	63.824	(0.007)
1967	0.765	5.004	1.968	0.059	0.028	0.371	64.809	(0.007)
1968	0.811	5.120	2.095	0.060	0.032	0.387	66.052	(0.007)
1969	0.855	5.254	2.228	0.062	0.033	0.404	67.238	(0.007)
1970	0.902	5.389	2.366	0.064	0.036	0.415	68.204	(0.007)
1971	0.961	5.506	2.527	0.065	0.039	0.407	69.322	(0.007)
1972	1.022	5.697	2.730	0.066	0.039	0.399	70.433	(0.007)
1973	1.086	5.794	2.916	0.067	0.042	0.391	71.530	(0.007)
1974	0.707	5.899	3.135	0.069	0.042	0.383	72.599	(0.007)
1975	0.752	5.983	3.331	0.070	0.045	0.374	76.296	(0.007)
1976	0.798	6.047	3.555	0.073	0.051	0.383	79.644	(0.007)
1977	0.846	6.111	3.787	0.074	0.053	0.392	83.019	(0.007)
1978	0.896	6.236	4.038	0.074	0.056	0.401	86.345	(0.007)
1979	1.130	6.303	4.279	0.075	0.049	0.409	89.677	(0.007)
1980	1.195	6.380	4.539	0.075	0.051	0.417	93.066	(0.007)
1981	1.248	6.473	4.795	0.078	0.053	0.446	97.399	(0.006)
1982	1.304	6.578	5.077	0.080	0.054	0.477	101.843	(0.006)
1983	1.362	6.659	5.363	0.081	0.056	0.509	106.155	(0.006)
1984	1.423	6.730	5.688	0.083	0.056	0.542	110.777	(0.007)
1985	1.485	6.824	5.995	0.083	0.058	0.578	115.491	(0.007)
1986	1.549	6.917	6.339	0.088	0.060	0.620	121.089	(0.006)
1987	1.286	7.017	6.606	0.095	0.062	0.650	126.916	(0.006)
1988	1.331	7.120	6.948	0.098	0.063	0.694	132.888	(0.007)
1989	1.377	7.241	7.298	0.101	0.065	0.740	138.569	(0.007)
1990	1.425	7.343	7.773	0.099	0.068	0.824	144.952	(0.007)
1991	1.482	7.430	8.010	0.103	0.071	0.826	151.325	(0.007)
1992	1.496	7.512	8.517	0.107	0.075	0.889	157.744	(0.007)
1993	1.622	7.576	8.907	0.111	0.079	0.955	164.176	(0.007)
1994	1.742	7.701	9.096	0.115	0.084	1.003	167.483	(0.007)

（出所）　United Nations, *Demographic Yearbook*, New York, United Nations Publications, Various Years（国際連合統計局編『世界人口年鑑』，原書房，各年版）；中国国家統計局人口統計与就業統計司編『中国人口統計年鑑』中国統計出版社，各年版；行政院主計處編『中華民国統計年鑑』行政院出版署，各年版；United Nations Economic and Social Committee for Asia and the Pacific, *United Nations Statistical Yearbook for Asia and the Pacific*, Bangkok, Thailand, United Nations Publications, Various Years；The World Bank, *World Development Indicators*, Washington, D. C., World Bank Development Data Center, Various Years.
（注1）　基本的には，*Demographic Yearbook*，World Bank のデータ，*World Population Prospects*，ESCAP のデータ，を基に作成。都市女性構成比率（％）を各統計から計算し，都市人口規模に乗じて，都市女性人口を算出。

I 人口規模

フィジー	香港	インド	インドネシア	イラン	日本	ラオス	
0.041	0.762	28.680	4.736	2.143	21.124	0.075	1950
0.042	0.783	28.934	4.895	2.251	22.040	0.077	1951
0.044	0.829	29.663	5.087	2.367	22.831	0.079	1952
0.046	0.875	30.427	5.285	2.486	23.616	0.081	1953
0.048	0.925	31.231	5.490	2.610	24.441	0.084	1954
0.050	0.980	32.062	5.705	2.739	25.210	0.086	1955
0.051	1.031	32.949	5.927	2.947	25.958	0.089	1956
0.054	1.087	33.881	6.158	3.101	26.672	0.091	1957
0.056	1.135	34.863	6.398	3.260	27.407	0.091	1958
0.059	1.187	35.896	6.648	3.428	28.168	0.095	1959
0.060	1.228	36.983	6.908	3.602	28.912	0.098	1960
0.063	1.277	38.132	7.172	3.783	29.679	0.101	1961
0.066	1.354	39.352	7.450	3.974	30.465	0.104	1962
0.069	1.421	40.606	7.742	4.173	31.293	0.107	1963
0.072	1.463	41.899	8.045	4.374	32.142	0.111	1964
0.074	1.509	42.707	8.325	4.588	33.392	0.108	1965
0.078	1.490	43.852	8.667	4.818	34.414	0.114	1966
0.079	1.532	45.390	9.024	5.060	35.171	0.120	1967
0.083	1.570	46.976	9.507	5.311	35.968	0.127	1968
0.086	1.600	48.615	9.948	5.574	36.802	0.133	1969
0.089	1.647	50.308	10.410	5.835	37.632	0.140	1970
0.092	1.694	52.373	10.397	6.172	38.580	0.149	1971
0.095	1.733	54.531	11.370	6.414	39.662	0.158	1972
0.098	1.781	56.715	11.953	6.701	40.733	0.168	1973
0.101	1.838	58.943	12.554	7.092	41.792	0.178	1974
0.105	1.882	61.216	13.218	7.406	42.848	0.186	1975
0.109	1.914	63.511	13.854	7.586	43.365	0.197	1976
0.112	1.960	65.851	14.496	7.913	43.841	0.208	1977
0.115	2.043	69.050	14.794	8.392	44.304	0.194	1978
0.118	2.173	71.645	15.538	8.776	44.738	0.203	1979
0.121	2.248	74.398	16.309	9.409	45.150	0.212	1980
0.124	2.310	76.320	17.267	9.918	45.542	0.224	1981
0.127	2.357	78.266	18.252	10.455	45.921	0.237	1982
0.129	2.402	80.237	19.269	11.022	46.303	0.251	1983
0.132	2.436	82.343	20.533	11.579	46.667	0.266	1984
0.134	2.472	84.346	21.564	11.763	47.023	0.282	1985
0.138	2.510	87.294	22.811	12.813	47.338	0.300	1986
0.140	2.542	90.549	24.084	13.267	47.623	0.320	1987
0.141	2.571	93.755	25.378	13.757	47.882	0.341	1988
0.148	2.604	97.033	26.700	14.253	48.135	0.363	1989
0.144	2.621	100.381	27.562	14.765	48.356	0.386	1990
0.148	2.646	103.430	28.727	15.271	48.579	0.411	1991
0.150	2.673	105.922	30.108	15.781	48.785	0.437	1992
0.156	2.724	108.413	31.517	16.301	48.970	0.464	1993
0.159	2.793	111.994	32.258	16.841	49.757	0.480	1994

(注2) 都市人口データの男女比に関するデータは男女それぞれの総数のデータと一致する。各データソースとも経年的な統計は整備されておらず，各データを組み合わせて，全年代を推計する作業を行った。ただし，*Demographic Yearbook*，ESCAP のデータ，World Bank のデータ，*World Population Prospects* ともに大きな差はなかった。

(注3) オーストラリア，日本，韓国などの国々では，自国統計が整備されており，推計の必要はないと考えられる。しかし，表全体の統合を図る意味から，推計を加えている。この解説の詳細は推計の章を参照のこと。

(注4) クック諸島については，1981年1時点でのデータしか存在していないため，この1981年の男性比をそのまま使用しており，参考データとした（括弧で表記）。

表 I-6 人口規模〈都市・女〉:1950〜94 年② (単位:百万人)

	マレーシア	モンゴル	ミャンマー	ネパール	ニュージーランド	パキスタン	パプアニューギニア	フィリピン
1950	*0.695*	*0.130*	*1.526*	*0.117*	*0.682*	*2.652*	*0.014*	*2.906*
1951	*0.723*	*0.134*	*1.577*	*0.117*	*0.703*	*2.790*	*0.015*	*3.016*
1952	*0.758*	*0.139*	*1.637*	*0.120*	*0.723*	*2.915*	*0.016*	*3.129*
1953	*0.798*	*0.143*	*1.697*	*0.122*	*0.751*	*3.044*	*0.018*	*3.246*
1954	*0.837*	*0.147*	*1.759*	*0.125*	*0.772*	*3.178*	*0.019*	*3.367*
1955	*0.875*	*0.153*	*1.823*	*0.128*	*0.796*	*3.317*	*0.021*	*3.492*
1956	*0.918*	*0.156*	*1.888*	*0.132*	*0.818*	*3.460*	*0.023*	*3.620*
1957	*0.967*	*0.162*	*1.959*	*0.136*	*0.843*	*3.608*	*0.025*	*3.753*
1958	*1.016*	*0.170*	*2.032*	*0.140*	*0.868*	*3.761*	*0.027*	*3.891*
1959	*1.068*	*0.176*	*2.107*	*0.144*	*0.894*	*3.919*	*0.029*	*4.031*
1960	*1.121*	*0.184*	*2.184*	*0.148*	*0.916*	*4.083*	*0.031*	*4.181*
1961	*1.178*	*0.192*	*2.263*	*0.151*	*0.942*	*4.211*	*0.033*	*4.342*
1962	*1.240*	*0.200*	*2.348*	*0.156*	*0.973*	*4.811*	*0.048*	*4.512*
1963	*1.300*	*0.207*	*2.437*	*0.161*	*1.000*	*5.034*	*0.051*	*4.688*
1964	*1.359*	*0.218*	*2.527*	*0.166*	*1.031*	*5.265*	*0.054*	*4.872*
1965	*1.348*	*0.225*	*2.506*	*0.166*	*1.060*	*5.570*	*0.043*	*5.058*
1966	*1.403*	*0.231*	*2.712*	*0.173*	*1.086*	*5.796*	*0.051*	*5.136*
1967	*1.488*	*0.239*	*2.818*	*0.180*	*1.108*	*6.029*	*0.061*	*5.310*
1968	*1.573*	*0.247*	*2.929*	*0.187*	*1.126*	*6.272*	*0.071*	*5.493*
1969	*1.658*	*0.256*	*3.043*	*0.194*	*1.140*	*6.523*	*0.081*	*5.682*
1970	*1.749*	*0.267*	*3.160*	*0.206*	*1.162*	*6.784*	*0.095*	*5.879*
1971	*1.858*	*0.279*	*3.262*	*0.224*	*1.184*	*7.077*	*0.100*	*6.127*
1972	*1.968*	*0.295*	*3.299*	*0.241*	*1.210*	*7.450*	*0.105*	*6.383*
1973	*2.084*	*0.310*	*3.405*	*0.258*	*1.240*	*7.766*	*0.112*	*6.652*
1974	*2.208*	*0.326*	*3.511*	*0.277*	*1.271*	*8.095*	*0.119*	*6.935*
1975	*2.319*	*0.345*	*3.621*	*0.296*	*1.302*	*8.437*	*0.126*	*7.186*
1976	*2.450*	*0.361*	*3.703*	*0.320*	*1.316*	*8.890*	*0.130*	*7.545*
1977	*2.564*	*0.377*	*3.788*	*0.346*	*1.321*	*9.359*	*0.134*	*7.911*
1978	*2.683*	*0.395*	*3.874*	*0.373*	*1.322*	*9.884*	*0.139*	*8.337*
1979	*2.853*	*0.413*	*3.962*	*0.401*	*1.318*	*10.398*	*0.143*	*8.662*
1980	*2.965*	*0.432*	*4.052*	*0.429*	*1.321*	*10.930*	*0.147*	*9.171*
1981	*3.106*	*0.454*	*4.229*	*0.488*	*1.328*	*11.382*	*0.153*	*9.561*
1982	*3.238*	*0.476*	*4.329*	*0.538*	*1.343*	*11.855*	*0.160*	*9.964*
1983	*3.374*	*0.499*	*4.432*	*0.582*	*1.364*	*12.348*	*0.167*	*10.380*
1984	*3.556*	*0.519*	*4.538*	*0.618*	*1.378*	*12.860*	*0.175*	*10.808*
1985	*3.716*	*0.543*	*4.651*	*0.666*	*1.388*	*13.393*	*0.183*	*11.248*
1986	*3.884*	*0.564*	*4.787*	*0.722*	*1.405*	*13.972*	*0.190*	*11.838*
1987	*4.052*	*0.587*	*4.777*	*0.756*	*1.420*	*14.643*	*0.198*	*12.446*
1988	*4.224*	*0.609*	*4.902*	*0.812*	*1.429*	*15.287*	*0.207*	*13.073*
1989	*4.399*	*0.632*	*5.029*	*0.869*	*1.439*	*15.929*	*0.215*	*13.717*
1990	*4.579*	*0.692*	*5.165*	*0.929*	*1.454*	*16.597*	*0.224*	*14.374*
1991	*4.853*	*0.712*	*5.238*	*0.996*	*1.480*	*17.346*	*0.232*	*15.231*
1992	*5.059*	*0.739*	*5.398*	*1.068*	*1.498*	*18.113*	*0.241*	*15.944*
1993	*5.276*	*0.765*	*5.561*	*1.141*	*1.507*	*18.908*	*0.250*	*16.669*
1994	*5.466*	*0.791*	*5.740*	*1.242*	*1.535*	*19.638*	*0.260*	*17.152*

(注5) 推計値に関してはイタリック体で表記してある。本統計はすべてが推計値になる。推計方法の詳細に関しては,推計の章を参照のこと。

Ⅰ 人口規模

韓国	サモア	シンガポール	スリランカ	タイ	ベトナム	台湾	
2.152	0.017	0.489	0.520	0.998	1.863	1.966	1950
2.182	0.020	0.513	0.546	1.051	1.893	2.026	1951
2.292	0.020	0.543	0.573	1.100	1.950	2.114	1952
2.409	0.020	0.572	0.603	1.152	2.009	2.257	1953
2.538	0.020	0.601	0.635	1.205	2.072	2.350	1954
2.680	0.022	0.631	0.665	1.260	2.137	2.460	1955
2.860	0.022	0.660	0.697	1.319	2.206	2.571	1956
3.048	0.022	0.699	0.732	1.379	2.277	2.682	1957
3.244	0.022	0.729	0.766	1.442	2.352	2.795	1958
3.449	0.025	0.763	0.804	1.507	2.430	2.916	1959
3.665	0.025	0.788	0.842	1.576	2.564	3.025	1960
3.887	0.025	0.817	0.880	1.649	2.650	3.137	1961
4.120	0.027	0.837	0.920	1.724	2.738	3.293	1962
4.364	0.027	0.862	0.963	1.803	2.828	3.428	1963
4.617	0.027	0.882	1.004	1.886	2.921	3.565	1964
4.572	0.032	0.901	1.035	2.008	2.935	3.704	1965
4.914	0.031	0.936	1.092	2.110	3.067	3.842	1966
5.268	0.030	0.962	1.138	2.196	3.202	3.966	1967
5.641	0.031	0.978	1.188	2.285	3.342	4.104	1968
6.014	0.031	0.994	1.236	2.377	3.487	4.275	1969
6.395	0.030	1.010	1.286	2.473	3.637	4.415	1970
6.741	0.032	1.030	1.314	2.622	3.752	4.551	1971
7.347	0.033	1.050	1.327	2.778	3.870	4.685	1972
7.731	0.033	1.070	1.354	2.931	3.992	4.812	1973
8.124	0.033	1.090	1.376	3.087	4.116	4.946	1974
8.526	0.034	1.105	1.402	3.247	4.244	5.084	1975
8.994	0.034	1.120	1.423	3.399	4.339	5.243	1976
9.470	0.035	1.140	1.444	3.554	4.436	5.386	1977
9.957	0.036	1.152	1.467	3.710	4.537	5.536	1978
10.456	0.037	1.167	1.494	3.868	4.640	5.696	1979
10.973	0.038	1.182	1.520	3.990	4.746	5.851	1980
11.411	0.039	1.197	1.542	4.123	4.908	6.012	1981
11.844	0.040	1.212	1.556	4.257	5.075	6.171	1982
12.265	0.041	1.228	1.573	4.392	5.246	6.316	1983
12.623	0.041	1.200	1.586	4.521	5.414	6.463	1984
13.353	0.042	1.220	1.605	4.655	5.583	6.600	1985
13.844	0.043	1.239	1.639	4.780	5.750	6.722	1986
14.363	0.043	1.257	1.670	4.905	5.928	6.853	1987
14.880	0.044	1.279	1.701	5.030	6.100	6.988	1988
15.407	0.045	1.304	1.731	5.155	6.251	7.116	1989
15.888	0.046	1.334	1.755	5.258	6.271	7.260	1990
16.424	0.046	1.363	1.799	5.405	6.685	7.389	1991
16.894	0.046	1.391	1.833	5.550	6.905	7.516	1992
17.366	0.047	1.419	1.874	5.698	7.122	7.645	1993
17.713	0.048	1.448	1.934	5.812	7.345	7.772	1994

表 I-7　人口規模〈農村・男〉：1950～94年① (単位：百万人)

	アフガニスタン	オーストラリア	バングラデシュ	ブータン	ブルネイ	カンボジア	中国	クック諸島
1950	5.661	1.111	20.431	0.265	0.013	1.923	249.179	(0.002)
1951	5.703	1.118	21.312	0.269	0.014	1.964	252.003	(0.002)
1952	5.763	1.123	21.668	0.273	0.014	2.008	256.379	(0.002)
1953	5.838	1.123	22.029	0.277	0.015	2.053	261.303	(0.002)
1954	5.916	1.121	22.396	0.281	0.016	2.101	266.876	(0.002)
1955	6.000	1.121	22.769	0.281	0.017	2.150	271.204	(0.002)
1956	6.116	1.124	23.148	0.285	0.018	2.202	276.214	(0.002)
1957	6.151	1.123	23.533	0.289	0.019	2.248	283.204	(0.002)
1958	6.248	1.120	23.926	0.293	0.020	2.312	288.021	(0.002)
1959	6.344	1.117	24.323	0.297	0.022	2.369	292.238	(0.002)
1960	6.444	1.114	26.122	0.300	0.023	2.429	286.827	(0.002)
1961	6.544	1.115	26.742	0.309	0.024	2.490	284.262	(0.002)
1962	6.648	1.106	27.376	0.313	0.025	2.553	289.378	(0.002)
1963	6.751	1.098	28.025	0.321	0.025	2.617	296.335	(0.002)
1964	6.855	1.090	28.689	0.325	0.027	2.684	300.884	(0.002)
1965	6.995	1.065	29.511	0.333	0.029	2.749	303.802	(0.002)
1966	7.201	1.059	30.090	0.426	0.031	2.820	312.826	(0.003)
1967	7.336	1.052	30.679	0.434	0.030	2.894	321.136	(0.003)
1968	7.506	1.045	31.279	0.442	0.031	2.969	330.909	(0.003)
1969	7.648	1.040	31.898	0.455	0.030	3.048	340.596	(0.003)
1970	7.798	1.034	32.526	0.467	0.031	3.077	349.358	(0.003)
1971	7.933	1.041	33.141	0.470	0.034	3.100	355.539	(0.003)
1972	8.072	1.061	34.208	0.478	0.034	3.124	361.704	(0.003)
1973	8.212	1.063	34.963	0.486	0.036	3.148	367.813	(0.003)
1974	5.127	1.066	36.028	0.499	0.036	3.171	373.796	(0.003)
1975	5.232	1.065	36.744	0.512	0.039	3.196	393.345	(0.003)
1976	5.337	1.071	37.423	0.518	0.044	3.121	397.617	(0.003)
1977	5.448	1.077	38.112	0.526	0.047	3.048	401.618	(0.003)
1978	5.558	1.094	38.901	0.523	0.050	2.976	405.009	(0.002)
1979	6.757	1.101	39.522	0.531	0.045	2.906	408.089	(0.002)
1980	6.893	1.110	40.247	0.551	0.047	2.837	411.110	(0.002)
1981	7.041	1.147	40.795	0.547	0.049	2.910	414.656	(0.002)
1982	7.193	1.186	41.490	0.555	0.052	2.984	418.200	(0.002)
1983	7.349	1.222	42.147	0.564	0.054	3.060	420.770	(0.002)
1984	7.510	1.255	43.039	0.577	0.056	3.138	424.150	(0.002)
1985	7.676	1.293	43.715	0.608	0.058	3.218	427.447	(0.002)
1986	7.852	1.315	44.434	0.603	0.060	3.308	429.742	(0.002)
1987	6.398	1.339	44.556	0.654	0.062	3.330	432.299	(0.002)
1988	6.499	1.363	45.139	0.670	0.063	3.415	434.796	(0.002)
1989	6.603	1.391	45.714	0.686	0.065	3.501	435.850	(0.002)
1990	6.708	1.415	46.982	0.727	0.068	3.383	438.615	(0.002)
1991	6.807	1.438	46.552	0.720	0.071	3.609	439.037	(0.002)
1992	6.712	1.461	47.638	0.709	0.075	3.652	439.111	(0.002)
1993	7.111	1.480	47.986	0.698	0.078	3.695	438.817	(0.002)
1994	7.570	1.448	48.593	0.689	0.081	3.757	441.720	(0.002)

（出所）　United Nations, *Demographic Yearbook*, New York, United Nations Publications, Various Years（国際連合統計局編『世界人口年鑑』，原書房，各年版）；中国国家統計局人口統計与就業統計司編『中国人口統計年鑑』中国統計出版社，各年版；行政院主計處編『中華民国統計年鑑』行政院出版署，各年版；United Nations Economic and Social Committee for Asia and the Pacific, *United Nations Statistical Yearbook for Asia and the Pacific*, Bangkok, Thailand, United Nations Publications, Various Years；The World Bank, *World Development Indicators*, Washington, D. C., World Bank Development Data Center, Various Years.
（注1）　基本的には，*Demographic Yearbook*, World Bank のデータ，*World Population Prospects*, ESCAP のデータ，を基に作成。農村男性構成比率（％）を各統計から計算し，農村人口規模に乗じて，農村男性人口を算出。

I 人口規模

フィジー	香港	インド	インドネシア	イラン	日本	ラオス	
0.106	0.138	151.938	32.825	5.916	20.115	0.915	1950
0.108	0.139	152.697	33.301	6.000	19.880	0.930	1951
0.112	0.144	155.097	33.893	6.081	19.729	0.947	1952
0.115	0.149	157.630	34.498	6.162	19.548	0.965	1953
0.118	0.155	160.313	35.126	6.244	19.377	0.982	1954
0.122	0.160	163.082	35.781	6.326	19.139	1.001	1955
0.122	0.165	166.080	36.452	6.578	18.867	1.021	1956
0.127	0.171	169.243	37.150	6.689	18.554	1.041	1957
0.131	0.174	172.587	37.873	6.800	18.241	1.032	1958
0.135	0.178	176.120	38.622	6.916	17.931	1.059	1959
0.137	0.181	179.845	39.396	7.031	17.595	1.085	1960
0.141	0.184	183.799	40.161	7.149	17.260	1.107	1961
0.145	0.190	188.020	40.972	7.271	16.921	1.134	1962
0.149	0.195	192.318	41.824	7.395	16.591	1.160	1963
0.153	0.196	196.721	42.709	7.511	16.255	1.187	1964
0.159	0.193	202.707	43.626	7.650	15.546	1.220	1965
0.164	0.187	205.128	44.561	7.777	15.454	1.244	1966
0.163	0.188	209.285	45.530	7.906	15.227	1.272	1967
0.168	0.188	213.540	47.079	8.035	15.005	1.300	1968
0.170	0.187	217.909	48.366	8.166	14.785	1.323	1969
0.173	0.188	222.388	49.698	8.280	14.551	1.350	1970
0.175	0.189	226.692	48.094	8.492	14.299	1.376	1971
0.177	0.188	231.197	50.991	8.557	14.080	1.406	1972
0.179	0.188	235.605	52.002	8.669	13.838	1.431	1973
0.182	0.188	239.999	53.014	8.898	13.574	1.460	1974
0.184	0.187	244.378	54.207	9.012	13.292	1.472	1975
0.190	0.197	248.263	54.873	8.966	13.376	1.500	1976
0.192	0.207	252.116	55.492	9.082	13.446	1.528	1977
0.194	0.221	258.979	54.773	9.354	13.511	1.374	1978
0.197	0.240	263.300	55.674	9.500	13.565	1.382	1979
0.201	0.253	267.963	56.586	9.889	13.612	1.395	1980
0.205	0.257	272.318	57.311	10.137	13.658	1.412	1981
0.209	0.259	276.626	58.014	10.390	13.700	1.434	1982
0.211	0.261	280.886	58.711	10.648	13.742	1.459	1983
0.215	0.261	285.486	60.025	10.874	13.778	1.482	1984
0.218	0.261	289.593	60.534	10.737	13.810	1.513	1985
0.223	0.258	295.025	61.157	11.406	13.820	1.548	1986
0.225	0.255	301.315	61.717	11.518	13.820	1.587	1987
0.224	0.251	307.251	62.213	11.646	13.812	1.628	1988
0.233	0.247	313.239	62.669	11.764	13.802	1.670	1989
0.226	0.245	319.271	61.989	11.880	13.783	1.713	1990
0.228	0.237	324.541	61.794	12.019	13.779	1.751	1991
0.229	0.233	328.775	61.978	12.140	13.769	1.791	1992
0.235	0.230	332.902	62.130	12.257	13.753	1.831	1993
0.238	0.225	342.673	62.939	12.270	13.124	1.885	1994

（注2） 農村人口データの男女比に関するデータは男女それぞれの総数のデータと一致する。各データソースとも経年的な統計は整備されておらず，各データを組み合わせて，全年代を推計する作業を行った。ただし，*Demographic Yearbook*，ESCAPのデータ，World Bankのデータ，*World Population Prospects* ともに大きな差はなかった。
（注3） オーストラリア，日本，韓国などの国々では，自国統計が整備されており，推計の必要はないと考えられる。しかし，表全体の統合を図る意味から，推計を加えている。この解説の詳細は推計の章を参照のこと。
（注4） クック諸島については，1981年1時点でのデータしか存在していないため，この1981年の男性比をそのまま使用しており，参考データとした（括弧で表記）。

表 I-7　人口規模〈農村・男〉：1950～94 年② (単位：百万人)

	マレーシア	モンゴル	ミャンマー	ネパール	ニュージーランド	パキスタン	パプアニューギニア	フィリピン
1950	2.296	0.245	7.852	4.063	0.300	14.159	0.543	7.526
1951	2.330	0.248	7.942	4.077	0.300	14.417	0.554	7.718
1952	2.381	0.252	8.048	4.098	0.301	14.684	0.551	7.917
1953	2.444	0.253	8.154	4.129	0.304	14.954	0.577	8.120
1954	2.502	0.254	8.259	4.167	0.304	15.230	0.601	8.327
1955	2.552	0.258	8.370	4.215	0.306	15.510	0.620	8.539
1956	2.612	0.259	8.477	4.270	0.306	15.795	0.633	8.756
1957	2.687	0.263	8.607	4.331	0.307	16.085	0.647	8.977
1958	2.757	0.270	8.736	4.399	0.307	16.379	0.658	9.205
1959	2.830	0.274	8.867	4.472	0.308	16.679	0.673	9.434
1960	2.902	0.280	9.001	4.550	0.306	16.983	0.684	9.677
1961	2.981	0.286	9.134	4.589	0.306	17.126	0.704	9.941
1962	3.066	0.293	9.285	4.671	0.307	19.136	0.981	10.219
1963	3.143	0.296	9.443	4.753	0.306	19.585	0.995	10.504
1964	3.213	0.304	9.600	4.840	0.306	20.044	1.011	10.801
1965	3.309	0.312	9.367	4.921	0.304	20.451	1.055	11.096
1966	3.301	0.312	9.925	5.005	0.303	20.950	1.060	11.161
1967	3.359	0.316	10.101	5.090	0.300	21.456	1.077	11.430
1968	3.412	0.319	10.284	5.179	0.296	21.980	1.094	11.708
1969	3.458	0.321	10.468	5.272	0.291	22.514	1.103	11.990
1970	3.512	0.326	10.655	5.453	0.288	23.062	1.150	12.282
1971	3.581	0.332	10.866	5.607	0.288	23.662	1.157	12.522
1972	3.644	0.339	10.862	5.721	0.289	24.505	1.159	12.762
1973	3.708	0.347	11.075	5.835	0.290	25.133	1.175	13.012
1974	3.780	0.354	11.287	5.953	0.292	25.781	1.191	13.271
1975	3.821	0.364	11.505	6.075	0.293	26.444	1.211	13.454
1976	3.897	0.371	11.757	6.182	0.292	27.303	1.230	13.783
1977	3.939	0.377	12.016	6.313	0.288	28.177	1.254	14.109
1978	3.981	0.384	12.280	6.433	0.283	29.184	1.277	14.527
1979	4.090	0.391	12.550	6.558	0.277	30.120	1.301	14.756
1980	4.107	0.398	12.825	6.685	0.273	31.077	1.313	15.284
1981	4.171	0.410	13.370	7.116	0.277	31.833	1.340	15.313
1982	4.214	0.422	13.670	7.368	0.282	32.619	1.366	15.332
1983	4.258	0.433	13.979	7.510	0.289	33.424	1.394	15.337
1984	4.352	0.442	14.298	7.544	0.294	34.250	1.426	15.329
1985	4.411	0.454	14.640	7.693	0.298	35.098	1.454	15.306
1986	4.472	0.462	14.942	7.865	0.297	35.870	1.480	15.345
1987	4.526	0.470	14.785	7.781	0.296	36.827	1.508	15.372
1988	4.578	0.478	15.046	7.910	0.293	37.667	1.535	15.386
1989	4.625	0.486	15.303	8.042	0.291	38.458	1.562	15.387
1990	4.671	0.523	15.484	8.175	0.281	39.264	1.587	15.369
1991	4.805	0.525	15.572	8.287	0.289	40.029	1.613	15.572
1992	4.862	0.535	15.792	8.420	0.285	40.780	1.640	15.592
1993	4.921	0.543	16.010	8.542	0.279	41.537	1.667	15.589
1994	5.019	0.553	16.223	9.259	0.271	42.415	1.693	15.847

（注5）　推計値に関してはイタリック体で表記してある．本統計はすべてが推計値になる．推計方法の詳細に関しては，推計の章を参照のこと．

Ⅰ 人口規模

韓国	サモア	シンガポール	スリランカ	タイ	ベトナム	台湾	
7.966	0.023	0.000	3.402	8.897	11.779	1.580	1950
7.992	0.025	0.000	3.476	9.133	11.940	1.669	1951
7.956	0.025	0.000	3.543	9.387	12.087	1.702	1952
7.939	0.025	0.000	3.623	9.649	12.245	1.700	1953
7.949	0.025	0.000	3.706	9.915	12.416	1.751	1954
7.992	0.028	0.000	3.776	10.188	12.596	1.808	1955
8.127	0.028	0.000	3.848	10.474	12.788	1.862	1956
8.264	0.028	0.000	3.933	10.762	12.989	1.903	1957
8.399	0.028	0.000	4.009	11.059	13.200	1.954	1958
8.536	0.031	0.000	4.100	11.367	13.420	1.989	1959
8.678	0.031	0.000	4.182	11.683	13.941	2.042	1960
8.813	0.031	0.000	4.263	12.019	14.184	2.084	1961
8.950	0.034	0.000	4.347	12.363	14.429	2.092	1962
9.091	0.034	0.000	4.439	12.718	14.678	2.120	1963
9.229	0.034	0.000	4.521	13.085	14.932	2.145	1964
9.575	0.034	0.000	4.567	13.419	15.292	2.167	1965
9.556	0.035	0.000	4.703	13.947	15.543	2.186	1966
9.529	0.036	0.000	4.787	14.360	15.797	2.199	1967
9.509	0.040	0.000	4.883	14.791	16.055	2.209	1968
9.460	0.040	0.000	4.966	15.234	16.317	2.038	1969
9.400	0.041	0.000	5.047	15.693	16.582	2.046	1970
9.338	0.044	0.000	5.139	16.130	16.969	2.056	1971
9.597	0.044	0.000	5.171	16.584	17.365	2.072	1972
9.528	0.043	0.000	5.255	16.987	17.768	2.075	1973
9.451	0.043	0.000	5.323	17.382	18.181	2.085	1974
9.366	0.042	0.000	5.403	17.773	18.602	2.090	1975
9.220	0.042	0.000	5.481	18.174	18.961	2.105	1976
9.062	0.041	0.000	5.558	18.565	19.329	2.106	1977
8.894	0.042	0.000	5.648	18.943	19.705	2.107	1978
8.719	0.042	0.000	5.751	19.309	20.090	2.114	1979
8.540	0.041	0.000	5.851	19.476	20.484	2.116	1980
8.274	0.041	0.000	5.954	19.854	20.990	2.122	1981
7.972	0.041	0.000	6.026	20.226	21.511	2.124	1982
7.620	0.041	0.000	6.113	20.591	22.044	2.117	1983
7.178	0.040	0.000	6.186	20.918	22.559	2.109	1984
7.446	0.040	0.000	6.280	21.259	23.070	2.096	1985
7.148	0.039	0.000	6.375	21.602	23.596	2.077	1986
6.854	0.038	0.000	6.458	21.937	24.162	2.059	1987
6.547	0.038	0.000	6.539	22.265	24.701	2.040	1988
6.234	0.038	0.000	6.615	22.586	25.150	2.018	1989
5.819	0.038	0.000	6.667	22.797	25.418	2.001	1990
5.644	0.037	0.000	6.743	23.022	26.361	1.973	1991
5.321	0.036	0.000	6.781	23.240	26.928	1.945	1992
4.988	0.036	0.000	6.840	23.454	27.470	1.920	1993
4.776	0.036	0.000	6.896	23.696	27.981	1.895	1994

表 I-8　人口規模〈農村・女〉：1950〜94年① (単位：百万人)

	アフガニスタン	オーストラリア	バングラデシュ	ブータン	ブルネイ	カンボジア	中国	クック諸島
1950	5.309	0.926	18.179	0.245	0.009	1.907	233.620	(0.002)
1951	5.352	0.930	19.007	0.250	0.009	1.948	236.486	(0.002)
1952	5.413	0.934	19.370	0.254	0.009	1.991	240.800	(0.002)
1953	5.487	0.932	19.740	0.259	0.010	2.036	245.640	(0.002)
1954	5.565	0.930	20.117	0.264	0.010	2.082	251.101	(0.002)
1955	5.647	0.929	20.501	0.264	0.011	2.132	255.404	(0.002)
1956	5.761	0.929	20.893	0.269	0.012	2.183	260.360	(0.002)
1957	5.798	0.927	21.292	0.274	0.012	2.228	267.196	(0.002)
1958	5.893	0.923	21.700	0.279	0.013	2.291	271.998	(0.002)
1959	5.988	0.919	22.114	0.284	0.014	2.348	276.245	(0.002)
1960	6.087	0.915	23.809	0.288	0.015	2.406	271.394	(0.002)
1961	6.186	0.913	24.435	0.298	0.015	2.467	269.232	(0.002)
1962	6.289	0.904	25.076	0.302	0.016	2.528	274.351	(0.002)
1963	6.391	0.896	25.735	0.312	0.015	2.592	281.234	(0.002)
1964	6.494	0.887	26.411	0.317	0.016	2.658	285.845	(0.002)
1965	6.640	0.872	27.221	0.326	0.018	2.730	289.559	(0.002)
1966	6.838	0.862	27.837	0.418	0.019	2.799	298.120	(0.002)
1967	6.968	0.850	28.463	0.427	0.018	2.871	305.998	(0.002)
1968	7.132	0.838	29.098	0.437	0.019	2.945	315.269	(0.002)
1969	7.268	0.828	29.753	0.451	0.018	3.022	324.456	(0.002)
1970	7.412	0.817	30.416	0.464	0.018	3.050	332.761	(0.002)
1971	7.544	0.830	31.089	0.470	0.020	3.074	338.494	(0.002)
1972	7.677	0.853	32.188	0.480	0.020	3.098	344.215	(0.002)
1973	7.813	0.861	32.996	0.489	0.021	3.122	349.882	(0.002)
1974	4.879	0.871	34.100	0.504	0.021	3.147	355.433	(0.002)
1975	4.981	0.877	34.873	0.508	0.022	3.171	373.879	(0.002)
1976	5.081	0.894	35.558	0.528	0.025	3.105	377.741	(0.002)
1977	5.189	0.912	36.253	0.537	0.027	3.041	381.344	(0.002)
1978	5.294	0.939	37.044	0.536	0.029	2.978	384.364	(0.002)
1979	6.439	0.957	37.677	0.546	0.026	2.916	387.088	(0.002)
1980	6.570	0.977	38.410	0.545	0.027	2.855	389.754	(0.002)
1981	6.727	0.981	39.061	0.567	0.029	2.926	392.484	(0.002)
1982	6.887	0.987	39.855	0.578	0.030	2.998	395.199	(0.002)
1983	7.052	0.990	40.616	0.589	0.032	3.072	396.980	(0.002)
1984	7.221	0.991	41.608	0.605	0.033	3.147	399.516	(0.002)
1985	7.395	0.996	42.395	0.601	0.034	3.224	401.958	(0.002)
1986	7.568	1.020	43.147	0.636	0.035	3.310	404.409	(0.002)
1987	6.170	1.045	43.320	0.692	0.036	3.329	407.114	(0.002)
1988	6.271	1.071	43.944	0.712	0.038	3.410	409.771	(0.002)
1989	6.374	1.100	44.561	0.731	0.039	3.493	411.073	(0.002)
1990	6.479	1.128	45.550	0.719	0.039	3.678	413.996	(0.002)
1991	6.576	1.151	45.506	0.750	0.039	3.593	414.902	(0.002)
1992	6.485	1.173	46.631	0.779	0.039	3.696	414.975	(0.002)
1993	6.871	1.193	47.036	0.807	0.038	3.802	414.695	(0.002)
1994	7.314	1.162	47.654	0.839	0.037	3.932	417.346	(0.002)

（出所）　United Nations, *Demographic Yearbook*, New York, United Nations Publications, Various Years（国際連合統計局編『世界人口年鑑』，原書房，各年版）；中国国家統計局人口統計与就業統計司編『中国人口統計年鑑』中国統計出版社，各年版；行政院主計處編『中華民国統計年鑑』行政院出版署，各年版；United Nations Economic and Social Committee for Asia and the Pacific, *United Nations Statistical Yearbook for Asia and the Pacific*, Bangkok, Thailand, United Nations Publications, Various Years ; The World Bank, *World Development Indicators*, Washington, D. C., World Bank Development Data Center, Various Years.
（注１）　基本的には，*Demographic Yearbook*, World Bank のデータ，*World Population Prospects*, ESCAP のデータ，を基に作成。農村女性構成比率（％）を各統計から計算し，農村人口規模に乗じて，農村女性人口を算出。

I 人口規模

フィジー	香港	インド	インドネシア	イラン	日本	ラオス	
0.101	0.217	144.547	33.751	5.970	21.086	0.882	1950
0.103	0.218	145.191	34.228	6.054	20.852	0.898	1951
0.107	0.226	147.405	34.825	6.135	20.703	0.915	1952
0.110	0.234	149.742	35.434	6.217	20.524	0.933	1953
0.113	0.242	152.219	36.067	6.299	20.355	0.951	1954
0.117	0.251	154.774	36.725	6.381	20.116	0.970	1955
0.117	0.259	157.542	37.402	6.635	19.841	0.990	1956
0.121	0.267	160.463	38.104	6.747	19.524	1.010	1957
0.125	0.273	163.551	38.832	6.858	19.207	1.003	1958
0.130	0.279	166.814	39.585	6.975	18.894	1.029	1959
0.131	0.282	170.255	40.363	7.091	18.553	1.056	1960
0.135	0.286	173.907	41.132	7.209	18.213	1.078	1961
0.139	0.296	177.806	41.948	7.333	17.870	1.105	1962
0.143	0.303	181.773	42.804	7.458	17.535	1.132	1963
0.148	0.305	185.834	43.694	7.575	17.196	1.159	1964
0.153	0.308	192.453	44.683	7.732	16.483	1.191	1965
0.158	0.298	194.518	45.616	7.859	16.399	1.216	1966
0.157	0.299	198.230	46.585	7.990	16.172	1.245	1967
0.162	0.299	202.033	48.145	8.121	15.951	1.273	1968
0.164	0.298	205.944	49.439	8.255	15.732	1.297	1969
0.166	0.299	209.954	50.777	8.372	15.499	1.326	1970
0.169	0.293	213.573	49.095	8.578	15.163	1.352	1971
0.171	0.286	217.373	52.008	8.637	14.861	1.383	1972
0.173	0.280	221.076	52.996	8.744	14.536	1.409	1973
0.175	0.274	224.758	53.985	8.970	14.187	1.440	1974
0.177	0.267	228.420	55.159	9.080	13.819	1.452	1975
0.183	0.245	232.173	55.775	9.022	13.914	1.481	1976
0.185	0.225	235.899	56.344	9.129	13.994	1.510	1977
0.187	0.209	242.446	55.557	9.394	14.069	1.358	1978
0.190	0.197	246.616	56.415	9.532	14.133	1.367	1979
0.193	0.178	251.112	57.284	9.916	14.189	1.381	1980
0.197	0.169	256.636	57.988	10.159	14.227	1.400	1981
0.201	0.159	262.135	58.669	10.409	14.261	1.424	1982
0.204	0.149	267.610	59.344	10.665	14.295	1.451	1983
0.207	0.137	273.433	60.643	10.889	14.322	1.476	1984
0.210	0.126	278.808	61.127	10.751	14.345	1.509	1985
0.215	0.121	283.100	61.737	11.427	14.366	1.544	1986
0.216	0.114	288.206	62.303	11.546	14.378	1.583	1987
0.215	0.108	292.961	62.807	11.682	14.381	1.624	1988
0.224	0.102	297.752	63.263	11.809	14.381	1.666	1989
0.218	0.092	302.579	62.572	11.935	14.370	1.707	1990
0.219	0.092	307.732	62.346	12.081	14.376	1.748	1991
0.220	0.089	313.237	62.517	12.218	14.378	1.787	1992
0.226	0.086	318.717	62.655	12.352	14.373	1.826	1993
0.229	0.081	329.638	63.454	12.386	13.737	1.879	1994

(注2) 農村人口データの男女比に関するデータは男女それぞれの総数のデータと一致する。各データソースとも経年的な統計は整備されておらず、各データを組み合わせて、全年代を推計する作業を行った。ただし、*Demographic Yearbook*, ESCAP のデータ, World Bank のデータ, *World Population Prospects* ともに大きな差はなかった。

(注3) オーストラリア、日本、韓国などの国々では、自国統計が整備されており、推計の必要はないと考えられる。しかし、表全体の統合を図る意味から、推計を加えている。この解説の詳細は推計の章を参照のこと。

(注4) クック諸島については、1981年1時点でのデータしか存在していないため、この1981年の男性比をそのまま使用しており、参考データとした（括弧で表記）。

表 I-8　人口規模〈農村・女〉：1950～94 年② （単位：百万人）

	マレーシア	モンゴル	ミャンマー	ネパール	ニュージーランド	パキスタン	パプアニューギニア	フィリピン
1950	2.306	0.253	7.885	4.002	0.273	13.522	0.499	7.242
1951	2.337	0.256	7.973	4.013	0.272	13.782	0.509	7.438
1952	2.387	0.261	8.078	4.033	0.271	14.048	0.507	7.641
1953	2.447	0.262	8.182	4.061	0.274	14.318	0.531	7.849
1954	2.503	0.263	8.284	4.097	0.273	14.593	0.554	8.064
1955	2.550	0.268	8.394	4.142	0.273	14.874	0.573	8.284
1956	2.607	0.269	8.499	4.194	0.272	15.160	0.586	8.510
1957	2.677	0.273	8.627	4.253	0.272	15.451	0.600	8.742
1958	2.743	0.280	8.753	4.317	0.271	15.747	0.612	8.983
1959	2.811	0.284	8.882	4.387	0.270	16.048	0.627	9.226
1960	2.878	0.291	9.014	4.461	0.268	16.356	0.637	9.485
1961	2.951	0.298	9.145	4.498	0.267	16.507	0.657	9.766
1962	3.029	0.305	9.294	4.576	0.266	18.461	0.917	10.064
1963	3.099	0.308	9.449	4.654	0.264	18.911	0.931	10.370
1964	3.161	0.318	9.603	4.737	0.263	19.372	0.948	10.691
1965	3.295	0.325	9.380	4.826	0.251	19.772	0.982	11.032
1966	3.269	0.329	9.932	4.907	0.251	20.285	0.991	11.134
1967	3.308	0.336	10.103	4.988	0.250	20.805	1.012	11.439
1968	3.341	0.343	10.279	5.073	0.248	21.343	1.033	11.755
1969	3.365	0.350	10.457	5.163	0.245	21.892	1.047	12.076
1970	3.397	0.360	10.637	5.339	0.243	22.456	1.096	12.407
1971	3.445	0.362	10.842	5.477	0.241	23.036	1.106	12.681
1972	3.487	0.366	10.831	5.576	0.240	23.853	1.111	12.956
1973	3.528	0.370	11.037	5.675	0.239	24.463	1.128	13.243
1974	3.576	0.374	11.243	5.778	0.238	25.092	1.146	13.540
1975	3.592	0.380	11.454	5.886	0.236	25.738	1.168	13.761
1976	3.660	0.384	11.699	5.977	0.240	26.192	1.187	13.964
1977	3.694	0.387	11.951	6.091	0.241	26.659	1.209	14.160
1978	3.729	0.391	12.208	6.196	0.242	27.248	1.232	14.443
1979	3.826	0.395	12.471	6.304	0.242	27.766	1.255	14.534
1980	3.837	0.398	12.739	6.415	0.244	28.299	1.267	14.914
1981	3.888	0.398	13.302	6.867	0.240	29.077	1.296	15.102
1982	3.920	0.397	13.621	7.149	0.238	29.883	1.323	15.290
1983	3.951	0.396	13.949	7.324	0.237	30.708	1.352	15.479
1984	4.028	0.393	14.288	7.394	0.234	31.553	1.385	15.668
1985	4.073	0.391	14.650	7.576	0.231	32.420	1.415	15.854
1986	4.118	0.393	14.947	7.727	0.230	33.306	1.443	15.928
1987	4.156	0.394	14.785	7.626	0.228	34.368	1.473	15.990
1988	4.192	0.395	15.041	7.737	0.226	35.325	1.502	16.041
1989	4.222	0.396	15.293	7.849	0.223	36.238	1.531	16.080
1990	4.246	0.407	15.614	7.962	0.230	37.170	1.557	16.109
1991	4.361	0.415	15.559	8.059	0.220	38.067	1.585	16.350
1992	4.401	0.412	15.806	8.190	0.220	39.008	1.614	16.451
1993	4.443	0.409	16.051	8.308	0.218	39.974	1.643	16.535
1994	4.525	0.406	16.293	9.002	0.213	41.059	1.671	16.861

（注5）　推計値に関してはイタリック体で表記してある。本統計はすべてが推計値になる。推計方法の詳細に関しては，推計の章を参照のこと。

I 人口規模

韓国	サモア	シンガポール	スリランカ	タイ	ベトナム	台湾	
8.047	0.022	0.000	3.171	8.685	12.887	1.907	1950
8.064	0.024	0.000	3.241	8.926	13.060	2.009	1951
8.020	0.024	0.000	3.306	9.186	13.225	2.054	1952
7.994	0.024	0.000	3.382	9.454	13.403	2.069	1953
7.997	0.024	0.000	3.461	9.726	13.593	2.137	1954
8.031	0.026	0.000	3.528	10.006	13.795	2.187	1955
8.157	0.026	0.000	3.598	10.299	14.009	2.225	1956
8.285	0.026	0.000	3.679	10.595	14.233	2.260	1957
8.410	0.026	0.000	3.751	10.899	14.469	2.326	1958
8.535	0.029	0.000	3.838	11.216	14.715	2.420	1959
8.665	0.029	0.000	3.917	11.541	15.290	2.500	1960
8.787	0.029	0.000	3.995	11.886	15.561	2.579	1961
8.910	0.031	0.000	4.076	12.240	15.834	2.609	1962
9.035	0.031	0.000	4.164	12.605	16.112	2.669	1963
9.156	0.031	0.000	4.243	12.983	16.395	2.730	1964
9.610	0.031	0.000	4.292	13.356	16.761	2.788	1965
9.540	0.032	0.000	4.415	13.900	17.064	2.842	1966
9.459	0.033	0.000	4.491	14.330	17.372	2.875	1967
9.384	0.036	0.000	4.577	14.776	17.685	2.927	1968
9.279	0.037	0.000	4.651	15.235	18.003	3.279	1969
9.161	0.038	0.000	4.723	15.710	18.327	3.318	1970
9.073	0.040	0.000	4.824	16.144	18.723	3.344	1971
9.296	0.040	0.000	4.868	16.595	19.127	3.352	1972
9.199	0.040	0.000	4.960	16.995	19.541	3.363	1973
9.094	0.039	0.000	5.038	17.387	19.965	3.369	1974
8.980	0.039	0.000	5.127	17.774	20.398	3.380	1975
8.784	0.038	0.000	5.232	18.136	20.881	3.398	1976
8.575	0.038	0.000	5.337	18.490	21.374	3.408	1977
8.356	0.038	0.000	5.454	18.833	21.877	3.421	1978
8.127	0.038	0.000	5.583	19.164	22.390	3.431	1979
7.892	0.038	0.000	5.710	19.300	22.914	3.437	1980
7.796	0.037	0.000	5.829	19.680	23.335	3.437	1981
7.719	0.037	0.000	5.917	20.053	23.771	3.435	1982
7.673	0.037	0.000	6.020	20.419	24.218	3.424	1983
7.651	0.036	0.000	6.109	20.746	24.645	3.412	1984
6.877	0.036	0.000	6.220	21.088	25.067	3.394	1985
6.575	0.035	0.000	6.331	21.426	25.499	3.364	1986
6.274	0.034	0.000	6.431	21.755	25.974	3.338	1987
5.962	0.034	0.000	6.528	22.076	26.421	3.313	1988
5.643	0.034	0.000	6.620	22.392	26.773	3.283	1989
5.413	0.034	0.000	6.689	22.600	27.635	3.255	1990
5.050	0.032	0.000	6.779	22.825	27.804	3.226	1991
4.829	0.032	0.000	6.830	23.042	28.416	3.192	1992
4.603	0.031	0.000	6.902	23.255	29.004	3.152	1993
4.502	0.032	0.000	6.972	23.497	29.560	3.108	1994

II 出生率・死亡率・平均余命

統　　計

表 II-1　出生率：1950～95 年①（単位：人口 1,000 人当たり）

	アフガニスタン	オーストラリア	バングラデシュ	ブータン	ブルネイ	カンボジア	中国	クック諸島
1950	49.5	23.3	49.1	49.6	50.3	43.6	37.0	41.3
1951	*49.3*	23.0	*(49.2)*	49.1	58.4	*43.5*	37.8	38.7
1952	*49.1*	23.3	*(49.3)*	48.6	54.0	*43.3*	37.0	40.9
1953	*48.9*	22.9	*(49.5)*	48.1	51.8	*43.2*	37.5	43.0
1954	*48.7*	22.5	*(49.7)*	47.2	54.6	*43.1*	38.0	43.2
1955	48.5	22.6	49.9	46.5	55.4	*43.0*	32.6	41.1
1956	*48.3*	22.5	*49.6*	*46.3*	59.1	*42.8*	31.9	46.7
1957	*48.1*	22.9	*49.5*	*46.0*	45.5	*42.7*	34.0	46.4
1958	*47.9*	22.6	*49.2*	*45.8*	57.9	*42.6*	29.2	43.1
1959	*47.7*	22.6	*48.9*	*45.5*	52.5	*42.4*	24.8	45.2
1960	47.6	22.4	*48.7*	*45.2*	48.9	42.3	20.9	50.2
1961	*(47.8)*	22.8	*48.5*	*45.0*	49.4	*41.9*	18.0	50.2
1962	*(48.0)*	22.2	*48.3*	*45.0*	43.8	*41.5*	37.0	48.4
1963	*(48.2)*	21.6	*48.1*	*45.0*	37.5	*41.1*	43.4	47.6
1964	*(48.4)*	20.6	*48.0*	*45.0*	43.0	*40.7*	39.1	44.7
1965	49.8	19.7	*47.9*	*45.0*	41.5	*40.3*	37.9	40.8
1966	*49.7*	19.2	*47.8*	*44.7*	39.3	*40.1*	35.1	42.3
1967	*49.6*	19.4	*47.5*	*44.4*	40.6	*39.9*	34.0	41.3
1968	*49.4*	20.1	*47.5*	*44.1*	43.9	*39.7*	35.6	45.2
1969	*49.3*	20.4	*47.5*	*43.8*	37.0	*39.5*	34.1	40.6
1970	49.2	20.6	47.4	*43.5*	37.0	39.4	33.4	37.1
1971	48.8	21.4	51.7	43.2	38.0	39.7	30.7	36.4
1972	48.5	20.1	51.6	43.0	35.4	*(39.9)*	29.8	32.9
1973	48.3	18.5	49.6	42.5	34.7	*42.8*	27.9	32.2
1974	48.2	18.0	48.9	42.7	33.4	*44.8*	24.8	28.5
1975	48.2	16.9	29.4	*42.0*	32.9	*46.7*	23.0	26.8
1976	48.2	16.4	46.8	*41.3*	32.8	*(30.0)*	19.9	24.9
1977	48.1	16.1	39.7	40.5	32.3	*(30.0)*	18.9	27.4
1978	48.1	15.6	37.0	40.2	32.4	*(30.0)*	18.3	28.1
1979	48.1	15.4	40.9	39.6	32.1	*(30.0)*	17.5	24.5
1980	48.9	15.3	33.4	39.4	31.2	*(30.0)*	18.2	27.7
1981	49.6	15.8	34.6	39.2	30.5	*(30.0)*	20.9	26.0
1982	49.6	15.8	34.8	40.6	29.7	*(45.6)*	21.1	25.4
1983	54.0	15.8	35.0	38.9	29.2	*45.5*	20.2	23.7
1984	49.6	15.1	34.8	39.1	30.0	*45.5*	19.9	24.8
1985	49.3	15.4	34.6	38.8	30.6	45.5	21.0	24.6
1986	47.9	15.2	34.4	38.7	30.7	*42.3*	22.4	25.7
1987	47.5	15.0	33.3	38.6	30.5	*41.8*	23.3	23.1
1988	49.6	14.9	33.2	38.3	28.8	*40.9*	22.4	25.5
1989	47.4	14.9	33.0	39.2	28.1	*39.4*	21.6	27.2
1990	50.7	15.4	32.8	38.3	27.7	*39.0*	21.1	28.3
1991	50.4	14.9	31.6	38.2	27.3	40.0	19.7	26.6
1992	50.9	15.1	30.8	39.6	27.2	40.0	18.2	28.3
1993	51.0	14.7	28.8	39.0	26.8	40.0	18.1	25.8
1994	51.0	14.4	27.8	39.0	26.0	38.0	17.7	27.4
1995	50.0	14.1	26.6	38.0	24.0	40.0	17.1	24.3

（出所）　United Nations, *Demographic Yearbook*, New York, United Nations Publications, Various Years（国際連合統計局編『世界人口年鑑』，原書房，各年版）；中国国家統計局人口統計与就業統計司編『中国人口統計年鑑』中国統計出版社，各年版；行政院主計處編『中華民国統計年鑑』行政院出版署，各年版；United Nations Economic and Social Committee for Asia and the Pacific, *United Nations Statistical Yearbook for Asia and the Pacific*, Bangkok, Thailand, United Nations Publications, Various Years；The World Bank, *World Development Indicators*, Washington, D. C., World Bank Development Data Center, Various Years.
（注 1）　ここでいう出生率とは，人口 1,000 人当たりの実勢出生数を表しており，通常普通出生率と呼ばれるものである．基本的には

II 出生率・死亡率・平均余命

フィジー	香港	インド	インドネシア	イラン	日本	ラオス	
39.2	30.7	40.5	45.0	33.0	28.2	44.2	1950
37.9	34.0	*(40.7)*	*(45.4)*	32.1	25.4	*44.0*	1951
40.0	33.9	*(40.9)*	*(45.8)*	35.2	23.5	*43.8*	1952
44.3	33.7	*(40.3)*	*(46.2)*	48.0	21.5	*43.6*	1953
39.6	35.2	*(40.4)*	*(46.6)*	36.8	20.1	*43.4*	1954
37.9	36.3	42.7	47.0	46.4	19.4	*43.3*	1955
40.7	37.0	*42.5*	47.0	33.9	18.6	*43.4*	1956
41.9	35.8	*42.3*	47.0	45.0	17.2	*43.5*	1957
40.3	37.4	*42.2*	47.0	45.0	18.1	*43.6*	1958
41.8	35.2	*42.0*	47.0	45.0	17.6	*43.8*	1959
39.9	36.0	*41.8*	47.0	47.0	17.2	*43.9*	1960
40.9	34.2	*41.6*	46.9	36.7	16.9	*44.0*	1961
39.5	35.6	*41.4*	46.8	40.0	17.1	*44.2*	1962
38.0	33.8	*41.3*	46.7	42.1	17.3	*44.4*	1963
37.8	31.8	*41.1*	46.6	41.8	17.8	*44.6*	1964
35.9	29.6	40.9	46.5	41.9	18.7	*44.8*	1965
34.9	26.6	40.5	43.0	42.0	13.9	*44.9*	1966
34.5	25.3	*40.2*	42.6	40.1	19.5	*45.2*	1967
30.8	22.0	*39.8*	41.7	38.7	18.7	*45.4*	1968
29.7	21.3	39.4	40.8	39.0	18.6	*45.6*	1969
29.9	20.0	36.8	40.0	39.6	18.9	*45.8*	1970
30.3	19.7	36.9	*40.0*	42.4	19.3	*45.9*	1971
28.0	19.5	36.6	*38.4*	36.7	19.4	*44.6*	1972
28.2	19.5	34.6	*37.6*	45.3	19.4	*43.0*	1973
29.8	19.4	34.5	*36.4*	38.9	18.6	*43.0*	1974
29.0	18.2	35.2	*35.0*	40.5	17.1	*42.0*	1975
28.2	17.7	34.4	33.6	41.1	16.3	44.1	1976
27.0	17.7	33.0	33.6	40.2	15.5	*44.1*	1977
28.3	17.6	33.3	36.5	37.6	14.9	*44.3*	1978
29.8	16.8	33.7	35.1	45.4	14.2	44.4	1979
29.7	17.0	33.9	34.5	63.9	13.6	44.5	1980
29.4	16.8	32.9	33.8	61.3	13.0	44.7	1981
30.9	16.4	32.6	32.2	51.5	12.8	44.7	1982
29.6	15.6	32.2	32.3	52.4	12.7	42.0	1983
28.4	14.4	31.5	31.4	50.1	12.5	42.0	1984
27.9	14.0	32.9	30.5	41.0	11.9	42.0	1985
26.8	13.0	32.6	29.6	41.3	11.4	41.9	1986
28.2	12.6	32.2	28.4	36.3	11.1	42.7	1987
26.8	13.4	31.5	27.2	37.9	10.8	41.0	1988
26.0	12.3	30.6	27.6	35.7	10.2	46.4	1989
24.8	12.0	30.2	25.8	34.3	10.0	44.7	1990
25.3	12.0	29.5	32.2	33.8	9.9	44.1	1991
24.8	12.3	29.2	24.9	32.3	9.8	44.2	1992
24.7	12.0	28.7	24.5	30.7	9.6	44.0	1993
24.7	11.9	28.7	24.1	30.1	10.0	43.0	1994
24.7	11.2	28.0	23.6	29.4	9.5	43.0	1995

時系列的に最も体系化されており，かつ人口規模の基準としている，*Demographic Yearbook* を基に作成している。ただし，特に発展途上国の1950年代では，各データソースごと，および自国統計などでかなりの差異が見られる。また，中国・台湾は自国統計を参照している。全体の傾向として World Bank は，出生率を3～10％程度高い値を示している。ただし，データの変化の傾向はほぼ同じである。また，1970年代後半からは，各データソースともほぼ同じ値を示している。

(注2) *Demographic Yearbook* のデータは，特に1950年代では5年ごとのデータしかない国が多い。さらに，各データソース間の差異があることから，さまざまな推計を行っている。5年ごとの穴埋めには線形補完が多用されている。また，*Demographic Year-*

表 II-1　出生率：1950～95 年 ②　(単位：人口 1,000 人当たり)

	マレーシア	モンゴル	ミャンマー	ネパール	ニュージーランド	パキスタン	パプアニューギニア	フィリピン
1950	39.5	40.0	43.6	45.5	25.9	49.6	44.4	31.7
1951	41.4	*38.0*	*42.5*	45.6	25.6	*49.4*	*44.4*	30.5
1952	42.5	*36.2*	*41.4*	45.7	26.0	*49.4*	*44.4*	30.1
1953	41.9	*34.2*	*40.3*	45.8	25.4	*49.2*	*44.4*	45.3
1954	42.0	33.8	*39.2*	45.9	25.9	*49.0*	*44.4*	30.7
1955	41.2	32.2	*38.1*	46.0	26.1	48.8	44.3	31.2
1956	43.7	34.8	36.2	*46.0*	26.0	48.8	40.0	31.2
1957	43.3	37.3	35.8	*45.9*	26.2	*48.8*	(37.5)	29.9
1958	41.4	38.6	36.6	*45.9*	26.6	*48.8*	(35.8)	29.7
1959	39.9	39.7	38.2	*45.8*	26.5	*48.8*	31.4	30.4
1960	39.2	43.3	42.3	45.8	26.5	*48.8*	28.2	29.6
1961	44.1	40.7	38.5	45.7	27.1	*48.8*	28.7	27.7
1962	44.1	41.8	36.7	*45.6*	26.2	*48.8*	25.9	28.4
1963	44.1	40.6	42.7	*45.6*	25.5	*48.8*	25.9	26.0
1964	44.1	43.2	39.9	45.5	24.2	*48.8*	31.1	25.7
1965	44.1	40.0	47.0	45.5	22.9	48.7	32.1	24.6
1966	39.1	41.0	41.1	*45.2*	22.5	48.7	29.2	24.6
1967	39.1	39.6	41.0	*45.0*	22.5	48.1	31.7	24.2
1968	39.1	41.9	40.4	*44.8*	22.7	46.0	38.3	25.9
1969	39.1	41.9	39.3	*44.3*	22.6	45.1	*39.9*	26.5
1970	39.1	40.2	36.2	44.4	22.1	44.0	*42.3*	26.4
1971	35.3	38.8	39.2	*42.9*	22.6	44.2	45.0	25.5
1972	35.3	40.0	38.0	*41.9*	21.8	45.0	44.9	24.9
1973	35.3	40.3	34.5	41.2	20.5	44.2	44.9	26.3
1974	35.3	40.1	34.1	40.8	19.6	44.2	44.9	26.3
1975	35.3	39.4	32.9	40.0	18.3	45.0	44.9	29.1
1976	33.1	37.1	29.3	46.8	17.6	42.8	44.9	30.3
1977	33.1	38.3	29.1	43.7	17.2	40.6	45.0	30.3
1978	33.1	38.3	28.3	43.7	16.2	40.9	45.1	30.5
1979	33.1	37.2	28.0	43.9	16.7	41.6	45.2	30.3
1980	33.1	37.2	27.4	43.6	16.1	43.7	45.2	30.3
1981	29.5	36.7	28.3	44.0	16.1	43.3	35.0	29.5
1982	29.5	39.5	28.5	42.0	15.7	43.5	35.0	29.0
1983	29.5	34.0	28.3	42.5	15.7	42.0	34.4	32.9
1984	29.5	37.4	28.3	42.1	15.9	43.3	34.5	32.5
1985	29.5	38.2	28.9	41.6	15.8	43.3	34.7	26.3
1986	31.9	38.3	29.1	42.2	16.1	43.3	34.6	26.7
1987	31.9	37.2	29.2	41.0	16.7	43.3	35.1	27.6
1988	31.9	38.5	29.6	39.3	17.4	40.5	35.0	26.7
1989	31.9	36.4	29.3	41.0	17.4	40.9	35.2	26.0
1990	31.9	35.3	29.3	38.0	17.9	40.6	35.0	26.9
1991	28.7	32.9	29.5	41.2	17.6	39.5	33.5	26.1
1992	27.8	29.1	29.2	39.6	17.2	39.3	33.5	25.8
1993	27.7	21.5	29.1	39.5	16.9	39.3	33.0	31.2
1994	26.7	33.0	29.2	39.0	16.3	39.5	33.0	30.4
1995	25.8	27.0	28.0	37.5	16.1	36.0	33.0	29.7

book 以外のデータからトレンドを推計し，推計式から求めている個所もある。
(注3)　本表の出生数の推計には，コーホート的なアプローチをしていない。コーホート分析の結果例は推計の章を参照されたい。
(注4)　カンボジアの1976～81年は，どのデータソースも一律30.0～31.0となっているため，推計はせずにこの値をそのまま用いた。
(注5)　推計値が括弧（　）で表示されているものは，各データソース間でトレンドが同一でないものであり，有意性に疑問が残るものである。参考データとして示す。当該データを使用の際は注意のこと。
(注6)　推計値に関してはイタリック体で表記してある。推計方法の詳細に関しては，推計の章を参照のこと。

II 出生率・死亡率・平均余命

韓国	サモア	シンガポール	スリランカ	タイ	ベトナム	台湾	
37.0	44.3	45.4	39.7	26.7	40.9	43.3	1950
(37.4)	39.3	45.1	39.8	27.3	*41.1*	50.0	1951
(38.4)	36.9	45.4	38.8	27.5	*41.3*	46.6	1952
(39.4)	33.5	45.8	38.7	26.9	*41.5*	45.2	1953
41.8	38.7	45.7	35.7	30.8	*41.7*	44.6	1954
42.4	38.1	44.3	37.3	30.5	42.0	45.3	1955
42.3	42.3	44.4	36.4	33.0	*42.1*	44.8	1956
42.2	39.2	43.4	36.4	32.2	*42.3*	41.4	1957
42.0	37.3	42.0	35.8	31.8	*42.5*	41.7	1958
42.1	37.8	40.3	37.0	33.6	*42.7*	41.2	1959
42.0	35.1	38.7	36.6	34.7	42.8	39.5	1960
42.0	31.2	36.5	35.9	33.6	*42.7*	38.3	1961
41.0	34.3	35.1	35.7	34.7	*42.5*	37.4	1962
40.0	32.4	34.7	34.4	35.3	*42.5*	36.3	1963
39.0	32.3	33.2	33.2	37.5	*42.3*	34.5	1964
37.0	30.7	30.7	33.1	36.4	42.0	32.7	1965
35.0	26.7	29.5	32.3	33.9	41.4	32.4	1966
33.1	28.4	26.8	31.6	33.8	41.4	28.5	1967
31.9	37.7	24.5	32.0	35.3	41.4	29.3	1968
31.0	42.0	22.8	30.4	32.3	41.4	28.3	1969
29.5	40.1	23.0	29.4	31.5	41.4	27.2	1970
28.8	37.7	22.3	30.4	32.6	40.8	25.6	1971
28.8	27.1	23.1	30.4	30.9	40.8	24.2	1972
28.8	32.6	22.0	28.0	29.5	40.8	23.8	1973
28.8	27.8	19.4	27.5	29.1	40.8	23.4	1974
23.9	22.2	17.7	27.7	27.4	40.8	23.0	1975
23.9	24.1	18.7	27.8	27.5	40.1	25.9	1976
23.7	21.4	16.5	27.9	24.8	40.1	23.8	1977
23.7	20.6	16.8	28.5	23.4	40.1	24.1	1978
23.5	18.7	17.1	28.9	23.3	40.1	24.4	1979
24.0	16.5	17.1	28.4	22.9	39.4	23.4	1980
23.1	17.0	17.3	28.2	22.2	34.8	23.0	1981
22.2	37.9	17.3	26.8	22.0	34.8	22.1	1982
19.8	31.0	16.3	26.3	21.3	35.0	20.6	1983
17.2	36.0	16.5	25.1	18.9	31.3	19.6	1984
16.4	35.1	16.6	24.6	18.8	34.0	18.0	1985
16.5	30.0	14.8	22.4	17.9	33.6	15.9	1986
16.5	33.2	16.6	21.8	16.5	33.1	16.0	1987
15.4	33.1	19.8	20.7	16.0	31.7	17.2	1988
15.4	33.0	17.5	21.6	16.4	31.3	15.7	1989
15.5	32.5	18.4	20.1	17.0	29.9	16.6	1990
16.9	32.3	17.3	20.1	16.9	30.6	15.7	1991
17.1	31.7	17.0	20.1	16.7	29.7	15.5	1992
16.5	31.0	17.0	19.9	16.5	28.5	15.6	1993
16.5	31.0	16.4	19.9	18.7	29.0	15.3	1994
15.2	36.0	16.3	19.3	18.4	29.0	15.5	1995

統　計

表 II-2　死亡率：1950～95 年① (単位：人口 1,000 人当たり)

	アフガニスタン	オーストラリア	バングラデシュ	ブータン	ブルネイ	カンボジア	中国	クック諸島
1950	36.0	9.6	27.3	39.0	18.1	25.1	20.1	20.0
1951	35.2	9.7	26.7	37.3	14.7	24.7	19.4	19.2
1952	34.4	9.4	26.1	35.6	16.6	24.3	18.7	17.0
1953	33.7	9.1	25.5	33.9	14.4	23.9	18.0	16.4
1954	32.9	9.1	24.9	32.2	12.7	23.5	17.3	17.7
1955	32.1	8.9	24.3	30.5	13.5	23.1	16.7	18.6
1956	31.3	8.8	23.8	29.7	13.1	22.7	16.1	16.7
1957	30.5	8.8	23.2	28.8	15.6	22.3	15.5	16.2
1958	29.8	8.5	22.6	28.0	12.0	21.9	14.9	10.1
1959	29.0	8.9	22.0	27.1	11.7	21.5	14.3	9.9
1960	28.7	8.6	21.3	26.4	10.9	21.1	13.7	8.4
1961	28.3	8.5	20.8	25.9	6.9	20.7	13.1	8.9
1962	27.8	8.7	20.2	25.4	6.9	20.3	12.7	8.7
1963	27.4	8.7	19.6	24.9	7.0	19.9	12.2	8.8
1964	26.9	9.0	19.0	24.4	6.4	19.5	11.8	9.9
1965	26.4	8.8	18.9	23.9	6.6	19.1	11.2	7.0
1966	25.9	9.0	20.8	23.8	6.3	18.7	11.0	8.6
1967	25.3	8.7	20.9	23.8	6.1	18.2	10.8	8.2
1968	24.8	9.1	21.0	23.8	6.4	17.8	10.6	8.1
1969	24.3	8.7	20.9	23.8	6.0	17.3	10.4	6.5
1970	23.8	9.0	20.5	23.8	5.5	16.9	10.3	8.0
1971	23.8	8.6	20.5	8.6	5.9	19.9	10.3	6.9
1972	23.8	8.3	20.5	8.3	5.2	21.0	10.3	4.8
1973	23.8	8.3	20.6	23.8	4.9	21.0	10.3	5.6
1974	21.0	8.5	20.4	20.5	4.3	21.0	10.3	5.4
1975	26.7	7.9	20.7	20.6	4.7	21.0	7.3	6.4
1976	26.6	8.3	20.0	20.6	4.1	(40.0)	7.2	5.8
1977	26.5	7.7	16.5	20.6	4.5	(40.0)	6.9	7.5
1978	21.1	7.5	18.8	20.6	4.2	(40.0)	6.2	8.8
1979	22.3	7.3	18.4	20.6	4.1	(40.0)	6.2	6.3
1980	25.9	7.4	10.2	19.6	4.0	19.5	6.3	7.4
1981	25.6	7.3	11.5	19.6	3.6	19.5	6.4	5.7
1982	29.0	7.6	12.2	20.6	3.9	19.5	6.6	7.9
1983	23.0	7.3	12.3	19.0	3.5	19.5	6.9	7.6
1984	23.0	7.1	12.3	19.3	3.6	19.6	6.8	6.8
1985	22.7	7.4	12.0	21.0	3.6	19.7	6.8	8.0
1986	23.0	7.2	11.9	17.3	3.2	17.6	6.9	7.1
1987	22.5	7.2	11.5	17.0	3.3	16.9	6.7	7.2
1988	22.8	7.2	11.3	16.7	3.2	16.0	6.6	5.7
1989	22.5	7.4	11.4	16.7	3.4	15.8	6.5	5.8
1990	22.6	7.0	11.3	16.2	3.0	15.6	6.7	6.6
1991	22.2	6.9	11.2	15.9	3.3	15.0	6.7	7.9
1992	22.0	7.1	11.0	16.7	3.3	15.0	6.6	5.8
1993	21.8	6.9	10.0	16.0	3.7	15.0	6.6	5.3
1994	21.0	7.1	9.0	16.0	3.3	14.0	6.5	5.5
1995	21.0	6.9	8.4	14.0	0.0	13.0	6.6	5.0

(出所)　United Nations, *Demographic Yearbook*, New York, United Nations Publications, Various Years（国際連合統計局編『世界人口年鑑』，原書房，各年版）；中国国家統計局人口統計与就業統計司編『中国人口統計年鑑』中国統計出版社，各年版；行政院主計處編『中華民国統計年鑑』行政院出版署，各年版；United Nations Economic and Social Committee for Asia and the Pacific, *United Nations Statistical Yearbook for Asia and the Pacific*, Bangkok, Thailand, United Nations Publications, Various Years；The World Bank, *World Development Indicators*, Washington, D. C., World Bank Development Data Center, Various Years.

(注１)　ここでいう出生率とは，人口 1,000 人あたりの実勢死亡数を表しており，通常普通死亡率と呼ばれるものである。基本的には

II 出生率・死亡率・平均余命

フィジー	香港	インド	インドネシア	イラン	日本	ラオス	
14.1	9.4	24.2	26.4	24.2	10.9	24.9	1950
13.8	10.2	*23.8*	*25.7*	*24.0*	9.1	*24.9*	1951
13.6	9.2	*23.3*	*25.3*	*23.5*	8.5	*24.8*	1952
13.3	8.2	*22.9*	*24.9*	*23.0*	8.0	*24.7*	1953
13.0	8.0	*22.4*	24.4	*22.5*	7.8	*24.6*	1954
12.9	7.5	22.0	*24.1*	22.0	7.7	*24.5*	1955
11.6	7.4	*21.6*	*23.6*	*21.6*	7.6	*24.3*	1956
10.3	7.1	*21.1*	*23.2*	*21.1*	7.5	*24.2*	1957
9.0	7.2	*20.7*	*22.8*	*20.7*	7.5	*24.1*	1958
7.6	6.8	*20.2*	*22.4*	*20.2*	7.5	*24.0*	1959
6.6	6.2	19.6	21.9	19.6	7.6	*23.9*	1960
6.4	5.9	*19.2*	*21.6*	13.3	7.4	*23.8*	1961
6.3	6.3	*18.7*	*21.2*	6.9	7.5	*23.7*	1962
5.8	5.8	*18.3*	*20.8*	5.7	7.0	*23.6*	1963
6.1	5.3	*17.8*	*20.4*	6.1	6.9	*23.5*	1964
5.1	5.0	17.5	20.2	6.0	7.2	*23.4*	1965
5.2	5.3	*17.2*	*19.2*	7.0	6.8	*23.2*	1966
5.1	5.4	*16.9*	*19.4*	6.8	6.8	*23.1*	1967
5.2	5.1	16.7	*19.4*	6.5	6.8	*23.0*	1968
4.6	5.0	16.8	*19.4*	6.1	6.8	*22.9*	1969
4.7	5.1	15.7	16.9	5.7	6.9	*22.8*	1970
5.9	5.0	14.9	20.3	5.1	6.6	*22.7*	1971
5.0	5.2	16.9	16.9	5.0	6.5	*22.5*	1972
5.0	5.0	15.5	16.9	5.1	6.6	*22.4*	1973
4.9	5.1	14.5	16.9	4.8	6.5	*22.2*	1974
6.9	4.9	15.9	14.7	4.5	6.3	*22.1*	1975
4.3	5.1	15.0	14.4	4.5	6.3	*21.9*	1976
3.8	5.2	14.7	14.1	4.2	6.1	*21.8*	1977
4.2	5.2	14.2	17.0	3.5	6.1	*21.6*	1978
3.8	5.2	13.0	17.0	3.8	6.0	21.5	1979
6.4	5.0	12.6	13.0	4.2	6.2	21.0	1980
6.6	4.8	12.5	13.1	4.5	6.1	20.5	1981
5.8	4.8	11.9	13.0	4.9	6.0	20.0	1982
5.3	5.0	11.9	11.9	4.9	6.2	20.0	1983
5.2	4.7	12.6	11.5	9.0	6.2	19.0	1984
5.2	4.6	11.8	11.2	11.0	6.3	19.0	1985
5.5	4.7	11.1	10.9	10.9	6.2	17.9	1986
5.3	4.8	10.9	7.8	10.7	6.2	14.1	1987
5.2	4.9	11.0	11.1	9.5	6.5	16.2	1988
4.9	5.1	10.3	8.8	9.0	6.4	16.3	1989
4.9	5.2	9.7	8.2	8.5	6.7	16.0	1990
5.5	5.0	9.8	11.7	8.3	6.7	15.6	1991
5.2	5.3	10.1	8.0	7.7	6.9	15.3	1992
5.0	5.2	9.3	7.9	8.3	7.1	15.0	1993
5.4	5.0	9.3	7.8	8.2	7.1	15.0	1994
6.4	5.1	9.0	7.7	8.0	7.4	14.0	1995

時系列的に最も体系化されており，かつ人口規模の基準としている，Demographic Yearbook を基に作成している。ただし，特に発展途上国の 1950〜60 年代では，各データソースごと，および自国統計などでかなりの差異が見られる（日本の統計でさえも Demographic Yearbook と比較すると，例えば 1950 年代には 1〜2％ の差がある）。全体の傾向として，World Bank のデータは，Demographic Yearbook よりも出生率を 3〜10％ 程度高い値を示している。ただし，データの変化の傾向はほぼ同じである。
（注 2） 1970 年代以降は，各データソースともほぼ同値を示している。データソース間の差異がほとんど見られない国は，Demographic Yearbook の補完として，World Bank のデータをそのまま使用した。この場合推計値として表示していない。

表 II-2 死亡率：1950〜95年② (単位：人口1,000人当たり)

	マレーシア	モンゴル	ミャンマー	ネパール	ニュージーランド	パキスタン	パプアニューギニア	フィリピン
1950	15.8	20.5	25.0	38.0	9.5	28.5	*28.8*	*12.8*
1951	15.3	*19.5*	*24.7*	*36.5*	9.7	*27.4*	28.1	11.4
1952	13.6	*18.5*	*24.5*	*35.0*	9.5	*26.3*	*27.3*	11.2
1953	12.4	*17.5*	*24.2*	*33.5*	9.0	*25.2*	*26.6*	10.8
1954	12.2	16.6	30.5	*32.0*	9.0	*24.1*	*25.8*	9.5
1955	11.5	*13.8*	23.7	30.5	9.0	23.3	25.1	9.0
1956	11.3	11.0	21.8	*29.8*	9.0	*22.7*	22.7	9.0
1957	12.4	11.1	21.3	*29.0*	9.3	*22.3*	22.3	9.6
1958	11.0	11.0	19.4	*28.3*	8.9	*22.0*	22.0	8.5
1959	9.7	10.0	18.9	*27.5*	9.1	*21.6*	21.6	7.4
1960	9.5	10.5	19.9	26.8	8.8	21.4	*21.5*	7.8
1961	9.2	10.2	18.4	*26.1*	9.0	*18.7*	21.2	7.5
1962	9.4	10.1	18.9	*25.5*	8.9	16.0	*20.8*	7.3
1963	8.9	9.8	18.3	*24.8*	8.9	15.0	*20.5*	7.1
1964	8.0	9.3	17.9	*24.1*	8.8	20.0	*20.1*	7.1
1965	7.9	9.7	18.2	*23.5*	8.7	18.0	*19.8*	7.3
1966	7.6	9.9	14.1	22.9	8.9	18.4	*19.4*	7.1
1967	7.5	9.3	12.2	*22.8*	8.4	18.4	*19.1*	6.9
1968	7.6	11.2	12.9	*22.7*	8.9	18.4	18.7	7.5
1969	7.3	11.2	12.2	*22.7*	8.7	18.4	18.3	6.8
1970	7.0	12.3	10.8	*22.6*	8.8	16.7	17.5	6.4
1971	6.9	10.8	10.9	*22.5*	8.5	16.7	16.6	6.6
1972	6.6	11.2	10.9	*22.4*	8.6	15.0	16.5	7.3
1973	6.6	10.0	9.7	*22.3*	8.6	16.7	16.4	7.1
1974	6.4	9.0	10.5	*22.3*	8.3	16.7	16.3	6.9
1975	6.3	10.0	11.9	*22.2*	8.1	15.0	16.1	6.4
1976	5.9	9.9	10.6	22.2	8.1	11.5	16.0	6.9
1977	6.0	9.0	10.4	21.0	8.3	10.7	15.6	7.0
1978	5.6	9.0	10.1	20.7	7.8	10.1	15.2	6.5
1979	5.7	9.5	10.0	20.4	8.1	9.6	14.9	6.5
1980	5.5	9.5	8.9	20.1	8.5	16.2	14.9	6.2
1981	5.2	9.2	9.2	19.0	8.0	11.8	14.0	6.1
1982	5.2	7.0	9.2	19.0	8.0	15.0	14.0	6.1
1983	5.3	7.0	9.0	18.0	8.1	15.0	12.5	8.2
1984	5.3	11.2	9.0	18.0	7.8	11.8	12.3	8.1
1985	5.3	10.3	9.1	18.0	8.4	11.5	12.1	6.1
1986	5.4	8.7	9.2	16.0	8.2	10.1	11.8	5.8
1987	5.6	8.3	9.1	16.0	8.3	10.5	12.2	5.8
1988	5.5	9.0	9.4	14.6	8.3	10.8	13.0	5.5
1989	5.5	8.4	9.3	14.9	8.1	10.1	12.1	5.4
1990	5.3	8.5	9.3	13.9	7.9	10.6	12.0	5.2
1991	5.3	8.8	9.4	13.3	7.8	9.8	10.9	4.7
1992	5.1	8.4	9.3	13.0	7.9	10.1	10.7	4.9
1993	5.0	7.9	9.3	12.6	7.8	10.1	11.0	7.0
1994	5.0	8.0	9.3	14.0	7.7	9.8	10.0	6.8
1995	4.9	7.0	8.6	14.0	7.8	8.0	10.0	6.6

(注3) *Demographic Yearbook* のデータは，特に1950年代では5年ごとのデータしかない国が多い。5年ごとの穴埋めには線形補完が多用されている。また，*Demographic Yearbook* 以外のデータからトレンドを推計し，推計式から求めている個所もある。
(注4) 中国の1950〜70年代の自国統計は，他のデータソースに比べて4〜5割ほど死亡率を低く見積もっている期間があり，1951〜67年は推計をしている。
(注5) カンボジアの1976〜80年は，どのデータソースも一律40.0前後となっているため，推計はせずに40をそのまま用いた。
(注6) 推計値に関してはイタリック体で表記してある。推計方法の詳細に関しては，推計の章を参照のこと。

II 出生率・死亡率・平均余命

韓国	サモア	シンガポール	スリランカ	タイ	ベトナム	台湾	
15.8	8.4	12.0	11.5	19.2	25.4	11.5	1950
15.5	*8.1*	11.6	*11.3*	10.3	*25.0*	11.6	1951
15.2	*7.8*	10.7	*11.1*	9.7	*24.6*	9.9	1952
14.9	*7.5*	9.7	*10.9*	9.4	*24.2*	9.4	1953
14.6	*7.2*	8.6	*10.7*	9.7	*23.8*	8.2	1954
14.4	*7.0*	8.1	*10.5*	9.2	23.4	8.6	1955
14.1	6.8	7.5	*10.3*	8.6	*23.2*	8.0	1956
13.8	6.7	7.4	10.1	8.5	*23.0*	8.5	1957
13.5	5.4	7.0	9.7	8.4	*22.8*	7.6	1958
13.2	4.1	6.5	9.1	8.0	*22.6*	7.2	1959
13.0	3.7	6.3	8.6	8.4	22.4	6.9	1960
13.0	3.4	6.0	8.1	7.7	*22.2*	6.7	1961
13.0	4.9	5.9	8.6	7.9	*22.0*	6.4	1962
12.0	4.0	5.8	8.6	8.1	*21.8*	6.1	1963
11.0	5.4	5.8	8.8	7.7	*21.6*	5.7	1964
10.0	5.7	5.5	8.2	7.1	21.4	5.5	1965
10.0	6.2	5.5	8.3	7.5	*21.3*	5.4	1966
9.1	4.8	5.4	7.5	7.1	*21.2*	5.5	1967
8.9	6.2	5.5	7.9	6.9	*21.1*	5.5	1968
8.6	6.7	5.0	8.4	7.0	*21.0*	5.1	1969
8.5	7.7	5.2	7.5	6.2	21.0	5.1	1970
8.9	7.6	5.4	7.7	6.1	*20.9*	4.8	1971
8.9	3.6	5.4	8.1	6.5	*20.8*	4.7	1972
8.9	4.3	5.2	7.7	6.0	*20.7*	4.8	1973
8.9	3.6	5.1	9.0	6.1	20.6	4.8	1974
6.5	4.0	5.1	8.5	5.7	19.8	4.7	1975
6.4	4.1	5.1	7.8	5.6	15.4	4.7	1976
6.2	3.4	5.1	7.4	5.5	11.4	4.8	1977
6.2	2.8	5.1	6.6	5.4	11.8	4.7	1978
6.9	3.4	5.2	6.5	5.2	*12.0*	4.7	1979
7.4	3.1	5.2	6.2	5.3	12.3	4.8	1980
6.4	0.0	5.3	5.9	5.0	9.5	4.8	1981
6.5	0.0	5.2	6.1	5.1	8.0	4.8	1982
6.8	7.0	5.0	6.2	5.1	8.0	4.9	1983
6.2	1.7	4.8	6.5	4.5	10.6	4.8	1984
6.3	7.1	4.9	6.2	3.9	8.0	4.8	1985
6.1	5.0	4.6	6.0	4.1	10.3	4.9	1986
6.1	7.1	4.7	6.0	4.3	10.6	4.9	1987
5.9	7.1	4.9	5.8	4.2	9.4	5.1	1988
5.9	7.1	4.9	6.3	4.5	7.3	5.1	1989
6.0	6.9	4.8	5.6	4.5	8.0	5.2	1990
5.9	6.8	4.7	5.6	4.6	8.6	5.2	1991
5.9	6.8	4.7	5.6	4.8	8.6	5.3	1992
5.4	7.4	4.6	5.3	4.9	6.7	5.3	1993
5.5	7.4	4.7	5.6	6.1	8.0	5.4	1994
5.9	6.0	5.2	5.8	6.1	8.0	5.2	1995

表 II-3　乳児死亡率：1950～95 年①（単位：人口 1,000 人当たり）

	アフガニスタン	オーストラリア	バングラデシュ	ブータン	ブルネイ	カンボジア	中国	クック諸島
1950	*(203.0)*	24.5	*(180.0)*	*(190.7)*	137.7	*(165.0)*	*(195.0)*	112.7
1951	*(203.0)*	25.2	*(177.6)*	*(179.1)*	113.4	*(160.8)*	*(188.0)*	102.5
1952	*(203.0)*	23.8	*(175.2)*	*(178.2)*	104.0	*(156.6)*	*(181.0)*	101.4
1953	*(203.0)*	23.3	*(172.8)*	*(177.3)*	113.3	*(152.4)*	*(174.0)*	139.5
1954	*(203.0)*	22.5	*(170.4)*	*(176.4)*	99.6	*(148.2)*	*(167.0)*	124.3
1955	*(203.0)*	22.0	*(168.0)*	*(175.5)*	102.5	*(144.0)*	*(160.0)*	148.3
1956	*(203.0)*	21.7	*(165.6)*	*(174.6)*	103.0	*(139.8)*	*(153.0)*	149.9
1957	*(203.0)*	21.4	*(163.2)*	*(173.7)*	136.0	*(135.6)*	*(146.0)*	92.6
1958	*(203.0)*	20.5	*(160.8)*	*(172.8)*	98.2	*(131.4)*	*(139.0)*	62.7
1959	*(203.0)*	21.5	*(158.4)*	*(171.9)*	93.1	127.0	*(132.0)*	54.1
1960	*(203.0)*	20.2	*(156.0)*	*(171.0)*	69.2	*(130.0)*	*(125.0)*	34.3
1961	*(203.0)*	19.5	*(153.6)*	*(170.1)*	47.8	*(130.0)*	*(118.0)*	48.7
1962	*(203.0)*	20.4	*(151.2)*	*(169.2)*	50.8	*(130.0)*	*(111.0)*	48.2
1963	*(203.0)*	19.5	*(148.8)*	*(168.3)*	55.1	*(130.0)*	*(104.0)*	50.9
1964	*(203.0)*	19.1	*(146.4)*	*(167.4)*	40.0	*(130.0)*	*(97.0)*	78.3
1965	*(203.0)*	18.5	*(144.0)*	*(166.5)*	41.0	*(130.0)*	90.0	39.7
1966	*(203.0)*	18.2	*(141.6)*	*(165.6)*	42.3	*(130.0)*	84.0	48.6
1967	203.0	18.3	*(140.0)*	*(164.7)*	36.7	130.0	81.0	56.3
1968	201.2	17.8	*(140.0)*	*(163.8)*	42.1	140.2	77.0	45.5
1969	199.4	17.9	*(140.0)*	*(162.9)*	42.5	150.4	73.0	*48.9*
1970	197.6	17.9	*(140.0)*	*(162.0)*	33.6	160.6	69.0	53.0
1971	195.6	17.3	*(140.0)*	*(161.1)*	38.4	170.8	66.0	45.2
1972	194.0	16.7	*(140.0)*	*(160.2)*	35.5	181.0	61.0	34.1
1973	*191.8*	16.5	*139.4*	*(159.3)*	30.2	*190.3*	56.0	35.7
1974	*189.6*	16.1	*138.2*	*(158.4)*	22.7	200.5	51.0	33.5
1975	186.6	14.3	139.6	156.3	27.2	260.0	48.0	42.6
1976	*185.2*	13.8	*138.4*	155.8	23.0	*(263.0)*	44.0	32.8
1977	183.0	12.5	137.0	155.3	24.5	*(263.0)*	40.0	34.1
1978	*183.0*	12.2	*134.0*	154.9	20.0	*(263.0)*	41.0	33.8
1979	*183.0*	11.4	*131.0*	154.4	21.7	*(263.0)*	39.0	33.5
1980	183.0	10.7	128.0	154.0	17.5	160.0	42.0	*33.2*
1981	*183.0*	10.0	*128.0*	149.5	15.8	*160.3*	41.0	32.6
1982	183.0	10.3	128.0	145.0	12.8	160.0	39.0	*31.1*
1983	*179.5*	9.6	*122.0*	140.5	10.9	*150.0*	41.0	*29.5*
1984	176.0	9.2	*116.0*	136.0	12.6	*140.0*	38.0	28.0
1985	172.0	9.9	110.0	131.0	11.4	130.0	37.0	*28.2*
1986	*172.0*	8.8	*106.2*	128.2	7.4	*130.0*	*36.6*	*28.2*
1987	172.0	8.7	*102.4*	125.4	8.9	130.0	*36.2*	*28.2*
1988	*169.5*	8.7	*98.6*	122.6	6.7	*125.8*	*35.8*	*28.2*
1989	*167.3*	8.0	*94.8*	119.8	9.0	*121.6*	*35.4*	*28.2*
1990	163.4	8.2	*91.0*	117.0	7.4	116.0	35.2	28.4
1991	*163.2*	7.1	*88.0*	114.2	11.1	*116.0*	31.0	27.9
1992	163.0	7.0	*85.0*	111.4	9.6	114.5	31.0	29.4
1993	161.2	6.1	*82.0*	108.6	8.0	113.2	30.5	27.8
1994	*160.6*	5.9	*79.0*	104.8	9.0	105.8	27.8	24.6
1995	*160.0*	5.7	*77.1*	*102.1*	7.4	*102.0*	25.2	*24.9*

（出所）　United Nations, *Demographic Yearbook*, New York, United Nations Publications, Various Years（国際連合統計局編『世界人口年鑑』，原書房，各年版）；中国国家統計局人口統計与就業統計司編『中国人口統計年鑑』中国統計出版社，各年版；行政院主計處編『中華民国統計年鑑』行政院出版署，各年版；United Nations Economic and Social Committee for Asia and the Pacific, *United Nations Statistical Yearbook for Asia and the Pacific*, Bangkok, Thailand, United Nations Publications, Various Years ; The World Bank, *World Development Indicators*, Washington, D. C., World Bank Development Data Center, Various Years.
（注1）　ここでいう乳児死亡率とは，人口 1,000 人あたりの 1 歳未満の死亡実勢乳児死亡数を表している。乳児死亡率は，各データソ

II 出生率・死亡率・平均余命

フィジー	香港	インド	インドネシア	イラン	日本	ラオス	
58.3	99.6	*(190.0)*	*(160.0)*	*(190.0)*	60.1	*(180.0)*	1950
56.6	91.8	*(187.8)*	*(157.9)*	*(187.4)*	57.5	*(178.1)*	1951
64.3	77.1	*(185.6)*	*(155.8)*	*(184.8)*	49.4	*(176.2)*	1952
53.0	73.6	*(183.4)*	*(153.7)*	*(182.2)*	48.9	*(174.3)*	1953
48.9	72.4	*(181.2)*	*(151.6)*	*(179.6)*	44.6	*(172.4)*	1954
55.9	66.4	*(179.0)*	*(149.5)*	*(177.0)*	39.8	*(170.5)*	1955
46.1	60.9	*(176.8)*	*(147.4)*	*(174.4)*	40.6	*(168.6)*	1956
38.9	55.6	*(174.6)*	*(145.3)*	*(171.8)*	40.0	*(166.7)*	1957
39.3	54.3	*(172.4)*	*(143.2)*	*(169.2)*	34.5	*(164.8)*	1958
42.6	48.3	*(170.2)*	*(141.1)*	*(166.6)*	33.7	*(162.9)*	1959
36.1	41.5	*(168.0)*	*(139.0)*	*(164.0)*	30.4	*(161.0)*	1960
33.4	37.7	*(165.8)*	*(136.9)*	*(161.4)*	28.3	*(159.1)*	1961
29.5	34.7	*(163.6)*	*(134.8)*	*(158.8)*	26.2	*(157.2)*	1962
27.2	32.1	*(161.4)*	*(132.7)*	*(156.2)*	23.0	*(155.3)*	1963
30.5	25.8	*(159.2)*	*(130.6)*	*(153.6)*	20.2	*(153.4)*	1964
24.4	22.8	157.0	*(128.5)*	*(151.0)*	18.4	*(151.5)*	1965
27.9	23.9	154.8	*(126.4)*	*(148.4)*	19.3	*(149.6)*	1966
24.5	23.9	145.0	124.0	145.0	16.0	147.0	1967
24.8	22.8	142.4	122.0	140.4	15.2	146.6	1968
21.7	21.0	139.8	120.0	135.8	14.4	146.2	1969
18.5	19.6	137.2	118.0	131.2	13.6	145.8	1970
21.4	17.7	134.6	143.0	126.6	12.8	145.4	1971
26.1	17.4	132.0	114.0	122.0	12.0	145.0	1972
21.5	16.4	131.4	*113.7*	118.8	11.3	*142.7*	1973
20.6	16.8	130.5	*113.4*	108.1	10.8	*140.4*	1974
40.9	14.9	129.1	113.0	114.8	10.1	*138.1*	1975
17.2	13.7	*129.1*	114.4	*107.6*	9.3	135.8	1976
39.5	13.5	129.0	109.8	100.0	9.0	135.0	1977
39.5	11.8	129.1	128.9	*93.8*	8.4	*131.2*	1978
39.5	12.3	*123.1*	110.5	*86.8*	7.9	*128.9*	1979
38.5	11.2	117.9	99.0	*79.8*	7.5	*126.6*	1980
35.7	9.8	*111.1*	97.0	78.0	7.1	*124.3*	1981
28.8	9.9	106.0	95.0	*73.8*	7.0	122.0	1982
21.0	9.9	104.9	92.4	*69.6*	6.2	*118.0*	1983
16.4	8.8	104.0	89.8	*65.4*	6.0	*114.0*	1984
18.5	7.5	97.2	87.2	*61.2*	5.5	110.0	1985
20.5	7.7	96.4	84.6	*57.0*	5.2	*110.0*	1986
19.7	7.4	93.0	82.0	52.0	5.0	110.0	1987
15.4	7.4	94.0	83.0	*49.1*	4.8	*105.7*	1988
16.7	7.4	91.0	77.9	*45.9*	4.6	*101.4*	1989
18.5	6.2	80.0	75.9	43.0	4.6	97.0	1990
19.1	6.4	80.0	74.0	40.0	4.4	98.4	1991
18.5	4.8	82.0	65.0	36.0	4.3	97.0	1992
16.7	4.8	80.0	57.0	34.8	4.0	94.8	1993
16.1	4.5	74.0	57.3	33.4	4.2	89.5	1994
12.9	4.6	*73.8*	57.0	32.1	4.3	*85.0*	1995

ースごと，および自国統計などでかなりの差異が見られる。また，時系列的に整備されているデータが少なく，また同一データ内で疑問のある個所も少なくない。全体の傾向として，World Bank のデータは，*Demographic Yearbook* よりも乳児率を3～10%程度高い値を示している。データソース間の差異がほとんど見られない国は，*Demographic Yearbook* の補完として，World Bank のデータをそのまま使用した。この場合推計値として表示していない。

(注2) 括弧（ ）表記としているデータ（以下の①～③）は参考データである。使用には注意が必要である。
　①各データソースで長期にわたってデータが欠落している個所は，同地域の地域別乳児死亡率（*World Population Prospects*）

表 II-3　乳児死亡率：1950～95 年② (単位：人口 1,000 人当たり)

	マレーシア	モンゴル	ミャンマー	ネパール	ニュージーランド	パキスタン	パプアニューギニア	フィリピン
1950	101.6	(150.0)	(150.0)	(197.0)	27.6	(190.0)	(200.0)	102.0
1951	97.3	(147.6)	(148.6)	(195.1)	27.5	(187.4)	(195.9)	106.0
1952	90.0	(145.1)	(147.2)	(193.1)	28.4	(184.8)	(191.8)	102.0
1953	83.4	(142.7)	(145.8)	(191.2)	25.7	(182.2)	(187.7)	105.0
1954	83.1	(140.2)	(144.4)	(189.2)	24.1	(179.6)	(183.6)	94.0
1955	78.4	(137.8)	(143.0)	(187.3)	24.5	(177.0)	(179.5)	84.0
1956	75.2	(135.3)	(141.6)	(185.4)	23.2	(174.4)	(175.4)	84.0
1957	75.5	(132.9)	(140.2)	(183.4)	24.3	(171.8)	(171.3)	93.0
1958	79.6	(130.4)	(138.8)	(181.5)	23.4	(169.2)	(167.2)	80.0
1959	66.0	(128.0)	(137.4)	(179.5)	23.9	(166.6)	(163.1)	72.0
1960	68.9	(125.5)	(136.0)	(177.6)	22.6	(164.0)	(159.0)	85.0
1961	59.7	(123.1)	(134.6)	(175.7)	22.8	(161.4)	(154.9)	88.0
1962	59.3	(120.6)	(133.2)	(173.7)	20.4	(158.8)	(150.8)	59.0
1963	56.7	(118.2)	(131.8)	(171.8)	19.6	(156.2)	(146.7)	73.0
1964	48.5	(115.7)	130.3	(169.8)	19.1	(153.6)	(142.6)	71.0
1965	50.1	(113.3)	148.6	(167.9)	19.5	(151.0)	(138.5)	73.0
1966	48.0	(110.8)	138.7	(166.0)	17.7	(148.4)	(134.4)	72.0
1967	45.1	108.0	136.0	164.0	18.0	145.0	130.0	72.0
1968	42.3	106.0	133.2	161.8	17.6	144.0	124.0	71.0
1969	43.2	104.0	130.4	159.6	17.2	143.0	118.0	67.3
1970	40.8	102.0	127.6	157.4	16.8	142.0	112.0	60.0
1971	38.5	100.0	124.8	155.2	16.4	141.0	106.0	62.0
1972	37.9	98.0	122.0	153.0	16.0	140.0	100.0	67.9
1973	38.5	96.0	120.4	150.0	16.2	137.1	103.3	64.7
1974	35.4	94.0	118.8	147.0	15.5	134.2	106.6	58.7
1975	33.0	92.0	117.2	144.0	16.0	131.2	110.9	53.3
1976	28.6	90.0	115.6	141.0	14.0	130.6	94.5	56.9
1977	30.0	88.0	114.0	138.0	(14.0)	130.0	77.0	56.8
1978	26.7	86.0	112.4	134.8	13.8	129.4	76.0	53.1
1979	26.0	84.0	110.8	131.6	12.5	128.8	75.0	50.2
1980	24.0	82.0	109.2	128.4	12.9	128.2	74.0	45.1
1981	19.7	80.0	107.6	125.2	11.7	127.6	73.0	44.1
1982	19.3	78.0	106.0	122.0	(12.0)	127.0	72.0	41.8
1983	20.3	74.4	104.6	119.5	12.5	126.4	71.6	42.7
1984	17.5	70.7	103.2	117.0	11.6	126.7	71.2	38.5
1985	17.0	68.0	103.0	114.5	10.8	115.9	70.8	38.0
1986	15.6	66.3	100.8	112.0	11.2	105.6	70.4	35.0
1987	14.5	64.6	98.0	110.0	(10.0)	105.0	70.0	54.2
1988	14.2	62.9	95.3	107.8	10.8	107.7	69.6	52.8
1989	13.4	61.2	92.6	105.6	10.2	106.7	69.2	44.0
1990	13.1	59.0	90.0	103.4	8.3	104.7	68.8	43.0
1991	12.5	60.4	87.1	101.2	8.3	102.4	68.4	42.0
1992	12.2	60.0	84.0	99.0	9.0	103.5	68.0	41.0
1993	11.7	58.4	81.6	96.4	8.0	104.5	66.6	42.2
1994	11.5	53.2	79.0	95.7	10.2	106.7	65.3	37.7
1995	11.4	50.1	76.5	95.0	6.7	104.7	65.0	35.0

　　　から直線補完で推計している。括弧 ( ) 表記としている個所がそれで参考データとして注意が必要。
　　②インド，インドネシアの 1950～65 年までは，データは存在するものの各データソースの傾向がバラバラで，またデータが乱高下するため，同様の手法をとった。括弧 ( ) 表記としている個所がそれで参考データとして注意が必要。
　　③死亡率と同様，中国の自国データは，他のデータソースに比べて 3～5 割ほど乳児死亡率を低く見積もっている期間があり，World Bank および World Population Prospects データをもとに，自国データを推計に用いた。
(注 3)　カンボジアの 1976～79 年は，推計はせずに 1977 年の World Bank のデータである 263.0 をそのまま用いた。また，クック諸

II 出生率・死亡率・平均余命

韓国	サモア	シンガポール	スリランカ	タイ	ベトナム	台湾	
(115.0)	(52.6)	102.0	81.6	(132.0)	(180.0)	39.8	1950
(111.7)	(56.2)	106.0	81.9	(131.5)	(176.4)	40.4	1951
(108.4)	(49.8)	102.0	78.4	(131.0)	(172.7)	37.2	1952
(105.1)	(39.4)	105.0	71.2	(130.5)	(169.1)	35.8	1953
(101.8)	(25.3)	94.0	72.0	(130.0)	(165.4)	32.2	1954
(98.5)	(41.8)	84.0	71.5	(129.5)	(161.8)	36.9	1955
(95.2)	(39.5)	84.0	66.5	(129.0)	(158.1)	35.9	1956
(91.9)	(43.4)	93.0	67.5	(128.5)	(154.5)	37.3	1957
(88.6)	(32.0)	80.0	64.5	(128.0)	(150.8)	37.9	1958
(85.3)	(22.3)	72.0	57.5	(127.5)	(147.2)	33.3	1959
(82.0)	(19.0)	85.0	56.8	(127.0)	(143.5)	30.5	1960
(78.7)	(20.0)	88.0	52.1	(126.5)	(139.9)	30.7	1961
(75.4)	(35.2)	59.0	52.8	(126.0)	(136.2)	29.1	1962
(72.1)	(22.7)	73.0	55.8	(125.5)	(132.6)	26.4	1963
(68.8)	(49.6)	71.0	56.9	(125.0)	(128.9)	23.9	1964
(65.5)	(42.6)	73.0	53.2	(124.5)	(125.3)	23.7	1965
(62.2)	(52.2)	72.0	54.2	67.0	(121.6)	22.1	1966
58.0	(34.9)	72.0	61.0	65.3	118.0	22.1	1967
54.0	(19.5)	71.0	60.0	63.6	115.6	21.3	1968
50.0	(20.5)	67.3	59.0	61.9	113.2	19.5	1969
46.0	(47.5)	60.0	58.0	60.2	110.8	17.4	1970
42.0	(18.2)	62.0	57.0	62.5	108.4	16.0	1971
38.0	(27.1)	67.9	56.0	61.6	106.0	16.4	1972
39.4	(24.2)	64.7	50.3	60.7	106.0	16.2	1973
40.0	(15.8)	58.7	51.7	59.8	106.2	14.1	1974
47.0	(30.4)	53.3	47.5	58.9	106.4	13.9	1975
35.8	(12.5)	56.9	43.7	55.9	94.4	12.9	1976
30.0	(17.8)	56.8	44.0	52.9	82.0	12.4	1977
33.0	(15.4)	53.1	37.1	49.9	78.0	11.3	1978
33.0	(14.5)	50.2	37.7	46.9	74.0	11.0	1979
32.0	(13.0)	45.1	34.4	44.0	70.0	11.0	1980
31.0	(13.0)	44.1	43.7	43.0	66.5	10.1	1981
30.0	50.8	41.8	35.0	42.0	63.0	9.0	1982
26.0	50.8	42.7	28.4	41.0	59.7	8.3	1983
24.0	50.8	38.5	24.2	40.0	56.4	7.5	1984
13.3	51.6	38.0	23.2	39.0	53.1	7.4	1985
22.0	51.8	35.0	22.6	37.6	49.8	6.6	1986
12.5	51.0	54.2	24.0	36.2	47.0	5.6	1987
12.5	49.8	52.8	20.2	34.8	45.3	6.2	1988
12.8	48.6	44.0	18.4	33.4	43.6	6.1	1989
12.8	47.3	43.0	24.2	32.0	42.0	5.9	1990
12.8	46.6	42.0	23.2	32.0	42.0	5.4	1991
12.7	44.0	41.0	18.0	32.0	42.0	5.6	1992
10.6	34.0	42.2	17.4	31.9	41.0	5.3	1993
10.0	34.0	37.7	18.4	31.9	40.0	5.7	1994
10.0	33.2	35.0	16.5	31.8	40.0	7.4	1995

島の1985〜89年は元データに疑問があるため，中間値をとっている．サモアに関してはデータが1980年を境にして大きく異なる．補完関係にあるデータがないため *Demographic Yearbook* のデータを参考データとして示した．1980年以降は問題ない．
(注4) 推計値に関してはイタリック体で表記してある．推計方法の詳細に関しては，推計の章を参照のこと．

表 II-4 出生時平均余命〈男女別〉：1950～93 年① (単位：歳)

	アフガニスタン		オーストラリア		バングラデシュ		ブータン		ブルネイ	
	男	女	男	女	男	女	男	女	男	女
1950	30.0	30.4	67.0	72.5	38.0	37.5	28.5	27.0	60.0	60.0
1951	*30.5*	*30.9*	67.0	72.6	*38.6*	*38.1*	*29.7*	*28.2*	*(60.2)*	*(60.4)*
1952	*31.0*	*31.5*	67.1	72.7	*39.2*	*38.7*	*30.9*	*29.4*	*(60.5)*	*(60.7)*
1953	*31.4*	*32.0*	67.1	72.8	*39.8*	*39.3*	*32.1*	*30.6*	*(60.7)*	*(61.1)*
1954	*31.9*	*32.6*	*(67.3)*	*(73.0)*	*40.4*	*39.9*	*33.3*	*31.8*	*(60.9)*	*(61.4)*
1955	*32.4*	*33.1*	*(67.4)*	*(73.2)*	41.0	40.5	*34.5*	*33.0*	*(61.2)*	*(61.8)*
1956	*32.9*	*33.6*	*(67.5)*	*(73.4)*	*41.6*	*41.1*	*35.2*	*33.7*	*(61.4)*	*(62.1)*
1957	*33.4*	*34.1*	*(67.6)*	*(73.6)*	*42.2*	*41.7*	*35.9*	*34.4*	*(61.6)*	*(62.5)*
1958	*33.9*	*34.6*	*(67.7)*	*(73.8)*	*42.8*	*42.3*	*36.6*	*35.1*	*(61.9)*	*(62.8)*
1959	*34.4*	*35.1*	*(67.8)*	*(74.0)*	*43.4*	*42.9*	*37.3*	*35.8*	*(62.1)*	*(63.2)*
1960	34.9	35.6	67.9	74.2	44.0	43.5	38.0	36.5	*(62.4)*	*(63.5)*
1961	*35.4*	*36.1*	67.9	74.2	*44.5*	*44.0*	*38.5*	*37.0*	*(62.6)*	*(63.9)*
1962	*35.9*	*36.6*	67.8	74.2	*45.0*	*44.5*	*39.0*	*37.5*	*(62.8)*	*(64.2)*
1963	*36.5*	*37.1*	67.7	74.2	*45.5*	*45.0*	*39.5*	*38.0*	*(63.1)*	*(64.6)*
1964	*37.0*	*37.6*	67.7	74.2	46.0	*45.5*	40.0	*38.5*	*(63.3)*	*(64.9)*
1965	*37.5*	*38.1*	67.6	74.2	*46.5*	46.0	*40.5*	39.0	*(63.5)*	*(65.3)*
1966	*38.0*	*38.6*	67.7	74.3	46.0	*45.6*	*40.8*	*39.3*	*(63.8)*	*(65.6)*
1967	*38.5*	*39.1*	67.7	74.4	*45.5*	*45.2*	*41.1*	*39.6*	64.0	66.0
1968	*38.9*	*39.7*	67.8	74.5	45.0	*44.8*	*41.4*	*39.9*	64.6	66.8
1969	*39.4*	*40.2*	67.9	74.7	*44.5*	*44.4*	*41.7*	*40.2*	65.2	67.6
1970	39.9	40.7	67.9	74.6	44.0	44.0	42.0	40.5	61.9	62.1
1971	*39.2*	*40.0*	68.2	75.0	*44.5*	*44.7*	*42.5*	*41.0*	*(62.8)*	*(63.4)*
1972	*38.6*	*39.3*	68.4	75.2	*44.9*	*45.3*	*43.0*	*41.5*	*(63.7)*	*(64.8)*
1973	*37.9*	*38.7*	68.7	75.6	*45.4*	46.0	*43.6*	*42.1*	*(64.6)*	*(66.1)*
1974	*37.3*	*38.0*	69.1	75.9	*45.8*	*46.6*	*44.1*	*42.6*	*(65.4)*	*(67.4)*
1975	*36.6*	*37.3*	*69.4*	*76.3*	*46.2*	*46.4*	*44.6*	*43.1*	*(66.3)*	*(68.7)*
1976	*36.6*	*37.3*	*69.8*	*76.6*	*46.7*	*46.3*	45.0	*43.5*	*(67.2)*	*(70.1)*
1977	*36.6*	*37.3*	70.1	77.0	*47.1*	*46.1*	*45.4*	*43.9*	68.1	71.4
1978	*36.6*	*37.3*	70.4	77.4	*47.3*	*46.8*	*45.8*	*44.3*	68.6	71.7
1979	*36.6*	*37.3*	70.8	77.8	*47.5*	*47.5*	*46.2*	*44.7*	69.1	72.0
1980	*36.6*	*37.3*	70.1	77.0	57.0	57.1	*46.6*	45.1	69.6	72.4
1981	*37.5*	*38.2*	71.4	78.4	*55.3*	*54.4*	*46.4*	*45.4*	70.1	72.7
1982	*38.4*	*39.2*	71.2	78.2	*54.5*	*54.8*	*46.2*	*45.7*	70.1	73.6
1983	*39.2*	*40.1*	72.1	78.7	*54.2*	*53.6*	46.0	46.0	70.1	73.1
1984	*40.1*	*41.1*	72.6	79.1	*54.9*	*54.7*	*45.8*	*46.3*	70.2	72.6
1985	41.0	42.0	*72.3*	*78.8*	*55.7*	*54.6*	*45.6*	*46.6*	70.2	72.1
1986	*41.8*	*42.8*	72.8	79.1	*55.2*	*55.3*	*46.3*	*47.8*	72.6	76.4
1987	*42.6*	*43.6*	72.0	79.5	*56.9*	56.0	*47.0*	*48.9*	51.9	55.0
1988	*43.4*	*44.4*	73.1	79.5	*56.9*	56.0	*47.7*	*50.1*	74.2	74.2
1989	*44.2*	*45.2*	73.3	79.6	56.0	*55.1*	*48.4*	*51.2*	74.3	76.9
1990	45.0	46.0	73.9	80.0	*56.4*	*55.4*	*49.1*	*52.4*	72.4	77.1
1991	*43.0*	*44.0*	74.4	80.3	*52.5*	52.0	*(49.1)*	*(52.4)*	*(72.4)*	*(77.1)*
1992	*41.0*	*42.0*	74.5	80.4	*52.9*	*52.4*	*(49.1)*	*(52.4)*	*(72.4)*	*(77.1)*
1993	*(41.0)*	*(42.0)*	75.0	80.9	56.1	56.1	*(49.1)*	*(52.4)*	*(72.4)*	*(77.1)*

(出所)　United Nations, *Demographic Yearbook*, New York, United Nations Publications, Various Years (国際連合統計局編『世界人口年鑑』, 原書房, 各年版)；中国国家統計局人口統計与就業統計司編『中国人口統計年鑑』中国統計出版社, 各年版；行政院主計處編『中華民国統計年鑑』行政院出版署, 各年版；United Nations Economic and Social Committee for Asia and the Pacific, *United Nations Statistical Yearbook for Asia and the Pacific*, Bangkok, Thailand, United Nations Publications, Various Years ; The World Bank, *World Development Indicators*, Washington, D. C., World Bank Development Data Center, Various Years.
(注 1)　ここでいう，出生時平均余命は，生命表に従った，個人の生存期間の平均値である（英語表記 life expectancy at birth, または expectation of life at birth）。データは *Demographic Yearbook* と World Bank のデータを主に作成。台湾は全部を自国統計を使用。

II 出生率・死亡率・平均余命

カンボジア		中国		クック諸島		フィジー		香港		
男	女	男	女	男	女	男	女	男	女	
38.1	40.8	44.6	47.5	(63.2)	(67.1)	59.5	61.8	57.2	64.9	1950
39.3	41.3	45.5	48.4	(63.2)	(67.1)	60.0	62.3	(57.8)	(65.4)	1951
40.5	41.8	46.4	49.3	(63.2)	(67.1)	60.5	62.7	(58.4)	(65.9)	1952
41.8	42.3	47.3	50.2	(63.2)	(67.1)	61.1	63.2	(59.0)	(66.4)	1953
43.0	42.8	48.2	51.1	(63.2)	(67.1)	61.6	63.6	(59.5)	(66.9)	1954
44.2	43.3	49.1	52.0	(63.2)	(67.1)	62.1	64.1	(60.1)	(67.5)	1955
43.8	43.6	50.0	52.9	(63.2)	(67.1)	62.5	64.7	(60.7)	(68.0)	1956
43.3	43.9	50.8	53.9	(63.2)	(67.1)	62.9	65.4	(61.3)	(68.5)	1957
42.9	44.3	51.7	54.8	(63.2)	(67.1)	63.3	66.0	(61.9)	(69.0)	1958
42.4	44.6	52.5	55.8	(63.2)	(67.1)	63.7	66.7	(62.5)	(69.5)	1959
42.0	44.9	53.4	56.7	(63.2)	(67.1)	64.1	67.3	(63.1)	(70.0)	1960
42.4	45.3	54.2	57.5	(63.2)	(67.1)	64.6	67.8	63.6	70.5	1961
42.8	45.7	55.0	58.3	(63.2)	(67.1)	65.0	68.3	(64.1)	(71.0)	1962
43.2	46.1	55.7	59.2	(63.2)	(67.1)	65.5	68.9	(64.6)	(71.5)	1963
43.6	46.5	56.5	60.0	(63.2)	(67.1)	65.9	69.4	(65.1)	(72.0)	1964
44.0	46.9	57.3	60.8	(63.2)	(67.1)	66.4	69.9	(65.5)	(72.5)	1965
44.0	46.9	58.0	61.5	(63.2)	(67.1)	66.8	70.3	(66.0)	(73.0)	1966
44.0	46.9	58.7	62.2	(63.2)	(67.1)	67.2	70.6	66.5	73.5	1967
44.0	46.9	59.3	63.0	(63.2)	(67.1)	67.6	71.0	66.7	73.3	1968
44.0	46.9	60.0	63.7	(63.2)	(67.1)	68.0	71.3	67.3	74.3	1969
44.0	46.9	60.7	64.4	(63.2)	(67.1)	68.4	71.7	67.7	74.8	1970
44.0	46.9	61.1	64.8	(63.2)	(67.1)	68.6	72.0	67.4	75.0	1971
44.0	46.9	61.5	65.2	(63.2)	(67.1)	68.8	72.3	68.5	75.6	1972
44.0	46.9	61.8	65.7	(63.2)	(67.1)	69.1	72.5	68.8	75.8	1973
44.0	46.9	62.2	66.1	63.2	67.1	69.3	72.8	69.1	76.0	1974
44.0	46.9	62.6	66.5	(63.7)	(67.1)	69.5	73.1	69.3	76.2	1975
37.0	39.7	63.2	67.1	(64.3)	(67.1)	60.7	63.9	69.6	76.4	1976
30.0	32.5	63.8	67.7	(64.8)	(67.1)	65.5	69.0	70.5	76.8	1977
30.0	32.5	64.3	68.2	(65.4)	(67.0)	65.5	69.0	69.9	76.6	1978
30.0	32.5	64.9	68.8	(65.9)	(67.0)	65.5	69.0	70.6	76.9	1979
30.0	32.5	65.5	69.4	(66.5)	(67.0)	65.5	69.0	71.6	77.9	1980
42.0	45.0	66.0	69.7	67.0	67.0	66.3	70.0	72.3	78.5	1981
45.1	47.9	66.5	70.0	(67.0)	(67.0)	67.0	71.0	72.7	78.3	1982
45.9	48.7	67.0	70.3	(67.0)	(67.0)	67.4	71.5	72.3	78.4	1983
46.8	49.6	67.5	70.6	(67.0)	(67.0)	67.9	72.0	73.2	79.0	1984
47.6	50.4	68.0	70.9	(67.0)	(67.0)	68.3	72.5	73.8	79.2	1985
47.6	50.4	67.8	70.8	(67.0)	(67.0)	68.5	72.7	74.3	79.8	1986
47.6	50.4	67.5	70.7	(67.0)	(67.0)	68.8	73.0	74.2	79.7	1987
47.6	50.4	67.3	70.7	(67.0)	(67.0)	69.0	73.2	74.4	79.9	1988
47.6	50.4	67.1	70.6	(67.0)	(67.0)	69.3	73.5	74.3	80.1	1989
50.1	52.9	66.9	70.5	(67.0)	(67.0)	69.5	73.7	74.6	80.3	1990
(50.1)	(52.9)	(66.9)	(70.5)	(67.0)	(67.0)	(69.5)	(73.7)	75.1	80.6	1991
(50.1)	(52.9)	(66.9)	(70.5)	(67.0)	(67.0)	(69.5)	(73.7)	74.8	80.5	1992
(50.1)	(52.9)	(66.9)	(70.5)	(67.0)	(67.0)	(69.5)	(73.7)	75.2	80.7	1993

(注2) 出生児平均余命データに関しては時系列的に欠落部分が多い。各国統計に関しても不明な点が多いため，*Demographic Yearbook* と World Bank のデータ使用した推計を多用している。

(注3) オーストラリア，日本，韓国などの国々では，自国統計が整備されており，推計の必要はないと考えられる。しかし，全体の統合を図る意味から，他のデータと比較し，推計を加えている。

(注4) クック諸島，韓国，サモア，マレーシア，台湾の1950年以降の括弧（ ）表記は，国際統計でのデータが欠落しており，かつ，自国統計でのその後の整合性がとれない個所である。したがって推計は行わず近傍の *Demographic Yearbook* の値をそのまま参考データとして表記した。その他の括弧表記は国際的な統計機関のデータソース上で長期にわたって欠落している個所である。推計値を示してあるが，この区間の推計結果の利用に際しては，そのことを念頭に入れておく必要がある。この解説の詳細は推計の章を参

表 II-4 出生時平均余命〈男女別〉：1950〜93 年② (単位：歳)

	インド		インドネシア		イラン		日本		ラオス	
	男	女	男	女	男	女	男	女	男	女
1950	*41.5*	*40.2*	36.9	38.1	41.6	43.3	56.2	59.6	36.5	39.2
1951	*41.9*	*40.6*	*37.4*	*38.6*	*42.1*	*43.7*	60.8	64.9	*37.0*	*39.7*
1952	*42.0*	*40.6*	*37.8*	*39.1*	*42.5*	*44.0*	61.9	65.5	*37.5*	*40.2*
1953	*42.1*	*40.7*	*38.3*	*39.7*	*43.0*	*44.4*	61.9	65.7	*38.1*	*40.8*
1954	*42.2*	*40.8*	*38.7*	*40.2*	*43.4*	*44.7*	63.4	67.7	*38.6*	*41.3*
1955	*42.3*	*40.9*	39.2	40.7	43.9	45.1	63.9	68.4	39.1	41.8
1956	42.4	41.0	*39.7*	*41.2*	44.4	45.5	63.6	67.5	*39.1*	*41.8*
1957	*43.1*	*41.8*	40.2	*41.8*	44.8	*45.9*	63.2	67.6	*39.1*	*41.8*
1958	*43.9*	*42.5*	40.7	*42.3*	45.3	*46.3*	65.0	69.6	*39.1*	*41.8*
1959	*44.6*	*43.3*	*41.2*	*42.9*	*45.7*	*46.7*	65.2	69.9	*39.1*	*41.8*
1960	45.3	44.0	41.7	43.4	46.2	47.1	65.3	70.2	39.1	41.8
1961	*45.8*	*44.5*	42.2	*43.9*	46.6	*47.5*	65.8	70.7	*39.1*	*41.8*
1962	*46.3*	*45.0*	42.7	*44.5*	47.1	*47.9*	66.2	71.2	*39.1*	*41.8*
1963	*46.8*	*45.5*	43.1	*45.0*	*47.5*	*48.3*	67.2	72.3	*39.1*	*41.8*
1964	*47.3*	*46.0*	*43.6*	*45.6*	*48.0*	*48.7*	67.5	72.6	*39.1*	*41.8*
1965	*47.8*	*46.5*	44.1	46.1	48.4	49.1	67.7	73.0	*39.1*	*41.8*
1966	*48.2*	*46.9*	44.6	46.6	48.9	49.5	68.4	73.6	*39.1*	*41.8*
1967	*48.7*	*47.4*	45.0	47.1	49.3	50.0	68.9	74.2	*39.1*	*41.8*
1968	*49.1*	*47.8*	45.5	47.7	49.8	50.4	69.1	74.3	*39.1*	*41.8*
1969	*49.6*	*48.3*	45.9	*48.2*	*50.2*	*50.9*	69.3	74.8	*39.1*	*41.8*
1970	50.0	48.7	46.4	48.7	50.7	51.3	69.3	74.7	39.1	41.8
1971	*50.5*	*49.4*	(47.1)	(49.5)	52.1	52.5	70.2	75.6	*40.5*	*43.2*
1972	*51.0*	*50.1*	(47.9)	(50.2)	53.5	53.8	70.5	75.9	*41.9*	*44.7*
1973	*51.5*	*50.7*	(48.6)	(51.0)	54.9	55.0	70.7	76.0	*43.3*	*46.1*
1974	*52.0*	*51.4*	(49.3)	(51.7)	56.2	56.2	71.2	76.3	*44.7*	*47.6*
1975	52.5	52.1	(50.0)	(52.5)	57.6	57.4	71.8	77.0	46.1	49.0
1976	*53.1*	*52.8*	(50.8)	(53.2)	55.8	55.0	72.2	77.4	*46.5*	*49.4*
1977	*53.7*	*53.5*	51.5	54.0	58.2	59.0	72.7	78.0	*47.0*	*49.9*
1978	*54.2*	*54.2*	51.7	54.4	58.2	59.0	73.1	78.5	*47.4*	*50.3*
1979	*54.8*	*55.0*	51.8	54.8	58.2	59.0	73.5	78.9	*47.9*	*50.8*
1980	55.4	55.7	52.0	55.2	58.2	59.0	73.3	78.8	48.3	51.2
1981	*55.9*	*56.2*	53.3	56.6	55.8	55.0	73.8	79.2	*48.0*	*51.0*
1982	*56.3*	*56.6*	54.5	58.0	59.4	63.0	74.2	79.7	*47.8*	*50.7*
1983	*56.8*	*57.1*	53.7	57.0	60.0	60.0	74.2	79.8	*47.5*	*50.5*
1984	*57.2*	*57.6*	54.2	57.6	61.0	61.0	74.5	80.2	*47.3*	*50.2*
1985	57.7	58.1	58.5	62.0	60.7	61.7	74.8	80.5	47.0	50.0
1986	(57.7)	(58.2)	59.0	62.5	58.4	59.7	75.2	80.9	*47.5*	*50.5*
1987	(57.7)	(58.3)	59.5	63.0	65.0	65.5	75.6	81.4	*48.0*	*51.0*
1988	(57.7)	(58.4)	60.0	63.5	62.1	63.4	75.5	81.3	*48.5*	*51.5*
1989	(57.7)	(58.5)	60.5	64.0	62.6	63.9	75.9	81.8	*49.0*	*52.0*
1990	(57.7)	(58.6)	61.0	64.5	67.0	68.0	75.9	81.8	49.5	52.5
1991	57.7	58.7	(61.0)	(64.5)	(67.0)	(68.0)	76.1	82.1	(49.5)	(52.5)
1992	*59.9*	*60.4*	(61.0)	(64.5)	(67.0)	(68.0)	76.1	82.2	(49.5)	(52.5)
1993	*60.0*	*61.0*	(61.0)	(64.5)	(67.0)	(68.0)	76.3	82.5	(49.5)	(52.5)

照のこと。
(注5) 最新年次が括弧（ ）表記の国は，現時点で最新のデータが公表されていない国である。したがって推計は行わず近傍の *Demographic Yearbook* の値をそのまま参考データとして表記した。
(注6) 推計値に関してはイタリック体で表記してある。推計方法の詳細に関しては，推計の章を参照のこと。

II 出生率・死亡率・平均余命

マレーシア		モンゴル		ミャンマー		ネパール		ニュージーランド		
男	女	男	女	男	女	男	女	男	女	
(55.8)	(58.2)	43.6	46.5	38.7	41.4	31.9	34.3	67.2	71.3	1950
(55.8)	(58.2)	44.6	47.5	39.2	41.9	32.4	34.8	67.4	71.6	1951
(55.8)	(58.2)	45.6	48.5	39.7	42.4	32.9	35.3	67.6	72.0	1952
(55.8)	(58.2)	46.6	49.5	40.1	43.0	33.4	35.9	67.8	72.3	1953
(55.8)	(58.2)	47.6	50.5	40.6	43.5	33.9	36.4	68.0	72.7	1954
55.8	58.2	48.6	51.5	41.1	44.0	34.4	36.9	68.2	73.0	1955
(56.4)	(58.9)	49.5	52.4	41.6	44.5	34.9	37.4	68.2	73.2	1956
(57.1)	(59.6)	50.3	53.4	42.1	45.0	35.4	37.9	68.3	73.3	1957
(57.8)	(60.3)	51.2	54.3	42.6	45.5	35.9	38.4	68.3	73.5	1958
(58.5)	(61.0)	52.0	55.3	43.1	46.0	36.4	38.9	68.4	73.6	1959
(59.1)	(61.8)	52.9	56.2	43.6	46.5	36.9	39.4	68.4	73.8	1960
(59.8)	(62.5)	53.6	56.9	44.1	47.0	37.4	39.9	68.4	73.9	1961
(60.5)	(63.2)	54.3	57.6	44.6	47.5	37.8	40.4	68.3	74.0	1962
(61.1)	(63.9)	54.9	58.4	45.1	48.0	38.3	41.0	68.3	74.1	1963
(61.8)	(64.6)	55.6	59.1	45.6	48.5	38.7	41.5	68.2	74.2	1964
(62.5)	(65.3)	56.3	59.8	46.1	49.0	39.2	42.0	68.2	74.3	1965
63.1	66.0	53.2	56.2	46.0	49.0	40.4	41.3	68.2	74.4	1966
57.8	61.0	50.0	52.5	45.9	49.0	41.5	40.5	68.3	74.4	1967
63.5	66.3	50.5	53.0	46.4	49.5	42.0	40.9	68.4	74.5	1968
63.8	66.7	51.0	53.5	46.9	50.0	42.5	41.3	68.5	74.6	1969
63.5	68.2	59.1	62.3	48.6	51.5	42.2	45.0	68.6	74.6	1970
62.8	67.4	55.8	54.5	48.5	50.9	43.1	42.1	68.6	74.7	1971
63.4	68.0	52.5	55.0	48.3	51.4	44.0	42.5	68.7	74.8	1972
64.5	69.7	55.2	58.2	52.3	55.8	45.0	42.5	68.8	75.0	1973
65.0	70.3	57.8	61.4	56.3	60.2	46.0	42.5	68.9	75.2	1974
65.4	70.8	60.5	64.6	51.0	54.1	44.6	43.1	69.0	75.5	1975
66.2	71.4	57.8	61.1	53.6	57.3	45.6	44.1	69.2	75.6	1976
63.5	67.1	55.0	57.5	56.3	60.5	46.5	45.0	69.3	75.7	1977
67.1	72.7	54.2	60.5	58.9	63.7	46.5	45.0	69.3	75.7	1978
66.3	66.3	53.5	63.6	56.2	60.2	46.6	45.1	69.3	75.7	1979
63.5	71.5	52.7	66.6	53.4	56.7	46.6	45.1	69.3	75.7	1980
65.0	69.0	55.1	63.3	56.0	59.0	50.9	48.1	70.4	76.6	1981
68.0	68.0	57.5	60.0	51.1	54.3	49.0	47.5	70.7	76.9	1982
68.3	68.3	63.0	67.0	53.0	57.0	47.0	45.0	70.8	76.9	1983
68.6	68.6	61.0	65.0	57.0	60.0	47.0	46.0	71.0	77.0	1984
66.0	70.0	60.0	62.5	57.6	63.1	47.0	46.0	71.0	76.8	1985
67.0	71.2	60.7	65.2	57.9	63.1	48.0	46.5	71.0	77.3	1986
68.0	72.7	61.4	65.5	53.5	56.8	53.9	51.1	71.6	77.6	1987
68.9	72.7	60.3	66.1	58.6	62.1	54.4	51.6	71.9	78.0	1988
67.9	72.0	61.9	63.2	59.1	62.8	54.9	52.1	72.4	78.3	1989
68.1	72.3	62.3	65.0	59.6	63.1	55.1	54.1	72.9	78.7	1990
68.3	72.6	62.2	64.2	60.0	63.5	54.5	52.2	72.9	78.7	1991
68.6	72.8	62.0	64.7	55.8	59.1	53.8	52.7	73.4	79.1	1992
69.0	73.0	63.0	65.0	56.0	60.0	54.0	53.0	73.4	79.1	1993

表 II-4　出生時平均余命〈男女別〉：1950～93 年③　(単位：歳)

	パキスタン		パプアニューギニア		フィリピン		韓国		サモア	
	男	女	男	女	男	女	男	女	男	女
1950	39.3	38.9	35.6	34.5	44.6	47.5	(51.2)	(53.7)	(60.8)	(65.2)
1951	39.9	39.5	36.3	35.2	45.3	48.2	(51.2)	(53.7)	(60.8)	(65.2)
1952	40.5	40.1	37.0	35.9	46.0	48.9	(51.2)	(53.7)	(60.8)	(65.2)
1953	41.1	40.7	37.6	36.7	46.6	49.5	(51.2)	(53.7)	(60.8)	(65.2)
1954	41.7	41.3	38.3	37.4	47.3	50.2	(51.2)	(53.7)	(60.8)	(65.2)
1955	42.3	41.9	39.0	38.1	48.0	50.9	(51.2)	(53.7)	(60.8)	(65.2)
1956	(43.9)	(42.9)	39.8	39.0	48.6	51.5	(51.2)	(53.7)	(60.8)	(65.2)
1957	(45.6)	(43.9)	40.6	39.8	49.2	52.2	(51.2)	(53.7)	(60.8)	(65.2)
1958	(47.2)	(44.9)	41.4	40.7	49.8	52.8	(51.2)	(53.7)	(60.8)	(65.2)
1959	(48.8)	(45.8)	42.2	41.5	50.4	53.5	(51.2)	(53.7)	(60.8)	(65.2)
1960	(50.5)	(46.8)	43.0	42.4	51.0	54.1	51.1	53.7	(60.8)	(65.2)
1961	(52.1)	(47.8)	43.5	42.9	51.6	54.7	(52.6)	(55.5)	60.8	65.2
1962	53.7	48.8	44.0	43.4	52.2	55.4	(54.0)	(57.2)	60.6	64.8
1963	51.6	48.3	44.4	43.9	52.8	56.0	(55.4)	(58.9)	60.3	64.5
1964	49.5	47.8	44.9	44.4	53.4	56.7	(56.9)	(60.6)	60.1	64.1
1965	47.4	47.3	45.4	44.9	54.0	57.3	(58.3)	(62.3)	59.8	63.7
1966	47.8	47.4	45.4	44.9	54.3	57.6	59.7	64.1	59.6	63.4
1967	48.1	47.5	45.4	44.9	54.6	57.8	56.0	59.4	59.6	63.4
1968	48.6	48.1	45.9	45.4	55.0	58.1	56.7	60.7	59.6	63.4
1969	49.1	48.7	46.3	46.0	55.3	58.4	57.3	62.1	59.6	63.4
1970	49.4	49.2	47.5	47.0	56.9	60.0	63.0	67.0	59.6	63.4
1971	50.0	49.9	47.6	47.1	56.7	59.1	58.6	64.8	59.6	63.4
1972	50.6	50.5	47.7	47.6	56.4	59.4	59.3	66.1	59.9	63.5
1973	50.2	50.1	48.6	48.4	57.9	61.0	62.5	68.9	60.2	63.7
1974	49.8	49.6	49.6	49.2	59.4	62.7	65.7	71.7	60.4	63.9
1975	49.4	49.2	50.5	50.0	60.9	64.3	68.9	74.5	60.7	64.1
1976	59.0	59.2	50.0	50.0	59.6	62.9	72.2	77.4	61.0	64.3
1977	57.3	53.8	49.5	50.0	58.3	61.5	61.3	68.4	(61.3)	(64.1)
1978	55.5	52.9	50.8	51.0	59.8	63.1	62.7	69.1	(61.6)	(63.9)
1979	53.8	51.9	52.2	52.0	61.3	64.7	62.6	69.1	(61.9)	(63.7)
1980	52.0	51.0	53.5	53.0	62.8	66.3	62.4	68.8	(62.1)	(63.6)
1981	51.0	49.0	52.4	53.0	61.6	63.7	65.0	71.0	(62.4)	(63.4)
1982	55.6	56.9	51.2	52.7	60.4	64.0	63.5	71.1	(62.7)	(63.2)
1983	51.0	49.0	54.0	53.0	60.7	64.3	64.0	71.0	63.0	63.0
1984	52.0	50.0	51.0	54.0	61.0	64.6	65.0	72.0	63.5	65.0
1985	58.1	60.1	53.2	54.7	62.8	66.3	66.2	72.7	64.0	67.0
1986	55.9	50.6	53.1	54.2	62.4	65.2	66.4	73.3	64.0	67.0
1987	53.7	51.9	53.0	54.6	61.9	65.5	66.5	73.8	64.0	67.0
1988	59.3	60.7	53.4	55.0	62.2	65.8	66.7	74.4	64.0	67.0
1989	57.3	55.3	53.8	55.3	62.5	66.1	66.9	75.0	64.0	67.0
1990	60.6	62.6	55.2	56.7	62.2	67.5	67.0	73.1	65.9	69.2
1991	60.0	60.7	55.1	56.1	63.1	66.7	67.7	75.7	65.9	69.2
1992	59.3	60.7	55.0	56.5	63.0	66.8	67.5	73.6	65.9	69.2
1993	59.3	60.7	55.0	57.0	63.0	67.0	69.0	76.0	65.9	69.2

II 出生率・死亡率・平均余命

シンガポール		スリランカ		タイ		ベトナム		台湾		
男	女	男	女	男	女	男	女	男	女	
58.8	62.1	56.4	54.8	42.6	47.8	36.5	39.2	(59.9)	(65.0)	1950
59.3	62.7	56.1	54.0	43.4	48.6	37.0	39.7	(59.9)	(65.0)	1951
59.9	63.2	57.6	55.5	44.1	49.4	37.5	40.2	(59.9)	(65.0)	1952
60.4	63.8	58.8	57.5	44.9	50.2	38.1	40.7	(59.9)	(65.0)	1953
61.0	64.3	60.3	59.4	45.6	51.0	38.6	41.2	(59.9)	(65.0)	1954
61.5	64.9	(60.5)	(59.7)	46.4	51.8	39.1	41.7	59.9	65.0	1955
62.0	65.4	(60.7)	(59.9)	47.8	53.2	39.4	42.0	59.8	65.4	1956
62.5	66.0	(60.9)	(60.2)	49.3	54.6	39.6	42.3	59.9	65.0	1957
63.1	66.5	(61.1)	(60.4)	50.7	55.9	39.9	42.6	61.3	67.2	1958
63.6	67.1	(61.3)	(60.7)	52.2	57.3	40.1	42.9	61.8	66.7	1959
64.1	67.6	(61.5)	(60.9)	53.6	58.7	40.4	43.2	61.8	67.1	1960
64.9	67.7	(61.7)	(61.2)	49.9	55.3	40.7	43.5	62.3	67.7	1961
65.7	67.8	61.9	61.4	50.5	55.9	40.9	43.8	62.6	67.9	1962
66.6	68.0	62.5	62.5	51.1	56.5	41.2	44.0	63.9	68.3	1963
67.4	68.1	63.0	63.6	51.7	57.1	41.4	44.3	64.5	69.1	1964
68.2	68.2	63.7	65.0	52.3	57.7	41.7	44.6	65.1	69.8	1965
67.1	69.1	63.6	65.0	52.9	58.3	42.0	44.9	65.2	69.7	1966
66.0	70.0	64.8	66.9	53.5	58.9	42.3	45.2	65.3	69.9	1967
66.3	70.4	63.6	65.2	54.2	59.6	42.6	45.4	65.2	70.0	1968
66.6	70.7	63.7	65.4	54.8	60.2	42.9	45.7	66.3	70.9	1969
65.1	70.0	63.8	65.6	55.4	60.8	43.2	46.0	66.7	71.6	1970
66.7	70.5	63.9	65.8	56.0	61.5	45.3	48.4	67.2	71.1	1971
67.4	71.8	64.0	66.0	56.5	62.2	47.4	50.8	67.6	72.3	1972
67.6	72.1	64.2	66.5	57.1	62.9	49.5	53.3	67.6	72.5	1973
67.9	72.3	64.4	67.0	57.6	63.6	51.6	55.7	67.8	72.8	1974
68.1	72.6	64.6	67.5	58.2	63.4	53.7	58.1	68.3	73.4	1975
68.4	72.8	64.8	68.0	58.7	63.3	56.2	58.1	68.7	73.6	1976
68.6	73.1	65.0	68.5	59.3	63.2	58.7	58.1	68.7	73.9	1977
68.6	73.4	65.6	69.4	59.3	63.2	61.2	63.0	69.2	74.3	1978
68.7	73.7	66.1	70.2	59.3	63.2	63.7	67.9	69.4	74.5	1979
68.7	74.0	65.0	68.5	59.3	63.2	53.7	58.1	69.6	74.5	1980
69.0	75.0	67.8	71.7	61.0	65.0	57.0	61.0	69.7	74.6	1981
69.2	74.6	67.0	71.5	62.6	67.4	56.7	61.1	69.9	74.9	1982
70.5	75.7	66.6	71.6	61.0	65.0	62.0	66.0	69.9	75.1	1983
70.9	75.8	68.0	72.0	62.0	66.0	63.0	67.0	70.5	75.5	1984
71.5	76.4	68.0	72.0	63.8	68.9	60.6	64.8	70.8	75.8	1985
72.1	76.5	68.0	71.2	62.7	68.2	61.1	65.3	71.0	75.9	1986
72.5	76.7	68.3	71.5	61.6	67.6	61.5	65.8	71.1	76.3	1987
72.6	76.9	68.4	72.6	63.2	67.3	62.0	66.3	71.0	76.2	1988
72.9	77.2	68.7	72.9	65.6	70.9	62.4	66.8	71.1	76.5	1989
73.1	77.6	69.7	74.2	66.4	71.7	62.9	67.3	71.3	76.8	1990
73.5	78.0	(69.7)	(74.2)	(66.4)	(71.7)	(62.9)	(67.3)	71.8	77.2	1991
73.7	78.3	(69.7)	(74.2)	(66.4)	(71.7)	(62.9)	(67.3)	71.8	77.2	1992
74.0	78.3	(69.7)	(74.2)	(66.4)	(71.7)	(62.9)	(67.3)	71.6	77.6	1993

III 人口増加率・人口密度

表 III-1　人口増加率：1950～95 年① (単位：‰)

	アフガニスタン	オーストラリア	バングラデシュ	ブータン	ブルネイ	カンボジア	中国	クック諸島
1950	---	---	---	---	---	---	---	---
1951	9.244	29.340	45.571	17.241	47.619	23.541	20.001	71.429
1952	12.490	26.128	19.093	16.949	45.455	24.173	20.995	0.000
1953	14.803	20.833	19.106	16.667	43.478	24.748	22.859	0.000
1954	15.397	20.408	19.088	16.393	83.333	25.045	25.002	0.000
1955	15.962	22.222	19.109	0.000	76.923	25.742	19.895	0.000
1956	21.210	25.000	19.100	16.129	89.286	26.159	22.175	66.667
1957	7.692	22.269	19.086	15.873	65.574	22.798	29.048	0.000
1958	17.557	20.747	19.149	15.625	61.538	30.395	20.741	0.000
1959	17.254	22.358	19.058	15.385	86.957	26.942	18.380	62.500
1960	17.699	21.869	76.629	15.152	66.667	27.193	-14.879	0.000
1961	17.391	26.265	26.234	29.851	62.500	27.218	-5.256	58.824
1962	17.806	18.009	26.224	14.493	58.824	27.223	21.804	0.000
1963	17.495	19.553	26.233	28.571	-22.222	27.385	27.892	0.000
1964	17.194	20.091	26.241	13.889	90.909	27.687	19.184	0.000
1965	17.579	19.696	26.232	27.397	41.667	27.778	28.922	55.556
1966	33.223	18.437	24.106	280.000	100.000	27.841	27.627	52.632
1967	22.508	17.241	24.056	20.833	0.000	27.879	24.496	0.000
1968	27.044	17.797	23.963	20.408	90.909	28.047	28.363	0.000
1969	22.658	20.816	24.172	30.000	0.000	28.481	27.211	0.000
1970	23.353	20.392	24.053	29.126	83.333	*11.223*	23.676	0.000
1971	22.820	19.984	24.222	9.434	76.923	*4.570*	17.219	0.000
1972	22.883	32.915	37.552	18.692	0.000	*4.571*	16.880	0.000
1973	22.931	15.175	27.352	18.349	71.429	*4.570*	16.436	0.000
1974	-372.335	16.442	35.767	27.027	0.000	*4.571*	15.825	0.000
1975	26.132	12.500	25.055	17.544	66.667	*4.570*	51.849	0.000
1976	25.467	10.893	23.556	25.862	125.000	*-17.509*	16.255	0.000
1977	26.490	10.776	23.509	16.807	55.556	*-17.509*	15.486	0.000
1978	25.726	20.540	25.810	-4.959	57.895	*-17.508*	13.892	-50.000
1979	222.659	10.934	21.071	17.442	-109.453	*-17.509*	13.083	-52.632
1980	25.722	12.331	23.487	17.143	33.520	*-17.508*	12.914	0.000
1981	25.829	15.515	20.061	16.854	43.243	*30.793*	15.159	-55.556
1982	25.851	17.088	23.525	17.364	36.269	*30.793*	15.131	0.000
1983	25.974	13.243	22.315	17.843	40.000	*30.793*	12.762	0.000
1984	26.129	11.509	27.702	25.152	14.423	*30.793*	14.717	58.824
1985	26.256	14.914	22.216	23.048	33.175	*30.793*	14.504	0.000
1986	26.356	14.568	22.517	24.709	32.110	33.986	15.418	-55.556
1987	-182.390	15.295	8.754	85.816	31.111	12.789	16.104	0.000
1988	19.318	15.680	19.198	27.433	30.172	31.948	16.030	58.824
1989	19.403	17.920	18.894	24.793	29.289	31.571	12.746	0.000
1990	19.413	14.928	30.590	20.471	28.455	16.370	16.810	0.000
1991	19.354	12.833	1.048	16.413	27.668	27.894	12.811	55.556
1992	-9.554	11.861	30.424	12.560	30.769	28.046	11.537	0.000
1993	64.266	9.549	14.317	11.813	29.851	28.054	10.814	0.000
1994	66.274	10.308	14.359	14.594	32.609	27.933	10.364	0.000
1995	64.483	11.829	14.902	18.412	38.596	28.010	10.506	0.000

(出所)　United Nations, *Demographic Yearbook*, New York, United Nations Publications, Various Years（国際連合統計局編『世界人口年鑑』，原書房，各年版）；中国国家統計局人口統計与就業統計司編『中国人口統計年鑑』中国統計出版社，各年版；行政院主計處編『中華民国統計年鑑』行政院出版署，各年版；United Nations Economic and Social Committee for Asia and the Pacific, *United Nations Statistical Yearbook for Asia and the Pacific*, Bangkok, Thailand, United Nations Publications, Various Years；The World Bank, *World Development Indicators*, Washington, D. C., World Bank Development Data Center, Various Years.
(注1)　この人口増加率は，表 I-1 人口規模に基づいた，前年比の人口増加率を示す。

III 人口増加率・人口密度

フィジー	香港	インド	インドネシア	イラン	日本	ラオス	
---	---	---	---	---	---	---	1950
27.211	23.303	5.275	16.711	24.023	16.164	18.471	1951
36.424	54.455	16.992	20.318	24.000	14.957	19.144	1952
31.949	51.643	17.609	20.421	23.964	13.918	19.773	1953
30.960	53.571	18.296	20.758	24.033	14.881	19.389	1954
36.036	55.085	18.547	21.189	23.972	11.821	20.447	1955
2.899	48.193	19.658	21.345	51.023	10.447	20.503	1956
43.353	49.808	20.319	21.716	28.037	8.671	21.005	1957
36.011	40.146	21.033	22.055	27.778	9.038	-7.156	1958
37.433	42.105	21.744	22.361	28.501	9.612	27.027	1959
15.464	30.303	22.426	22.638	28.189	8.547	26.316	1960
32.995	35.948	23.262	22.030	28.346	9.011	21.368	1961
34.398	56.782	24.237	22.811	28.920	9.249	25.105	1962
30.879	44.776	24.130	23.427	28.986	10.218	24.490	1963
34.562	25.714	24.170	23.790	27.742	10.428	23.904	1964
33.408	27.855	31.869	24.019	30.316	10.836	23.346	1965
34.483	-16.260	13.850	24.314	29.424	18.785	22.814	1966
0.000	24.793	22.214	24.667	29.757	10.422	26.022	1967
41.667	21.505	22.306	36.973	29.658	11.207	25.362	1968
20.000	15.789	22.459	30.311	29.911	11.867	21.201	1969
19.608	25.907	22.573	30.525	27.608	11.341	24.221	1970
19.231	22.727	22.149	-27.310	39.079	12.076	23.649	1971
18.868	17.284	22.703	65.739	21.155	15.057	26.403	1972
18.519	21.845	21.933	25.151	26.965	14.180	22.508	1973
18.182	26.128	21.549	24.845	40.666	13.338	25.157	1974
17.857	18.519	21.180	27.955	27.077	12.800	12.270	1975
35.088	9.091	20.824	18.793	8.388	10.756	24.242	1976
16.949	15.766	20.464	17.867	27.035	9.666	23.669	1977
15.000	35.033	32.246	-6.467	44.518	9.248	-96.532	1978
19.704	56.127	21.672	23.197	30.242	8.502	10.877	1979
20.934	26.978	22.727	23.203	56.343	7.913	14.557	1980
20.505	23.701	22.222	22.813	39.596	7.311	18.715	1981
24.730	15.821	21.739	22.358	39.826	6.961	22.045	1982
13.575	15.195	21.277	22.202	40.042	6.980	24.266	1983
20.833	9.916	22.222	32.816	36.599	6.504	22.814	1984
16.035	10.745	20.189	18.876	2.533	6.279	27.738	1985
24.390	12.647	20.345	22.584	76.905	5.421	29.772	1986
9.804	10.136	22.966	21.753	23.804	4.749	31.883	1987
-1.387	8.421	21.393	20.807	25.424	4.170	32.469	1988
44.444	10.306	21.227	20.201	24.620	4.006	32.716	1989
-27.926	3.342	21.051	1.937	24.611	3.323	31.925	1990
13.680	8.238	20.324	10.597	24.607	3.588	30.938	1991
6.748	8.519	18.971	17.129	23.569	3.252	30.240	1992
33.512	17.238	18.543	16.787	23.236	2.783	30.025	1993
16.861	22.708	33.471	16.456	19.955	2.334	30.237	1994
15.306	20.050	16.979	21.392	12.021	1.889	30.828	1995

(注2) 最新年次で記述のない，一部の国の過去のデータに関しては，1978年版など，過去の版のデータを用いた。その際にはESCAP, World Bank などのデータと比較し，検討を加えている。

(注3) データ上の問題から推計で計算されたのは次の2国である。カンボジア1970～84年：World Bank のデータによる推計，ベトナム1960～80年：World Bank のデータによる推計。

(注4) 人口規模の推計値に関してはイタリック体で表記してある。推計方法の詳細に関しては，推計の章を参照のこと。

表 III-1　人口増加率：1950～95 年② (単位：‰)

	マレーシア	モンゴル	ミャンマー	ネパール	ニュージーランド	パキスタン	パプアニューギニア	フィリピン
1950	---	---	---	---	---	---	---	---
1951	19.640	16.971	14.917	3.248	20.942	24.583	21.296	30.587
1952	27.287	26.958	17.323	5.515	20.513	23.557	-2.720	30.637
1953	31.250	12.500	17.028	7.631	30.151	23.554	50.000	30.655
1954	28.788	12.346	16.743	9.585	19.512	23.540	45.022	30.644
1955	25.037	24.390	17.465	11.603	23.923	23.568	35.626	30.608
1956	28.736	11.905	16.675	13.208	18.692	23.529	24.800	30.547
1957	33.520	23.529	19.296	14.637	22.936	23.557	24.980	30.465
1958	31.081	34.483	18.930	15.891	22.422	23.546	21.325	30.763
1959	31.455	22.222	19.043	16.863	21.930	23.548	26.100	30.233
1960	30.496	32.609	19.143	17.565	17.167	23.562	18.895	31.226
1961	32.059	31.579	18.784	8.899	21.097	13.656	33.524	32.835
1962	33.453	30.612	20.632	18.066	24.793	123.272	397.516	33.557
1963	30.058	19.802	21.075	17.745	20.161	28.876	17.284	33.493
1964	26.936	38.835	20.640	18.462	23.715	28.871	19.903	34.061
1965	29.508	28.037	-20.636	17.120	15.444	28.863	22.846	34.538
1966	5.308	18.182	64.054	17.822	19.011	28.928	16.752	11.747
1967	25.343	26.786	22.178	17.510	14.925	28.651	28.375	29.942
1968	23.687	26.087	22.472	18.164	11.029	28.931	28.037	30.258
1969	21.127	25.424	22.357	18.779	7.273	28.816	21.645	29.945
1970	23.645	33.058	22.239	35.023	14.440	28.858	55.085	30.193
1971	29.836	24.000	22.480	29.386	14.235	30.028	12.048	28.765
1972	28.037	31.250	2.128	21.626	17.544	39.724	7.937	28.489
1973	28.182	30.303	22.293	21.169	20.690	29.733	19.685	28.982
1974	30.062	29.412	21.807	21.559	20.270	29.922	19.305	29.412
1975	21.459	35.714	22.019	21.916	19.868	29.924	22.727	23.245
1976	33.613	27.586	21.876	19.857	9.740	29.901	18.519	25.556
1977	24.390	26.846	22.056	23.364	3.215	29.855	21.818	24.919
1978	24.524	28.758	22.056	21.385	0.321	33.936	20.996	30.932
1979	41.909	27.319	21.984	21.757	-3.845	30.584	21.610	17.164
1980	18.364	28.448	21.997	21.658	1.287	30.588	11.600	37.291
1981	28.254	27.661	43.315	72.091	3.855	30.721	24.283	25.229
1982	23.289	25.746	23.252	42.610	9.920	31.016	22.720	25.174
1983	23.245	25.100	23.308	26.309	13.625	31.017	23.181	25.048
1984	35.465	19.477	23.594	11.386	8.753	31.012	26.117	24.897
1985	26.916	25.109	24.618	26.576	6.198	31.023	23.306	24.686
1986	27.358	25.027	22.600	26.608	9.239	31.015	20.977	24.438
1987	25.822	24.935	-8.576	-6.655	8.239	35.719	22.014	24.141
1988	25.172	24.328	19.604	20.979	3.935	31.790	21.539	23.799
1989	24.318	24.245	19.127	21.008	3.919	29.914	20.523	23.433
1990	23.626	70.531	18.546	20.971	9.910	29.907	19.008	23.013
1991	44.078	24.368	4.788	19.386	12.786	29.910	19.735	35.947
1992	26.743	21.586	18.796	22.581	9.982	29.914	19.883	25.907
1993	27.359	20.267	18.496	20.976	3.198	29.909	19.496	25.099
1994	28.011	20.287	18.694	84.202	12.170	29.903	19.123	24.485
1995	28.689	20.298	26.957	26.701	14.028	29.913	19.264	24.045

III 人口増加率・人口密度

韓国	サモア	シンガポール	スリランカ	タイ	ベトナム	台湾	
---	---	---	---	---	---	---	1950
4.912	125.000	49.020	26.042	29.532	13.877	41.677	1951
6.843	0.000	56.075	24.112	30.168	14.856	32.929	1952
9.223	0.000	53.097	27.261	30.245	15.689	38.094	1953
12.987	0.000	50.420	27.744	29.823	16.481	36.873	1954
17.094	111.111	48.000	23.474	29.864	17.133	37.546	1955
28.945	0.000	45.802	24.083	30.316	17.780	34.451	1956
29.038	0.000	58.394	26.876	29.851	18.325	31.934	1957
28.660	0.000	41.379	23.991	29.814	18.836	36.035	1958
28.718	100.000	46.358	27.689	30.157	19.313	39.037	1959
29.167	0.000	31.646	24.870	30.055	*41.492*	34.594	1960
28.340	0.000	36.810	24.267	31.072	*19.992*	33.074	1961
28.346	90.909	23.669	24.679	30.871	*19.904*	32.522	1962
28.714	0.000	28.902	26.012	31.016	*19.904*	32.297	1963
28.284	0.000	22.472	23.474	31.120	*19.904*	31.401	1964
27.144	83.333	21.978	14.679	30.852	*19.904*	30.324	1965
20.437	0.000	37.634	34.358	40.989	*21.908*	28.857	1966
20.028	0.000	25.907	22.727	31.250	*21.908*	23.383	1967
21.327	76.923	15.152	24.786	31.515	*21.908*	26.608	1968
18.893	0.000	14.925	21.685	31.434	*21.908*	50.145	1969
18.217	0.000	14.706	21.224	31.615	*21.908*	23.795	1970
16.933	71.429	19.324	19.984	32.027	*23.665*	21.727	1971
52.780	0.000	18.957	7.837	32.370	*23.665*	19.622	1972
17.607	0.000	18.605	17.885	28.505	*23.665*	18.038	1973
17.302	0.000	18.265	14.515	27.463	*23.665*	18.464	1974
17.008	0.000	13.453	16.566	26.729	*23.665*	18.766	1975
16.156	0.000	13.274	16.296	26.033	*22.610*	22.198	1976
15.621	0.000	17.467	16.035	25.140	*22.610*	18.472	1977
15.353	26.667	10.300	17.934	24.069	*22.610*	19.187	1978
15.283	6.494	12.744	19.873	23.104	*22.610*	20.052	1979
15.719	6.452	12.584	19.002	12.483	*22.593*	18.636	1980
15.712	6.410	12.013	17.902	21.769	22.378	18.559	1981
15.572	6.369	11.871	12.258	21.075	22.618	17.778	1982
15.333	12.658	12.136	14.610	20.373	22.652	14.900	1983
11.946	0.000	-23.181	12.065	18.157	21.367	14.924	1984
9.900	0.000	15.957	15.318	18.623	20.783	12.915	1985
9.263	6.250	14.499	17.359	18.050	20.661	10.206	1986
10.635	-18.634	13.894	15.139	17.444	21.977	11.206	1987
9.827	25.316	17.619	14.547	16.827	20.416	11.752	1988
9.945	6.173	18.853	13.615	16.346	16.429	10.231	1989
9.894	6.135	21.526	9.985	11.320	22.524	12.211	1990
9.961	-18.293	21.442	14.947	13.163	23.266	10.017	1991
10.440	0.000	19.906	9.161	12.727	24.065	9.518	1992
10.218	6.211	19.872	12.295	12.497	22.736	9.228	1993
10.114	12.346	19.485	13.962	12.170	21.512	8.680	1994
10.103	6.098	19.454	3.526	11.666	17.694	8.246	1995

統　　計

表 III-2　自然増加率：1950〜95 年① (単位：‰)

	アフガニスタン	オーストラリア	バングラデシュ	ブータン	ブルネイ	カンボジア	中国	クック諸島
1950	13.5	13.7	21.8	10.6	32.2	18.5	16.9	21.3
1951	14.1	13.3	22.5	11.8	43.7	18.8	18.4	19.5
1952	14.7	13.9	23.2	13.0	37.4	19.0	18.3	23.9
1953	15.2	13.8	24.0	14.2	37.4	19.3	19.5	26.6
1954	15.8	13.4	24.8	15.0	41.9	19.6	20.7	25.5
1955	16.4	13.7	25.6	16.0	41.9	19.9	15.9	22.5
1956	17.0	13.7	25.8	16.7	46.0	20.1	15.8	30.0
1957	17.6	14.1	26.3	17.2	29.9	20.4	18.5	30.2
1958	18.1	14.1	26.6	17.9	45.9	20.7	14.3	33.0
1959	18.7	13.7	26.9	18.4	40.8	20.9	10.5	35.3
1960	18.9	13.8	27.4	18.8	38.0	21.2	7.2	41.8
1961	19.6	14.3	27.7	19.1	42.5	21.2	4.9	41.3
1962	20.2	13.5	28.1	19.6	36.9	21.2	24.3	39.7
1963	20.9	12.9	28.5	20.1	30.5	21.2	31.2	38.8
1964	21.5	11.6	29.0	20.6	36.6	21.2	27.4	34.8
1965	23.4	10.9	29.0	21.1	34.9	21.2	26.7	33.8
1966	23.8	10.2	27.0	20.9	33.0	21.5	24.0	33.7
1967	24.3	10.7	26.6	20.6	34.5	21.7	23.1	33.1
1968	24.6	11.0	26.5	20.3	37.5	22.0	25.0	37.1
1969	25.0	11.7	26.6	20.0	31.0	22.2	23.7	34.1
1970	25.4	11.6	26.9	19.7	31.5	22.6	23.1	29.1
1971	25.0	12.8	31.2	34.6	32.1	19.8	20.4	29.5
1972	24.7	11.8	31.1	34.7	30.2	18.9	19.5	28.1
1973	24.5	10.2	29.0	18.7	29.8	21.8	17.6	26.6
1974	27.2	9.5	28.5	22.2	29.1	23.8	14.5	23.1
1975	21.5	9.0	8.7	21.4	28.2	25.7	15.7	20.4
1976	21.6	8.1	26.8	20.7	28.7	-10.0	12.7	19.1
1977	21.6	8.4	23.2	19.9	27.8	-10.0	12.0	19.9
1978	27.0	8.1	18.2	19.6	28.2	-10.0	12.1	19.3
1979	25.8	8.1	22.5	19.0	28.0	-10.0	11.3	18.2
1980	23.0	7.9	23.2	19.8	27.2	10.5	11.9	20.3
1981	24.0	8.5	23.1	19.6	26.9	10.5	14.5	20.3
1982	20.6	8.2	22.6	20.0	25.8	26.1	14.5	17.5
1983	31.0	8.5	22.7	19.9	25.7	26.0	13.3	16.1
1984	26.6	8.0	22.5	19.8	26.4	25.9	13.1	18.0
1985	26.6	8.0	22.6	17.8	27.0	25.8	14.2	16.6
1986	24.9	8.0	22.5	21.4	27.5	24.7	15.5	18.6
1987	25.0	7.8	21.8	21.6	27.2	24.9	16.6	15.9
1988	26.8	7.7	21.9	21.6	25.6	24.9	15.8	19.8
1989	24.9	7.5	21.6	22.5	24.7	23.6	15.1	21.4
1990	28.1	8.4	21.5	22.1	24.7	23.4	14.4	21.7
1991	28.2	8.0	20.4	22.3	24.0	25.0	13.0	18.7
1992	28.9	8.0	19.8	22.9	23.9	25.0	11.6	22.5
1993	29.2	7.8	18.8	23.0	23.1	25.0	11.5	20.5
1994	30.0	7.3	18.8	23.0	22.7	24.0	11.2	21.9
1995	29.0	7.2	18.2	24.0	24.0	27.0	10.5	19.3

(出所)　United Nations, *Demograpbic Yearbook*, New York, United Nations Publications, Various Years（国際連合統計局編『世界人口年鑑』, 原書房, 各年版）；中国国家統計局人口統計与就業統計司編『中国人口統計年鑑』中国統計出版社, 各年版；行政院主計處編『中華民国統計年鑑』行政院出版署, 各年版；United Nations Economic and Social Committee for Asia and the Pacific, *United Nations Statistical Yearbook for Asia and the Pacific*, Bangkok, Thailand, United Nations Publications, Various Years ; The World Bank, *World Development Indicators*, Washington, D. C., World Bank Development Data Center, Various Years.
(注1)　ここでいう自然増加率（または粗自然増加率）とは、普通出生率と普通死亡率の差に等しい。

III 人口増加率・人口密度

フィジー	香港	インド	インドネシア	イラン	日本	ラオス	
25.1	21.3	16.3	18.6	8.8	17.3	19.3	1950
24.1	23.8	*17.0*	*19.7*	8.1	16.3	*19.1*	1951
26.4	24.7	*17.6*	*20.5*	11.7	15.0	*19.0*	1952
31.0	25.5	*17.5*	*21.3*	25.0	13.5	*18.9*	1953
26.6	27.2	*18.0*	*22.2*	14.3	12.3	*18.8*	1954
25.0	28.8	20.7	23.0	24.4	11.7	18.9	1955
29.1	29.6	*21.0*	23.4	12.4	11.0	*19.1*	1956
31.6	28.7	*21.2*	23.8	23.9	9.7	*19.3*	1957
31.3	30.2	*21.5*	24.2	24.4	10.6	*19.5*	1958
34.2	28.4	*21.8*	24.6	24.8	10.1	*19.8*	1959
33.3	29.8	*22.2*	*25.1*	27.4	9.6	*20.0*	1960
34.5	28.3	*22.5*	25.3	23.4	9.5	20.2	1961
33.2	29.3	*22.7*	25.6	33.1	9.6	20.5	1962
32.2	28.0	*23.0*	25.9	36.4	10.3	20.8	1963
31.7	26.5	*23.3*	26.2	35.7	10.9	21.1	1964
30.8	24.6	23.4	26.3	35.9	11.5	21.5	1965
29.7	21.3	*23.3*	23.8	35.0	7.1	21.7	1966
29.4	19.9	*23.3*	23.2	33.3	12.7	22.1	1967
25.6	16.9	*23.1*	22.3	32.2	11.9	22.4	1968
25.1	16.3	22.6	21.4	32.9	11.8	22.7	1969
25.2	14.9	21.1	23.1	33.9	12.0	*23.0*	1970
24.4	14.7	22.0	*19.7*	37.3	12.7	23.3	1971
23.0	14.3	19.7	21.5	31.7	12.9	22.1	1972
23.2	14.5	19.1	20.7	40.2	12.8	*20.7*	1973
24.9	14.3	20.0	*19.5*	34.1	12.1	*20.8*	1974
22.1	13.3	19.3	20.3	36.0	10.8	20.0	1975
23.9	12.6	19.4	19.2	36.6	10.0	22.2	1976
23.2	12.5	18.3	19.5	36.0	9.4	*22.4*	1977
24.1	12.4	19.1	19.5	34.1	8.8	22.7	1978
26.0	11.6	20.7	18.1	41.6	8.2	22.9	1979
23.3	12.0	21.3	21.5	59.7	7.4	23.5	1980
22.8	12.0	20.4	20.7	56.8	6.9	24.2	1981
25.1	11.6	20.7	19.2	46.6	6.8	24.7	1982
24.3	10.6	20.3	20.4	47.5	6.5	22.0	1983
23.2	9.7	18.9	19.9	41.1	6.3	23.0	1984
22.7	9.4	21.1	19.3	30.0	5.6	23.0	1985
21.3	8.3	21.5	18.7	30.4	5.2	24.0	1986
22.9	7.8	21.3	20.6	25.6	4.9	28.6	1987
21.6	8.5	20.5	16.1	28.4	4.3	24.8	1988
21.1	7.2	20.3	18.8	26.7	3.8	30.1	1989
19.9	6.8	20.5	17.6	25.8	3.3	28.7	1990
19.8	7.0	19.7	20.5	25.5	3.2	28.5	1991
19.6	7.0	19.1	16.9	24.6	2.9	28.9	1992
19.7	6.8	19.4	16.6	22.4	2.5	29.0	1993
19.3	6.9	19.4	16.3	21.9	2.9	28.0	1994
18.3	6.1	19.0	15.9	21.4	2.1	29.0	1995

(注2) 参考までに出生率の推計値に関してはイタリック体で表記してある。推計方法の詳細に関しては，推計の章を参照のこと。

表 III-2　自然増加率：1950〜95年② (単位：‰)

	マレーシア	モンゴル	ミャンマー	ネパール	ニュージーランド	パキスタン	パプアニューギニア	フィリピン
1950	23.7	19.5	18.6	7.5	16.4	21.1	15.6	18.9
1951	26.1	*18.5*	*17.8*	9.1	15.9	*22.0*	*16.4*	19.1
1952	28.9	*17.7*	*16.9*	10.7	16.5	*23.1*	*17.1*	18.9
1953	29.5	*16.7*	*16.1*	12.3	16.4	*24.0*	*17.9*	34.5
1954	29.8	17.2	*8.7*	13.9	16.9	*24.9*	*18.6*	21.2
1955	29.7	18.4	14.4	15.5	17.1	25.5	19.2	22.2
1956	32.4	23.8	14.4	*16.3*	17.0	26.2	17.4	22.2
1957	30.9	26.2	14.5	*16.9*	16.9	*26.5*	*15.2*	20.3
1958	30.4	27.6	17.2	*17.7*	17.7	*26.9*	*13.9*	21.2
1959	30.2	29.7	19.3	*18.3*	17.4	*27.2*	9.8	23.0
1960	29.7	32.8	22.4	19.0	17.7	*27.4*	6.7	21.8
1961	34.9	30.5	20.1	19.6	18.1	*30.1*	7.6	20.2
1962	34.7	31.7	17.8	*20.1*	17.3	*32.8*	5.1	21.1
1963	35.2	30.8	24.4	*20.8*	16.6	*33.8*	5.5	18.9
1964	36.1	33.9	22.0	21.4	15.4	28.8	11.0	18.6
1965	36.2	30.3	28.8	22.1	14.2	*30.7*	12.4	17.3
1966	31.5	31.1	27.0	*22.3*	13.6	30.3	9.8	17.5
1967	31.6	30.3	28.8	*22.2*	14.1	29.7	12.7	17.3
1968	31.5	30.7	27.5	*22.1*	13.8	27.6	19.6	18.4
1969	31.8	30.7	27.1	*21.6*	13.9	26.7	*21.6*	19.7
1970	32.1	27.9	25.4	21.8	13.3	27.3	*24.8*	20.0
1971	28.4	28.0	28.3	*20.4*	14.1	27.5	28.4	18.9
1972	28.7	28.8	27.1	*19.5*	13.2	30.0	28.4	17.6
1973	28.7	30.3	24.8	18.9	11.9	27.5	28.5	19.2
1974	28.9	31.1	23.6	18.5	11.3	27.5	28.6	19.4
1975	29.0	29.4	21.0	17.8	10.2	30.0	28.8	22.7
1976	27.2	27.2	18.7	24.6	9.5	31.3	28.9	23.4
1977	27.1	29.3	18.7	22.7	8.9	29.9	29.4	23.3
1978	27.5	29.3	18.2	23.0	8.4	30.8	29.9	24.0
1979	27.4	27.7	18.0	23.5	8.6	32.0	30.3	23.8
1980	27.6	27.7	18.5	23.5	7.6	27.5	30.3	24.1
1981	24.3	27.5	19.1	25.0	8.1	31.5	21.0	23.4
1982	24.3	32.5	19.3	23.0	7.7	28.5	21.0	22.9
1983	24.2	27.0	19.3	24.5	7.6	27.0	21.9	24.7
1984	24.2	26.2	19.3	24.1	8.1	31.5	22.2	24.4
1985	24.2	27.9	19.8	23.6	7.4	31.8	22.6	20.2
1986	26.5	29.6	19.9	26.2	7.9	33.2	22.8	20.9
1987	26.3	28.9	20.1	25.0	8.4	32.8	22.9	21.8
1988	26.4	29.5	20.2	24.7	9.1	29.7	22.0	21.2
1989	26.4	28.0	20.0	26.1	9.3	30.8	23.1	20.6
1990	26.6	26.8	20.0	24.1	10.0	30.0	23.0	21.7
1991	23.4	24.1	20.1	27.9	9.8	29.7	22.6	21.4
1992	22.7	20.7	19.9	26.6	9.3	29.2	22.8	20.9
1993	22.7	13.6	19.8	26.9	9.1	29.2	22.0	24.2
1994	21.7	25.0	19.9	25.0	8.6	29.7	23.0	23.6
1995	20.9	20.0	19.4	23.5	8.3	28.0	23.0	23.1

III 人口増加率・人口密度

韓国	サモア	シンガポール	スリランカ	タイ	ベトナム	台湾	
21.2	35.9	33.4	28.2	7.5	15.5	31.8	1950
21.9	31.2	33.5	28.5	17.0	*16.1*	38.4	1951
23.2	29.1	34.7	27.7	17.8	*16.7*	36.7	1952
24.5	26.0	36.1	27.8	17.5	*17.3*	35.8	1953
27.2	31.5	37.1	25.0	21.1	*17.9*	36.4	1954
28.1	31.2	36.2	26.8	21.3	18.6	36.7	1955
28.2	35.5	36.9	26.1	24.4	*18.9*	36.8	1956
28.4	32.5	36.0	26.3	23.7	*19.3*	32.9	1957
28.5	31.9	35.0	26.1	23.4	*19.7*	34.1	1958
28.9	33.7	33.8	27.9	25.6	*20.1*	34.0	1959
29.0	31.4	32.4	28.0	26.3	20.4	32.6	1960
29.0	27.8	30.5	27.8	25.9	*20.5*	31.6	1961
28.0	29.4	29.2	27.1	26.8	*20.5*	31.0	1962
28.0	28.4	28.9	25.8	27.2	*20.7*	30.2	1963
28.0	26.9	27.4	24.4	29.8	*20.7*	28.8	1964
27.0	25.0	25.2	24.9	29.3	20.6	27.2	1965
25.0	20.5	24.0	24.0	26.4	20.1	27.0	1966
24.0	23.6	21.4	24.1	26.7	20.2	23.0	1967
23.0	31.5	19.0	24.1	28.4	20.3	23.8	1968
22.4	35.3	17.8	22.0	25.3	20.4	23.2	1969
21.0	32.4	17.8	21.9	25.3	20.5	22.1	1970
19.9	30.1	16.9	22.7	26.5	19.9	20.8	1971
19.9	23.5	17.7	22.3	24.4	20.0	19.5	1972
19.9	28.3	16.8	20.3	23.5	20.1	19.0	1973
19.9	24.2	14.3	18.5	23.0	20.2	18.6	1974
17.4	18.2	12.6	19.2	21.7	21.0	18.3	1975
17.5	20.0	13.6	20.0	21.9	24.7	21.2	1976
17.5	18.0	11.4	20.5	19.3	28.7	19.0	1977
17.5	17.8	11.7	21.9	18.0	28.3	19.4	1978
16.6	15.3	11.9	22.4	18.1	28.1	19.7	1979
16.6	13.4	11.9	22.2	17.6	27.1	18.6	1980
16.7	17.0	12.0	22.3	17.2	25.3	18.2	1981
15.7	37.9	12.1	20.7	16.9	26.8	17.3	1982
13.0	24.0	11.3	20.1	16.2	27.0	15.7	1983
11.0	34.3	11.7	18.6	14.4	20.7	14.8	1984
10.1	28.0	11.7	18.4	14.9	26.0	13.2	1985
10.4	25.0	10.2	16.4	13.8	23.3	11.0	1986
10.4	26.1	11.9	15.8	12.2	22.5	11.1	1987
9.5	26.0	14.9	14.9	11.8	22.3	12.1	1988
9.5	25.9	12.6	15.3	11.9	24.0	10.6	1989
9.5	25.6	13.6	14.5	12.5	21.9	11.4	1990
11.0	25.5	12.6	14.5	12.3	22.0	10.5	1991
11.2	24.9	12.3	14.5	11.9	21.1	10.2	1992
11.1	23.6	12.4	14.6	11.6	21.8	10.3	1993
11.0	23.6	11.7	14.3	12.6	21.0	9.9	1994
9.3	30.0	11.1	13.5	12.3	21.0	10.3	1995

表 III-3　人口密度〈全体〉：1950～95 年① (単位：人／km²)

	アフガニスタン	オーストラリア	バングラデシュ	ブータン	ブルネイ	カンボジア	中国	クック諸島
1950	18.2	1.1	311.7	12.3	8.0	23.6	59.4	59.3
1951	18.4	1.1	325.9	12.6	8.3	24.1	60.6	63.6
1952	18.6	1.1	332.1	12.8	8.7	24.7	61.9	63.6
1953	18.9	1.2	338.5	13.0	9.1	25.3	63.3	63.6
1954	19.2	1.2	344.9	13.2	9.9	26.0	64.9	63.6
1955	19.5	1.2	351.5	13.2	10.6	26.6	66.2	63.6
1956	19.9	1.2	358.2	13.4	11.6	27.3	67.6	67.8
1957	20.1	1.3	365.1	13.6	12.3	28.0	69.6	67.8
1958	20.4	1.3	372.1	13.8	13.1	28.8	71.0	67.8
1959	20.8	1.3	379.2	14.0	14.2	29.6	72.3	72.0
1960	21.2	1.3	408.2	14.3	15.2	30.4	71.3	72.0
1961	21.5	1.4	418.9	14.7	16.1	31.2	70.9	76.3
1962	21.9	1.4	429.9	14.9	17.1	32.1	72.4	76.3
1963	22.3	1.4	441.2	15.3	16.7	32.9	74.5	76.3
1964	22.7	1.5	452.8	15.5	18.2	33.9	75.9	76.3
1965	23.1	1.5	464.6	16.0	19.0	34.8	78.1	80.5
1966	23.8	1.5	475.8	20.4	20.9	35.8	80.2	84.7
1967	24.4	1.5	487.3	20.9	20.9	36.8	82.2	84.7
1968	25.0	1.6	499.0	21.3	22.8	37.8	84.5	84.7
1969	25.6	1.6	511.0	21.9	22.8	38.9	86.8	84.7
1970	26.2	1.6	523.3	22.6	24.7	39.3	88.9	84.7
1971	26.8	1.7	536.0	22.8	26.6	39.5	90.4	84.7
1972	27.4	1.7	556.1	23.2	26.6	39.7	91.9	84.7
1973	28.0	1.8	571.3	23.6	28.5	39.8	93.5	84.7
1974	17.6	1.8	591.8	24.3	28.5	40.0	94.9	84.7
1975	18.1	1.8	606.6	24.7	30.4	40.2	99.9	84.7
1976	18.5	1.8	620.9	25.3	34.2	39.5	101.5	84.7
1977	19.0	1.8	635.5	25.7	36.1	38.8	103.0	84.7
1978	19.5	1.9	651.9	25.6	38.1	38.1	104.5	80.5
1979	23.8	1.9	665.6	26.1	34.0	37.5	105.8	76.3
1980	24.5	1.9	681.2	26.5	35.1	36.8	107.2	76.3
1981	25.1	2.0	694.9	27.0	36.6	37.9	108.8	72.0
1982	25.7	2.0	711.3	27.4	38.0	39.1	110.5	72.0
1983	26.4	2.0	727.1	27.9	39.5	40.3	111.9	72.0
1984	27.1	2.0	747.3	28.6	40.0	41.6	113.5	76.3
1985	27.8	2.1	763.9	29.3	41.4	42.8	115.2	76.3
1986	28.5	2.1	781.1	30.0	42.7	44.3	117.0	72.0
1987	23.3	2.1	787.9	32.6	44.0	44.9	118.8	72.0
1988	23.8	2.2	803.0	33.5	45.4	46.3	120.8	76.3
1989	24.3	2.2	818.2	34.3	46.7	47.8	122.3	76.3
1990	24.7	2.2	843.2	35.0	48.0	48.5	124.3	76.3
1991	25.2	2.3	844.1	35.6	49.3	49.9	125.9	80.5
1992	25.0	2.3	869.8	36.0	50.9	51.3	127.4	80.5
1993	26.6	2.3	882.3	36.4	52.4	52.7	128.8	80.5
1994	28.3	2.3	894.9	37.0	54.1	54.2	130.1	80.5
1995	30.2	2.4	908.3	37.7	56.2	55.7	131.5	80.5

(出所)　United Nations, *Demographic Yearbook*, New York, United Nations Publications, Various Years（国際連合統計局編『世界人口年鑑』，原書房，各年版）；中国国家統計局人口統計与就業統計司編『中国人口統計年鑑』中国統計出版社，各年版；行政院主計處編『中華民国統計年鑑』行政院出版署，各年版；United Nations Economic and Social Committee for Asia and the Pacific, *United Nations Statistical Yearbook for Asia and the Pacific*, Bangkok, Thailand, United Nations Publications, Various Years ; The World Bank, *World Development Indicators*, Washington, D. C., World Bank Development Data Center, Various Years.
(注1)　表 I-1 の人口規模を，陸地（Land Area）面積で除して求めた。陸面積は World Bank のデータ，*Demographic Yearbook*

III 人口増加率・人口密度

フィジー	香港	インド	インドネシア	イラン	日本	ラオス	
16.1	1935.3	120.5	42.0	9.9	220.2	8.4	1950
16.5	1980.4	121.1	42.7	10.2	223.7	8.6	1951
17.1	2088.2	123.2	43.5	10.4	227.1	8.8	1952
17.7	2196.1	125.4	44.4	10.7	230.2	8.9	1953
18.2	2313.7	127.7	45.3	10.9	233.7	9.1	1954
18.9	2441.2	130.0	46.3	11.2	236.4	9.3	1955
18.9	2558.8	132.6	47.3	11.8	238.9	9.5	1956
19.8	2686.3	135.3	48.3	12.1	241.0	9.7	1957
20.5	2794.1	138.1	49.4	12.4	243.1	9.6	1958
21.2	2911.8	141.1	50.5	12.8	245.5	9.9	1959
21.6	3000.0	144.3	51.6	13.2	247.6	10.1	1960
22.3	3107.8	147.7	52.8	13.5	249.8	10.4	1961
23.0	3284.3	151.2	54.0	13.9	252.1	10.6	1962
23.8	3431.4	154.9	55.2	14.3	254.7	10.9	1963
24.6	3519.6	158.6	56.5	14.7	257.4	11.1	1964
25.4	3617.6	163.7	57.9	15.2	260.1	11.4	1965
26.3	3558.8	165.9	59.3	15.6	265.0	11.7	1966
26.3	3647.1	169.6	60.8	16.1	267.8	12.0	1967
27.4	3725.5	173.4	63.0	16.6	270.8	12.3	1968
27.9	3784.3	177.3	64.9	17.0	274.0	12.5	1969
28.5	3882.4	181.3	66.9	17.5	277.1	12.8	1970
29.0	3970.6	185.3	65.1	18.2	280.5	13.1	1971
29.6	4039.2	189.5	69.4	18.6	284.7	13.5	1972
30.1	4127.5	193.7	71.1	19.1	288.7	13.8	1973
30.7	4235.3	197.9	72.9	19.9	292.6	14.1	1974
31.2	4356.4	202.1	74.9	20.4	296.3	14.3	1975
32.3	4396.0	206.3	76.3	20.6	299.5	14.6	1976
32.8	4510.0	210.5	77.7	21.1	302.4	15.0	1977
33.3	4668.0	217.3	77.2	22.1	305.2	13.5	1978
34.0	4930.0	222.0	79.0	22.7	307.8	13.7	1979
34.7	5063.0	227.0	80.8	24.0	310.2	13.9	1980
35.4	5183.0	232.1	82.6	25.0	312.5	14.2	1981
36.3	5318.2	237.1	84.5	26.0	314.7	14.5	1982
36.8	5399.0	242.2	86.4	27.0	316.9	14.8	1983
37.5	5452.5	247.5	89.2	28.0	318.9	15.2	1984
38.1	5511.1	252.5	90.9	28.1	320.9	15.6	1985
39.1	5580.8	257.7	92.9	30.2	322.7	16.0	1986
39.5	5637.4	263.6	95.0	30.9	324.2	16.5	1987
39.4	5684.8	269.2	96.9	31.7	325.6	17.1	1988
41.2	5743.4	275.0	98.9	32.5	326.9	17.6	1989
40.0	5762.6	280.7	99.1	33.3	327.9	18.2	1990
40.6	5810.1	286.4	100.1	34.1	329.1	18.8	1991
40.8	5859.6	291.9	101.8	34.9	330.2	19.3	1992
42.2	5960.6	297.3	103.6	35.7	331.1	19.9	1993
42.9	6096.0	307.2	105.3	36.5	331.9	20.5	1994
43.6	6218.2	312.5	107.5	36.9	332.5	21.2	1995

から求めている。ただし中国は一部，台湾は全部を自国統計を使用。
（注2） World Bank のデータ，*Demographic Yearbook* ともにデータの差異は見られない。ただし，香港において 1977 年，1982 年において若干の陸地面積の変化が World Bank のデータに見られたため，World Bank のデータを使用した。
（注3） 人口規模計算の際の推計値に関してはイタリック体で表記してある。推計方法の詳細に関しては，推計の章を参照のこと。

表 III-3　人口密度〈全体〉：1950～95 年② (単位：人／km)

	マレーシア	モンゴル	ミャンマー	ネパール	ニュージーランド	パキスタン	パプアニューギニア	フィリピン
1950	18.6	0.5	28.5	60.8	7.1	43.5	2.4	68.0
1951	19.0	0.5	29.0	61.0	7.3	44.6	2.4	70.0
1952	19.5	0.5	29.5	61.3	7.4	45.7	2.4	72.2
1953	20.1	0.5	30.0	61.8	7.6	46.7	2.6	74.4
1954	20.7	0.5	30.5	62.4	7.8	47.8	2.7	76.7
1955	21.2	0.5	31.0	63.1	8.0	49.0	2.8	79.0
1956	21.8	0.5	31.5	63.9	8.1	50.1	2.8	81.4
1957	22.5	0.6	32.1	64.9	8.3	51.3	2.9	83.9
1958	23.2	0.6	32.7	65.9	8.5	52.5	3.0	86.5
1959	24.0	0.6	33.3	67.0	8.7	53.7	3.0	89.1
1960	24.7	0.6	34.0	68.2	8.8	55.0	3.1	91.9
1961	25.5	0.6	34.6	68.8	9.0	55.8	3.2	94.9
1962	26.3	0.6	35.3	70.0	9.3	62.6	4.5	98.1
1963	27.1	0.7	36.1	71.3	9.4	64.4	4.5	101.4
1964	27.8	0.7	36.8	72.6	9.7	66.3	4.6	104.8
1965	28.7	0.7	36.1	73.8	9.8	68.2	4.7	108.5
1966	28.8	0.7	38.4	75.1	10.0	70.2	4.8	109.7
1967	29.6	0.7	39.2	76.5	10.1	72.2	5.0	113.0
1968	30.3	0.8	40.1	77.9	10.3	74.3	5.1	116.4
1969	30.9	0.8	41.0	79.3	10.3	76.4	5.2	119.9
1970	31.6	0.8	41.9	82.1	10.5	78.6	5.5	123.5
1971	32.6	0.8	42.9	84.5	10.6	81.0	5.6	127.1
1972	33.5	0.8	43.0	86.3	10.8	84.2	5.6	130.7
1973	34.4	0.9	43.9	88.2	11.0	86.7	5.7	134.5
1974	35.5	0.9	44.9	90.1	11.3	89.3	5.8	138.5
1975	36.2	0.9	45.9	92.0	11.5	92.0	6.0	141.7
1976	37.4	1.0	46.9	93.9	11.6	94.7	6.1	145.4
1977	38.4	1.0	47.9	96.1	11.6	97.6	6.2	149.0
1978	39.3	1.0	49.0	98.1	11.6	100.9	6.3	153.6
1979	40.9	1.0	50.0	100.2	11.6	103.9	6.5	156.2
1980	41.7	1.1	51.2	102.4	11.6	107.1	6.5	162.0
1981	42.9	1.1	53.4	109.8	11.7	110.4	6.7	166.1
1982	43.9	1.1	54.6	114.5	11.8	113.8	6.9	170.3
1983	44.9	1.1	55.9	117.5	11.9	117.4	7.0	174.6
1984	46.5	1.2	57.2	118.8	12.0	121.0	7.2	178.9
1985	47.7	1.2	58.6	122.0	12.1	124.8	7.4	183.3
1986	49.0	1.2	59.9	125.2	12.2	128.6	7.5	187.8
1987	50.3	1.3	59.4	124.4	12.3	133.2	7.7	192.4
1988	51.6	1.3	60.6	127.0	12.4	137.5	7.9	196.9
1989	52.8	1.3	61.7	129.7	12.4	141.6	8.0	201.6
1990	54.1	1.4	62.9	132.4	12.5	145.8	8.2	206.2
1991	56.5	1.4	63.2	135.0	12.7	150.2	8.3	213.6
1992	58.0	1.5	64.4	138.0	12.8	154.7	8.5	219.1
1993	59.5	1.5	65.6	140.9	12.9	159.3	8.7	224.6
1994	61.2	1.5	66.8	152.8	13.0	164.1	8.8	230.1
1995	63.0	1.6	68.6	156.8	13.2	169.0	9.0	235.7

III 人口増加率・人口密度

韓国	サモア	シンガポール	スリランカ	タイ	ベトナム	台湾	
206.2	28.3	1672.1	118.8	38.4	88.1	209.8	1950
207.2	31.8	1754.1	121.9	39.6	89.3	218.6	1951
208.6	31.8	1852.5	124.9	40.8	90.7	225.8	1952
210.6	31.8	1950.8	128.3	42.0	92.1	234.4	1953
213.3	31.8	2049.2	131.8	43.3	93.6	243.0	1954
217.0	35.3	2147.5	134.9	44.5	95.2	252.2	1955
223.2	35.3	2245.9	138.2	45.9	96.9	260.8	1956
229.7	35.3	2377.0	141.9	47.3	98.7	269.2	1957
236.3	35.3	2475.4	145.3	48.7	100.5	278.9	1958
243.1	38.9	2590.2	149.3	50.1	102.5	289.8	1959
250.2	38.9	2672.1	153.0	51.7	*106.7*	299.8	1960
257.3	38.9	2770.5	156.7	53.3	*108.9*	309.7	1961
264.6	42.4	2836.1	160.6	54.9	*111.0*	319.8	1962
272.2	42.4	2918.0	164.3	56.6	*113.2*	330.1	1963
279.9	42.4	2983.6	168.7	58.4	*115.5*	340.5	1964
287.5	45.9	3049.2	171.1	60.2	*117.8*	350.8	1965
293.3	45.9	3163.9	177.0	62.6	*120.4*	360.9	1966
299.2	45.9	3245.9	181.0	64.6	*123.0*	369.3	1967
305.6	49.5	3295.1	185.5	66.6	*125.7*	379.2	1968
311.4	49.5	3344.3	189.5	68.7	*128.5*	398.2	1969
317.0	49.5	3393.4	193.6	70.9	*131.3*	407.7	1970
322.4	53.0	3459.0	197.4	73.2	*134.4*	416.5	1971
339.4	53.0	3524.6	199.0	75.5	*137.6*	424.7	1972
345.4	53.0	3590.2	202.5	77.7	*140.8*	432.4	1973
351.4	53.0	3655.7	205.5	79.8	*144.2*	440.3	1974
357.3	53.0	3704.9	208.9	82.0	*147.6*	448.6	1975
363.1	53.0	3754.1	212.3	84.1	*150.9*	458.6	1976
368.8	53.0	3819.7	215.7	86.2	*154.3*	467.0	1977
374.4	54.4	3859.0	219.6	88.3	*157.8*	476.0	1978
380.2	54.8	3908.2	223.9	90.3	*161.4*	485.5	1979
386.1	55.1	3957.4	228.2	91.4	*165.0*	494.6	1980
392.2	55.5	4004.9	232.3	93.4	168.7	503.8	1981
398.3	55.8	4052.5	235.1	95.4	172.5	512.7	1982
404.4	56.5	4101.6	238.5	97.3	176.4	520.4	1983
409.3	56.5	4006.6	241.4	99.1	180.2	528.1	1984
413.3	56.5	4070.5	245.1	101.0	183.9	534.9	1985
417.1	56.9	4129.5	249.4	102.8	187.7	540.4	1986
421.6	55.8	4186.9	253.1	104.6	191.9	546.5	1987
425.7	57.2	4260.7	256.8	106.3	195.8	552.9	1988
430.0	57.6	4341.0	260.3	108.1	199.0	558.5	1989
434.2	58.0	4434.4	262.9	109.3	203.5	565.4	1990
438.5	56.9	4529.5	266.9	110.7	208.2	571.0	1991
443.1	56.9	4619.7	269.3	112.1	213.2	576.5	1992
447.6	57.2	4711.5	272.6	113.5	218.1	581.8	1993
452.2	58.0	4803.3	276.4	114.9	222.8	586.8	1994
456.7	58.3	4896.7	277.4	116.3	226.7	591.7	1995

表 III-4　人口密度〈可耕地単位面積当たり〉：1950〜95 年① (単位：人／km²)

	アフガニスタン	オーストラリア	バングラデシュ	ブータン	ブルネイ	カンボジア	中国	クック諸島
1950	31.4	1.7	421.0	165.7	175.0	138.8	155.7	681.9
1951	31.7	1.8	440.2	168.6	183.3	142.0	158.8	730.6
1952	32.1	1.8	448.6	171.4	191.7	145.5	162.1	730.6
1953	32.6	1.9	457.2	174.3	200.0	149.1	165.8	730.6
1954	33.1	1.9	465.9	177.1	216.7	152.8	170.0	730.6
1955	33.6	1.9	474.8	177.1	233.3	156.7	173.3	730.6
1956	34.3	2.0	483.9	180.0	254.2	160.8	177.2	779.3
1957	34.6	2.0	493.1	182.9	270.8	164.5	182.3	779.3
1958	35.2	2.1	502.6	185.7	287.5	169.5	186.1	779.3
1959	35.8	2.1	512.1	188.6	312.5	174.1	189.5	828.0
1960	36.4	2.2	551.4	191.4	333.3	178.8	186.7	828.0
1961	37.1	2.2	565.9	197.1	354.2	183.7	185.7	876.7
1962	37.7	2.3	580.7	200.0	375.0	188.7	189.8	876.7
1963	38.4	2.3	595.9	205.7	366.7	193.8	195.1	876.7
1964	39.0	2.4	611.6	208.6	400.0	199.2	198.8	876.7
1965	39.7	2.4	627.6	214.3	416.7	204.7	204.6	925.4
1966	41.0	2.4	641.9	272.0	478.3	209.0	208.1	974.1
1967	41.9	2.5	654.3	276.8	478.3	212.8	211.1	974.1
1968	43.0	2.5	671.7	280.1	500.0	223.9	214.9	974.1
1969	44.0	2.6	687.5	287.7	500.0	234.2	218.0	974.1
1970	45.0	2.6	702.5	293.6	541.7	*240.9*	220.5	974.1
1971	46.0	2.6	719.6	295.6	736.8	*246.3*	221.5	974.1
1972	47.0	2.7	745.4	297.0	777.8	*251.9*	222.5	974.1
1973	48.1	2.7	765.4	301.6	833.3	*253.0*	222.9	974.1
1974	30.2	2.8	791.4	307.3	833.3	*263.6*	222.7	974.1
1975	31.0	2.8	811.6	311.0	941.2	*264.9*	231.5	974.1
1976	31.7	2.9	831.1	316.5	1058.8	*260.2*	231.8	974.1
1977	32.6	2.9	851.2	318.4	1266.7	*265.6*	232.0	974.1
1978	33.4	3.0	871.4	316.0	1340.0	*260.9*	231.8	925.4
1979	40.9	3.0	887.9	320.7	1193.3	*277.9*	231.1	876.7
1980	41.9	3.0	908.8	322.0	1321.4	*285.0*	229.8	876.7
1981	43.0	3.1	926.1	326.5	1378.6	*300.4*	229.3	828.0
1982	44.1	3.2	951.5	330.5	1538.5	*316.7*	229.1	828.0
1983	45.3	3.3	972.7	333.0	1600.0	*335.7*	228.8	828.0
1984	46.4	3.3	999.5	341.4	1623.1	*347.7*	228.9	876.7
1985	47.7	3.3	1021.4	347.5	1676.9	*315.1*	229.0	876.7
1986	48.9	3.4	1041.3	354.3	1730.8	289.6	228.8	828.0
1987	40.0	3.5	1041.5	383.7	1784.6	264.0	229.5	828.0
1988	40.8	3.5	1038.8	393.3	1838.5	247.6	229.6	876.7
1989	41.6	3.6	1056.4	402.0	1892.3	222.7	229.3	876.7
1990	42.4	3.7	1056.9	408.2	1946.2	214.2	233.1	876.7
1991	43.2	3.7	1064.6	414.9	2000.0	209.7	236.1	925.4
1992	42.8	3.8	1099.9	416.0	2061.5	205.8	238.9	925.4
1993	45.5	3.8	1115.6	420.9	2123.1	211.5	241.5	925.4
1994	48.5	3.8	1131.7	427.0	2192.3	217.5	244.0	925.4
1995	51.7	3.9	1148.5	434.9	2276.9	223.5	246.6	925.4

(出所)　United Nations, *Demographic Yearbook*, New York, United Nations Publications, Various Years (国際連合統計局編『世界人口年鑑』, 原書房, 各年版)；中国国家統計局人口統計与就業統計司編『中国人口統計年鑑』中国統計出版社, 各年版；行政院主計處編『中華民国統計年鑑』行政院出版署, 各年版；United Nations Economic and Social Committee for Asia and the Pacific, *United Nations Statistical Yearbook for Asia and the Pacific*, Bangkok, Thailand, United Nations Publications, Various Years；The World Bank, *World Development Indicators*, Washington, D. C., World Bank Development Data Center, Various Years.
(注1)　表 I-1 の人口規模を, 可耕地面積 (Cultivable Area) 面積で除して求めた。可耕地面積は World Bank のデータ, *Demographic*

III 人口増加率・人口密度

フィジー	香港	インド	インドネシア	イラン	日本	ラオス	
131.8	15184.6	202.1	255.2	27.4	1380.7	134.4	1950
135.4	15538.5	203.2	259.5	28.0	1403.1	136.9	1951
140.4	16384.6	206.7	264.7	28.7	1424.1	139.5	1952
144.8	17230.8	210.3	270.1	29.4	1443.9	142.3	1953
149.3	18153.8	214.2	275.8	30.1	1465.4	145.0	1954
154.7	19153.8	218.1	281.6	30.8	1482.7	148.0	1955
155.2	20076.9	222.4	287.6	32.4	1498.2	151.0	1956
161.9	21076.9	226.9	293.9	33.3	1511.2	154.2	1957
167.7	21923.1	231.7	300.3	34.2	1524.8	153.1	1958
174.0	22846.2	236.7	307.1	35.2	1539.5	157.2	1959
176.7	23538.5	242.1	314.0	36.2	1552.6	161.4	1960
182.5	24384.6	247.7	320.9	37.2	1566.6	164.8	1961
188.8	25769.2	253.7	328.2	38.3	1581.1	169.0	1962
194.6	26923.1	259.8	335.9	39.4	1597.3	173.1	1963
201.3	27615.4	266.1	343.9	40.5	1613.9	177.2	1964
208.1	28384.6	274.6	352.2	41.7	1631.4	181.4	1965
215.2	27923.1	277.8	357.5	42.9	1664.3	184.2	1966
217.2	28615.4	283.6	366.1	44.2	1698.0	189.0	1967
228.3	29230.8	289.1	375.6	45.4	1729.0	192.5	1968
230.8	29692.3	296.4	387.4	46.7	1793.6	196.6	1969
235.3	30461.5	302.8	397.6	48.0	1800.2	201.4	1970
239.8	33750.0	310.1	387.2	49.5	1839.4	206.1	1971
234.8	34333.3	316.2	406.9	50.0	1885.8	211.6	1972
234.0	35083.3	321.3	412.0	50.8	1925.1	216.3	1973
233.3	36000.0	326.8	416.5	53.3	1961.9	221.8	1974
232.7	44000.0	332.2	424.1	55.2	2002.0	224.5	1975
226.9	44400.0	339.2	439.4	56.1	2037.0	228.4	1976
222.2	50111.1	346.2	447.2	57.9	2064.6	233.8	1977
217.5	58350.0	356.9	444.3	61.3	2091.6	211.2	1978
217.9	61625.0	365.5	454.5	62.1	2117.1	212.1	1979
218.6	63287.5	374.3	463.9	68.1	2138.9	215.2	1980
215.7	57588.9	382.4	473.7	70.1	2162.1	217.7	1981
213.9	58500.0	390.1	483.1	72.2	2183.6	221.2	1982
210.0	59388.9	398.9	482.9	74.6	2204.9	219.2	1983
207.9	59977.8	406.5	491.1	76.9	2225.4	217.2	1984
202.0	60622.2	415.0	499.6	76.7	2246.5	215.2	1985
204.0	61388.9	422.7	506.3	82.1	2267.5	221.6	1986
197.5	62011.1	431.5	516.5	83.6	2285.9	231.5	1987
189.5	62533.3	441.9	525.7	85.3	2305.4	239.0	1988
190.4	71075.0	450.9	534.7	86.9	2331.3	246.9	1989
178.3	71312.5	461.1	531.0	88.6	2355.1	257.8	1990
174.8	71900.0	470.5	533.5	90.3	2381.3	269.1	1991
171.5	72512.5	479.3	537.9	91.9	2403.8	278.1	1992
177.2	73762.5	488.2	546.9	94.1	2410.5	286.4	1993
180.2	75437.5	504.6	555.9	95.9	2416.1	295.1	1994
183.0	76950.0	513.1	567.8	97.1	2420.7	304.2	1995

Yearbook から求めている。ただし中国は一部，台湾は全部を自国統計を使用。
(注2) World Bank のデータ，*Demographic Yearbook* ともにデータの差異は見られない。ただし，香港において1977年，1982年において若干の陸地面積の現象が World Bank のデータに見られたため，World Bank のデータを使用した。
(注3) 人口規模計算の際の推計値に関してはイタリック体で表記してある。推計方法の詳細に関しては，推計の章を参照のこと。

表 III-4　人口密度〈可耕地単位面積当たり〉：1950～95 年② （単位：人／km²）

	マレーシア	モンゴル	ミャンマー	ネパール	ニュージーランド	パキスタン	パプアニューギニア	フィリピン
1950	145.3	0.5	174.3	235.5	14.3	138.3	284.2	271.3
1951	148.2	0.6	176.9	236.2	14.6	141.7	290.3	279.6
1952	152.2	0.6	180.0	237.5	14.9	145.1	289.5	288.1
1953	157.0	0.6	183.1	239.3	15.4	148.5	303.9	297.0
1954	161.5	0.6	186.1	241.6	15.7	152.0	317.6	306.1
1955	165.6	0.6	189.4	244.4	16.1	155.5	328.9	315.4
1956	170.3	0.6	192.5	247.7	16.4	159.2	337.1	325.1
1957	176.0	0.6	196.2	251.3	16.7	163.0	345.5	335.0
1958	181.5	0.6	200.0	255.3	17.1	166.8	352.9	345.3
1959	187.2	0.7	203.8	259.6	17.5	170.7	362.1	355.7
1960	192.9	0.7	207.7	264.1	17.8	174.7	368.9	366.8
1961	199.1	0.7	211.6	266.5	18.2	177.1	381.3	378.9
1962	205.8	0.7	215.9	271.3	18.6	199.0	532.9	391.6
1963	211.9	0.7	220.5	276.1	19.0	204.7	542.1	404.7
1964	217.6	0.8	225.0	281.2	19.4	210.6	552.9	418.5
1965	224.1	0.8	220.4	286.0	19.7	216.7	565.5	432.9
1966	222.6	0.8	234.5	291.1	20.1	219.1	573.5	430.7
1967	225.6	0.8	239.7	295.1	20.4	229.4	573.2	436.8
1968	228.2	0.8	245.1	300.4	20.5	236.3	550.0	448.8
1969	230.4	0.9	250.6	306.1	20.9	243.1	547.6	458.1
1970	233.2	0.9	255.3	305.2	21.2	249.1	572.4	472.9
1971	237.5	0.9	261.0	314.1	21.7	257.1	561.2	473.2
1972	241.4	0.9	261.5	312.3	21.5	269.2	567.0	477.5
1973	245.5	1.0	279.9	309.8	22.0	274.1	578.1	483.5
1974	250.2	1.0	285.7	299.6	22.4	280.4	585.4	490.5
1975	252.9	1.0	291.6	305.1	22.1	285.5	589.5	496.8
1976	258.6	1.2	297.5	309.7	21.7	294.9	599.1	490.0
1977	263.2	1.2	304.3	315.4	21.8	299.5	608.2	489.2
1978	269.7	1.3	310.6	321.5	21.5	311.3	617.0	492.9
1979	280.7	1.3	317.2	327.1	21.5	317.6	623.6	490.1
1980	283.8	1.3	323.9	332.9	21.3	326.4	628.2	497.4
1981	288.2	1.4	336.8	356.3	20.6	335.9	646.2	502.9
1982	294.9	1.4	343.9	369.4	21.6	345.1	660.9	511.4
1983	301.8	1.4	352.1	377.4	21.9	357.1	680.5	520.6
1984	312.5	1.5	360.9	379.0	22.3	368.3	699.8	530.3
1985	319.6	1.5	369.5	387.4	22.6	375.6	708.5	540.7
1986	328.3	1.5	377.7	396.2	22.8	386.1	723.4	550.7
1987	336.8	1.6	374.9	393.1	23.2	396.2	737.7	561.2
1988	345.3	1.6	384.1	400.4	23.4	413.0	753.6	571.2
1989	353.7	1.6	390.6	407.9	23.6	418.5	769.1	582.3
1990	362.0	1.8	396.6	416.4	24.2	433.0	773.8	591.7
1991	378.0	1.8	398.9	424.1	24.1	443.4	769.8	611.2
1992	388.1	1.8	407.1	433.6	24.5	456.6	777.2	624.1
1993	398.7	1.9	414.7	442.7	24.5	470.3	792.3	639.7
1994	409.9	1.9	422.4	480.0	24.8	484.4	807.5	655.4
1995	421.6	2.0	433.8	492.8	25.2	498.9	823.0	671.2

III 人口増加率・人口密度

韓国	サモア	シンガポール	スリランカ	タイ	ベトナム	台湾	
893.8	72.1	7846.2	356.2	151.8	454.4	866.9	1950
898.2	81.1	8230.8	365.5	156.3	460.7	903.0	1951
904.3	81.1	8692.3	374.3	161.0	467.5	932.7	1952
912.6	81.1	9153.8	384.5	165.8	474.9	968.3	1953
924.5	81.1	9615.4	395.2	170.8	482.7	1004.0	1954
940.3	90.1	10076.9	404.5	175.9	491.0	1041.7	1955
967.5	90.1	10538.5	414.2	181.2	499.7	1077.6	1956
995.6	90.1	11153.8	425.3	186.6	508.9	1112.0	1957
1024.1	90.1	11615.4	435.5	192.2	518.4	1152.0	1958
1053.6	99.1	12153.8	447.6	198.0	528.5	1197.0	1959
1084.3	99.1	12538.5	458.7	203.9	*550.4*	1238.4	1960
1115.0	99.1	13000.0	469.9	210.3	*561.4*	1279.4	1961
1146.6	108.1	13307.7	481.4	216.8	*572.6*	1321.0	1962
1179.5	108.1	13692.3	494.0	223.5	*584.0*	1363.7	1963
1212.9	108.1	14000.0	505.6	230.4	*595.6*	1406.5	1964
1245.8	117.1	14307.7	513.0	237.6	*607.4*	1449.1	1965
1251.0	116.1	14846.2	518.8	242.2	*620.2*	1490.9	1966
1264.6	116.1	15230.8	518.8	245.2	*631.3*	1525.8	1967
1287.7	122.8	16750.0	516.6	248.5	*642.6*	1566.4	1968
1315.4	122.8	17000.0	526.2	252.2	*655.2*	1645.0	1969
1346.8	121.7	17250.0	536.2	254.2	*665.9*	1684.1	1970
1384.5	129.3	21100.0	545.5	259.6	*681.1*	1720.7	1971
1476.2	128.2	19545.5	548.4	253.4	*694.5*	1754.5	1972
1501.5	128.2	19909.1	555.8	246.8	*707.1*	1786.1	1973
1529.5	126.1	24777.8	563.4	241.5	*721.1*	1819.1	1974
1552.8	126.1	28250.0	574.7	243.1	*737.6*	1853.2	1975
1579.3	125.0	28625.0	585.8	244.8	*730.7*	1894.4	1976
1606.1	125.0	29125.0	597.0	245.1	*737.3*	1929.3	1977
1633.6	127.3	29425.0	609.8	245.4	*751.3*	1966.4	1978
1666.7	127.0	29800.0	623.8	246.7	*766.8*	2005.8	1979
1696.7	126.8	30175.0	637.8	246.7	*783.2*	2043.2	1980
1724.9	127.6	34900.0	651.2	246.8	798.6	2081.1	1981
1753.3	128.5	41200.0	661.8	246.4	815.7	2118.1	1982
1785.7	130.1	41700.0	668.0	249.9	832.0	2149.6	1983
1812.7	130.1	40733.3	675.2	252.5	848.8	2181.7	1984
1836.5	130.1	49660.0	684.3	250.7	887.0	2209.9	1985
1854.3	130.9	62975.0	692.9	252.8	908.7	2232.5	1986
1870.7	128.5	85133.3	701.0	249.4	930.7	2257.5	1987
1891.6	131.7	129950.0	710.3	237.9	949.7	2284.9	1988
1918.2	132.5	264800.0	719.0	262.8	964.6	2307.4	1989
1951.3	133.3	270500.0	726.5	265.1	984.7	2335.6	1990
1985.1	130.9	276300.0	736.4	269.3	1003.9	2358.9	1991
2023.5	130.9	281800.0	742.5	273.7	988.0	2381.4	1992
2044.2	131.7	287400.0	751.7	277.2	1010.4	2403.4	1993
2064.8	133.3	293000.0	762.2	280.5	1032.2	2424.2	1994
2085.7	134.1	298700.0	764.8	283.8	1050.4	2444.2	1995

統　　計

表 III-5　人口密度〈農村地域〉：1950～94 年① (単位：人／km²)

	アフガニスタン	オーストラリア	バングラデシュ	ブータン	ブルネイ	カンボジア	中国	クック諸島
1950	101.6	4.9	425.3	*23.6*	372.7	178.1	481.3	*15.2*
1951	102.4	4.9	444.1	*24.0*	386.0	182.0	487.0	*16.2*
1952	103.5	4.9	452.0	*24.4*	398.9	186.0	495.6	*16.2*
1953	104.8	4.9	460.1	*24.8*	411.4	190.2	505.4	*16.2*
1954	106.3	4.9	468.3	*25.2*	440.5	194.6	516.4	*16.2*
1955	107.8	4.9	476.6	*25.2*	468.7	199.2	525.0	*16.2*
1956	110.0	4.9	485.1	*25.6*	504.5	204.0	534.9	*17.3*
1957	110.6	4.9	493.7	*26.0*	531.0	208.2	548.7	*17.3*
1958	112.4	4.9	502.5	*26.4*	556.7	214.1	558.3	*17.3*
1959	114.2	4.9	511.5	*26.8*	597.6	219.4	566.7	*18.4*
1960	116.0	4.9	550.0	*27.2*	629.4	224.9	556.5	*18.4*
1961	117.9	4.9	563.7	*28.1*	660.1	230.5	551.8	*19.5*
1962	119.8	4.8	577.7	*28.5*	689.9	236.3	562.0	*19.5*
1963	121.7	4.8	592.1	*29.3*	665.7	242.3	575.8	*19.5*
1964	123.6	4.8	606.9	*29.7*	716.6	248.5	584.9	*19.5*
1965	126.2	4.7	624.9	*30.5*	790.4	254.8	591.5	*20.6*
1966	130.0	4.6	638.0	*39.0*	836.1	261.4	609.1	*21.7*
1967	132.4	4.6	651.4	*39.8*	802.7	268.1	625.2	*21.7*
1968	135.5	4.5	665.0	*40.7*	839.2	275.1	644.2	*21.7*
1969	138.1	4.5	679.0	*41.9*	802.8	282.4	663.0	*21.7*
1970	140.8	4.5	693.3	*43.1*	830.3	284.9	680.0	*21.7*
1971	142.8	4.6	710.2	*43.5*	1300.3	292.6	702.8	*21.7*
1972	145.3	4.7	726.0	*44.3*	1356.5	302.0	724.6	*21.7*
1973	148.0	4.8	743.4	*45.1*	1413.6	304.4	745.8	*21.7*
1974	150.9	4.6	760.1	*46.3*	1471.4	322.4	757.1	*21.7*
1975	153.9	4.6	779.1	*47.2*	1529.5	324.8	781.4	*21.7*
1976	156.9	4.7	796.3	*48.4*	1608.1	312.8	793.7	*21.7*
1977	160.1	4.9	813.3	*49.2*	1688.1	320.5	804.7	*21.7*
1978	163.4	4.8	828.9	*49.0*	1769.4	308.1	814.1	*20.6*
1979	166.7	4.7	844.7	*49.8*	1851.7	333.6	813.8	*19.5*
1980	170.1	4.8	862.8	*50.7*	2579.8	353.6	822.3	*19.5*
1981	174.0	5.0	878.0	*51.5*	2692.7	365.1	819.4	*18.4*
1982	177.9	4.7	900.5	*52.4*	2805.9	384.2	822.9	*18.4*
1983	181.9	4.9	919.7	*53.3*	2919.1	404.8	843.8	*18.4*
1984	185.9	4.8	939.2	*54.7*	3032.1	422.3	844.1	*19.5*
1985	190.0	4.9	957.9	*55.9*	3144.3	413.3	856.9	*19.5*
1986	194.2	5.0	977.7	*57.3*	3227.5	395.4	866.2	*18.4*
1987	198.4	5.1	988.2	*62.2*	3316.4	379.9	874.0	*18.4*
1988	202.6	5.2	983.8	*64.0*	3410.3	368.5	883.8	*19.5*
1989	207.0	5.2	992.4	*65.5*	3509.7	341.1	893.1	*19.5*
1990	211.4	5.3	975.2	*66.9*	3615.1	333.2	903.6	*19.5*
1991	215.9	5.7	994.0	*68.0*	3692.6	325.8	916.1	*20.6*
1992	220.8	5.6	1007.7	*68.8*	3760.1	318.9	917.3	*20.6*
1993	226.0	5.8	1017.2	*69.6*	3816.6	325.6	918.7	*20.6*
1994	231.5	5.8	1026.2	*70.7*	3861.7	204.3	909.8	*20.3*

(出所)　United Nations, *Demographic Yearbook*, New York, United Nations Publications, Various Years（国際連合統計局編『世界人口年鑑』，原書房，各年版）；中国国家統計局人口統計与就業統計司編『中国人口統計年鑑』中国統計出版社，各年版；行政院主計處編『中華民国統計年鑑』行政院出版署，各年版；United Nations Economic and Social Committee for Asia and the Pacific, *United Nations Statistical Yearbook for Asia and the Pacific*, Bangkok, Thailand, United Nations Publications, Various Years；The World Bank, *World Development Indicators*, Washington, D. C., World Bank Development Data Center, Various Years.
(注 1)　表 I-1 の人口規模を，農村地域（Rural Area）面積で除して求めた。農村地域面積は World Bank のデータから求めている。
(注 2)　ブータン，クック諸島に関しては，総面積から，未利用地を除いた面積を農村地域面積とした。また，台湾の農村面積は，都

III 人口増加率・人口密度

フィジー	香港	インド	インドネシア	イラン	日本	ラオス	
308.3	2943.2	187.5	358.7	77.8	839.2	250.3	1950
315.7	2963.7	188.4	363.8	78.9	829.6	254.7	1951
326.1	3074.4	191.3	370.2	80.0	823.5	259.4	1952
335.4	3179.9	194.4	376.8	81.1	816.2	264.3	1953
344.7	3294.1	197.7	383.6	82.1	809.2	269.3	1954
356.0	3416.3	201.0	390.6	83.2	799.5	274.6	1955
355.8	3518.9	204.7	397.9	86.5	788.4	280.0	1956
370.0	3628.9	208.5	405.4	88.0	775.6	285.7	1957
382.1	3706.8	212.6	413.3	89.4	762.7	283.4	1958
395.1	3792.2	216.9	421.4	91.0	750.0	290.9	1959
399.9	3834.4	221.4	429.7	92.5	736.2	298.3	1960
411.7	3896.8	226.2	438.0	94.0	722.5	304.5	1961
424.4	4038.4	231.4	446.7	95.6	708.6	311.9	1962
436.1	4135.9	236.6	456.0	97.2	695.1	319.3	1963
449.6	4156.9	241.9	465.5	98.8	681.3	326.7	1964
467.1	4163.0	249.9	475.8	100.7	652.4	335.9	1965
480.0	4017.0	252.7	485.8	102.4	648.8	342.6	1966
476.9	4036.4	257.7	496.3	104.1	639.5	350.5	1967
493.4	4041.2	262.8	513.0	105.8	630.5	358.4	1968
500.0	4021.8	268.1	526.9	107.5	621.6	365.0	1969
506.3	4040.6	273.4	541.3	109.0	612.0	372.7	1970
514.2	4341.7	279.5	551.4	107.8	617.8	379.9	1971
499.4	4275.2	283.4	561.8	105.3	620.0	387.7	1972
506.6	4207.7	287.0	572.5	102.8	615.4	395.3	1973
513.6	4146.4	290.4	583.2	108.0	614.0	402.6	1974
486.0	4989.8	294.6	593.7	113.5	609.9	407.8	1975
462.8	4907.0	299.4	604.3	119.5	618.1	405.4	1976
440.8	5400.7	304.8	614.2	124.7	626.4	409.0	1977
422.5	5298.0	309.8	623.5	134.0	634.8	413.9	1978
430.8	5514.2	315.0	632.4	127.4	641.8	410.3	1979
438.4	6118.8	320.8	641.0	151.9	647.3	414.3	1980
422.1	6012.3	326.7	647.2	148.3	652.7	412.9	1981
407.5	5900.6	332.6	653.0	144.7	657.0	413.4	1982
395.4	5783.3	339.0	658.3	144.7	661.3	391.6	1983
384.3	5661.5	343.7	662.7	145.1	665.5	374.2	1984
357.1	5533.9	349.7	617.0	145.7	668.5	355.6	1985
364.9	5413.5	355.9	599.5	146.7	672.1	363.8	1986
339.3	5270.9	361.6	574.1	147.8	674.4	381.9	1987
313.4	5122.9	368.9	577.1	148.9	676.3	391.5	1988
294.6	5822.0	374.8	587.8	150.0	679.4	402.6	1989
277.8	5601.6	381.6	608.1	150.9	683.5	423.2	1990
261.9	5483.1	388.4	686.3	151.5	688.2	446.5	1991
250.7	5358.1	393.0	661.0	151.7	687.8	459.9	1992
252.5	5287.6	#DIV/0!	665.1	154.0	698.2	470.3	1993
253.9	5239.3	404.1	737.9	157.5	702.5	428.2	1994

市部人口密度から逆算した農村地域面積を推定した。
（注3） この3国に関してはイタリック体で表記してある。推計方法の詳細に関しては，推計の章を参照のこと。

表 III-5　人口密度〈農村地域〉：1950～94年 ② （単位：人／km²）

	マレーシア	モンゴル	ミャンマー	ネパール	ニュージーランド	パキスタン	パプアニューギニア	フィリピン
1950	522.5	67.3	155.1	417.3	101.8	144.4	5960.1	325.7
1951	529.9	68.0	156.9	418.7	101.5	147.1	6085.7	334.2
1952	541.4	69.3	158.9	420.8	101.6	149.9	6053.8	343.0
1953	555.3	69.6	161.0	423.8	102.6	152.7	6340.3	352.1
1954	568.2	69.9	163.1	427.7	102.5	155.6	6608.8	361.4
1955	579.2	71.0	165.2	432.5	102.9	158.5	6826.7	371.0
1956	592.6	71.3	167.3	438.0	102.6	161.5	6978.1	380.7
1957	609.0	72.4	169.9	444.2	102.7	164.5	7134.0	390.7
1958	624.5	74.3	172.4	451.1	102.7	167.6	7267.3	401.0
1959	640.5	75.3	174.9	458.5	102.7	170.7	7437.7	411.4
1960	656.3	77.1	177.6	466.3	102.1	173.9	7558.6	422.5
1961	673.5	78.9	180.2	470.3	101.8	175.5	7791.7	434.6
1962	692.1	80.6	183.1	478.6	101.8	196.1	10860.6	447.2
1963	708.8	81.6	186.2	486.8	101.4	200.8	11019.4	460.3
1964	723.7	84.0	189.3	495.6	101.2	205.6	11209.3	473.9
1965	749.7	86.0	184.8	504.4	98.6	209.8	11656.6	487.9
1966	746.0	86.7	195.7	512.9	98.3	215.1	11736.8	491.6
1967	757.0	88.1	199.1	521.5	97.7	220.5	11951.6	504.3
1968	766.8	89.4	202.7	530.5	96.6	226.0	12165.1	517.4
1969	774.7	90.7	206.2	540.0	95.2	231.7	12304.1	530.7
1970	784.5	92.7	209.9	558.5	94.3	237.5	12850.8	544.4
1971	785.7	90.3	214.3	569.9	123.8	244.9	12347.1	553.3
1972	786.6	91.5	218.8	553.5	134.9	254.1	13321.5	558.2
1973	787.3	91.3	234.8	537.6	141.7	257.9	14436.6	561.1
1974	787.5	91.3	239.3	518.5	138.5	263.0	14730.2	564.7
1975	788.9	89.8	243.7	530.9	136.1	266.8	15026.6	567.7
1976	786.5	79.3	248.7	543.3	128.3	275.1	15362.7	570.9
1977	785.5	69.5	253.1	556.0	123.3	277.5	15712.9	572.4
1978	792.4	67.2	258.1	569.5	21.0	286.4	15125.6	574.9
1979	795.2	67.8	263.2	583.3	20.8	290.3	14601.8	577.5
1980	798.3	67.4	268.5	597.7	20.7	297.0	13419.2	580.4
1981	791.6	66.6	273.3	611.6	20.8	304.6	13031.1	579.2
1982	801.0	65.4	278.7	624.3	21.0	311.5	12681.7	579.8
1983	810.9	63.2	284.8	638.2	21.2	321.0	11851.7	580.9
1984	821.1	63.2	291.5	649.5	21.3	329.9	11154.8	581.8
1985	815.5	63.4	297.4	663.7	21.3	334.2	10562.9	581.8
1986	825.5	67.0	302.8	673.7	21.1	341.8	10052.5	581.5
1987	835.5	67.0	308.8	687.0	19.6	346.0	9919.8	580.1
1988	845.2	66.9	314.7	700.8	20.2	339.9	9502.8	578.3
1989	854.6	67.7	320.2	711.9	19.9	362.3	9692.5	577.2
1990	863.6	68.3	323.9	726.5	19.9	373.0	9323.3	574.4
1991	870.5	68.5	328.4	739.3	19.7	381.2	8996.9	572.9
1992	877.3	68.9	333.2	753.2	20.6	307.2	8489.8	570.9
1993	884.0	69.7	335.6	767.5	20.4	392.3	8662.6	570.4
1994	508.2	74.6	341.2	782.1	22.5	400.2	8840.1	569.3

III 人口増加率・人口密度

韓国	サモア	シンガポール	スリランカ	タイ	ベトナム	台湾	
758.6	121.2	0.0	811.9	141.1	438.1	*193.7*	1950
760.6	133.0	0.0	829.7	144.9	444.1	*204.3*	1951
756.8	132.9	0.0	846.0	149.0	449.6	*208.6*	1952
754.8	132.7	0.0	865.2	153.3	455.6	*209.4*	1953
755.4	132.6	0.0	885.3	157.6	462.0	*216.0*	1954
759.0	147.2	0.0	902.1	162.0	468.8	*221.9*	1955
771.4	147.1	0.0	919.7	166.7	476.0	*227.0*	1956
783.9	146.9	0.0	940.2	171.4	483.5	*231.3*	1957
796.3	146.8	0.0	958.4	176.2	491.4	*237.8*	1958
808.7	161.3	0.0	980.5	181.2	499.7	*245.0*	1959
821.5	161.1	0.0	1000.4	186.3	519.2	*252.3*	1960
833.8	161.0	0.0	1020.0	191.8	528.3	*259.0*	1961
846.0	175.5	0.0	1040.4	197.4	537.5	*261.2*	1962
858.6	175.3	0.0	1062.5	203.2	546.9	*266.1*	1963
870.9	175.1	0.0	1082.4	209.2	556.4	*270.8*	1964
908.8	177.2	0.0	1094.2	214.8	569.3	*275.2*	1965
904.6	181.6	0.0	1126.2	223.4	579.2	*279.3*	1966
899.5	186.1	0.0	1146.0	230.2	589.1	*281.9*	1967
895.2	205.2	0.0	1168.5	237.2	599.3	*285.3*	1968
887.7	209.9	0.0	1187.4	244.5	609.6	*295.3*	1969
879.3	214.7	0.0	1206.8	252.0	620.1	*298.0*	1970
883.5	213.7	0.0	1206.4	255.9	633.7	*300.0*	1971
891.4	216.1	0.0	1221.3	248.3	645.6	*301.3*	1972
889.6	218.0	0.0	1233.8	240.9	656.7	*302.1*	1973
891.6	215.7	0.0	1242.7	234.6	669.2	*303.0*	1974
890.2	216.5	0.0	1253.2	235.7	684.2	*303.9*	1975
873.9	216.9	0.0	1266.0	236.7	675.9	*305.7*	1976
853.3	218.1	0.0	1279.0	232.4	681.6	*306.3*	1977
829.7	219.4	0.0	1293.4	232.2	694.2	*307.1*	1978
814.2	220.8	0.0	1311.8	233.6	712.3	*308.1*	1979
797.6	222.1	0.0	1328.1	234.8	730.5	*308.5*	1980
783.5	223.2	0.0	1343.1	234.3	747.4	*308.8*	1981
765.8	224.4	0.0	1353.6	233.7	763.7	*308.8*	1982
752.2	224.9	0.0	1357.2	236.2	780.2	*307.8*	1983
735.2	225.4	0.0	1370.3	238.2	797.8	*306.8*	1984
712.9	225.6	0.0	1386.8	237.2	842.8	*305.0*	1985
684.3	226.0	0.0	1393.3	242.2	869.0	*302.3*	1986
652.5	226.4	0.0	1401.0	244.5	896.9	*299.8*	1987
624.3	227.5	0.0	1414.7	251.1	929.5	*297.4*	1988
597.5	228.5	0.0	1427.6	256.9	961.5	*294.5*	1989
572.9	229.8	0.0	1443.9	258.1	993.7	*292.0*	1990
552.2	231.3	0.0	1457.1	259.5	1007.8	*288.8*	1991
531.8	232.7	0.0	1463.5	259.8	1001.4	*285.4*	1992
508.4	234.1	0.0	1478.7	261.3	1021.2	*281.8*	1993
477.9	236.7	0.0	1530.7	262.8	969.2	*277.9*	1994

IV 年齢構成

IV 年齢構成

表 IV-1 人口年齢構成〈アフガニスタン〉：1960～95 年（単位：1,000 人）

		1960年	1970年	1980年	1990年	1995年
男	-4歳	1110.0	1370.7	1523.2	1528.4	1864.0
	5-9歳	1048.3	1294.5	1216.6	1220.9	1488.9
	10-14歳	1000.0	1234.8	972.9	976.3	1190.6
	15-19歳	751.0	927.4	798.3	800.9	976.7
	20-24歳	515.9	637.1	664.4	666.7	813.1
	25-29歳	397.5	490.9	528.8	530.5	646.9
	30-34歳	382.9	472.8	424.3	426.2	519.8
	35-39歳	377.5	466.2	374.9	376.7	459.4
	40-44歳	350.2	432.5	343.6	344.7	420.4
	45-49歳	334.0	412.4	312.5	313.7	382.6
	50-54歳	210.9	260.5	275.3	276.6	337.3
	55-59歳	186.3	230.0	228.0	229.1	279.4
	60-64歳	168.3	207.9	177.9	178.5	217.7
	65-69歳	106.8	131.8	128.9	129.0	157.3
	70-74歳	138.1	170.5	89.4	89.8	109.5
	75-79歳	29.2	36.1	128.0	129.0	157.3
	合計	7107.0	8776.0	8187.0	8217.0	10021.0
女	-4歳	1157.8	1438.2	1600.4	1628.7	1986.5
	5-9歳	1000.7	1243.0	1169.5	1190.2	1451.6
	10-14歳	883.9	1098.0	865.7	881.4	1074.9
	15-19歳	656.8	815.8	702.8	716.0	873.2
	20-24歳	481.7	598.3	624.7	636.4	776.2
	25-29歳	401.6	498.8	538.0	547.4	667.7
	30-34歳	418.0	519.2	466.6	475.2	579.6
	35-39歳	410.1	509.5	410.2	417.7	509.4
	40-44歳	339.4	421.5	335.3	341.2	416.2
	45-49歳	294.3	365.6	277.3	282.6	344.7
	50-54歳	169.9	211.0	223.2	227.1	277.0
	55-59歳	140.7	174.8	173.4	176.9	215.8
	60-64歳	123.7	153.7	131.5	134.0	163.4
	65-69歳	77.5	96.3	94.3	96.3	117.5
	70-74歳	98.2	122.0	64.0	64.9	79.2
	75-79歳	38.7	48.1	87.1	87.9	107.2
	合計	6693.0	8314.0	7764.0	7904.0	9640.0
合計	-4歳	2267.8	2808.9	3123.5	3157.2	3850.5
	5-9歳	2049.0	2537.5	2386.2	2411.0	2940.5
	10-14歳	1883.9	2332.8	1838.6	1857.7	2265.6
	15-19歳	1407.8	1743.2	1501.1	1516.8	1849.9
	20-24歳	997.6	1235.4	1289.1	1303.1	1589.3
	25-29歳	799.1	989.7	1066.8	1077.9	1314.6
	30-34歳	800.9	992.0	890.9	901.5	1099.4
	35-39歳	787.7	975.7	785.0	794.3	968.8
	40-44歳	689.6	854.0	678.9	685.9	836.6
	45-49歳	628.3	778.0	589.9	596.4	727.3
	50-54歳	380.8	471.5	498.6	503.7	614.3
	55-59歳	327.0	404.8	401.4	406.0	495.2
	60-64歳	292.0	361.5	309.4	312.5	381.2
	65-69歳	184.3	228.1	223.1	225.3	274.8
	70-74歳	236.3	292.5	153.4	154.7	188.7
	75-79歳	68.0	84.2	215.1	216.9	264.6
	合計	13800.0	17090.0	15951.0	16121.0	19661.0

(出所) United Nations, *Demographic Yearbook*, New York, United Nations Publications, Various Years (国際連合統計局編『世界人口年鑑』原書房，各年版)；The World Bank, *World Development Indicators*, Washington, D. C., World Bank Development Data Center, Various Years.
(注1) 75歳以上の項には不明を含む。
(注2) 各年度の年齢構成割合を推計し，表 I-2 の男女人口数や他の指標を含めて改めて実数値を推計している。したがって，各種統計書の実数値と値が異なっている。
(注3) 推計方法の詳細に関しては，推計の章を参照のこと。

表 IV-2　人口年齢構成〈オーストラリア〉：1960〜95 年 (単位：1,000 人)

		1960年	1970年	1980年	1990年	1995年
男	-4歳	555.5	623.5	563.5	648.4	668.5
	5-9歳	524.2	584.8	553.5	647.5	666.5
	10-14歳	510.5	617.0	589.7	632.7	668.9
	15-19歳	405.9	567.5	641.3	669.1	658.5
	20-24歳	354.0	541.6	609.6	712.4	744.2
	25-29歳	334.5	514.8	629.5	687.8	700.2
	30-34歳	377.5	415.0	586.1	720.3	735.3
	35-39歳	386.3	368.7	573.4	667.1	714.0
	40-44歳	336.4	376.4	510.1	645.5	668.4
	45-49歳	328.6	382.2	403.4	552.0	644.0
	50-54歳	286.5	341.8	348.2	439.8	501.9
	55-59歳	232.8	285.0	343.7	368.0	413.4
	60-64歳	186.8	244.8	321.1	357.2	352.4
	65-69歳	145.7	183.3	252.3	319.8	340.1
	70-74歳	114.4	125.1	192.7	235.2	272.5
	75-79歳	115.4	132.6	219.8	291.3	333.1
	合計	5195.0	6304.0	7338.0	8594.0	9082.0
女	-4歳	530.2	593.4	536.2	604.9	621.9
	5-9歳	499.9	551.7	526.3	603.9	619.9
	10-14歳	487.2	582.2	559.7	589.5	622.0
	15-19歳	385.4	538.1	613.1	625.1	610.8
	20-24歳	328.7	515.7	587.8	687.7	701.7
	25-29歳	307.2	485.4	615.8	669.4	680.4
	30-34歳	344.3	388.3	584.1	702.1	722.8
	35-39歳	364.9	348.7	563.4	653.0	701.8
	40-44歳	327.7	350.4	484.7	618.3	657.0
	45-49歳	315.0	361.2	380.7	516.3	612.7
	50-54歳	269.0	334.2	332.8	408.4	470.7
	55-59歳	220.1	290.6	331.0	351.6	392.0
	60-64歳	205.4	256.6	332.8	351.6	348.3
	65-69歳	181.0	205.4	285.7	338.1	351.6
	70-74歳	144.8	163.4	241.4	281.2	318.8
	75-79歳	174.1	240.5	381.6	470.0	534.8
	合計	5085.0	6206.0	7357.0	8471.0	8967.0
合計	-4歳	1085.7	1216.9	1099.7	1253.3	1290.5
	5-9歳	1024.1	1136.5	1079.8	1251.4	1286.4
	10-14歳	997.7	1199.3	1149.5	1222.2	1290.9
	15-19歳	791.3	1105.6	1254.4	1294.2	1269.2
	20-24歳	682.7	1057.2	1197.4	1400.1	1445.9
	25-29歳	641.6	1000.2	1245.3	1357.2	1380.7
	30-34歳	721.8	803.3	1170.3	1422.4	1458.1
	35-39歳	751.2	717.4	1136.8	1320.2	1415.8
	40-44歳	664.1	726.8	994.8	1263.8	1325.5
	45-49歳	643.6	743.4	784.1	1068.3	1256.7
	50-54歳	555.6	676.0	681.0	848.2	972.5
	55-59歳	452.9	575.6	674.7	719.6	805.4
	60-64歳	392.2	501.4	653.9	708.7	700.7
	65-69歳	326.7	388.7	538.1	657.9	691.6
	70-74歳	259.2	288.5	434.1	516.4	591.3
	75-79歳	289.5	373.0	601.4	761.3	867.9
	合計	10280.0	12510.0	14695.0	17065.0	18049.0

(出所)　United Nations, *Demographic Yearbook*, New York, United Nations Publications, Various Years（国際連合統計局編『世界人口年鑑』原書房，各年版）; The World Bank, *World Development Indicators*, Washington, D. C., World Bank Development Data Center, Various Years.
(注1)　75歳以上の項には不明を含む。
(注2)　各年度の年齢構成割合を推計し，表 I-2 の男女人口数や他の指標を含めて改めて実数値を推計している。したがって，各種統計書の実数値と値が異なっている。
(注3)　推計方法の詳細に関しては，推計の章を参照のこと。

IV 年齢構成

表 IV-3 人口年齢構成〈バングラデシュ〉：1960〜95 年 (単位：1,000 人)

		1960年	1970年	1980年	1990年	1995年
男	-4歳	4480.2	5686.6	7207.7	7603.4	8167.9
	5-9歳	3926.7	4984.1	6602.3	8863.4	9521.6
	10-14歳	3672.2	4661.1	6768.1	7249.1	7787.3
	15-19歳	2982.9	3786.1	4919.3	5356.9	5754.6
	20-24歳	2512.9	3189.6	3765.3	4594.7	4935.9
	25-29歳	2105.3	2672.3	3210.8	4330.6	4652.1
	30-34歳	1755.7	2228.4	2488.6	3450.0	3706.2
	35-39歳	1452.7	1843.9	2525.9	3147.0	3380.7
	40-44歳	1194.9	1516.7	1896.9	2643.8	2840.2
	45-49歳	1004.5	1275.0	1662.3	2104.0	2260.2
	50-54歳	844.7	1072.2	1337.5	1824.1	1959.5
	55-59歳	662.6	841.0	1004.9	1206.6	1296.2
	60-64歳	503.4	638.9	897.9	1271.6	1366.0
	65-69歳	357.5	453.7	579.0	1760.1	1890.8
	70-74歳	216.6	274.9	449.4	585.1	628.6
	75-79歳	168.2	213.4	413.1	451.7	485.2
	合計	27841.0	35338.0	45729.0	56442.0	60633.0
女	-4歳	4127.8	5349.4	7199.8	7434.4	8030.1
	5-9歳	3578.9	4638.0	6663.0	8622.7	9313.7
	10-14歳	3302.7	4280.0	6189.2	6613.8	7143.8
	15-19歳	2767.9	3587.0	4453.9	5086.9	5494.5
	20-24歳	2316.1	3001.5	3707.6	4934.9	5330.4
	25-29歳	1932.1	2503.9	3007.4	4285.2	4628.6
	30-34歳	1599.7	2073.1	2383.6	3394.4	3666.4
	35-39歳	1316.4	1706.0	2139.8	2869.4	3099.3
	40-44歳	1081.7	1401.8	1673.6	2319.2	2505.0
	45-49歳	892.4	1156.6	1515.0	1796.2	1940.2
	50-54歳	730.0	946.1	1217.3	1643.2	1774.9
	55-59歳	574.7	744.8	841.2	902.3	974.6
	60-64歳	437.1	566.5	777.6	910.7	983.7
	65-69歳	309.1	400.6	503.4	1402.2	1514.6
	70-74歳	185.2	240.0	357.4	563.8	609.0
	75-79歳	144.2	186.9	319.3	543.9	587.4
	合計	25296.0	32782.0	42949.0	53323.0	57596.0
合計	-4歳	8608.0	11036.0	14407.5	15037.7	16198.0
	5-9歳	7505.6	9622.1	13265.4	17486.1	18835.2
	10-14歳	6974.9	8941.1	12957.2	13862.8	14931.1
	15-19歳	5750.8	7373.1	9373.2	10443.7	11249.1
	20-24歳	4829.0	6191.1	7472.9	9529.7	10266.3
	25-29歳	4037.4	5176.2	6218.3	8615.7	9280.7
	30-34歳	3355.4	4301.6	4872.2	6844.4	7372.6
	35-39歳	2769.2	3549.9	4665.7	6016.4	6480.0
	40-44歳	2276.6	2918.5	3570.5	4963.0	5345.2
	45-49歳	1897.0	2431.5	3177.3	3900.2	4200.4
	50-54歳	1574.7	2018.2	2554.8	3467.3	3734.4
	55-59歳	1237.3	1585.9	1846.1	2108.9	2270.8
	60-64歳	940.5	1205.4	1675.5	2182.3	2349.7
	65-69歳	666.6	854.3	1082.3	3162.3	3405.4
	70-74歳	401.8	514.9	806.9	1149.0	1237.6
	75-79歳	312.3	400.3	732.4	995.5	1072.7
	合計	53137.0	68120.0	88678.0	109765.0	118229.0

(出所) United Nations, *Demographic Yearbook*, New York, United Nations Publications, Various Years (国際連合統計局編『世界人口年鑑』原書房, 各年版)；The World Bank, *World Development Indicators*, Washington, D. C., World Bank Development Data Center, Various Years.
(注1) 75歳以上の項には不明を含む。
(注2) 各年度の年齢構成割合を推計し, 表 I-2 の男女人口数や他の指標を含めて改めて実数値を推計している。したがって, 各種統計書の実数値と値が異なっている。
(注3) 推計方法の詳細に関しては, 推計の章を参照のこと。

統　　計

表 IV-4　人口年齢構成〈ブータン〉：1960～95 年　(単位：1,000 人)

		1960年	1970年	1980年	1990年	1995年
男	-4歳	56.3	91.6	107.9	123.1	118.7
	5-9歳	43.4	73.0	86.1	128.3	123.8
	10-14歳	38.4	63.1	74.4	108.5	104.7
	15-19歳	34.4	53.1	62.6	78.7	76.0
	20-24歳	30.5	44.2	52.0	65.4	63.1
	25-29歳	26.9	37.9	44.6	58.1	56.1
	30-34歳	23.6	33.5	39.5	49.5	47.8
	35-39歳	20.4	29.2	34.4	46.3	44.7
	40-44歳	17.3	25.3	29.8	36.8	35.5
	45-49歳	14.5	21.7	25.5	33.5	32.4
	50-54歳	11.6	18.0	21.3	27.5	26.6
	55-59歳	8.9	14.4	16.9	22.4	21.6
	60-64歳	6.6	10.8	12.7	19.3	18.6
	65-69歳	4.5	7.6	9.0	12.7	12.3
	70-74歳	2.6	4.7	5.5	8.4	8.1
	75-79歳	1.9	4.1	4.8	8.4	8.1
	合計	342.0	532.0	627.0	827.0	798.0
女	-4歳	50.6	88.6	103.9	117.9	140.1
	5-9歳	39.0	70.6	82.8	121.4	144.3
	10-14歳	35.5	60.8	71.3	98.6	117.1
	15-19歳	32.5	50.4	59.0	80.7	95.8
	20-24歳	29.5	44.5	52.2	75.6	89.9
	25-29歳	26.9	40.7	47.7	64.1	76.1
	30-34歳	23.6	37.3	43.7	53.1	63.1
	35-39歳	20.7	31.7	37.2	45.1	53.6
	40-44歳	17.4	26.1	30.6	38.2	45.4
	45-49歳	14.5	21.4	25.1	31.8	37.7
	50-54歳	11.8	17.1	20.0	25.7	30.5
	55-59歳	9.2	13.2	15.5	19.1	22.6
	60-64歳	6.9	10.0	11.7	19.1	22.6
	65-69歳	4.9	7.2	8.4	11.4	13.5
	70-74歳	2.9	4.5	5.3	7.9	9.4
	75-79歳	2.2	3.9	4.5	8.5	10.1
	合計	328.0	528.0	619.0	818.0	972.0
合計	-4歳	106.8	180.2	211.8	240.9	258.8
	5-9歳	82.4	143.6	168.9	249.7	268.0
	10-14歳	73.9	123.9	145.7	207.1	221.8
	15-19歳	66.9	103.4	121.6	159.4	171.8
	20-24歳	60.0	88.7	104.2	141.0	152.9
	25-29歳	53.8	78.5	92.3	122.2	132.2
	30-34歳	47.3	70.8	83.2	102.6	110.9
	35-39歳	41.1	60.9	71.6	91.4	98.2
	40-44歳	34.7	51.4	60.4	75.0	80.9
	45-49歳	28.9	43.1	50.7	65.3	70.1
	50-54歳	23.4	35.1	41.3	53.2	57.1
	55-59歳	18.1	27.5	32.4	41.5	44.3
	60-64歳	13.5	20.8	24.5	38.3	41.3
	65-69歳	9.4	14.8	17.4	24.1	25.8
	70-74歳	5.5	9.2	10.8	16.4	17.6
	75-79歳	4.1	8.0	9.4	16.9	18.2
	合計	670.0	1060.0	1246.0	1645.0	1770.0

(出所)　United Nations, *Demographic Yearbook*, New York, United Nations Publications, Various Years (国際連合統計局編『世界人口年鑑』原書房，各年版）；The World Bank, *World Development Indicators*, Washington, D. C., World Bank Development Data Center, Various Years.
(注1)　75歳以上の項には不明を含む。
(注2)　各年度の年齢構成割合を推計し，表 I-2 の男女人口数や他の指標を含めて改めて実数値を推計している。したがって，各種統計書の実数値と値が異なっている。
(注3)　推計方法の詳細に関しては，推計の章を参照のこと。

IV 年齢構成

表 IV-5 人口年齢構成〈ブルネイ〉:1960〜95 年 (単位:1,000 人)

		1960年	1970年	1980年	1990年	1995年
男	-4歳	8.4	11.3	15.2	18.6	21.7
	5-9歳	7.5	10.3	12.9	16.3	19.0
	10-14歳	4.8	9.3	11.1	14.3	16.6
	15-19歳	3.4	7.6	11.0	12.2	14.2
	20-24歳	3.6	7.1	13.0	13.3	15.5
	25-29歳	3.3	5.5	11.8	15.0	17.4
	30-34歳	3.1	4.8	8.2	15.4	17.9
	35-39歳	2.6	3.9	5.7	13.0	15.2
	40-44歳	2.3	3.8	4.4	9.4	10.9
	45-49歳	1.9	3.1	3.5	5.5	6.4
	50-54歳	1.5	2.7	2.9	4.1	4.8
	55-59歳	1.1	1.6	2.2	2.8	3.2
	60-64歳	1.2	1.4	1.6	2.2	2.5
	65-69歳	0.5	1.0	1.2	1.4	1.7
	70-74歳	0.4	0.6	1.8	1.1	1.3
	75-79歳	0.3	0.9	0.3	1.3	1.6
	合計	46.0	75.0	107.0	146.0	170.0
女	-4歳	6.8	8.9	11.9	14.2	16.7
	5-9歳	5.9	8.1	10.1	12.6	14.8
	10-14歳	3.7	7.5	8.9	11.0	12.9
	15-19歳	2.8	6.5	8.3	9.5	11.2
	20-24歳	2.7	5.2	9.2	10.4	12.3
	25-29歳	2.6	3.7	8.3	11.1	13.0
	30-34歳	2.1	3.3	5.7	10.8	12.7
	35-39歳	1.8	2.8	3.4	8.5	10.0
	40-44歳	1.4	2.4	3.0	5.8	6.8
	45-49歳	1.0	1.7	2.8	3.4	4.0
	50-54歳	0.7	1.5	1.9	3.0	3.5
	55-59歳	0.5	0.9	1.4	2.2	2.6
	60-64歳	1.0	0.9	0.9	1.6	1.9
	65-69歳	0.5	0.7	0.9	1.1	1.3
	70-74歳	0.3	0.5	1.4	0.8	0.9
	75-79歳	0.3	0.4	0.1	1.2	1.4
	合計	34.0	55.0	78.0	107.0	126.0
合計	-4歳	15.3	20.3	27.1	32.8	38.4
	5-9歳	13.4	18.4	23.0	28.9	33.9
	10-14歳	8.5	16.8	20.0	25.3	29.6
	15-19歳	6.2	14.1	19.3	21.7	25.4
	20-24歳	6.3	12.3	22.2	23.7	27.8
	25-29歳	5.9	9.1	20.1	26.1	30.5
	30-34歳	5.1	8.1	13.9	26.2	30.7
	35-39歳	4.4	6.7	9.1	21.5	25.1
	40-44歳	3.7	6.2	7.4	15.2	17.7
	45-49歳	3.0	4.8	6.2	8.9	10.4
	50-54歳	2.2	4.1	4.8	7.1	8.3
	55-59歳	1.6	2.5	3.6	5.0	5.8
	60-64歳	2.2	2.3	2.6	3.8	4.4
	65-69歳	1.0	1.7	2.0	2.5	3.0
	70-74歳	0.6	1.1	3.2	1.9	2.2
	75-79歳	0.6	1.3	0.4	2.5	3.0
	合計	80.0	130.0	185.0	253.0	296.0

(出所) United Nations, *Demographic Yearbook*, New York, United Nations Publications, Various Years (国際連合統計局編『世界人口年鑑』原書房, 各年版); The World Bank, *World Development Indicators*, Washington, D. C., World Bank Development Data Center, Various Years.
(注1) 75歳以上の項には不明を含む。
(注2) 各年度の年齢構成割合を推計し, 表I-2の男女人口数や他の指標を含めて改めて実数値を推計している。したがって, 各種統計書の実数値と値が異なっている。
(注3) 推計方法の詳細に関しては, 推計の章を参照のこと。

表 IV-6 人口年齢構成〈カンボジア〉: 1960〜95 年 (単位:1,000 人)

		1960年	1970年	1980年	1990年	1995年
男	-4歳	501.9	521.2	484.1	610.2	714.8
	5-9歳	398.6	545.7	506.9	638.9	748.4
	10-14歳	319.8	471.7	438.1	552.2	646.9
	15-19歳	259.8	325.0	301.9	380.5	445.7
	20-24歳	214.3	276.6	256.9	323.8	379.3
	25-29歳	191.0	247.3	229.7	289.5	339.1
	30-34歳	162.1	228.1	211.9	267.1	312.9
	35-39歳	143.2	193.8	180.0	226.9	265.8
	40-44歳	123.2	157.5	146.3	184.4	216.0
	45-49歳	107.7	137.8	128.0	161.3	188.9
	50-54歳	87.7	114.0	105.9	133.4	156.3
	55-59歳	70.0	87.8	81.6	102.8	120.5
	60-64歳	46.6	70.4	65.4	82.5	96.6
	65-69歳	28.9	43.9	40.8	51.4	60.2
	70-74歳	17.8	27.0	25.0	31.6	37.0
	75-79歳	14.4	25.3	23.5	29.6	34.7
	合計	2687.0	3473.0	3226.0	4066.0	4763.0
女	-4歳	491.2	514.8	486.1	668.9	753.7
	5-9歳	380.9	536.0	506.1	696.4	784.7
	10-14歳	302.5	450.0	424.9	584.7	658.8
	15-19歳	266.0	321.6	303.7	417.9	470.9
	20-24歳	223.0	291.2	274.9	378.3	426.3
	25-29歳	200.9	258.9	244.5	336.4	379.0
	30-34歳	171.1	233.9	220.8	303.8	342.4
	35-39歳	145.7	192.2	181.5	249.7	281.3
	40-44歳	125.8	158.3	149.5	205.6	231.7
	45-49歳	108.2	136.1	128.5	176.8	199.2
	50-54歳	87.2	113.5	107.2	147.4	166.1
	55-59歳	66.2	88.2	83.3	114.6	129.2
	60-64歳	46.4	68.6	64.8	89.1	100.4
	65-69歳	28.7	44.4	42.0	57.7	65.1
	70-74歳	18.8	29.1	27.5	37.8	42.6
	75-79歳	14.4	28.3	26.7	36.8	41.4
	合計	2677.0	3465.0	3272.0	4502.0	5073.0
合計	-4歳	993.1	1036.0	970.3	1279.1	1468.5
	5-9歳	779.5	1081.7	1013.0	1335.3	1533.1
	10-14歳	622.2	921.7	863.1	1136.9	1305.8
	15-19歳	525.9	646.6	605.6	798.4	916.6
	20-24歳	437.3	567.7	531.8	702.1	805.6
	25-29歳	391.9	506.2	474.2	625.9	718.2
	30-34歳	333.2	462.0	432.7	570.9	655.2
	35-39歳	289.0	386.0	361.5	476.6	547.1
	40-44歳	249.1	315.8	295.8	390.1	447.7
	45-49歳	215.9	273.8	256.4	338.1	388.1
	50-54歳	174.9	227.5	213.0	280.9	322.5
	55-59歳	136.2	176.1	164.9	217.5	249.7
	60-64歳	93.0	139.0	130.2	171.6	197.0
	65-69歳	57.6	88.3	82.7	109.1	125.2
	70-74歳	36.5	56.1	52.5	69.4	79.6
	75-79歳	28.8	53.6	50.2	66.4	76.1
	合計	5364.0	6938.0	6498.0	8568.0	9836.0

(出所) United Nations, *Demographic Yearbook*, New York, United Nations Publications, Various Years (国際連合統計局編『世界人口年鑑』原書房, 各年版); The World Bank, *World Development Indicators*, Washington, D. C., World Bank Development Data Center, Various Years.
(注1) 75歳以上の項には不明を含む。
(注2) 各年度の年齢構成割合を推計し, 表 I-2 の男女人口数や他の指標を含めて改めて実数値を推計している。したがって, 各種統計書の実数値と値が異なっている。
(注3) 推計方法の詳細に関しては, 推計の章を参照のこと。

IV 年齢構成

表 IV-7 人口年齢構成〈中国〉：1960～95 年 (単位：1,000 人)

		1960年	1970年	1980年	1990年	1995年
男	-4歳	52847.8	40387.0	48793.9	62574.0	66159.9
	5-9歳	38126.0	47018.0	56805.2	52920.4	55953.1
	10-14歳	33374.8	55932.1	67574.9	51437.0	54384.7
	15-19歳	31615.3	52606.9	63557.4	63190.7	66811.9
	20-24歳	28234.2	31232.1	37733.3	65837.3	69610.2
	25-29歳	27142.1	39366.6	47561.1	54849.5	57992.8
	30-34歳	24143.7	31273.4	37783.2	44797.7	47364.9
	35-39歳	21922.4	23552.3	28455.0	45682.0	48299.9
	40-44歳	18846.1	21294.8	25727.4	34168.6	36126.7
	45-49歳	16881.1	20672.7	24975.9	26501.7	28020.4
	50-54歳	14314.2	17750.6	21445.5	24712.5	26128.7
	55-59歳	11968.5	14423.7	17426.1	22385.4	23668.2
	60-64歳	9284.2	11303.4	13656.3	17918.6	18945.4
	65-69歳	6247.4	8386.8	10132.6	13240.1	13998.8
	70-74歳	3795.6	5305.4	6409.8	8552.6	9042.7
	75-79歳	2425.8	4339.2	5242.5	7584.2	8018.9
	合計	341169.0	424845.0	513280.0	596352.0	630527.0
女	-4歳	50429.6	37517.3	45176.3	56424.7	59657.5
	5-9歳	34279.6	44072.9	53070.1	48597.7	51382.1
	10-14歳	28816.0	52495.1	63211.8	47922.6	50668.3
	15-19歳	28576.9	50516.4	60829.0	59601.7	63016.6
	20-24歳	26436.1	29937.1	36048.6	62678.2	66269.4
	25-29歳	24121.5	36776.4	44284.2	51703.4	54665.8
	30-34歳	21461.3	28743.3	34611.1	40920.5	43265.1
	35-39歳	20453.3	21052.7	25350.6	42564.1	45002.8
	40-44歳	17905.2	18553.6	22341.2	30939.5	32712.2
	45-49歳	16376.6	18323.7	22064.4	23666.4	25022.3
	50-54歳	13870.8	15826.1	19057.0	21911.3	23166.7
	55-59歳	11828.5	13457.8	16205.2	20240.8	21400.6
	60-64歳	9926.9	11203.2	13490.3	16802.6	17765.4
	65-69歳	7296.4	9098.9	10956.4	13665.8	14448.8
	70-74歳	5262.1	6493.5	7819.1	9887.9	10454.4
	75-79歳	3860.4	6897.0	8305.0	11420.5	12074.8
	合計	320901.0	400965.0	482820.0	558948.0	590973.0
合計	-4歳	103277.0	77904.4	93970.2	118999.0	125817.0
	5-9歳	72405.6	91090.9	109875.0	101518.0	107335.0
	10-14歳	62190.9	108427.0	130787.0	99359.5	105053.0
	15-19歳	60192.3	103123.0	124386.0	122792.0	129829.0
	20-24歳	54670.3	61169.2	73781.9	128515.0	135880.0
	25-29歳	51263.6	76143.1	91845.3	106553.0	112659.0
	30-34歳	45605.0	60016.6	72394.3	85718.3	90630.0
	35-39歳	42375.7	44605.1	53805.5	88246.1	93302.7
	40-44歳	36751.2	39848.4	48068.7	65108.1	68838.9
	45-49歳	33257.6	38996.4	47040.3	50168.1	53042.8
	50-54歳	28185.0	33576.7	40502.5	46623.9	49295.5
	55-59歳	23797.0	27881.5	33631.3	42626.2	45068.8
	60-64歳	19211.0	22506.6	27146.6	34721.2	36710.8
	65-69歳	13543.8	17485.7	21089.0	26905.9	28447.7
	70-74歳	9057.7	11798.9	14228.9	18440.4	19497.1
	75-79歳	6286.2	11236.2	13547.5	19004.7	20093.7
	合計	662070.0	825810.0	996100.0	1155300.0	1221500.0

(出所) 中国国家統計局人口統計与就業統計司編『中国人口統計年鑑』中国統計出版社，各年版。
(注1) 75歳以上の項には不明を含む。
(注2) 各年度の年齢構成割合を推計し，表I-2の男女人口数や他の指標を含めて改めて実数値を推計している。したがって，各種統計書の実数値と値が異なっている。
(注3) 推計方法の詳細に関しては，推計の章を参照のこと。

表 IV-8 人口年齢構成〈クック諸島〉：1960〜95年 (単位：1,000人)

		1960年	1970年	1980年	1990年	1995年
男	-4歳	1.8	1.9	1.1	1.1	1.2
	5-9歳	1.4	1.8	1.3	1.3	1.4
	10-14歳	1.2	1.5	1.4	1.4	1.6
	15-19歳	0.8	1.0	1.3	1.3	1.4
	20-24歳	0.7	0.7	0.7	0.7	0.8
	25-29歳	0.6	0.5	0.4	0.4	0.5
	30-34歳	0.5	0.5	0.4	0.4	0.5
	35-39歳	0.4	0.4	0.4	0.4	0.4
	40-44歳	0.4	0.4	0.4	0.4	0.4
	45-49歳	0.3	0.4	0.4	0.4	0.4
	50-54歳	0.3	0.3	0.3	0.3	0.4
	55-59歳	0.2	0.3	0.3	0.3	0.3
	60-64歳	0.2	0.2	0.2	0.2	0.2
	65-69歳	0.1	0.1	0.2	0.2	0.2
	70-74歳	0.1	0.1	0.1	0.1	0.1
	75-79歳	0.1	0.1	0.1	0.1	0.1
	合計	9.0	10.0	9.0	9.0	10.0
女	-4歳	1.7	1.8	1.1	1.1	1.1
	5-9歳	1.3	1.8	1.3	1.3	1.3
	10-14歳	1.0	1.5	1.4	1.4	1.4
	15-19歳	0.8	1.0	1.2	1.2	1.2
	20-24歳	0.6	0.7	0.7	0.7	0.7
	25-29歳	0.5	0.6	0.5	0.5	0.5
	30-34歳	0.4	0.5	0.4	0.4	0.4
	35-39歳	0.4	0.4	0.4	0.4	0.4
	40-44歳	0.3	0.3	0.4	0.4	0.4
	45-49歳	0.3	0.3	0.3	0.3	0.3
	50-54歳	0.2	0.3	0.3	0.3	0.3
	55-59歳	0.2	0.2	0.2	0.2	0.2
	60-64歳	0.1	0.2	0.2	0.2	0.2
	65-69歳	0.1	0.2	0.2	0.2	0.2
	70-74歳	0.1	0.1	0.1	0.1	0.1
	75-79歳	0.1	0.1	0.1	0.1	0.1
	合計	8.0	10.0	9.0	9.0	9.0
合計	-4歳	3.5	3.7	2.2	2.2	2.4
	5-9歳	2.6	3.6	2.6	2.6	2.7
	10-14歳	2.2	3.0	2.9	2.9	3.0
	15-19歳	1.7	2.1	2.5	2.5	2.6
	20-24歳	1.4	1.4	1.4	1.4	1.5
	25-29歳	1.1	1.1	0.9	0.9	1.0
	30-34歳	0.9	0.9	0.8	0.8	0.9
	35-39歳	0.8	0.8	0.8	0.8	0.9
	40-44歳	0.7	0.7	0.8	0.8	0.8
	45-49歳	0.6	0.7	0.7	0.7	0.8
	50-54歳	0.5	0.5	0.6	0.6	0.7
	55-59歳	0.4	0.5	0.5	0.5	0.6
	60-64歳	0.3	0.4	0.4	0.4	0.4
	65-69歳	0.2	0.3	0.3	0.3	0.3
	70-74歳	0.2	0.2	0.2	0.2	0.2
	75-79歳	0.2	0.2	0.2	0.2	0.3
	合計	17.0	20.0	18.0	18.0	19.0

(出所) United Nations, *Demographic Yearbook*, New York, United Nations Publications, Various Years (国際連合統計局編『世界人口年鑑』原書房，各年版)；The World Bank, *World Development Indicators*, Washington, D. C., World Bank Development Data Center, Various Years.
(注1) 75歳以上の項には不明を含む。
(注2) 各年度の年齢構成割合を推計し，表I-2の男女人口数や他の指標を含めて改めて実数値を推計している。したがって，各種統計書の実数値と値が異なっている。
(注3) 推計方法の詳細に関しては，推計の章を参照のこと。

IV 年齢構成

表 IV-9　人口年齢構成〈フィジー〉：1960〜95 年（単位：1,000 人）

		1960年	1970年	1980年	1990年	1995年
男	-4歳	37.2	37.5	43.6	48.3	52.6
	5-9歳	28.7	40.6	40.0	48.5	52.8
	10-14歳	25.2	35.4	40.5	43.1	46.9
	15-19歳	21.0	29.2	38.5	37.5	40.9
	20-24歳	17.4	24.2	32.5	34.9	38.0
	25-29歳	14.5	20.2	25.9	32.0	34.9
	30-34歳	12.2	16.5	21.1	27.1	29.5
	35-39歳	10.5	13.9	17.5	22.2	24.2
	40-44歳	8.9	11.5	14.7	18.5	20.1
	45-49歳	7.2	9.7	12.0	15.2	16.6
	50-54歳	5.5	7.9	9.7	12.2	13.3
	55-59歳	4.0	5.9	7.7	9.4	10.2
	60-64歳	3.3	4.0	5.9	6.9	7.5
	65-69歳	2.9	2.8	3.9	4.9	5.4
	70-74歳	1.8	1.8	2.4	3.4	3.7
	75-79歳	2.8	2.7	3.1	4.9	5.3
	合計	203.0	264.0	319.0	369.0	402.0
女	-4歳	35.4	36.3	41.4	45.1	49.1
	5-9歳	27.9	40.0	38.8	46.3	50.4
	10-14歳	24.4	34.9	39.7	41.4	45.0
	15-19歳	20.6	29.0	38.0	36.6	39.8
	20-24歳	17.2	24.3	33.0	35.0	38.1
	25-29歳	14.1	20.3	26.6	32.2	35.1
	30-34歳	11.6	16.0	21.4	27.4	29.8
	35-39歳	9.8	13.1	17.8	22.5	24.5
	40-44歳	8.0	10.6	14.6	18.5	20.2
	45-49歳	6.2	9.0	11.8	15.3	16.7
	50-54歳	4.5	7.1	9.4	12.2	13.2
	55-59歳	3.4	5.3	7.3	9.2	10.1
	60-64歳	2.7	3.7	5.6	6.7	7.3
	65-69歳	2.1	2.6	3.9	4.9	5.3
	70-74歳	1.4	1.6	2.4	3.4	3.7
	75-79歳	1.7	2.1	3.3	5.2	5.6
	合計	191.0	256.0	315.0	362.0	394.0
合計	-4歳	72.6	73.8	85.0	93.4	101.7
	5-9歳	56.7	80.6	78.8	94.8	103.2
	10-14歳	49.6	70.3	80.2	84.4	91.9
	15-19歳	41.6	58.2	76.5	74.1	80.7
	20-24歳	34.6	48.5	65.5	69.9	76.2
	25-29歳	28.6	40.6	52.5	64.3	70.0
	30-34歳	23.8	32.5	42.4	54.5	59.3
	35-39歳	20.3	27.1	35.3	44.7	48.7
	40-44歳	16.9	22.2	29.2	37.0	40.3
	45-49歳	13.4	18.6	23.8	30.6	33.3
	50-54歳	10.0	15.0	19.1	24.4	26.6
	55-59歳	7.4	11.3	15.0	18.6	20.3
	60-64歳	6.0	7.8	11.5	13.6	14.8
	65-69歳	5.0	5.4	7.8	9.8	10.7
	70-74歳	3.2	3.4	4.8	6.8	7.4
	75-79歳	4.5	4.8	6.5	10.0	10.9
	合計	394.0	520.0	634.0	731.0	796.0

(出所)　United Nations, *Demographic Yearbook*, New York, United Nations Publications, Various Years
(国際連合統計局編『世界人口年鑑』原書房，各年版)；The World Bank, *World Development Indicators*, Washington, D. C., World Bank Development Data Center, Various Years.
(注1)　75歳以上の項には不明を含む。
(注2)　各年度の年齢構成割合を推計し，表I-2の男女人口数や他の指標を含めて改めて実数値を推計している。したがって，各種統計書の実数値と値が異なっている。
(注3)　推計方法の詳細に関しては，推計の章を参照のこと。

統　計

表 IV-10　人口年齢構成〈香港〉：1960～95 年 (単位：1,000 人)

		1960年	1970年	1980年	1990年	1995年
男	-4歳	248.2	237.6	210.0	209.6	205.5
	5-9歳	212.3	282.4	210.9	229.7	215.5
	10-14歳	179.0	262.2	225.0	231.1	236.6
	15-19歳	87.0	224.6	289.5	235.0	228.2
	20-24歳	107.4	164.1	310.9	277.7	243.6
	25-29歳	132.5	102.9	264.1	328.4	293.6
	30-34歳	136.1	126.2	225.7	301.1	346.7
	35-39歳	119.2	135.2	139.0	250.7	316.4
	40-44歳	103.7	124.3	142.2	175.7	264.1
	45-49歳	83.6	112.1	143.5	135.9	185.8
	50-54歳	58.1	87.2	138.0	149.8	143.0
	55-59歳	36.0	70.0	111.4	142.3	150.2
	60-64歳	22.8	40.1	91.8	118.5	136.4
	65-69歳	12.8	26.4	66.6	89.4	107.4
	70-74歳	7.3	10.4	39.1	61.8	73.0
	75-79歳	5.2	8.3	30.5	55.3	77.9
	合計	1551.0	2014.0	2638.0	2992.0	3224.0
女	-4歳	240.9	224.1	197.3	185.4	180.2
	5-9歳	203.1	259.2	196.1	204.3	187.7
	10-14歳	163.6	242.2	211.6	202.7	207.0
	15-19歳	74.2	203.0	269.6	204.4	197.8
	20-24歳	90.7	149.8	280.7	257.5	237.7
	25-29歳	115.8	86.5	229.7	302.5	291.6
	30-34歳	121.3	107.4	185.9	271.1	327.9
	35-39歳	110.7	125.1	105.8	216.5	285.6
	40-44歳	94.9	120.4	110.4	142.4	223.2
	45-49歳	80.0	103.7	120.4	107.4	145.5
	50-54歳	63.3	89.3	121.5	122.8	107.5
	55-59歳	49.4	74.6	104.8	122.2	119.9
	60-64歳	39.7	55.5	91.1	110.8	117.4
	65-69歳	27.6	49.2	74.5	90.8	103.9
	70-74歳	18.3	29.1	55.7	71.0	80.2
	75-79歳	15.3	26.8	70.1	101.3	118.9
	合計	1509.0	1946.0	2425.0	2713.0	2932.0
合計	-4歳	489.0	461.8	407.3	395.0	385.6
	5-9歳	415.4	541.7	407.0	434.0	403.3
	10-14歳	342.6	504.3	436.6	433.9	443.6
	15-19歳	161.2	427.6	559.2	439.4	426.1
	20-24歳	198.1	313.9	591.5	535.2	481.4
	25-29歳	248.3	189.4	493.8	630.9	585.1
	30-34歳	257.4	233.6	411.5	572.2	674.6
	35-39歳	229.9	260.2	244.8	467.2	602.0
	40-44歳	198.7	244.7	252.6	318.1	487.2
	45-49歳	163.6	215.9	263.9	243.4	331.3
	50-54歳	121.4	176.4	259.5	272.5	250.5
	55-59歳	85.4	144.6	216.1	264.5	270.1
	60-64歳	62.5	95.5	182.8	229.3	253.8
	65-69歳	40.3	75.7	141.1	180.1	211.4
	70-74歳	25.6	39.6	94.8	132.8	153.2
	75-79歳	20.5	35.1	100.5	156.6	196.8
	合計	3060.0	3960.0	5063.0	5705.0	6156.0

（出所）　United Nations, *Demographic Yearbook*, New York, United Nations Publications, Various Years（国際連合統計局編『世界人口年鑑』原書房，各年版）；The World Bank, *World Development Indicators*, Washington, D. C., World Bank Development Data Center, Various Years.
（注1）　75歳以上の項には不明を含む。
（注2）　各年度の年齢構成割合を推計し，表 I-2 の男女人口数や他の指標を含めて改めて実数値を推計している。したがって，各種統計書の実数値と値が異なっている。
（注3）　推計方法の詳細に関しては，推計の章を参照のこと。

IV 年齢構成

表 IV-11 人口年齢構成〈インド〉：1960～95年 (単位：1,000人)

		1960年	1970年	1980年	1990年	1995年
男	-4歳	32548.9	41348.7	47740.8	56178.5	59672.3
	5-9歳	32437.8	37249.5	45608.2	52159.9	56539.7
	10-14歳	25766.5	33541.8	42568.4	46487.3	52158.9
	15-19歳	18238.2	28857.9	38268.9	46325.4	49208.2
	20-24歳	17845.9	24423.3	32502.9	42362.6	46935.3
	25-29歳	18174.1	20939.5	26701.0	35416.9	41081.6
	30-34歳	15678.8	18123.6	22542.3	29276.8	34136.8
	35-39歳	13341.6	15976.5	19536.5	25063.9	28640.5
	40-44歳	11853.7	14080.5	17090.0	21601.8	24516.4
	45-49歳	9549.0	11988.7	14853.4	18901.3	21183.5
	50-54歳	8955.0	9842.6	12441.9	16483.2	18358.6
	55-59歳	5181.5	7835.1	9995.5	13834.6	15519.0
	60-64歳	5597.2	5911.0	7479.1	10571.5	12198.6
	65-69歳	2425.2	4126.5	5277.5	7451.5	8675.6
	70-74歳	2114.7	1279.4	1926.4	2693.1	11049.0
	75-79歳	2074.7	3293.0	4958.4	6928.6	(0)
	合計	221783.0	278818.0	349491.0	431737.0	479874.0
女	-4歳	32057.9	39191.3	45245.7	52937.7	56488.1
	5-9歳	30774.9	34879.5	42901.8	48885.1	53211.2
	10-14歳	22428.8	31687.7	40134.9	43844.1	49070.3
	15-19歳	16831.2	27584.9	35415.4	43224.3	46343.6
	20-24歳	18633.7	23124.4	30077.4	38108.5	42988.3
	25-29歳	17578.3	19545.7	25194.1	31823.5	36831.1
	30-34歳	14466.9	16862.0	21548.7	27251.1	31141.3
	35-39歳	11551.3	14804.9	18684.2	23953.1	27013.2
	40-44歳	10492.7	12818.5	15982.2	20679.6	23485.8
	45-49歳	8105.8	10652.2	13346.1	17852.3	20218.4
	50-54歳	7771.8	8592.4	10709.0	15227.8	17259.8
	55-59歳	4430.6	6880.7	8495.8	12524.6	14316.1
	60-64歳	5388.4	5247.1	6478.1	9603.7	11181.9
	65-69歳	2317.2	3744.3	4719.7	7137.8	8236.0
	70-74歳	2199.9	1362.1	1927.5	2904.0	11345.8
	75-79歳	2207.5	3284.7	4648.3	7003.0	(0)
	合計	207237.0	260262.0	325509.0	402960.0	449131.0
合計	-4歳	64606.8	80540.0	92986.6	109146.0	116160.0
	5-9歳	63212.7	72129.1	88510.0	101045.0	109751.0
	10-14歳	48195.4	65229.5	82703.3	90331.3	101229.0
	15-19歳	35069.4	56442.9	73684.3	89549.7	95551.8
	20-24歳	36479.6	47547.8	62580.2	80471.1	89923.6
	25-29歳	35752.5	40485.2	51895.1	67240.4	77912.7
	30-34歳	30145.7	34985.6	44091.0	56528.0	65278.1
	35-39歳	24892.8	30781.5	38220.6	49017.0	55653.7
	40-44歳	22346.4	26899.0	33072.3	42281.4	48002.2
	45-49歳	17654.8	22641.0	28199.5	36753.6	41401.9
	50-54歳	16726.8	18435.0	23151.0	31711.0	35618.4
	55-59歳	9612.1	14715.8	18491.3	26359.2	29835.0
	60-64歳	10985.6	11158.1	13957.2	20175.2	23380.6
	65-69歳	4742.4	7870.7	9997.1	14589.3	16911.6
	70-74歳	4314.6	2641.4	3853.9	5597.0	22394.8
	75-79歳	4282.2	6577.6	9606.7	13931.7	(0)
	合計	429020.0	539080.0	675000.0	834697.0	929005.0

(出所) United Nations, *Demographic Yearbook*, New York, United Nations Publications, Various Years (国際連合統計局編『世界人口年鑑』原書房，各年版）；The World Bank, *World Development Indicators*, Washington, D. C., World Bank Development Data Center, Various Years.
(注1) 75歳以上の項には不明を含む。1995年の75歳以上は不明。
(注2) 各年度の年齢構成割合を推計し，表I-2の男女人口数や他の指標を含めて改めて実数値を推計している。したがって，各種統計書の実数値と値が異なっている。
(注3) 推計方法の詳細に関しては，推計の章を参照のこと。

表 IV-12 人口年齢構成〈インドネシア〉：1960～95 年 (単位：1,000 人)

		1960年	1970年	1980年	1990年	1995年
男	-4歳	7507.0	9883.0	10788.7	10763.0	11090.3
	5-9歳	8080.8	9799.6	10805.1	11787.3	10931.4
	10-14歳	5437.2	7565.0	9108.9	10994.9	11493.6
	15-19歳	3555.0	5749.1	7493.7	9549.6	11020.6
	20-24歳	2718.1	3705.9	5963.5	7659.6	9206.0
	25-29歳	3032.8	4092.7	5598.6	7386.6	7758.8
	30-34歳	3022.3	3796.4	4012.5	6571.2	7164.8
	35-39歳	3183.9	4061.8	4180.4	5814.4	6560.6
	40-44歳	2619.6	3152.4	3634.9	3960.8	5359.9
	45-49歳	2046.7	2497.0	3005.2	3736.2	4084.7
	50-54歳	1752.2	1957.9	2711.0	3297.3	3468.9
	55-59歳	1022.4	1158.5	1716.2	2343.3	2936.8
	60-64歳	1131.5	1113.2	1555.3	2270.1	2231.1
	65-69歳	398.8	564.8	809.1	1365.2	1682.7
	70-74歳	361.5	524.7	687.3	956.8	994.1
	75-79歳	369.2	391.0	697.7	892.7	1011.6
	合計	46239.0	60013.0	72768.0	89349.0	96996.0
女	-4歳	7170.0	9677.4	10342.2	10149.9	10736.1
	5-9歳	8046.7	9416.4	10367.0	11322.7	10624.8
	10-14歳	4823.2	6958.6	8460.7	10468.8	11140.7
	15-19歳	3601.3	5849.5	7746.4	9394.2	10417.6
	20-24歳	3524.6	4515.0	7001.0	8510.9	9287.0
	25-29歳	4248.7	5043.1	5713.0	8175.8	8555.6
	30-34歳	3624.4	4295.9	4131.5	6637.1	7822.7
	35-39歳	3167.8	4109.3	4345.3	5452.2	6555.3
	40-44歳	2535.8	3097.0	3764.1	4050.1	5104.8
	45-49歳	1864.4	2266.2	3127.7	3897.8	4080.7
	50-54歳	1718.7	1999.1	2683.8	3407.8	3629.0
	55-59歳	878.5	1121.4	1664.6	2576.1	3114.1
	60-64歳	958.1	1280.4	1664.2	2325.3	2431.5
	65-69歳	368.3	605.5	900.0	1500.2	1842.9
	70-74歳	339.5	538.3	839.0	1106.2	1109.4
	75-79歳	400.9	413.9	843.7	1159.0	1306.6
	合計	47271.0	61187.0	73594.0	90134.0	97759.0
合計	-4歳	14677.0	19560.4	21131.0	20912.9	21826.4
	5-9歳	16127.4	19216.1	21172.1	23110.0	21556.3
	10-14歳	10260.4	14523.6	17569.5	21463.7	22634.4
	15-19歳	7156.3	11598.6	15240.1	18943.8	21438.2
	20-24歳	6242.8	8220.9	12964.5	16170.4	18493.1
	25-29歳	7281.5	9135.8	11311.5	15562.4	16314.5
	30-34歳	6646.6	8092.3	8144.0	13208.3	14987.4
	35-39歳	6351.8	8171.2	8525.7	11266.7	13115.8
	40-44歳	5155.4	6249.4	7399.0	8010.8	10464.8
	45-49歳	3911.2	4763.2	6132.8	7634.0	8165.5
	50-54歳	3470.8	3957.0	5394.9	6705.1	7097.9
	55-59歳	1900.9	2279.8	3380.7	4919.5	6051.0
	60-64歳	2089.6	2393.6	3219.5	4595.5	4662.6
	65-69歳	767.1	1170.4	1709.0	2865.3	3525.6
	70-74歳	701.0	1063.0	1526.3	2063.0	2103.5
	75-79歳	770.1	804.8	1541.4	2051.6	2318.2
	合計	93510.0	121200.0	146362.0	179483.0	194755.0

（出所）　United Nations, *Demographic Yearbook*, New York, United Nations Publications, Various Years（国際連合統計局編『世界人口年鑑』原書房，各年版）；The World Bank, *World Development Indicators*, Washington, D. C., World Bank Development Data Center, Various Years.
（注1）　75歳以上の項には不明を含む。
（注2）　各年度の年齢構成割合を推計し，表 I-2 の男女人口数や他の指標を含めて改めて実数値を推計している。したがって，各種統計書の実数値と値が異なっている。
（注3）　推計方法の詳細に関しては，推計の章を参照のこと。

IV 年齢構成

表 IV-13 人口年齢構成〈イラン〉：1960〜95 年（単位：1,000 人）

		1960年	1970年	1980年	1990年	1995年
男	-4歳	1924.7	2342.6	3615.6	4015.7	3819.8
	5-9歳	1774.6	2264.6	3042.1	4456.3	4642.3
	10-14歳	1329.3	1884.6	2430.3	3769.3	4407.9
	15-19歳	884.1	1518.8	2117.7	2954.8	3376.9
	20-24歳	661.3	1130.1	1678.2	2434.9	2752.2
	25-29歳	668.6	841.3	1443.9	1944.1	2333.0
	30-34歳	720.0	697.1	1155.6	1719.9	1996.0
	35-39歳	637.1	686.1	828.1	1412.7	1733.7
	40-44歳	615.4	746.1	662.0	992.3	1333.3
	45-49歳	399.8	627.5	651.8	771.1	917.1
	50-54歳	309.0	607.3	675.3	794.3	765.7
	55-59歳	186.4	331.9	551.6	766.2	753.2
	60-64歳	287.1	252.6	510.8	698.6	736.1
	65-69歳	157.6	151.6	239.7	496.7	541.8
	70-74歳	148.4	160.5	134.0	255.1	432.1
	75-79歳	123.7	210.3	234.3	315.0	246.1
	合計	10827.0	14453.0	19971.0	27797.0	30787.0
女	-4歳	1882.0	2257.2	3558.9	3920.7	3585.1
	5-9歳	1748.8	2207.5	2925.9	4362.5	4479.3
	10-14歳	1258.2	1775.8	2295.4	3596.3	4257.3
	15-19歳	944.9	1555.3	2019.4	2812.0	3334.8
	20-24歳	786.0	1264.6	1656.1	2393.8	2826.7
	25-29歳	749.6	954.3	1452.3	1965.8	2259.0
	30-34歳	711.3	753.2	1157.2	1700.4	1895.8
	35-39歳	578.4	696.4	851.8	1384.8	1720.5
	40-44歳	515.5	672.5	659.1	996.2	1269.0
	45-49歳	321.9	553.3	609.9	769.3	913.4
	50-54歳	327.4	519.8	590.1	738.8	735.1
	55-59歳	180.6	268.7	519.5	641.1	655.1
	60-64歳	287.9	242.1	428.3	572.1	629.3
	65-69歳	138.8	144.6	217.3	365.9	429.8
	70-74歳	143.9	161.8	132.5	198.3	351.5
	75-79歳	117.5	179.9	252.2	281.1	236.1
	合計	10693.0	14207.0	19326.0	26699.0	29578.0
合計	-4歳	3806.7	4599.8	7174.5	7936.4	7404.9
	5-9歳	3523.4	4472.1	5968.1	8818.9	9121.6
	10-14歳	2587.5	3660.4	4725.7	7365.5	8665.2
	15-19歳	1829.0	3074.1	4137.0	5766.8	6711.7
	20-24歳	1447.3	2394.7	3334.3	4828.8	5578.8
	25-29歳	1418.2	1795.6	2896.2	3909.9	4592.0
	30-34歳	1431.3	1450.3	2312.8	3420.4	3891.9
	35-39歳	1215.5	1382.5	1680.0	2797.5	3454.2
	40-44歳	1130.9	1418.6	1321.1	1988.5	2602.4
	45-49歳	721.8	1180.8	1261.8	1540.4	1830.5
	50-54歳	636.4	1127.1	1265.5	1533.0	1500.8
	55-59歳	367.1	600.5	1071.1	1407.4	1408.3
	60-64歳	575.0	494.7	939.1	1270.7	1365.4
	65-69歳	296.4	296.2	457.1	862.6	971.6
	70-74歳	292.3	322.3	266.4	453.3	783.6
	75-79歳	241.3	390.2	486.5	596.1	482.2
	合計	21520.0	28660.0	39297.0	54496.0	60365.0

(出所) United Nations, *Demographic Yearbook*, New York, United Nations Publications, Various Years （国際連合統計局編『世界人口年鑑』原書房，各年版）； The World Bank, *World Development Indicators*, Washington, D. C., World Bank Development Data Center, Various Years.
(注1) 75歳以上の項には不明を含む。
(注2) 各年度の年齢構成割合を推計し，表 I-2 の男女人口数や他の指標を含めて改めて実数値を推計している。したがって，各種統計書の実数値と値が異なっている。
(注3) 推計方法の詳細に関しては，推計の章を参照のこと。

統　　計

表 IV-14　人口年齢構成〈日本〉：1960〜95 年（単位：1,000 人）

		1960年	1970年	1980年	1990年	1995年
男	-4歳	3942.6	4540.0	4373.3	3503.4	3170.2
	5-9歳	4619.5	4106.4	5130.7	3925.0	3613.1
	10-14歳	5521.4	4115.5	4578.7	4607.6	4045.8
	15-19歳	4595.9	5005.0	4221.5	5129.6	4830.8
	20-24歳	4052.6	5179.7	3925.8	4497.2	5032.1
	25-29歳	4023.2	4620.2	4560.9	4015.3	4277.3
	30-34歳	3681.3	4176.5	5418.8	4035.4	3985.4
	35-39歳	2714.5	4112.5	4597.5	4898.7	4076.0
	40-44歳	2234.1	3637.3	4140.0	4989.1	5243.5
	45-49歳	2217.4	2555.8	4049.2	4577.5	4730.2
	50-54歳	2005.2	2146.6	3507.1	4005.3	4267.2
	55-59歳	1770.4	2081.6	2514.8	3724.2	3935.1
	60-64歳	1412.8	1749.6	1950.8	3121.9	3502.4
	65-69歳	1009.0	1407.4	1726.5	2037.8	2737.5
	70-74歳	681.8	937.2	1304.4	1525.8	1690.8
	75-79歳	1274.3	837.7	1467.9	2158.2	2445.6
	合計	45756.0	51209.0	57468.0	60752.0	61583.0
女	-4歳	3757.0	4304.1	4178.9	3316.7	2986.3
	5-9歳	4413.9	3958.2	4890.2	3737.5	3427.2
	10-14歳	5291.4	3980.6	4356.2	4378.8	3828.1
	15-19歳	4540.4	4862.8	3998.8	4869.8	4569.6
	20-24歳	4111.0	5135.4	3875.0	4298.6	4800.1
	25-29歳	4034.5	4723.4	4499.4	3887.8	4148.7
	30-34歳	3697.2	4225.8	5352.1	3947.9	3888.2
	35-39歳	3210.9	4091.5	4604.9	4839.7	3998.4
	40-44歳	2691.3	3716.0	4170.0	4949.9	5180.9
	45-49歳	2509.9	3171.6	4032.5	4619.3	4709.9
	50-54歳	2118.7	2582.5	3640.9	4078.2	4329.1
	55-59歳	1803.0	2406.4	3109.8	3857.8	4078.6
	60-64歳	1464.8	1929.2	2512.0	3426.9	3737.9
	65-69歳	1110.8	1578.2	2206.5	2815.7	3206.8
	70-74歳	853.0	1134.5	1686.1	2154.3	2525.3
	75-79歳	1856.0	1330.9	2225.7	3547.1	4198.8
	合計	47464.0	53131.0	59339.0	62726.0	63614.0
合計	-4歳	7699.6	8844.1	8552.2	6820.0	6156.5
	5-9歳	9033.5	8064.6	10020.9	7662.5	7040.3
	10-14歳	10812.9	8096.1	8934.9	8986.4	7873.9
	15-19歳	9136.3	9867.8	8220.3	9999.4	9400.5
	20-24歳	8163.6	10315.1	7800.8	8795.8	9832.2
	25-29歳	8057.7	9343.5	9060.3	7903.1	8426.0
	30-34歳	7378.5	8402.2	10770.8	7983.3	7873.6
	35-39歳	5925.5	8203.9	9202.4	9738.4	8074.4
	40-44歳	4925.4	7353.3	8310.0	9939.0	10424.4
	45-49歳	4727.3	5727.5	8081.7	9196.8	9440.1
	50-54歳	4123.9	4729.1	7148.0	8083.5	8596.4
	55-59歳	3573.4	4488.1	5624.7	7582.0	8013.7
	60-64歳	2877.6	3678.8	4462.9	6548.8	7240.2
	65-69歳	2119.8	2985.6	3933.0	4853.4	5944.2
	70-74歳	1534.8	2071.6	2990.5	3680.2	4216.1
	75-79歳	3130.2	2168.7	3693.7	5705.4	6644.5
	合計	93220.0	104340.0	116807.0	123478.0	125197.0

（出所）　United Nations, *Demographic Yearbook*, New York, United Nations Publications, Various Years（国際連合統計局編『世界人口年鑑』原書房，各年版）；The World Bank, *World Development Indicators*, Washington, D. C., World Bank Development Data Center, Various Years.
（注1）　75歳以上の項には不明を含む。
（注2）　各年度の年齢構成割合を推計し，表 I-2 の男女人口数や他の指標を含めて改めて実数値を推計している。したがって，各種統計書の実数値と値が異なっている。
（注3）　推計方法の詳細に関しては，推計の章を参照のこと。

IV 年齢構成

表 IV-15 人口年齢構成〈ラオス〉: 1960～95 年 (単位: 1,000 人)

		1960年	1970年	1980年	1990年	1995年
男	-4歳	190.9	243.4	262.7	315.1	321.5
	5-9歳	156.5	199.9	215.8	272.4	290.8
	10-14歳	136.0	169.2	182.7	245.5	280.9
	15-19歳	118.1	149.5	161.5	227.6	270.7
	20-24歳	92.0	127.5	137.7	202.0	244.6
	25-29歳	88.6	99.7	107.6	167.5	210.6
	30-34歳	81.4	96.1	103.7	131.5	177.5
	35-39歳	70.6	87.3	94.4	104.0	144.0
	40-44歳	57.9	74.6	80.6	90.7	113.0
	45-49歳	50.3	60.7	65.5	85.6	92.0
	50-54歳	44.4	51.9	56.0	76.4	81.4
	55-59歳	36.3	44.5	48.1	62.1	71.9
	60-64歳	26.2	37.5	40.8	48.4	58.0
	65-69歳	17.6	23.9	25.8	35.4	41.7
	70-74歳	10.6	15.4	16.6	23.5	27.4
	75-79歳	8.5	12.8	13.5	21.3	25.0
	合計	1186.0	1494.0	1613.0	2109.0	2451.0
女	-4歳	177.8	227.4	247.1	303.0	305.6
	5-9歳	147.6	191.3	207.9	263.6	283.7
	10-14歳	128.6	167.7	182.3	238.5	277.4
	15-19歳	112.5	143.5	155.9	221.1	268.5
	20-24歳	88.1	123.0	133.7	196.3	243.4
	25-29歳	88.4	97.9	106.3	167.1	209.9
	30-34歳	77.3	97.2	105.7	134.2	176.8
	35-39歳	67.8	84.8	92.2	106.8	143.3
	40-44歳	59.9	74.2	80.5	93.1	112.9
	45-49歳	53.8	65.3	70.8	86.6	92.7
	50-54歳	46.0	57.8	62.7	77.2	82.5
	55-59歳	36.4	48.1	52.3	63.7	73.7
	60-64歳	27.0	35.3	38.4	50.8	60.2
	65-69歳	19.3	24.3	26.5	38.3	44.2
	70-74歳	12.6	15.5	16.8	26.3	29.2
	75-79歳	11.0	12.8	13.9	26.4	27.1
	合計	1154.0	1466.0	1593.0	2093.0	2431.0
合計	-4歳	368.7	470.8	509.8	618.1	627.2
	5-9歳	304.2	391.2	423.8	536.0	574.5
	10-14歳	264.7	336.9	365.1	484.0	558.3
	15-19歳	230.6	293.0	317.4	448.7	539.2
	20-24歳	180.1	250.5	271.3	398.3	488.0
	25-29歳	177.0	197.6	213.9	334.6	420.5
	30-34歳	158.7	193.2	209.4	265.7	354.3
	35-39歳	138.3	172.1	186.5	210.8	287.4
	40-44歳	117.8	148.8	161.1	183.7	225.9
	45-49歳	104.0	126.0	136.3	172.2	184.7
	50-54歳	90.4	109.7	118.7	153.6	163.8
	55-59歳	72.7	92.7	100.4	125.9	145.6
	60-64歳	53.2	72.8	79.2	99.2	118.1
	65-69歳	36.9	48.3	52.3	73.7	85.9
	70-74歳	23.2	30.9	33.4	49.8	56.6
	75-79歳	19.6	25.6	27.4	47.8	52.0
	合計	2340.0	2960.0	3206.0	4202.0	4882.0

(出所) United Nations, *Demographic Yearbook*, New York, United Nations Publications, Various Years (国際連合統計局編『世界人口年鑑』原書房, 各年版); The World Bank, *World Development Indicators*, Washington, D. C., World Bank Development Data Center, Various Years.
(注1) 75歳以上の項には不明を含む。
(注2) 各年度の年齢構成割合を推計し, 表 I-2 の男女人口数や他の指標を含めて改めて実数値を推計している。したがって, 各種統計書の実数値と値が異なっている。
(注3) 推計方法の詳細に関しては, 推計の章を参照のこと。

表IV-16 人口年齢構成〈マレーシア〉：1960～95年 （単位：1,000人）

		1960年	1970年	1980年	1990年	1995年
男	-4歳	659.0	779.7	1003.7	1230.2	1291.8
	5-9歳	605.4	760.7	884.4	1131.6	1262.6
	10-14歳	534.7	729.4	881.2	999.4	1168.1
	15-19歳	393.6	611.1	843.4	932.2	1022.1
	20-24歳	322.1	474.8	704.8	867.1	968.9
	25-29歳	278.6	350.8	546.4	775.7	909.6
	30-34歳	221.6	290.2	403.2	651.3	831.6
	35-39歳	186.8	265.3	332.6	542.1	723.8
	40-44歳	159.2	210.2	302.4	443.6	590.2
	45-49歳	153.8	186.6	236.8	360.1	462.9
	50-54歳	140.2	154.4	206.4	294.1	348.1
	55-59歳	140.1	137.0	165.3	234.0	280.4
	60-64歳	104.6	111.3	141.0	178.4	209.4
	65-69歳	76.9	85.8	104.3	128.9	145.5
	70-74歳	49.1	50.0	75.0	85.9	93.0
	75-79歳	85.4	46.6	64.2	84.2	103.0
	合計	4111.0	5244.0	6895.0	8939.0	10411.0
女	-4歳	639.6	743.8	951.1	1171.1	1242.9
	5-9歳	593.2	726.4	849.8	1079.9	1222.4
	10-14歳	520.4	698.0	844.6	952.7	1142.5
	15-19歳	429.6	600.7	810.8	894.4	1018.4
	20-24歳	307.2	485.7	696.9	836.9	951.4
	25-29歳	281.2	358.4	562.9	784.9	876.2
	30-34歳	237.5	290.7	414.6	685.2	816.1
	35-39歳	206.6	271.6	335.3	555.7	716.6
	40-44歳	167.2	216.9	312.2	435.9	582.9
	45-49歳	151.4	188.1	247.6	345.1	447.9
	50-54歳	125.4	157.9	212.5	287.7	337.5
	55-59歳	121.2	130.1	174.2	241.1	284.1
	60-64歳	77.6	102.9	139.8	193.2	223.8
	65-69歳	59.2	78.7	103.2	146.1	166.4
	70-74歳	45.6	43.5	75.4	103.0	112.4
	75-79歳	36.0	52.7	71.1	112.3	136.5
	合計	3999.0	5146.0	6802.0	8825.0	10278.0
合計	-4歳	1298.6	1523.6	1954.8	2401.3	2534.6
	5-9歳	1198.5	1487.0	1734.3	2211.6	2485.0
	10-14歳	1055.1	1427.5	1725.7	1952.1	2310.6
	15-19歳	823.2	1211.8	1654.1	1826.7	2040.6
	20-24歳	629.2	960.4	1401.7	1704.0	1920.3
	25-29歳	559.8	709.2	1109.3	1560.5	1785.8
	30-34歳	459.1	580.9	817.8	1336.5	1647.8
	35-39歳	393.4	536.9	667.9	1097.7	1440.4
	40-44歳	326.4	427.1	614.5	879.5	1173.1
	45-49歳	305.2	374.7	484.4	705.3	910.8
	50-54歳	265.6	312.3	418.9	581.8	685.6
	55-59歳	261.3	267.0	339.6	475.1	564.5
	60-64歳	182.1	214.2	280.8	371.6	433.2
	65-69歳	136.2	164.5	207.5	275.0	311.9
	70-74歳	94.8	93.6	150.4	188.9	205.4
	75-79歳	121.3	99.3	135.3	196.4	239.5
	合計	8110.0	10390.0	13697.0	17764.0	20689.0

（出所） United Nations, *Demographic Yearbook*, New York, United Nations Publications, Various Years（国際連合統計局編『世界人口年鑑』原書房，各年版）; The World Bank, *World Development Indicators*, Washington, D. C., World Bank Development Data Center, Various Years.
（注1） 75歳以上の項には不明を含む。
（注2） 各年度の年齢構成割合を推計し，表I-2の男女人口数や他の指標を含めて改めて実数値を推計している。したがって，各種統計書の実数値と値が異なっている。
（注3） 推計方法の詳細に関しては，推計の章を参照のこと。

IV 年齢構成

表 IV-17 人口年齢構成〈モンゴル〉：1960〜95 年 (単位：1,000 人)

		1960年	1970年	1980年	1990年	1995年
男	-4歳	60.1	99.2	132.4	177.9	197.8
	5-9歳	50.0	83.9	111.9	150.2	167.0
	10-14歳	36.1	78.1	104.2	146.0	162.4
	15-19歳	42.9	67.6	90.3	122.0	135.7
	20-24歳	39.7	59.9	80.0	110.0	122.3
	25-29歳	36.3	54.8	73.2	99.1	110.2
	30-34歳	33.3	41.3	55.2	75.0	83.4
	35-39歳	32.4	28.2	37.6	51.3	57.1
	40-44歳	28.4	21.5	28.7	41.1	45.7
	45-49歳	28.1	20.9	27.8	36.2	40.2
	50-54歳	23.5	16.9	22.6	30.4	33.8
	55-59歳	20.6	15.3	20.5	25.9	28.8
	60-64歳	3.8	11.1	14.8	19.0	21.1
	65-69歳	29.1	9.6	12.8	16.5	18.3
	70-74歳	5.6	15.7	21.0	13.8	15.4
	75-79歳	5.0	0.0	0.0	1.7	1.9
	合計	475.0	624.0	833.0	1116.0	1241.0
女	-4歳	59.7	99.5	131.9	174.3	193.7
	5-9歳	49.9	84.1	111.5	147.7	164.1
	10-14歳	32.9	78.3	103.9	131.5	146.1
	15-19歳	42.2	67.9	90.0	118.2	131.4
	20-24歳	37.8	60.1	79.7	103.0	114.4
	25-29歳	35.5	55.0	72.9	95.6	106.2
	30-34歳	32.4	41.4	55.0	71.8	79.8
	35-39歳	31.3	28.3	37.5	48.8	54.2
	40-44歳	24.9	21.6	28.6	35.4	39.3
	45-49歳	29.9	20.9	27.7	37.9	42.1
	50-54歳	23.4	17.0	22.5	29.7	33.0
	55-59歳	23.0	15.4	20.4	28.5	31.7
	60-64歳	4.1	11.1	14.7	20.3	22.5
	65-69歳	31.6	9.7	12.8	17.7	19.6
	70-74歳	8.0	15.8	20.9	19.6	21.8
	75-79歳	8.4	0.0	0.0	19.9	22.1
	合計	475.0	626.0	830.0	1100.0	1222.0
合計	-4歳	119.8	198.6	264.3	352.2	391.5
	5-9歳	99.9	168.0	223.5	297.9	331.1
	10-14歳	69.0	156.4	208.1	277.5	308.5
	15-19歳	85.0	135.5	180.3	240.3	267.1
	20-24歳	77.5	120.1	159.8	213.0	236.7
	25-29歳	71.9	109.8	146.1	194.7	216.4
	30-34歳	65.7	82.8	110.1	146.8	163.1
	35-39歳	63.7	56.5	75.1	100.1	111.3
	40-44歳	53.3	43.1	57.3	76.4	84.9
	45-49歳	58.0	41.8	55.6	74.1	82.3
	50-54歳	46.9	33.9	45.1	60.1	66.8
	55-59歳	43.6	30.7	40.9	54.4	60.5
	60-64歳	7.9	22.1	29.5	39.2	43.6
	65-69歳	60.7	19.3	25.6	34.1	38.0
	70-74歳	13.6	31.5	41.9	33.4	37.2
	75-79歳	13.4	0.0	0.0	21.7	24.1
	合計	950.0	1250.0	1663.0	2216.0	2463.0

(出所) United Nations, *Demographic Yearbook*, New York, United Nations Publications, Various Years (国際連合統計局編『世界人口年鑑』原書房, 各年版); The World Bank, *World Development Indicators*, Washington, D. C., World Bank Development Data Center, Various Years.
(注1) 75歳以上の項には不明を含む。
(注2) 各年度の年齢構成割合を推計し, 表 I-2 の男女人口数や他の指標を含めて改めて実数値を推計している。したがって, 各種統計書の実数値と値が異なっている。
(注3) 推計方法の詳細に関しては, 推計の章を参照のこと。

統　　計

表 IV-18　人口年齢構成〈ミャンマー〉：1960〜95 年 (単位：1,000 人)

		1960年	1970年	1980年	1990年	1995年
男	-4歳	1796.5	2245.6	2743.5	3074.3	2949.2
	5-9歳	1473.1	1844.3	2254.3	2657.3	2666.7
	10-14歳	1280.3	1561.1	1908.3	2395.4	2576.6
	15-19歳	1111.8	1379.7	1686.9	2220.5	2483.2
	20-24歳	865.8	1176.1	1437.7	1970.7	2243.0
	25-29歳	833.4	919.8	1123.6	1634.0	1931.6
	30-34歳	765.8	886.2	1083.4	1283.0	1628.0
	35-39歳	664.0	805.5	985.6	1014.5	1321.1
	40-44歳	545.1	688.4	841.4	884.7	1036.4
	45-49歳	473.0	559.7	683.8	835.1	844.0
	50-54歳	418.0	479.1	584.9	744.9	746.2
	55-59歳	341.5	410.9	502.6	606.3	659.4
	60-64歳	246.9	345.6	426.4	472.0	531.6
	65-69歳	165.8	220.8	269.8	345.5	382.5
	70-74歳	100.0	142.1	173.0	228.9	251.3
	75-79歳	80.2	118.1	141.1	208.0	229.1
	合計	11161.0	13783.0	16846.0	20575.0	22480.0
女	-4歳	1725.4	2140.3	2604.6	3007.8	2844.3
	5-9歳	1432.8	1800.4	2191.8	2616.7	2640.9
	10-14歳	1248.1	1578.2	1922.0	2367.4	2581.5
	15-19歳	1091.3	1350.3	1643.1	2194.9	2499.0
	20-24歳	855.3	1157.5	1408.8	1948.8	2265.8
	25-29歳	857.9	921.1	1120.8	1658.8	1953.4
	30-34歳	749.9	914.4	1113.7	1332.5	1645.5
	35-39歳	657.6	797.6	971.7	1060.1	1334.2
	40-44歳	580.9	697.9	848.9	923.9	1050.4
	45-49歳	521.7	614.4	746.5	860.2	862.3
	50-54歳	445.9	544.1	661.3	766.8	767.7
	55-59歳	353.6	452.9	550.7	632.8	686.3
	60-64歳	262.2	332.3	404.7	504.2	559.8
	65-69歳	187.3	228.8	278.9	380.1	411.4
	70-74歳	121.9	146.2	177.5	261.5	271.7
	75-79歳	107.1	120.6	146.1	262.6	251.9
	合計	11199.0	13797.0	16791.0	20779.0	22626.0
合計	-4歳	3521.9	4385.9	5348.1	6082.1	5793.5
	5-9歳	2905.8	3644.7	4446.1	5274.0	5307.6
	10-14歳	2528.4	3139.3	3830.3	4762.8	5158.1
	15-19歳	2203.1	2729.9	3330.0	4415.3	4982.2
	20-24歳	1721.1	2333.6	2846.5	3919.5	4508.8
	25-29歳	1691.3	1840.8	2244.3	3292.8	3885.0
	30-34歳	1515.7	1800.6	2197.0	2615.5	3273.5
	35-39歳	1321.6	1603.1	1957.2	2074.6	2655.3
	40-44歳	1126.0	1386.3	1690.3	1808.5	2086.8
	45-49歳	994.7	1174.1	1430.3	1695.3	1706.4
	50-54歳	864.0	1023.2	1246.2	1511.7	1513.9
	55-59歳	695.1	863.9	1053.3	1239.0	1345.8
	60-64歳	509.0	678.0	831.0	976.3	1091.4
	65-69歳	353.0	449.7	548.7	725.6	793.9
	70-74歳	221.9	288.3	350.5	490.3	523.0
	75-79歳	187.3	238.7	287.1	470.5	481.0
	合計	22360.0	27580.0	33637.0	41354.0	45106.0

(出所)　United Nations, *Demographic Yearbook*, New York, United Nations Publications, Various Years (国際連合統計局編『世界人口年鑑』原書房，各年版)；The World Bank, *World Development Indicators*, Washington, D. C., World Bank Development Data Center, Various Years.
(注1)　75歳以上の項には不明を含む。
(注2)　各年度の年齢構成割合を推計し，表I-2の男女人口数や他の指標を含めて改めて実数値を推計している。したがって，各種統計書の実数値と値が異なっている。
(注3)　推計方法の詳細に関しては，推計の章を参照のこと。

IV 年齢構成

表 IV-19 人口年齢構成〈ネパール〉：1960～95 年 (単位：1,000 人)

		1960年	1970年	1980年	1990年	1995年
男	-4歳	776.0	978.6	1233.3	1371.9	1627.6
	5-9歳	598.9	780.7	983.9	1429.9	1696.4
	10-14歳	530.1	674.3	849.8	1209.9	1435.4
	15-19歳	474.9	567.3	715.0	877.9	1041.6
	20-24歳	420.7	471.9	594.7	728.9	864.8
	25-29歳	371.1	404.9	510.2	647.9	768.7
	30-34歳	326.0	357.8	450.9	551.9	654.8
	35-39歳	282.0	312.0	393.2	515.9	612.1
	40-44歳	239.1	270.1	340.4	410.0	486.4
	45-49歳	199.6	231.4	291.7	374.0	443.7
	50-54歳	160.2	192.8	242.9	307.0	364.2
	55-59歳	122.9	153.4	193.4	250.0	296.6
	60-64歳	91.4	115.4	145.4	215.0	255.1
	65-69歳	62.0	81.2	102.4	142.0	168.5
	70-74歳	36.1	50.3	63.4	94.0	111.5
	75-79歳	25.9	43.8	55.2	94.0	111.5
	合計	4717.0	5686.0	7166.0	9220.0	10939.0
女	-4歳	710.5	930.4	1148.6	1281.4	1515.7
	5-9歳	548.3	741.3	915.1	1319.7	1561.1
	10-14歳	498.5	638.7	788.5	1071.3	1267.3
	15-19歳	456.4	528.8	652.8	876.6	1037.0
	20-24歳	415.3	467.6	577.2	822.0	972.3
	25-29歳	377.4	426.9	527.0	696.3	823.7
	30-34歳	332.0	391.6	483.5	577.4	683.0
	35-39歳	290.9	333.0	411.1	490.1	579.7
	40-44歳	244.4	274.4	338.7	415.3	491.2
	45-49歳	203.3	225.1	277.9	345.3	408.4
	50-54歳	165.5	179.2	221.2	279.1	330.1
	55-59歳	128.7	138.5	171.0	207.2	245.1
	60-64歳	97.3	105.2	129.9	207.2	245.1
	65-69歳	69.2	75.3	92.9	123.7	146.4
	70-74歳	41.1	47.3	58.4	86.3	102.1
	75-79歳	31.4	40.6	50.2	92.1	108.9
	合計	4610.0	5544.0	6844.0	8891.0	10517.0
合計	-4歳	1486.5	1909.1	2382.0	2653.2	3143.4
	5-9歳	1147.2	1522.0	1899.0	2749.6	3257.5
	10-14歳	1028.7	1313.0	1638.3	2281.2	2702.7
	15-19歳	931.2	1096.1	1367.8	1754.5	2078.5
	20-24歳	836.0	939.5	1171.9	1550.9	1837.1
	25-29歳	748.5	831.8	1037.3	1344.3	1592.4
	30-34歳	658.0	749.4	934.4	1129.3	1337.8
	35-39歳	572.9	645.0	804.3	1006.1	1191.9
	40-44歳	483.5	544.5	679.2	825.3	977.6
	45-49歳	402.9	456.6	569.6	719.2	852.1
	50-54歳	325.6	371.9	464.1	586.1	694.3
	55-59歳	251.6	292.0	364.4	457.1	541.6
	60-64歳	188.7	220.6	275.3	422.1	500.1
	65-69歳	131.2	156.5	195.3	265.7	314.8
	70-74歳	77.2	97.6	121.7	180.3	213.6
	75-79歳	57.3	84.5	105.4	186.1	220.4
	合計	9327.0	11230.0	14010.0	18111.0	21456.0

(出所) United Nations, *Demographic Yearbook*, New York, United Nations Publications, Various Years (国際連合統計局編『世界人口年鑑』原書房，各年版)；The World Bank, *World Development Indicators*, Washington, D. C., World Bank Development Data Center, Various Years.
(注1) 75歳以上の項には不明を含む。
(注2) 各年度の年齢構成割合を推計し，表 I-2 の男女人口数や他の指標を含めて改めて実数値を推計している。したがって，各種統計書の実数値と値が異なっている。
(注3) 推計方法の詳細に関しては，推計の章を参照のこと。

表 IV-20 人口年齢構成〈ニュージーランド〉：1960～95年 (単位：1,000人)

		1960年	1970年	1980年	1990年	1995年
男	-4歳	138.2	146.3	128.9	145.7	152.2
	5-9歳	134.6	143.6	149.9	130.7	139.4
	10-14歳	120.2	152.1	152.8	127.7	131.5
	15-19歳	110.4	135.6	159.8	138.9	135.4
	20-24歳	85.8	116.9	134.8	140.8	145.2
	25-29歳	74.8	105.6	116.4	129.8	132.0
	30-34歳	67.4	89.7	115.5	139.0	149.1
	35-39歳	74.8	74.6	95.7	122.7	134.8
	40-44歳	71.7	75.3	80.5	115.8	118.5
	45-49歳	63.6	76.6	75.5	97.6	108.1
	50-54歳	60.6	70.3	79.9	85.0	94.3
	55-59歳	54.1	59.5	71.5	68.9	73.7
	60-64歳	43.3	54.7	58.5	70.2	75.8
	65-69歳	32.1	59.7	52.3	61.3	66.4
	70-74歳	21.6	29.8	38.0	45.3	50.0
	75-79歳	32.9	13.8	39.0	59.6	63.6
	合計	1186.0	1404.0	1549.0	1679.0	1770.0
女	-4歳	132.9	140.2	124.7	133.4	141.5
	5-9歳	130.1	137.7	144.9	121.1	129.6
	10-14歳	115.5	146.2	146.0	120.6	123.2
	15-19歳	106.6	129.7	152.4	132.1	125.8
	20-24歳	82.8	112.3	128.8	135.4	141.4
	25-29歳	73.1	103.9	117.3	131.8	134.7
	30-34歳	64.7	87.0	117.1	141.6	151.4
	35-39歳	70.1	72.4	92.9	125.5	138.2
	40-44歳	70.0	71.9	81.0	114.8	119.2
	45-49歳	65.3	72.5	72.0	94.1	107.0
	50-54歳	61.5	71.0	76.3	82.9	86.7
	55-59歳	53.6	63.3	73.1	65.9	72.2
	60-64歳	44.4	58.4	63.5	66.4	66.2
	65-69歳	38.2	48.6	59.1	65.0	69.8
	70-74歳	30.2	37.5	48.0	56.4	61.0
	75-79歳	45.0	53.2	67.0	97.1	104.2
	合計	1184.0	1406.0	1564.0	1684.0	1772.0
合計	-4歳	271.2	286.5	253.5	279.2	293.7
	5-9歳	264.6	281.3	294.8	251.7	269.0
	10-14歳	235.7	298.4	298.8	248.2	254.7
	15-19歳	217.0	265.2	312.3	271.0	261.2
	20-24歳	168.6	229.2	263.6	276.2	286.5
	25-29歳	147.9	209.5	233.7	261.5	266.7
	30-34歳	132.1	176.7	232.6	280.6	300.4
	35-39歳	144.9	147.0	188.6	248.2	273.0
	40-44歳	141.6	147.2	161.5	230.5	237.7
	45-49歳	128.9	149.2	147.5	191.7	215.2
	50-54歳	122.0	141.3	156.2	168.0	181.0
	55-59歳	107.7	122.8	144.6	134.8	145.9
	60-64歳	87.7	113.0	122.0	136.6	141.9
	65-69歳	70.3	108.4	111.4	126.4	136.2
	70-74歳	51.8	67.3	86.0	101.7	111.0
	75-79歳	78.0	67.0	106.0	156.8	167.8
	合計	2370.0	2810.0	3113.0	3363.0	3542.0

(出所) United Nations, *Demographic Yearbook*, New York, United Nations Publications, Various Years (国際連合統計局編『世界人口年鑑』原書房，各年版)；The World Bank, *World Development Indicators*, Washington, D. C., World Bank Development Data Center, Various Years.
(注1) 75歳以上の項には不明を含む。
(注2) 各年度の年齢構成割合を推計し，表I-2の男女人口数や他の指標を含めて改めて実数値を推計している。したがって，各種統計書の実数値と値が異なっている。
(注3) 推計方法の詳細に関しては，推計の章を参照のこと。

IV 年齢構成

表 IV-21 人口年齢構成〈パキスタン〉：1960～95 年（単位：1,000 人）

		1960年	1970年	1980年	1990年	1995年
男	-4歳	3431.4	4475.9	6238.4	9503.9	10979.0
	5-9歳	3521.8	5050.5	6852.9	7438.3	8592.8
	10-14歳	2558.0	4111.2	5892.4	6892.4	7962.1
	15-19歳	1789.2	2720.7	4218.4	5596.7	6465.3
	20-24歳	1748.7	2188.4	3289.2	4799.7	5544.6
	25-29歳	1692.2	2287.5	2909.0	4417.3	5102.9
	30-34歳	1393.8	1932.7	2402.2	3884.5	4487.4
	35-39歳	1174.1	1667.0	2133.7	3315.8	3830.5
	40-44歳	1023.0	1546.3	1949.4	2980.8	3443.4
	45-49歳	797.4	1194.2	1620.1	2579.2	2979.5
	50-54歳	840.8	1238.3	1647.6	2041.1	2357.9
	55-59歳	436.0	598.0	864.5	1663.2	1921.3
	60-64歳	641.3	978.9	1307.5	1332.5	1539.3
	65-69歳	269.9	373.7	558.7	958.0	1106.7
	70-74歳	312.4	490.8	682.2	623.8	720.6
	75-79歳	330.0	516.0	786.0	609.8	704.4
	合計	21960.0	31370.0	43352.0	58637.0	67738.0
女	-4歳	3320.4	4739.7	6416.5	8779.3	10207.3
	5-9歳	3330.9	4866.3	6373.3	7295.3	8481.8
	10-14歳	2253.6	3461.7	4979.5	6534.8	7597.7
	15-19歳	1609.6	2421.6	3594.4	5065.3	5889.2
	20-24歳	1761.9	2212.5	2978.9	4272.4	4967.2
	25-29歳	1633.5	2211.5	2605.4	4001.7	4652.6
	30-34歳	1351.0	1921.8	2244.7	3487.9	4055.2
	35-39歳	1050.6	1539.9	2089.8	2935.6	3413.0
	40-44歳	991.5	1430.5	1940.8	2640.1	3069.6
	45-49歳	698.7	1040.0	1475.2	2271.9	2641.4
	50-54歳	770.3	1004.5	1337.0	1808.6	2102.8
	55-59歳	377.5	540.2	756.7	1475.5	1715.5
	60-64歳	570.0	740.7	923.4	1167.2	1357.1
	65-69歳	220.6	309.9	434.2	880.3	1023.5
	70-74歳	234.2	379.9	487.2	584.0	679.0
	75-79歳	264.6	419.3	592.0	566.9	659.1
	合計	20439.0	29240.0	39229.0	53767.0	62512.0
合計	-4歳	6751.9	9215.6	12654.8	18283.3	21186.3
	5-9歳	6852.8	9916.8	13226.3	14733.6	17074.7
	10-14歳	4811.6	7572.8	10871.9	13427.2	15559.8
	15-19歳	3398.8	5142.3	7812.8	10662.0	12354.5
	20-24歳	3510.5	4400.9	6268.1	9072.0	10511.8
	25-29歳	3325.7	4499.0	5514.4	8419.1	9755.6
	30-34歳	2744.8	3854.4	4646.9	7372.4	8542.7
	35-39歳	2224.8	3206.9	4223.5	6251.4	7243.5
	40-44歳	2014.5	2976.8	3890.2	5620.9	6513.0
	45-49歳	1496.2	2234.2	3095.3	4851.1	5620.9
	50-54歳	1611.1	2242.8	2984.6	3849.7	4460.7
	55-59歳	813.5	1138.2	1621.2	3138.7	3636.8
	60-64歳	1211.3	1719.6	2230.8	2499.7	2896.3
	65-69歳	490.5	683.6	992.9	1838.3	2130.2
	70-74歳	546.6	870.8	1169.3	1207.8	1399.6
	75-79歳	594.6	935.3	1378.1	1176.7	1363.6
	合計	42399.0	60610.0	82581.0	112404.0	130250.0

(出所) United Nations, *Demographic Yearbook*, New York, United Nations Publications, Various Years
(国際連合統計局編『世界人口年鑑』原書房，各年版）；The World Bank, *World Development Indicators*, Washington, D. C., World Bank Development Data Center, Various Years.
(注1) 75歳以上の項には不明を含む。
(注2) 各年度の年齢構成割合を推計し，表I-2の男女人口数や他の指標を含めて改めて実数値を推計している。したがって，各種統計書の実数値と値が異なっている。
(注3) 推計方法の詳細に関しては，推計の章を参照のこと。

統　計

表 IV-22　人口年齢構成〈パプアニューギニア〉：1960～95 年 （単位：1,000 人）

		1960年	1970年	1980年	1990年	1995年
男	-4歳	124.6	237.6	242.3	286.5	314.6
	5-9歳	110.2	214.1	222.4	249.4	273.8
	10-14歳	80.2	143.0	201.4	230.3	252.9
	15-19歳	64.9	118.7	165.1	216.1	237.2
	20-24歳	53.8	99.4	133.9	193.5	212.4
	25-29歳	61.2	95.0	111.3	156.2	171.5
	30-34歳	48.7	83.9	105.3	125.1	137.4
	35-39歳	53.4	70.9	76.7	102.0	112.0
	40-44歳	41.7	63.5	75.1	94.1	103.3
	45-49歳	39.3	58.7	58.7	66.7	73.3
	50-54歳	23.0	44.8	58.2	63.2	69.4
	55-59歳	16.6	28.4	42.9	46.5	51.0
	60-64歳	8.5	18.5	33.6	41.6	45.7
	65-69歳	5.5	11.0	14.4	25.9	28.4
	70-74歳	1.4	5.8	7.5	15.4	16.9
	75-79歳	1.2	5.7	3.2	5.7	6.2
	合計	734.0	1299.0	1552.0	1918.0	2106.0
女	-4歳	115.7	222.2	223.1	274.4	303.2
	5-9歳	98.9	186.0	204.9	240.1	265.3
	10-14歳	67.8	122.4	179.7	212.4	234.7
	15-19歳	57.3	94.8	134.0	198.9	219.8
	20-24歳	51.8	103.9	120.0	172.5	190.7
	25-29歳	57.5	99.0	104.9	127.1	140.5
	30-34歳	46.5	81.5	104.8	112.6	124.4
	35-39歳	51.1	70.2	71.5	96.6	106.8
	40-44歳	39.5	63.2	70.5	94.8	104.8
	45-49歳	34.6	53.7	54.6	63.3	69.9
	50-54歳	20.2	38.5	54.5	60.5	66.8
	55-59歳	14.3	23.0	40.5	44.3	48.9
	60-64歳	6.7	15.7	28.9	40.0	44.2
	65-69歳	4.2	7.5	12.4	25.1	27.8
	70-74歳	1.0	4.9	5.7	13.7	15.1
	75-79歳	1.0	4.5	2.8	4.8	5.3
	合計	668.0	1191.0	1413.0	1781.0	1968.0
合計	-4歳	240.2	459.9	465.4	560.9	617.8
	5-9歳	209.1	400.1	427.4	489.4	539.1
	10-14歳	148.0	265.4	381.1	442.7	487.6
	15-19歳	122.2	213.6	299.1	414.9	457.0
	20-24歳	105.6	203.4	253.9	366.0	403.1
	25-29歳	118.7	194.0	216.3	283.3	311.9
	30-34歳	95.2	165.3	210.1	237.7	261.8
	35-39歳	104.5	141.1	148.2	198.6	218.7
	40-44歳	81.2	126.8	145.6	188.9	208.1
	45-49歳	73.9	112.3	113.3	130.0	143.2
	50-54歳	43.3	83.2	112.7	123.7	136.2
	55-59歳	30.9	51.4	83.5	90.7	99.9
	60-64歳	15.2	34.1	62.5	81.6	89.8
	65-69歳	9.6	18.5	26.8	51.0	56.2
	70-74歳	2.4	10.6	13.2	29.1	32.0
	75-79歳	2.2	10.2	6.1	10.4	11.5
	合計	1402.0	2490.0	2965.0	3699.0	4074.0

（出所）　United Nations, *Demographic Yearbook*, New York, United Nations Publications, Various Years（国際連合統計局編『世界人口年鑑』原書房，各年版）；The World Bank, *World Development Indicators*, Washington, D. C., World Bank Development Data Center, Various Years.
（注1）　75歳以上の項には不明を含む。
（注2）　各年度の年齢構成割合を推計し，表I-2の男女人口数や他の指標を含めて改めて実数値を推計している。したがって，各種統計書の実数値と値が異なっている。
（注3）　推計方法の詳細に関しては，推計の章を参照のこと。

IV 年齢構成

表 IV-23 人口年齢構成〈フィリピン〉：1960〜95 年 (単位：1,000 人)

		1960年	1970年	1980年	1990年	1995年
男	-4歳	2368.0	3578.7	4011.9	4353.0	4908.8
	5-9歳	2268.4	2824.8	3421.9	3992.9	4541.9
	10-14歳	1776.5	2352.9	3068.9	3847.6	4334.4
	15-19歳	1393.2	1985.7	2803.7	3371.1	3860.9
	20-24歳	1201.1	1612.4	2377.7	2998.7	3433.4
	25-29歳	957.6	1303.7	1833.6	2518.4	2909.4
	30-34歳	769.5	1064.7	1413.9	2160.0	2477.4
	35-39歳	707.2	874.9	1134.0	1866.4	2152.0
	40-44歳	549.2	725.2	993.0	1467.2	1717.8
	45-49歳	528.1	609.3	851.0	1166.2	1349.8
	50-54歳	367.2	505.7	675.6	968.8	1116.4
	55-59歳	253.5	398.0	547.2	734.1	855.0
	60-64歳	233.4	288.2	419.8	571.2	657.5
	65-69歳	113.7	195.9	308.0	402.0	464.5
	70-74歳	107.6	140.5	192.1	289.5	326.5
	75-79歳	150.9	102.6	179.6	290.1	333.2
	合計	13745.0	18563.0	24232.0	30997.0	35439.0
女	-4歳	2257.8	3491.9	3713.1	4124.2	4648.5
	5-9歳	2153.0	2743.3	3237.5	3797.4	4316.7
	10-14歳	1699.0	2266.2	2969.0	3641.7	4117.4
	15-19歳	1455.7	1920.7	2703.6	3169.5	3624.2
	20-24歳	1286.7	1571.1	2393.5	2868.7	3256.7
	25-29歳	1019.0	1284.3	1947.1	2632.7	2991.8
	30-34歳	805.2	1058.0	1509.0	2317.5	2665.5
	35-39歳	739.0	873.0	1210.3	1877.8	2196.8
	40-44歳	562.9	728.0	1039.6	1423.9	1674.6
	45-49歳	517.1	616.9	881.4	1136.5	1312.7
	50-54歳	351.2	519.3	713.9	968.0	1111.2
	55-59歳	240.2	415.4	585.9	763.8	885.2
	60-64歳	202.6	306.4	445.4	616.4	708.1
	65-69歳	115.0	213.9	324.7	461.2	532.2
	70-74歳	103.8	177.9	206.1	334.5	381.9
	75-79歳	156.8	100.8	205.0	349.4	407.5
	合計	13665.0	18287.0	24085.0	30483.0	34831.0
合計	-4歳	4625.8	7070.5	7724.9	8477.2	9557.3
	5-9歳	4421.3	5568.1	6659.4	7790.3	8858.6
	10-14歳	3475.4	4619.2	6037.9	7489.3	8451.8
	15-19歳	2848.9	3906.5	5507.4	6540.5	7485.0
	20-24歳	2487.8	3183.5	4771.2	5867.4	6690.1
	25-29歳	1976.6	2587.9	3780.7	5151.1	5901.2
	30-34歳	1574.7	2122.7	2922.8	4477.5	5142.9
	35-39歳	1446.2	1747.9	2344.3	3744.2	4348.8
	40-44歳	1112.2	1453.2	2032.7	2891.0	3392.4
	45-49歳	1045.2	1226.2	1732.5	2302.7	2662.5
	50-54歳	718.4	1024.9	1389.5	1936.8	2227.6
	55-59歳	493.7	813.4	1133.1	1497.9	1740.2
	60-64歳	435.9	594.6	865.2	1187.6	1365.6
	65-69歳	228.7	409.8	632.7	863.2	996.7
	70-74歳	211.5	318.4	398.2	624.0	708.4
	75-79歳	307.7	203.3	384.6	639.5	740.7
	合計	27410.0	36850.0	48317.0	61480.0	70270.0

(出所) United Nations, *Demographic Yearbook*, New York, United Nations Publications, Various Years (国際連合統計局編『世界人口年鑑』原書房，各年版）；The World Bank, *World Development Indicators*, Washington, D. C., World Bank Development Data Center, Various Years.
(注1) 75歳以上の項には不明を含む。
(注2) 各年度の年齢構成割合を推計し，表I-2の男女人口数や他の指標を含めて改めて実数値を推計している。したがって，各種統計書の実数値と値が異なっている。
(注3) 推計方法の詳細に関しては，推計の章を参照のこと。

表 IV-24 人口年齢構成〈韓国〉：1960～95 年 (単位：1,000 人)

		1960年	1970年	1980年	1990年	1995年
男	-4歳	2294.2	2046.3	2033.6	1774.7	1784.7
	5-9歳	1748.5	2225.4	2361.9	2138.7	1765.3
	10-14歳	1463.4	2206.9	2383.7	2134.6	2173.9
	15-19歳	1212.7	1764.7	2227.2	2412.9	2117.7
	20-24歳	1094.3	1349.0	2069.0	2233.5	2383.3
	25-29歳	852.6	1137.1	1565.7	2216.1	2135.1
	30-34歳	690.7	1058.8	1328.1	1950.1	2263.8
	35-39歳	679.9	944.4	1146.6	1463.8	1939.9
	40-44歳	567.4	743.9	1117.0	1241.6	1389.3
	45-49歳	498.3	622.6	897.5	1155.0	1178.9
	50-54歳	410.5	523.5	635.5	974.5	1104.3
	55-59歳	293.1	378.3	543.7	672.8	916.3
	60-64歳	235.8	315.9	380.4	478.1	603.7
	65-69歳	156.9	204.4	271.8	340.5	397.4
	70-74歳	99.7	124.2	170.6	210.0	274.8
	75-79歳	72.0	98.0	126.9	171.3	225.8
	合計	12370.0	15744.0	19259.0	21568.0	22654.0
女	-4歳	2185.7	1914.3	1829.0	1638.2	1593.8
	5-9歳	1625.6	2059.4	2169.5	1996.4	1616.3
	10-14歳	1327.3	2041.2	2180.3	2010.7	2046.1
	15-19歳	1127.0	1662.0	2035.7	2282.9	1992.7
	20-24歳	1060.6	1290.9	1982.5	2098.7	2260.4
	25-29歳	951.6	1144.9	1548.0	2150.9	2053.2
	30-34歳	781.1	1042.7	1235.6	1870.5	2184.5
	35-39歳	707.7	946.5	1112.4	1315.9	1869.7
	40-44歳	555.1	794.1	1082.8	1171.6	1323.0
	45-49歳	499.6	662.7	935.1	1117.4	1139.4
	50-54歳	407.4	539.5	729.9	993.6	1104.6
	55-59歳	332.1	445.7	618.6	800.2	964.1
	60-64歳	290.4	366.8	464.5	628.3	770.2
	65-69歳	215.1	269.2	370.9	482.0	583.6
	70-74歳	146.7	191.1	272.5	334.6	422.5
	75-79歳	117.0	185.3	297.9	409.3	514.8
	合計	12330.0	15556.0	18865.0	21301.0	22439.0
合計	-4歳	4479.9	3960.7	3862.7	3413.0	3378.4
	5-9歳	3374.2	4284.8	4531.4	4135.0	3381.6
	10-14歳	2790.6	4248.0	4564.0	4145.3	4219.9
	15-19歳	2339.8	3426.6	4262.9	4695.8	4110.4
	20-24歳	2154.9	2640.0	4051.4	4332.1	4643.7
	25-29歳	1804.2	2282.6	3113.7	4367.0	4188.3
	30-34歳	1471.8	2101.5	2563.7	3820.6	4448.3
	35-39歳	1387.6	1890.9	2259.0	2779.7	3809.6
	40-44歳	1122.5	1537.9	2199.8	2413.2	2712.3
	45-49歳	997.9	1285.3	1832.6	2272.3	2318.3
	50-54歳	817.9	1063.0	1365.4	1968.1	2208.9
	55-59歳	625.1	824.0	1162.3	1473.0	1880.4
	60-64歳	526.3	682.6	844.9	1106.4	1374.0
	65-69歳	372.0	473.6	642.7	822.4	980.9
	70-74歳	246.4	315.3	443.0	544.6	697.3
	75-79歳	189.0	283.2	424.7	580.6	740.6
	合計	24700.0	31300.0	38124.0	42869.0	45093.0

(出所) United Nations, *Demographic Yearbook*, New York, United Nations Publications, Various Years (国際連合統計局編『世界人口年鑑』原書房, 各年版); The World Bank, *World Development Indicators*, Washington, D. C., World Bank Development Data Center, Various Years.
(注1) 75歳以上の項には不明を含む。
(注2) 各年度の年齢構成割合を推計し, 表 I-2 の男女人口数や他の指標を含めて改めて実数値を推計している。したがって, 各種統計書の実数値と値が異なっている。
(注3) 推計方法の詳細に関しては, 推計の章を参照のこと。

IV 年齢構成

表 IV-25　人口年齢構成〈サモア〉：1960～95 年 (単位：1,000人)

		1960年	1970年	1980年	1990年	1995年
男	-4歳	11.8	13.3	11.9	12.0	12.1
	5-9歳	9.7	12.2	11.8	11.1	11.2
	10-14歳	7.7	11.1	12.3	11.0	11.1
	15-19歳	5.5	8.7	10.8	10.9	11.1
	20-24歳	4.4	5.2	7.8	8.6	8.7
	25-29歳	3.5	3.9	4.9	6.5	6.6
	30-34歳	3.1	3.4	3.4	5.1	5.2
	35-39歳	2.7	3.0	3.0	3.8	3.9
	40-44歳	2.1	2.7	2.9	3.0	3.0
	45-49歳	1.8	2.4	2.5	2.6	2.6
	50-54歳	1.3	1.9	2.4	2.4	2.4
	55-59歳	1.1	1.3	2.1	2.1	2.1
	60-64歳	0.8	1.1	1.4	1.7	1.7
	65-69歳	0.5	0.8	0.9	1.5	1.5
	70-74歳	0.4	0.5	0.6	0.8	0.8
	75-79歳	0.5	0.5	1.2	0.7	0.8
	合計	57.0	72.0	80.0	84.0	85.0
女	-4歳	10.5	12.2	10.9	11.7	11.7
	5-9歳	8.7	11.6	11.0	10.4	10.4
	10-14歳	6.8	10.1	11.2	10.4	10.4
	15-19歳	5.1	7.7	10.1	9.7	9.7
	20-24歳	4.3	4.8	7.2	7.2	7.2
	25-29歳	3.8	3.8	4.7	6.0	6.0
	30-34歳	3.1	3.4	3.5	5.0	5.0
	35-39歳	2.4	3.1	3.2	3.9	3.9
	40-44歳	2.0	2.8	3.0	3.1	3.1
	45-49歳	1.6	2.1	2.6	2.7	2.7
	50-54歳	1.1	2.0	2.4	2.5	2.5
	55-59歳	1.0	1.3	1.9	2.1	2.1
	60-64歳	0.9	1.1	1.4	1.8	1.8
	65-69歳	0.5	0.7	0.9	1.5	1.5
	70-74歳	0.4	0.6	0.6	0.9	0.9
	75-79歳	0.7	0.8	1.3	1.0	1.0
	合計	53.0	68.0	76.0	80.0	80.0
合計	-4歳	22.3	25.6	22.8	23.6	23.8
	5-9歳	18.4	23.8	22.8	21.5	21.7
	10-14歳	14.5	21.1	23.5	21.4	21.5
	15-19歳	10.6	16.4	20.8	20.6	20.7
	20-24歳	8.7	10.0	15.0	15.9	16.0
	25-29歳	7.3	7.7	9.7	12.6	12.7
	30-34歳	6.2	6.8	6.8	10.1	10.2
	35-39歳	5.2	6.1	6.2	7.8	7.8
	40-44歳	4.1	5.5	6.0	6.1	6.2
	45-49歳	3.4	4.5	5.1	5.3	5.3
	50-54歳	2.4	3.9	4.9	5.0	5.0
	55-59歳	2.0	2.6	3.9	4.2	4.2
	60-64歳	1.7	2.1	2.9	3.5	3.5
	65-69歳	1.0	1.5	1.9	3.0	3.1
	70-74歳	0.8	1.0	1.2	1.7	1.7
	75-79歳	1.2	1.3	2.5	1.7	1.7
	合計	110.0	140.0	156.0	164.0	165.0

(出所)　United Nations, *Demographic Yearbook*, New York, United Nations Publications, Various Years（国際連合統計局編『世界人口年鑑』原書房，各年版）; The World Bank, *World Development Indicators*, Washington, D. C., World Bank Development Data Center, Various Years.
(注1)　75歳以上の項には不明を含む。
(注2)　各年度の年齢構成割合を推計し，表I-2の男女人口数や他の指標を含めて改めて実数値を推計している。したがって，各種統計書の実数値と値が異なっている。
(注3)　推計方法の詳細に関しては，推計の章を参照のこと。

表 IV-26　人口年齢構成〈シンガポール〉：1960～95 年 (単位：1,000 人)

		1960年	1970年	1980年	1990年	1995年
男	-4歳	150.9	131.5	100.2	116.1	128.0
	5-9歳	123.7	150.5	111.7	108.6	119.6
	10-14歳	78.6	144.2	116.0	98.8	108.9
	15-19歳	77.4	122.9	142.2	94.3	104.0
	20-24歳	67.6	89.1	153.5	108.3	119.3
	25-29歳	66.0	66.8	133.1	117.6	129.6
	30-34歳	55.4	66.8	113.9	138.2	152.3
	35-39歳	51.3	59.3	68.2	140.1	154.4
	40-44歳	47.5	55.1	68.6	119.5	131.7
	45-49歳	41.7	45.6	55.5	94.5	104.2
	50-54歳	32.3	41.4	49.3	57.7	63.6
	55-59歳	22.7	35.0	37.6	51.9	57.2
	60-64歳	13.3	25.5	30.3	42.0	46.2
	65-69歳	7.5	15.9	23.1	33.0	36.4
	70-74歳	3.8	7.4	28.9	22.2	24.4
	75-79歳	2.4	3.2	0.0	28.2	31.1
	合計	842.0	1060.0	1232.0	1371.0	1511.0
女	-4歳	147.7	129.4	92.2	107.1	118.5
	5-9歳	122.3	147.5	104.1	99.8	110.4
	10-14歳	75.0	140.4	109.6	90.5	100.2
	15-19歳	75.6	118.2	134.2	87.5	96.8
	20-24歳	66.9	85.8	143.1	106.3	117.6
	25-29歳	59.9	63.6	127.3	118.8	131.4
	30-34歳	45.9	65.7	110.1	135.1	149.5
	35-39歳	41.8	54.5	65.6	133.5	147.7
	40-44歳	38.3	45.4	67.4	113.2	125.3
	45-49歳	33.4	37.3	53.6	90.9	100.6
	50-54歳	26.0	34.3	46.1	56.6	62.6
	55-59歳	19.5	29.3	34.7	51.4	56.9
	60-64歳	14.1	23.3	30.2	43.5	48.2
	65-69歳	10.0	16.1	25.4	35.2	39.0
	70-74歳	6.2	10.1	38.4	24.4	27.0
	75-79歳	5.5	9.1	0.0	40.1	44.4
	合計	788.0	1010.0	1182.0	1334.0	1476.0
合計	-4歳	298.6	260.8	192.5	223.2	246.5
	5-9歳	246.0	298.0	215.8	208.4	230.1
	10-14歳	153.7	284.6	225.6	189.3	209.1
	15-19歳	153.0	241.1	276.3	181.8	200.8
	20-24歳	134.5	174.9	296.6	214.6	236.9
	25-29歳	125.9	130.4	260.3	236.4	261.0
	30-34歳	101.2	132.4	224.0	273.3	301.8
	35-39歳	93.1	113.8	133.8	273.6	302.2
	40-44歳	85.8	100.5	136.0	232.7	257.0
	45-49歳	75.1	82.9	109.1	185.4	204.7
	50-54歳	58.3	75.7	95.4	114.3	126.2
	55-59歳	42.2	64.2	72.2	103.3	114.1
	60-64歳	27.4	48.7	60.6	85.5	94.4
	65-69歳	17.4	32.0	48.5	68.3	75.4
	70-74歳	10.0	17.6	67.3	46.5	51.4
	75-79歳	7.8	12.3	0.0	68.3	75.4
	合計	1630.0	2070.0	2414.0	2705.0	2987.0

(出所)　United Nations, *Demographic Yearbook*, New York, United Nations Publications, Various Years（国際連合統計局編『世界人口年鑑』原書房，各年版）；The World Bank, *World Development Indicators*, Washington, D. C., World Bank Development Data Center, Various Years.
(注1)　75歳以上の項には不明を含む。
(注2)　各年度の年齢構成割合を推計し，表 I-2 の男女人口数や他の指標を含めて改めて実数値を推計している。したがって，各種統計書の実数値と値が異なっている。
(注3)　推計方法の詳細に関しては，推計の章を参照のこと。

IV 年齢構成

表 IV-27　人口年齢構成〈スリランカ〉：1960～95 年 (単位：1,000 人)

		1960年	1970年	1980年	1990年	1995年
男	-4歳	761.4	990.1	973.5	1072.0	1122.3
	5-9歳	681.9	863.6	975.6	969.8	1017.1
	10-14歳	635.1	805.8	944.6	975.2	1024.1
	15-19歳	483.2	614.6	792.2	920.4	966.1
	20-24歳	414.7	526.4	735.5	850.5	910.0
	25-29歳	350.6	445.0	551.1	720.4	757.8
	30-34歳	329.7	418.6	434.7	644.1	676.8
	35-39歳	320.5	407.8	422.4	478.5	500.6
	40-44歳	241.4	306.8	361.6	407.5	427.5
	45-49歳	230.3	293.1	332.7	348.4	366.4
	50-54歳	180.9	230.4	261.7	320.4	338.4
	55-59歳	144.7	184.3	221.5	250.5	264.3
	60-64歳	129.4	164.7	174.1	207.5	217.2
	65-69歳	78.8	101.0	140.1	151.6	158.2
	70-74歳	52.5	66.7	102.0	110.7	116.1
	75-79歳	95.9	82.3	92.7	121.5	128.1
	合計	5131.0	6501.0	7516.0	8549.0	8991.0
女	-4歳	744.8	965.9	962.9	1053.3	1118.4
	5-9歳	670.8	848.9	967.1	963.9	1015.0
	10-14歳	608.7	768.5	925.1	958.3	1015.0
	15-19歳	471.4	596.0	787.7	918.6	970.5
	20-24歳	413.3	522.5	741.6	877.7	934.3
	25-29歳	344.9	437.2	558.0	737.5	782.2
	30-34歳	294.5	372.5	413.3	641.5	682.8
	35-39歳	290.3	367.6	421.7	482.5	512.1
	40-44歳	199.1	251.9	318.9	391.9	415.9
	45-49歳	184.4	234.3	300.0	348.9	369.4
	50-54歳	142.4	181.3	224.5	300.3	312.5
	55-59歳	105.9	135.3	184.6	233.0	245.2
	60-64歳	96.3	122.5	138.5	183.3	187.3
	65-69歳	61.2	78.4	116.4	141.3	145.9
	70-74歳	43.9	55.9	82.9	96.1	102.4
	75-79歳	87.0	70.6	88.1	115.9	128.3
	合計	4759.0	6009.0	7231.0	8444.0	8937.0
合計	-4歳	1506.3	1955.6	1936.4	2125.3	2240.7
	5-9歳	1352.7	1712.5	1942.6	1933.7	2032.1
	10-14歳	1243.8	1574.3	1869.8	1933.6	2039.1
	15-19歳	954.6	1210.6	1579.9	1839.0	1936.5
	20-24歳	828.0	1048.9	1477.1	1728.2	1844.3
	25-29歳	695.6	882.2	1109.1	1457.9	1540.0
	30-34歳	624.2	791.1	848.0	1285.5	1359.6
	35-39歳	610.8	775.4	844.0	961.0	1012.7
	40-44歳	440.5	558.7	680.4	799.5	843.4
	45-49歳	414.8	527.4	632.7	697.3	735.8
	50-54歳	323.3	411.7	486.1	620.7	650.8
	55-59歳	250.5	319.6	406.1	483.5	509.5
	60-64歳	225.7	287.2	312.5	390.8	404.5
	65-69歳	140.0	179.4	256.5	292.9	304.1
	70-74歳	96.4	122.5	184.8	206.8	218.6
	75-79歳	182.9	152.9	180.8	237.4	256.4
	合計	9890.0	12510.0	14747.0	16993.0	17928.0

(出所)　United Nations, *Demographic Yearbook*, New York, United Nations Publications, Various Years（国際連合統計局編『世界人口年鑑』原書房，各年版）；The World Bank, *World Development Indicators*, Washington, D. C., World Bank Development Data Center, Various Years.
(注1)　75歳以上の項には不明を含む。
(注2)　各年度の年齢構成割合を推計し，表I-2の男女人口数や他の指標を含めて改めて実数値を推計している。したがって，各種統計書の実数値と値が異なっている。
(注3)　推計方法の詳細に関しては，推計の章を参照のこと。

表 IV-28 人口年齢構成〈タイ〉：1960〜95 年 (単位：1,000 人)

		1960年	1970年	1980年	1990年	1995年
男	-4歳	2156.9	3015.6	3073.9	3576.2	3043.0
	5-9歳	2030.7	2822.0	3007.9	3537.5	3155.1
	10-14歳	1577.1	2432.7	2922.2	3422.7	3235.2
	15-19歳	1274.2	1929.9	2823.2	3381.8	3241.4
	20-24歳	1223.0	1392.1	2351.1	2843.9	3177.7
	25-29歳	1034.0	1156.6	1973.2	2381.2	2912.5
	30-34歳	892.0	1103.2	1690.5	2041.0	2441.8
	35-39歳	698.4	1003.8	1380.5	1697.5	2034.9
	40-44歳	573.8	815.6	1011.1	1248.0	1601.2
	45-49歳	498.2	631.1	800.0	960.9	1238.4
	50-54歳	405.3	497.4	710.5	851.5	1037.0
	55-59歳	324.6	409.0	575.8	693.6	877.7
	60-64歳	230.7	316.8	437.2	533.4	673.1
	65-69歳	150.4	224.3	296.8	357.8	482.0
	70-74歳	88.6	136.1	200.7	243.0	303.2
	75-79歳	116.3	150.7	173.4	209.8	296.0
	合計	13274.0	18037.0	23428.0	27980.0	29750.0
女	-4歳	2103.9	2943.5	2959.0	3448.2	2934.0
	5-9歳	1981.7	2742.9	2899.3	3413.7	3063.7
	10-14歳	1526.8	2371.3	2832.1	3322.6	3151.2
	15-19歳	1237.5	1984.6	2742.1	3284.8	3140.9
	20-24歳	1205.3	1433.4	2309.4	2800.1	3069.9
	25-29歳	1047.4	1203.6	1930.7	2334.4	2833.2
	30-34歳	870.7	1133.8	1655.1	2005.3	2419.5
	35-39歳	680.6	1008.0	1347.4	1657.4	2052.1
	40-44歳	564.3	806.7	1021.7	1251.7	1607.5
	45-49歳	483.4	628.9	856.0	1023.8	1240.1
	50-54歳	410.7	515.6	772.6	929.3	1084.7
	55-59歳	329.3	422.9	630.6	762.6	963.3
	60-64歳	245.2	341.3	494.3	604.7	754.3
	65-69歳	163.8	251.5	349.4	423.5	551.6
	70-74歳	110.2	176.5	248.1	302.4	369.5
	75-79歳	155.2	218.6	242.4	294.6	415.8
	合計	13116.0	18183.0	23290.0	27859.0	29651.0
合計	-4歳	4260.8	5959.1	6032.8	7024.4	5977.1
	5-9歳	4012.3	5565.0	5907.2	6951.3	6218.7
	10-14歳	3103.9	4804.0	5754.2	6745.3	6386.4
	15-19歳	2511.6	3914.5	5565.3	6666.6	6382.3
	20-24歳	2428.3	2825.5	4660.5	5644.1	6247.5
	25-29歳	2081.4	2360.2	3903.9	4715.6	5745.7
	30-34歳	1762.7	2237.0	3345.6	4046.3	4861.3
	35-39歳	1379.0	2011.8	2727.9	3354.9	4086.9
	40-44歳	1138.2	1622.3	2032.8	2499.7	3208.7
	45-49歳	981.6	1260.0	1656.0	1984.7	2478.5
	50-54歳	816.0	1013.0	1483.2	1780.8	2121.7
	55-59歳	653.9	831.9	1206.4	1456.2	1840.9
	60-64歳	475.9	658.1	931.5	1138.2	1427.5
	65-69歳	314.1	475.8	646.2	781.4	1033.6
	70-74歳	198.8	312.6	448.8	545.3	672.6
	75-79歳	271.5	369.3	415.8	504.4	711.7
	合計	26390.0	36220.0	46718.0	55839.0	59401.0

(出所) United Nations, *Demographic Yearbook*, New York, United Nations Publications, Various Years (国際連合統計局編『世界人口年鑑』原書房，各年版)；The World Bank, *World Development Indicators*, Washington, D. C., World Bank Development Data Center, Various Years.
(注1) 75歳以上の項には不明を含む。
(注2) 各年度の年齢構成割合を推計し，表 I-2 の男女人口数や他の指標を含めて改めて実数値を推計している。したがって，各種統計書の実数値と値が異なっている。
(注3) 推計方法の詳細に関しては，推計の章を参照のこと。

IV 年齢構成

表IV-29 人口年齢構成〈ベトナム〉：1960～95年 (単位：1,000人)

		1960年	1970年	1980年	1990年	1995年
男	-4歳	2604.8	3203.3	3862.3	4780.2	5357.9
	5-9歳	2593.3	3189.2	3661.1	4702.3	5270.9
	10-14歳	2397.7	2948.7	3222.2	4282.2	4800.0
	15-19歳	1950.1	2398.2	2806.5	3615.2	4051.6
	20-24歳	1505.7	1851.7	2394.2	2816.7	3157.6
	25-29歳	1150.0	1414.3	2241.2	2218.6	2486.5
	30-34歳	777.1	955.7	1882.1	2356.0	2640.9
	35-39歳	638.0	784.6	1289.4	1639.9	1838.2
	40-44歳	606.8	746.2	863.7	1111.2	1245.4
	45-49歳	656.5	807.4	733.2	961.7	1077.9
	50-54歳	544.8	670.0	719.1	836.7	937.6
	55-59歳	449.5	552.8	766.5	803.2	899.5
	60-64歳	357.0	439.1	593.6	797.5	894.1
	65-69歳	276.7	340.3	446.4	593.8	665.7
	70-74歳	187.5	230.5	271.0	374.5	419.8
	75-79歳	189.4	233.0	297.6	437.3	490.5
	合計	16885.0	20765.0	26050.0	32327.0	36234.0
女	-4歳	2476.0	3045.8	3649.5	4263.6	4723.4
	5-9歳	2472.7	3041.8	3493.2	4322.6	4788.4
	10-14歳	2239.5	2754.9	3053.3	3870.4	4287.7
	15-19歳	2011.9	2474.9	2880.2	3615.3	4005.0
	20-24歳	1709.9	2103.4	2609.2	3269.8	3621.6
	25-29歳	1298.6	1597.5	2484.6	2930.3	3245.7
	30-34歳	864.2	1063.1	2064.8	2559.4	2835.1
	35-39歳	725.8	892.8	1483.6	1831.4	2028.7
	40-44歳	713.1	877.2	1000.2	1236.1	1368.9
	45-49歳	732.2	900.6	905.7	1124.4	1245.3
	50-54歳	593.2	729.7	900.7	1023.6	1134.3
	55-59歳	573.6	705.6	873.9	1025.6	1136.3
	60-64歳	436.1	536.4	719.2	903.0	1000.2
	65-69歳	367.9	452.6	586.2	746.4	826.3
	70-74歳	285.5	351.2	402.3	502.1	556.1
	75-79歳	354.7	436.4	553.6	682.2	756.2
	合計	17855.0	21964.0	27660.0	33906.0	37559.0
合計	-4歳	5080.8	6249.1	7511.8	9043.8	10081.3
	5-9歳	5066.0	6231.0	7154.3	9025.0	10059.3
	10-14歳	4637.3	5703.6	6275.4	8152.5	9087.7
	15-19歳	3962.0	4873.1	5686.7	7230.5	8056.6
	20-24歳	3215.6	3955.1	5003.4	6086.4	6779.2
	25-29歳	2448.7	3011.8	4725.8	5149.0	5732.1
	30-34歳	1641.3	2018.8	3946.9	4915.5	5476.0
	35-39歳	1363.8	1677.4	2772.9	3471.3	3866.8
	40-44歳	1319.9	1623.4	1863.9	2347.2	2614.3
	45-49歳	1388.7	1708.0	1638.9	2086.1	2323.2
	50-54歳	1138.0	1399.7	1619.8	1860.4	2071.8
	55-59歳	1023.1	1258.4	1640.4	1828.7	2035.9
	60-64歳	793.1	975.5	1312.8	1700.5	1894.3
	65-69歳	644.6	792.9	1032.7	1340.2	1492.0
	70-74歳	473.0	581.8	673.3	876.5	976.0
	75-79歳	544.2	669.3	851.2	1119.6	1246.7
	合計	34740.0	42729.0	53710.0	66233.0	73793.0

(出所) United Nations, *Demographic Yearbook*, New York, United Nations Publications, Various Years (国際連合統計局編『世界人口年鑑』原書房, 各年版); The World Bank, *World Development Indicators*, Washington, D. C., World Bank Development Data Center, Various Years.
(注1) 75歳以上の項には不明を含む。
(注2) 各年度の年齢構成割合を推計し，表I-2の男女人口数や他の指標を含めて改めて実数値を推計している。したがって，各種統計書の実数値と値が異なっている。
(注3) 推計方法の詳細に関しては，推計の章を参照のこと。

表 IV-30　人口年齢構成〈台湾〉：1960～95 年（単位：1,000 人）

		1960年	1970年	1980年	1990年	1995年
男	-4歳	815.4	874.5	942.8	780.3	779.5
	5-9歳	792.7	927.3	854.1	909.0	782.4
	10-14歳	728.3	887.1	903.2	968.5	912.9
	15-19歳	517.6	807.3	940.1	857.7	969.8
	20-24歳	255.3	551.2	899.4	910.2	856.0
	25-29歳	367.1	427.7	811.5	945.0	905.2
	30-34歳	343.4	417.2	552.4	894.0	940.1
	35-39歳	345.0	410.6	426.1	802.9	889.1
	40-44歳	296.2	458.5	412.8	547.1	797.9
	45-49歳	237.0	376.8	400.5	420.8	535.0
	50-54歳	205.6	269.8	441.5	399.1	400.8
	55-59歳	144.9	219.8	349.4	375.1	375.9
	60-64歳	98.7	141.3	236.0	394.4	347.4
	65-69歳	61.3	89.0	174.7	291.5	357.7
	70-74歳	33.4	84.8	97.3	175.1	248.8
	75-79歳	25.1	0.0	75.1	166.3	232.4
	合計	5267.0	6943.0	8517.0	9837.0	10331.0
女	-4歳	854.1	1018.5	1049.2	828.3	806.0
	5-9歳	834.8	1085.6	958.3	979.2	813.0
	10-14歳	768.0	1043.8	1013.0	1044.7	965.2
	15-19歳	558.6	951.9	1064.1	934.9	1032.5
	20-24歳	399.7	650.5	1021.4	990.0	919.1
	25-29歳	402.2	500.8	922.4	1027.6	973.1
	30-34歳	351.5	493.9	621.1	975.4	1015.6
	35-39歳	310.3	432.7	479.8	880.1	966.5
	40-44歳	256.1	378.4	472.7	596.6	869.9
	45-49歳	201.7	310.4	412.3	465.7	583.8
	50-54歳	172.8	238.2	356.9	452.1	446.2
	55-59歳	139.7	207.7	286.3	386.8	433.5
	60-64歳	103.5	159.2	212.3	325.5	364.9
	65-69歳	74.0	112.8	174.0	249.4	299.4
	70-74歳	47.0	148.6	121.1	169.0	217.0
	75-79歳	50.9	0.0	123.3	210.8	263.4
	合計	5525.0	7733.0	9288.0	10516.0	10969.0
合計	-4歳	1669.5	1893.1	1992.1	1608.6	1585.4
	5-9歳	1627.5	2012.8	1812.3	1888.2	1595.5
	10-14歳	1496.3	1930.9	1916.2	2013.3	1878.1
	15-19歳	1076.2	1759.2	2004.2	1792.5	2002.2
	20-24歳	655.0	1201.7	1920.8	1900.3	1775.1
	25-29歳	769.3	928.5	1733.9	1972.6	1878.2
	30-34歳	695.0	911.1	1173.5	1869.4	1955.6
	35-39歳	655.2	843.3	905.8	1682.9	1855.7
	40-44歳	552.2	836.9	885.5	1143.7	1667.8
	45-49歳	438.7	687.2	812.8	886.6	1118.9
	50-54歳	378.4	508.1	798.4	851.2	847.0
	55-59歳	284.6	427.5	635.7	761.9	809.4
	60-64歳	202.3	300.5	448.3	719.9	712.3
	65-69歳	135.3	201.8	348.7	541.0	657.1
	70-74歳	80.5	233.5	218.4	344.1	465.8
	75-79歳	76.0	0.0	198.4	377.1	495.9
	合計	10792.0	14676.0	17805.0	20353.0	21300.0

(出所)　行政院主計處編『中華民国統計年鑑』行政院出版署，各年版。
(注1)　75 歳以上の項には不明を含む。
(注2)　各年度の年齢構成割合を推計し，表 I-2 の男女人口数や他の指標を含めて改めて実数値を推計している。したがって，各種統計書の実数値と値が異なっている。
(注3)　推計方法の詳細に関しては，推計の章を参照のこと。

IV 年齢構成

図 IV-1　人口ピラミッド〈アフガニスタン〉：1960～95 年

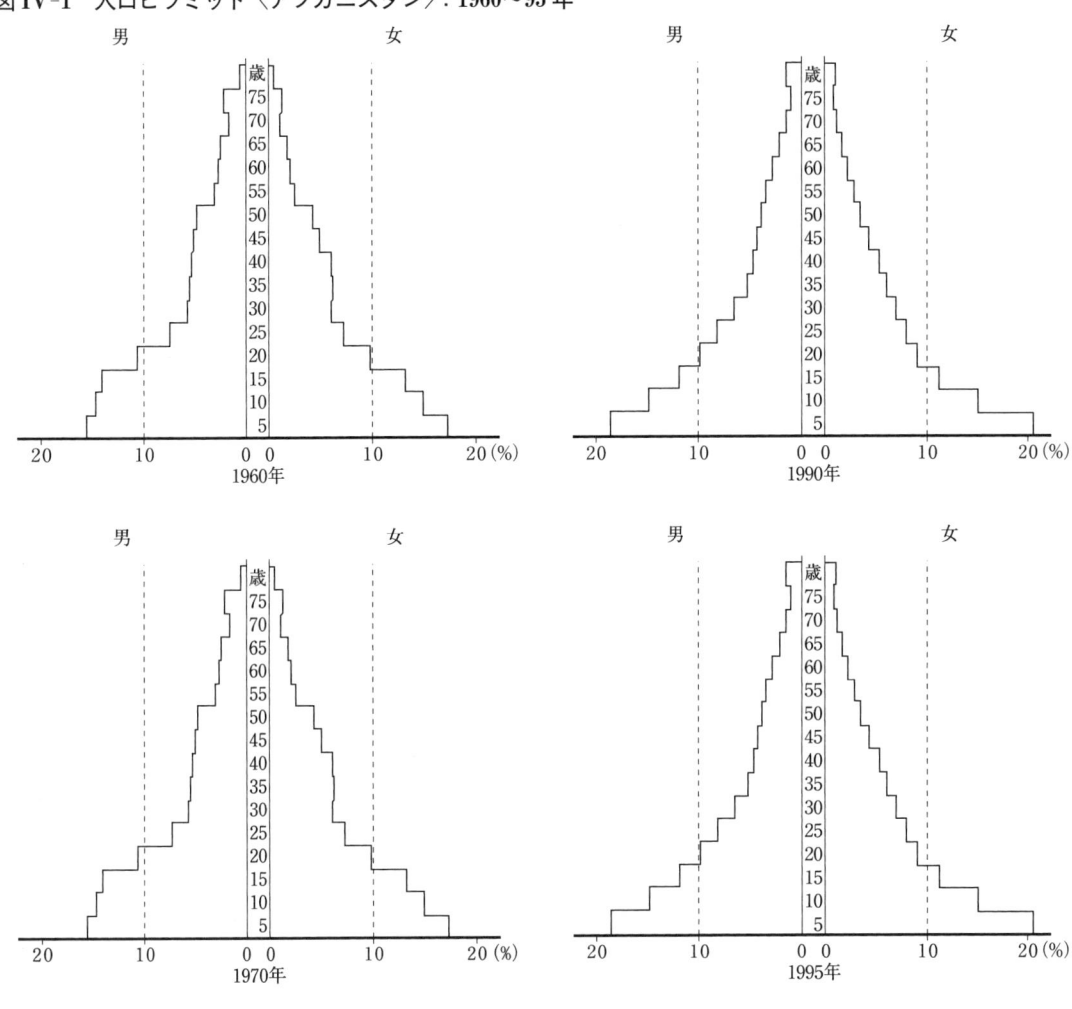

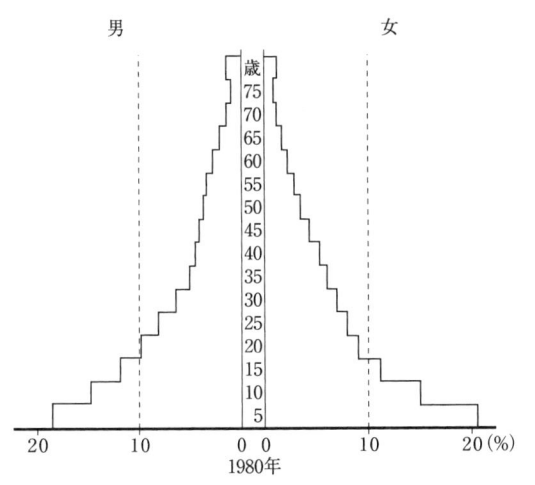

(出所) United Nations, *Demographic Yearbook*, New York, United Nations Publications, Various Years（国際連合統計局編『世界人口年鑑』原書房, 各年版）; The World Bank, *World Development Indicators*, Washington, D. C., World Bank Development Data Center, Various Years.

(注1) 75 歳以上の項には不明を含む。

(注2) 各年度の年齢構成割合を推計し, 表 I-2 の男女人口数や他の指標を含めて改めて実数値を推計している。したがって, 各種統計書の実数値と値が異なっている。

(注3) 推計方法の詳細に関しては, 推計の章を参照のこと。

統　　計

図 IV-2　人口ピラミッド〈オーストラリア〉：1960～95 年

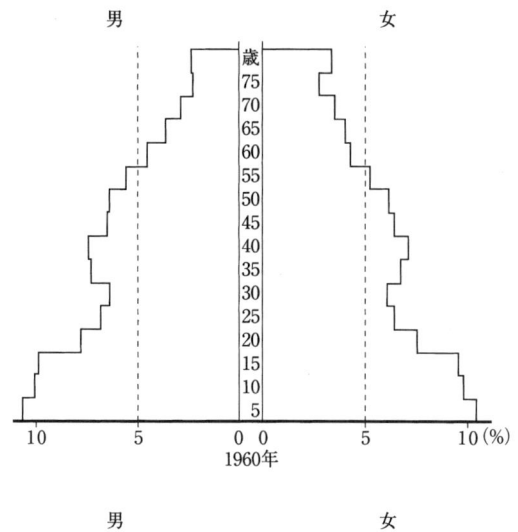

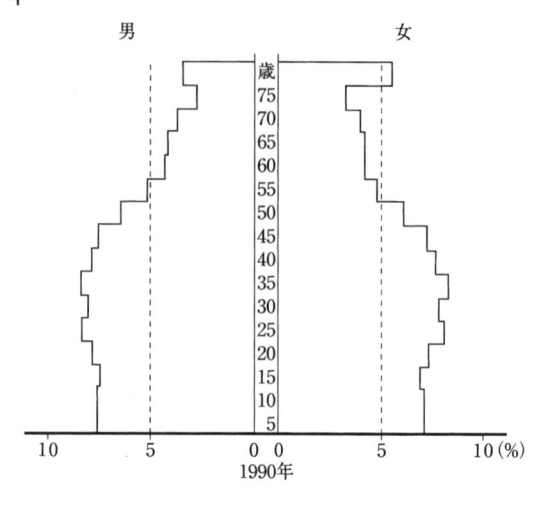

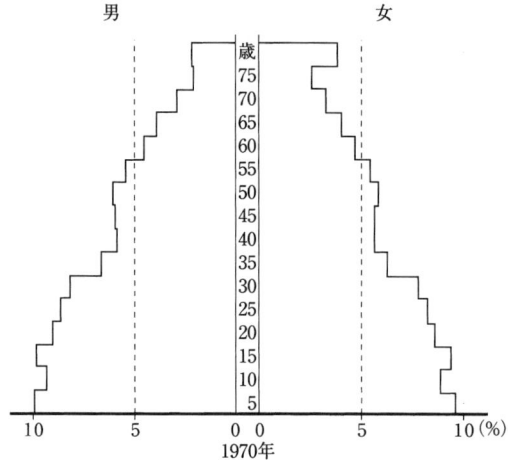

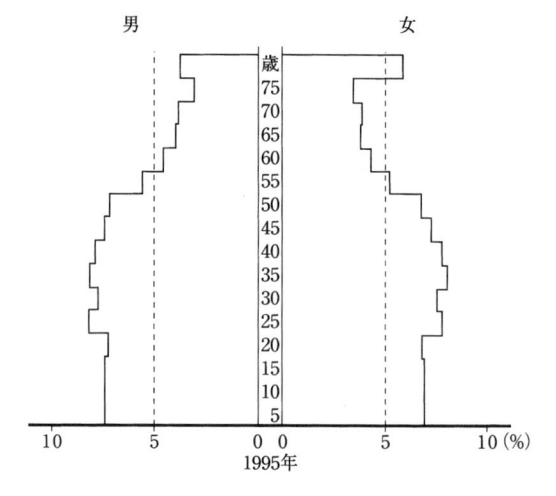

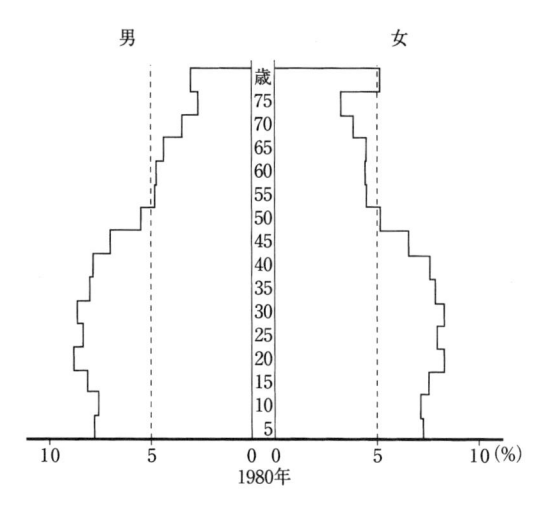

1960年

1970年

1980年

1990年

1995年

(出所)　United Nations, *Demographic Yearbook*, New York, United Nations Publications, Various Years（国際連合統計局編『世界人口年鑑』原書房，各年版）；The World Bank, *World Development Indicators*, Washington, D. C., World Bank Development Data Center, Various Years.
(注1)　75歳以上の項には不明を含む。
(注2)　各年度の年齢構成割合を推計し，表I-2の男女人口数や他の指標を含めて改めて実数値を推計している。したがって，各種統計書の実数値と値が異なっている。
(注3)　推計方法の詳細に関しては，推計の章を参照のこと。

IV 年齢構成

図 IV-3 人口ピラミッド〈バングラデシュ〉：1960〜95 年

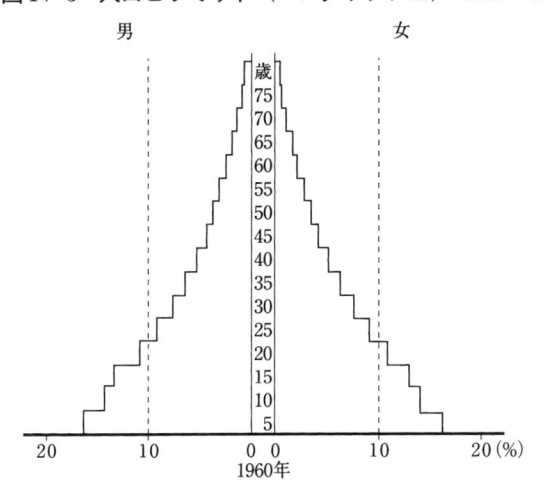

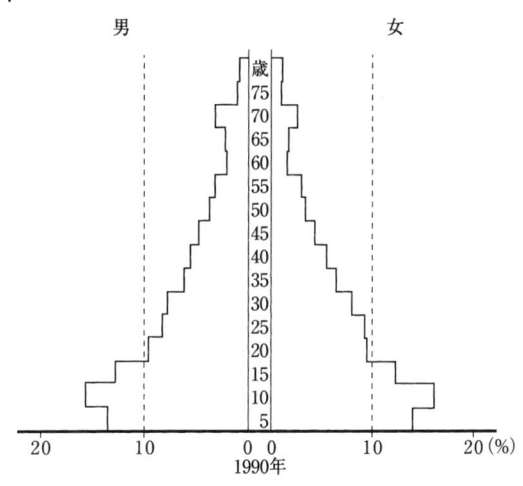

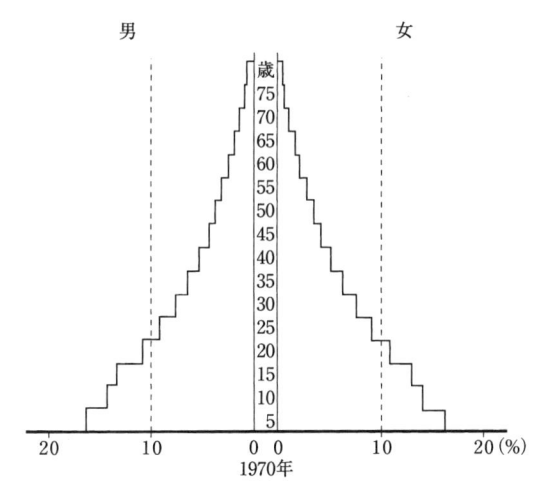

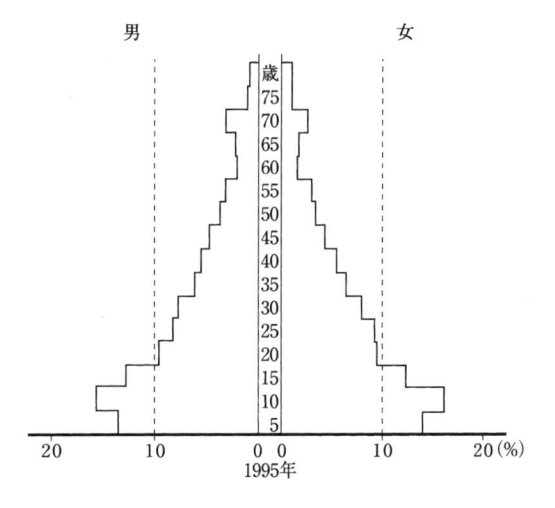

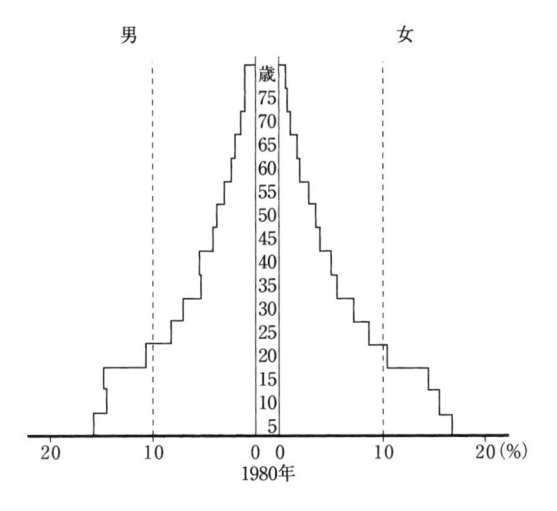

(出所) United Nations, *Demographic Yearbook*, New York, United Nations Publications, Various Years（国際連合統計局編『世界人口年鑑』原書房, 各年版）; The World Bank, *World Development Indicators*, Washington, D. C., World Bank Development Data Center, Various Years.
(注1) 75歳以上の項には不明を含む。
(注2) 各年度の年齢構成割合を推計し, 表 I-2 の男女人口数や他の指標を含めて改めて実数値を推計している。したがって, 各種統計書の実数値と値が異なっている。
(注3) 推計方法の詳細に関しては, 推計の章を参照のこと。

統　計

図 IV-4　人口ピラミッド〈ブータン〉：1960～95 年

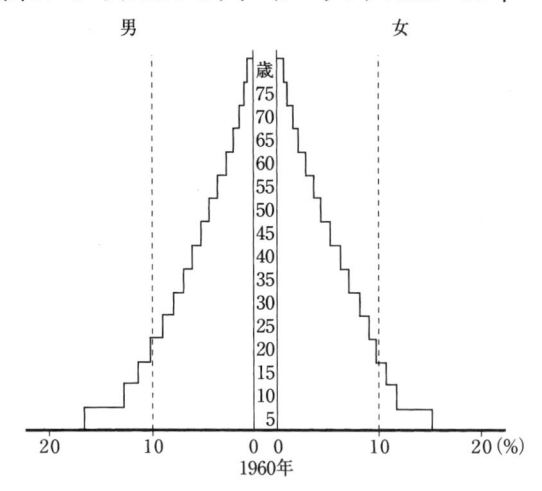

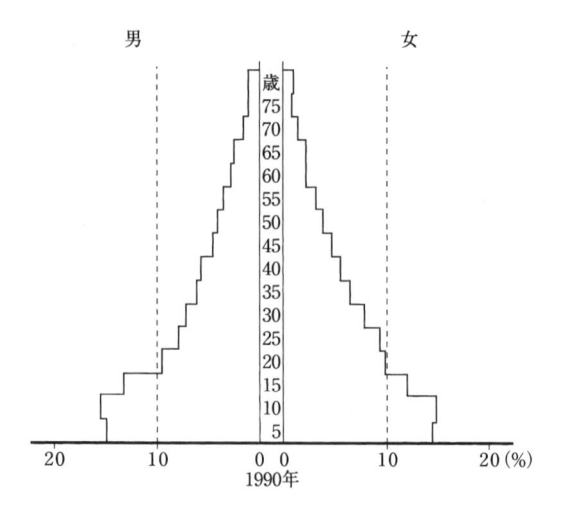

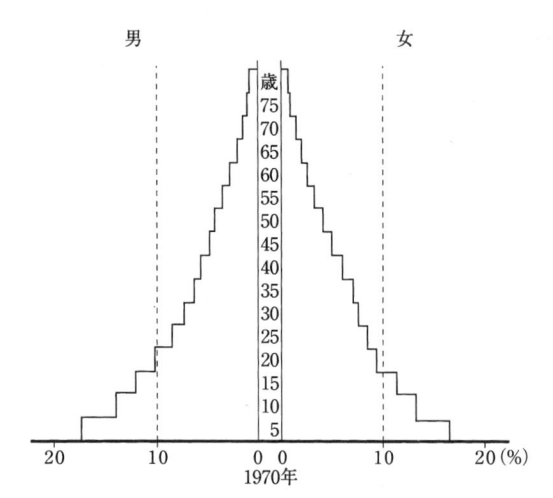

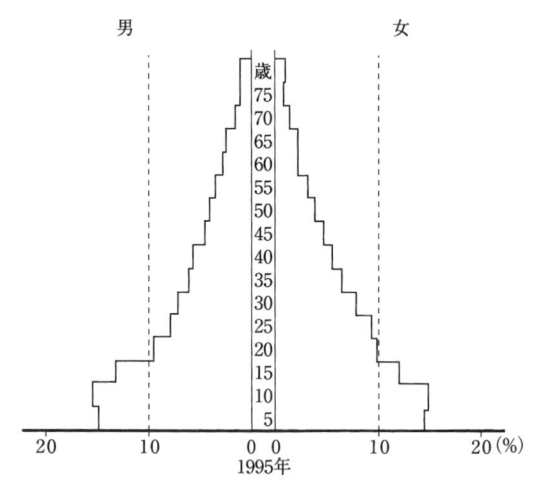

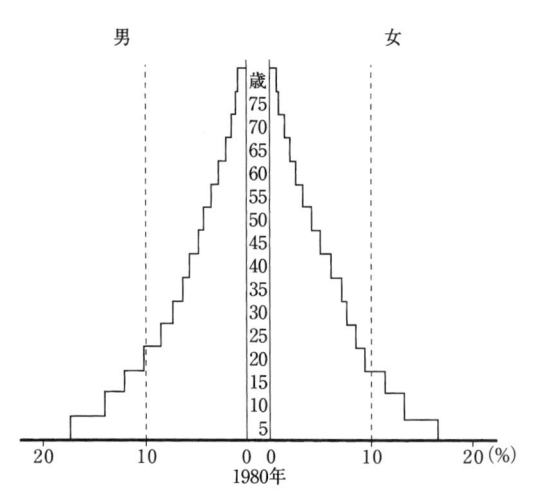

1960年

1970年

1980年

1990年

1995年

(出所)　United Nations, *Demographic Yearbook*, New York, United Nations Publications, Various Years（国際連合統計局編『世界人口年鑑』原書房，各年版）; The World Bank, *World Development Indicators*, Washington, D. C., World Bank Development Data Center, Various Years.
(注1)　75歳以上の項には不明を含む。
(注2)　各年度の年齢構成割合を推計し，表 I-2 の男女人口数や他の指標を含めて改めて実数値を推計している。したがって，各種統計書の実数値と値が異なっている。
(注3)　推計方法の詳細に関しては，推計の章を参照のこと。

IV 年齢構成

図 IV-5 人口ピラミッド〈ブルネイ〉：1960〜95 年

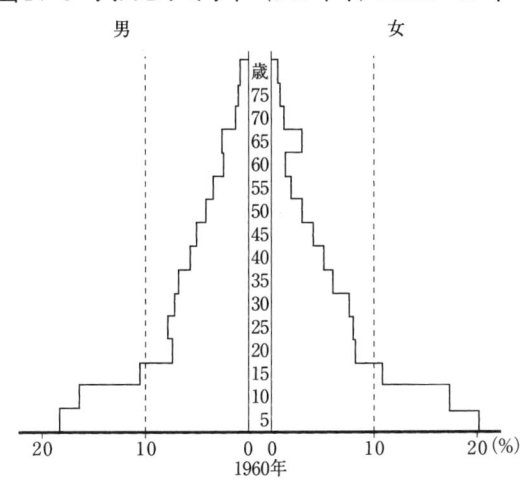

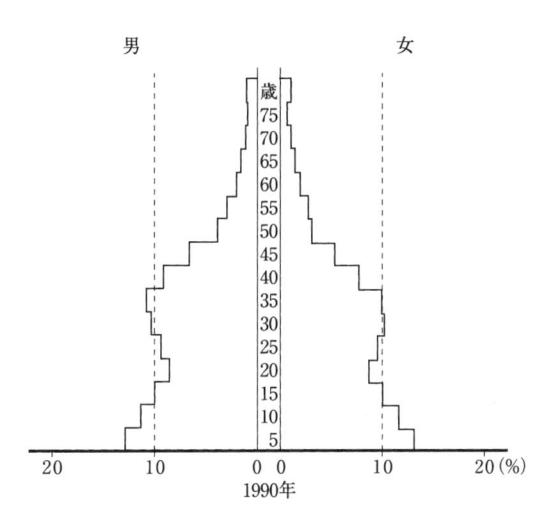

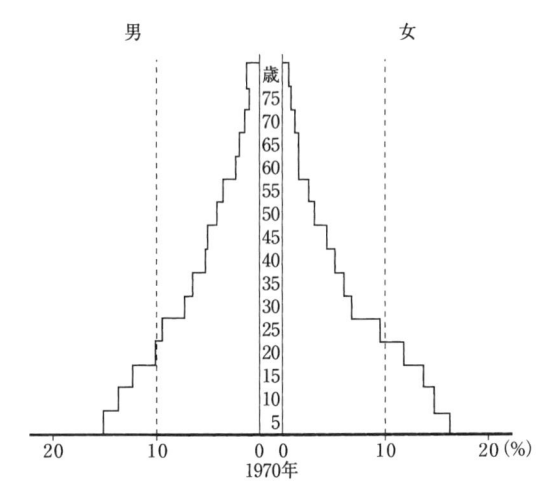

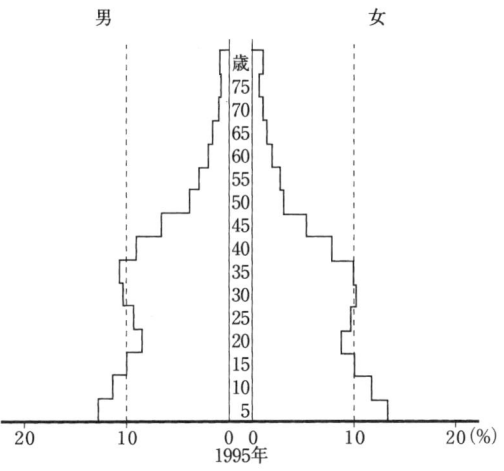

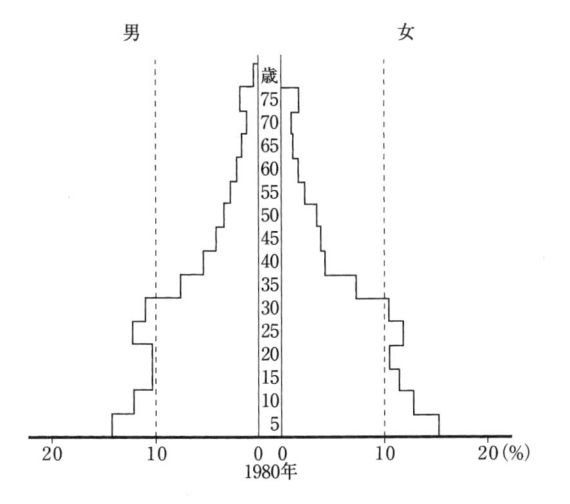

(出所) United Nations, *Demographic Yearbook*, New York, United Nations Publications, Various Years（国際連合統計局編『世界人口年鑑』原書房，各年版）； The World Bank, *World Development Indicators*, Washington, D. C., World Bank Development Data Center, Various Years.
(注1) 75 歳以上の項には不明を含む。
(注2) 各年度の年齢構成割合を推計し，表 I-2 の男女人口数や他の指標を含めて改めて実数値を推計している。したがって，各種統計書の実数値と値が異なっている。
(注3) 推計方法の詳細に関しては，推計の章を参照のこと。

統　計

図 IV-6　人口ピラミッド〈カンボジア〉: 1960～95 年

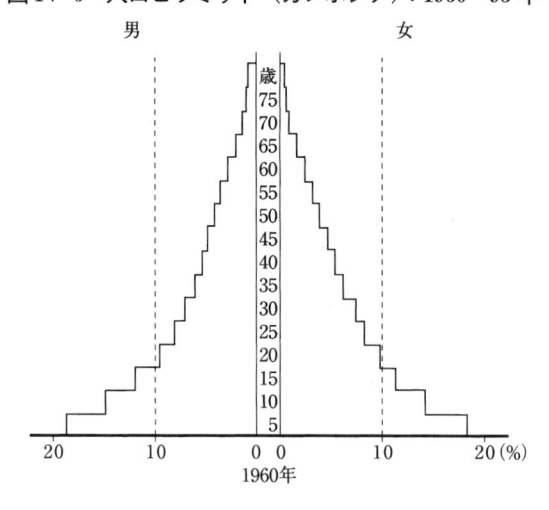

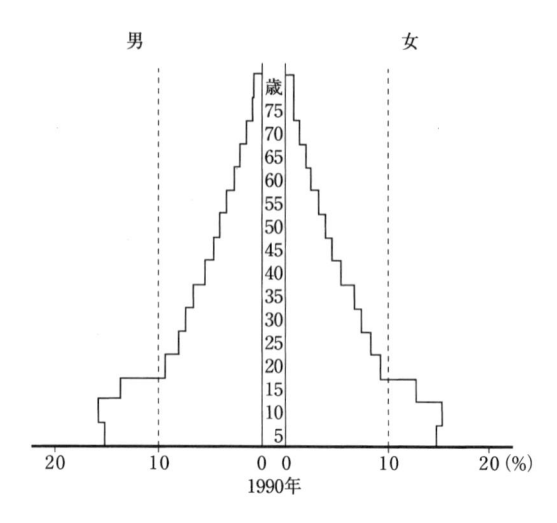

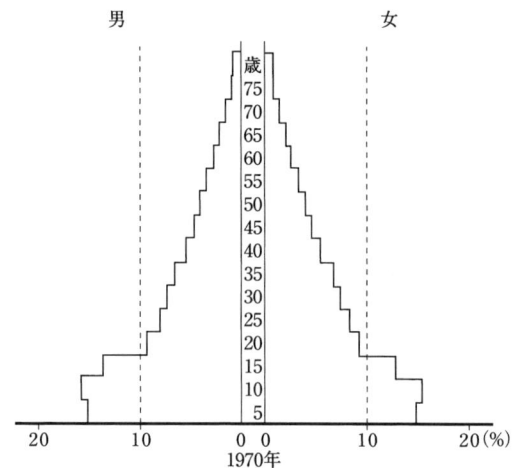

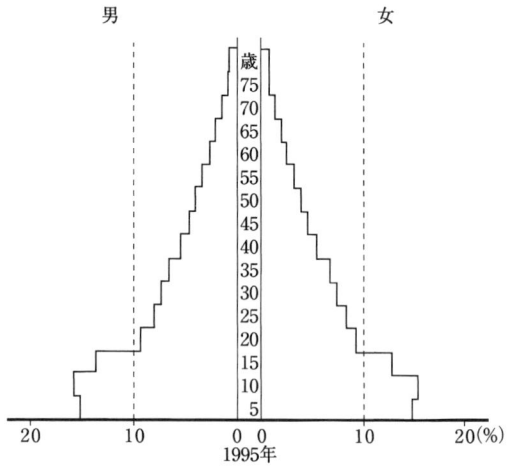

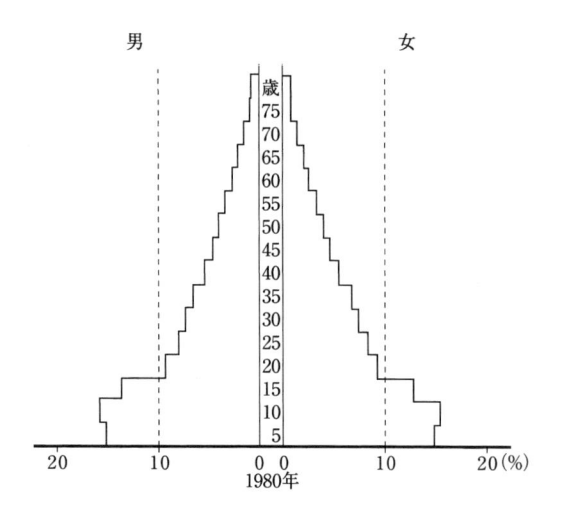

1960年

1970年

1980年

1990年

1995年

(出所)　United Nations, *Demographic Yearbook*, New York, United Nations Publications, Various Years（国際連合統計局編『世界人口年鑑』原書房，各年版）; The World Bank, *World Development Indicators*, Washington, D. C., World Bank Development Data Center, Various Years.
(注1)　75 歳以上の項には不明を含む。
(注2)　各年度の年齢構成割合を推計し，表 I-2 の男女人口数や他の指標を含めて改めて実数値を推計している。したがって，各種統計書の実数値と値が異なっている。
(注3)　推計方法の詳細に関しては，推計の章を参照のこと。

IV 年齢構成

図 IV-7 人口ピラミッド〈中国〉：1960〜95年

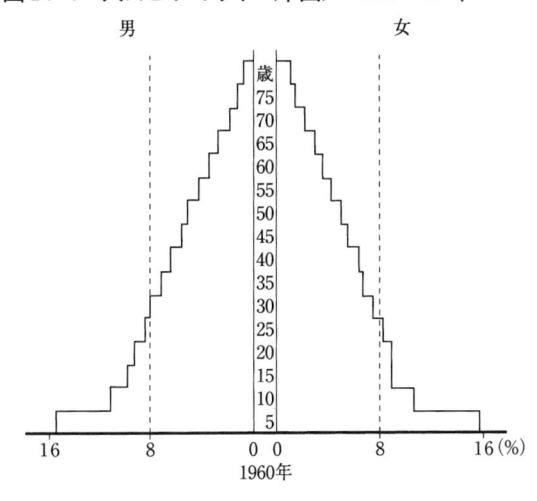

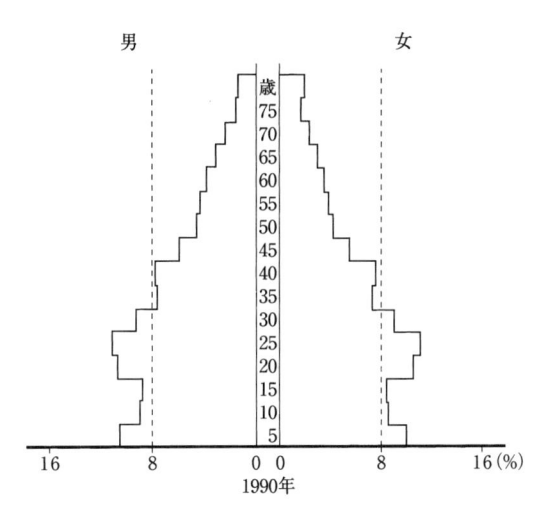

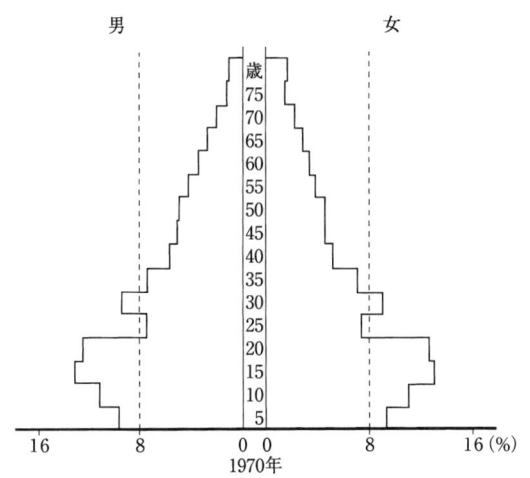

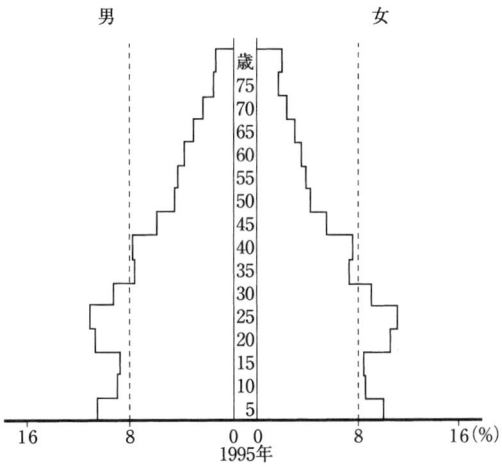

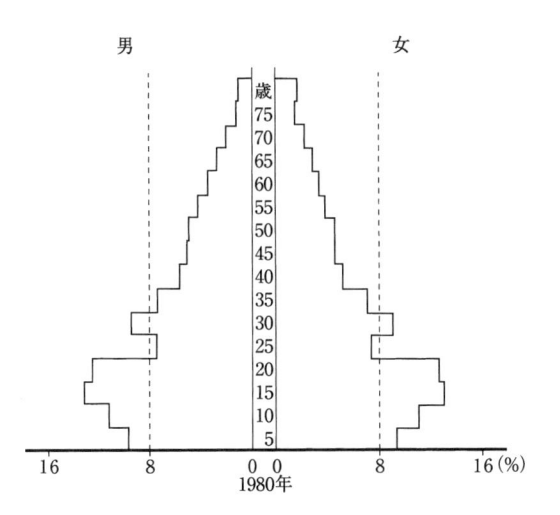

(出所) 中国国家統計局人口統計与就業統計司編『中国人口統計年鑑』中国統計出版社，各年版。
(注1) 75歳以上の項には不明を含む。
(注2) 各年度の年齢構成割合を推計し，表 I-2 の男女人口数や他の指標を含めて改めて実数値を推計している。したがって，各種統計書の実数値と値が異なっている。
(注3) 推計方法の詳細に関しては，推計の章を参照のこと。

統　計

図 IV-8　人口ピラミッド〈クック諸島〉：1960〜95年

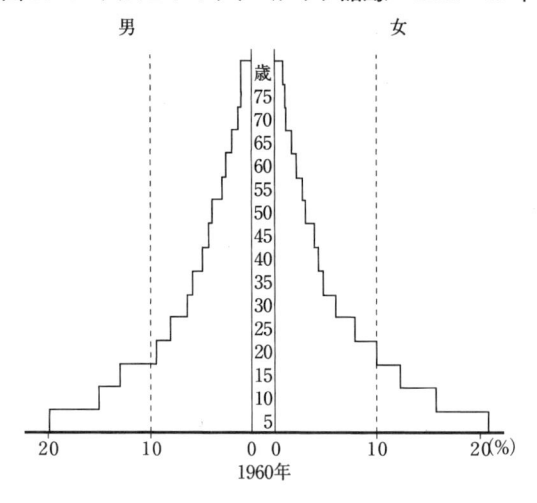

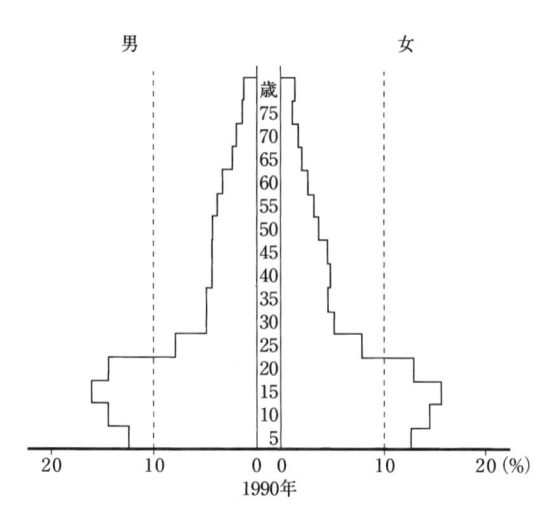

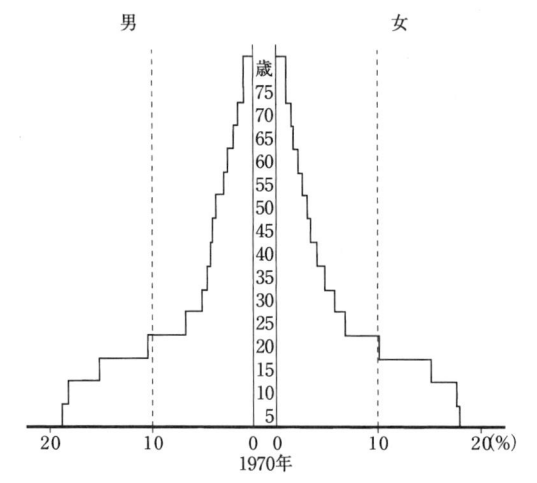

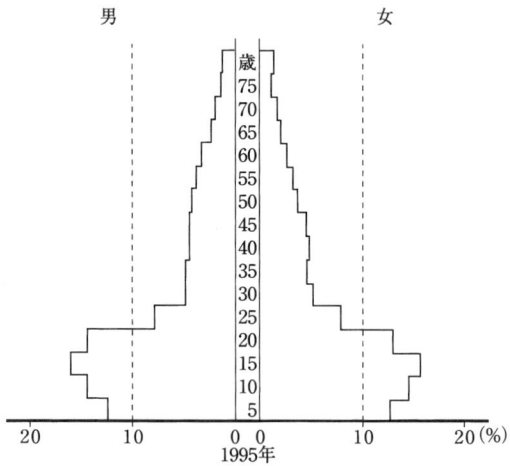

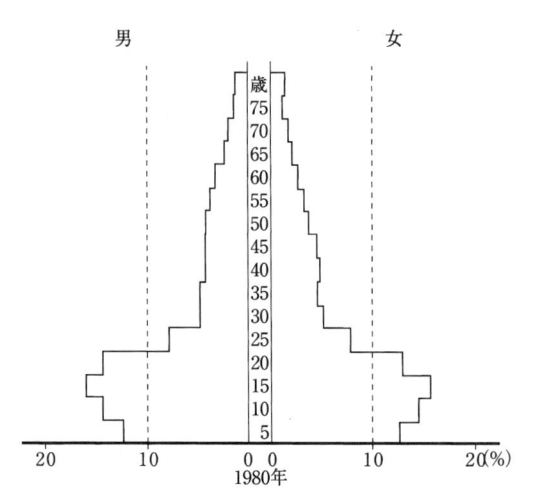

1960年

1970年

1980年

1990年

1995年

（出所）　United Nations, *Demographic Yearbook*, New York, United Nations Publications, Various Years（国際連合統計局編『世界人口年鑑』原書房，各年版）; The World Bank, *World Development Indicators*, Washington, D. C., World Bank Development Data Center, Various Years.
（注1）　75歳以上の項には不明を含む。
（注2）　各年度の年齢構成割合を推計し，表I-2の男女人口数や他の指標を含めて改めて実数値を推計している。したがって，各種統計書の実数値と値が異なっている。
（注3）　推計方法の詳細に関しては，推計の章を参照のこと。

IV 年齢構成

図 IV-9 人口ピラミッド〈フィジー〉：1960〜95年

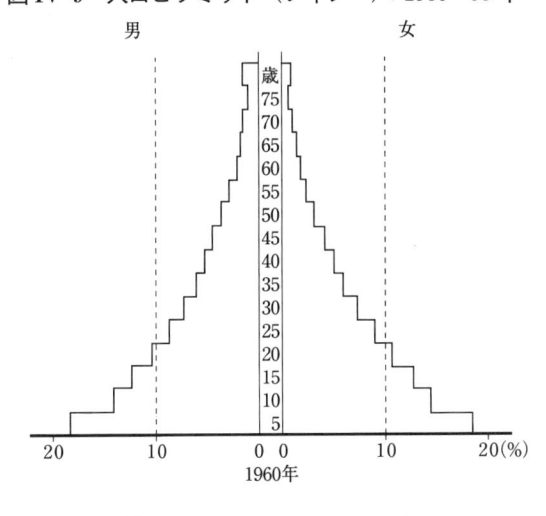

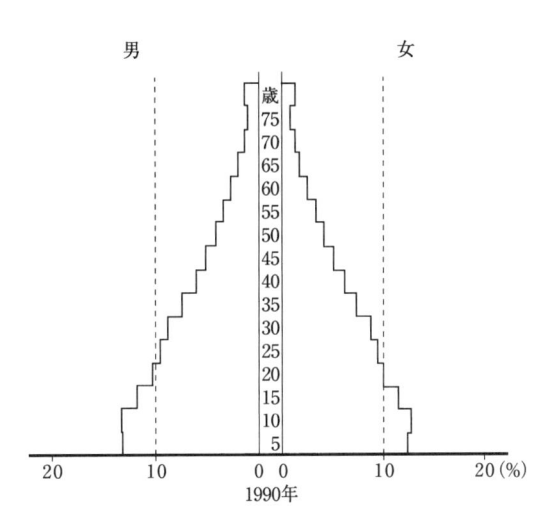

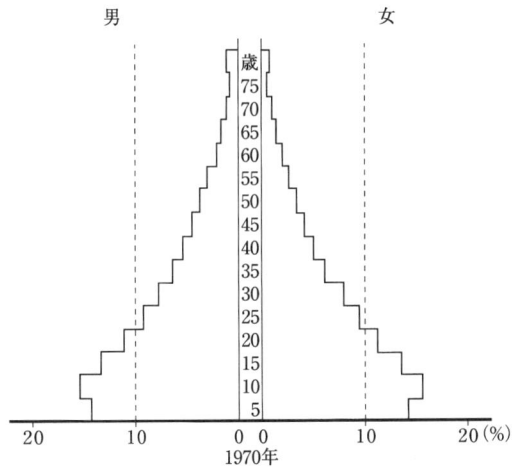

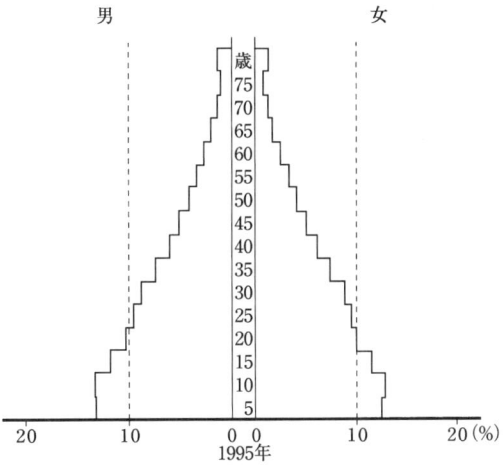

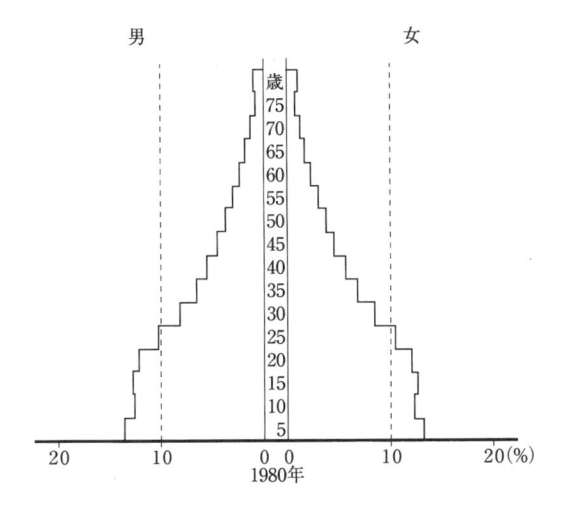

(出所) United Nations, *Demographic Yearbook*, New York, United Nations Publications, Various Years（国際連合統計局編『世界人口年鑑』原書房，各年版）; The World Bank, *World Development Indicators*, Washington, D. C., World Bank Development Data Center, Various Years.

(注1) 75歳以上の項には不明を含む。
(注2) 各年度の年齢構成割合を推計し，表I-2の男女人口数や他の指標を含めて改めて実数値を推計している。したがって，各種統計書の実数値と値が異なっている。
(注3) 推計方法の詳細に関しては，推計の章を参照のこと。

図 IV-10 人口ピラミッド〈香港〉：1960～95 年

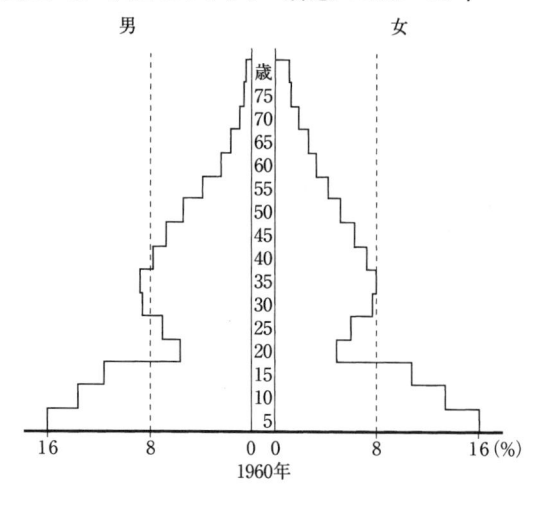

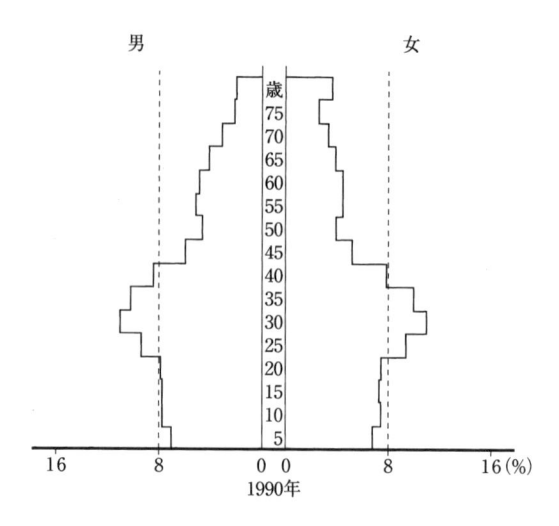

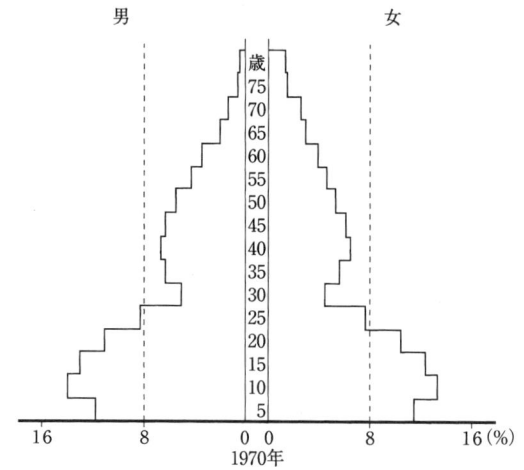

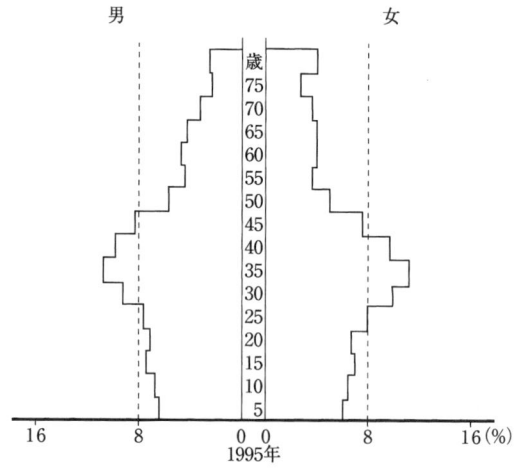

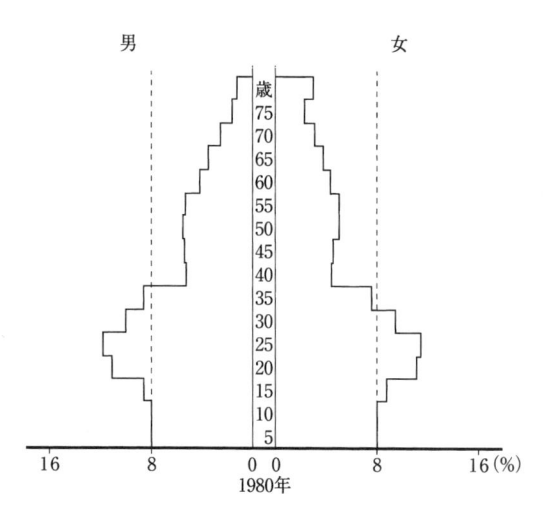

(出所) United Nations, *Demographic Yearbook*, New York, United Nations Publications, Various Years（国際連合統計局編『世界人口年鑑』原書房，各年版）; The World Bank, *World Development Indicators*, Washington, D. C., World Bank Development Data Center, Various Years.
(注1) 75歳以上の項には不明を含む。
(注2) 各年度の年齢構成割合を推計し，表 I-2 の男女人口数や他の指標を含めて改めて実数値を推計している。したがって，各種統計書の実数値と値が異なっている。
(注3) 推計方法の詳細に関しては，推計の章を参照のこと。

IV 年齢構成

図 IV-11 人口ピラミッド〈インド〉: 1960～95年

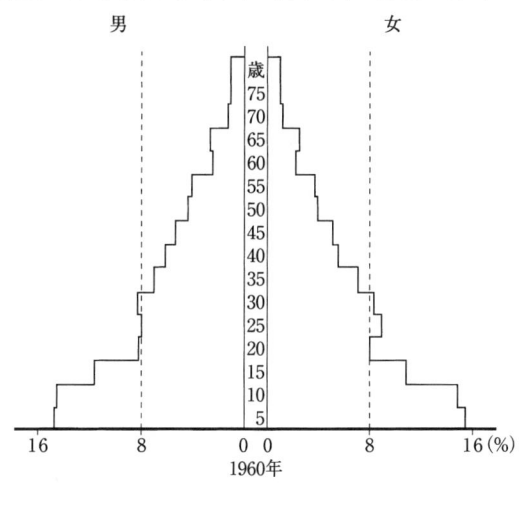

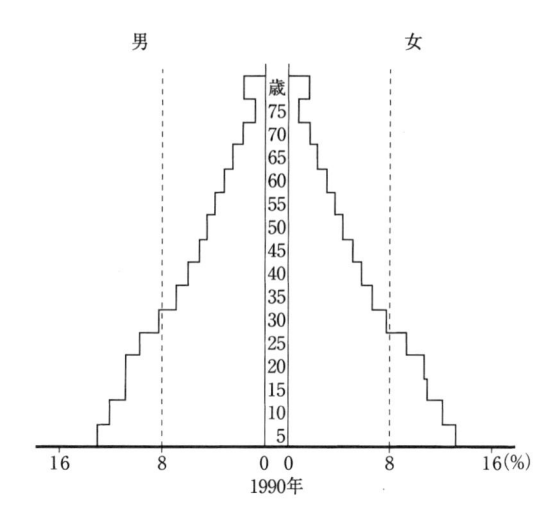

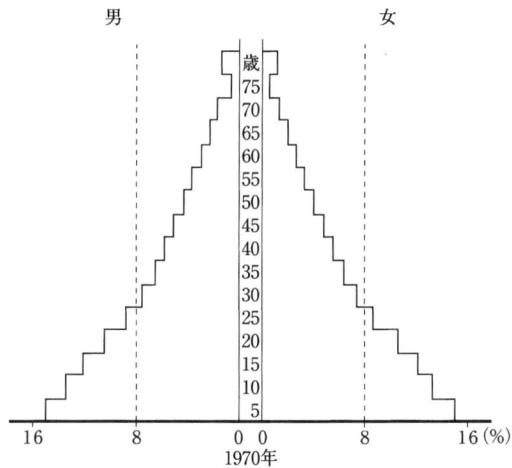

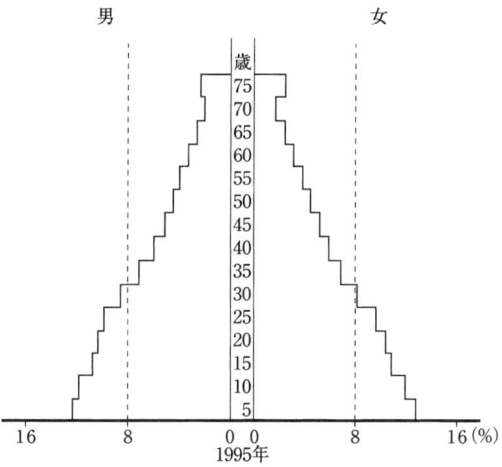

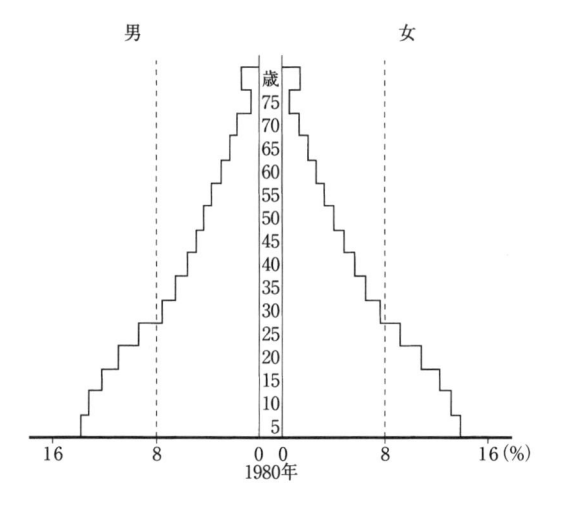

(出所) United Nations, *Demographic Yearbook*, New York, United Nations Publications, Various Years（国際連合統計局編『世界人口年鑑』原書房, 各年版）; The World Bank, *World Development Indicators*, Washington, D. C., World Bank Development Data Center, Various Years.

(注1) 75歳以上の項には不明を含む。

(注2) 各年度の年齢構成割合を推計し, 表I-2の男女人口数や他の指標を含めて改めて実数値を推計している。したがって, 各種統計書の実数値と値が異なっている。

(注3) 推計方法の詳細に関しては, 推計の章を参照のこと。

統　計

図 IV-12　人口ピラミッド〈インドネシア〉：1960～95 年

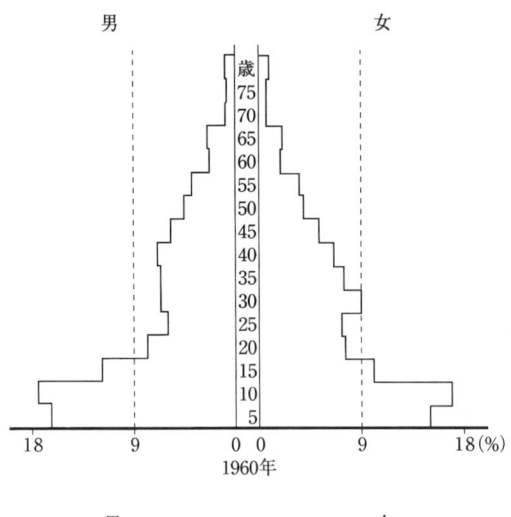

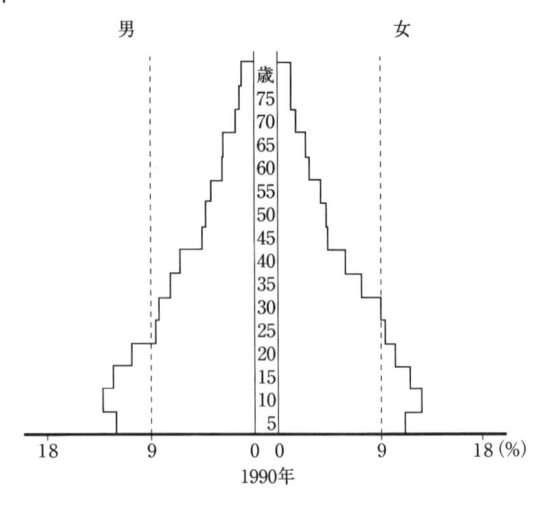

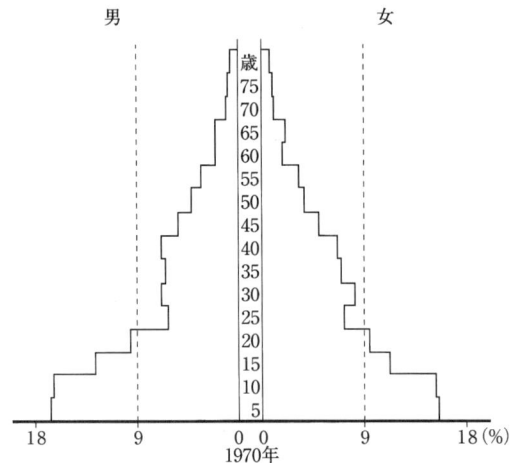

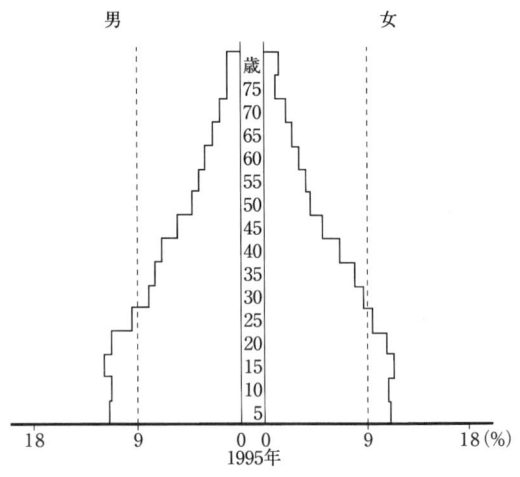

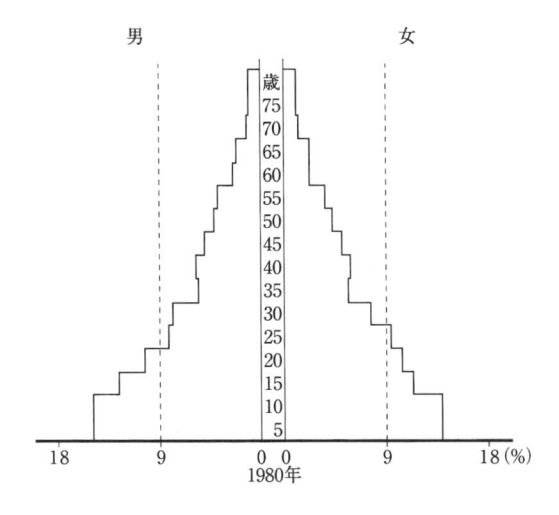

1960年

1970年

1980年

1990年

1995年

（出所）　United Nations, *Demographic Yearbook*, New York, United Nations Publications, Various Years（国際連合統計局編『世界人口年鑑』原書房，各年版）；The World Bank, *World Development Indicators*, Washington, D. C., World Bank Development Data Center, Various Years.
（注1）　75 歳以上の項には不明を含む。
（注2）　各年度の年齢構成割合を推計し，表 I-2 の男女人口数や他の指標を含めて改めて実数値を推計している。したがって，各種統計書の実数値と値が異なっている。
（注3）　推計方法の詳細に関しては，推計の章を参照のこと。

IV 年齢構成

図 IV-13 人口ピラミッド〈イラン〉：1960～95 年

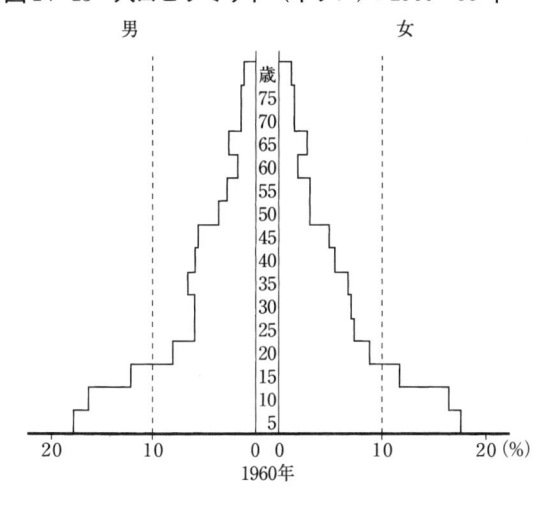

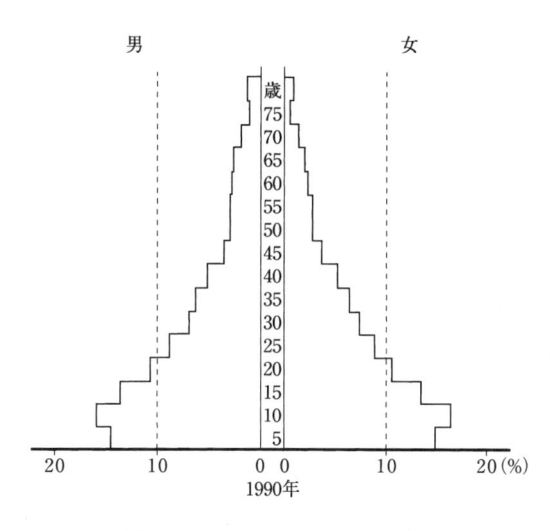

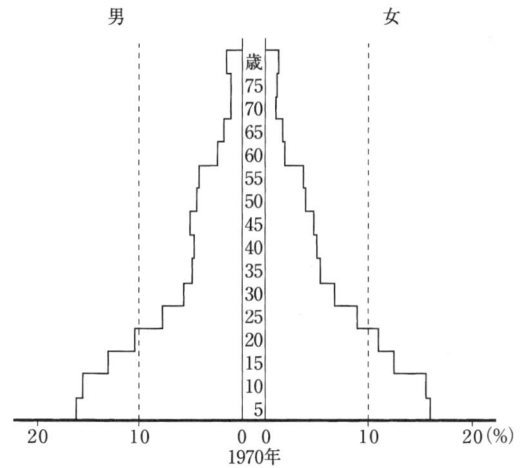

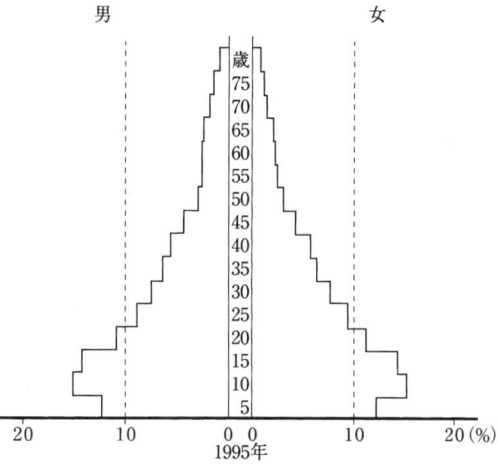

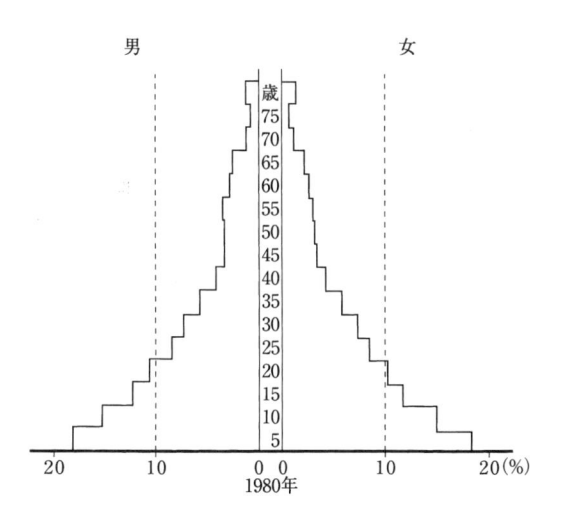

(出所) United Nations, *Demographic Yearbook*, New York, United Nations Publications, Various Years（国際連合統計局編『世界人口年鑑』原書房，各年版）；The World Bank, *World Development Indicators*, Washington, D. C., World Bank Development Data Center, Various Years.
(注1) 75 歳以上の項には不明を含む。
(注2) 各年度の年齢構成割合を推計し，表 I-2 の男女人口数や他の指標を含めて改めて実数値を推計している。したがって，各種統計書の実数値と値が異なっている。
(注3) 推計方法の詳細に関しては，推計の章を参照のこと。

図 IV-14　人口ピラミッド〈日本〉：1960～95年

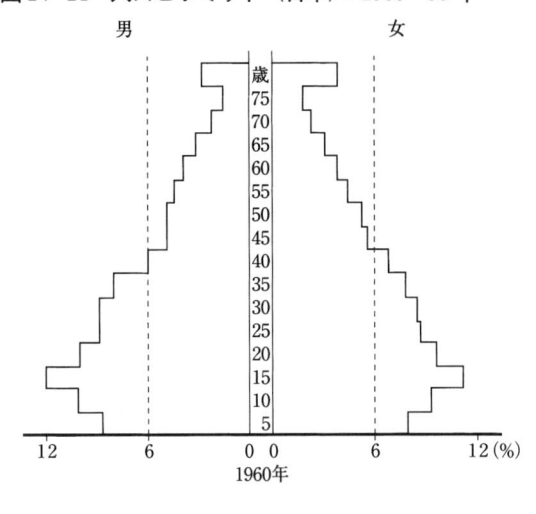

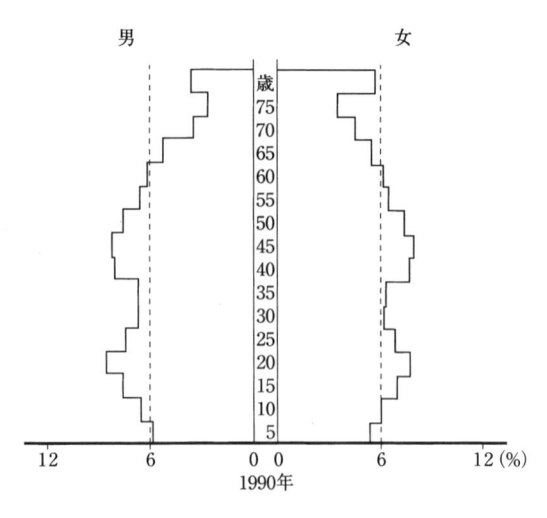

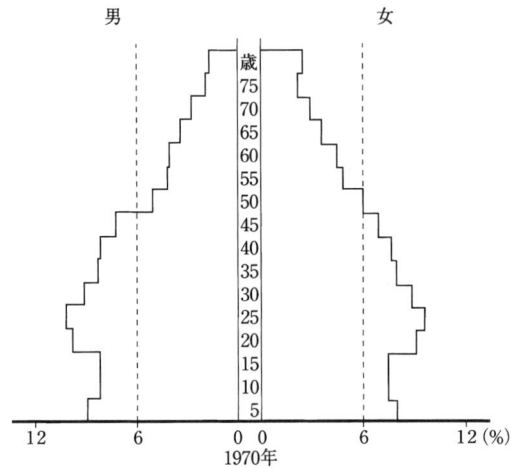

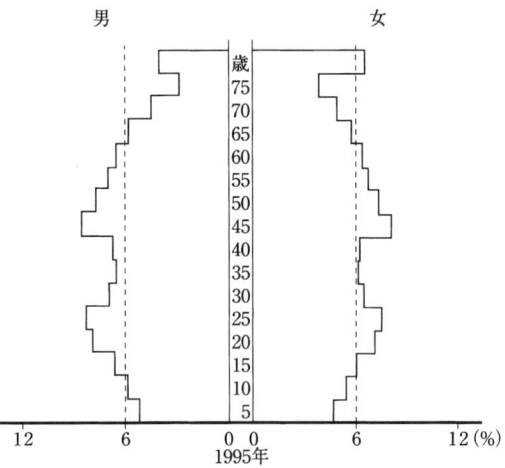

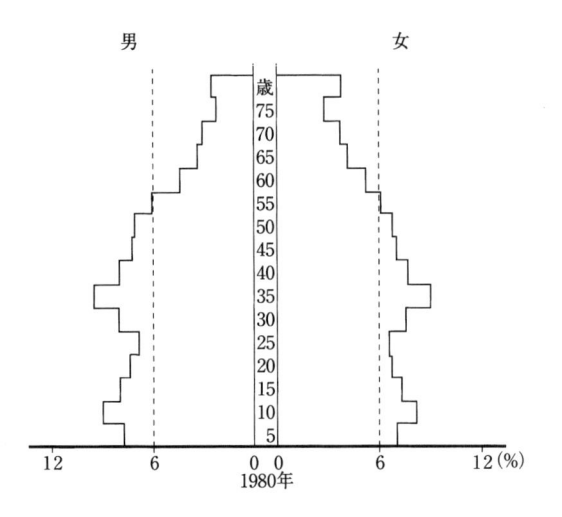

1960年

1970年

1980年

1990年

1995年

(出所) United Nations, *Demographic Yearbook*, New York, United Nations Publications, Various Years（国際連合統計局編『世界人口年鑑』原書房, 各年版）; The World Bank, *World Development Indicators*, Washington, D. C., World Bank Development Data Center, Various Years.
(注1) 75歳以上の項には不明を含む。
(注2) 各年度の年齢構成割合を推計し，表 I-2 の男女人口数や他の指標を含めて改めて実数値を推計している。したがって，各種統計書の実数値と値が異なっている。
(注3) 推計方法の詳細に関しては，推計の章を参照のこと。

IV 年齢構成

図 IV-15 人口ピラミッド〈ラオス〉：1960～95 年

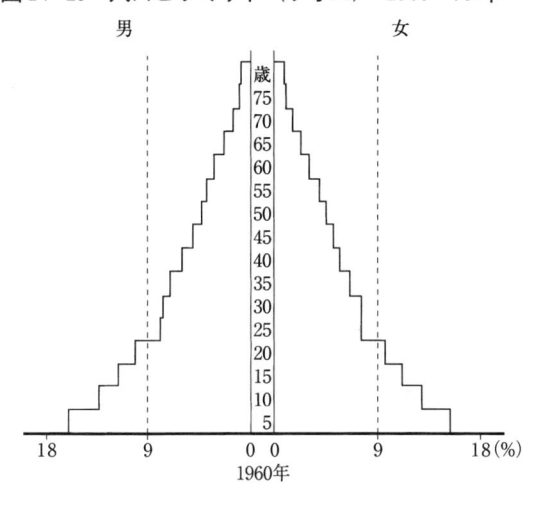

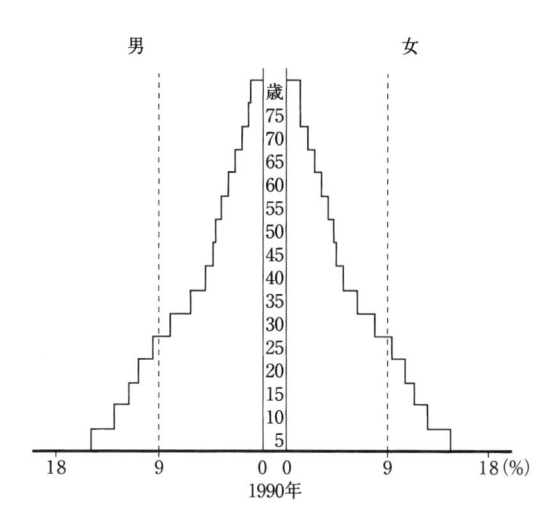

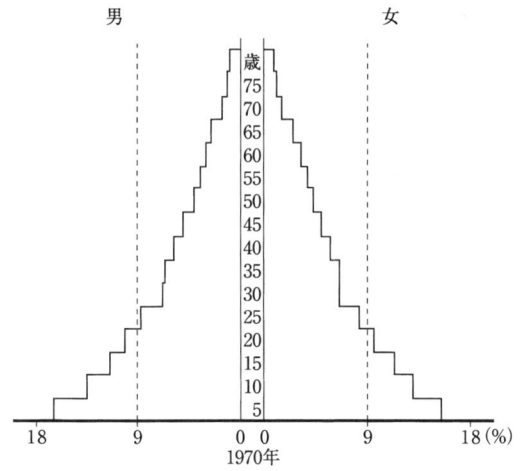

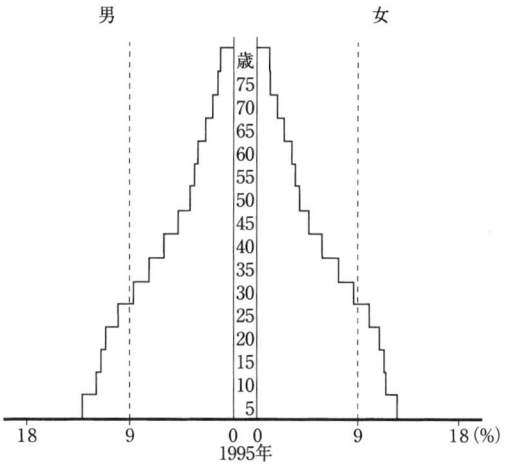

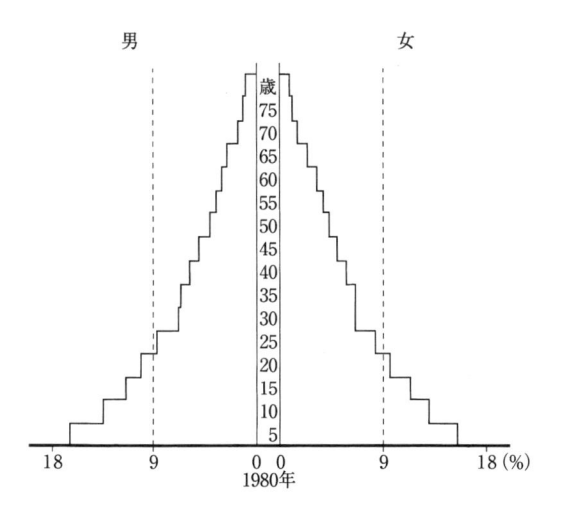

1960年

1970年

1980年

1990年

1995年

(出所) United Nations, *Demographic Yearbook*, New York, United Nations Publications, Various Years（国際連合統計局編『世界人口年鑑』原書房，各年版）；The World Bank, *World Development Indicators*, Washington, D. C., World Bank Development Data Center, Various Years.
(注1) 75歳以上の項には不明を含む。
(注2) 各年度の年齢構成割合を推計し，表I-2の男女人口数や他の指標を含めて改めて実数値を推計している。したがって，各種統計書の実数値と値が異なっている。
(注3) 推計方法の詳細に関しては，推計の章を参照のこと。

統 計

図IV-16 人口ピラミッド〈マレーシア〉：1960～95年

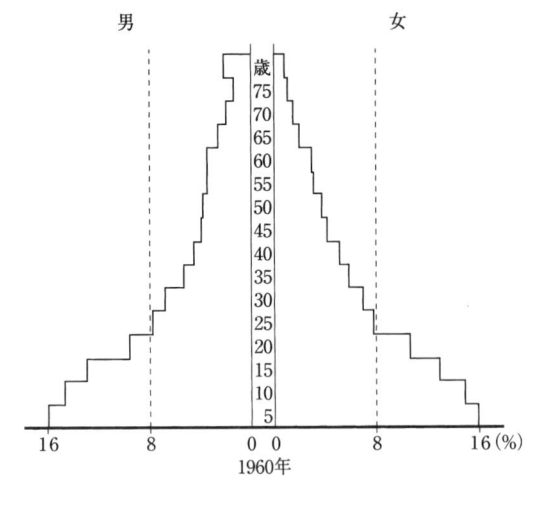

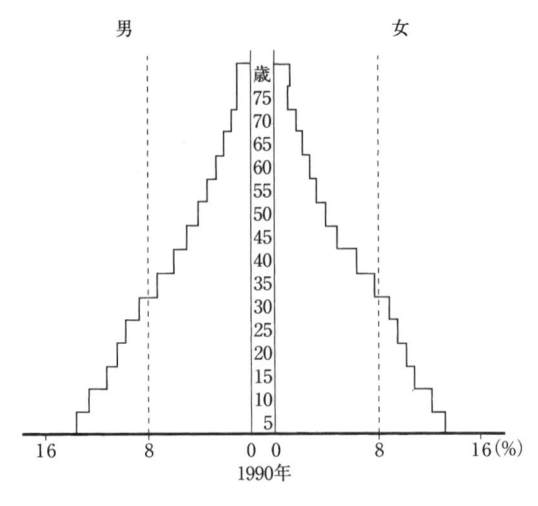

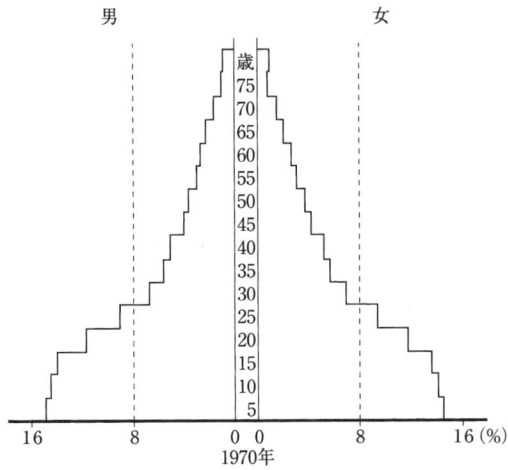

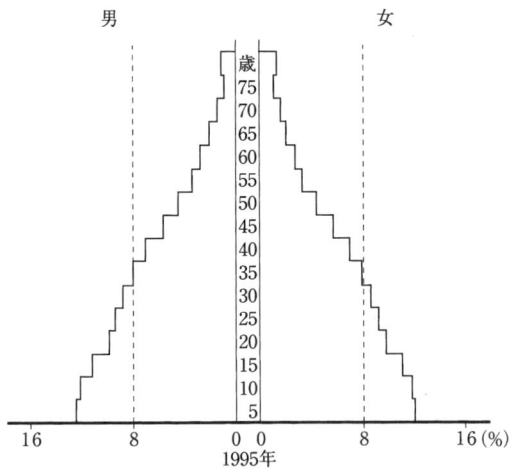

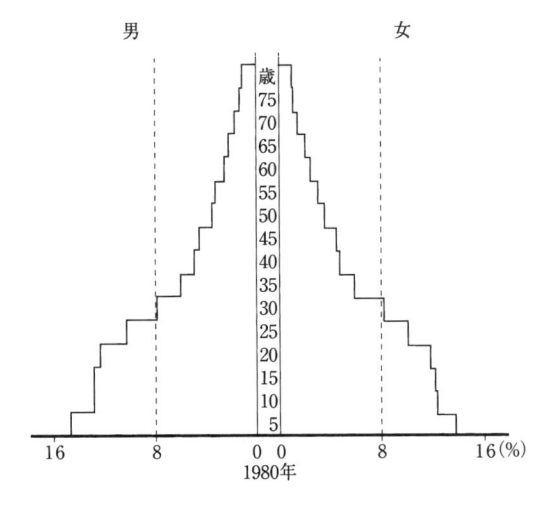

1960年

1970年

1980年

1990年

1995年

(出所) United Nations, *Demographic Yearbook*, New York, United Nations Publications, Various Years（国際連合統計局編『世界人口年鑑』原書房，各年版）；The World Bank, *World Development Indicators*, Washington, D. C., World Bank Development Data Center, Various Years.
(注1) 75歳以上の項には不明を含む。
(注2) 各年度の年齢構成割合を推計し，表I-2の男女人口数や他の指標を含めて改めて実数値を推計している。したがって，各種統計書の実数値と値が異なっている。
(注3) 推計方法の詳細に関しては，推計の章を参照のこと。

IV 年齢構成

図 IV-17　人口ピラミッド〈モンゴル〉：1960～95 年

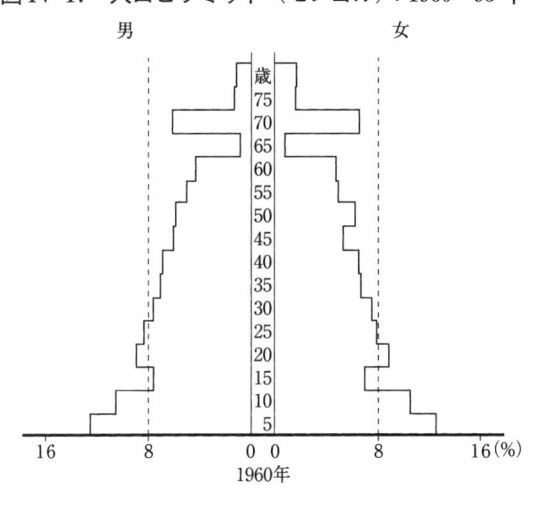

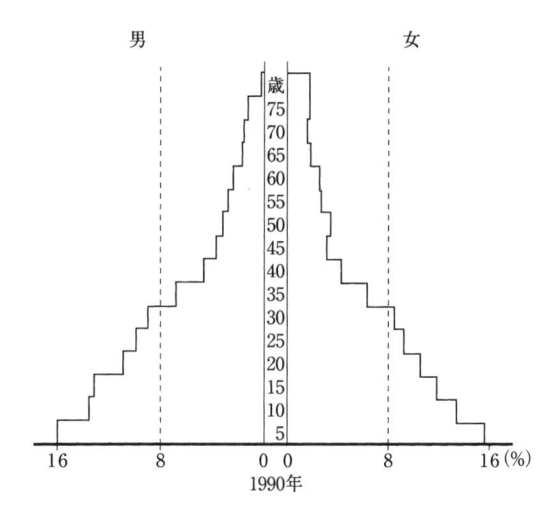

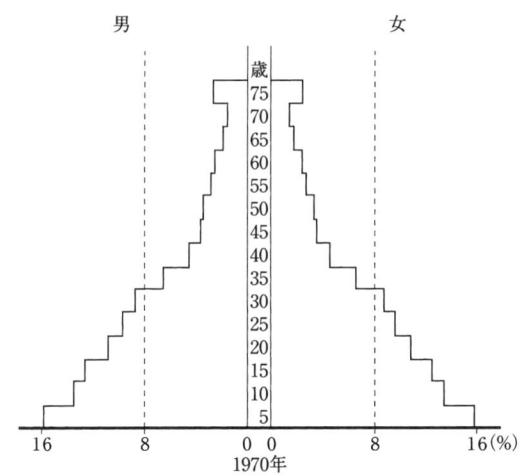

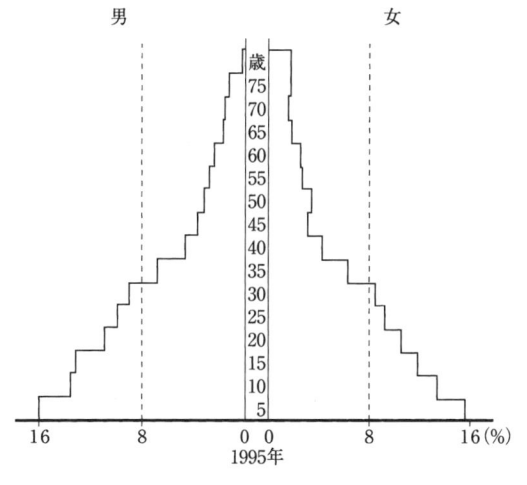

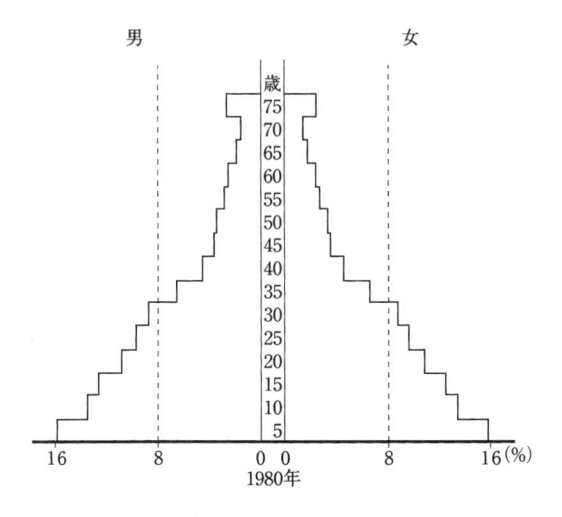

(出所) United Nations, *Demographic Yearbook*, New York, United Nations Publications, Various Years（国際連合統計局編『世界人口年鑑』原書房，各年版）; The World Bank, *World Development Indicators*, Washington, D. C., World Bank Development Data Center, Various Years.
(注1) 75歳以上の項には不明を含む。
(注2) 各年度の年齢構成割合を推計し，表I-2の男女人口数や他の指標を含めて改めて実数値を推計している。したがって，各種統計書の実数値と値が異なっている。
(注3) 推計方法の詳細に関しては，推計の章を参照のこと。

統　　計

図 IV-18　人口ピラミッド〈ミャンマー〉：1960〜95 年

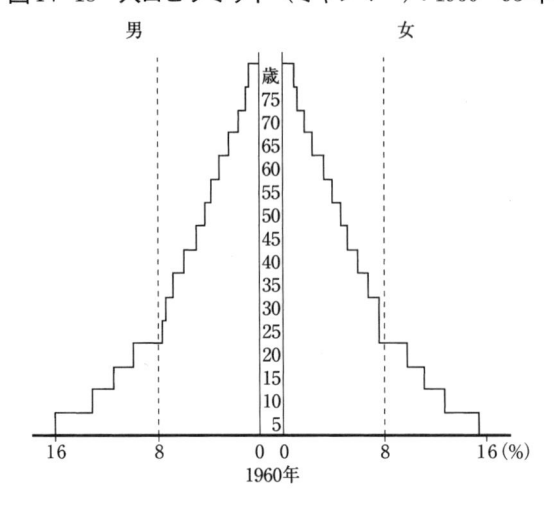

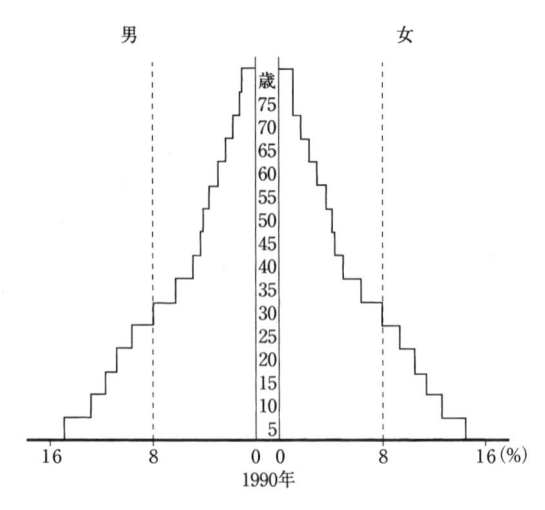

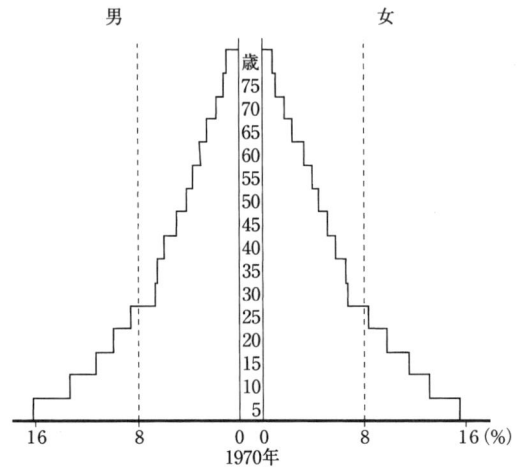

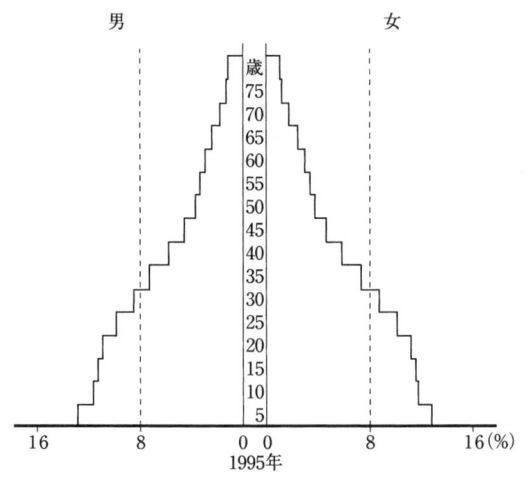

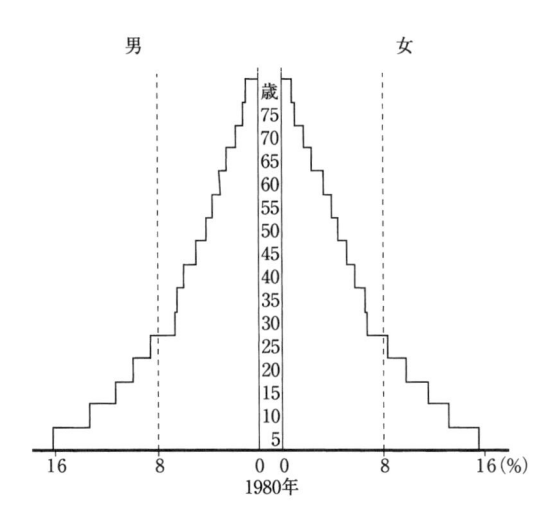

1960年

1970年

1980年

1990年

1995年

（出所）　United Nations, *Demographic Yearbook*, New York, United Nations Publications, Various Years（国際連合統計局編『世界人口年鑑』原書房，各年版）; The World Bank, *World Development Indicators*, Washington, D. C., World Bank Development Data Center, Various Years.
（注1）　75歳以上の項には不明を含む。
（注2）　各年度の年齢構成割合を推計し，表I-2の男女人口数や他の指標を含めて改めて実数値を推計している。したがって，各種統計書の実数値と値が異なっている。
（注3）　推計方法の詳細に関しては，推計の章を参照のこと。

IV 年齢構成

図 IV-19　人口ピラミッド〈ネパール〉：1960〜95 年

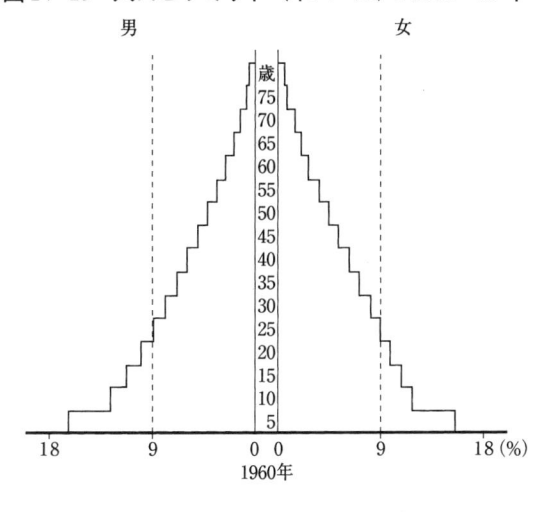

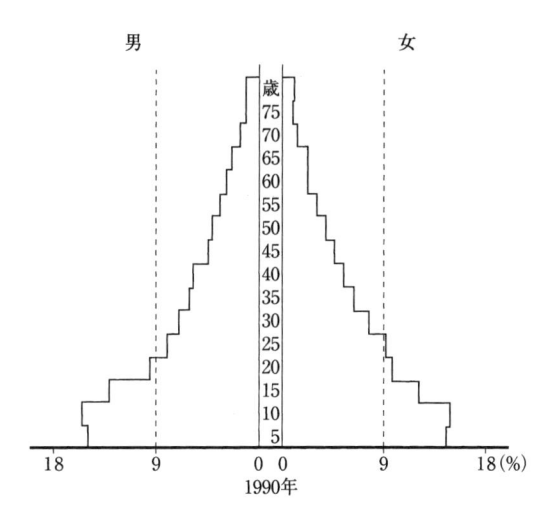

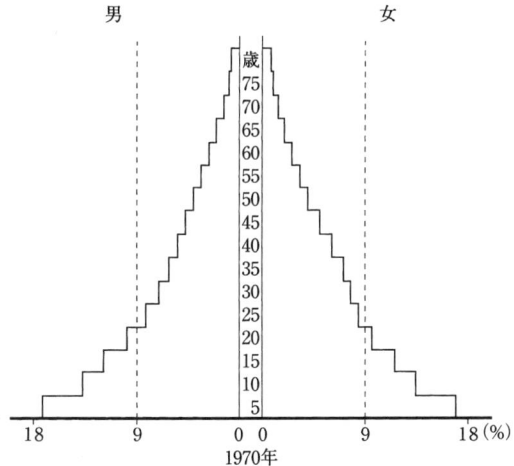

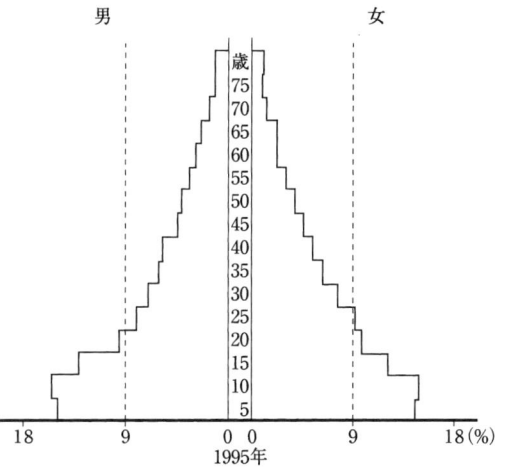

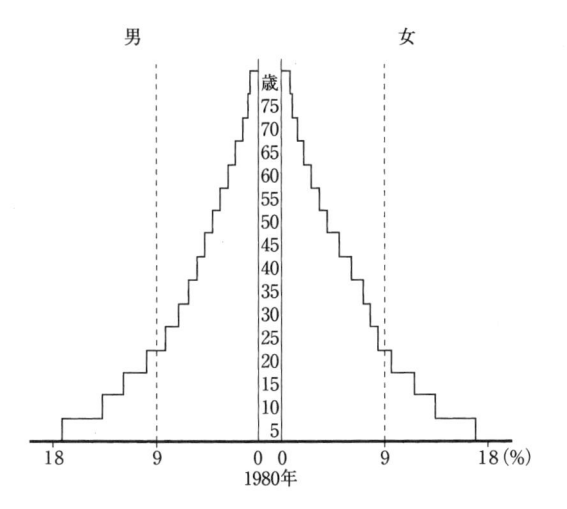

(出所)　United Nations, *Demographic Yearbook*, New York, United Nations Publications, Various Years（国際連合統計局編『世界人口年鑑』原書房，各年版）; The World Bank, *World Development Indicators*, Washington, D. C., World Bank Development Data Center, Various Years.

(注1)　75歳以上の項には不明を含む。

(注2)　各年度の年齢構成割合を推計し，表I-2の男女人口数や他の指標を含めて改めて実数値を推計している。したがって，各種統計書の実数値と値が異なっている。

(注3)　推計方法の詳細に関しては，推計の章を参照のこと。

統　　計

図IV-20　人口ピラミッド〈ニュージーランド〉：1960〜95年

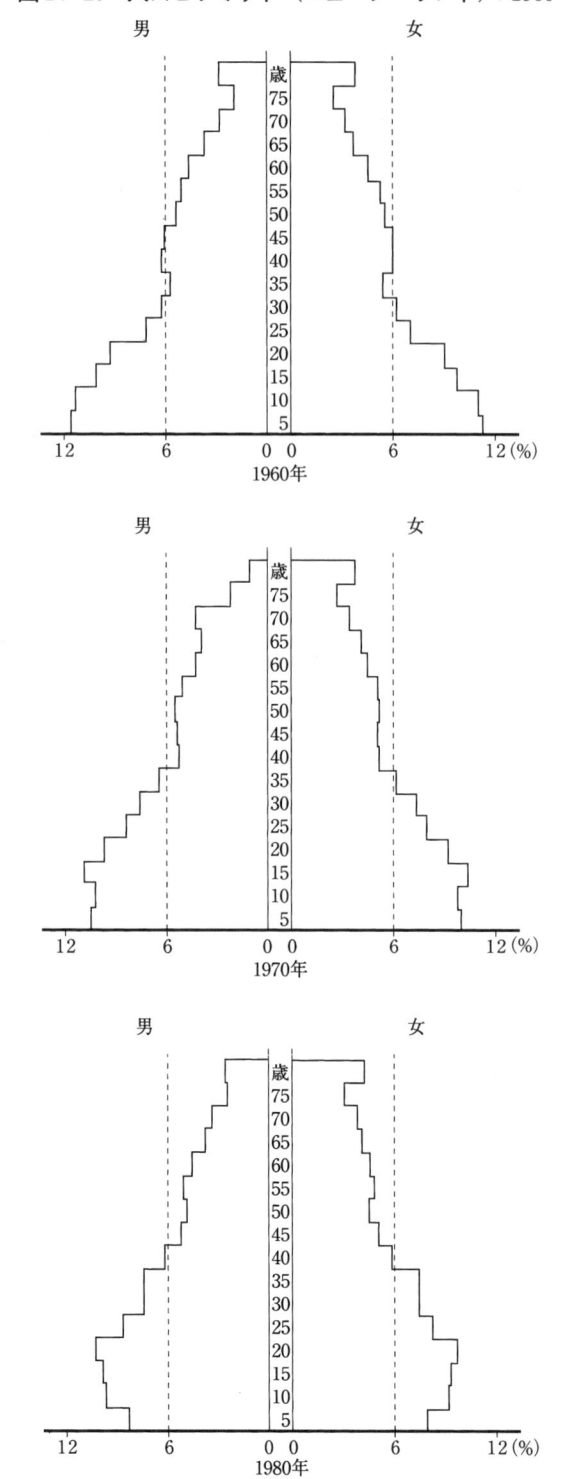

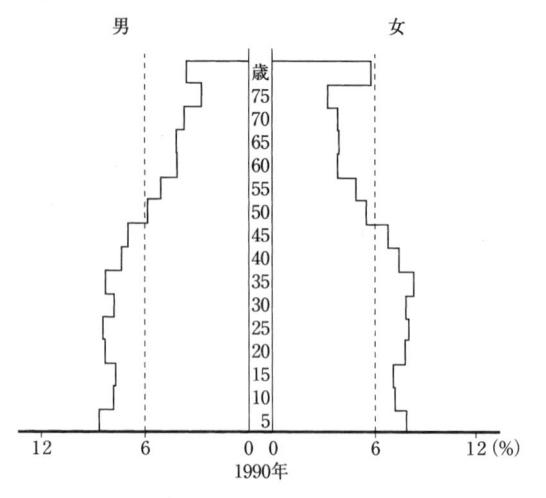

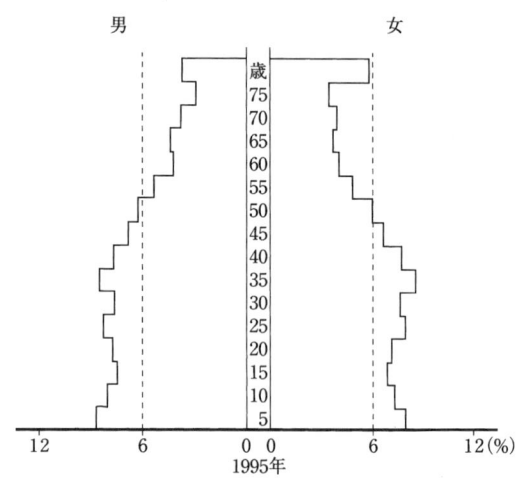

1960年

1970年

1980年

1990年

1995年

(出所)　United Nations, *Demographic Yearbook*, New York, United Nations Publications, Various Years（国際連合統計局編『世界人口年鑑』原書房，各年版）；The World Bank, *World Development Indicators*, Washington, D. C., World Bank Development Data Center, Various Years.
(注1)　75歳以上の項には不明を含む。
(注2)　各年度の年齢構成割合を推計し，表I-2の男女人口数や他の指標を含めて改めて実数値を推計している。したがって，各種統計書の実数値と値が異なっている。
(注3)　推計方法の詳細に関しては，推計の章を参照のこと。

IV 年齢構成

図 IV-21 人口ピラミッド〈パキスタン〉：1960〜95年

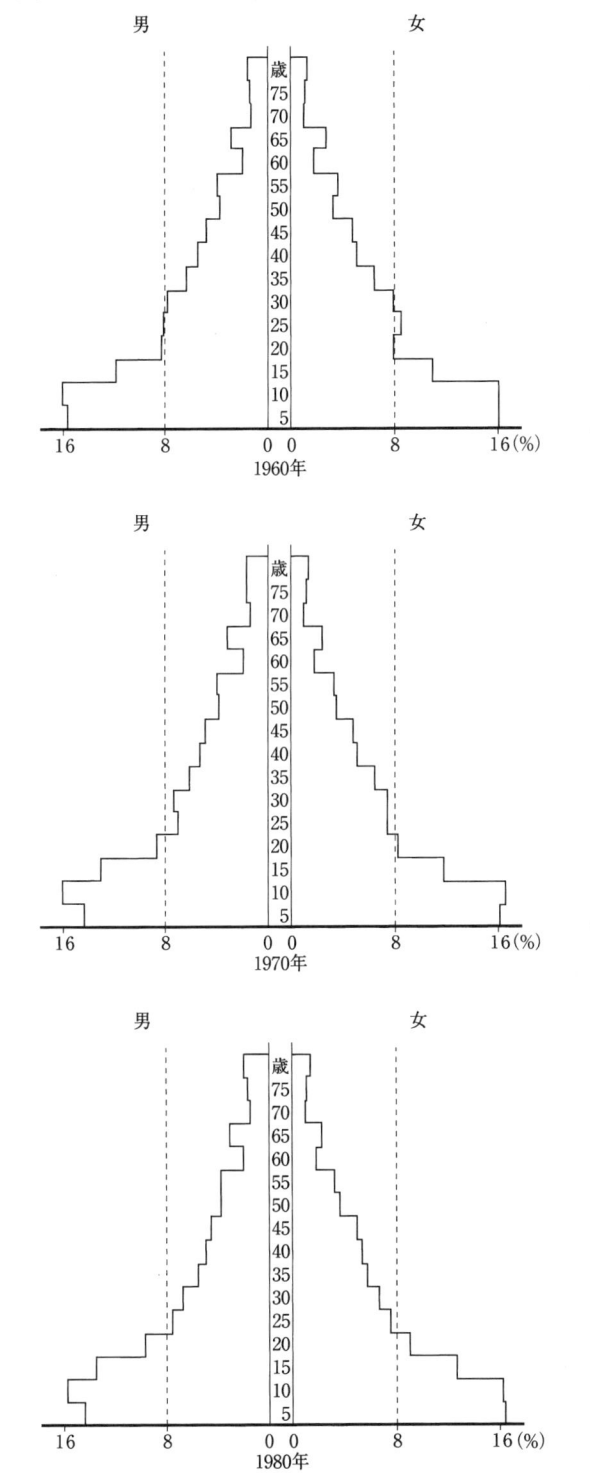

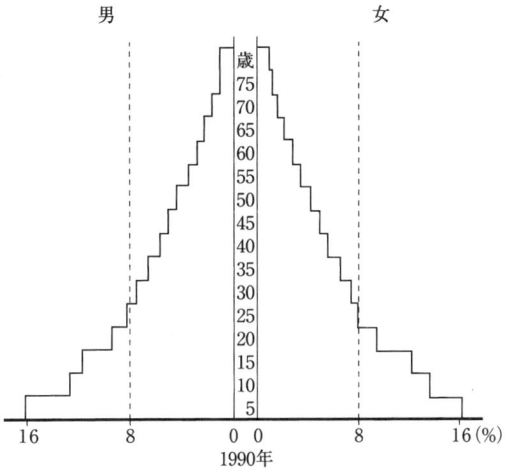

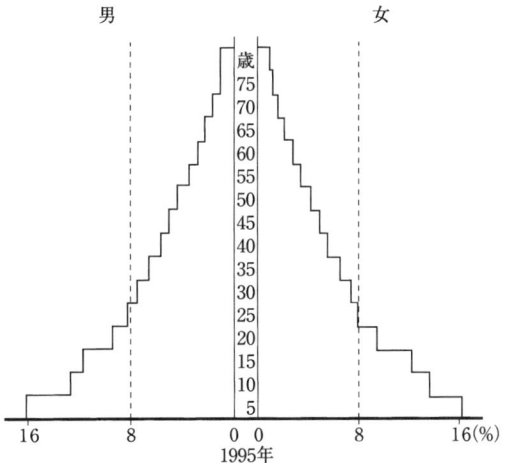

(出所) United Nations, *Demographic Yearbook*, New York, United Nations Publications, Various Years（国際連合統計局編『世界人口年鑑』原書房，各年版）; The World Bank, *World Development Indicators*, Washington, D. C., World Bank Development Data Center, Various Years.

(注1) 75歳以上の項には不明を含む。
(注2) 各年度の年齢構成割合を推計し，表I-2の男女人口数や他の指標を含めて改めて実数値を推計している。したがって，各種統計書の実数値と値が異なっている。
(注3) 推計方法の詳細に関しては，推計の章を参照のこと。

図 IV-22 人口ピラミッド〈パプアニューギニア〉：1960～95年

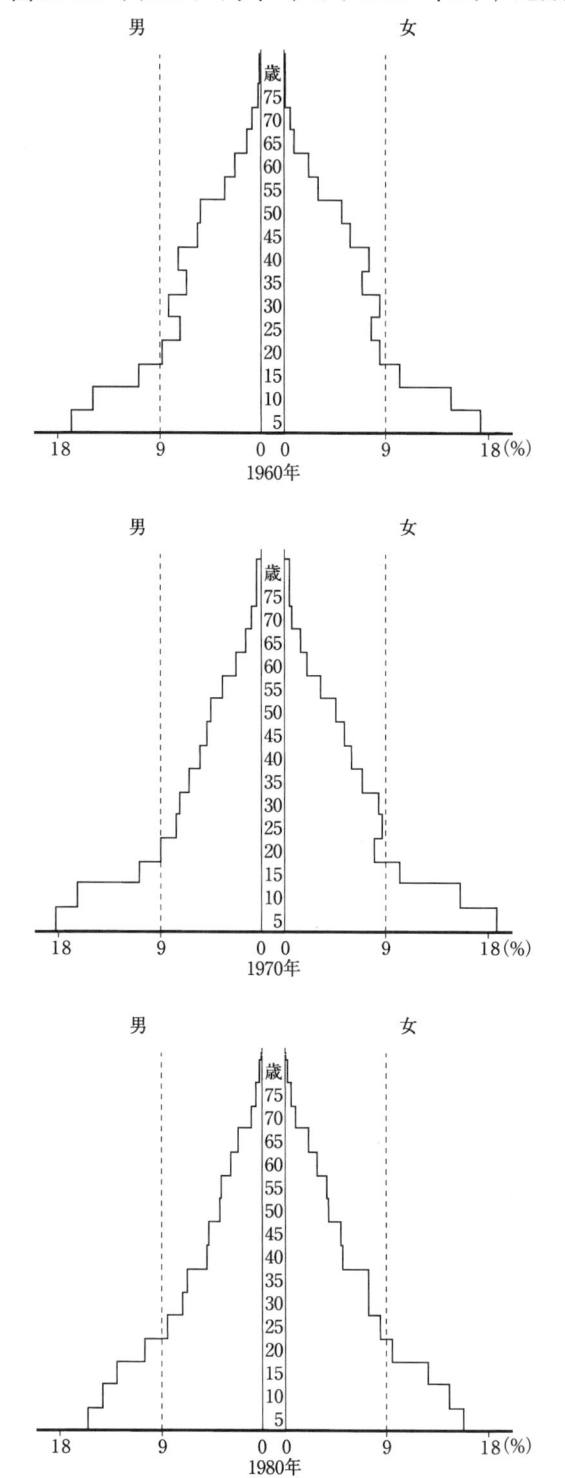

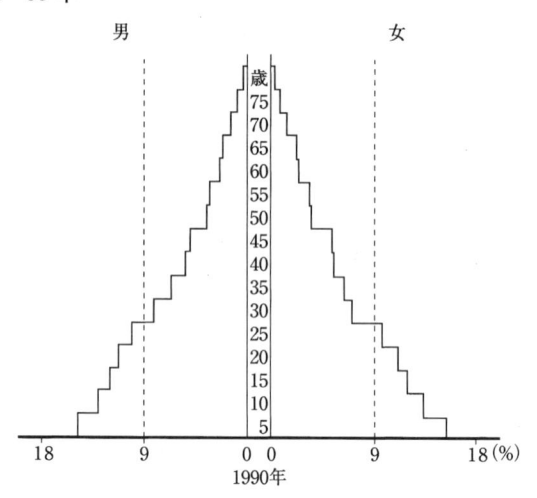

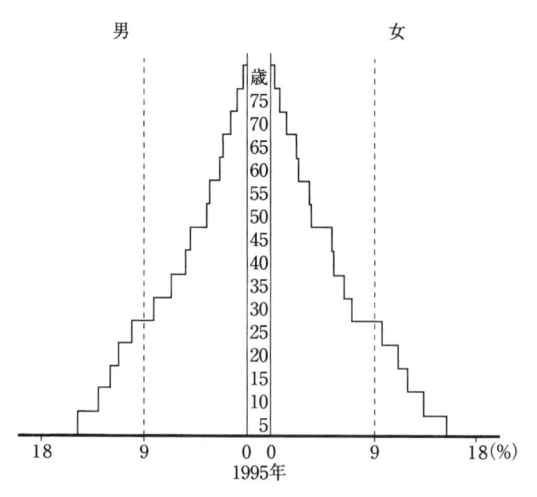

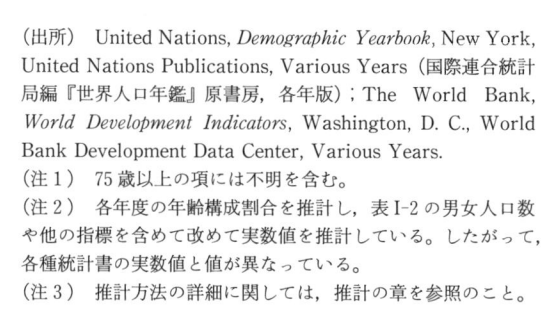

(出所) United Nations, *Demographic Yearbook*, New York, United Nations Publications, Various Years（国際連合統計局編『世界人口年鑑』原書房，各年版）；The World Bank, *World Development Indicators*, Washington, D. C., World Bank Development Data Center, Various Years.
(注1) 75歳以上の項には不明を含む。
(注2) 各年度の年齢構成割合を推計し，表I-2の男女人口数や他の指標を含めて改めて実数値を推計している。したがって，各種統計書の実数値と値が異なっている。
(注3) 推計方法の詳細に関しては，推計の章を参照のこと。

IV 年齢構成

図 IV-23 人口ピラミッド〈フィリピン〉：1960〜95年

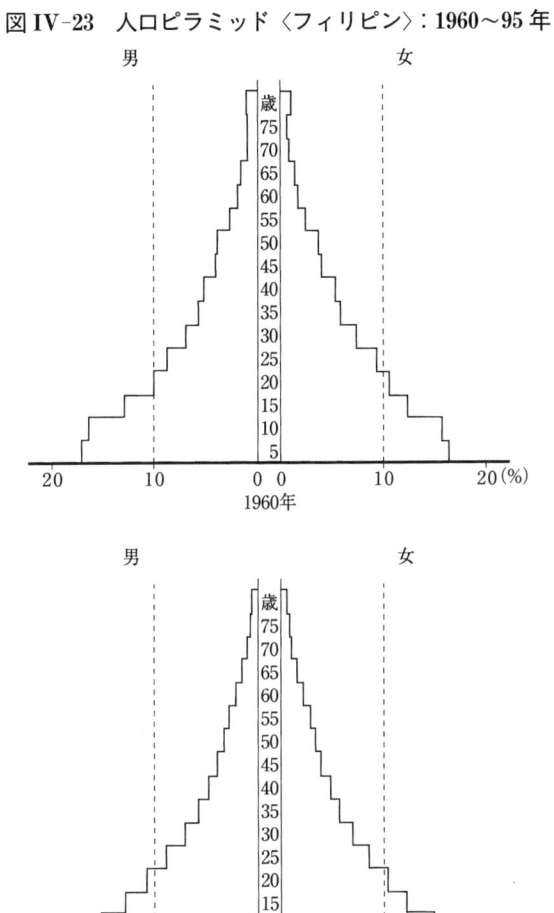

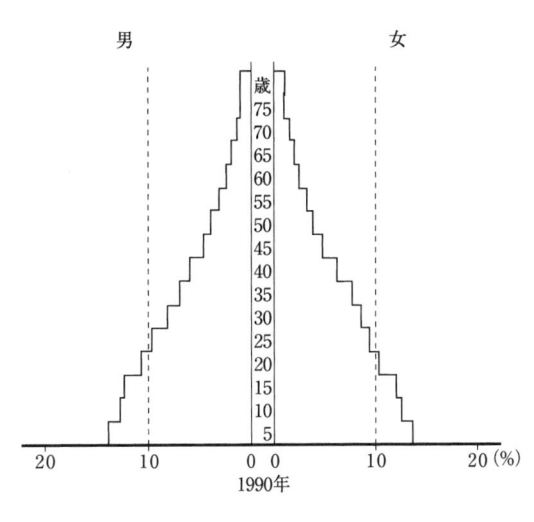

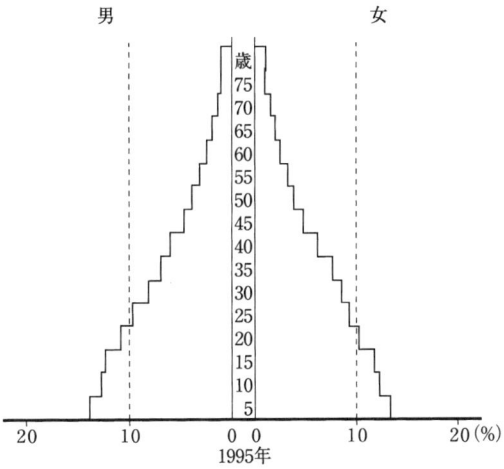

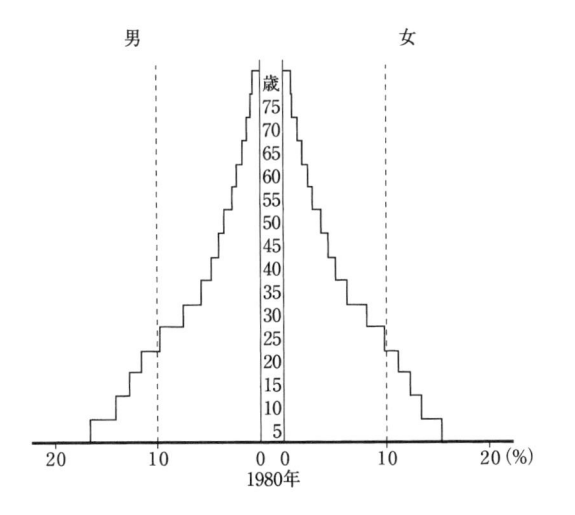

(出所) United Nations, *Demographic Yearbook*, New York, United Nations Publications, Various Years（国際連合統計局編『世界人口年鑑』原書房，各年版）；The World Bank, *World Development Indicators*, Washington, D. C., World Bank Development Data Center, Various Years.
(注1) 75歳以上の項には不明を含む。
(注2) 各年度の年齢構成割合を推計し，表 I-2 の男女人口数や他の指標を含めて改めて実数値を推計している。したがって，各種統計書の実数値と値が異なっている。
(注3) 推計方法の詳細に関しては，推計の章を参照のこと。

統　計

図 IV-24　人口ピラミッド〈韓国〉：1960～95 年

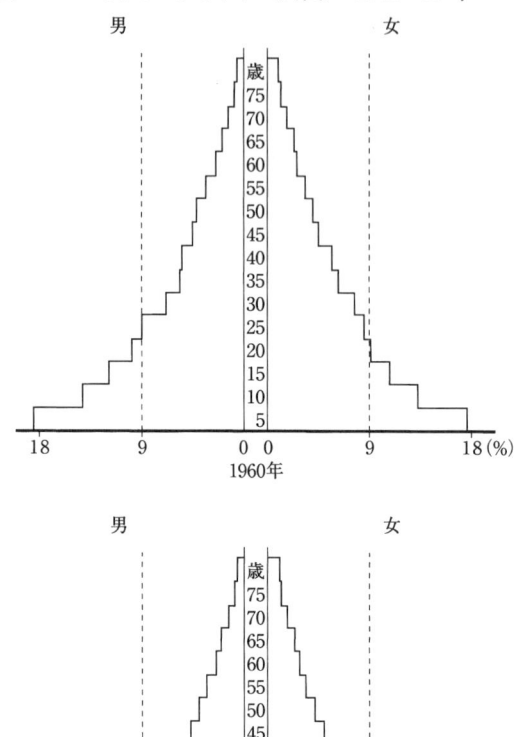

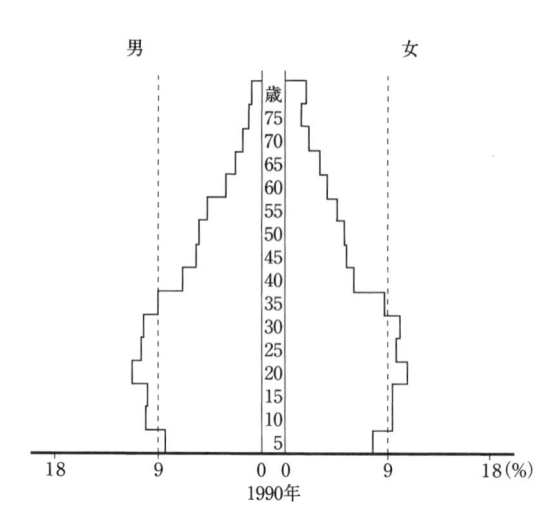

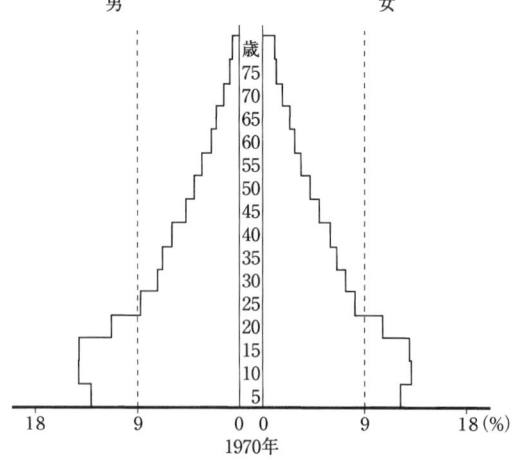

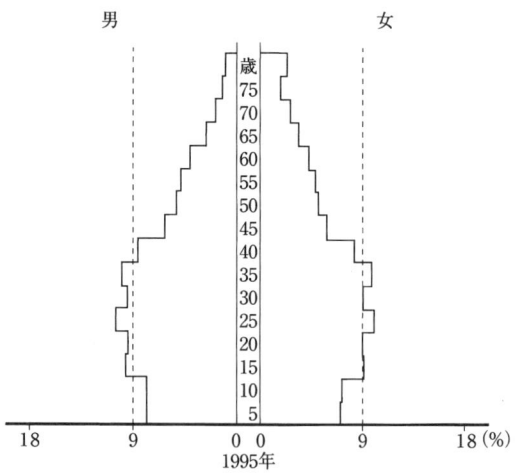

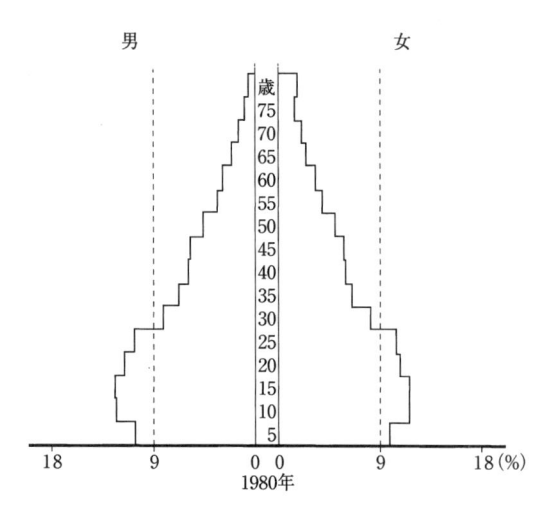

(出所)　United Nations, *Demographic Yearbook*, New York, United Nations Publications, Various Years（国際連合統計局編『世界人口年鑑』原書房, 各年版）; The World Bank, *World Development Indicators*, Washington, D. C., World Bank Development Data Center, Various Years.
(注1)　75歳以上の項には不明を含む。
(注2)　各年度の年齢構成割合を推計し, 表I-2の男女人口数や他の指標を含めて改めて実数値を推計している。したがって, 各種統計書の実数値と値が異なっている。
(注3)　推計方法の詳細に関しては, 推計の章を参照のこと。

図 IV-25　人口ピラミッド〈サモア〉：1960～95年

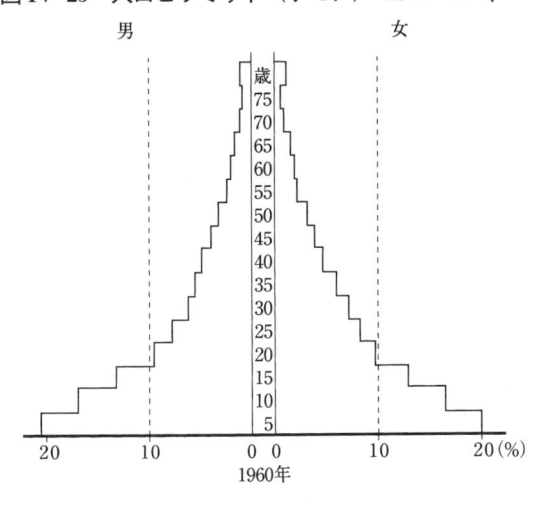

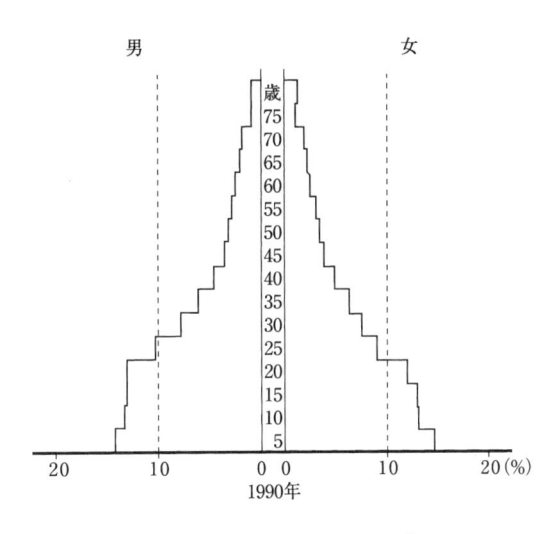

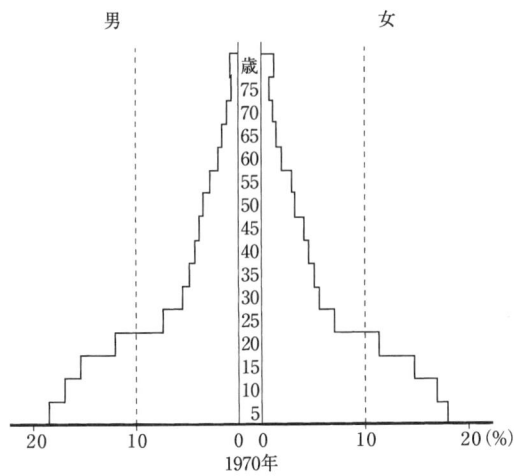

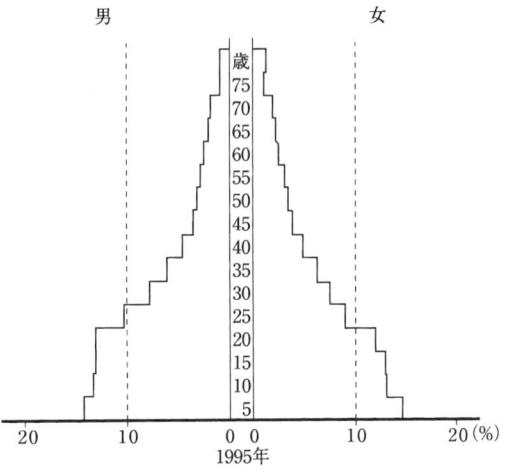

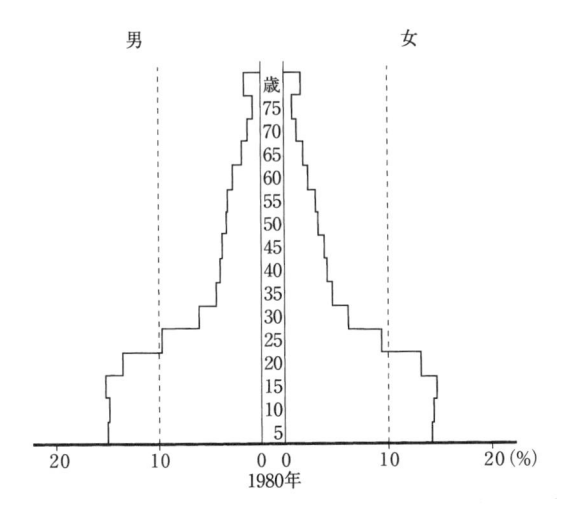

(出所)　United Nations, *Demographic Yearbook*, New York, United Nations Publications, Various Years（国際連合統計局編『世界人口年鑑』原書房, 各年版）; The World Bank, *World Development Indicators*, Washington, D. C., World Bank Development Data Center, Various Years.
(注1)　75歳以上の項には不明を含む。
(注2)　各年度の年齢構成割合を推計し, 表I-2の男女人口数や他の指標を含めて改めて実数値を推計している。したがって, 各種統計書の実数値と値が異なっている。
(注3)　推計方法の詳細に関しては, 推計の章を参照のこと。

統　計

図 IV-26　人口ピラミッド〈シンガポール〉：1960〜95 年

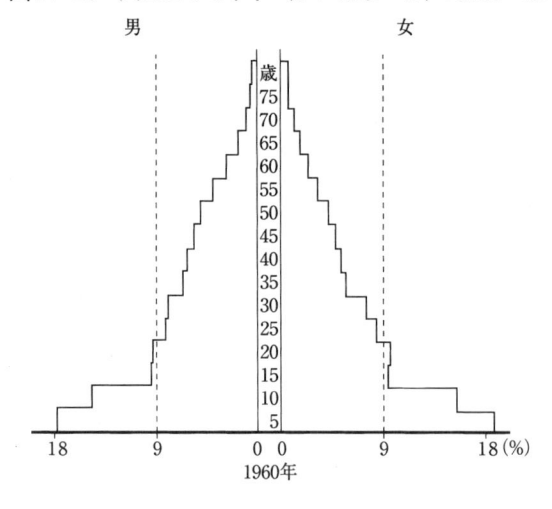

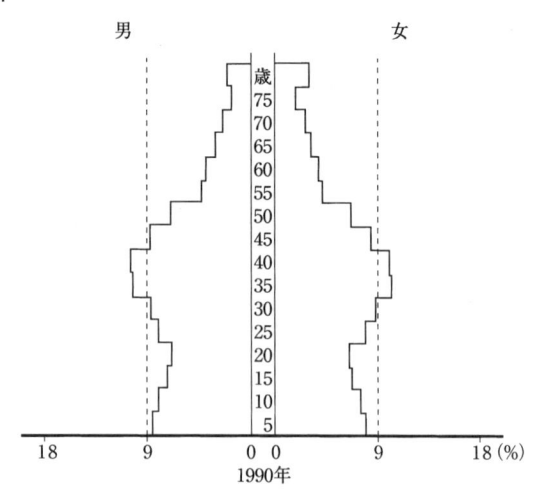

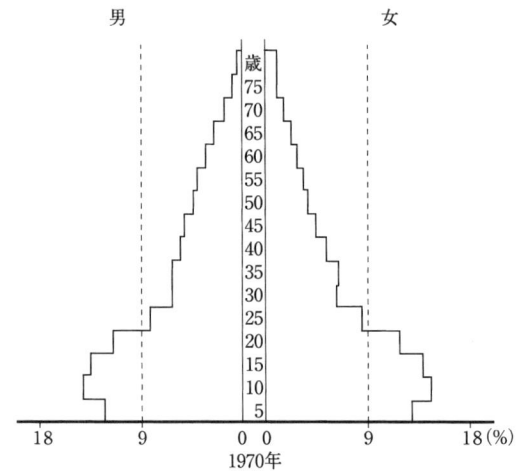

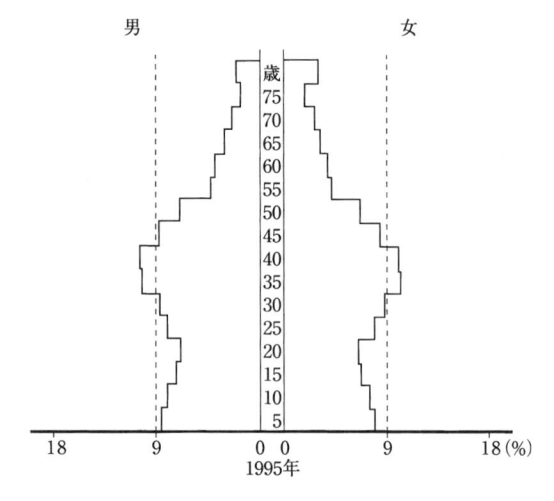

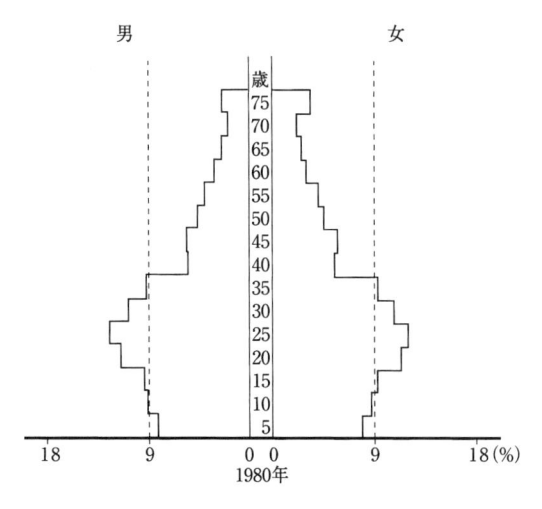

1960年

1970年

1980年

1990年

1995年

（出所）　United Nations, *Demographic Yearbook*, New York, United Nations Publications, Various Years（国際連合統計局編『世界人口年鑑』原書房，各年版）；The World Bank, *World Development Indicators*, Washington, D. C., World Bank Development Data Center, Various Years.
（注1）　75歳以上の項には不明を含む。
（注2）　各年度の年齢構成割合を推計し，表 I-2 の男女人口数や他の指標を含めて改めて実数値を推計している。したがって，各種統計書の実数値と値が異なっている。
（注3）　推計方法の詳細に関しては，推計の章を参照のこと。

274

IV 年齢構成

図 IV-27　人口ピラミッド〈スリランカ〉：1960～95 年

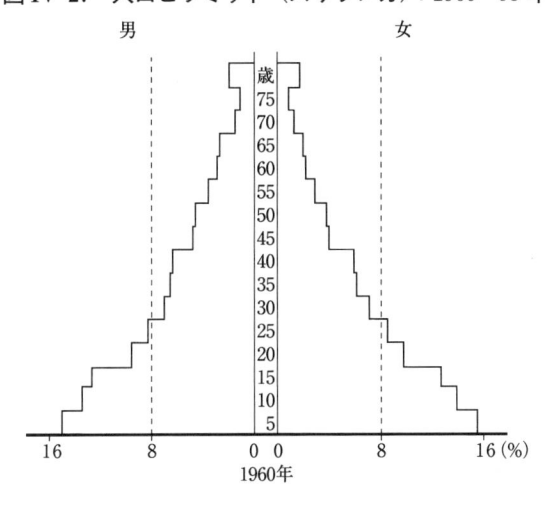

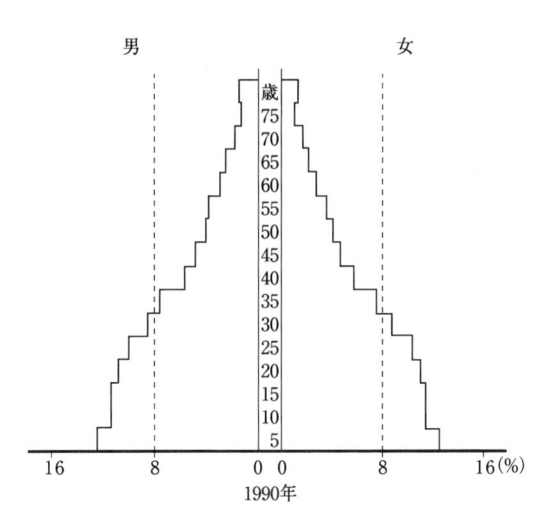

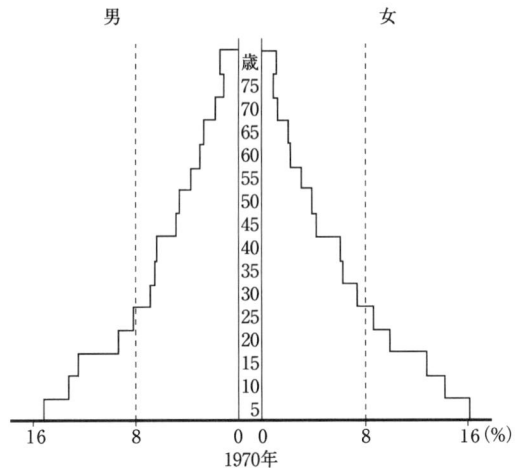

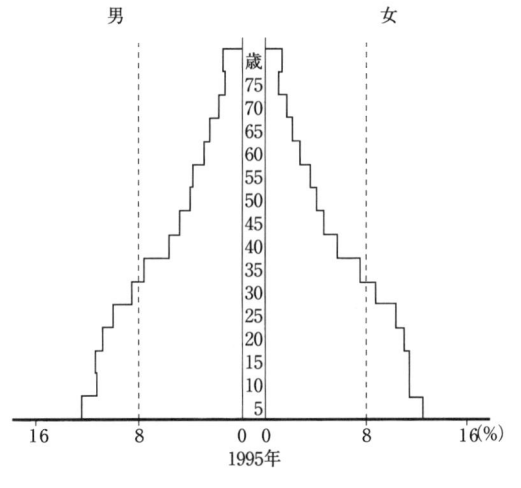

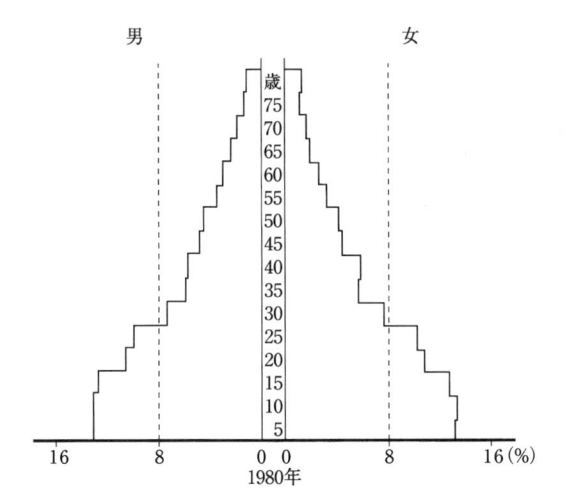

1960年

1970年

1980年

1990年

1995年

(出所)　United Nations, *Demographic Yearbook*, New York, United Nations Publications, Various Years（国際連合統計局編『世界人口年鑑』原書房，各年版）；The World Bank, *World Development Indicators*, Washington, D. C., World Bank Development Data Center, Various Years.
(注1)　75歳以上の項には不明を含む。
(注2)　各年度の年齢構成割合を推計し，表I-2の男女人口数や他の指標を含めて改めて実数値を推計している。したがって，各種統計書の実数値と値が異なっている。
(注3)　推計方法の詳細に関しては，推計の章を参照のこと。

統　計

図 IV-28　人口ピラミッド〈タイ〉：1960～95 年

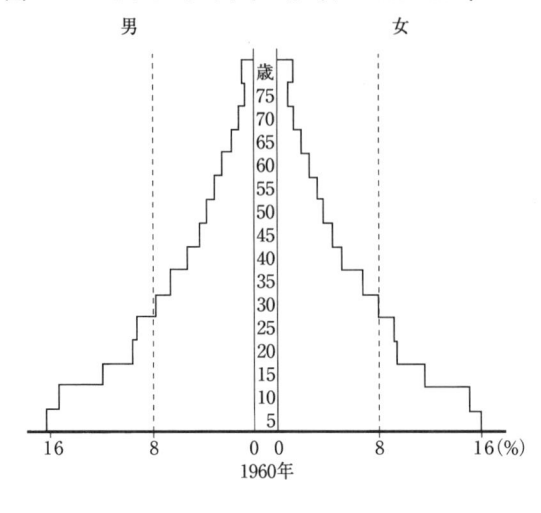

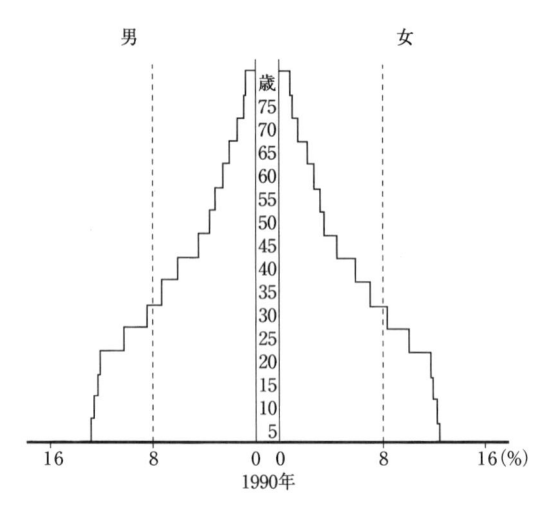

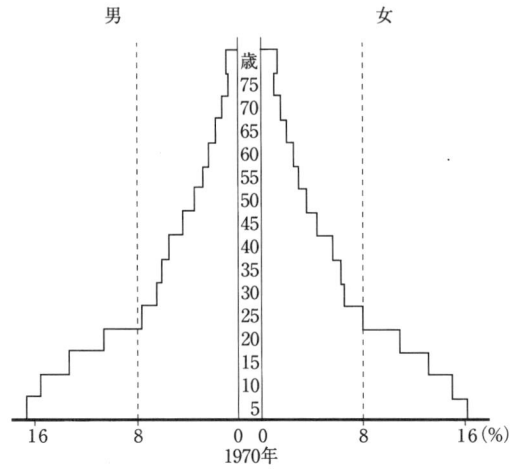

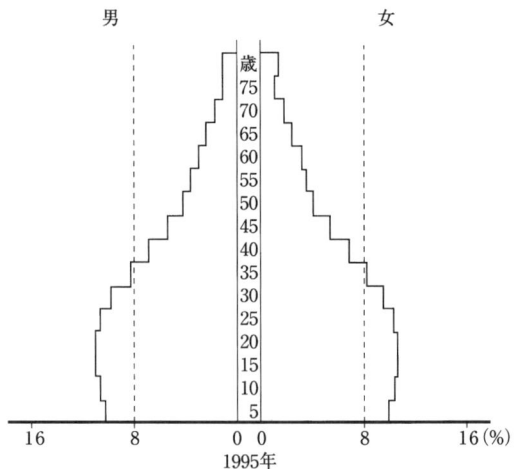

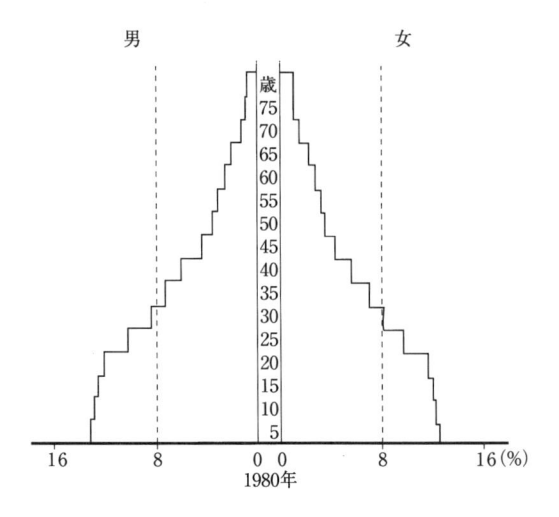

(出所)　United Nations, *Demographic Yearbook*, New York, United Nations Publications, Various Years（国際連合統計局編『世界人口年鑑』原書房，各年版）; The World Bank, *World Development Indicators*, Washington, D. C., World Bank Development Data Center, Various Years.
(注1)　75 歳以上の項には不明を含む。
(注2)　各年度の年齢構成割合を推計し，表 I-2 の男女人口数や他の指標を含めて改めて実数値を推計している。したがって，各種統計書の実数値と値が異なっている。
(注3)　推計方法の詳細に関しては，推計の章を参照のこと。

IV 年齢構成

図 IV-29 人口ピラミッド〈ベトナム〉：1960～95 年

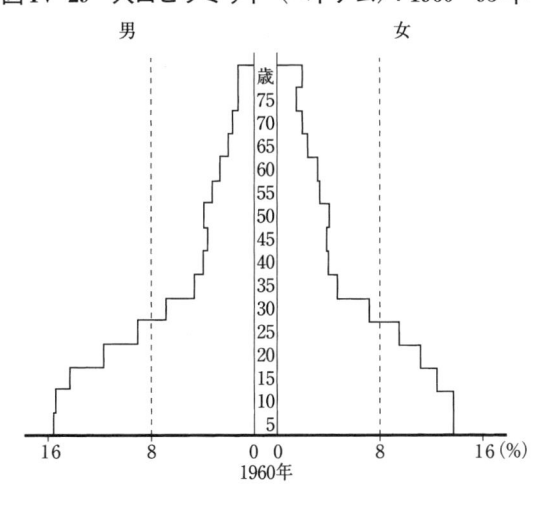

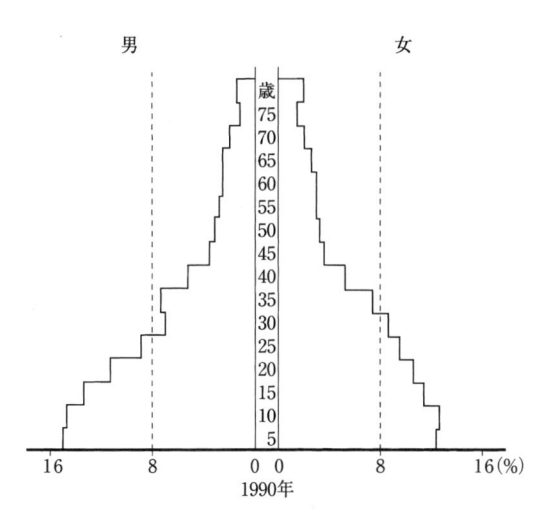

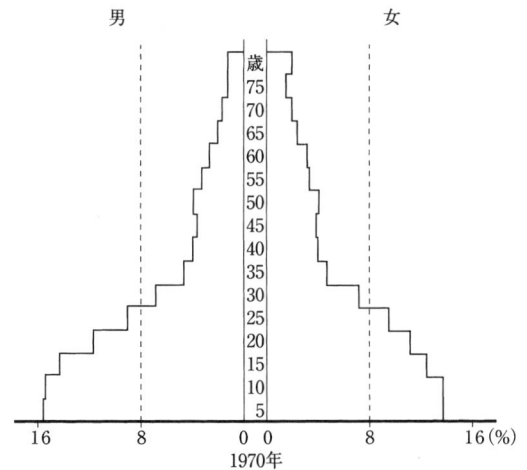

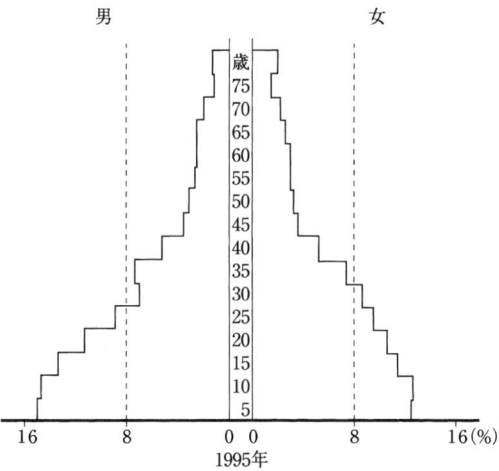

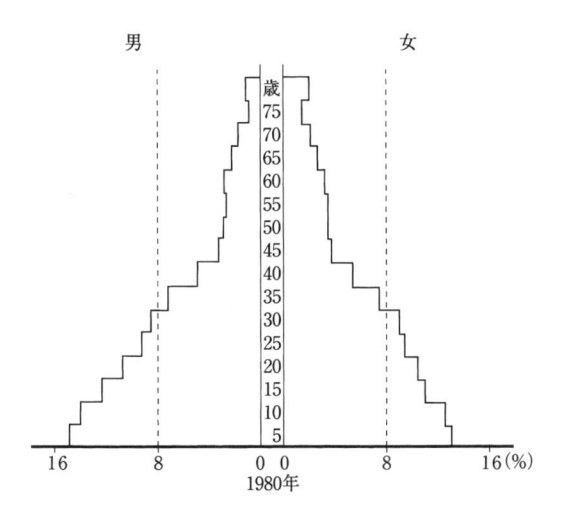

(出所) United Nations, *Demographic Yearbook*, New York, United Nations Publications, Various Years（国際連合統計局編『世界人口年鑑』原書房，各年版）; The World Bank, *World Development Indicators*, Washington, D. C., World Bank Development Data Center, Various Years.
(注1) 75歳以上の項には不明を含む。
(注2) 各年度の年齢構成割合を推計し，表 I-2 の男女人口数や他の指標を含めて改めて実数値を推計している。したがって，各種統計書の実数値と値が異なっている。
(注3) 推計方法の詳細に関しては，推計の章を参照のこと。

統　計

図 IV-30　人口ピラミッド〈台湾〉：1960〜95 年

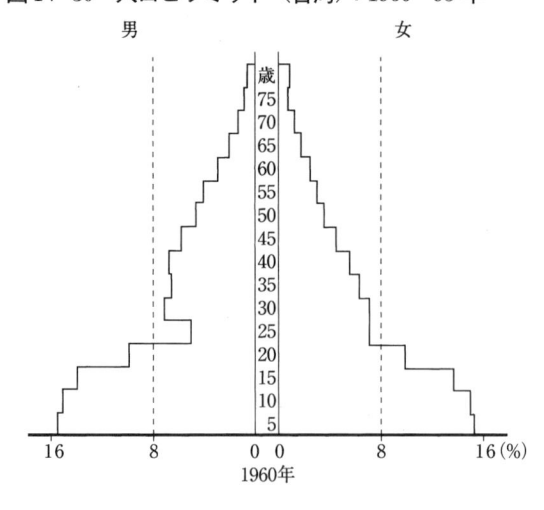

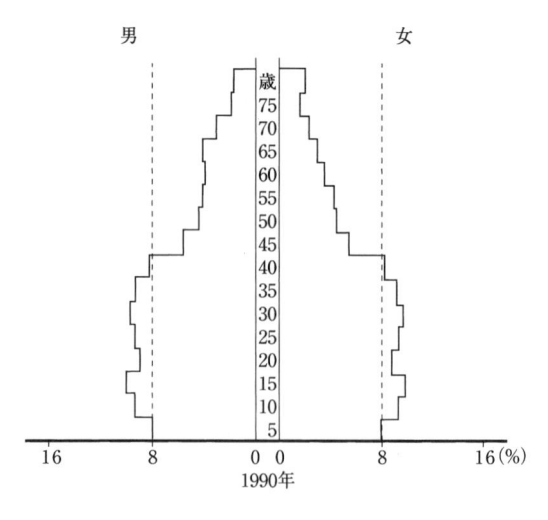

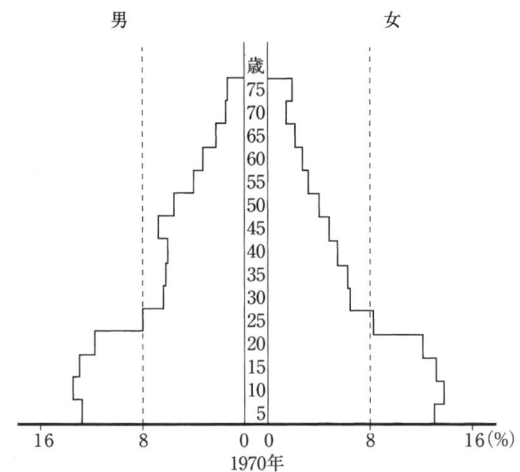

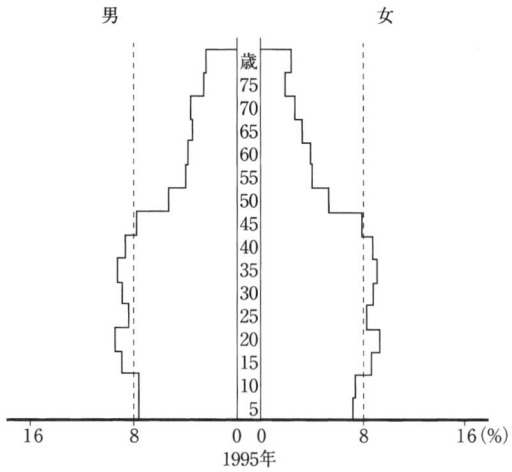

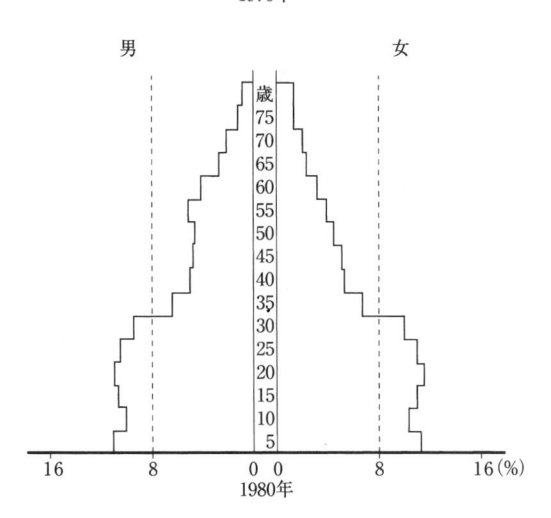

（出所）　行政院主計處編『中華民国統計年鑑』行政院出版署，各年版。
（注１）　75 歳以上の項には不明を含む。
（注２）　各年度の年齢構成割合を推計し，表 I-2 の男女人口数や他の指標を含めて改めて実数値を推計している。したがって，各種統計書の実数値と値が異なっている。
（注３）　推計方法の詳細に関しては，推計の章を参照のこと。

V　長期人口データ推計

　長期人口データの推計[1]作業は，人口統計学的，あるいは単に統計学的に考えてもリスクが高く，精度的にも少なくない問題がある。しかしデータが欠損し，推計を要するのは，過去数十年前のデータであり，データ整備の遅れている国である。今後各国・地域においてデータ整備が進行するであろうが，そのテンポはきわめてゆっくりとしたものであろう。したがって今回行った推計は，「東アジア地域に関する研究の裾野を広げる」という目的に対しては，十分意義のある作業であると確信する。

　ここでは，まず東アジア地域のデータ整備の現状と問題点を明らかにする。次に対象を人口に絞り入手可能なデータを「信頼性」「整合性」の二つの基準により収集し，これを基準データと補完データに分類する。そして人口データを推計する意義やその用途について検討を加え，推計手法についての考察する。とくにデータ推計に対するアプローチを中心に解説する。

多様化する東アジア地域分析と長期データの重要性

　従来，東アジア地域を対象とした地域分析は，NIES（新興工業経済群），ASEAN（東南アジア諸国連合）諸国またそれら相互の比較研究が大半であり，また分析期間もこれらの地域における急速な経済発展が始まった1970年代以降であった。しかし，近年では急速な経済発展を反映して分析の対象が，地域的にも，分析対象期間においても広がりをみせている。東アジア地域に関する出版物の増加は，この地域に関する学術的関心の高さを反映している。1990年代後半からのアジア経済の失速に際してもその傾向は変わらず，むしろ高まりがみられる。

　分析対象は，経済，貿易，人口，工業，投資など，実に多岐にわたっている。しかし，その多くが経済理論や人口理論にもとづく数理的分析にその論拠をおいている。研究者がある対象に対して自己の論理を検証しようとすれば，数理的分析が必要であり，数理的分析には「信頼性のあるデータ」が必要となる。

　学術的関心の高まりは，分析対象期間を長期化させ，長期にわたる「信頼性のあるデータ」が必要になっている。とくに開発経済学では，長期分析が重要である。東アジアについても，政治的独立期とされる1950年代前半からの長期的データが必要となる。また多くの場合，アジア諸国相互の，または他地域との比較分析を行う必要がある。したがって各国個別のデータではなく，東アジア地域全体を横断的かつ長期的な視野からみた整合性のあるデータが不可欠である。

　以上のように，データの整備は今後のアジアにおける人口問題研究の進展に重要な役割を担っている。しかしながら，このデータの整備こそが現在最も困難な課題なのである。

　アジア各国は経済発展とともに，自国の経済・社会統計の質的向上を図ってきている。さまざまな国際機関が発表するデータ相互，またはそれらと各国統計との間にはほとんど差異はみられない。しかし，これらは1970年代以降のことであり，各国が政治的独立を果たした後の1950年代のデータにいたっては，きわめて不充分かつ信頼性に欠ける。したがって若干なりとも長期にわたる時系列的分析を試みれば，まず最初にこの問題に直面することになる。データを収集・整理し，この問題を解決することは非常に煩雑であり困難である。

　例えばGDPやGNPといった経済指標と人口との関係から，一国の発展段階を分析するといった比較的単純な作業を考える。通常1人当たりGDPないしGNPなどの指標は，経済成長や発展段階を表す指標として，既存の研究でもよく取りあげられている。しかし長期分析を試みればGDPやGNP，人口規模とい

---

[1] 国際人口学会編・日本人口学会訳『人口用語辞典』（（財）厚生統計協会，1994年）によれば，本論でいう欠損データに対する曲線などの当てはめは "補整（graduation, smoothing）" と呼ばれ，所与の変数値がデータ不充分等の理由により確定できない場合に "推定（推計 estimate）" するとしている。本論では，この両方を同時的に行うことが多いため，欠損しているデータを補い補完するという観点からこれらを推計という表現で統一して使用している。

った基本的なデータの整備がほとんど行われていないことに根をあげるはずである。そこで整合性を求めて，国連，世界銀行，またはFAOなどの国際機関が発表するデータを用いようとしても，年次ごとに過去のデータが改定され，1950年代になると一切のデータがない場合もある。データ間の値の不一致，あるいは欠損しているデータがあまりにも多いのである。また輸出品目などの統計の原単位がある年次を境に変更され，その前後での時系列的な分析が不可能になっていたりもする。

一方で，各国が独自に整備している統計はさらに混乱している。欠損データが多いことはもちろん，他の国際統計との大きな乖離や政権交代によって意図的に過去のデータが改ざんされたりしていて驚かされることがよくある。ましてや複数国間の比較研究になれば，その困難は倍増することは想像に難くない。

データの不備による問題点

前節で述べたように，数理的分析には信頼性，整合性のあるデータの整備が不可欠である。データの不備は当然のことながら研究効率を低下させる。このようなデータの整備に起因するいくつかの問題については，既存研究でも議論されている。例えば速水[2]は「途上国を含む広範囲の国々についての統計的比較は，きわめて大きな数値誤差を仮定してもなお妥当するような大観的（broad）なパターンの把握に止めざるをえないのである」としている。また，東アジア地域の人口推計に関する先行研究としては河野[3]によるものがある。そこでは東南アジア諸国における人口理論と人口推計について議論されている。しかし今回対象としている地域は，さらにデータに関して未整備である。

入手したデータに欠損期間が存在していたり，異なるデータソース間で疑問のあるデータがある場合に，当該期間の分析を試みる際には，まずデータに対する推計作業を行い，データに対する信頼性，整合性を確立しなければならない。すなわち各種データを入手し，さらにそのデータそのものの妥当性を評価したうえで，欠損データに対して推計を行う必要がある。しかしこの作業にはデータを探す多大な労力と，対象に対する深い知識が必要となる。

ここではデータの不備と推計作業について考える。研究対象の中で，これらデータの整備が重要なウエイトを占めるのであれば，この作業全体は非常に意味のあるものになる。アジア地域に対する研究は今後ますます発展し，その重要性も大きくなっていくと思われる。データの現状を少しでも緩和するために，時系列的に統一尺度で横断的なデータの整備が急務である。

以下人口データの整備の現状と推計方法の具体的な方策について説明する。ここでは研究対象とした，人口規模（男女都市農村別），出生率，死亡率，乳児死亡率，出生時平均余命（男女別），人口増加率，自然増加率，人口密度，人口密度・可耕地面積当たり，人口密度・農村地域，年代別人口，年齢構成，を中心とする。

東アジアの人口データ整備状況

人口データの現状について具体的に検証するために一例を挙げる。図V-1はアフガニスタンの1970年から1994年までの人口規模を示している。国連の *Demographic Yearbook*（以下，DY）と，世界銀行の *World Development Indicators*（以下，WB）といった代表的な二つの国際機関統計がデータソースである。グラフから近年ではデータそのものの値やその傾向（トレンド）とも近似していることが読み取れる。しかし1950年代から1980年代後半にかけて両者の間には大きな隔たりがある。アフガニスタンは1973年と1979年にクーデターが発生し，1979年から1989年まではソ連軍の侵攻，駐留が起きている。国連のデータはこのカタストロフィーが人口規模に大きく影響しているが，世界銀行のデータにはそのことがデータ上には表れていない。アフガニスタン自体が発表している自国統計がないことから考えて，DYもWBもさまざまなデータを考慮して推計を試みていることは明らかである。その推計を行う際の，カタストロフィーの考え方により推計結果にこのような差が生じるのである。したがって，国際機関が公表しているデータでさえも，その整合性には疑問が残る。しかし現実には，このような整合性が考慮されることなく分析が行われていることが多い（例えば外務省の文献[4]などでは，この両者のデータがさまざまな指標で使用されている）。もちろん，単独ではこれらの指標を分析する際に，異な

---

[2] 速水佑次郎著『開発経済学』（創文社，1995年），pp. 33-34。
[3] 河野稠果「人口理論と人口推計—東南アジアに対する応用—」（『東南アジア研究』19-1，1981年）。
[4] 例えば，外務省アジア局・欧亜局・中近東アフリカ局監修『アジア・オセアニア各国要覧』（東京書籍，1995年）など。

図 V-1 人口規模〈アフガニスタン〉
(1,000人)

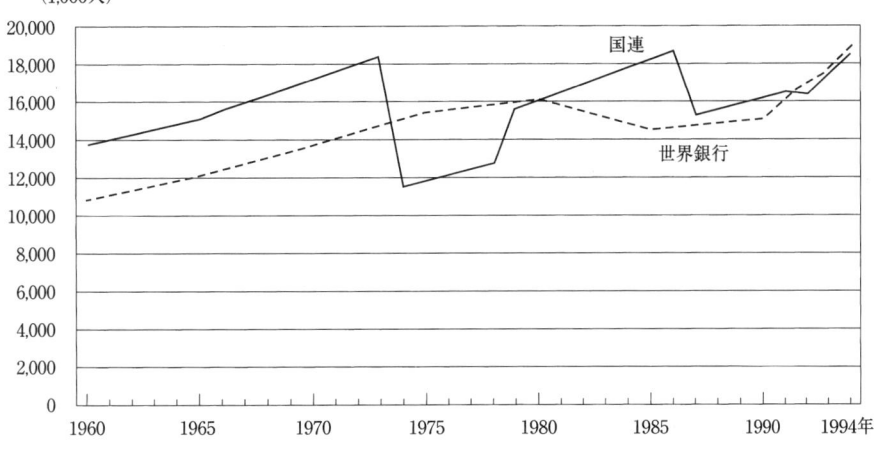

(出所) 国連は United Nations, *Demographic Yearbook*, New York, United Nations Publication, Various Years（国際連合統計局編『世界人口年鑑』原書房，各年版）；世界銀行は The World Bank, *World Development Indicators*, Washington, D. C., World Bank Development Data Center, Various Years.

るデータソースに起因する問題が起こる可能性は少ないが，さまざまな指標を組み合わせて多国間で分析を行う場合には，データソースによって分析結果が異なる可能性は否定できない。

次にデータが欠損している例を示す。図 V-2 はクック諸島とフィジーといった諸島国家の死亡率統計で，データソースは DY である。フィジーは1950年代から5年間隔のデータしか存在しないが，1970年後半以降，データの整備が進み，継続的なデータが利用可能となった。これには1970年の英国植民地からの独立などが多少なりとも影響していると考えられる。またクック諸島に関しては，1950年から時系列のデータが継続して整備されていたにもかかわらず，1980年代後半以降データの更新がなされていないため，DY データ上では欠損している。しかしこの場合，WB データや ADB（アジア開発銀行）のデータベースにはこれら欠損期間のデータが存在しており，推計作業を行う際の補完データとして比較・検討することができる。

しかし，補完関係にある他の国際機関のデータが存在しない場合もある。例として図 V-3 にカンボジアの出生率を示す。カンボジアは1970年のクーデターから始まり，1975年の革命政権の樹立を経て，その後も政変が繰り返されている。DY，WB さらに ES（ESCAP『国連アジア太平洋統計年鑑』）がデータソースである。同図にみられるように DY のデータは5年ごとのデータであり，連続性に欠ける。一方の WB，ES にもデータの一貫性・継続性がない。結局，これらのデータソースを単独で利用しようとしても，欠損データが多く，時系列的な分析に耐えうるデータソースとはならない。

このように基本データに限っても，各国データの整備の現状は相互に比較可能な形で整備されておらず，さらに信頼性についてもどのデータが基準となりうるかについて不明確である。

国連による人口データの推計作業

どのような推計作業にも，必ず基準とするデータの存在が必要となる。前節で述べたように，各国独自の統計は他国との横断的比較には適さないため，横断的かつ時系列的なデータの整備が最も進んでいる国際機関の統計データを基準とし，欠損データを他の補完データなどによって推計するという手順をとらねばならない。

われわれは人口データの基準としては国連データを用いることにした。基準データとして最も信頼できるのは国連人口局 *Demographic Yearbook* のデータであろう。国連の人口データの推計は，国別に収集されたデータを人口学的見地から総合的に評価し推定している。また一般的に人口推計といえば，将来人口推計のことを指す[5]。過去のデータの推計は少ないが，国連の推計作業は過去に遡って随時推計作業を行っている。発展途上国の人口データは精度的に問題が多く，一方

図 V-2 死亡率〈クック諸島・フィジー〉
(1,000人当たり)

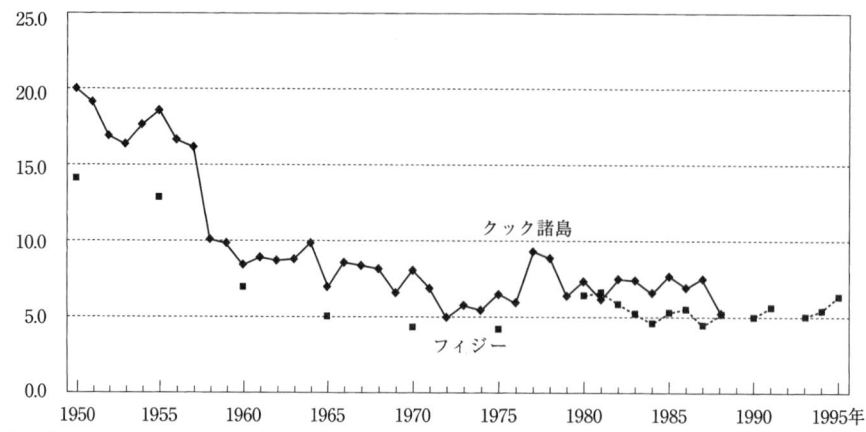

(出所) United Nations, *Demographic Yearbook*, New York, United Nations Publication, Various Years (国際連合統計局編『世界人口年鑑』原書房, 各年版); The World Bank, *World Development Indicators*, Washignton, D. C., World Bank Develomeut Data Center, Various Years; ESCAP (Economic and Social Committee for Asia and the Pacific), United Nations, *Statistical Yearbook for Asia and the Pacific*, Bangkok, Various Years.

図 V-3 出生率〈カンボジア〉
(1,000人当たり)

(出所) 図 V-2 に同じ。

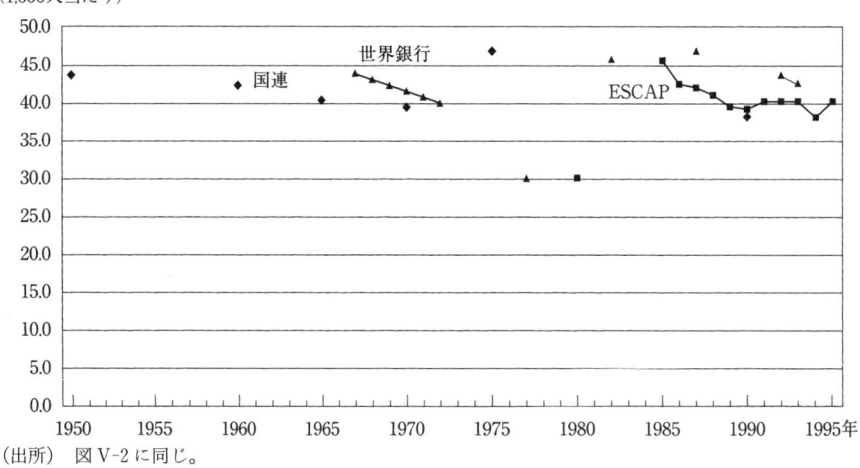

でこれらの国の将来人口推計には正確な過去のデータが必要となるからである。

国連による人口推計作業[6]について簡単にまとめてみよう。国連では過去の人口推計（Population Estimate；年次）と将来の人口推計（Population Projection；基準年より5年間隔）の二つを分けて考えている。この作業は1951年以来いく度となく行われ，将来予測とあわせて各種の推計方法が試みられてきた。今回，われわれが国連データを主として使用する最大の論拠である。国連人口局で推計に用いられている将

---

5) 山口喜一編著『人口推計入門』(古今書院, 1990年)などの人口推計の代表的著書でも，「推計」とはほとんどが将来推計のことを指している。

6) 国連の人口推計作業に関しては，厚生省人口問題研究所「国連による「世界の将来人口：1988年推計」の概略」(『人口問題研究』第45巻第2号, 1989年)や，河野稠果著『世界の人口』(東京大学出版会, 1986年)，山口喜一編著『人口推計入門』(古今書院, 1990年)などに詳しい。

来人口モデルは，コーホート要因法（後述）に属するもので，複数のモデルによる結果から将来人口推計を行っている。国連が人口推計の要因としているのは，①人口規模（国連ではモデルが異なる），②男女比，年齢別人口構成比（③，④，⑤に影響），③出生率，④死亡率，⑤国際純移動数（男女比を考慮；実際には国連の推計作業ではほとんど考慮されていない）の五つである。

国連の人口推計作業でその大半を占める過去から現在にいたる人口統計の推計作業は，さまざまな人口学[7]的理論にもとづいた計算を重ねたものであり，その作業を正確に再現することは困難な作業である。また作業内容の詳細はいくつかの文献から類推するしかない。したがって同じ推計作業を行って，欠損データを補うことは事実上不可能である。

社会経済分析としての人口推計手法の検討

人口統計学[8]では，人口の実態を研究対象とするものの実態人口学と異なったアプローチをとる。人口の実態研究が実態人口学であり，統計的にその増減を捉え分析する人口統計学は，形式人口学と呼ばれる。一連のコーホート要因表や生命表，将来人口予測などは人口統計学の一分野である。

国連が行った推計はこの人口統計学による推計であり，人口統計学的分析での限界がDYにあると考えられる。さらに，すでに人口統計学的で「推計」されたデータに関しても，その推計に際して用いられた手法の詳細は不明である。このような場合，DYにおける欠損データの推計に際しては，データの独立性や共線性などから考えて，再び人口統計学的アプローチによる手法をとることは非常に危険である。

もちろん，人口統計学における人口データの各項目間に存在する関係性（例えば人口規模と，出生率，死亡率などとの間に存在する）要因を無視するわけではないが，今回の推計では，DYが人口統計学的なアプローチの限界を内包している以上，欠損データの推計には他のアプローチを採用せざるをえないことになる。

したがって今回の推計作業では，可能な限り多岐にわたるデータを収集し，それらを十分吟味・検討したうえで推計することで，DYの制約の克服を図った。各国ごとの統計の正確性を期すのではなく，多少の精度的あるいは統計的マイナス要素よりも，横断的なアジアを総括できるデータの整備を優先した。もちろん，こうした推計作業には当然問題が存在するであろう。しかし，それ以上に，このようなデータの存在価値はその問題点を考慮したうえでも依然として意義深いものといえる。

そこで人口推計を社会経済分析[9]の一分野として捉え，さまざまな数理モデルによるアプローチを考えた。この際，基本データとなるDYで分析手法の前提条件であるパラメータを考慮した数理モデルによる推計は，欠損データの補完という意味で捉えることができる。

もちろん，人口データの推計を数理モデルによって行うためには，一般的な社会経済分析手法の統計的前提条件を満たしていることが必要であり，そのうえで数理モデルを構築し推計作業を行う必要がある。

社会経済データを時系列的に推計する場合，以下のような手法が考えられる。それぞれの代表的な手法を簡単に解説する。

(1)時系列モデル[10]

経済のメカニズムなどをブラック・ボックスと考え，そこから得られる変数と時間の経過を簡単に表すモデルによって構成される。変化をトレンドと変動に分解し，メカニズム自体をブラック・ボックス化することにより比較的容易にモデルを構築でき，時系列特有の周期的要素を把握できる反面，ブラック・ボックスの中身を説明することが不可能なため，因果関係の導出などは困難である。その代表にARモデル，ARIMAモデルなどがある。

---

7) ここでは「人口学」という表現をしているが，実際には「既存の学問，例えば経済学，社会学，地理学，人類学などを学んだ専門家がそれぞれの立場から人口を研究するといった行き方が人口研究の実状である。」（河野稠果「人口理論と人口推計—東南アジアに対する応用」（『東南アジア研究』19-1，1981年）まえがきより）のように，人口学という分野の完全な確立にはまだ至っていないのが実状であると考えられる。

8) 人口統計学の概説に関しては，岡崎陽一著『人口統計学』（古今書院，1980年）に詳しい。また，具体的手法については，今回の推計作業全般で参考にしている，同著者による『人口分析ハンドブック』（古今書院，1993年）がわかりやすい。

9) 社会経済分析一般に関しては，膨大な既存文献があるが，東京大学教養学部統計学教室編『自然科学の統計学』（東京大学出版会，1992年）および同編『人文・社会科学の統計学』（東京大学出版会，1994年）などがわかりやすい。

10) 代表的な文献としては，山本拓著『経済の時系列分析』（創文社，1988年）などがある。

(2) 計量経済モデル[11]

時系列モデルとは異なり，経済のメカニズムを一つのシステムとして捉え，システムの前提条件を外生変数とし，システム内のモデルで決定されるものを内生変数とし，これらによる連立方程式で表現したモデルである。ラグなどを考慮することで時間軸に対しての分析も行えるが，モデルとしてはやや煩雑な数式の組み合わせとなる。

(3) 線形・曲線・非線型回帰モデル[12]

広義には時系列モデルや計量経済モデルの一部も含まれるが，これは一般的な多変量解析の枠組みの中でのモデルとして考える。その意味では最も一般的な推計手法であり，被説明変数と説明変数の因果関係を数式で表現するモデルである。そのバリエーションは豊富で，OLS，WLSなどの基本的なものから，スイッチング回帰モデルなどまでさまざまな分析手法がある。

(4) コーホート・モデル（人口動態モデル）[13]

コーホート・モデルとは，年代・男女別人口と年齢別出生率，出生比率などにもとづいて将来の男女年齢別人口を計算する方法である。通常人口動態モデルの一つとして考えられているが，比較的データの整備されている地域人口の将来推計などにはコーホート・モデルがよく用いられる。人口動態モデルは，最も単純な行列計算だけのものからSD（システム・ダイナミックス）モデルなどの複雑なモデルまでが含まれる。コーホート・モデルでは各世代ごとの人口推計を動学的に行うが，人口動態モデルでは世代を分離しない場合が多い。このモデルは人口統計学的モデルであるが，今回の作業では年齢構成にのみ適用した。

以上のモデルの検討結果から，それぞれを単体のモデルとして適用することにはいくつかの問題がある。

(1)の時系列的分析は，欠損データの推計に対して有効な手法であり，時系列分析の基本的項目であるが，トレンドの有無（場合によっては除去し，別個のモデルを構築），変動要因（季節，周期的）の除去（移動平均法，他），循環変動の検出をあらかじめ行う必要がある。データの欠損国の有効データ部分に対しては変数による影響の有意性を検定した。実際には，①トレンドと季節性に対する検定，②時系列自己相関の検定，③カタストロフィの有無を行った。①②に関しては発見された場合には除去→平滑化，③に関してはそれが予測される年代を(3)の回帰モデルの対象年代から取り除くことが必要になる。多くの時系列モデルを作成したが，過去のデータを対象とするわれわれの推計では，有意な結果が得られなかった。比較的データの整備されているASEAN諸国にARIMAモデルを主として適用しても，モデルのキャリブレーション結果が実測値とあまりにも乖離している。原因の一つとしては，人口転換理論などに代表される複数のトレンドの存在が大きく，一次階差などでは容易にトレンドが除去できず，あわせて分散の不均一性がモデルの説明力を大幅に低下させる要因となったと考えられる。分散の不均一性に関してはスケールの変換などが考えられるが，あまり効果はなかった。しかし，後述する代替データとのトレンド比較などには時系列モデルを随時応用した。

実際には，(2)計量経済モデルを範疇に入れた(3)の回帰モデルを多用した。回帰に使用したモデルは，線形，対数，逆数，二次曲線，三次曲線，複合成長曲線，べき乗，S曲線，成長曲線，指数，ロジスティック曲線，コンベルツ曲線の12種であり，最も当てはまりのよいモデルを選択した。この回帰モデルの適用には，変数の選択に関しての厳重な注意が必要である。例えば，人口規模を他の経済指標などを用い回帰分析させて推計すると仮定する。ここで，研究者・学生が，回帰分析によって得られた人口規模のデータを，経済指標と相関させた分析に利用すると仮定する。当然，高い相関関係が分析結果として得られる。これではデータの整備に関して本末転倒の結果を引き起こしかねない。基本的には時間軸の推移とだけ回帰させ，推計期間を介して，得られた理論値と実際の値との推計誤差が最

---

11) 代表的な文献としては，蓑谷千凰彦著『計量経済学（第2版）』（東洋経済新報社，1988年）や，刈屋武昭監修・日本銀行調査統計局編『計量経済分析の基礎と応用』（東洋経済新報社，1985年）などがある。
12) 東京大学教養学部統計学教室編『自然科学の統計学』（東京大学出版会，1992年）および同編『人文・社会科学の統計学』（東京大学出版会，1994年）や，石村貞夫著『すぐわかる多変量解析』（東京図書，1992年）などがわかりやすい。
13) 行列計算による簡単なモデルについては，I. ブラッドリー，R. ミーク著，小林淳一・三隅一人訳『社会のなかの数理』（九州大学出版会，1992年）などがある。SDモデルに関しては島田俊郎編『システムダイナミック入門』（日科技連，1995年）などがある。

も少ないモデルを採用している。

(4)のコーホート・モデルは，年齢別出生率などほぼ入手不可能なデータが多く，今回考える推計で採用することは困難であった。今回の推計では，年齢別構成を推計する場合に，SDモデルを適用している。

以上の結果から，人口データの欠損値を推計する際には，主に回帰モデルをを用い，欠損データの状況によってモデルを使い分ける必要があった。以下，具体的な推計作業を説明する。

人口データ推計方法

今回の推計対象は，人口規模（男女都市農村別），出生率，死亡率，乳児死亡率，出生時平均余命（男女別），人口増加率，自然増加率，人口密度，人口密度（可耕地面積当たり），人口密度（農村地域），年代別人口，年齢構成である。

(1)全般

オーストラリア，日本，韓国などでは自国統計が整備されており，一般的に推計の必要はないと考えられている。またNIES，ASEAN諸国などもある程度の自国統計が存在している。しかし，河野[14]は信頼に値する手法が行われている国は世界中で10ヵ国に満たないという。実際には，日本のような国でも一部自国統計とDYによる数値が異なっている。したがって，全体の統合を図る意味から，自国統計で全面的に補完できる場合でも，DYによるデータを主として，自国統計は他のWB，ESCAPなどのデータで補完できない場合のみ用いることにした。ただし，台湾に関してはDY，WB上にデータが存在しないため，自国統計を多用した。なお，推計した個所に関しては，それぞれの統計表の注，および推計の項を参照されたい。

(2)人口規模（総数，男女別，都市農村男女別）

すべてのデータの基本を，各国ごとの人口規模総数におく。DYの最新年次では，いくつかの欠損個所があるが，過去に行われたDYの推計結果を代替データとして補完したところ，欠損個所はカンボジア，ベトナムの一部の年次だけであった。過去に推計された個所が，現在欠損しているのはなぜかという疑問は残るものの，DYのデータによって欠損データは補完できた。カンボジアの欠損個所（1970〜84年）とベトナム（1960〜80年）に関してはWBによるデータにより補完した。DYとWBのデータが重複している期間については，両者の間に明確な差はみられないためWBのデータをそのまま欠損データの補完として使用した。

次に男女別人口であるが，DYの男女データに関しては欠落部分が多い。補完データとしてはDYとの差異が小さいWBのデータを使用した。しかし，WBのデータは男女比に関しては基本的に1965年以降であるため，1950〜1960年に関してはESCAPを用いた。

WBのデータは男性100人ごとの女性の人数であるため，まずDY，ESCAPの元データを同様の男女別の人口割合に変換した。ここでDYのデータにWB，ESCAPのデータを補完した。男女構成比率はほとんどの国で1950年から現在まで大きな変化がないため，欠損個所は主に線形モデルで推計した。また都市農村男女別人口規模に関しては，都市と農村人口を分け，その後男女人口に分けるという二段階の推計方法をとっている

具体的な推計を示す。図V-4は，アフガニスタンの女性人口比率である。1965年からのデータしか存在せず，1950〜64年の14年間を推計しなければならない。データの存在する期間を通じて値は大きく変わっていないが，すべての期間に回帰をかけてみると，実際のデータとの乖離がみられる。さらに1950年代の値が非常に高くなってしまい，人口学的にみても現実的ではない。そこで1979年を境に女性の比率が低下していることから，1978年までのデータで回帰させてみると図V-5のようになる。きわめて狭い範囲で線形に近似している。そこで線形モデルによってデータを補完した（表V-1参照）。線形モデルについては，以下の通りとした。

時点 t の基準を1965年とし，女性比率の実測値を p，推計値を p' とすると線形モデル式は，

$$P_t = a + \beta t$$

で示される。パラメータ a, β は以下の正規方程式で求めることができる。

$$\sum p = na + b\sum t$$
$$\sum tp = a\sum t + b\sum t^2$$

アフガニスタンにおける推計結果は

---

14) 河野稠果著『世界の人口』（東京大学出版会，1986年），p.44。

図 V-4 女性人口比率(1)〈アフガニスタン〉

(出所) 図 V-2 に同じ。

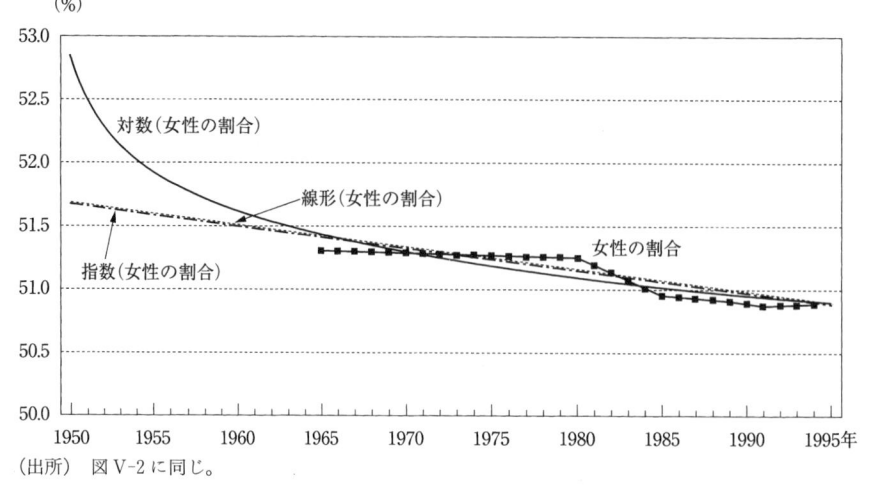

図 V-5 女性人口比率(2)〈アフガニスタン〉

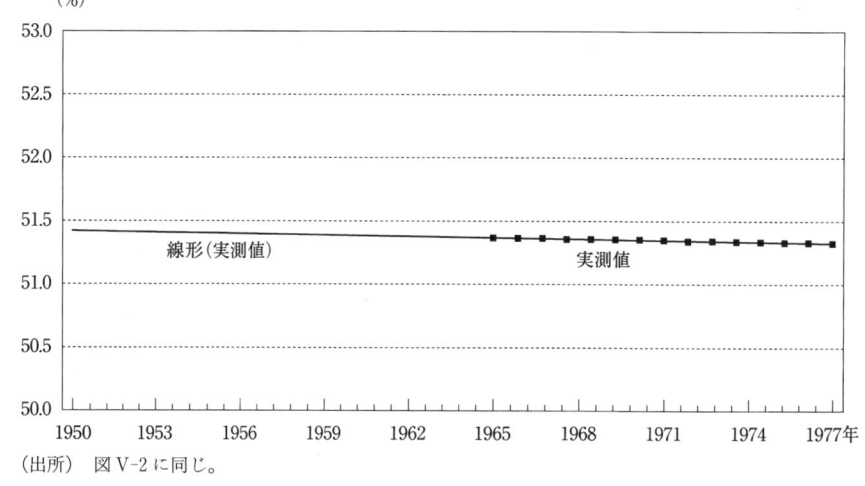

(出所) 図 V-2 に同じ。

$P_t = 51.3694 + 0.0032756\, t$

$(t = 56642.76)\quad (t = -29.71)$

修正済み決定係数 (R^2) は重相関係数 0.98437 であった。今回の推計では，この線形モデルを最も多く多用し，他の回帰モデルについても基本は同じとした。

(3) 出生率，死亡率，乳児死亡率，出生時平均余命（男女別）

これらの値は，とくに 1950 年代において欠損しており，いくつかの欠損データのパターン別に推計作業を行った。

①他の代替データがあり，大きな乖離がみられないもの

図 V-6 に示すのは，アフガニスタンの 1985 年から 1994 年までの出生率である。●が DY データであり，5 年ごとのデータ，つまり 1985 年と 1990 年しかデータが存在せず，残り期間が欠損データである。しかし ESCAP（DY と同様，国連の集計したデータである，以下 ESCAP）のデータはこの期間が連続したデータとして入手できる。両者の差は人口 1,000 人当たりで 2 ポイント程度である。このような代替データが存在し，比較可能期間での差異があまりない場合，欠損個所始点と終点における差を解消するための単純な線形補整による推計または代替データをそのまま使用した。

V 長期人口データ推計

表 V-1 アフガニスタン直線回帰推計

	t	実測値	推計値
1950	−15		51.418560
1951	−14		51.415284
1952	−13		51.412009
1953	−12		51.408733
1954	−11		51.405458
1955	−10		51.402182
1956	−9		51.398906
1957	−8		51.395631
1958	−7		51.392355
1959	−6		51.389079
1960	−5		51.385804
1961	−4		51.382528
1962	−3		51.379253
1963	−2		51.375977
1964	−1		51.372701
1965	0	51.372662	51.369426
1966	1	51.368000	51.366150
1967	2	51.363541	50.362874
1968	3	51.359268	51.359599
1969	4	51.355209	51.356323
1970	5	51.351299	51.353048
1971	6	51.347870	51.349772
1972	7	51.344608	51.346496
1973	8	51.341499	51.343221
1974	9	51.338539	51.339945
1975	10	51.335709	51.336669
1976	11	51.333229	51.333394
1977	12	51.330872	51.330118
1978	13	51.328629	51.326843
1979	14	51.326511	51.323567

(出所) 図 V-2 に同じ。

ても，DY データの信憑性が高いと考えられる。しかし両者のデータの傾向（トレンド）を比較すると大きな差はないことがわかる。この場合には，ESCAP のデータの変動差分を DY データに加えて欠損データを推計した。フィリピンの場合，DY と ESCAP データの差は線形であることから，回帰分析を行っている。なお 1950 年代のデータには疑問が残るものの，DY データをそのまま使用した。

日本のような先進国における出生率推定結果は，二次，三次曲線モデルとなるケースが多い[15]。そこで今回の推計作業においても，このような人口理論上の定式も随時検討・考慮し，最適な手法を選択した。

③欠損前後のデータは存在するが，代替データが存在しない特定期間の欠落データ

例えばカンボジアの内戦期のデータは，すべてのデータベースで欠落している。これは特殊なケースであり，国連統計や WHO 統計での大まかな推計値を参考に，人口規模，出生率，死亡率などを推計した。カンボジアの場合は人口の減少数から，他の指標を推計し，時系列的な欠損データをすべて回帰モデルで補完した。

ただし，あまりにも未知数が多い場合は，線形補完を基本とした。カンボジア以外で，このケースに当てはまるものは，他の指標（人口規模など）などとの整合性を考慮しながら，同類とされる国（国連の分類が基本）のデータとの間の回帰モデルによって推計を行った部分もある。

②他の代替データがあるが，大きな乖離がみられるもの

図 V-7 はフィリピンにおける出生率（1960 年から 1994 年まで）のデータである。1950 年代については過去に DY で推計されたデータがあるものの，1960 年代以降のデータと整合性がない。1960 年以降の DY データはほぼ 5 年ごとのデータであり，一方 ESCAP データは連続しているが，両者のデータは大きく異なっている。ESCAP データも基本的には国連が集計したデータであるが，原則的に DY のように検討や推計を加えていない。また WB データと比較し

④1950 年代のデータが存在しない場合

出生率，死亡率に関して多くみられる欠損データの形態である。とくに分析の基本である 1950 年代の初期データが欠損し代替データがない場合は，国連統計『World Population Prospects 1996』などによる当該国の 1950 年代初頭の値を 1950 年の値として，当該区間を回帰モデルによって推計した。この場合，ロジスティック曲線やコンベルツ曲線による回帰モデルが多用された。

ロジスティック曲線による傾向は初期の一定の時間において速度を増すものの，次第に減速傾向になりある一定の値に限りなく近づく曲線である。

ロジスティック曲線として一般的なものは単純ロジ

---

[15] 日本の安定期基準化出生率 $Y = 14.571 + 9.659 \times 10^{-5} \cdot X - 2.012 \times 10^{-10} \cdot X^2$, $R^2 = 0.983$
外務省アジア局・欧亜局・中近東アフリカ局監修『アジア・オセアニア各国要覧』（東京書籍，1995 年）より。

図 V-6　出生率〈アフガニスタン〉：1985～94 年
（1,000人当たり）

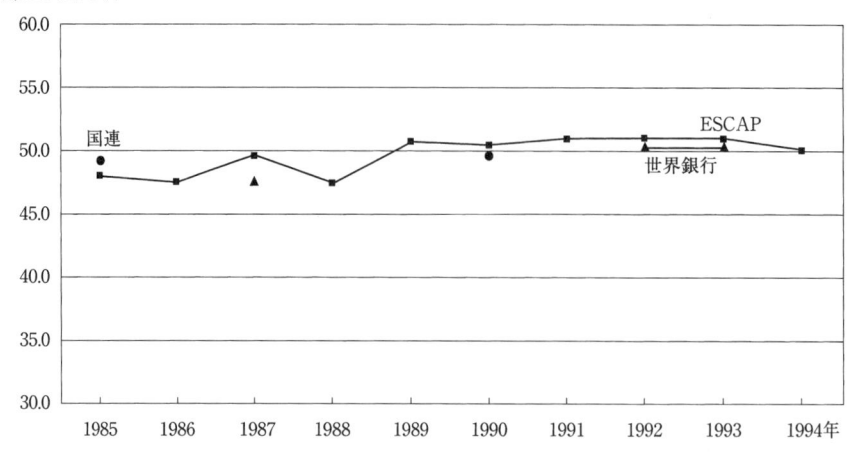

（出所）　図 V-2 に同じ。

図 V-7　出生率〈フィリピン〉：1960～94 年
（1,000人当たり）

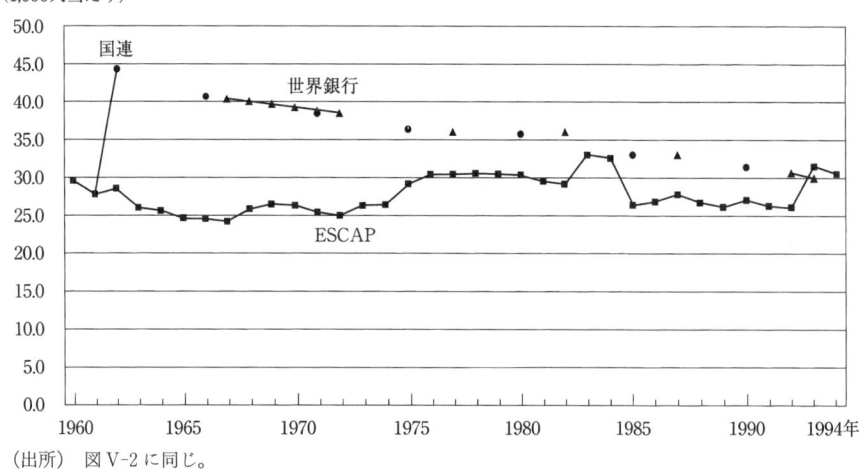

（出所）　図 V-2 に同じ。

スティック曲線と呼ばれるものである。

$$P_t = \frac{K}{1+e^{a_0+a_1 t}}$$

これら曲線の当てはめについては岡崎[16]に詳しい。具体的なパラメータの推計方法については石村等の文献[17]を参照されたい。

その他の年代についても，基準年が存在しない場合は，原則的に『World Population Prospects』の当該年のデータを使用した。

(4) 年代男女別人口規模の推計

年代男女別人口規模は 5 年ごとの各世代男女別人口規模であり，通常人口ピラミッドの形で示される指標である。今回の推計では，一部先進国を除き絶対的にデータの不足する 1950～60 年代についての推計は行っていない。1970 年代以降も，ある程度のデータがそ

---

16) 岡崎陽一著『人口統計学』（古今書院，1980 年）を参照のこと。
17) 今回の推計作業に関しては，統計パッケージソフト SPSS を全面的に使用している。回帰モデル推計の詳細に関しては『SPSS User's Guide』，同『Trend』などを参照のこと。SPSS 全般に関しては，石村貞夫著『SPSS による統計処理の手順（第 2 版）』（東京図書，1998 年），同『SPSS による多変量データ解析の手順』（東京図書，1998 年），同『SPSS による時系列分析の手順』（東京図書，1999 年）がわかりやすい。

図 V-8 人口動態指数モデル

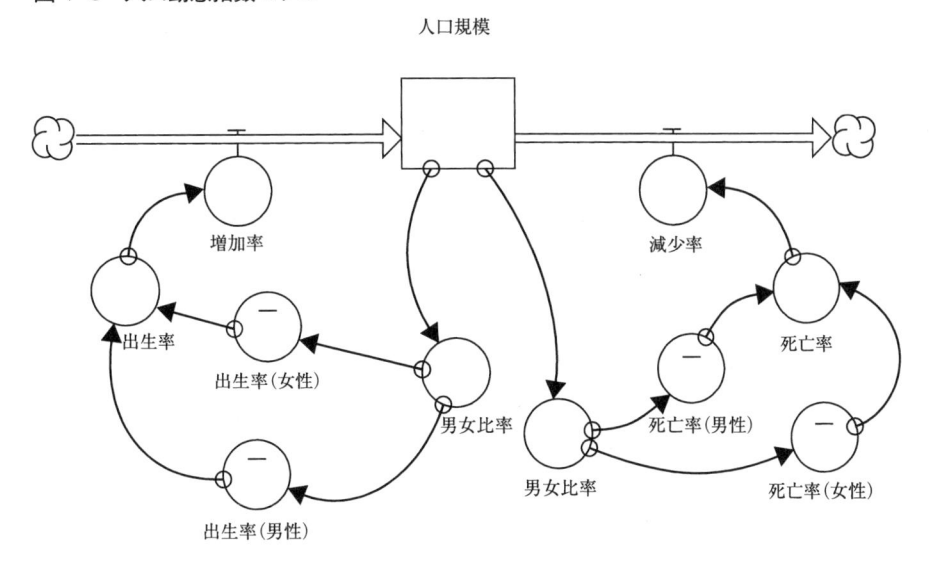

ろっているものの、各年代別の指標がそろっていない。

そこで今回は DY で欠落している年代男女別人口規模のデータを推計するため、他の指標を用いた人口動態モデル（人口動態指数モデル）を構築した。このモデルは人口動態指数モデルといわれるものであり、本来出生率、死亡率、男女別人口比率、転入・転出率などの $t-1$ 期の人口動態指数から t 期の人口を求めるものである。

今回は一般に用いられている人口理論モデルを改良し構築した。このモデルの t 期の人口を5年ごとに分割するよう改良し、SD ソフトステラ上に展開する。モデルに人口規模、出生率、死亡率など、すでに推計が終わった各国ごとのパラメータを入力する。既定値として DY の年代男女別人口データを入力し、適宜モデル内で修正させるよう定義する。この結果、他で求めた各種指標のキャリブレーションの意味も含まれる。図 V-8 にモデルの基本形を示す。

(5) その他の指標

人口増加率は人口規模から求め、自然増加率の欠損データに関しては人口増加率と人口規模との間で推計を行った。人口密度は、当該国の人口規模をそれぞれ国土面積、可耕地面積、農村地域面積で除して求めたが、可耕地面積と農村地域面積に関しては『World Bank Data Atlas』を FAO 統計と比較・検討して使用した。

最後に推計全体に対して政変、戦争などのカタストロフィ問題がある。国連の人口推計作業でも推計作業期間におけるカタストロフィは考慮されていない、あるいはカタストロフィの想定される期間を分けて考えている。基本的に今回の推計で構築したモデルは、構造変化のともなわないモデルである。その意味では推計期間におけるカタストロフィは考慮されていない点は留意されたい。

文　　献

1.　英　文

Asian Development Bank, *Emerging Asia : Changes and Challenges*, Manila, 1997（吉田恒昭監訳『アジア―変革への挑戦―』東洋経済新報社，1998年）．

Rabiphatana Akin, *The Organization of Thai Society in the Early Bangkok Period 1782-1873*, New York, Cornell University Press, 1969.

Alice H. Amsden, *Asia's Next Giant : South Korea and Late Industrialization*, New York, Oxford University Press, 1989.

M. Ariff, *The Malaysian Economy : Pacific Connections*, Singapore, Oxford University Press, 1991.

P. Bardhan, *The Political Economy of Development in India*, Oxford, Basil Blackwell, 1984.

J. N. Bhagwati and P. Desai, *India : Planning for Industrialisation—Industrialisation and Trade Policies since 1951*, London, Oxford University Press, 1970.

J. N. Bhagwati and T. N. Srinivasan, *Foreign Trade and Economic Development : India*, New York, Columbia University Press, 1975.

J. N. Bhagwati, *India in Transition-Freeing the Economy*, London, Oxford University Press, 1993.

J. H. Boeke, *The Structure of Netherlands Indian Economy*, New York, Institute of Pacific Relation, 1942.

J. Bongaarts and W. P. Mauldin, "The Demografic Impact of Family Planning Programs," *Studies in Family Planning*, Vol. 21, No. 6, June 1990.

S. Chakravarty, *Development Planning : The Indian Experience*, London, Oxford University Press, 1987（黒沢一晃・脇村孝平訳『開発計画とインド』世界思想社，1989年）．

C. Clark, *The Conditions of Economic Progress*（大川一司・小原敬士・高橋長太郎・山田三郎訳『経済進歩の諸条件』上・下，勁草書房，1955年）．

David C. Cole and Princeton N. Lyman, *Korean Development : The Interplay of Politics and Economics*, Cambridge, Harvard University Press, 1971.

Renato Constantino, *The Philippines, The Continuing Past*, Queson City, Foundation for Nationalist Studies, 1978（鶴見良行他訳『フィリピン民衆の歴史』III・IV，井村文化事業社，1980年）．

Renato Constantino, *The Philippines : A Past Revisited*, Queson City, Tala Publishing Service, 1978（池端雪浦他訳『フィリピン民衆の歴史』I・II，井村文化事業社，1979年）．

P. Dasgupta, *An Inquiry into Well-Being and Destitution*, Cambridge, Cambridge University Press, 1993.

P. Deane, *The First Industrial Revolution*, Cambridge, Cambridge University Press, 1965（石井摩耶子・宮川淑訳『イギリス産業革命分析』社会思想社，1973年）．

E. D. Domar, *Essay in the Theory of Economic Growth*, London, Oxford University Press, 1957（宇野健吾訳『経済成長の理論』東洋経済新報社，1959年）．

M. Drake, ed., *Population in Industrialization*, London, Methuen Distributed in the U. S. A. by Barnes & Noble, 1969.

John D. Durand, "Historical Estimates of World population : an Evaluation", *Population and Develpoment Review*, Vol. 3, No. 3, September 1977.

John H. Dunning and Fajneesh Narula, eds., *Foreign Direct Investment and Governments : Catalysts for Economic Restructuring*, London, Routledge, 1996.

A. J. Easterlin, *Population and Economic Change in Developing Countries*, Chicago, University of

Chicago Press, 1980.

Federation of Hong Kong Industries, Industry and Research Division, *Hong Kong's International Investment in the Pearl Delta*, Hong Kong, 1992.

J. C. Fei, and G. Ranis, "A Theory of Economic Development," *American Economic Review*, Vol. 51, No. 3, September, 1961.

C. H. Fei and G. Ranis, *Development of the Labor Surplus Economy : Theory and Policy*, Homewood, Illinois, Richard D. Irwin, 1964.

John Girling, *Thailand : Society and Politics*, New York, Cornell University Press, 1981.

Thomas B. Gold, *State and Society in the Taiwan Miracle*, New York, M. E. Sharpe, 1986.

R. Grabowski and M. Shields, *Development Economics*, Cambridge, Blackwell, 1996.

A. H. Hansen, *Fiscal Policy and Business Cycle*, New York, W. W. Norton & Co., Inc., 1941（都留重人訳『財政政策と景気循環』日本評論社，1950年）.

R. F. Harrod, *Towards a Dynamic Economics*, London, Macmillan, 1948（高橋長太郎・鈴木諒一訳『動態経済学序説』有斐閣，1953年）.

Y. Hayami and M. Kikuchi, *Asian Village at the Crossroads : An Economic Approach to Institutional Change*, Tokyo, University of Tokyo Press, 1981.

Niels Hemers and Robert Lensink, *Financial Development and Economic Growth*, London Routledge, 1996.

A. O. Hirschman, *The Strategy of Economic Development*, New Haven, Yale University Press, 1958（小島清他訳『経済発展の戦略』巌松堂，1961年）.

T. H. Hollingsworth, *Historical Demography*, Sources of Association with Hodder and Stoughton, London, 1969.

Richard Hooley, *Productivity Growth in the Philippine Manufacturing : Retrospect and Future Prospects*, Manila, PIDS, 1985.

Pack Howard, "New Perspectives on Industrial Growth in Taiwan," in G. Ranis, ed., *Taiwan : from Developing to Mature Economy*, Boulder, Westview Press, 1992.

Ray Huang, *China, a Macro History*, through Japan UNI Agency Inc., Tokyo, 1990.

James Ingram, *Economic Change in Thailand 1870-1970*, Stanford, Stanford University Press, 1971.

J. V. Jesudason, *Ethnicity and the Economy : The State, Chinese Business and Multinationals in Malaysia*, Singapore, Oxford University Press, 1988.

D. W. Jorgenson, "Testing Alternative Theories of the Development of a Dual Economies," I. Adelman and E. Thorbecke, eds., *The Theory and Design of Economic Development*, Baltimore, Johns Hopkins University Press, 1967.

D. W. Jorgenson, "The Development of a Dual Ecomomy," *Economic Journal*, Vol. 71, No. 2, February 1961.

J. M. Keynes, *The Economic Consequences of the Peace*, London, Macmillan, 1919（早坂忠訳『平和の経済的帰結』東洋経済新報社，1977年）.

J. M. Keynes, *The General Theory of Employment, Interest and Money*, New York, Harcourt, Brace and Co., 1936（塩野谷九十九訳『雇用・利子および貨幣の一般理論』東洋経済新報社，1955年）.

P. Krugman, *Geography and Trade*, Cambridge, MIT Press, 1991（北村行伸他訳『脱「国境」の経済学―産業立地と貿易の新理論』東洋経済新報社，1994年）.

Shirly W. Y. Kuo, *The Taiwan Economy in Transition*, Boulder, Westview Press, 1983.

S. S. Kuznets, *Six Lectures on Economic Growth*, New York, Free Press of Glencoe, 1959（長谷部亮一訳『経済成長―6つの講義―』巌松堂，1961年）.

H. Leibenstein, *Economic Backwardness and Economic Growth*, New York, Wiley, 1957（三沢巌郎監修・矢野勇訳『経済の後進性と経済成長』紀伊國屋書店，1960年）.

A. W. Lewis, *The Theory of Economic Growth*, London, Allen & Unwin, 1955.

A. W. Lewis, "Economic Development With Unlimited Supplies of Labour," *Manchester School of Economic and Social Studies*, Vol. 22, May 1954.

Lim Chong-Yah and Associates, *Policy Options for the Singapore Economy*, Singapore, Mcgraw-Hill, 1988.

F. List, *Das Nationale System der Politischen Oekonomie*, Stuttgart, Der Internationale Handel, die Handeispolitik und der Deutsche Zollver, 1841(小林昇訳『経済学の国民的体系』岩波書店, 1970年).

P. C. Mahalanobis, *The Approach of Operational Research to Planning in India*, Bombay, Asia Publishing House ; Calcatta, Statistical Publishing Society, 1963.

A. Maizels, *Industrial Growth and World Trade : An Empirical Study of Trends in Production, Consumption and Trade in Manufactures from 1899-1959 with a Discussion of Probable Future Trends*, Cambridge, The University Press, 1963(渡部福太郎監訳『工業発展と世界貿易』春秋社, 1970年).

T. R. Malthus, *An Essay on the Principle of Population : or, a View of Its Past and Present Effects on Human Happiness, with an Inqury into our Prospects Respecting the Future Removal or Mitigation of the Evils which It Occasions*, London, John Murray, 1826(南亮三郎監修・大淵寛他訳『人口論』第6版, 中央大学出版部, 1985年).

K. Marx, *Das Kapital*, Hamburg, O. Meissner, 1867(マルクス・エンゲルス全集刊行委員会訳『資本論』全5巻 大月書店 1976年).

W. P. Mauldin, and B. Bernard, "Conditions of Fertility Decline in Developing Countries 1965-75," *Studies in Family Planning*, Vol. 9, No. 5, May 1978.

R. L. Meek, *Marx and Engels on Malthus*, London, Lawrence and Wishart, 1953(大島清・時永淑訳『マルクス=エンゲルス・マルサス批判』法政大学出版局, 1959年).

Ozay Mehmet, *Devolopment in Malaysia*, London, Croom Helm, 1986.

J. S. Mill, *Principles of Political Economy*, London, John W. Parker, 1848(戸田正雄訳『経済学原理』全5巻, 春秋社, 1955-62年).

B. R. Mitchell, *European Historical Statistics 1750-1970*, London, The Macmillan Press, 1975.

H. Myint, *The Economics of the Developing Countries*, London, Hutchinson and Co., 1964(木村修三・渡辺利夫訳『開発途上国の経済学』東洋経済新報社, 1981年).

B. R. Nayar, *The Political Economy of India's Public Sector*, Bombay, Popular Prakashan, 1990.

Neil Nevitte, et al., eds., *Ethnic Preference and Public in Developing States*, Colorado, Lyne Rieuner Publishers, 1968.

R. R. Nelson, "A Theory of the Low-Level Equilibrium Trap," *American Economic Review*, Vol. 46, No. 5, December 1956.

F. Notestein, "The Population of the World in the Year 2000," *Journal of the American Statistical Association*, Vol. 45, No. 251, September 1950.

R. Nurkse, *Problems of Capital Formation in Underdeveloped Countries*, London, Oxford University Press, 1953(土屋六郎訳『後進国の資本形成』巖松堂, 1955年).

Organization for Economic Co-operation and Development (OECD), *Policy Reform in India*, Paris, 1996.

OECD, *Report by the Secretary-General, The Generalized System of Preferences*, Paris, Review of the First Decade, 1983.

Harry T. Oshima, *Economic Growth in Monsoon Asia : A Comparative Survey*, Tokyo, University of Tokyo Press, 1987(渡辺利夫・小浜裕久監訳『モンスーンアジアの経済発展』勁草書房, 1989年).

G. Ranis, ed., *Taiwan : from Developing to Mature Economy*, Boulder, Westview Press, 1992.

D. Ricardo, *Principles of Political Economy and Taxation*, London, John Murray, 1817(小泉信三訳『経済学および課税の原理』全2巻, 岩波文庫, 1952, 1987年).

P. N. Rosenstein-Rodan, "Notes on the Theory of the Big-Push," in H. S. Ellis and H. C. Wallich, eds., *Economic Development for Latin America*, London, Macmillan, 1961.

P. N. Rosenstein-Rodan, "Problems of Industrialization of Eastern and South-eastern Europe," *Economic Journal*, June-September, 1943.

Saw Swee-Hock, *The Population of Peninsular Malaysia*, Singapore, University of Singapore, 1988.

Theodore W. Schultz ed., *Economics of the Family : Marriage, Children and Human Capital*, Chicago, University of Chicago Press, 1974.

Amartya Sen, *Poverty and Famines : An Essay on Entitlement and Deprivation*, Oxford, Clarendon Press, 1981 (黒崎卓・山崎幸治訳『貧困と飢饉』岩波書店, 2000年).

G. William Skinner, *China Society in Thailand : An Analytical History*, New York, Cornell University Press, 1973.

G. William Skinner, *Marketing and Social Structure in Rural China*, Stanford, Stanford University Press, 1973.

J. J. Spengler and O. D. Duncan, *Population Theory and Policy*, Illinois, Free Press, 1956.

P. P. Streeten, "Unbalanced Growth," *Oxford Economic Papers*, June 1959.

S. N. T. Sudhanshu, *Industrial Licensing Policy and Growth of Industries in India*, New Delhi, Deep & Deep Publications, 1986.

Akira Suehiro, *Capital Accumulation and Industrial Development in Thailand*, Bangkok, Chulalonkorn University, 1985.

G. E. Taylor, *The Philippines and the United States : Problems of Partership*, New York, Praeger, 1964.

W. Thompson, "Population," *The American Journal of Sociology*, Vol. 34, No. 36, June 1929.

M. P. Todaro, *Economic Development in the Third World*, London, Thomas and Hudson Ltd., 1981.

C. M. Turnbull, *A History of Singapore 1819-1988*, second edition, London, Oxford University Press, 1989.

United Nations Development Programme (UNDP), *Human Development Report 1996*, London, Oxford University Press, 1996.

T. Watanabe, *Asia : Its Growth and Agony*, Hawaii, The University of Hawaii Press, 1992.

J. G. Williamson, *Dimensions of Postwar Philippine Economic Progress*, Manila, PIDS, 1969.

Dick Willson, *Hong Kong ! Hong Kong !*, Hong Kong, Harper Collins Publishers, Ltd., 1990 (辻田堅次郎訳『香港物語―繁栄の軌跡と将来像―』時事通信社, 1994年).

The World Bank, *Economic Development in India-Achievements and Challenges*, Washington, D. C., 1995.

The World Bank, *The East Asian Miracle-Economic Growth and Public Policy, A World Bank Policy Research Report*, Washington D. C., 1993 (白鳥正喜監訳『東アジアの奇跡』東洋経済新報社, 1994年).

I. Yamazawa and A. Hirata, eds., *Development Cooperation Policies of Japan, the United State and Europe*, Tokyo, Institute of Developing Economies, 1992.

Kunio Yoshihara, *Philippines Industrialization : Foreign and Domestic Capital*, Manila, Ateneo de Manila University Press, 1985.

A. Young, *The Tyranny of Numbers : Confronting the Statistical Realities of the East Asian Growth Experience*, NBER Working Paper, 1994.

2. 和　文

アジア経済研究所『発展途上国中小企業研究報告書』1986年。

アジア経済研究所・朽木昭文・野上裕生・山形辰史編『テキストブック開発経済学』有斐閣（有斐閣ブックス），1997年。

青木健『マレーシア経済入門』第2版，日本評論社，1998年。

青木健・馬田啓一編『検証 APEC―アジア太平洋の新しい地域主義―』日本評論社，1995年。

青木健・大西健夫編『ASEAN 躍動の経済』早稲田大学出版部，1995年。

アジア経済研究所編『アジア動向年報』アジア経済研究所，各年版。

荒井崇「韓国財閥再生へ向けて」『FRI Review』（富士

文　献

通総研），Vol. 3, No. 1, January 1999 年。
石川滋『開発経済学の基本問題』岩波書店，1990 年。
石南國『人口論』創成社，1993 年。
井上隆一郎・浦田秀次郎・小浜裕久『東アジアの産業政策―新たな開発戦略を求めて―』日本貿易振興会，1990 年。
糸賀滋編『動き出す ASEAN 経済圏―2008 年への展望―』アジア経済研究所，1994 年。
浦田秀次郎編『貿易自由化と経済発展』アジア経済研究所，1995 年。
荏開津典生『農業経済学』岩波書店，1997 年。
大川一司・小浜裕久『経済発展論―日本の経験と発展途上国―』東洋経済新報社，1993 年。
大淵寛・森岡仁『経済人口学』新評論，1981 年。
大淵寛『人口過程の経済分析』新評論　1974 年。
大友篤『地域分析入門』東洋経済新報社，1985 年。
岡茂男『一般特恵関税制度の経済効果』日本関税協会，1985 年。
小黒啓一・小浜裕久『インドネシア経済入門―構造調整と輸出発展―』日本評論社，1995 年。
加藤弘之『中国の経済発展と市場化―改革・開放時代の検証―』名古屋大学出版会，1997 年。
梶原弘和・前田正子『日本の地域経済とアジア』日本評論社，1992 年。
梶原弘和『アジアの発展戦略』東洋経済新報社，1995 年。
梶原弘和『アジア発展の構図』東洋経済新報社，1999 年。
河地重蔵・藤本昭・上野秀夫『アジアの中の中国経済』世界思想社，1991 年。
河野稠果編『発展途上国の出生率低下』アジア経済研究所，1992 年。
河邊宏編『発展途上国の人口移動』アジア経済研究所，1991 年。
木村福成・小浜裕久『実証国際経済入門』日本評論社，1995 年。
厳善平『中国経済成長メカニズムと構造的特質』勁草書房，1993 年。
交流協会『台湾の経済建設長期展望』1987 年。
国際評論社『国際経済―インドネシア特集―』1989 年。
国際貿易投資研究所『世界の M ＆ A の動向とその背景』1998 年。

小池賢治・他編『フィリピンの経済政策と企業』アジア経済研究所，1988 年。
小島眞『現代インド経済分析』勁草書房，1993 年。
小島眞『インド経済がアジアを変える』PHP 研究所，1995 年。
小島麗逸編『香港の工業化―アジアの結節点―』アジア経済研究所，1989 年。
小浜裕久・柳原透編『東アジアの構造調整』日本貿易振興会，1995 年。
坂井秀吉・他編『フィリピンの開発政策とマクロ経済展望』アジア経済研究所，1990 年。
坂井秀吉，ダンテ・B・カンラス編『フィリピンの経済開発と開発政策』アジア経済研究所，1991 年。
佐藤宏編『南アジア：政治・社会』アジア経済研究所，1991 年。
篠原三代平『産業構造論』筑摩書房，1976 年。
末廣昭・安田靖編『タイの工業化―NAIC への挑戦―』アジア経済研究所，1987 年。
全載旭・駒形哲哉「経済改革を支える中国の郷鎮企業」『東亜』No. 309, 1993 年 3 月。
施昭雄・朝元照雄編『台湾経済論』勁草書房，1999 年。
高木保興『開発経済学』有斐閣，1991 年。
谷浦妙子編『産業発展と産業組織の変化―自動車産業と電機電子産業―』アジア経済研究所，1994 年。
谷浦妙子編『NAFTA とアジア経済―自由化による地域統合への対応―』アジア経済研究所，1996 年。
谷浦孝雄編『台湾の工業化―国際加工基地の形成―』アジア経済研究所，1989 年。
中小企業事業団中小企業研究所編『日本の経済発展と中小企業―戦後の歩みと役割―』同文館，1987 年。
寺西重郎『工業化と金融システム』東洋経済新報社，1991 年。
徐照彦『土着と近代のニックス・アセアン』お茶の水書房，1987 年。
中兼和津次『中国経済発展論』有斐閣，1999 年。
中兼和津次『中国経済論』東京大学出版会，1992 年。
中西徹『スラムの経済学―フィリピンにおける都市インフォーマル部門―』東京大学出版会，1991 年。
西田茂樹「医療・衛生技術の革新と人口」総合研究開発機構編『世界の人口動向と政策課題』第 7 章，1985 年。

文　献

日本貿易振興会『米国の一般特恵関税制度―1980年4月17日大統領報告―』ジェトロ海外調査シリーズNo. 145, 1980年。

日本貿易振興会『ジェトロ白書―投資編―』各年版。

野村総合研究所『台湾型ハイテク産業と21世紀に向けた発展の行方』台北支店, 1996年4月。

長谷川慶太郎・渡辺利夫『幻想の超大国―中国―』徳間書店, 1995年。

服部民夫編『韓国の工業化―発展の構図―』アジア経済研究所, 1987年。

林俊昭編『シンガポールの工業化―アジアのビジネスセンター―』アジア経済研究所, 1990年。

早瀬保子編『中国の人口変動』アジア経済研究所, 1992年。

速水佑次郎『開発経済学―諸国民の貧困と富―』創文社, 1995年。

原不二夫「PNB―マレーシア経済再編の支柱―」『アジア経済』1992年4月。

原洋之介『開発経済学』岩波書店, 1996年。

バンコク日本人商工会議所『タイ王国概況』バンコク, 各年版。

平川均『NIEs―世界システムと開発―』同文館, 1992年。

福島光丘編『フィリピンの工業化―再建への模索―』アジア経済研究所, 1990年。

藤本昭編『中国―市場経済への転換―』日本貿易振興会, 1994年。

堀井健造『マレーシアの社会再編と種族問題―ブミプトラ政策の二十年の帰結―』アジア経済研究所, 1989年。

堀井健造編『マレーシアの工業化―多種族国家と工業化の展開―』アジア経済研究所, 1991年。

丸谷吉男編『ラテンアメリカの経済危機と外国投資』アジア経済研究所, 1988年。

丸山伸郎編『長江流域の経済発展―中国の市場経済と地域経済―』アジア経済研究所, 1993年。

丸山伸郎編『90年代中国地域開発の視角―内陸・沿海関係の力学―』アジア経済研究所, 1994年。

南亮三郎『人口理論―人口学の展開―』千倉書房, 1964年。

南亮三郎・上田正夫編『日本の人口変動と経済発展』千倉書房, 1975年。

南亮進『日本経済の転換点』創文社, 1970年。

三平則夫編『インドネシア―輸出主導型成長への展望―』アジア経済研究所, 1990年。

三平則夫・佐藤百合編『インドネシアの工業化―フルセット主義工業化の行方―』アジア経済研究所, 1992年。

村松祐次『中国経済の社会態制』東洋経済新報社, 1949年。

孟建軍「中国における人口流動の実証的研究―広東省の事例―」『計画行政』第16巻第1号, 計画行政学会, 1993年, pp. 83-97。

孟建軍「中国の改革・開放と人口流動」『アジア経済』第36巻第1号, アジア経済研究所, 1995年, pp. 26-48。

山崎恭平『インド経済入門』日本評論社, 1997年。

山澤逸平『日本の経済発展と国際分業』東洋経済新報社, 1984年。

山澤逸平・野原昂編『アジア太平洋諸国の貿易と産業調整』アジア経済研究所, 1985年。

山澤逸平・平田章編『発展途上国の工業化と輸出促進政策』アジア経済研究所, 1987年。

劉進慶「台湾の中小企業問題と国際分業」『アジア経済』Vol. 30, No. 12, 1989年12月。

若林敬子「中国の人口政策―計画出産―」早瀬保子編『中国の人口変動』アジア経済研究所, 1992年, 第2章。

若林敬子『中国の人口管理』亜紀書房, 1992年。

若林敬子『中国の人口問題』東京大学出版会, 1991年。

渡辺利夫『成長のアジア停滞のアジア』東洋経済新報社, 1985年。

渡辺利夫『開発経済学―経済学と現代アジア―』日本評論社, 1987年。

渡辺利夫・梶原弘和・高中公男『アジア相互依存の時代』有斐閣, 1991年。

渡辺利夫『社会主義市場経済の中国』講談社, 1994年。

渡辺利夫編『東アジア長期経済統計の収集・推計ならびにこれにもとづく比較経済発展研究』日本貿易振興会, 1997年3月。

渡辺利夫編『東アジア長期経済統計の収集・推計ならびにこれにもとづく比較経済発展研究』日本貿易振興会, 1998年3月。

渡辺利夫『アジア経済の構図を読む』日本放送出版協

会, 1998年。
渡辺利夫『開発経済学—経済学と現代アジア—』日本評論社, 1987年。
渡辺利夫・足立文彦・文大宇『図説・アジア経済』第2版, 日本評論社, 1997年。
渡辺利夫・白砂堤津耶『図説・中国経済』日本評論社, 1992年。
渡辺利夫『成長のアジア, 停滞のアジア』東洋経済新報社, 1985年。
渡辺利夫編『華南経済—中国改革・開放の最前線—』勁草書房, 1993年。

3. 中 国 語

王誠「中国就業転型—従隠蔽失業, 就業不足到効率性就業—」『経済研究』北京, No. 5, 1996年。
曲格平・李金昌『中国人口与環境』北京, 中国環境科学出版社, 1992年。
経済部投資委員会『僑外投資事業運営状況調査報告及對我国経済発展貢献分析報告』台北, 1987年。
胡鞍鋼編『中国国情分析研究報告』沈陽, 中国科学院・清華大学国情研究中心, 遼寧出版社, 1999年3月。
胡換庸『論中国人口之分布』上海, 上海発行所, 1983年。
朱玲・蔣中一『以工代賑与緩解貧困』上海, 上海三聯書店・上海人民出版社, 1994年。
潘益民・童乗珠『中国人口遷移』北京, 中国統計出版社, 1992年。
宋健・田雪原『人口予測和人口控制』北京, 人民出版社, 1982年。
中華経済研究院『台湾中小企業行業別発展方向』台北, 1996年。
中国経済体制改革研究所編『中国の経済改革』東洋経済新報社, 1988年。
張懐宇他編『人口理論概説』鄭州, 河南人民出版社, 1981年。
陳宗勝『経済発展中的収入分配』上海, 上海三聯書店・上海人民出版社, 1994年。
孟新・白南生著『結構変動・中国労働力的転移』杭州, 浙江人民出版社, 1988年。
毛沢東『毛沢東選集』北京, 人民出版社第4巻, 1968年。
劉錚『新中国人口発展概況』北京, 中国社会出版社, 1996年。
林毅夫・蔡方・李周「中国転型時期的地区差距分析」『経済研究』北京, No. 6, 1998年。
林毅夫・蔡方・李周『中国的奇跡：発展戦略与経済改革』上海, 上海三聯書店・上海人民出版社, 1995年（渡辺利夫監訳, 杜進訳『中国の経済発展—発展戦略と体制改革』日本評論社, 1997年)。

4. 統計資料

Bank Negara Malaysia, *Quarterly Economic Bulletin*, K. L., Various Years.
Bank of Thailand, *Annual Economic Report*, Bangkok, Various Years.
Bank of Thailand, *Quarterly Bulletin*, Bangkok, Various Years.
Board of Investment, *Annual Report*, Bangkok, Various Years.
Central Bank, *Annual Report*, Manila, Various Years.
Central Statistical Organization, *Statistical Abstract India*, New Delhi, Various Years.
Department of Statistics, *Industrial Survey*, Manila, Various Years.
Department of Statistics, *The Labour Force Survey Report*, K. L., Various Years.
FELDA, *Annual Report*, K. L., Various Years.
Food and Agriculture Organization (FAO), *Production Yearbook*, Rome, Various Years.
Government of India, *Five Year Plan*, New Delhi, Various Issues.
International Labour Organization (ILO), *World Labour Report 1995*, Geneva, 1995.
ILO, *World Labour Report 1993*, Geneva, 1993.
International Rice Research Institute (IRRI), *World Rice Statistics*, Los Banos, 1980.
Government of Malaysia, *Fourth Malaysia Plan 1981-1985*, K. L., National Printing Development, 1981.
Government of Malaysia, *Seventh Malaysia Plan 1996-2000*, K. L., National Printing Development, 1996.
Government of Malaysia, *Sixth Malaysia Plan 1991-1995*, K. L., National Printing Development,

1991.
Malaysian Industrial Development Authority (MIDA), *Annual Report*, K. L., Various Years.
Ministry of Finance, *Economic Report*, K. L., Various Years.
Ministry of Finance, *Economic Survey*, K. L., Various Years.
National Economic and Social Development Board (NESDB), *National Income of Thailand*, Bangkok, Various Years.
National Economic Development Authority (NEDA), *Philippine Statistical Yearbook*, Manila, Various Years.
NEDA, *Family Income and Expenditure Surveys 1985*, Manila 1986.
NEDA, *Medium-Term Philippine Development Plan 1987-92*, Manila, 1986.
National Statistical Office (NSO), *1990 Population and Housing Census*, Bangkok 1995.
NSO, *Statistical Yearbook*, Bangkok, Various Years.
NSO, *Labor Statistical Yearbook*, Bangkok, Various Years.
Tata Services Limited, *Statistical Outline of India 1995-96*, Bonbay, Tata Services, 1997.
The World Bank, *Gender and Poverty in India*, Washington D. C., 1994.
The World Bank, *Poverty Reduction in South Asia : Promoting Paticipants by the Poor*, Washington, D. C., 1994.
The World Bank, *World Development Indicators*, Washington, D. C., Various Years.
The World Bank, *World Development Report*, Washington, D. C., Various Years.
United Nations, *Population of India*, New York, 1982.
United Nations, *World Population Prospects*, New York, 1984, 1988.
アジア経済研究所　AIDXT（貿易データ検索システム）
アジア経済研究所『年次経済報告―フィリピン―』1977年。
ESCAP『アジア太平洋統計年鑑』各年版。
韓国銀行『経済統計年報』ソウル，各年版。

経済企画院『主要経済指標』ソウル，各年版。
経済企画庁『国民所得統計年報』各年版。
経済企画庁『国民所得白書』各年版。
経済部加工出口区管理處『加工出口区統計月報』台北，各月版。
経済部工業局編『中華民国1986年工業発展年報』台北，1987年。
経済部工業統計調査聯繫小組『工業統計調査報告84年』台北，1995年。
経済部投資審議委員会『僑外投資事業運営状況調査報告及対我国経済発展貢献分析報告』台北，1987年。
国際連合『世界統計年鑑』原書房，各年版。
厚生省統計情報部『人口動態統計』各年版。
厚生統計協会『都道府県別将来推計人口1995-2025年』1995年。
行政院主計處『薪資與生産力統計月報』台北，各月版。
行政院主計處『多因素生産力趨勢分析報告』台北，1997年。
行政院主計處『中華民国七十五年台閩地区工商業普査報告』台北，1988年。
行政院主計處『中華民国七十年台閩地区工商業普査報告』台北，1983年。
行政院主計處『中華民国台湾地区産業連関表』台北，隔年版。
行政院台閩地区工商業普査委員会『中華民国六十五年台閩地区工商業普査報告』台北，1978年。
行政院台閩地区工商業普査委員会『中華民国六十年台閩地区工商業普査報告』台北，1973年。
国際貿易投資研究所『世界主要国の直接投資統計集（アジア編）』1996年。
国家統計局『改革開放十七年地域統計1979～1995』北京，1997年。
国家統計局『中国工業経済統計年鑑』北京，各年版。
国家統計局『中国統計年鑑』北京，各年版。
国家統計局『中国歴史統計年鑑1949～1989』北京，1990年。
国家統計局人口統計司編『中国人口統計年鑑』北京，1996年。
国務院人口統計弁公室編『中国1990人口普査資料』北京，中国統計出版社，1993年。
財政部統計處『中華民国進出口貿易統計月報』台北，各月版。

文　献

総務庁統計局編『日本統計年鑑』各年版。
総理府統計局『国勢調査報告』各年版。
総理府統計局『労働力調査年報』各年版。
台湾経済研究院『資訊電子工業統計年鑑』台北，1996年版。
台湾経済研究所『台湾総覧』各年版。これは日本で出版。
台湾省工商業普査委員会『第三次台湾省工商業普査総報告』台北，1968年。
台湾省工商業普査執行小組『台湾省工商業普査総報告』台北，1956年。
台湾省工商業普査執行小組『第二次台湾省工商業普査総報告』台北，1962年。
中央銀行経済研究所『中華民国台湾地区金融統計月報』台北，各月版。
通産省『鉱工業統計年報』各年版。
農水産部『農家経済調査報告書』ソウル，各年版。

索　引

ア　行
青木健　86
朝元照雄　75
Amsden, A. H.　65
Ariff, M.　86

池端雪浦　101
石川滋　115
石南国　9, 42, 55
Easterlin, A. J.　18
イースタリン・モデル　18

上田正夫　55
上野秀夫　115
請負制　121

エンゲル係数　68

OEM　83
大川一司　55
Oshima, H. T.　58
大淵寛　9, 15, 55, 66, 75, 87, 101, 107, 117

カ　行
改革・開放政策　121
Castro, J. S.　104
家族計画指導機構　117
加藤弘之　115
河地重蔵　115
河野稠果　55, 66, 75, 87, 101, 107, 127
河邊宏　55, 66, 75, 87, 101, 107, 115
ガンディー，インディラ　128
カンラス，ダンテ　101

Kikuchi, M.　103
偽装失業　34
局面経過加速の法則　13
Girling, J.　107
均斉成長論　29
　不――　29

Kuo, S. W. Y.　75
Kuznets, S. S.　13, 38, 67
黒沢一晃　127

Keynes, J. M.　15
厳善平　115

合計特殊出生率　42
　中国の――　119
　マレー半島の人種別――　91
合計特殊出生率と出生率
　インドの――　132
　韓国の――　71
　所得水準別――　44
　タイの――　112
　台湾の――　81
　地域別――　50
　日本の――　60
　フィリピンの――　100
高所得国　27
胡煥庸　115
小島眞　127
戸籍管理制度　121
子供の限界効用　17
子供の限界不効用　17
小浜裕久　55, 58
Cole, D. C.　65
Gold, T. B.　75
Constantino, Renato　101

サ　行
坂井秀吉　101
佐藤宏　127

James, I.　107
自然成長率　16
篠原三代平　55
資本土地比率　73
資本労働比率　73
若年従属人口比率　55
若年労働力率　39

索　引

若年労働力率と出生率
　　タイの――　111
　　地域別――　49
　　中国の――　119
　　マレーシアの――　94
周恩来　117
出生時平均余命と出生率
　　インドの――　127
　　韓国の――　69
　　所得水準別――　41
　　タイの――　111
　　台湾の――　80
　　地域別――　49
　　日本の――　59
　　フィリピンの――　99
　　マレー半島の人種別――　91
出生率・死亡率の変化
　　地域別――　46
　　所得水準別――　39
出生力の分析　16
Spengler, J. J.　15
Jesudason, J. V.　86
Jurado, G. M.　104
蔣夢麟　76
商業化点　36
食糧不足点　36
初等教育就学率と出生率
　　先進国の――　23
女子就学率と出生率
　　所得水準別――　41
女子初等教育就学率と出生率
　　地域別――　50
女子中等教育就学率と出生率
　　インドの――　130
　　韓国の――　70
　　タイの――　112
　　地域別――　50
　　日本の――　60
　　マレーシアの――　94
女子中等公立学校就学数と出生率
　　台湾の――　81
女性識字率と出生率
　　インドの州別――　130
女性農業労働力率と出生率
　　地域別――　49
Jorgenson, D. W.　37
自力更生　120
潘益民　115

新経済政策（NEP）　87
新人口論　117
人口資本説　117
人口転換　11, 25
　　――の第1局面（多産多死型）　11
　　――の第2局面（多産少死型）　11
　　――の第3局面（少産少死型）　11
　　――の第4局面（少産少死型）　11
　　インドの――　125
　　韓国の――　64
　　タイの――　106
　　台湾の――　75
　　中国の――　115
　　日本の――　54
　　フィリピンの――　97
　　マレーシアの――　89
人口転換係数　53
人口動態
　　イングランド・ウェールズの――　8, 10
　　スウェーデンの――　8
　　先進国の――概念図　12
人口ピラミッド
　　イングランド・ウェールズの――　11
　　インドの――　126
　　韓国の――　65
　　スウェーデンの――　9
　　タイの――　107
　　台湾の――　76
　　中国の――　116
　　日本の――　56
　　フィリピンの――　98
　　マレーシアの――　93
人種別出生率
　　マレー半島の――　90
人種別乳児死亡率
　　マレー半島の――　91

末廣昭　107
Skinner, G. W.　107, 116
Sudhanshu, S. N. T.　127
Streeten, P. P.　32
Srinivasan, T. N.　127

施昭雄　75

宋健　123
Saw Swee-Hock　86
総要素生産性　84

索　引

タ　行

大躍進政策　117
多人種国家　86
谷浦孝雄　75
Duncan, O. D.　15

地域間人口純移動
　　中国の——　123
地域別人口指数
　　韓国の——　72
　　台湾の——　82
Chakravarty, S.　127
中所得国　27

鶴見良行　101

低所得国　26
低水準均衡の罠　27
Taylor, G. E.　101
Deane, P.　10
適正成長率　16
Desai, P.　127
田雪原　123

童乗珠　115
鄧小平　117
都市化　45
都市化率と出生率
　　韓国の——　72
　　所得水準別——　44
　　タイの——　113
　　台湾の——　82
　　地域別——　51
　　日本の——　58
　　マレーシアの——　95
都市農村別人口指数
　　インドの——　134
　　タイの——　112
　　中国の——　120
　　日本の——　59
　　フィリピンの——　104
　　マレーシアの——　95
都市農村別の出生率と死亡率
　　インドの——　132
　　日本の——　60
Thompson, W.　25
Drake, M.　12

ナ　行

中兼和津次　115
Nayar, B. R.　127

西田茂樹　21, 55
二重経済論　33
乳児死亡率と死亡率
　　所得水準別——　40
　　先進国の——　20
　　地域別——　48
乳児死亡率と出生率
　　インドの——　130
　　インドの州別——　129
　　韓国の——　69
　　所得水準別——　40
　　先進国の——　22
　　台湾の——　80
　　地域別——　48
　　日本の——　58
　　フィリピンの——　99

Nurkse, R.　31, 34

Nevitte, N.　86
Nelson, R. R.　27

農村下放　121
Notestein, F.　25

ハ　行

白南生　116
Bhagwati, J. N.　127
Hirschman, A. O.　32
Pack, H.　85
服部民夫　65
Bernard, B.　43
早瀬保子　118
Hayami, Y.　103
Bardhan, P.　127
原不二夫　88
Harrod, R. F.　16
Hansen, A. H.　15

ビッグ・プッシュ　29, 31
1人当たり生産と死亡率
　　先進国の——　20
1人当たり生産と若年従属人口比率
　　先進国の——　23

1人当たり生産と出生率
　　インドの―― 126
　　韓国の―― 66
　　所得水準別―― 40
　　先進国の―― 22
　　タイの―― 108
　　台湾の―― 77
　　地域別―― 48
　　日本の―― 57
　　フィリピンの―― 98
　　マレーシアの―― 90
1人当たり生産と乳児死亡率
　　先進国の―― 22
1人当たり生産と農業生産シェア
　　先進国の―― 20
一人っ子政策　118
避妊普及率　52
避妊普及率と出生率
　　所得水準別―― 44
　　地域別―― 51
平田章　65, 75, 101
貧困の悪循環　29

Fei, J. C.　35
福島光丘　101
藤本昭　115
ブミプトラ政策　87

堀井健造　86
Boeke, J. H.　33
Bongaarts, J.　43, 67, 131

マ　行
Mackenroth, G.　13
馬寅初　117
Mahalanobis, P. C.　127
Marx, K.　14
Malthus, T. R.　13
　　マルサスの悪魔P　15
　　マルサスの悪魔U　15
　　マルサスの罠　33
丸山伸郎　115

Meek, R. L.　14
Mitchell, B. R.　37
南亮三郎　13, 14, 55
南亮進　55
Mill, J. S.　14

村松祐次　115
Mehmet, O.　86

孟健軍　122
孟新　116
毛沢東　117
森岡仁　9, 15, 55, 66, 75, 87, 101, 107, 117
Mauldin W. P.　43, 67, 131

ヤ　行
安田靖　107
山崎恭平　127
山澤逸平　65, 75, 101
闇っ子　118
Young, A.　84

幼児死亡率と出生率
　　韓国の―― 69
　　台湾の―― 80
　　フィリピンの―― 99
Yoshihara, K.　101

ラ　行
Leibenstein, H.　11, 17, 29
ライベンシュタイン・モデル　16
Lyman, P. N.　65
ラオ, ナラシマ　133
Ranis, G.　35, 75
Rabiphatana, A.　107

Ricardo, D.　14
List, F.　14
劉進慶　83
臨界的最小努力　29
林毅夫　116

Lewis, W. A.　31, 34

老年従属人口比率　56
労働力率と出生率
　　所得水準別―― 41
Rosenstein-Rodan, P. N.　31

ワ　行
若林敬子　116, 118
脇村孝平　127
渡辺利夫　37, 58, 66, 116

著者略歴

梶原　弘和（かじわら　ひろかず）
1951年　福岡県に生まれる。
1978年　拓殖大学大学院博士課程修了。
1983～86年　嘉悦女子短期大学専任講師。
1986～88年　在フィリピン日本大使館専門調査員。
1989～98年　千葉経済大学助教授・教授。
1999年　拓殖大学国際開発研究所教授。
1995年　東京工業大学より学術博士号取得。
現　在　拓殖大学国際開発学部教授。富士通総研経済研究所客員研究員。
主要著書　『日本の地域経済とアジア』（共著，日本評論社，1992年）。
　　　　　『アジアの発展戦略』（東洋経済新報社，1995年）。
　　　　　『アジア発展の構図』（東洋経済新報社，1999年）。

武田　晋一（たけだ　しんいち）
1966年　埼玉県に生まれる。
1991年　日本大学大学院修士課程修了。
1991～92年　株式会社竹中土木技術開発部。
1993～98年　東京工業大学工学部社会工学科助手。
1998～99年　拓殖大学アジア情報センター専任講師。
現　在　拓殖大学国際開発学部専任講師。
主要論文　"Analysis of Spatial Design Problem on Study Area for Transportation Planning," TRTC Civil Engineering Conference, 1994.
「国際産業連関表分析によるアジア太平洋地域の経済関係」『環太平洋産業連関分析』，1995年。
「東アジア地域における物流圏形成に関する研究」『富士通総研経済研究所報告書』，1998年。

孟　建軍（もう　けんぐん）
1962年　中国北京に生まれる。
1995年　東京工業大学大学院博士課程修了。同大学より学術博士号を取得。
1995～97年　日本学術振興会特別研究員，東京工業大学客員研究員。
1998～99年　拓殖大学アジア情報センター専任講師。
現　在　拓殖大学国際開発学部専任講師。
主要論文　「中国における人口流動の実証的研究―広東省の事例―」『計画行政』（計画行政学会）第16巻第1号，1993年。
「中国の改革・開放と人口流動」『アジア経済』（アジア経済研究所）第36巻第1号，1995年。
「発展途上国の人口転換と東アジア」『国際開発研究』（拓殖大学国際開発研究所）第1巻第2号，1999年。

東アジア長期経済統計　第 2 巻
経済発展と人口動態

2000 年 11 月 20 日　第 1 版第 1 刷発行

監修者	渡辺利夫
著者	梶原弘和 武田晋一 孟建軍
発行者	井村寿人

発行所　株式会社　勁草書房

112-0004　東京都文京区水道 2-1-1　振替 00150-2-175253
電話（編集）03-3815-5277（営業）03-3814-6861
FAX 03-3814-6854
精興社／牧製本

© KAJIWARA Hirokazu, TAKEDA Shinichi, MOU Keng-un 2000 Printed in Japan

＊落丁本・乱丁本はお取替いたします。
＊本書の全部または一部の複写・複製・転訳載および磁気または光記録媒体への入力等を禁じます。

ISBN 4-326-54786-3
http://www.keisoshobo.co.jp

視覚障害その他の理由で活字のままでこの本を利用出来ない人のために、営利を目的とする場合を除き「録音図書」「点字図書」「拡大写本」等の製作をすることを認めます。その際は著作権者、または、出版社まで御連絡ください。

渡辺利夫監修

拓殖大学アジア情報センター編

東アジア長期経済統計 全14巻・別巻1

B5判上製函入＊平均400頁

アジア諸国のこの半世紀に及ぶ統計を細大漏らさず収集し，欠落部分を独自の方法で推計し，かつ各国の統計を相互に比較可能な形で提示しようとする試み。主たる対象は，東アジアと通称されるNIES（韓国，台湾，香港，シンガポール），ASEAN諸国（タイ，マレーシア，インドネシア，フィリピン等），中国を含む国・地域，その他インド，パキスタンなどの南アジア，さらに日本，オーストラリア，ニュージーランドなどいくつかの先進国を含む。

第 1 巻	経済成長と産業構造	梶原弘和・高中公男
第 2 巻	経済発展と人口動態	梶原弘和・武田晋一・孟建軍
第 3 巻	労働力	新田目夏美
第 4 巻	農業近代化の過程	梶原弘和・高中公男
第 5 巻	工業発展	川畑康治
第 6 巻	財政	吉野文雄・釣雅雄・茂木創
第 7 巻	金融	高中公男・徳原悟
第 8 巻	インフラストラクチュア	武田晋一
＊第 9 巻	外国貿易と経済発展	高中公男
第10巻	国際収支	高中公男
第11巻	社会指標	甲斐信好
第12巻	中国	加藤弘之・陳光輝
第13巻	韓国	文大宇・魯洸旭
第14巻	台湾	文大宇
別　巻	環境	原嶋洋平・島崎洋一

＊既刊